FX168
财经集团

2017—2018 全球投资市场蓝皮书 上册 · 金融投资 FX168金融研究院 编

全球
投资市场蓝皮书

上册 · 金融投资

Global
Investment Markets
Blue Book
Financial Investment

2018

上海财经大学出版社

图书在版编目(CIP)数据

2017—2018全球投资市场蓝皮书 / FX168金融研究院编.
—上海：上海财经大学出版社，2018.4
ISBN 978-7-5642-2984-9 / F·2984

Ⅰ.①2… Ⅱ.①F… Ⅲ.①金融投资-金融市场-研究报告-世界-2017—2018 Ⅳ.①F831.5

中国版本图书馆CIP数据核字(2018)第056341号

□ 责任编辑　李志浩
□ 封面设计　侯南恩

2017—2018 QUANQIU TOUZI SHICHANG LANPISHU
2017—2018全球投资市场蓝皮书
(上册·金融投资)
FX168金融研究院　编

上海财经大学出版社出版发行
(上海市中山北一路369号　邮编200083)
网　　址：http://www.sufep.com
电子邮箱：webmaster@sufep.com
全国新华书店经销
虎彩印艺股份有限公司印装
2018年4月第1版　2018年4月第1次印刷

889mm×1194mm　1/16　9.75印张　230千字
定价：168.00元(上中下册)

编者的话

又到了一年一度的FX168《全球投资市场蓝皮书》与大家见面的时候。

回顾过去一年的全球市场，黑天鹅成群起飞。欧洲民粹主义抬头，特朗普坚持美国优先，高举贸易保护大旗。但是，正如我们所预期的那样，全球经济还是走上了复苏的道路，经济增长喜人，市场也挺过了这一波波的冲击。

在证券市场方面，发达国家股票市场以美国三大股指表现最优，我们所推荐的db x-trackers MSCI美国总回报净值指数ETF (HKD)2017年的收益率达22.5%；在新兴国家股票市场，我们最看好的印度市场，以28.06%的年度涨幅排名第二，而我们推荐的投资品：iShares安硕BSE SENSEX印度指数ETF (HKD)获得了38.6%的年收益率；在行业板块上，我们预测医疗股将异军突起，根据数据显示，医疗股从2016年的-8.508%，排名行业末位；在2017年获得了18.377%的涨幅，跃居行业第六位。

在海外房产方面，我们推荐的10大国际城市在房价方面均有不错的表现，详见下表：

排　　名	城　　市	2017年预估涨幅	2017年实际涨幅
1	多伦多	15%	10%
2	西雅图	10%	13%

（续表）

排　名	城　市	2017年预估涨幅	2017年实际涨幅
3	惠灵顿	10%	14%
4	巴塞罗那	10%	9%
5	墨尔本	10%	9%
6	悉　尼	7%	4%
7	柏　林	6%	10%
8	巴　黎	6%	4%
9	华盛顿	5%	4%
10	休斯顿	5%	5%

在2017年的资产配置中，我们的重点都放在了海外市场。但是仔细回顾2017年的市场表现，我们发现，180只香港ETF基金中，拔得业绩头筹的是力宝专选中港地产ETF基金，年收益率高达76.1%。

再回看中国市场，2017年12月28日，全球最大资管公司贝莱德宣布，其在上海的外商独资企业贝莱德投资管理（上海）有限公司已成功在中国证券投资基金业协会登记成为私募证券投资基金管理人。

2016年6月，基金业协会《私募基金登记备案相关问题解答（十）》允许WFOE资管机构注册成为私募基金管理人，在境内募资及设立基金投资于境内市场。据上海市浦东新区政府部门的统计，全球资产管理规模排名前十的机构中，已有包括贝莱德、领航、JP摩根、BNY Mellon、AXA等在内的8家在上海设立了资管子公司，而全球资管规模排名前50的机构中，也已有过半数在上海陆家嘴设立了资管子公司。

2018年1月2日，富达国际旗下外商独资企业富达利泰宣布推出首只股票型私募基金。这意味着，中国资管市场将进入一个全新的发展阶段。因此，在我们的全球投资市场配置版图中，中国内地及香港地区市场将成为未来重点关注的标的。

为此，《2017—2018全球投资市场蓝皮书》将分成上、中、下三册，上册是金融投资，中册是海外房产，下册是中国资管市场。

正如我们一直强调，我们制作蓝皮书的初衷是想了解世界经济运行的内在规律，从而摸清经济运行的轨迹，避开各种投资地雷，抓住每个实现财富自由的机会。

我们将一如既往地为之努力。

FX168金融研究院
2018年1月30日

序 言

“不谋全局者，不足谋一域。”近年来，世界政治进入激变期，全球经济进入“新常态”，大国博弈进入关键阶段，各种地缘政治和经济事件突发，全球政治和经济不确定性增强。在这种局势下，如何对资产进行保值，如何将其进行稳妥而收益最大化的全球投资，首先需要辨明全球政治经济大势，理解全球投资市场内在变化的逻辑。FX168财经集团的这套《2017—2018全球投资市场蓝皮书》将详细总结2017年全球政治经济格局变化，解析和预判全球投资市场调整，预判2018年全球经济和投资市场变化，为您在全球市场配置资产提供建议。

然而，在全球范围内配置资产，不仅只需知道全球政治经济大势，也要知道不同投资市场的特点、资产收益变化的内在逻辑即投资路径。FX168财经集团的这本《2017—2018全球投资市场蓝皮书》将继续分析2018年全球外汇市场、大宗商品市场、全球股票市场、全球债券市场、香港基金市场以及全球房地产市场，剖析各市场潜在投资机会，为您在全球市场正确投资提供建议。

长期以来，不少读者因对国外市场不熟悉、不了解而错过了在全球市场中配置资产、获得全球收益增长的机会。FX168财经集团的这本《2017—2018全球投资市场蓝皮书》将会助您迅速了解全球投资市场的特点，跨越全球投资市场的高门槛。

FX168财经集团是全球财经资讯、金融数据、投资教育培训、金融会展、品牌推广等综合服务知名供应商，其金融研究院一直致力于中国及全球金融行业研究、理财产品和机构评级服务以及各类金融科技产品的研发，已持续多年为中国的财富管理行业提供基础数据库、研究报告以及终端系统服务。这次其出版的《2017—2018全球投资市场蓝皮书》延续了其一贯的“向高处立”和“向宽处行”的特点，既有大格局，也有曲径通幽；既有严谨的市场分析，也有实在的投资建议。相信此书能给有意进行全球投资的朋友有所借鉴和启发。

孙楚仁
西南财经大学教授
博士生导师
国际商学院副院长
2018年3月

目录

CONTENTS

第3部分　聪明的钱在哪里？——全球VC&PE投资分析

第4部分 另类投资市场：区块链与加密货币

第5部分 2018年FX168全球投资地图

第1部分

2017年全球经济及主要金融市场回顾

（一）2017年全球经济关键词：世界经济增长全面复苏

在《2016—2017全球投资市场蓝皮书》中，我们对2017年经济的展望是缓慢增长的周期性复苏。实际运行情况比这更乐观，国际货币基金组织（IMF）预测数据显示，2017年世界GDP增长率比2016年上升0.4个百分点。其中，发达经济体GDP增速为2.2%，新兴市场与发展中经济体GDP增速为4.6%。

2017年，世界经济增长全面复苏，全球经济增长率持续下降趋势结束。

表1.1　全球主要经济体2017年GDP增长（同比）一览

GDP	一季度	二季度	三季度	四季度
美　国	2%	2.2%	2.3%	2.5%
欧元区	2.1%	2.4%	2.8%	2.7%
英　国	2.1%	1.9%	1.7%	1.5%
中　国	6.9%	6.9%	6.8%	6.8%
日　本	1%	2.5%	2.5%	

美国、欧元区和日本的经济增长都呈涨势，中国也保持稳定，唯有英国受到退欧公投后英镑下跌带来的通货膨胀所产生的负面影响而经济下滑。德意志银行(Deutsche Bank)经济学家Torsten Slok援引国际货币基金组织（IMF）数据称，目前全球只有13个国家的经济处于衰退状态，数量为2007年以来最低，预计2021年将进一步降至历史最低的3个。

依旧宽松的货币政策

2017年，美联储加息了三次，欧洲央行也宣布了缩减购债规模，就连经济前景面临退欧阴云的英国也进行了十年来的首次升息，全球都开始调整金融危机后超级宽松的货币政策。

然而，相比金融危机前以及长期均值，全球整体的货币政策仍属宽松。

四大央行基础利率：

美联储：1.5%；

英国央行：0.5%；

欧洲央行：0%；

日本央行：−0.1%。

“金发女孩经济”

除英国外，全球主要经济体的通胀水平均不高：

表1.2　全球主要经济体2017年12月通胀率

国　家	美　国	欧　盟	英　国	中　国	日　本
12月份通胀率	2.1%	1.8%	3%	1.8%	0.6%(11月份)

全球正处于所谓的“金发女孩经济”(Goldilocks Economy)中——高增长、低通胀，且利率保持在较低水平，是资本市场梦寐以求的“佳境”。正如这个名为《Goldilocks》的童话故事——金发女孩误入熊屋后，因三只熊外出，得以尽情享用屋内的美食和舒适的床铺——“熊”回来得越晚，投资者就越能得享“长牛市”。而在此期间市场渐增的乐观情绪和信心也正是2017年“涨势喜人”的重要动力。

同时，虽然全球的地缘政治风险尚存，但可谓有惊无险，没有出现2016年英国退欧公投和美国大选那样的黑天鹅。

（二）2017年全球股票市场：高歌猛进

2017年全球股市高歌猛进，从明晟所有国家全球指数（MSCI ACWI）（见图1.1）可以看出，其在全年内不断突破历史纪录，一路上扬，年收益率达24.6%，为2009年以来最高，是2000年该指数创立以来所有年份中排在第三（前两位为2003年的33.99%和2009年的34.63%）。且该指数连续12个月持续上涨，为30年来所罕见。

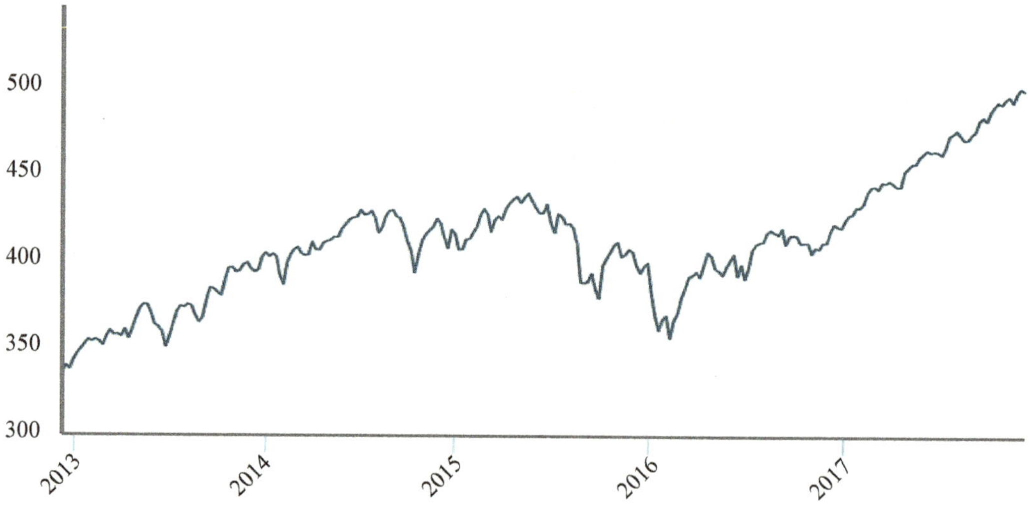

图1.1　明晟所有国家全球指数（MSCI ACWI）

1. 发达国家股票市场的表现

基准指数：包含全球23个发达市场的明晟世界指数（MSCI World）2017年的收益率和以月度收益率标准方差衡量的波动风险分别为22.27%和1.02%。2017年明晟世界指数（MSCI World）如图1.2所示。

（1）美国

关键词：美联储加息、税改

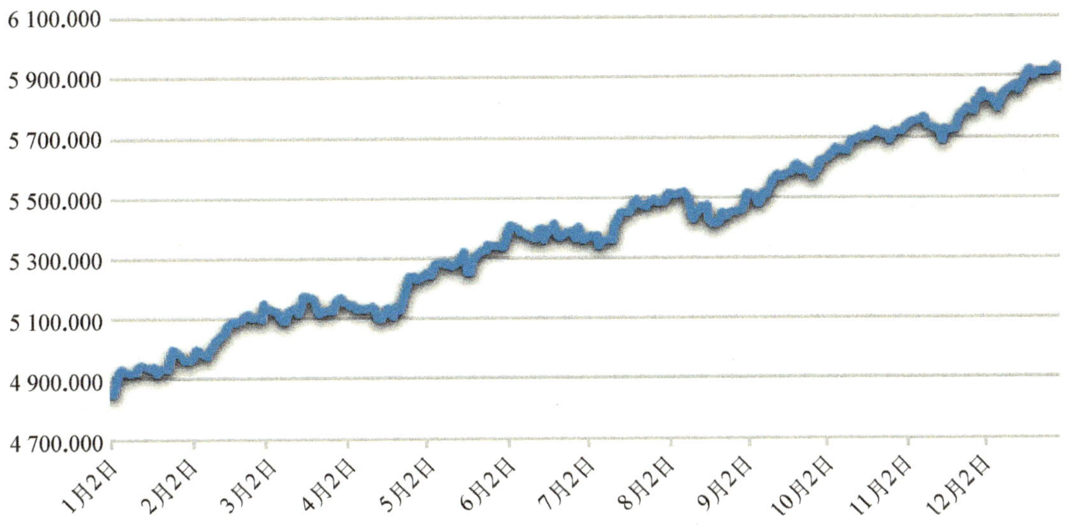

图1.2 2017年明晟世界指数(MSCI World)

从美国的三大股指来看:

- 纳斯达克指数:反映纳斯达克证券市场行情变化。作为全球最大的证券交易市场之一,在纳斯达克的上市公司主要由美国的数百家发展最快的先进技术、电信和生物公司组成,包括微软、英特尔、美国在线、雅虎这些家喻户晓的高科技公司,因而成为美国"新经济"的代名词。

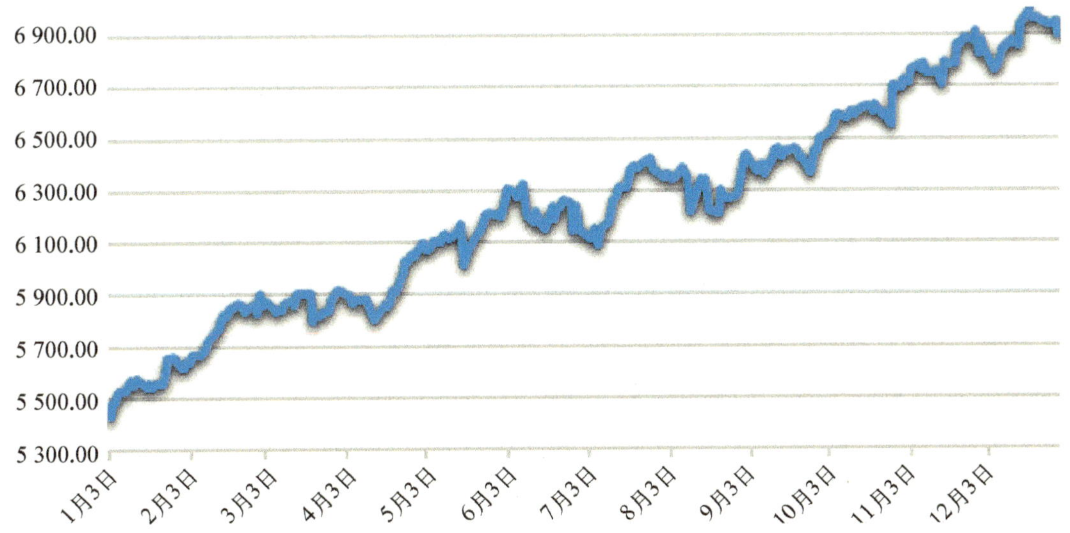

图1.3 纳斯达克指数2017年表现

- 道琼斯指数:选择行业内最具代表性的65只股票,组成了这只目前世界上影响最大、最具权威性的股票指数。道琼斯指数2017年表现如图1.4所示。
- 标普500指数:作为道琼斯指数之后的全美第二大指数。与道琼斯指数相比,其包含的公司更多,因此风险更为分散,能够反映更广泛的市场变化。此外,相较于道琼斯指数抓股价加权,标普500指数是采用市值加权,更能反映公司股票在股市上实际的重要性。标普500指数2017年表现如图1.5所示。

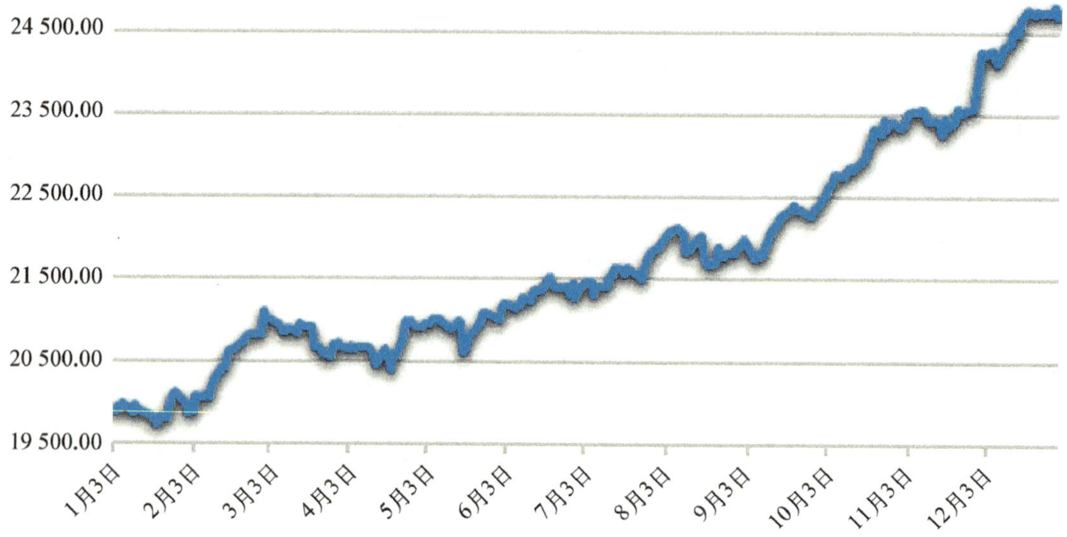

图1.4　道琼斯指数2017年表现

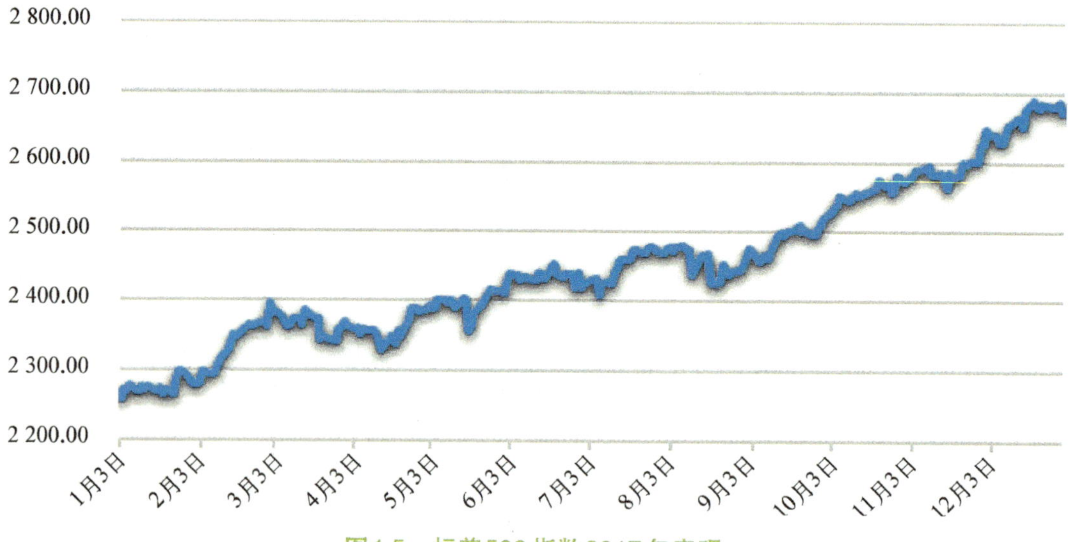

图1.5　标普500指数2017年表现

作为发达市场的“领头羊”，美国股市在2017年表现强劲，三大指数十次突破历史最高。从其月度收益率来看，美国三大指数在年内的多数月份都呈增长趋势，纳斯达克指数甚至只有一个月是负增长（见图1.6）。

三大指数在2017年的表现对比如表1.3所示：

在2017年内，美国事端不断——飓风、美朝争端、特朗普通俄门，然而这些都未能阻止美国股市大踏步地前进。其中有两件大事更为吸引金融市场的目光。

美联储

其一是美联储升息。相对2016年的仅升息一次，美联储在2017年加快了货币政策正常化的步伐，分别在3月、6月和12月升息三次，将基准利率区间由0.5%～0.75%上调至1.25%～1.50%。

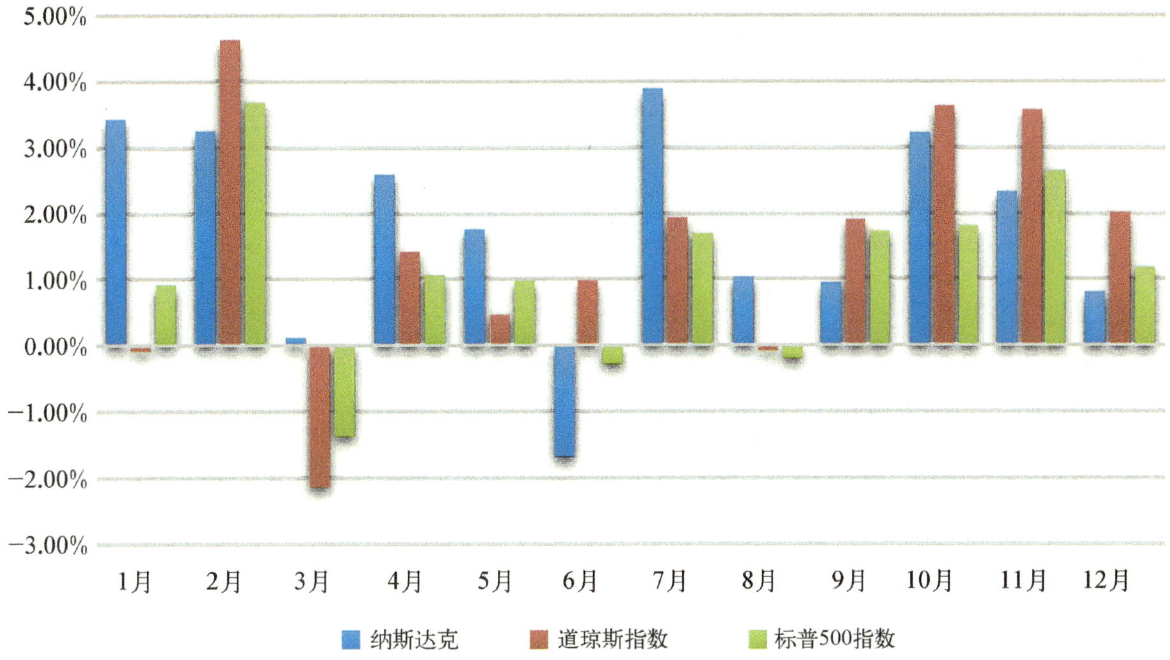

图1.6　美国三大股指2017年月度收益率

表1.3　2017年美国三大指数的表现

比较项目	纳斯达克指数	道琼斯指数	标普500指数	基准指数
年度收益率	27.16%	24.33%	18.42%	22.27%
波动风险	1.64%	1.88%	1.35%	1.02%
最大跌幅	1.70%（6月份）	2.14%(3月份）	1.39%（3月份）	0.33%（8月份）
最大涨幅	3.90%（月份）	4.63%（2月份）	3.69%（2月份）	2.71%（2月份）

可以看到，货币政策的收紧确实对股市产生一定影响。3月和6月，美国三大股指中分别有两个出现负增长。纳斯达克指数年内唯一的一次月度负增长就出现在6月份。

然而，正如美联储在12月份发布的政策声明所说，联邦基金利率可能在一段时间内都继续低于预期的长期水平。并且，升息后，美国劳动力市场继续走强，经济活动一直以稳健步伐上升。即使是9月份发生严重的风灾，其所带来的巨大损失也迅速被抹平。随后，就业增长稳健，失业率进一步降低。居民开支温和扩张，企业固定资产投资增速近几个季度以来加快。在这种情况下，股市暂缓的涨势也迅疾恢复。

税改

同时，2016年年底以来的“特朗普行情”也得以在2017年延续。这主要是源自市场翘首以盼特朗普增支减税计划中税改法案被通过。经过了几乎一整年的波折，通过不断的辩论、协商和修改，特朗普终于取得了自1月份上任以来的首次重大胜利。

尽管有经济学家质疑税改对经济的积极影响，但特朗普则扬言，这可以引导美国经济飞跃，经济增长或将由目前的3%上升到4%、5%，甚至6%。无论这是否能实现，这次税改法案中以将公司税由35%降为21%为首的政策，对美国的企业无疑是个好消息，可以预期经济整体或多或少也都会受到提振，美国股市也在欢庆的气氛中走向年末。

（2）欧洲

关键词：大选、反转

欧洲股市2017年的表现明显逊于美国。虽然欧元区经济复苏态势良好，但地缘政治的动荡令市场担忧。2017年可谓欧洲的大选年，欧洲三大经济体——法国、英国和德国相继举行大选，虽都有惊无险，但几乎皆留下隐患。尤其是英国，执政党在大选中失利以及由此导致在退欧谈判中的劣势，再加上经济增长的落后，令英国股市在2016年的优势不保，被以德国和法国为首的欧洲市场反超。

欧洲三大指数月度收益率及表现对比如下（见图1.7、表1.4）：

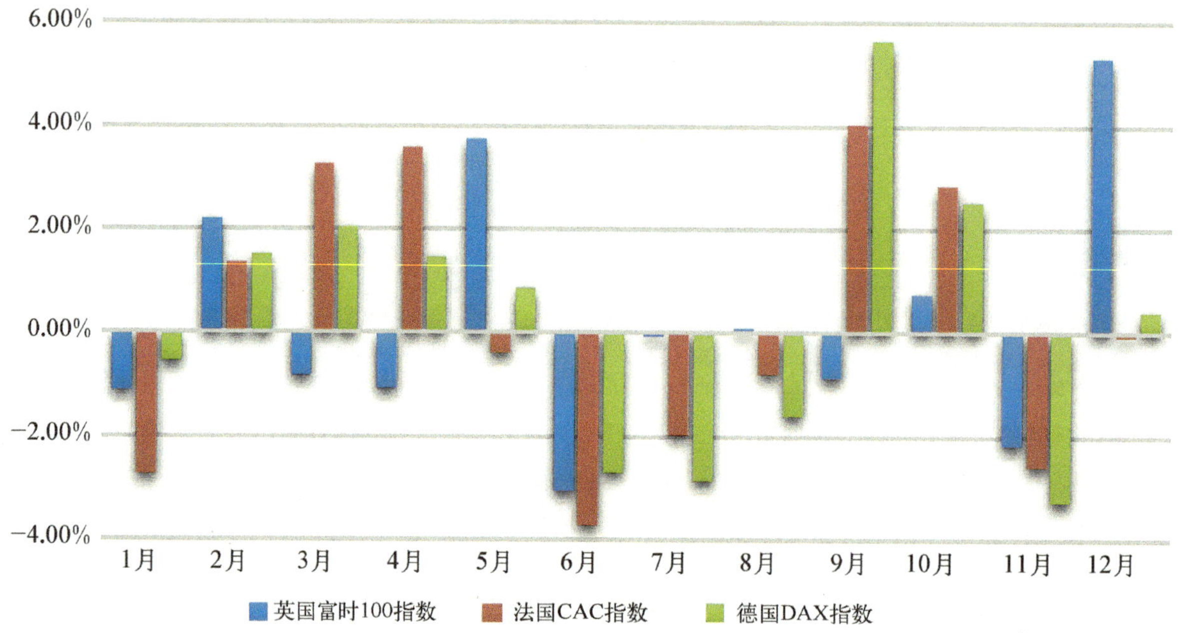

图1.7　欧洲三大股指2017年月度收益率

表1.4　2017年欧洲三大指数表现

比较项目	英国富时100	法国CAC	德国DAX	基准指数
年度收益率	7.10%	8.81%	11.37%	22.27%
波动风险	2.42%	2.72%	2.63%	1.02%
最大跌幅	3.06%（6月）	3.72%（6月）	3.28%（11月）	0.33%（8月份）
最大涨幅	5.30%（12月）	4.03%（9月）	5.65%（9月）	2.71%（2月份）

- **英国**

富时100指数：由富时集团根据在伦敦证券交易所上市的最大的100家公司表现而制作的股价指数，是欧洲最重要的股票指数之一（见图1.8）。

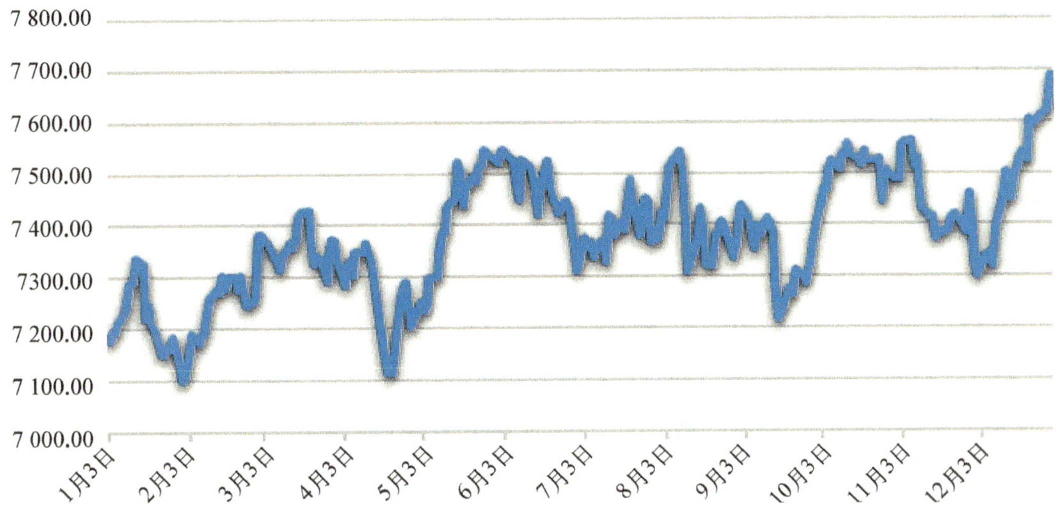

图1.8　富时100指数2017年表现

2016年，富时100指数七年来首次在年末突破历史最高，这令其2017年开端良好。英国经济在2016年并没有像许多经济学家预期的那样因退欧公投的结果而崩溃，加上首相特蕾莎·梅自上任后笃定强硬的立场，令退欧阴霾在英国人民心目中减缓，市场中的情绪也显得轻松乐观。但到了3月份，梅正式向欧盟递交了退出申请，按下了为期两年的谈判计时器。时间的紧迫令不确定性再度凸显，市场开始出现较大幅度的波动。

4月份，梅突然宣布将提前大选，以期增加在退欧谈判中的优势。根据其之前的表现及当时的民意调查，梅对由此增加保守党在议会中优势席位的大选结果志在必得，金融市场也这样认为。富时100指数在5月份创下了年内最大月度收益。

6月份，英国人民在退欧公投时隔不到一年后再度面临重大的选择，而这次他们的选择也再次出乎意料。梅得以保住相位，但保守党却失去了所有的优势席位，最终在与北爱民主统一党（DUP）协商获得支持后组成了少数派政府。这一巨大的逆转令英国股市也急转直下，在当月创下了年内最大月度跌幅。

执政党在大选中的失利令英国在随后开始的退欧谈判中一直处于劣势。退欧谈判经历了整整五轮，僵局难破，直至年底，欧盟才松口同意推动退欧进程，开始与英国商讨可以延缓退欧影响的过渡期以及双方的未来关系。

另一方面，英国经济也在年内开始显现出退欧公投带来的负面影响——英镑的大跌令通货膨胀率飙高，在薪资增长本来就疲弱的情况下，这造成英国消费者购买力受限，损及作为英国经济支柱的服务业，造成其经济增长落入G7国家下乘。同时不断走高的通胀率也使得英国央行不得不出手干预，在11月份进行了十年来的首次升息。货币政策的收紧令富时100指数在当月再度下跌。

基本面的不利令英国股市上涨乏力，年内的收益率仅达2.07%，几乎为所有发达市场中表现最差。但尽管如此，富时100指数中的许多跨国公司成分股仍受益于英镑的下跌。同时，伦敦作为老牌资本市场的深度流动性令其活跃度不减，2017年仍有超过100家公司在伦敦证交所上市，且上市公司越来越国际化。

- **法国**

CAC 40指数：是法国巴黎证券交易所市值前40大企业的股票报价指数，为法国首要股价指数，也是欧洲重要的股指（见图1.9）。

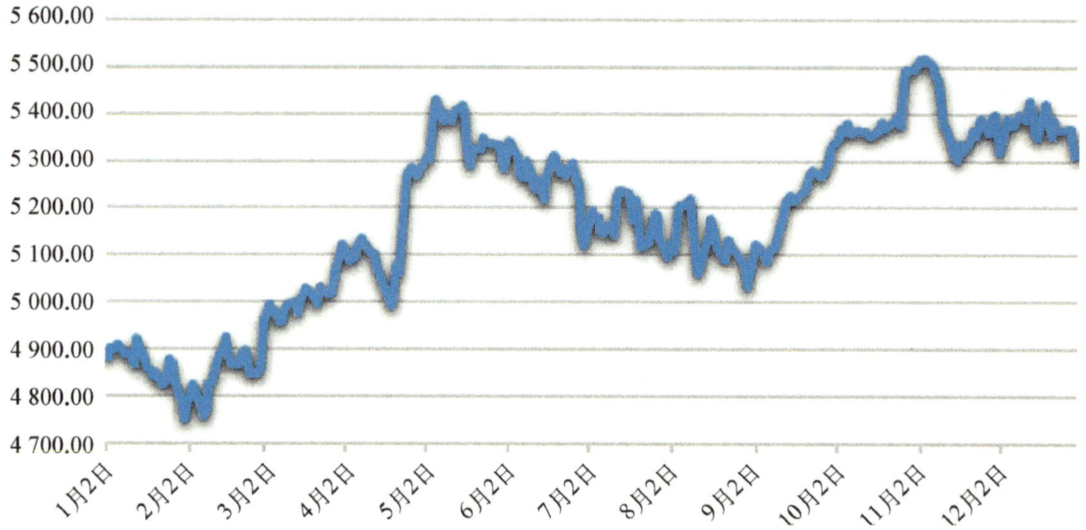

图1.9　CAC 40指数2017年表现

在2017年各国的大选中，法国吸引了最多目光。极右翼党派国民阵线的强劲势头令市场担忧，如果其领袖勒庞入主爱丽舍宫，法国很有可能会步英国退欧的后尘，进而推倒后面的多米诺骨牌，引发欧盟的瓦解。所幸这一情况并未发生，中间派的马克龙优势当选，并在随后的议员选举中赢得了决定他实际权力的多数席位。CAC指数在大选后的6月份创下了年内第二高的月度收益率。

但实际上，这位以上年刚刚成立的党派打破法国多年来政坛传统格局的年轻总统所面临的局面并不轻松。虽然保持着较高的生活水平和产能，但法国经济自2008年金融危机以来就恢复缓慢，就业市场尤其堪忧——其失业率高达10%，远高于德国和英国的4%，也高于欧盟8%的均值。对此，新官上任的马克龙不惜“得罪”力量强大的工会和左派势力，顶着国内的抗议浪潮在9月份签署了劳动法改革法案。股市由此受到提振，CAC指数在当月收益率达到年内最高。然而，法国各大工会频频组织罢工，马克龙的民意支持率也曾一度下跌，改革的结果如何还未可知。法国的股市也在波动起伏中走向年关。

- **德国**

DAX指数：由德意志交易所集团推出的一个蓝筹股指数。该指数中包含有30家主要的德国公司，为德国首要股价指数，也是欧洲重要的股指（见图1.10）。

作为欧洲最大经济体，德国2017年的经济增长强劲，而年内的大选则给市场带来震动。虽然“铁娘子”默克尔继续连任德国总理，但其所领导的党派基民盟（CDU）所获得的32%的选票却远

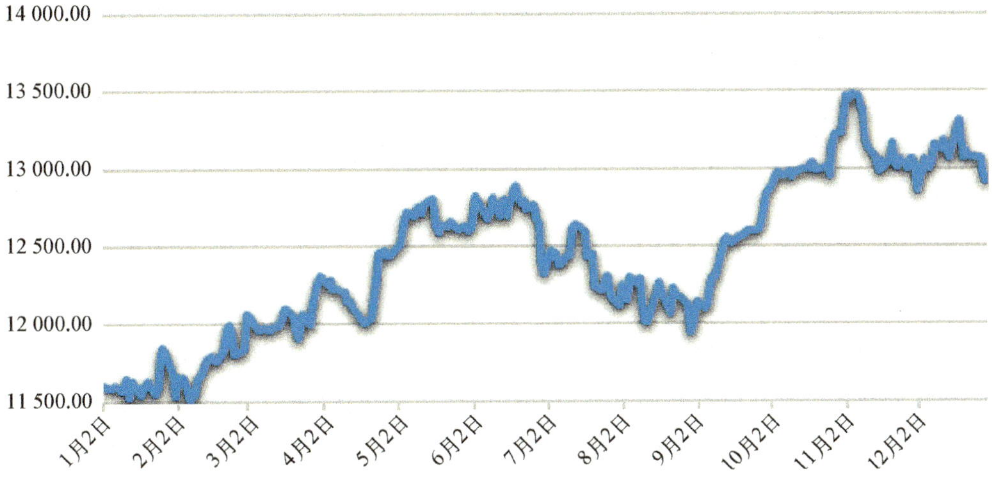

图1.10　DAX指数2017年表现

低于2013年上次大选的41.5%。第二大党社民党（SPD）的支持率也降至20%战后最低，黯然宣布不会与基民盟携手组成联合政府，而选择作为反对党重建威信。另一方面，极右翼党派另类选择党（AFD）则获得了13%的选票，有史以来首次进入联邦议会。默克尔只剩下与自民党（FDP）和绿党（Greens）进行三党联盟的选项。但这一从未经过检验的联盟最终以失败告终。这使得德国面临组阁失败、需要再次举行大选的危机。如今社民党面临压力，很可能会食言回头与基民盟合作，以缓解国家政局的动荡。但无论结果怎样，作为欧洲的“老大”，德国的政局不再稳如磐石，未来的局势也必将影响到股票市场。

（3）日本

关键词：转机

日经指数：日经平均指数又名日经225，是由日本经济新闻社推出的东京证券交易所的225个品种的股价指数。该指数在2017年的收益率和以月度收益率标准方差衡量的波动风险分别为15.98%和3.03%。日经指数2017年表现如图1.11所示。

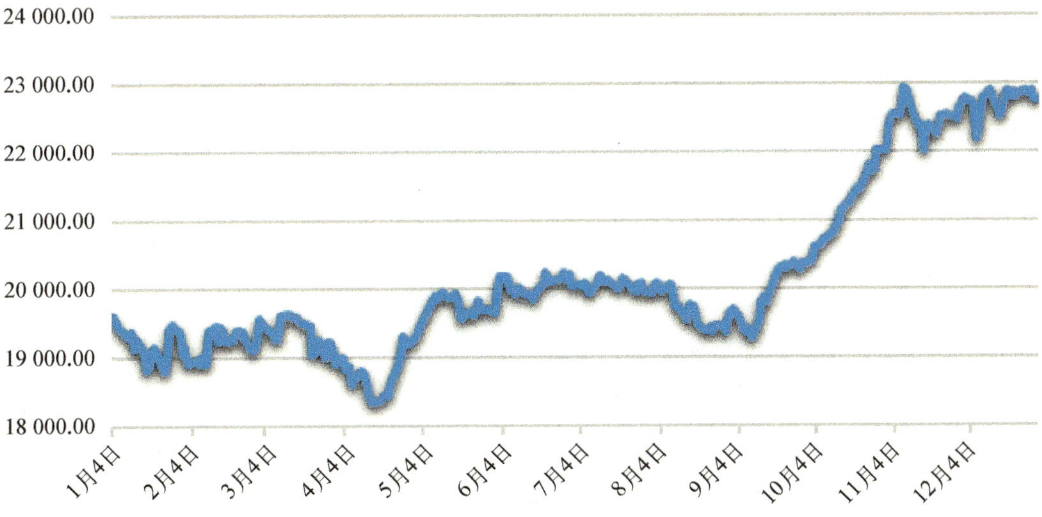

图1.11　日经指数2017年表现

单就2017年的前九个月来看，日本股市持续了2016年的低迷状态，表现远逊于其他发达市场，日经指数在这九个月内仅增长了0.26%。但从9月份开始，日本股市却迎来了一场大爆发，仅10月份一个月日经指数就上升了7.90%，当月的16日创下第二次世界大战以来最长连涨纪录，随后在11月7日触及22 937.6点这一25年来高位。根据日本财务省公布的数据，这一涨势主要是源自海外投资者的涌入——10月份，海外资金准买入日本证券总额高达3.43万亿日元（约合302亿美元），创下历史最高纪录。海外投资者终于将目光转向日本，主要基于以下几个方面的原因。

首先，安倍晋三在2017年再度胜选，其执政已满五年，成为第二次世界大战后执政时间最长的首相，这意味着较为稳定的政治局势。而他多年来所实施的超宽松货币政策如今也开始显露效果，日本经济正在稳步复苏。在这种情况下，日本企业的财务状况好转。日本财务省的数据显示，2017年二季度日本企业（不包含金融类企业）的税前利润达到创纪录的22万亿日元（约合1 960亿美元），同比增长23%。同时，日本企业也在努力改革公司制度，以引入更多独立股东和回购股票之类的方式吸引更多的投资者。在长期的消沉后，日本股市令投资者们看到了低估的迹象，也开始展现转机。

上述发达市场股指在2017年的收益率和波动风险表现比较如图1.12、图1.13所示：

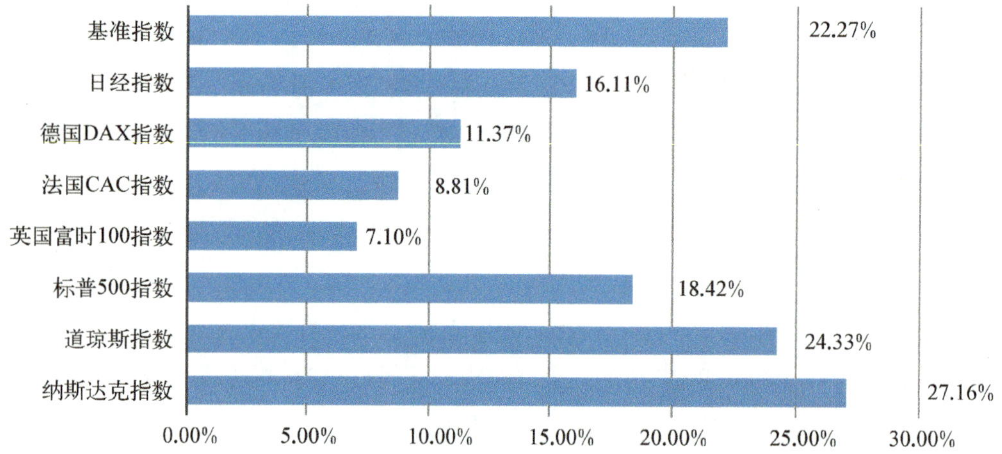

图1.12 发达市场2017年年度收益率比较

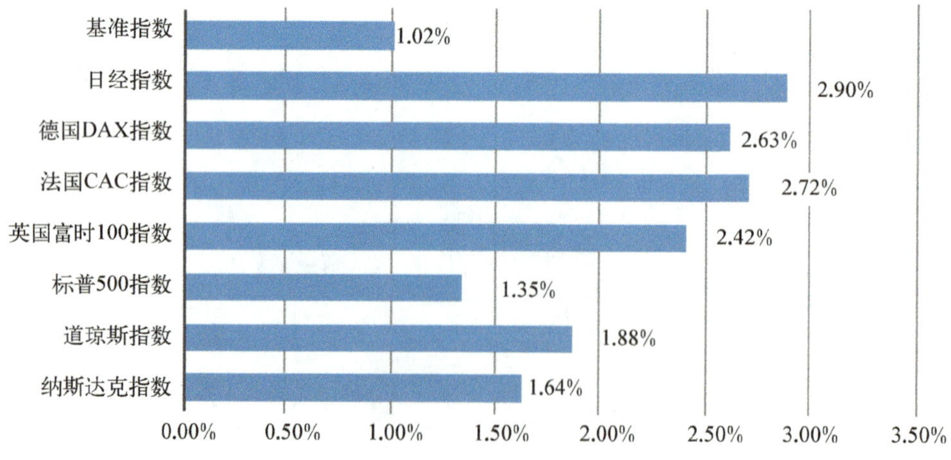

图1.13 波动风险

可以看到，其中纳斯达克指数收益率最高，为27.16%，且高于基准指数22.27%，英国富时100指数收益率最低，为7.10%；日经指数波动风险最高，为2.90%，标普500指数波动风险最低，为1.35%，但也高于基准指数的1.02%。

2. 新兴国家股票市场

基准指数：明晟新兴市场指数（MSCI Emerging Market）2017年收益率为32.58%，波动风险为2.09%（见图1.14）。

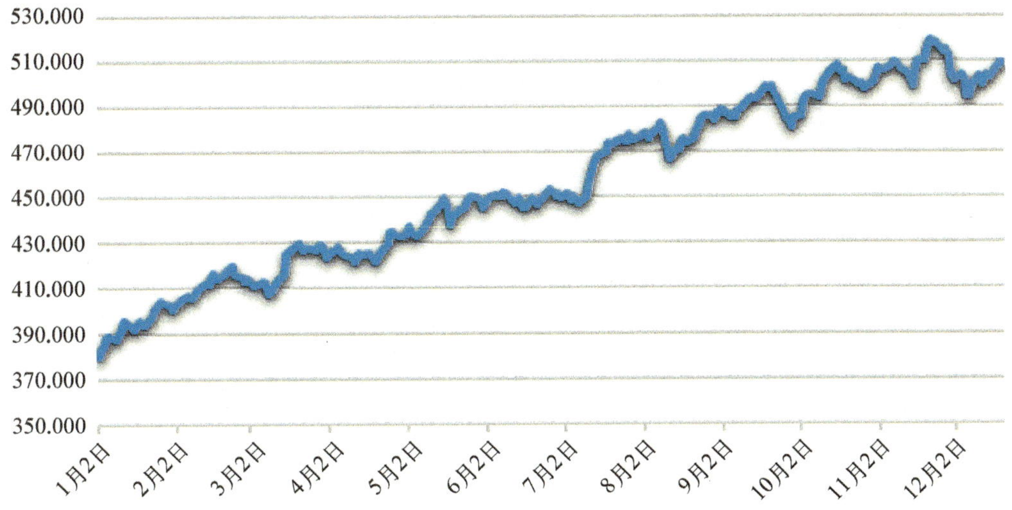

图1.14　明晟新兴市场指数（MSCI Emerging Market）

（1）中国

关键词：分化、监管

- 上证指数：上海证券交易所主要的综合股价指数，是反映挂牌股票总体走势的统计指标（见图1.15）。

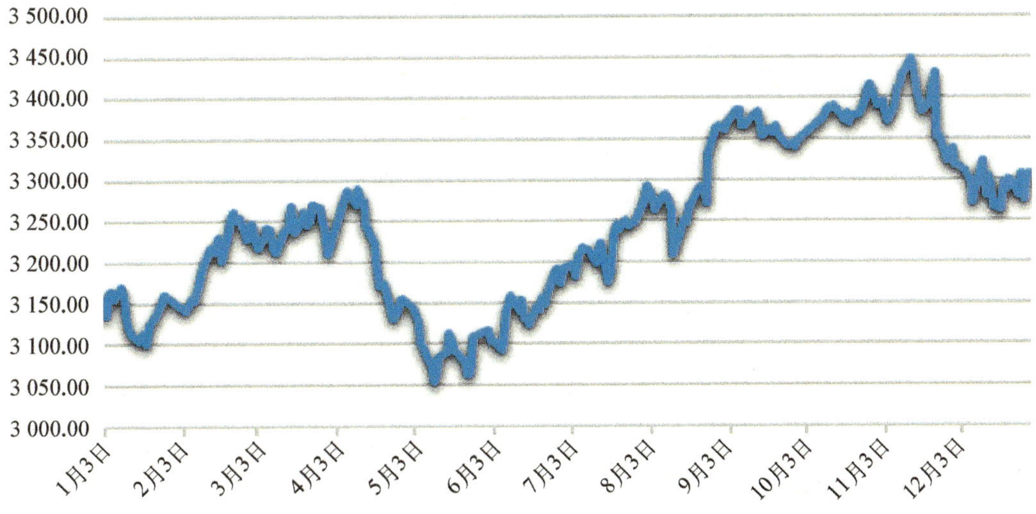

图1.15　上证指数2017年表现

● 深证指数：深证成分指数是深圳证券交易所的主要股指，成分股为500家有代表性的上市公司（见图1.16）。

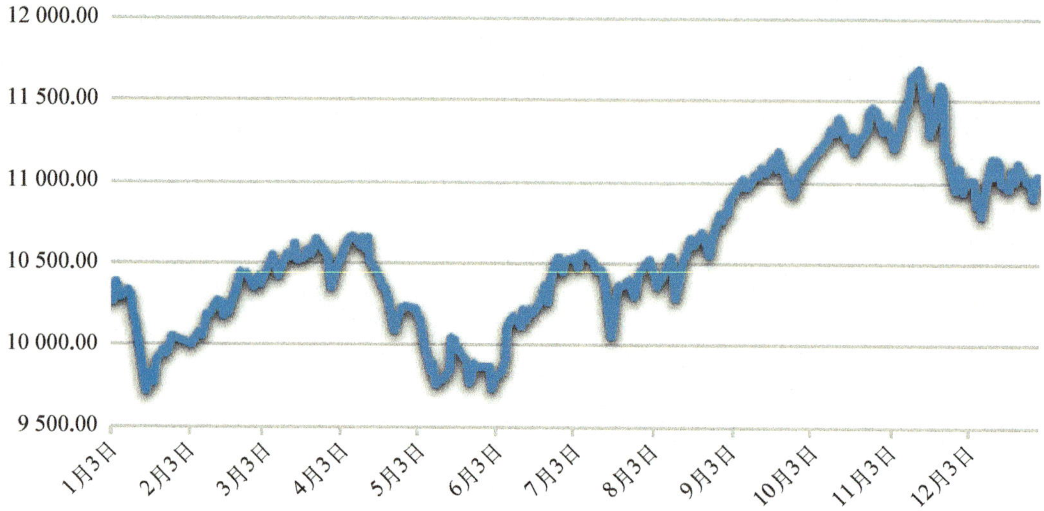

图1.16　深证指数2017年表现

● 恒生指数：恒生指数是反映香港股市行情的重要指标，指数由50只在香港上市的蓝筹股市值计算而成（见图1.17）。

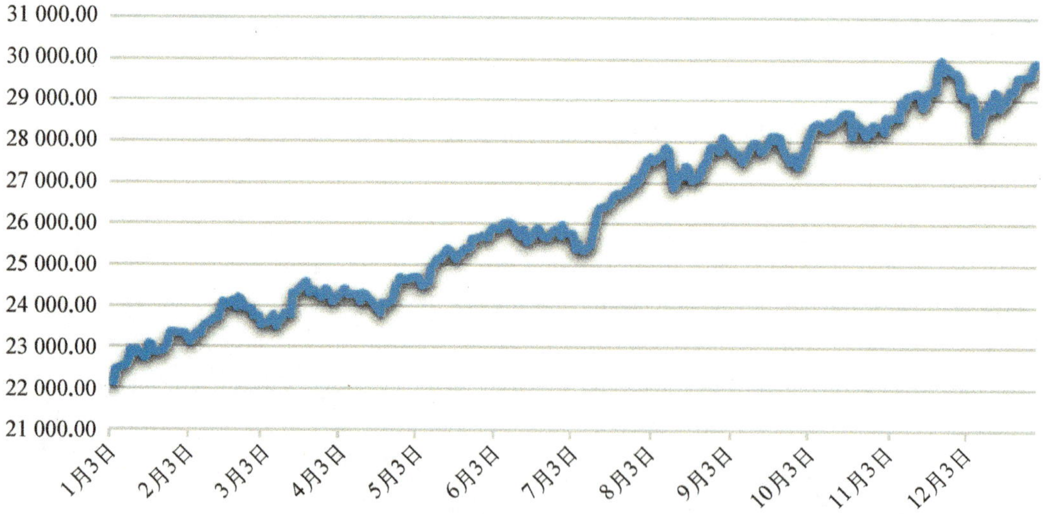

图1.17　恒生指数2017年表现

2017年，中国的政治经济局势稳定。对此，作为成熟市场的香港股市作出了更好的诠释，恒生指数全年涨幅高达31.72%，远超上述发达国家市场。但上证指数和深证指数却表现平平，同期内仅分别增长5.78%和6.64%。

2017年中国三大股指月度收益率表现如表1.5、图1.18所示：

表1.5 2017年中国三大指数表现

比较项目	上证指数	深证指数	恒生指数	基准指数
年度收益率	5.46%	7.58%	35.07%	32.58%
波动风险	2.09%	3.51%	2.18%	2.09%
最大跌幅	3.54%(4月)	3.69%(4月)	1.43(9月)	0.73%(9月)
最大涨幅	3.23(2月)	8.21%(6月)	5.46%(1月)	5.52%(1月)

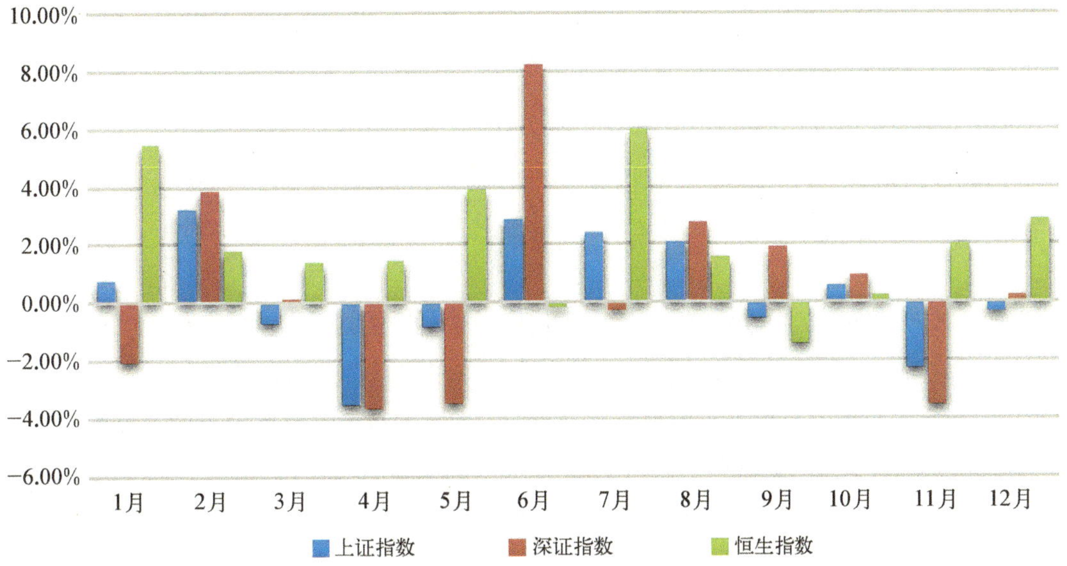

图1.18 中国股指2017年月度收益率

但实际上，2017年的A股市场分化严重，出现了占股票总数20%的大市值大盘蓝筹股连续上涨、其他80%中小市值的股票连续下跌的所谓“二八”现象。据统计，在上交所上市的最大50支股票组成的上证50指数年内的涨幅约为26%。大盘股中更不乏贵州茅台和格力电器这类业绩优良、高增长、低风险的优质股。有评论认为这是市场日趋成熟化的迹象。

而监管部门也在尽力令市场更加规范化。2017年3月，证监会对鲜言等人操纵市场案处以“没一罚五”的顶格处罚，并开出34.7亿元这一证监会有史以来最高金额“罚单”。截至2017年11月底，证监会已经开出罚单超过100张，合计金额也超过70亿元，同比增幅超过60%。年内证监会还公布了减持以及再融资等多项新规，并对IPO审核趋严，显示出监管的高度强化。

2017年中国股市还有一件大事，就是明晟（MSCI）宣布2018年6月起将中国A股纳入MSCI新兴市场指数和全球基准指数。这意味着将有更多的海外投资者进入中国市场，对中国股市来说，无疑是一个极大的机遇。

（2）印度

关键词：外资涌入

印度股市指数：又称孟买敏感30指数，由孟买证券交易所发布，是最被广泛使用的股市指数，也是投资印度股市的重要指标(见图1.19)。

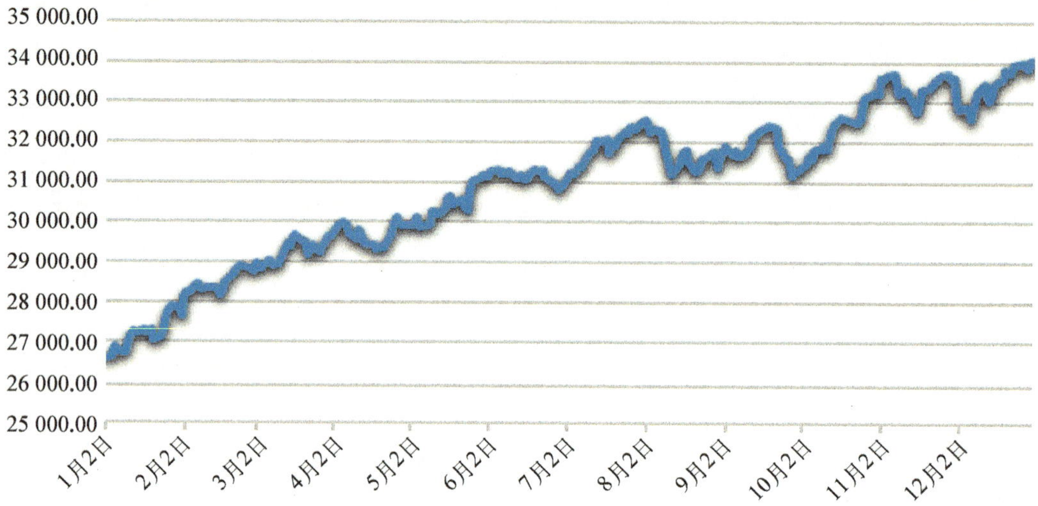

图1.19　印度指数2017年表现

2017年印度股票市场一反2016年的低迷不振,在新兴市场中创下最佳表现。其中的主要动力与日本类似,就是海外投资的涌入。据报道,过去十年来世界主要央行所实施的刺激性货币政策释放了大量的资金,在这些资金寻求更高回报的过程中,亚洲成为重要的目标。而市场看好印度总理莫迪所实行的经济改革——穆迪自2004年以来首次上调印度的主权债券评级,称印度经济和体制改革取得持续进展。印度股市也由此吸引了外资的流入。据统计,2017年以来涌入印度的外资超过82亿美元。

(3)巴西

关键词:降息、改革

巴西指数:圣保罗上市公司股票指数,是投资南美洲的重要指标(见图1.20)。

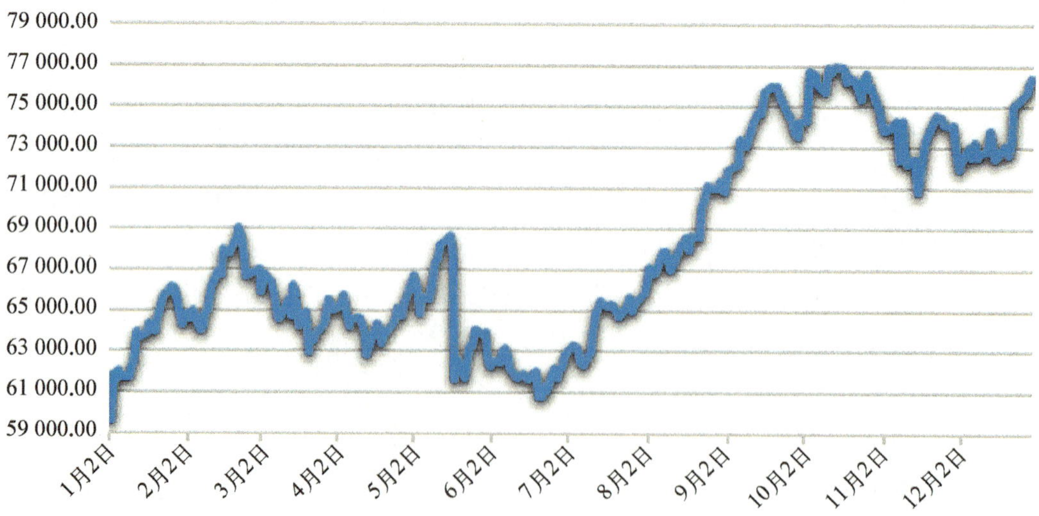

图1.20　巴西指数2017年表现

巴西股市在2017年虽然不如2016年涨势强劲，但仍然表现上佳。一方面，巴西继续2016年10月开始的降息周期，连续九次降息。目前7.5%的基准利率已经接近2012年10月至2013年4月期间7.25%这一历史最低。宽松的货币环境助长了资本市场。另一方面，巴西总统特梅尔的弹劾案未被通过，令巴西政局趋于稳定，市场转为关注巴西政府的相关政策。年内，巴西政府通过了劳工法改革，并开始通过调整预算和税收改善财政赤字。而这些政策也卓有成效，巴西制造业PMI已连续四个月处在荣枯分界线50之上，失业率也自一季度的高位逐步下滑。这些都为巴西股市提供了动能。

（4）俄罗斯

关键词：博弈

俄罗斯RTS指数：由莫斯科交易所上市的50个大型公司股票构成，是俄罗斯股市重要股指之一，也是俄罗斯、东欧和许多欧洲新兴地区/国家的重要指标（见图1.21）。

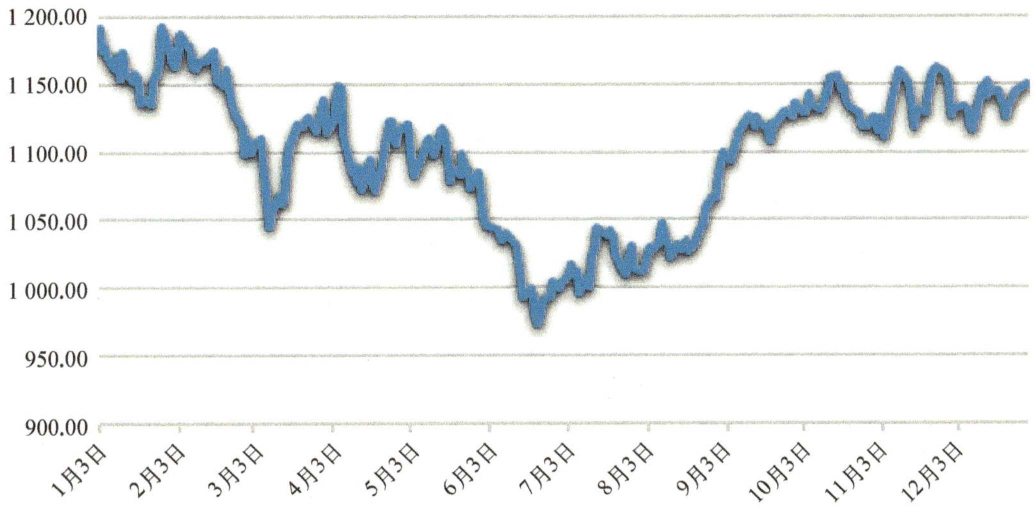

图1.21　俄罗斯RTS指数

2017年，俄罗斯政府的大力整改终见成效，经济逐渐走出阴霾，开始上涨。同时，OPEC减产协议继续，油价企稳。但这些利好因素并没有令俄罗斯股市保住2016年的涨势，在2017年震荡下挫。究其原因，俄罗斯经济相比其他大国仍然偏弱且过于依赖石油，而其仍处于经济制裁的阴云下，与美国关系好转和欧盟因各国大选中政局动荡而放松对其制裁的希望落空。但到了下半年，俄罗斯股市又在上述利好因素的驱动下反弹。看来无论是政治还是经济的博弈都将继续作用于俄罗斯波动的股市。

印度、巴西及俄罗斯股市2017年表现比较如表1.6、图1.22所示：

表1.6　2017年印度、巴西、俄罗斯股市表现

比较项目	印度指数	俄罗斯RTS指数	巴西指数	基准指数
年度收益率	28.06%	−3.46%	28.22%	32.58%
波动风险	2.77%	3.91%	4.27%	2.09%

（续表）

比较项目	印度指数	俄罗斯RTS指数	巴西指数	基准指数
最大跌幅	5.45%(10月)	6.21%(5月)	6.01%(5月)	0.73%(9月)
最大涨幅	2.59%(8月)	8.15%(8月)	8.53%(1月)	5.52%(1月)

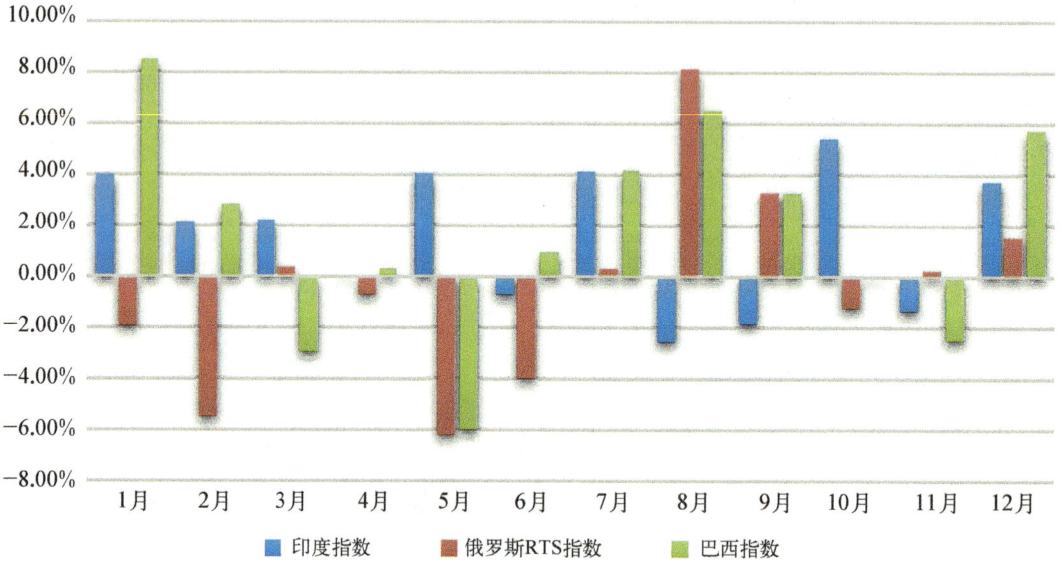

图1.22　印度、俄罗斯、巴西主要股指2017年月度收益率

上述新兴市场2017年收益率和波动风险比较如图1.23、图1.24所示：

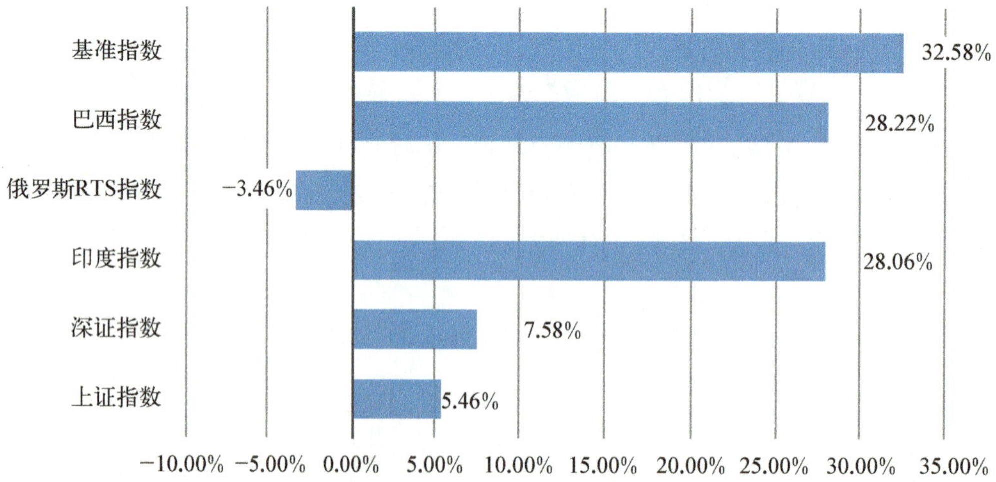

图1.23　“金砖四国”股指2017年年度收益率

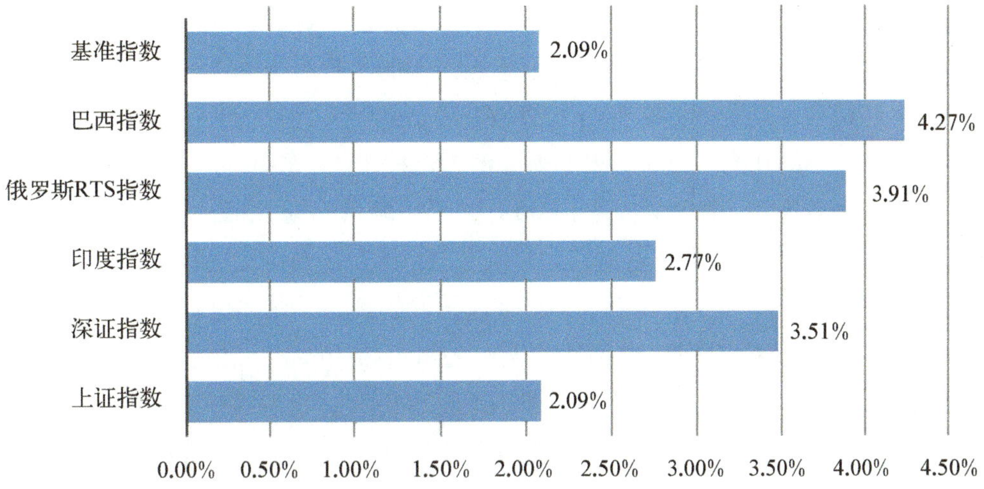

图1.24　“金砖四国”股指2017年波动风险

从年度收益率来看，巴西指数最高，为28.22%，俄罗斯RTS指数最低，为–3.46%；从波动风险来看，上证指数最低，为2.09%，巴西指数最高，为4.27%。

3. 板块表现

2017年各行业股票年收益率如表1.7所示：

表1.7　2017年各行业股票年收益率

MSCI	新兴市场	发达市场	世界指数
非必需消费品	34.879%	22.173%	23.308%
必需消费品	20.505%	13.779%	14.328%
能　源	15.688%	0.912%	2.564%
金　融	26.765%	19.883%	20.821%
医　疗	24.166%	18.225%	18.377%
信息技术	55.909%	38.223%	41.006%
工　业	21.823%	22.460%	22.418%
材　料	26.514%	24.626%	24.889%
地　产	37.613%	9.718%	12.092%
电信服务	9.734%	2.222%	3.501%
公用事业	11.655%	10.053%	10.198%

各主要板块均呈涨势，表现最好的三个板块分别为信息技术、材料和非必需消费品。

（1）科技

科技股可谓2017年股市里最为耀眼的明星。号称“五大金刚”的Facebook、亚马逊、苹果、

Neflix和谷歌母公司Alphabet年内平均涨幅达到50%。5月份,科技股开始爆发,纳斯达克指数一举冲破6 000点。虽然6月和11月的大跌令人们回想起当年的科技股泡沫,但如今的形势又不尽相同。

这些科技界翘楚所从事业务许多都与人们的生活息息相关,科技的发展给人们带来更多便捷,也给企业带来稳定上升的利润。以亚马逊为例,2017年正值它上市20周年,在这20年里,它从一家网络书店发展成零售业巨头,销售量也从1 600万美元一路飙升至1 360亿美元。同时各大机构对科技公司的产品也趋之若鹜,人们都看到,云技术、人工智能、金融科技这些新的热门名词将给产业乃至整个社会带来巨大的变革。但其中也不乏令人担忧的现象。比如比特币的蹿红就令与之相关的科技股出现了异常的暴涨。12月,纳斯达克上市公司LongFin Corp.在收购了一家与加密货币相关的公司后,股价骤增了1 300%。该公司老板不无忧虑地说:“我们是一家盈利公司,但却与狂热无关。这一市场表现并不正常。”的确,“狂热”通常都是投资市场的危险信号,因此值得警惕。

(2)材料

材料板块与科技板块一起维系了2016年以来的优势。与2016年类似,以美国为首的世界各大经济体建筑业持续增长支持了建筑材料企业,消费者支出的稳健则推升了造纸业和包装业。

图1.25 美国建筑业产量持续增长

(3)非必需消费品

对经济周期较为敏感的非必需消费品在2017年得益于全球经济向好的大环境,表现出色。随着经济好转,人们对于汽车、旅游、休闲设施这类非必需消费品的支出增多,令该类股票每股盈余涨势强劲,支持了该行业股价的上升,并吸引了更多的投资者。

（三）2017年全球国债市场：避险需求受压

1. 全球国债市场概述

从全球金融市场的规模来看，债券（包括政府债券、公司债券、按揭债、非抵押债券等）的市值要远远大于公司股票的市值。根据国际货币基金组织(IMF)2017年10月报告显示，全球各国政府债务总额达到63万亿美元，其中美国政府债务规模占到接近三分之一。在理想状态下，政府通过发行债券获得资金来填补短期预算赤字或资助关键项目，然而全球各国已经将欠债变成了一种持续状态，不断积累的大量债务对于各国以及全球经济局面而言都不太健康。

其中美国就是"深陷债务"的典型案例，自2001年以来该国再未录得过年度财政盈余，当时美国联邦政府负债总额为6.9万亿美元，约占GDP的54%。反观当前，美国债务水平高达20万亿美元，为GDP的107%，约等于全球主权债务总量的31.8%。

由于考虑到投资者对海外资产配置的便利性和安全性，本书主要分析的债券市场为公共债券，主要涵盖国债和政府债券等，这部分债券是由各国央行发行的。

2. 主要国家债券市场对比

具体到全球债券市场中的国别情况，由于世界上多数国家的债券市场大体相似，所以这里选取比较有代表性的美国、日本和欧元区这三大债券市场来进行考察。选择这三大国债的理由一是因为它们的债券市场在全球金融体系中的地位突出；二是在于它们各自金融体系的特色鲜明，更具有可比性。美国为市场主导的国家，商业银行和投资银行一直是分离的，金融市场在资源配置中发挥着重要作用；欧洲市场本书选取法国、德国、英国和意大利四国进行分析，主要是因为这四国的投资价值最为典型，结合法国、德国和意大利三国2017年均经历了大选的影响，而英国则依然面对着脱欧谈判的重重挑战，因此最能够代表2017年欧元区的债市趋势；而日本虽然有较为成熟的金融市场，但在其过去的大部分时间里银行系统直接控制了资源的配置，因此属于银行与市场兼而有之的金融体系。

为了更加直观地进行比较，本书以各国主流的10年期国债走势进行横向对比，帮助投资者了解不同国家的横向表现。放眼2017年全球债市，主要国家中截至11月底10年期国债收益率最高的是澳大利亚，美国紧随其后，主要是受到美联储加息预期的提振以及税改法案的有效推进，同时美国股市不断创造新高,而各大风险事件的影响逐步消退,这令避险需求大受打压。而加拿大、意大利和西班牙则位列其后,加拿大受强劲经济增长和完成两次加息的影响,债券收益率有了大幅攀升,而西班牙则因为加泰罗尼亚独立公投危机缓解导致风险情绪回升。此外,日本和瑞士继续排在末端,因较为宽松的政策立场,收益率分别接近0%和位于负值(见图1.26)。

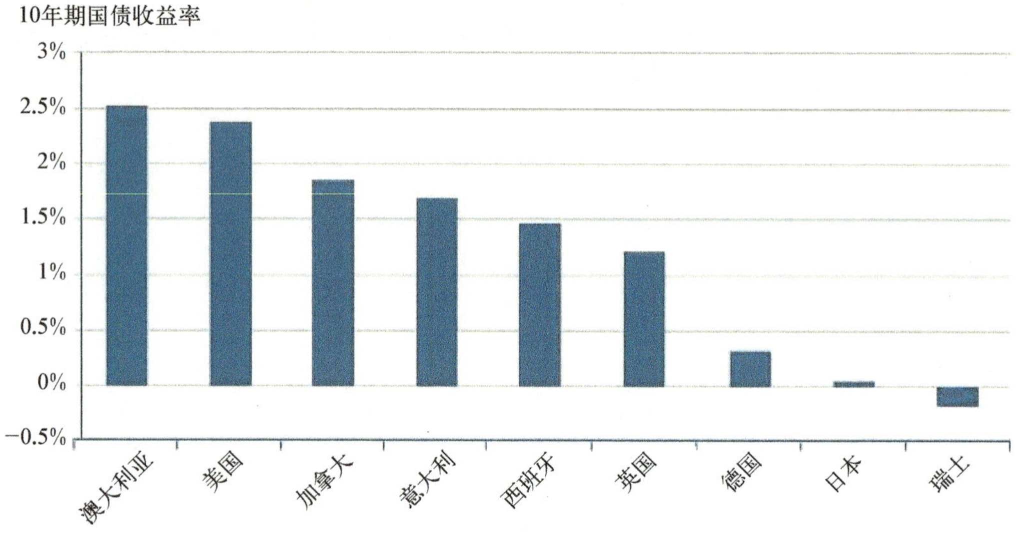

资料来源:Investing.com。

图1.26 全球主要国家债券收益率

除了收益率之外,投资国债市场的投资者还密切关注债券的安全性系数,而国家主权信用评级(Sovereign rating)就可以很好地反映债券的安全性能。国家主权信用评级是指评级机构依照一定的程序和方法对主权机构(通常是主权国家)的政治、经济和信用等级进行评定,并用一定的符号来表示评级结果。信用评级机构进行的国家主权信用评级实质就是对中央政府作为债务人履行偿债责任的信用意愿与信用能力的一种判断。作为中央政府对本国之外的债权人形成的债务,一般由债权人所在国家的信用评级机构进行国家主权信用评级。

主权信用评级,除了要对一个国家国内生产总值增长趋势、对外贸易、国际收支情况、外汇储备、外债总量及结构、财政收支、政策实施等影响国家偿还能力的因素进行分析外,还要对金融体制改革、国企改革、社会保障体制改革所造成的财政负担进行分析,最后进行评级。主权信用评级一般从高到低分为AAA,AA,A,BBB,BB,B,CCC,CC,C。AA级至CCC级可用+号和−号,分别表示强弱。目前涉及主权信用评级业务的主要是国际三大评级机构:惠誉、标准普尔和穆迪,如表1.8所示。

表1.8 国际三大评级机构对主要债券投资国家的主权评级

国家	评级机构					
	标普		穆迪		惠誉	
	评级	展望	评级	展望	评级	展望
美国	AA+	稳定	Aaa	稳定	AAA	稳定

（续表）

国　家	评级机构					
	标　普		穆　迪		惠　誉	
	评级	展望	评级	展望	评级	展望
日本	A+	稳定	A1	稳定	A	稳定
德国	AAA	稳定	Aaa	稳定	AAA	稳定
英国	AA	负面	Aa2	稳定	AA	负面
法国	AA	稳定	Aa2	稳定	AA	稳定
意大利	BBB	稳定	Baa2	负面	BBB	稳定

为了更加直观地进行国家之间的评级比较，本书引入Trading Economics Credit Rating指数，这一指数结合五大指标来源，综合评估了标普、穆迪、惠誉以及经济数据指标和金融市场表现，从而得出从0至100(最好)的数字化评级，方便投资者能够一目了然全面地了解各主要债券投资国家的主权评级。本书重点讨论的六大市场中，德国评级为100，美国评级为97，英国评级为95，法国评级为90，日本评级为78，意大利评级为60。

图1.27为各国主权评级和10年期国债收益率之间关系的散点图，我们可以发现，综合主权评级和收益率而言，10年期美国国债的表现最好，能够同时兼顾到投资回报和安全性。10年期意大利国债虽然收益率较高，但由于主权评级相对最低，因此投资价值也存在欠缺。而10年期日本国债收益率接近0%，同时主权评级也低于趋势线，因此投资价值也不高。

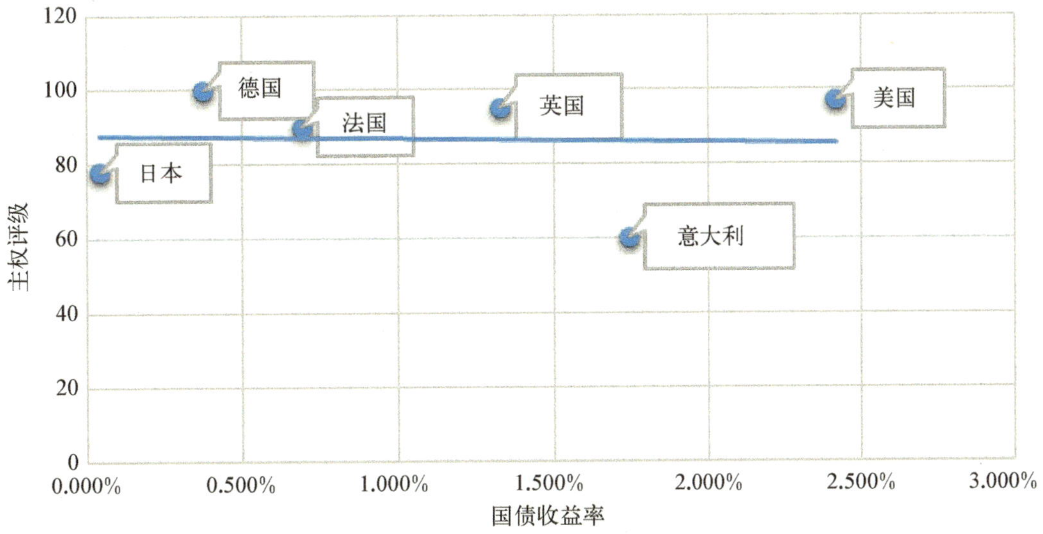

图1.27　海外主要市场10年期国债收益率与各国主权评级关系散点图

(1)美国国债

美国国债收益率

通过观察最具代表性的10年期美国国债每日收益率变化，投资者可以发现，2017年美国国债收益率整体依然呈现出V字形走势,年内最低点出现在9月7日的2.042%,因市场担忧伊尔玛和哈维飓风影响美国经济,从而激发了对公债的避险需求。之后受经济数据逐步走强以及美联储加息预期升温,同时市场风险情绪的不断改善,10年期美债收益率震荡回升(见图1.28)。

在美国国债收益率曲线中,深蓝色曲线代表2017年12月底的走势,红色曲线代表2017年11月底的走势,而淡蓝色曲线代表2016年12月底的走势,通过对比可以发现,美国国债收益率曲线正在趋平,这一点引发了主要投资机构的担心(见图1.29)。

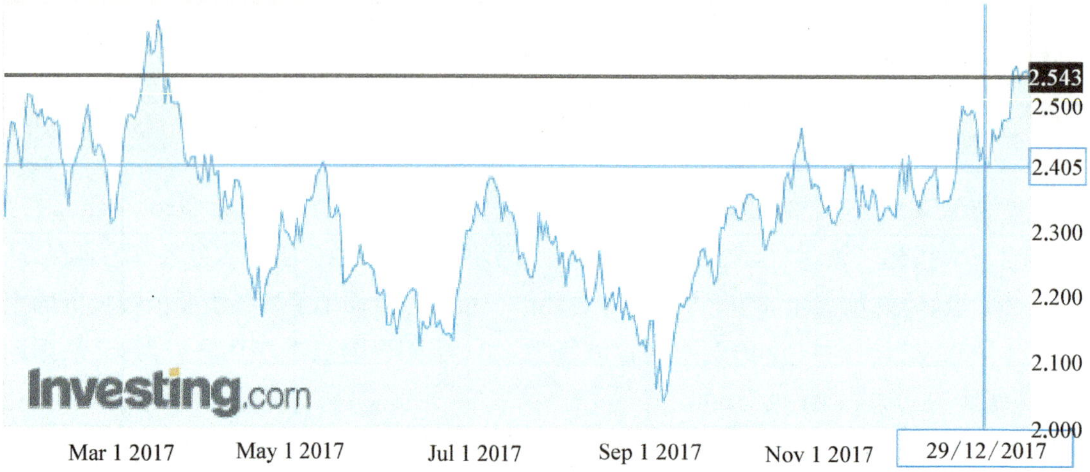

资料来源:Investing.com。

图1.28 10年期美国国债每日收益率变化

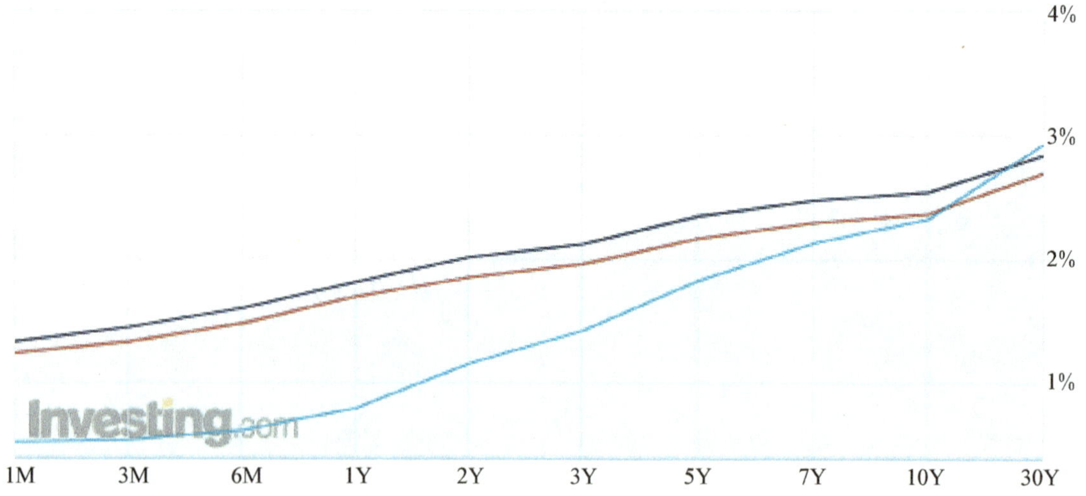

图1.29 美国国债收益率曲线

通常2年期国债收益率会随着美联储加息预期升温而走高,而10年期国债收益率则主要反映投资者对经济增长和通胀的预期,如果收益率走高即表明投资者对经济加速增长和通胀走高的预期升温。

但美国国债收益率曲线在经济看似繁荣之际趋平,这在股市不断创新高的时候发出了一个含糊的信号。通常而言,收益率曲线趋平可能意味着美联储过度收紧政策恐令经济陷入衰退。如果美国继续加息，收益率曲线还将进一步趋平甚至不排除出现倒挂的可能，从而导致股市惨遭抛售，这将冲击美国经济。但鉴于美国经济形势似乎一片大好，尤其是2017年底税改取得显著进展后市场对经济前景预期更是刺激美国股市继续上涨，这令10年期美债收益率存在意外低迷的现状。

根据圣路易斯联储的数据显示，在此前2年期国债收益率高于10年期国债收益率的六个时期中，有五次美国经济在之后不到一年就陷入衰退，这引发了市场对未来前景的忧虑情绪。

此外，图1.30根据截至2017年12月29日的数据将2年期、5年期、10年期和30年期美国国债收益率进行了对比。

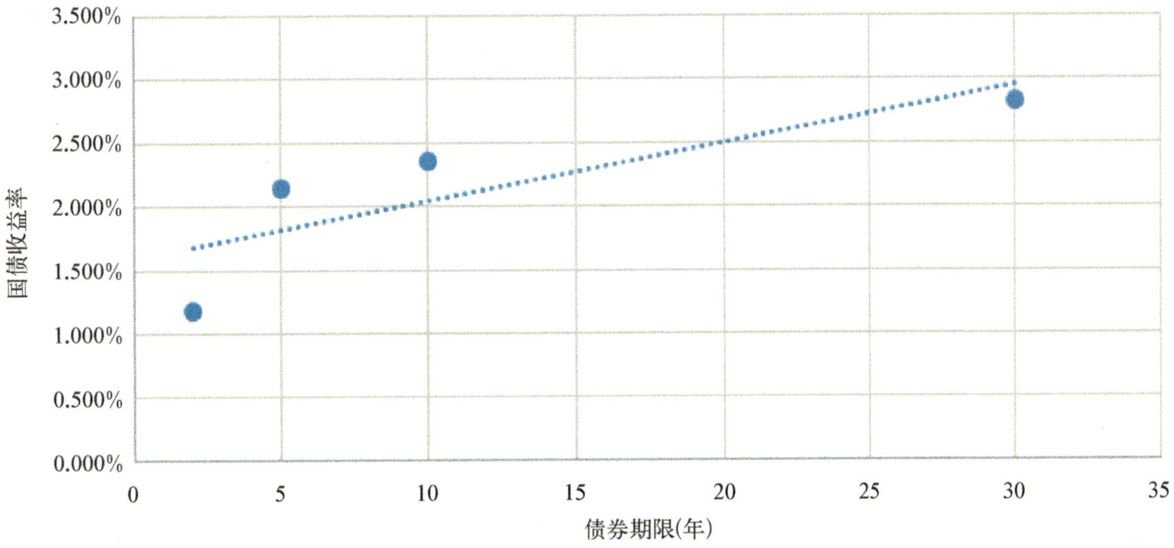

图1.30　不同期限美国国债收益率对比

（2）日本国债

日本国债收益率

在图1.31日本国债收益率曲线中，深蓝色曲线代表2017年12月底的走势，红色曲线代表2017

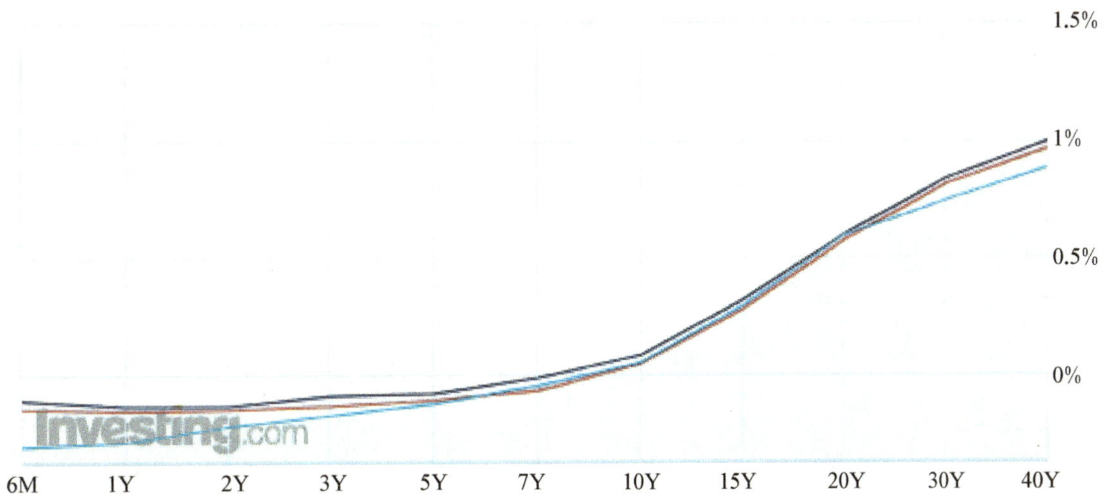

资料来源：Investing.com。

图1.31　日本国债收益率曲线

年11月底的走势，而淡蓝色曲线代表2016年12月底的走势，通过对比可以发现，2017年日本国债收益率曲线逐步陡峭，这正是日本央行所希望看到的趋势，也是日本央行削减购债规模的目的之一，因中短期国债收益率对企业借款成本影响最大，日本央行希望降低短至中期国债收益率，同时推高超长债收益率使其脱离过低水准，这也为之后逐步推出宽松政策提供更大的操作余地。

此外，图1.32根据截至2017年12月29日的数据将2年期、5年期、10年期和30年期日本国债收益率进行了对比。

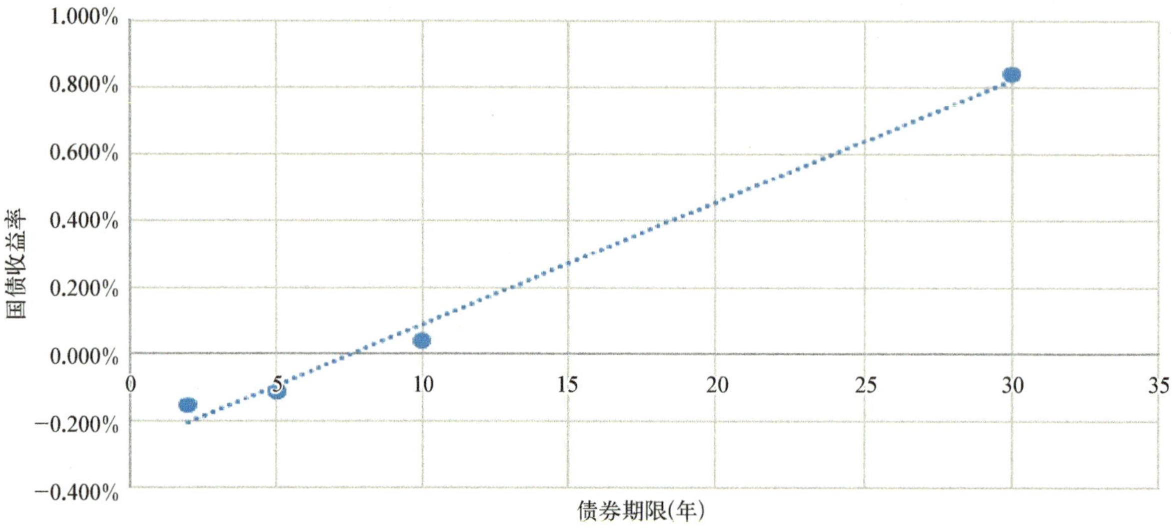

图1.32　不同期限日本国债收益率对比

(3)欧洲国债

- **德国国债**

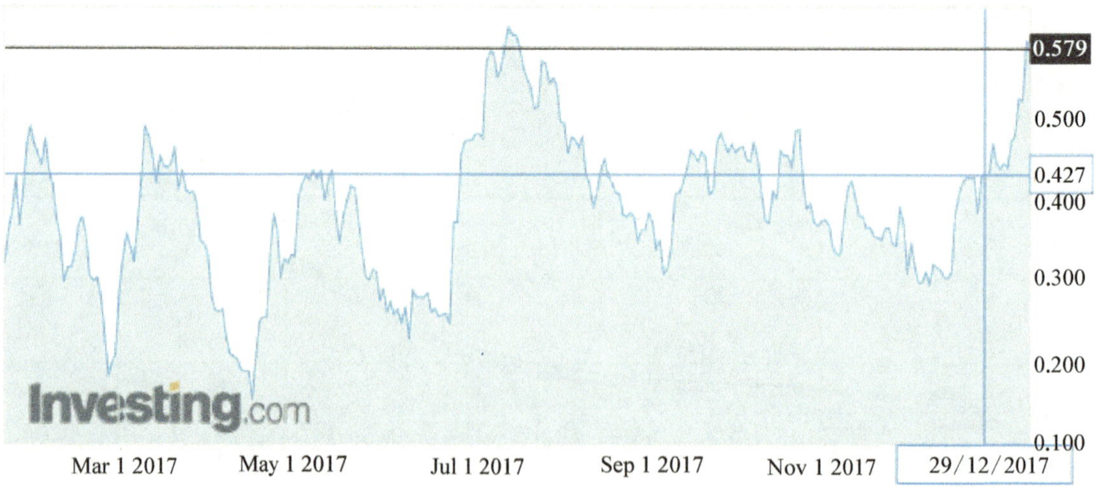

资料来源：Investing.com。

图1.33　10年期德国国债收益率

国内外的政治风险令德债收益率在年底前徘徊于低位。从10年期德国国债在2017年的收益率走势可以发现，由于德国国债在欧元区独特的避险地位，全年收益率较上年有所提升，主要是受到年内经济形势强劲的影响，不过依然相对处于低位。30年/2年期德债收益率也继续缩窄，跟随美债收益率趋平的走势，因欧洲央行延长购债计划同时承诺将利率保持低位，导致投资者追求回报率而令长期公债收益率跌势加剧。

在图1.34德国国债收益率曲线中，深蓝色曲线代表2017年12月底的走势，红色曲线代表2017年11月底的走势，而淡蓝色曲线代表2016年12月底的走势，通过对比可以发现，德国国债收益率曲线在2017年大部分时间内较前一年有所趋平，但年底收益率高于前一年，显示经济形势走稳和风险情绪回升对德债收益率形成了提振。

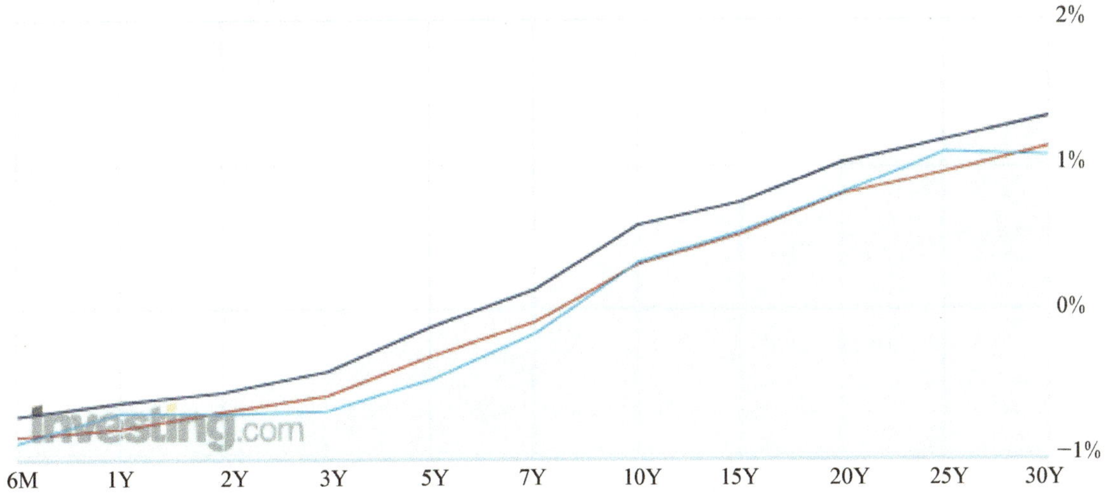

资料来源：Investing.com。

图1.34　德国国债收益率曲线

此外，图1.35根据截至2017年12月29日的数据将2年期、5年期、10年期和30年期德国国债收益率进行了对比。

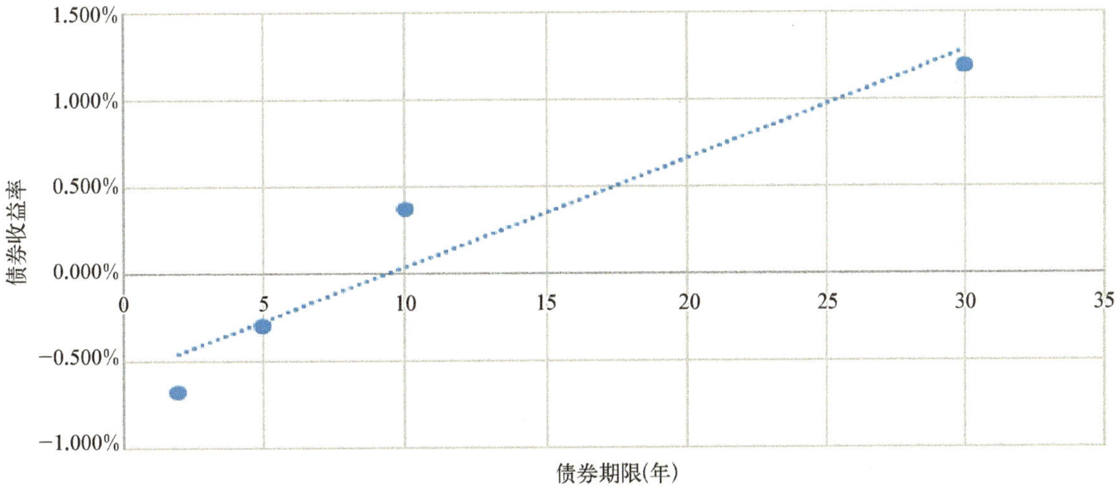

图1.35　不同期限德国国债收益率对比

- **英国国债**

2017年10年期英国国债收益率整体震荡下挫。11月2日英国央行如期宣布升息，为十年来首次。但货币政策委员会的会议纪要却偏向于鸽派，不但警告了脱欧的影响，还声称今后的进一步加息会缓步而有限。虽然英国央行暗示，本次加息之后，还将在2020年之前加息两次，但实际上英镑的大幅下挫，暗示一些交易员怀疑，在经济疲软和脱欧不确定性的双重夹击下，英国央行能否兑现承诺，这同时也令英债收益率承压。

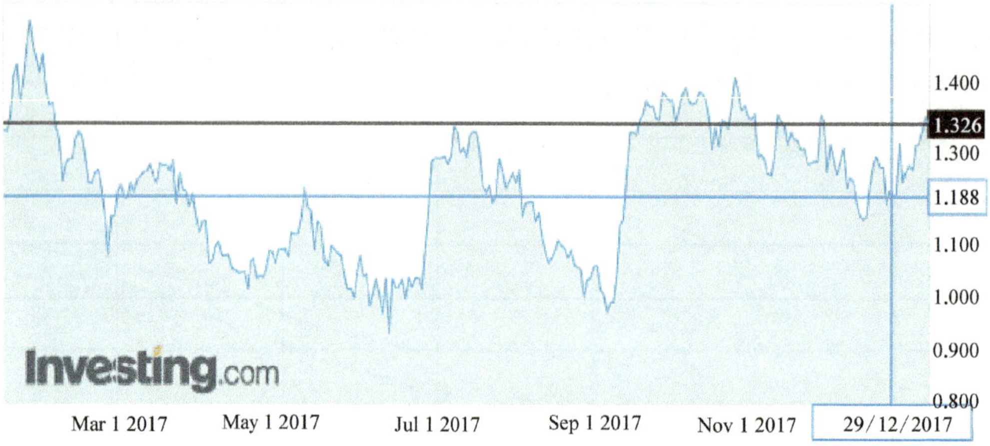

资料来源：Investing.com。

图1.36　10年期英国国债收益率

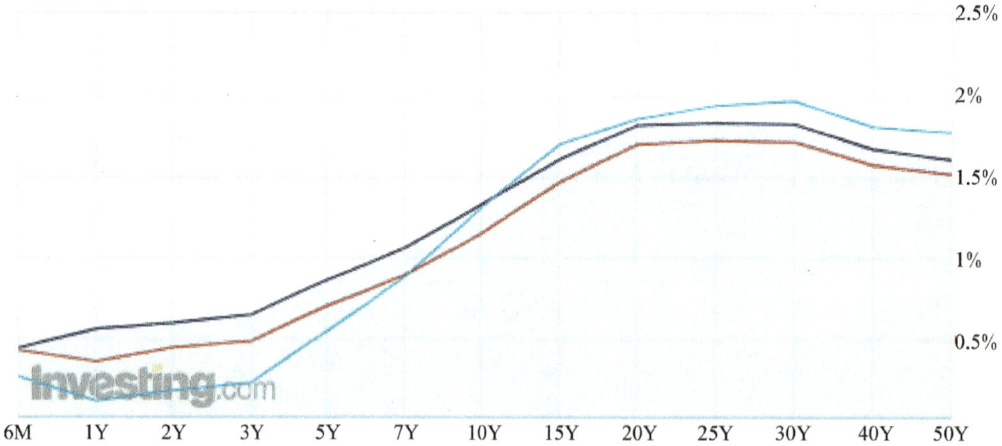

资料来源：Investing.com。

图1.37　英国国债收益率曲线

在英国国债收益率曲线中，深蓝色曲线代表2017年12月底的走势，红色曲线代表2017年11月底的走势，而淡蓝色曲线代表2016年12月底的走势，通过对比可以发现，英国国债收益率曲线仍趋平，因英国央行实施加息以及未来前景不确定性攀升。

此外，图1.38根据截至2017年12月29日的数据将2年期、5年期、10年期和30年期英国国债收益率进行了对比。

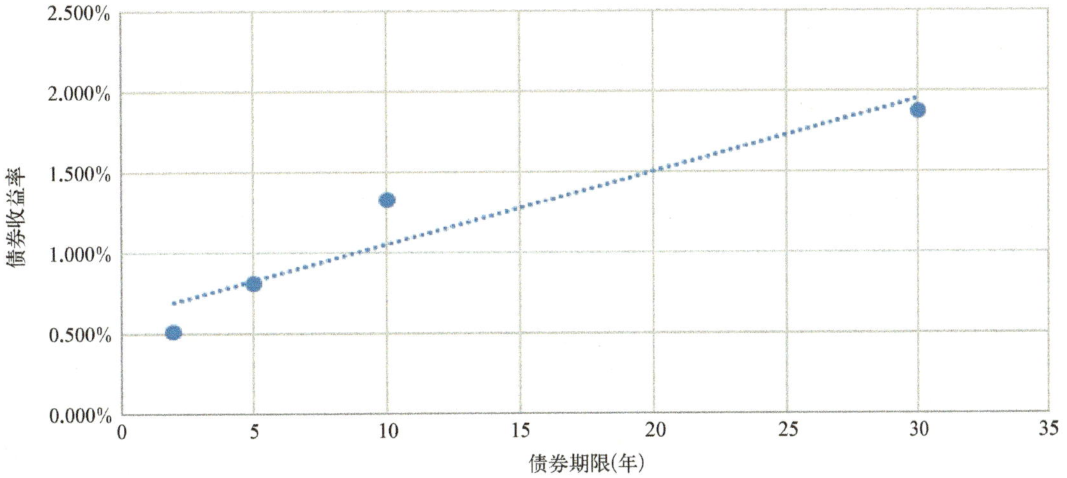

图1.38　不同期限英国国债收益率对比

•意大利国债

在图1.39意大利国债收益率曲线中，深蓝色曲线代表2017年12月底的走势，红色曲线代表2017年11月底的走势，而淡蓝色曲线代表2016年12月底的走势。虽然意大利局势在2017年内有所稳定，但整体面临的重重挑战令该国收益率曲线基本和前一年保持一致，依然处于较陡水平。

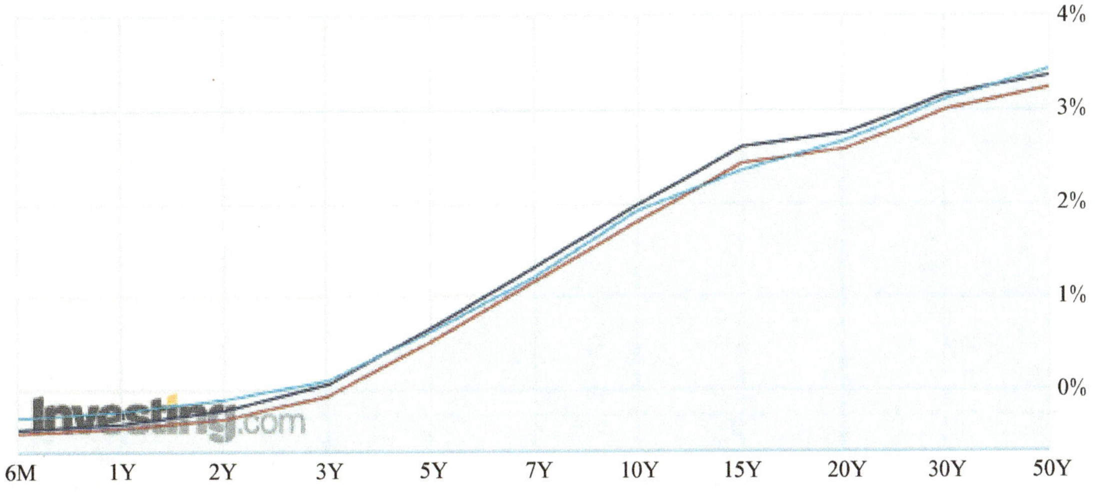

资料来源：Investing.com。

图1.39　意大利国债收益率曲线

此外，图1.40根据截至2017年12月29日的数据将2年期、5年期、10年期和30年期意大利国债收益率进行了对比。

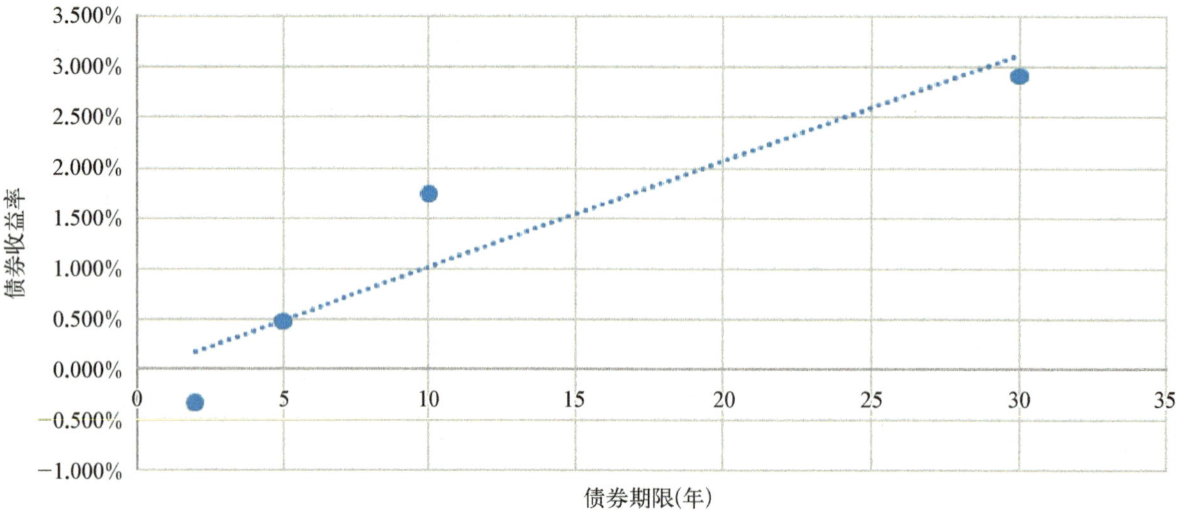

图1.40　不同期限意大利国债收益率对比

- **法国国债**

与英国的动荡形成鲜明对比，法国政治局势的正面发展，令法国与德国国债收益率差一度接近七个月最窄水准，同时法国10年期国债收益率也跌向七个月低点附近。

如图1.41所示，10年期法债收益率在2017年稳步下行，主要是受到相对于其他国家而言更加稳定的政治局势所推动，不过继穆迪下调意大利主权信用评级之后，全球三大评级机构之一的惠誉(Fitch)12月12日宣布将法国评级由“AA+”下调至“AA”，前景展望为稳定。惠誉在一份报告中指出，2017年法国经济增幅预计将低于欧元区的平均水平，为四年来首次。报告称，法国经济前景疲弱损及财政整固和公共债务比率企稳的前景。

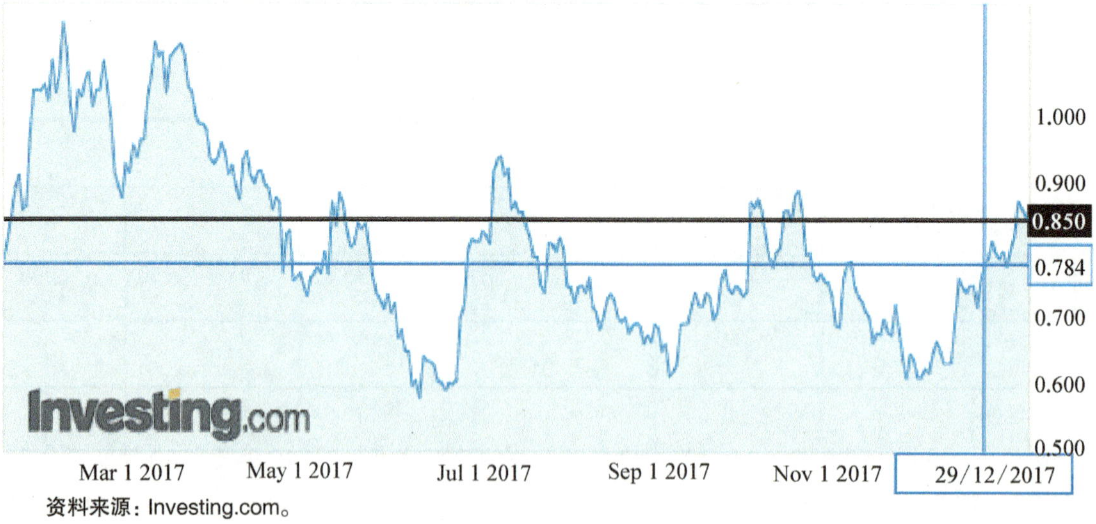

资料来源：Investing.com。

图1.41　10年期法国国债收益率走势

这也是继穆迪下调意大利主权信用评级之后，欧元区的另一主要经济体的评级再次遭到调降，这或将加剧市场对于欧元区经济复苏停滞的忧虑。

在图1.42法国国债收益率曲线中，深蓝色曲线代表2017年12月底的走势，红色曲线代表2017年11月底的走势，而淡蓝色曲线代表2016年12月底的走势。综合而言，政治局势稳定帮助法国国债收益率曲线略微趋平。

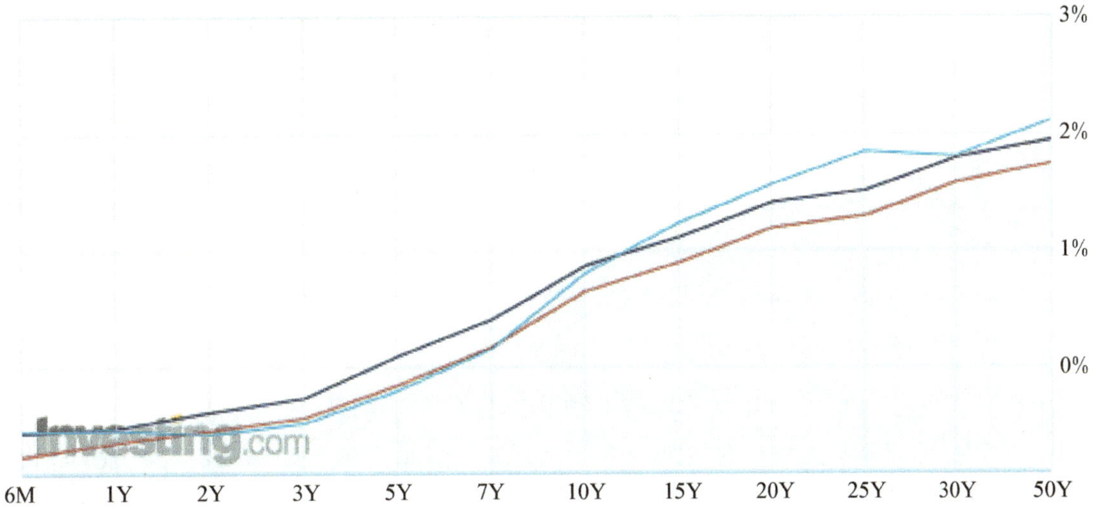

资料来源：Investing.com。

图1.42　法国国债收益率曲线

此外，图1.43根据截至2017年12月29日的数据将2年期、5年期、10年期和30年期法国国债收益率进行了对比。

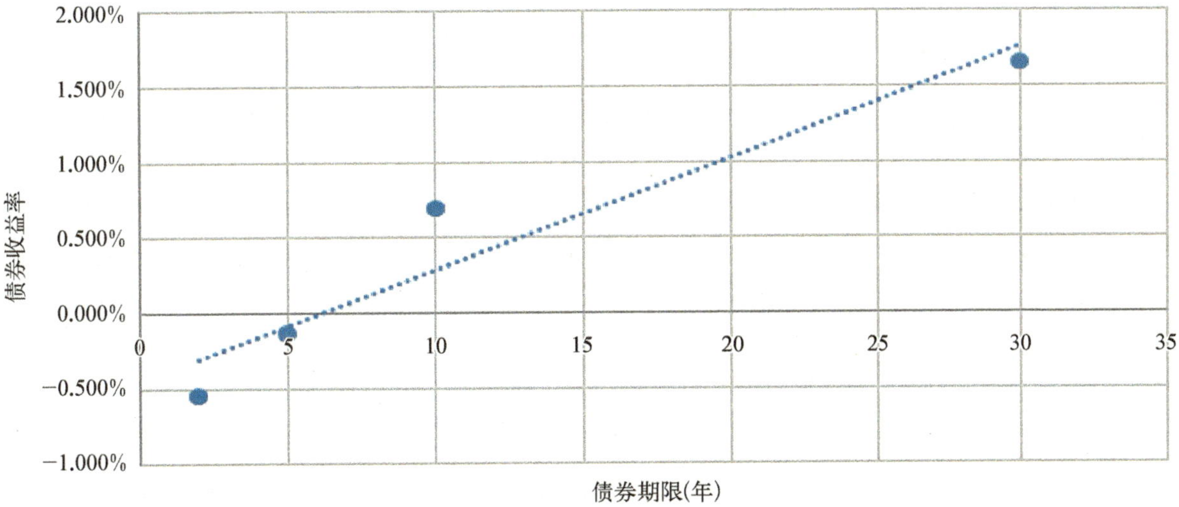

图1.43　不同期限法国国债收益率对比

（四）2017年全球货币市场：美元汇率显著走弱

美元汇率显著走弱是2017年全球货币市场最令人关注的现状。据金融博客Zerohedge信息显示，过去三年中，美元贸易加权指数在2014年上涨8.6%，在2015年上涨10.7%，在2016年则温和上涨3.0%。然而，这一趋势却在2017年彻底逆转。从2016年12月30日收盘的102.39下跌至2017年12月29日的91.83，跌幅达到10.31%，期间美元兑欧元、英镑、日元和人民币分别贬值14%、9.5%、3.54%和6.47%，可以发现美元兑欧元是兑全球主要货币中贬值幅度最大的货币对。欧元强而美元弱可以说是2017年货币市场的一大主题，其次英镑兑美元的表现也可谓是相当抢眼。

具体分析，欧元走强的原因主要有三大方面：第一，尽管美国经济前景依然强于欧元区，但2017年欧元区经济复苏程度却要强于美国；第二，虽然美联储有望在2017年内完成三次加息，但这些均符合市场预期，因此被货币市场完全消化，但欧元区却多次释放出未来实施紧缩政策的信号，这令政策分歧减小；第三，尽管税改法案得到推进，但美国总统特朗普政府仍面临重重挑战，政治前景的不明朗性令人担忧，但英国脱欧谈判逐步踏入正轨，欧元区政治风险已经降低，这不仅给欧元带来支撑，对英镑走势也产生了有效提振。

经济增长层面，欧盟统计局(Eurostat)数据显示，欧元区19个国家的国内生产总值(GDP)在2017年前三季度分别同比增长2.0%、2.2%和2.5%，而美国同期分别同比增长1.9%、2.2%和2.3%，虽然均保持稳步提升，但欧元区经济复苏进程整体好于美国，这也是2017年欧元兑美元显著升值的重要原因之一。

货币政策层面，虽然2017年欧洲央行依然退出改变低利率和量化宽松的政策组合，但已经多次释放将在未来实施紧缩政策的信号，同时也已经开始削减购债规模，自2018年1月份开始会将每月购买规模从600亿欧元减少到300亿欧元，目前购债时限为2018年9月。从2017年各央行的走势我们看到，除了美联储继续推进紧缩政策以外，英国和加拿大两国央行也已经加入紧缩行列，而随着欧洲央行的态度日渐鹰派，全球货币政策已经由分化走向趋同，这也是美元整体走弱的重要原因。

政治局势层面，2017年对于美国总统特朗普而言并不是愉快的一年，医改、税改、基建、移民、边境墙以及贸易协定等各个方面均遭遇不同程度的挑战，除了税改最终落实以外，其他各个方面均未有建树，这令美国政治局势充满了不确定性。反观欧元区，根据欧盟委员会12月初发布的最新声明称，与英国就《里斯本条约》第50条举行谈判的第一阶段已经取得重要进展，在分手费、爱尔兰边境和欧盟公民权利等方面均达成了基本一致，将很快开启第二阶段谈判。脱欧政治风险的有效降低帮助欧元和英镑双双走高。

1. 主要货币走势回顾

（1）美元指数

2017年美元指数整体呈现出显著下挫的局势，虽然美联储完成三次加息，同时在9月政策会议上宣布于10月开始缩减约4.2万亿美元的公债和抵押贷款支持证券(MBS)投资组合，最初将每月到期证券再投资规模减少至多100亿美元，不过这基本符合市场预期，因此并未为美元带来足够支撑，反而是美国总统特朗普施政道路困难重重引起了市场的严重担忧，股市不断走高也不能拯救美元走势。此外，除了日本央行继续坚持宽松政策以外，英国和加拿大两国央行已经步入紧缩大军，而欧洲央行也日渐接近紧缩，这令2016年政策背离局面完全逆转，令美元迟迟无法获得持续性提振。

图1.44　2017年美元指数走势

美元指数2017年开于102.40，受市场对美联储继续推进紧缩政策的影响，于1月3日触及年内最高103.81，再刷14年来最高。不过即便美国经济复苏势头依然稳固，同时美联储在头三个季度实施了两次加息并于10月开始启动缩表，但由于欧元走势过于激进以及政策趋同化现象的出现，技术面超卖令美元于9月8日一度下探年内最低91.02，同时也是两年半来的最低价位。最终收于92.28，全年下跌9.88%，连涨四年后再度收跌。

美国总统特朗普12月22日在白宫签署1.5万亿美元税改法案，该法案中的诸多条款将从2018年1月开始生效，这标志着美国逾30年来最大规模减税行动正式启动。这项法案是30多年来对美国税法的最全面改写。这是美国总统特朗普上任以来首个重大立法胜利。

法案将永久削减企业税率，为个人提供较短期的税项减免。美国总统特朗普也在推特发文表示将为美国民众创造史上最大的减税行动。

与最初版本相比，税改最终方案做出某些让步，但仍达到其全面减税、令美国企业税收系统更加接近其他国家的目标。税改主要内容包括：个人所得税最高税率从39.6%降至37%；企业税最高税率从35%大幅降至21%。

不过消息出炉后，美元走势却出现下滑。此前就有分析人士指出，考虑到市场仍然担忧税改对于经济增长的提振作用，税改法案通过之后，美元有可能遭遇“卖事实”的冲击。分析师指出，一方面是因为市场已经消化了税改带来的利好影响，另一方面，市场目光开始越过已获参议院通过的美国税改法案，寻找可能出现的白宫有关基础设施开支、社会福利以及保护主义政策的信号。

（2）欧元/美元

2017年欧元表现相当抢眼，兑美元更是大幅上涨，这与欧元区经济强劲复苏、货币政策趋同化以及政治风险降低密不可分，此外，美国自身麻烦不断也为该货币对创造了上行条件。

图1.45　2017年美元/欧元走势

欧元/美元2017年开于1.052 9，经济数据表现强劲、政治风险逐步降低和未来缩减宽松政策的预期是欧元年内一路走高的三大原因。在欧洲央行9月政策会议后，受行长德拉基言论刺激，市场一度认为10月会议上将会讨论削减量化宽松政策，欧元也于9月8日触及年内最高1.209 1且刷新2015年1月以来高点。但随后市场揣测欧洲央行可能不急于缩减宽松，欧元适度回吐涨幅。受困于9月会议之后的欧洲央行立场开始略偏鸽派以及加泰罗尼亚独立危机出现，欧元/美元在10月27日当周大幅下挫，录得年内最大单周跌幅。但好在进入11月后，欧洲央行未来缩减宽松政策的预期重燃，同时加泰罗尼亚独立危机也逐步消退，欧元/美元重拾涨势，并于11月24日当周飙升突破1.19，涨幅超过1%且为7月以来最佳单周表现。最终收于1.200 1，全年大涨14%，连跌三年后再度收涨，且创2007年以来最大年度涨幅。

（3）美元/日元

2017年日元呈现出宽幅震荡走势，全年大部分时间内维持在107～115区间整固。日本央行目前是各主要央行中少数继续坚持宽松立场的，日本央行在9月政策会议上如期维持当前货币政策不变，虽然出现了一张反对票，但央行观察人士愈发预计，日本央行将维持当前政策，至少持续到黑田当前任期下年4月份结束，尽管央行的资产负债表接近日本经济的规模。12月政策会议上，日本央行如期宣布维持货币政策不变，将利率维持在−0.1%不变，并维持10年期国债收益率目标在0%附近不变，这帮助美元/日元暂时延续自身上行之势，未出现太大波动。

巴克莱(Barclays)分析师撰文称，强劲的经济和疲软的物价(菲利普斯曲线扁平)之间的巨大差异使得货币政策在任何方向上的调整都没有多少空间。

图1.46 2017年美元/日元走势

美元/日元2017年开于116.81，年初在1月3日触及年内最高118.59后开始震荡下挫，虽然日本央行维持宽松立场继续加大两国央行的政策背离状况，但年内频繁出现的暴恐袭击、朝鲜半岛紧张局势、欧洲政治风波以及美国政治前景不明等风险因素的轮番上台，令日元受到有效支撑，9月8日美元/日元触及年内最低107.31。不过进入第四季度以后，由于各大风险事件影响减弱，同时美国股市屡创新高刺激投资者从避险资产中撤离资金，美元/日元重启涨势，开始上攻年内区间高位。最终收于112.67，全年下跌3.54%，连续第二年录得下跌。

(4)英镑/美元

2017年英镑稳步上涨，兑美元连续三年收跌后首次迎来年限上涨，并创2010年以来最大年度涨幅。英镑/美元于1月16日触及年内最低1.198 4，不过随着英国首相特蕾莎・梅如期公布脱欧方案，英镑迎来“买事实”契机，从而开启了年内的上涨走势。受英国央行加息预期升温提振，英镑/美元于9月20日触及年内高位1.365 5。最终英国央行果真在11月3日政策会议上宣布实施十年来首次加息，继美联储、加拿大央行之后成为第三个开始紧缩政策的主要央行。不过由于加息已经被市场消化，因此英镑未能进一步挑战年内高位。

进入第四季度以后，英镑/美元出现一波承压回调，因英国脱欧谈判陷入僵局，同时特蕾莎・梅也面临下台危机。不过12月初英国首相特雷莎•梅与欧盟委员会主席容克共同宣布，双方就“脱欧”

图1.47　2017年英镑/美元走势

三大核心议题取得一致，标志着第一阶段谈判基本结束。第二轮谈判即将召开，贸易协议将是第二阶段谈判的关键，也是脱欧谈判中的最大难点。最终收于1.351 2，全年急升9.5%，连跌三年后首度收涨且创2009年以来最大年度涨幅。

（5）澳元/美元

2017年澳元波动幅度较大，前三季度兑美元从年初低位震荡走高，但进入第四季度后又回吐年内大部分涨幅，主要是因为澳大利亚和美国10年期国债收益率差值有所加大，进一步增加了澳元/美元的下行压力。不过澳元/美元依然收获4年来首次年线上涨。年内澳洲联储政策立场并未出现较大改变，现金利率也稳定维持在1.5%不变。虽然澳洲联储主席洛威曾强调未来可能会进行加息，但并不大可能会在近期出现这样的行动。一方面，家庭债务超过收入下降，通胀预期下滑以及消费支出疲软，这些均使得澳洲联储难以过度乐观。另一方面，目前澳大利亚就业和投资前景处

图1.48　2017年澳元/美元走势

于健康水平，澳洲联储可以且将找到足够理由证明有进一步对货币政策进行考量的空间，澳洲联储加息的必要性基本上为零。

澳元/美元2017年开于0.720 1，1月2日短暂下触年内最低0.716 0后开始上涨。澳元走势与中国经济数据和商品价格表现依然紧密相连，随着中国一系列经济数据表现抢眼以及铁矿石自6月中旬低点以来大涨约32%，澳元/美元于9月8日触及年内高点0.812 4，升至2015年5月来最高。如市场预期一般，澳元的强劲走势引起了澳洲联储的不满，口头干预不可避免地出现，令澳元进入第四季度后承压回落。同时美元重启涨势也是该货币对承压的另一原因。最终收于0.780 1，全年收涨8.33%，连跌四年后再度收涨且创2010年来最大年度涨幅。

（6）美元/加元

2017年对于加元来说又是表现抢眼的一年，继2016年迎来反弹之后连续第二年收涨。因加拿大央行开启紧缩周期以及原油价格大幅回升，加拿大与美国已经从之前的政策背离转为趋同，这有效降低了加元的下行风险。此外，石油输出国组织(OPEC)于11月30日与俄罗斯等非OPEC产油国将减产协议延长至2018年底，为油价带来有效支撑。

图1.49　2017年美元/加元走势

美元/加元2017年开于1.343 4，由于美联储稳步加息以及油价上半年承压下跌，于5月5日触及年内最高1.379 2，但在1.380 0关口依然遭遇稳固阻力。不过进入下半年后，加元突然开始发力。加拿大央行于7月12日宣布实施十年来首次加息，正式吹响紧缩号角，成为继美联储之后首个开启紧缩周期的主要央行。更令人意外的是，9月6日加拿大央行再度加息。受此影响，美元/加元于9月8日触及年内最低1.205 7，创逾两年高位，因加拿大上半年经济表现强劲，促使加拿大央行年内加息两次。加拿大上半年经济增速为2002年以来最快，但7月时增速暂停。不过之后加拿大央行官员口径开始转为鸽派，市场担心2018年初再度加息的可能性有所降低，这令加元兑美元回吐部分年内涨幅。另一方面，经过多轮谈判后，北美自由贸易协议(NAFTA)依然困难重重，未来贸易层面的不确定性对加元走势形成打压。最终收于1.257 7，全年重挫6.38%，连跌两年且创2009年以来最大年度跌幅。

(7)美元/离岸人民币

2017年3月以来,人民币兑美元汇率出现了方向性的改变。从2015年10月人民币汇改以后的贬值趋势,转为逐步稳定回升态势。不过此前的巨大跌幅除了美联储开始紧缩周期之后美元强势走高以外,恐慌性抛售也成为重要推手,许多投资者并没有理性看待贬值趋势。不过鉴于美国稳步进入加息通道,而中国央行短期内加息的概率依然较低,人民币兑美元的稳定性恐仍将面临考验。即便如此,考虑到中国经济的高质量增长以及人民币国际化进程的不断推进,长期而言,人民币稳定趋势有望延续。

图1.50　2017年美元/离岸人民币走势

美元/离岸人民币2017年开于6.956 6,之后便承压下挫,于9月8日更是跌破6.45关口,下触年内低位6.437 4,创近18个月新高,但随后由于美国税改得到有效推进以及美联储加息预期继续升温,人民币进入第四季度后开始回吐年内涨幅。最终收于6.506 8,全年下挫6.47%,连涨三年后再度收跌且创2008年以来最大年度跌幅。

2. 波动率分析

一般投资者理解的波动率是计算价格或收益率的标准方差进行比较,样本标准差都是衡量一个样本波动大小的量,样本标准差越大,样本数据的波动就越大。即使两组数据的平均值相同,也可能会得出不同的标准方差,其中标准方差较大的一组数据说明个体之间的波动较大。

本书选取2017年各个主要货币对的全年日收盘价计算得出的标准方差作为波动率参考,结合全年涨跌幅进行投资比较。其中美元指数全年下跌10.31%,波动率为3.364 2,大于2016年;欧元/美元全年大涨14%,波动率为0.051 2,大于2016年;美元/日元全年下跌3.54%,波动率为1.758 0,远小于2016年;英镑/美元全年急升9.5%,波动率为0.037 3,远小于2016年;澳元/美元全年收涨8.33%,波动率为0.018 1,略低于2016年;美元/加元全年下跌6.38%,波动率为0.041 0,基本持平于2016年;美元/离岸人民币全年下挫6.47%,波动率为0.130 1,略低于2016年。

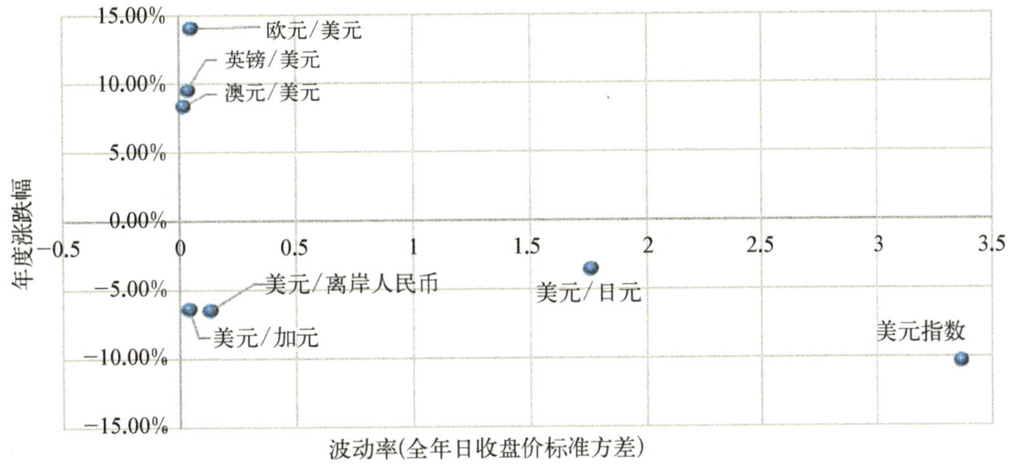

图1.51　2017年主要货币涨跌和波动率表现

通过数据比较可以看出，2017年美元指数最为波动，澳元依然相对最为稳定。不过结合涨跌幅情况分析得出，2017年欧元/美元的波动率较低，同时涨幅最大，因此综合表现最好，做多欧元/美元的操作收益回报较好。同时由于美元指数波动率最高，同时跌幅最大，因此全线做空美元的操作回报较好。

(五)2017年全球黄金市场：跌宕起伏，总体上涨

2017年黄金价格跌宕起伏，总体上涨。伦敦金、纽约金和上海金形成三足鼎立之势，走势略为不同。伦敦金年初价1 145.9美元/盎司，年末收于1 291.0美元/盎司，涨幅12.66%，最低价即年初价1 145.9美元/盎司，最高价1 346.3美元/盎司，年内最大波幅17.48%；纽约金开于1 151.05美元/盎司，收于1 248.4美元/盎司，涨幅13.75%，最高价1 351.2美元/盎司，最大波幅17.39%；上海金价格存在一定黏性，开于263.45元/克，收于266.9元/克，略涨3.38%，年内最高价286.55元/克，年内最低价262元/克，最大波幅9.37%。

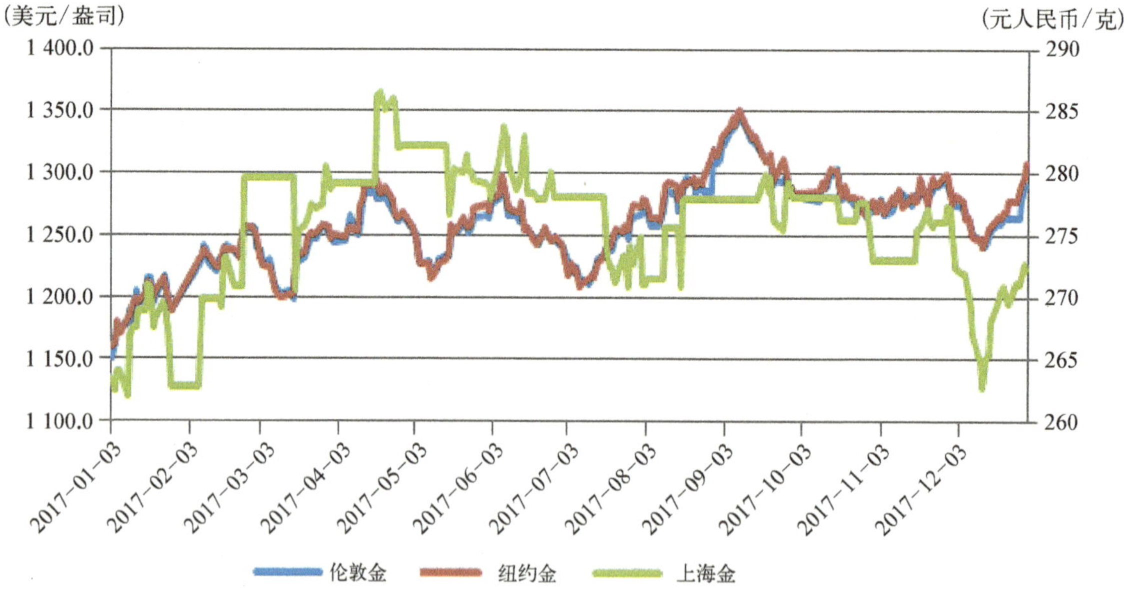

数据来源：伦敦金价格来自世界黄金协会，纽约金和上海金来自Investing.com，分别采用GCG8合约和SHAUc1合约。

图1.52　2017年全球黄金价格跌宕起伏，总体上涨

我们从涨跌幅和波动率探讨三大黄金的月度变化。在涨跌幅层面，2017年黄金上涨月份比下跌月份略多，其中1月、2月、7月和8月黄金涨势明显，以美元计价的伦敦金和纽约金涨幅都在2%

以上；6月、9月和12月黄金跌幅较大，跌幅近2%。

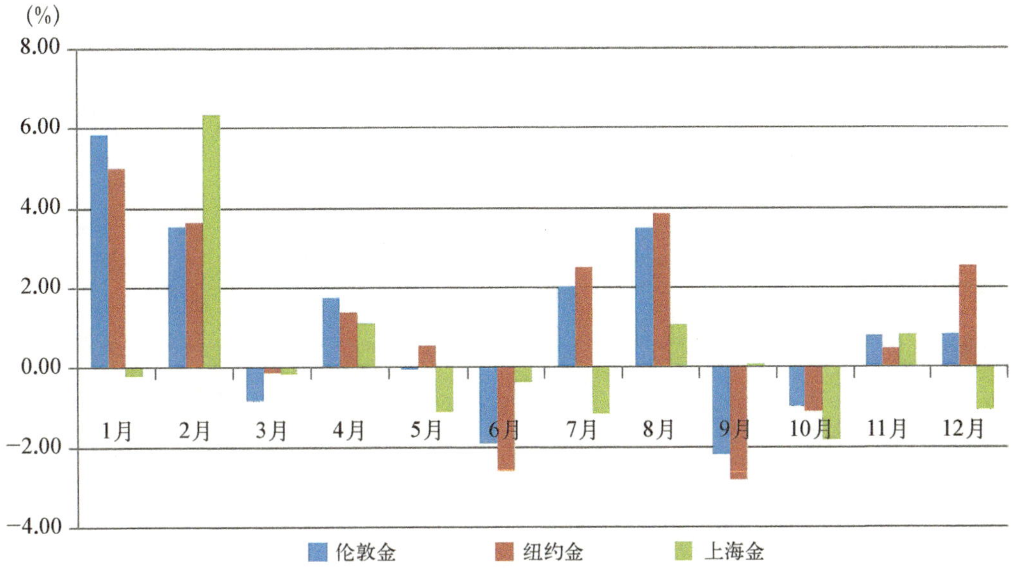

数据来源：伦敦金价格来自世界黄金协会，纽约金和上海金来自Investing.com，分别采用GCG8合约和SHAUc1合约数据。

图1.53　2017年全球黄金价格月度涨跌互现

在波动率层面，上海金的月度波动率不及伦敦金和纽约金，月度标准差都在5以下，而伦敦金和纽约金则高达10以上。该种情形一方面反映三者的流动性差异，另一方面反映市场的开放程度。

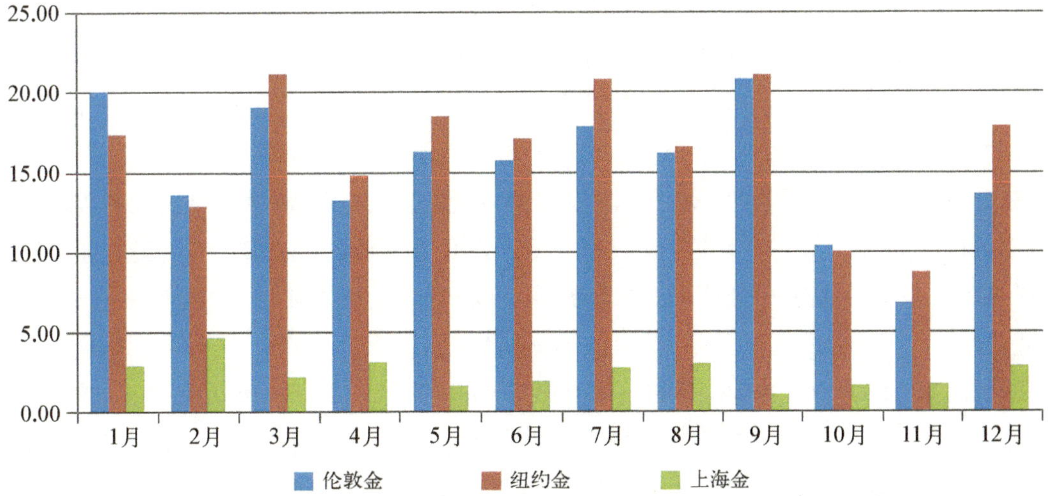

数据来源：伦敦金价格来自世界黄金协会，纽约金和上海金来自Investing.com，分别采用GCG8合约和SHAUc1合约。

图1.54　上海金波动率较伦敦金和纽约金小

伦敦金是国际现货黄金的定价基准，其交易量居于第一，仅以伦敦金探讨国际黄金的走势分析。2017年金价走势大致分为以下四个阶段：

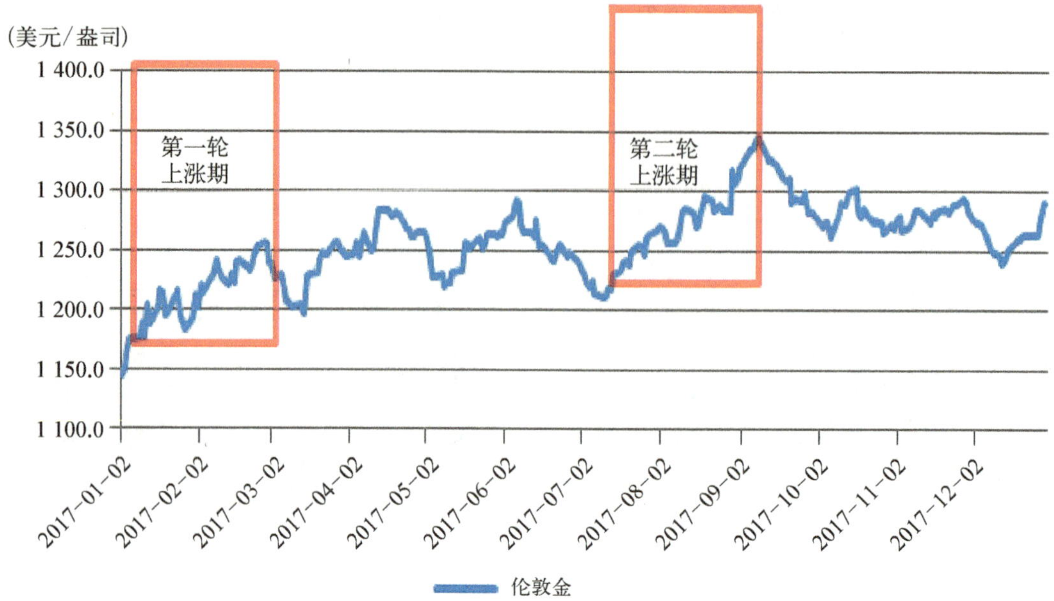

数据来源：伦敦金价格来自世界黄金协会。

图 1.55　2017 年伦敦金历经震荡上行、宽幅震荡、快速拉升、探底回升四个阶段

第一阶段（2017 年 1 月—2017 年 2 月末）：震荡上行期，政治不确定性扮演重要推手。特朗普“百日新政”未能成功推出财政刺激政策，“特朗普行情”反转，美国国债收益率下行，美元贬值，伦敦金突破 1 250 美元/盎司。

第二阶段（2017 年 3 月—2017 年 7 月上旬）：宽幅震荡期，政治不确定性继续发力，地缘政治风险凸显，但英国“软脱欧”可能性增加和美联储两度加息制约金价。该期美国空袭叙利亚、朝鲜第六次核试验、“通俄门”均给金价提供支撑，伦敦金一度逼近 1 300 关口，最高报 1 293.5 美元/盎司。但法国大选民粹政党落败、欧洲局势明朗，英国大选悬浮议会产生、软脱欧或成可能，以及美国在 3 月和 6 月的两次加息打压金价，该段金价在 1 200 ～ 1 300 区间宽幅震荡。

第三阶段（2017 年 7 月中旬—2017 年 9 月上旬）：快速拉升期，地缘政治风险和美联储再度加息预期减弱利好金价。耶伦半年度年会证词温和、美国通胀放缓，市场对 12 月美联储加息预期降低，朝鲜半岛局势日趋恶化，“通俄门”调查更进一步，黄金的避险属性凸显，伦敦金逼近 1 350 美元/盎司关口。

第四阶段（2017 年 9 月中旬—年末）：探底回升期，美联储 12 月加息预期打压金价探底，靴子落地金价强势回归。12 月中旬之前经济数据向好和税改进展可喜推动美债收益率走高，加之美联储主席候选人或偏鹰派打压伦敦金至 1 240 美元/盎司低位，但加息靴子落地、税改效果或有限、联合国加大对朝鲜制裁，金价强势反弹，完美收官于 1 291 美元/盎司，黄金 12 月魔咒没有应验。

（六）2017年全球原油市场："V"形反转

2017年原油总体上涨，中途惊现"V"型反转。Brent原油期货年初价55.47美元/桶，年底收报66.87美元/桶，年度涨幅20.55%，最低价为44.82美元/桶，最高价即年末收盘价，年内最大波幅49.20%；WTI原油期货年初价52.33美元/桶，年底收报60.21美元/桶，年度涨幅15.06%，最低价为42.53美元/桶，最高价也为年末收盘价，年内最大波幅41.57%。Brent原油和WTI原油价差由3.14美元/桶，扩大至年末的6.66美元/桶，源于美国原油出口增加打压轻质油价格。

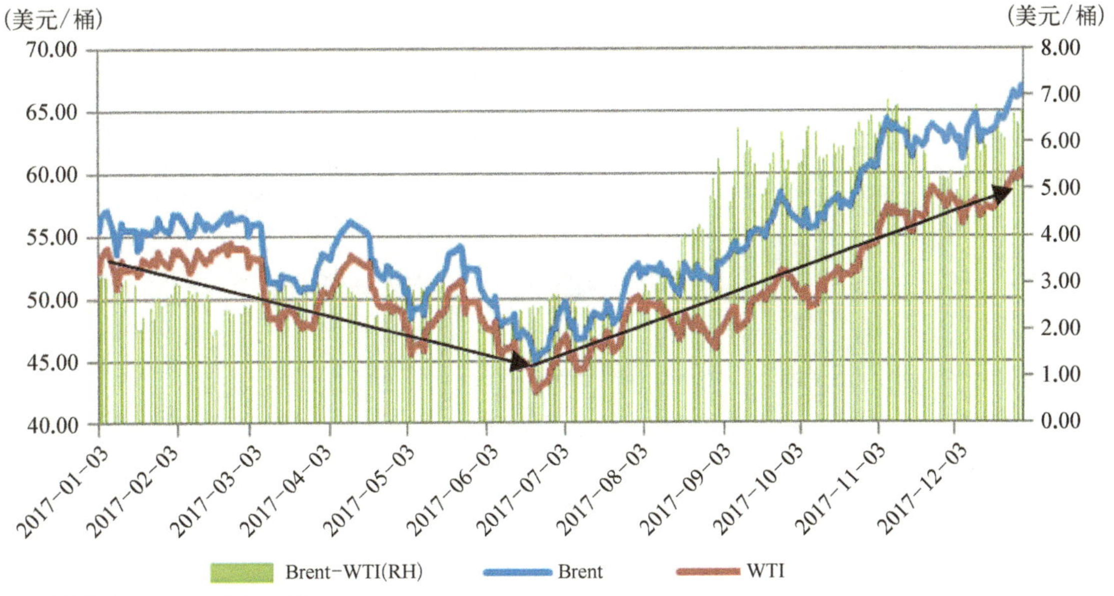

数据来源：FX168财经集团。

图1.56　2017年国际原油惊现"V"形反转

事实上，围绕OPEC减产与美国页岩油增产、地缘政治风险等因素，2017年原油价格经历了高位盘整期、震荡走低期和大幅反弹期三个大的阶段：

第一阶段（2017年年初—2017年3月初）：高位盘整期，OPEC减产执行良好，支撑油价在相对高位窄幅震荡。OPEC 2016年11月达成的减产协议于2017年年初执行，2017年第一、二月OPEC

总产油量分别为32.10百万桶/日和32百万桶/日，较2016年33百万桶/日有所缩减，但原油库存依旧高企，Brent原油和WTI原油分别在[53.64，57.10]、[50.82，54.45]区间窄幅震荡。

第二阶段(2017年3月—2017年6月中旬)：震荡走低期，减产效应退潮、页岩油大幅增产打压油价下行。该期OPEC减产豁免国利比亚和尼日利亚大幅增产、美国页岩油钻井数不断攀升、全球石油库存依然居高不下，国际油价承压下行，Brent原油和WTI原油都于6月21日触及年内低点44.82美元/桶、42.53美元/桶。

第三阶段(2017年6月下旬—年末)：大幅反弹期，需求强劲、地缘政治风险、减产二度延长助力油价上行。第三季度进入石油需求旺季，美国原油库存得到释放，与此同时，美国制裁委内瑞拉并欲重启对伊朗制裁、库尔德地区独立公投、沙特强力反腐风暴等地缘政治事件引发原油供给短缺的担忧，加之OPEC携手俄罗斯于12月初达成延长减产至下年年末协议，原油价格受到提振，Brent原油和WTI原油双双从年内低点上冲至年度最高点，突破60美元/桶。

按月进行原油价格的涨跌幅及其波动率分析，Brent原油和WTI原油较为迥异。

在涨跌幅上，Brent原油上涨的月份有8个，仅有3—6月共4个月下跌，其中7月涨幅高达8.10%，9月、10月涨幅也在7%以上，3月跌幅最大为5.71%；WTI原油上涨月份有7个月，7月、9月涨幅超过8%，但3月、6月和8月跌幅超过4%。

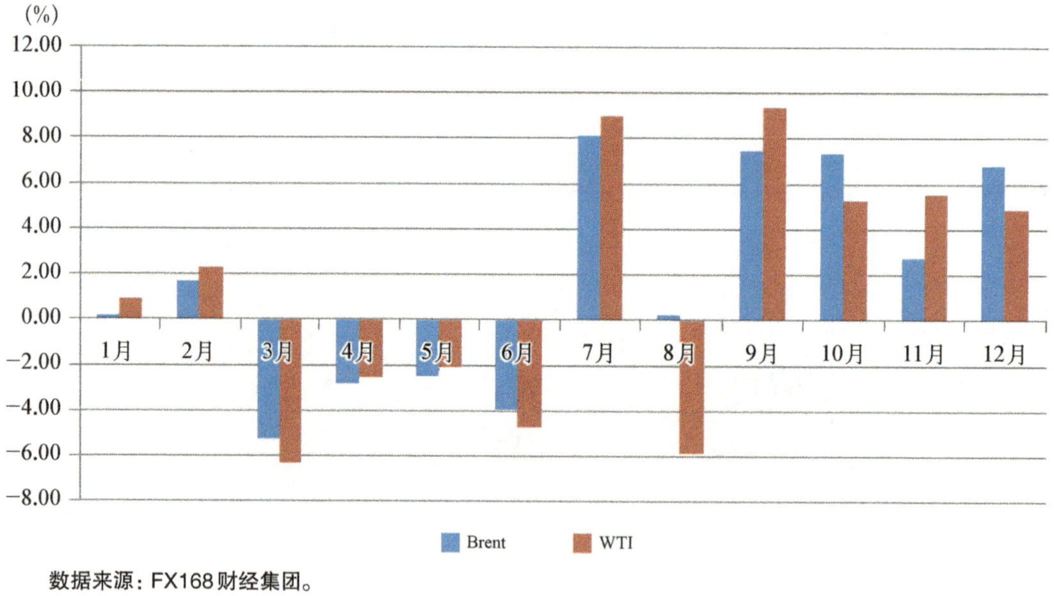

数据来源：FX168财经集团。

图1.57　2017年原油价格上半年低迷，下半年高涨

从波动性来看，Brent原油和WTI原油年内最高价均在年末录得，最低价均在第二季度录得，反映了国际原油价格前低后高的特点。标准差衡量的波动率两者相对接近，但Brent原油总体波动性略高于WTI原油。

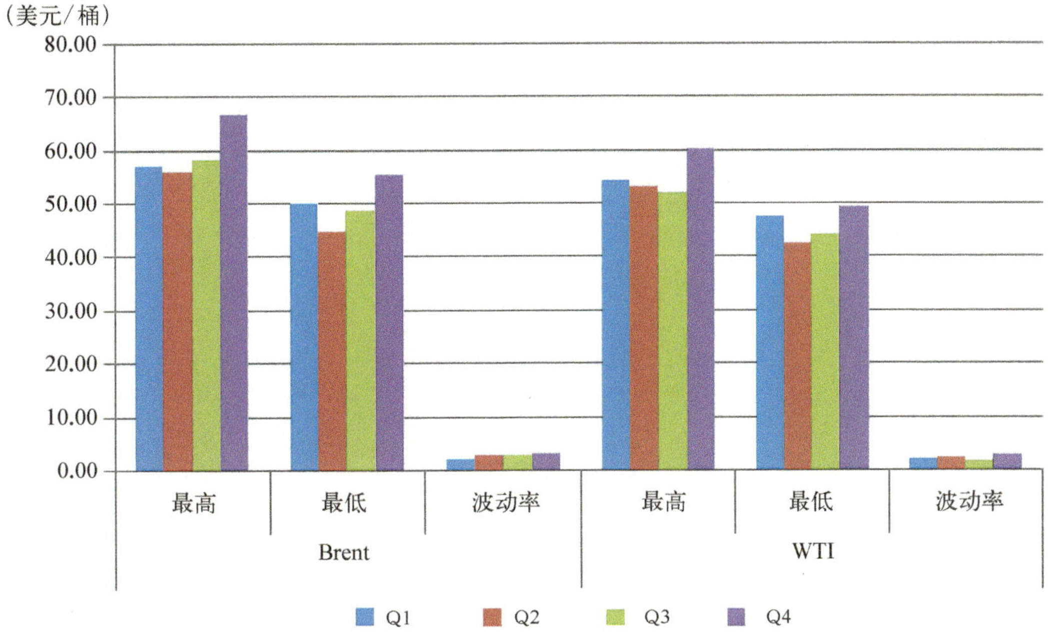

数据来源：FX168财经集团。

图1.58　2017年Brent原油波动性整体要大于WTI

第2部分

2018年全球经济及主要金融市场展望

（一）2018年全球经济关键词：经济复苏基础是否稳固

2017年10月国际货币基金组织预测，2018年按PPP计算的世界GDP增长率为3.8%。其中发达经济体GDP整体增长2.0%，美国增长2.3%，欧元区增长1.9%，日本增长0.7%，其他发达经济体增长2.2%；新兴市场与发展中经济体GDP整体增长4.9%，中国增长6.5%，印度增长7.4%，俄罗斯增长1.6%，巴西增长1.5%，南非增长1.1%。新兴市场与发展中亚洲经济体仍然是世界上增长最快的地区，GDP增长率为6.5%。

国际货币基金组织还预测，按市场汇率计算，2018年世界GDP增长率为3.1%。总体来说，国际货币基金组织认为2018年的世界经济增长率会略高于2017年。

世界银行预测2018年按PPP计算的世界GDP增长率为3.7%，比2017年提高0.2个百分点；按市场汇率计算的世界GDP增长率为2.9%，同样比2017年提高0.2个百分点。

经合组织预测2018年按PPP计算的世界GDP增长率为3.59%，比2017年提高0.25个百分点。

对于这一轮世界经济回暖，一般认为是一种周期性复苏。当一个经济体偏离其长期发展趋势一段时间后，总是要回归其原本趋势的。这是市场经济自动调整所产生的周期性波动结果。但是这一轮周期的长度要远远高于平均值，不能理解为一种简单的、一般意义上的周期性复苏。

目前，金融机构资产负债表的修复取得明显进步，但发达经济体长期低利率的环境没有根本改变，欧元区和日本还处于负利率环境，说明发达经济体金融中介偏好安全资产的局面还没有得到根本改观。另外，居民和企业的资产价值回升较快，但其负债水平还没有明显下降。因此，上述三个传导渠道虽在一定程度上得到了修复，但修复是不完全的。可见，世界经济虽然有一定程度的复苏，但还没有恢复到强劲、可持续的增长轨道上。

2018年将重点关注以下五个方面的情况发展：

（1）国际贸易增速提升是否可持续。

（2）美国财政货币政策未来将由两大因素主导，一是特朗普的财税方案，二是美联储的加息和缩表节奏。这两方面的政策均会对世界经济产生较大影响。

（3）逆全球化会如何发展。逆全球化的内在原因是世界主要国家的经济不平衡和内部不平等。美国总统特朗普正是以降低贸易逆差为由来推行其保护主义色彩的贸易政策。

（4）各经济体债务水平和杠杆率上升表现在不同的部门，其中发达经济体主要是政府债务水平偏高，新兴经济体主要是居民和企业债务水平在不断上升。

（5）资产泡沫是否会破裂。发达经济体的低利率和宽松货币环境催生了资产价格不断高涨。欧洲、日本等发达经济体也存在类似的资产价格持续快速上涨现象。新兴市场国家的股票市场和房地产市场也在经历价格快速上涨过程，尤其是2017年与美元贬值相伴随的新兴市场资本流入增加，导致新兴市场资产价格大幅上涨。

（二）2018年全球货币供应量预期：慢紧缩

一切通货膨胀都是货币现象，货币主义学派创始人弗里德曼如是说。基于货币供应多寡势必流向或流出股市、债市、楼市、汇市以及大宗商品市场，从而助推或打压相关市场商品价格，进而影响全球经济。本部分主要通过对全球货币供应量考察和相关国家货币政策描摹，判定2018年全球货币供应处于放水还是紧缩。

鉴于全球总货币供应量存在数据缺失，而且受汇率影响较大，本书只能探讨主要国家的货币供应，并从中一窥全球货币供应情况。

在所考察的主要发达国家中，如表2.1所示，截至2017年12月底，美国M2总供应量13.84万亿美元，同比增长4.51%，环比增长0.43%；欧元区M2总供应量11.20万亿欧元，同比增长4.36%，环比增长0.17%；日本M2总供应量991.1万亿日元，同比增长4.20%，环比减少0.27%；英国同比增速最慢为3.04%，加拿大同比增速最高为5.99%，而瑞士环比增速减小至−0.65%。

在发展中国家中，截至2017年12月底，中国M2供应量高达167.68万亿元人民币，同比高达8.17%，环比0.40%；印度、俄罗斯、巴西、南非12月M2供应量分别为2.96万亿卢比、4.24万亿卢布、2.48万亿雷亚尔、2.81万亿兰特。印度、俄罗斯M2同比增速均超过10%，但俄罗斯环比增速夺得桂冠，12月环比增速高达5.80%。

表2.1　主要发达与发展中国家M2供应量（本币计量）

本币计量	单位	2016年12月	2017年11月	2017年12月	同比	环比
美国	十亿美元	13 246.9	13 785.4	13 844.5	4.51	0.43
欧元区	百万欧元	10 732 237	11 181 400	11 199 900	4.36	0.17
日本	亿日元	9 564 327	9 875 000	9 911 000	3.62	0.36
英国	百万英镑	2 278 028	2 349 357	2 347 170	3.04	−0.09
澳大利亚	十亿澳元	1 959.5	2 059.9	2 047.3	4.48	−0.61
加拿大	百万加元	1 499 339	1 574 398	1 589 083	5.99	0.93

（续表）

本币计量	单位	2016年12月	2017年11月	2017年12月	同比	环比
瑞士	百万瑞士法郎	943 088	984 051	977 611	3.66	−0.65
中国	亿元人民币	1 550 067	1 670 013	1 676 769	8.17	0.40
印度	亿卢比	20 657.98	29 288.32	29 600.91	43.29	1.07
俄罗斯	亿卢布	38 418	40 114.4	42 440.5	10.47	5.80
巴西	百万雷亚尔	2 371 655	2 443 173	2 481 227	4.62	1.56
南非	百万兰特	2 601 201	2 783 723	2 805 859	7.87	0.80

注：美国M2数据来源于Trading Economics.com，其他各国货币来自各国央行，澳大利亚因为没有统计M2，以其公布的M3数据替代，时间截止到2017年12月。

本币计量的货币供应量仅可进行纵向比较，不能进行横向比较，为此，以当月月底汇率收盘价进行换算，得出各国货币12月底货币供应量的美元计价（见图2.1）。

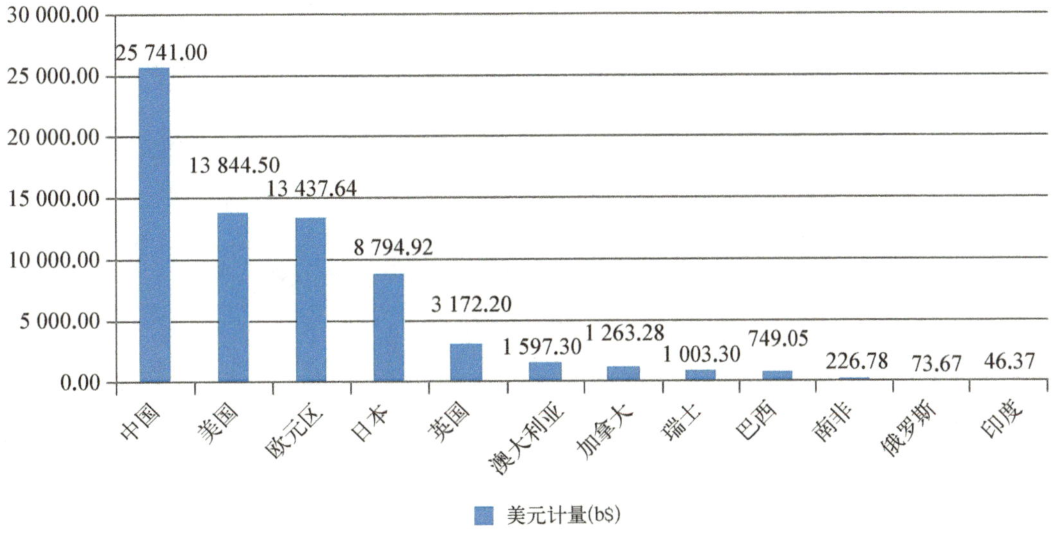

注：美国M2数据来源于Trading Economics.com，其他各国货币来自各国央行，澳大利亚因为没有统计M2，以其公布的M3数据替代，兑换汇率为FX168财经集团和Investing.com月收盘价，计价单位为十亿美元。

图2.1　主要国家12月M2供应量：美元计量

人民币是供应量最大的货币，12月底美元计价量为25.74万亿美元，远高于第二名美国的13.84万亿美元和第三名欧元区的13.44万亿美元，中、欧、美也是M2供应量超过10万亿美元的三大经济体。日本、英国、澳大利亚、加拿大货币供应量都突破了万亿美元，分别达8.79万亿、3.17万亿、1.60万亿以及1.26万亿美元。

在所统计的12国中，M2总供应量高达69.95万亿，其中中国占总供应量的36.80%，美国占总供应量的19.79%，欧元区占总供应量的19.21%，日本占总供应量的12.57%，前四强占据总供应量的

88.37%,因此可以通过考察中、美、欧、日四个地区的货币供应情况来探讨全球货币供应趋势。

1. 中、美、欧、日四大区域M2供应分析及其货币政策

(1)中国货币供应分析及其货币政策

中国M2供应量增长惊人,17年间增加11倍。如图2.2所示,2009年是中国M2供应量的转折点,其依斜率将M2供应曲线分为两段,2001—2008年间斜率较平,M2供应量从13.57万亿增长至47.52万亿元人民币,年均增量4.29万亿元;2009—2017年间斜率较陡,M2供应量激增到167.68万亿元人民币,增量120万亿元,年均增量13.35万亿元,是前者的近3倍(见图2.2)。

中国M2供应量增加庞大,但同比增速却呈下降趋势。2014年之前M2平均增速在10%以上,2009年还一度跃居至29%以上。自2010年起始,中国M2供应增速进入下滑阶段,目前已经进入个位数时代。

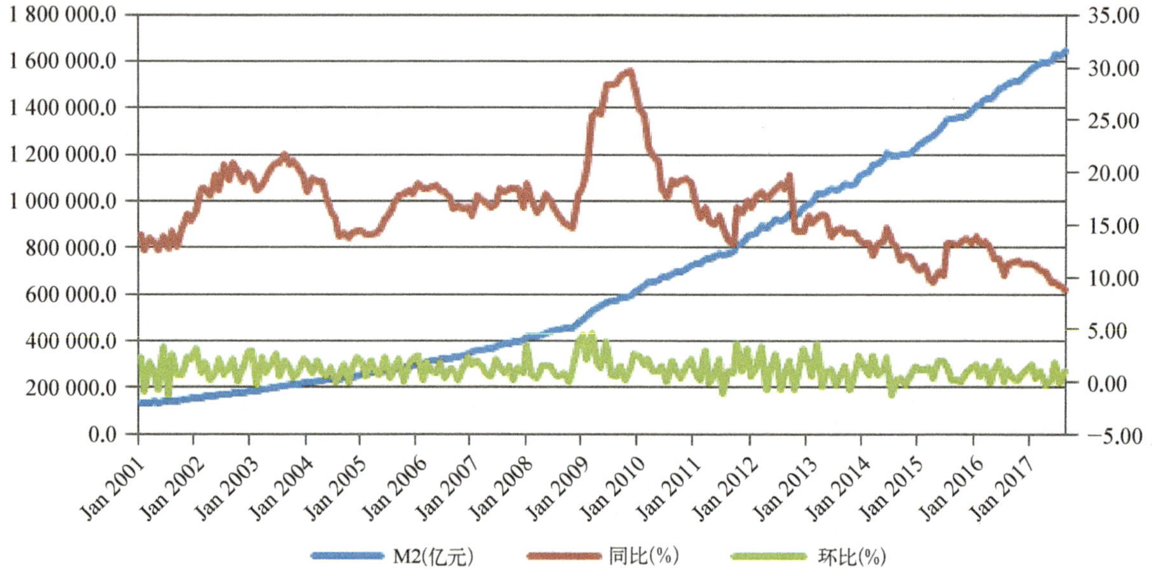

数据来源:中国人民银行,数据范围2001.1—2017.12。

图2.2 2001年来中国M2总量增加11倍,同比增速下行

中国货币政策及展望

步入新常态,中国经济由高速增长向中高速增长转变。为了刺激经济增长,自2014年11月起,中国人民银行六次降准降息,目前一年定存利率仅为1.5%,处于历史低位,而大型机构存款准备金率为16.5%,接近2010年的水平,货币政策进一步宽松受到制约(见图2.3)。

目前,货币政策已由稳健偏宽松向稳健中性转变。2017年中国GDP增速录得6.9%,7年来首度提速。尽管2018年中国经济仍有下行压力,但总体外围环境向好不需要进一步宽松。

中共十九大报告强调,健全货币政策和宏观审慎政策双支柱调控框架,深化利率和汇率市场化改革。健全货币政策或意味着在存款准备金率和利率不变的情况下,引入新的货币调控政策。10月27日,央行首次开展63天逆回购操作,该项举措填补了逆回购与中期借贷便利之间的期限空白,进一步丰富了货币政策操作的产品序列。但是逆回购只能在短期内注入流动性,我们不能将其解读为货币政策转向的信号。

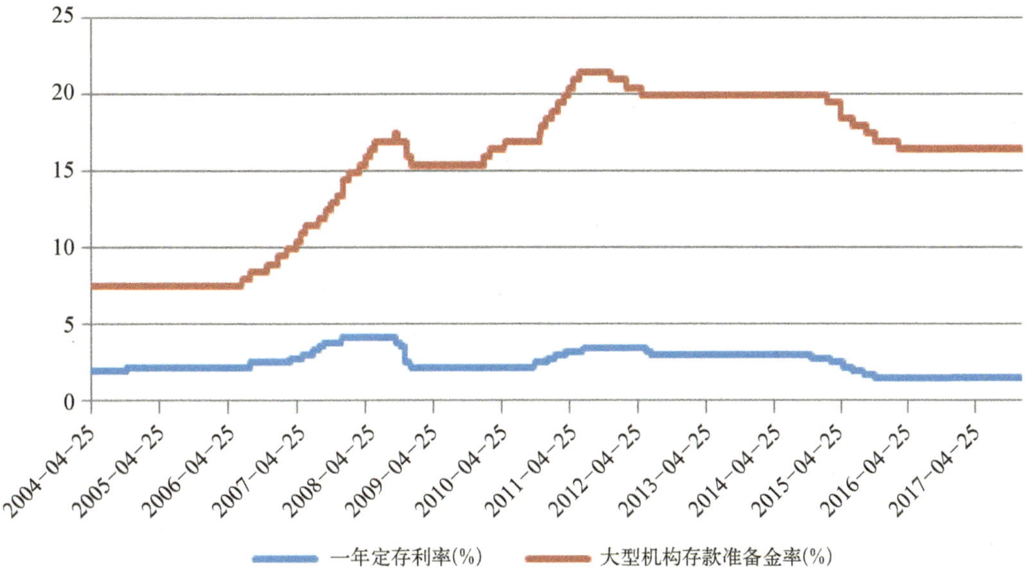

数据来源：中国人民银行，数据范围2004.4.25—2017.12.31。

图2.3　2014年以来中国央行六次降准降息，稳健中性政策将持续

(2)美国货币供应分析及其货币政策

美国M2供应量增加不算很大，17年间增加1.79倍。总体看来，美国M2供应量曲线无明显的转折点，基本平衡(见图2.4)。

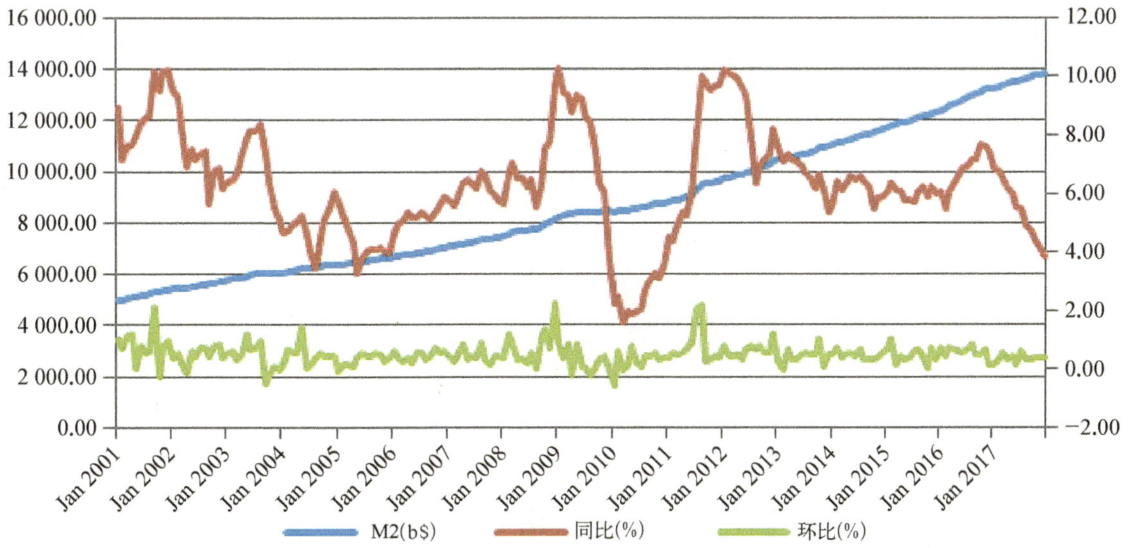

数据来源：Trading Economics.com，所用数据为季调后数据，单位为十亿美元，数据范围2001.1—2017.12。

图2.4　美国M2总量增加，但同比增速趋下行

美国M2供应增速起伏变化较快，介于1%～10%。2009—2012年间变化相当剧烈，2014—2015年间月率变化在5%～7%之间，相对均衡，2016年一度攀上7.68%高点之后进入下跌趋势，目前已经低于5%，低于历史平均值。

美国货币政策及展望

2008年次贷危机发生以后,美国经济陷入泥潭,为了刺激经济,美国一度实施了4轮QE,2015年联邦基金基准利率一度降至0。然而,自2015年12月美联储首次宣布加息25个点至2017年底,美联储已经累计加息5次,如今联邦基金基准利率回归到1.25%～1.50%(见图2.5)。鉴于2018年1月非农数据强劲和鹰派会议声明,市场预期美联储将加快紧缩的步伐,2018年美联储或加息4次。2017年12月FED将较长期中性利率预估为2.80%,但目前值距预期尚有较大缺口,2018—2019年仍将处于美联储加息周期。

9月议息会议美联储宣布10月启动渐进被动式缩表,即从2017年10月起,每月缩减100亿美元额度(包括60亿美元美国国债和40亿美元的抵押贷款支持证券),且每三个月增加100亿美元,直至每月缩减额度达到500亿美元。据预计,5年缩表4成相当于加息3次。

鲍威尔于2018年2月接替耶伦成为新一任美联储主席,鉴于其风格偏鸽派同耶伦相当,渐进加息策略或得以维持,美国联邦基金基准利率后市总体将呈上涨态势。

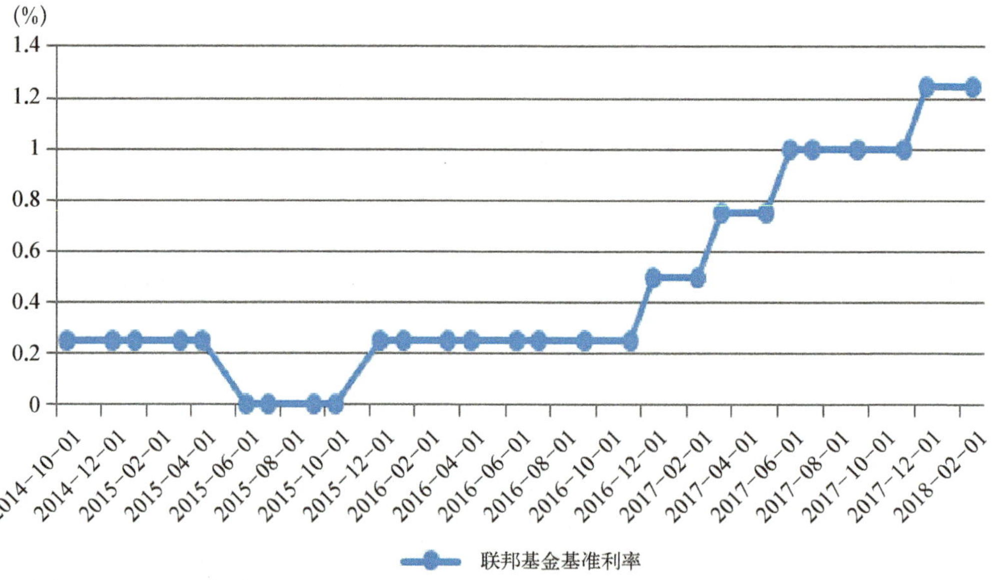

数据来源:FX168财经集团。

图2.5 2015年以来美联储五次上调联邦基金基准利率

“控通胀,促就业”是美联储货币政策的两大目标,而今美国就业市场强劲,但是通胀不足(见图2.6)。美国12月失业率低至4.10%,处于历史低位,美国社会已经达到充分就业状态;12月季调核心通胀上升至1.80%,较11月的1.7%略有反弹,但距离美联储通胀控制目标2%尚有一段距离,通胀是否可持续是影响美联储后续行动的关键因素。

(3)欧元区货币供应分析及其货币政策

同中国类似,欧元区M2供应量曲线在2009年前后分成两条折线,但和中国相反,2009—2017年供应曲线较2001—2008年供应曲线平缓,2009年前欧元区M2年均增量0.47万亿欧元,2009年后欧元区年均增量0.34万亿欧元(见图2.7)。

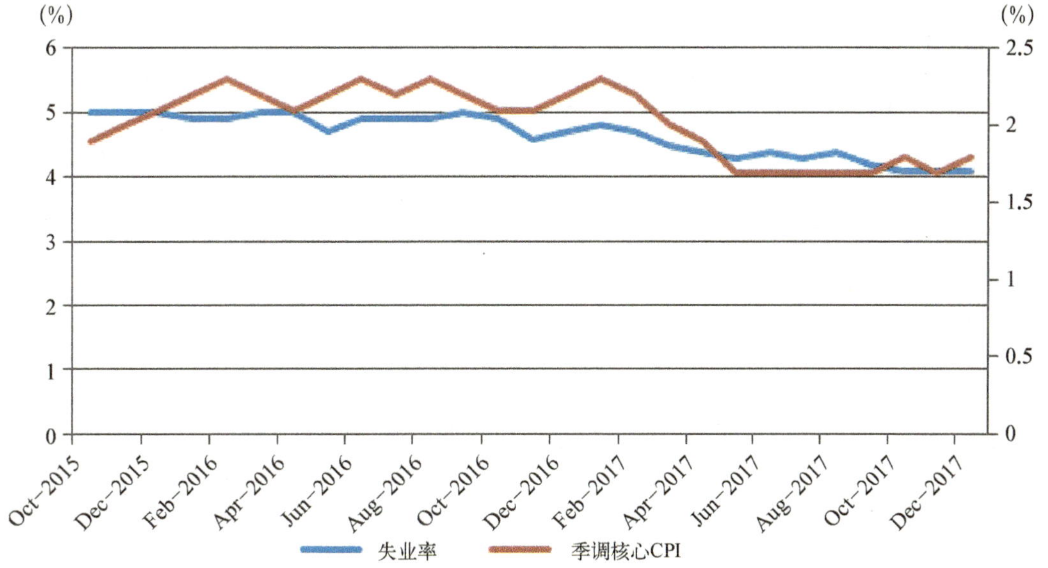

数据来源：FX168财经集团。

图2.6　美国就业市场强劲，但通胀依旧疲弱

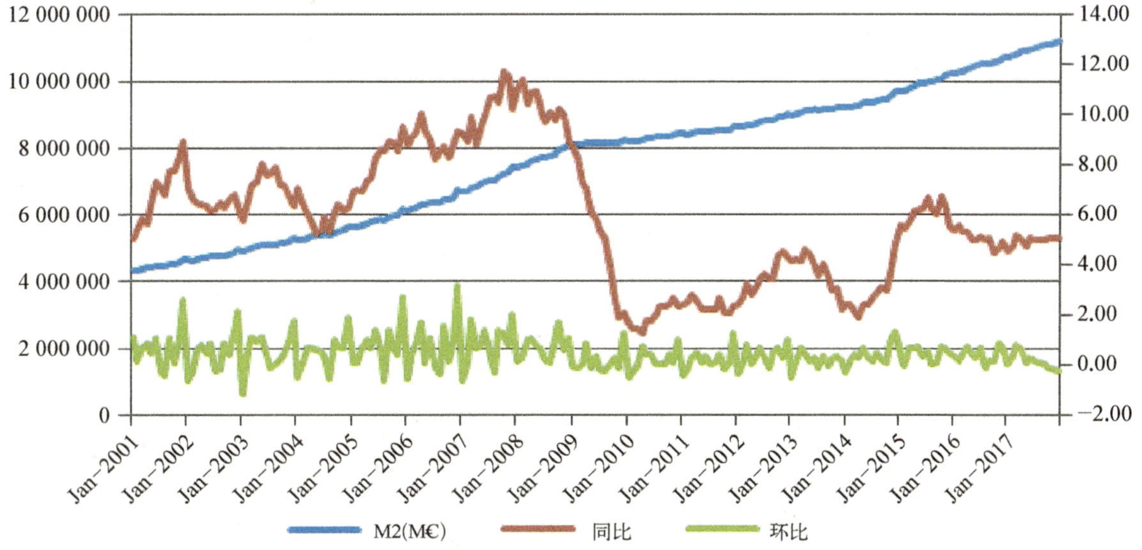

数据来源：欧洲央行，单位为百万欧元，数据范围2001.1—2017.12。

图2.7　2001年来欧元区M2总量增加1.57倍，同比增速趋平

欧元区M2同比增速较美元变化幅度更大些，在1%～12%之间变动，2007年十月同比增速一度高达11.71%，而2014年4月一度低至1.27%。当前M2同比增速介于5%上下，基本趋平。

欧元区货币政策及展望

金融危机对欧元区的打击可谓重大，2015年美国开启加息征程，2016年欧洲央行竟将再融资利率降至0，并长期维持0利率不变（见图2.8）。

市场一度浮起欧洲央行加息的声音，但十月欧央行利率会议打消了这一想法。欧洲央行十月议息会议宣布，维持欧元区现行零利率政策不变，但每月的债券购买规模将从2018年1月份起由

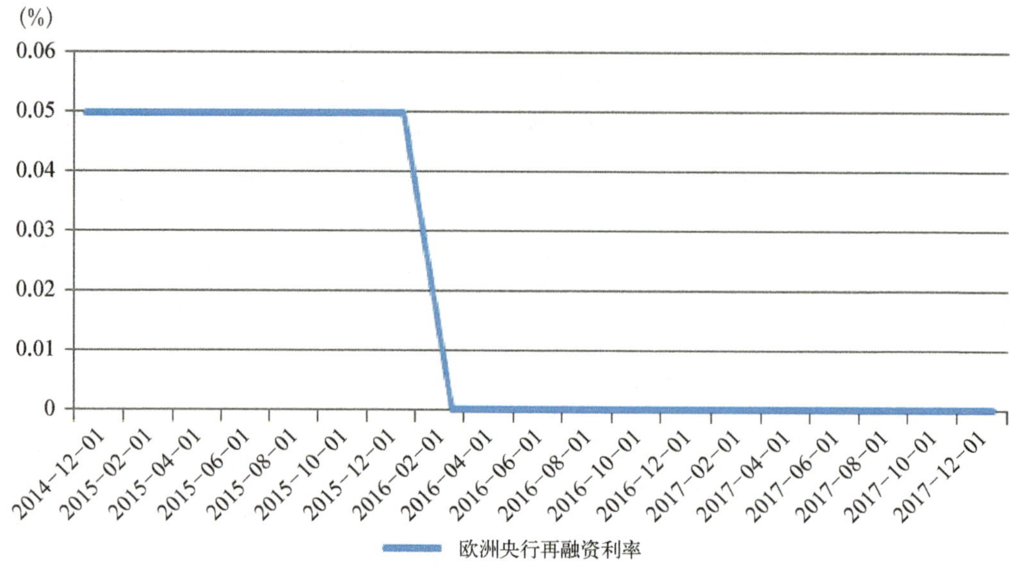

数据来源：FX168财经集团。

图2.8　2016年欧洲央行进入零利率时代

600亿欧元削减至300亿欧元。德拉基表示量宽计划尚未走到完成使命的节点，或会重启QE。但业界分析认为，欧洲央行缩减购债规模表明欧洲央行继续执行宽松货币政策的空间愈发有限，其维持近3年的量化宽松政策步入拐点。

同美国一样，欧洲央行货币政策也关注就业与通胀水平。从就业水平来看，欧元区劳动力市场日趋改善，欧元区失业率已经低于9%，但不可否认欧元区国家间存在较大的差异：德国12月失业率低至5.4%，而意大利失业率尚在10%以上(见图2.9)。

欧洲央行也将2%作为通货膨胀的锚定目标，但通胀低迷仍然是欧元区挥之不去的魔咒，12

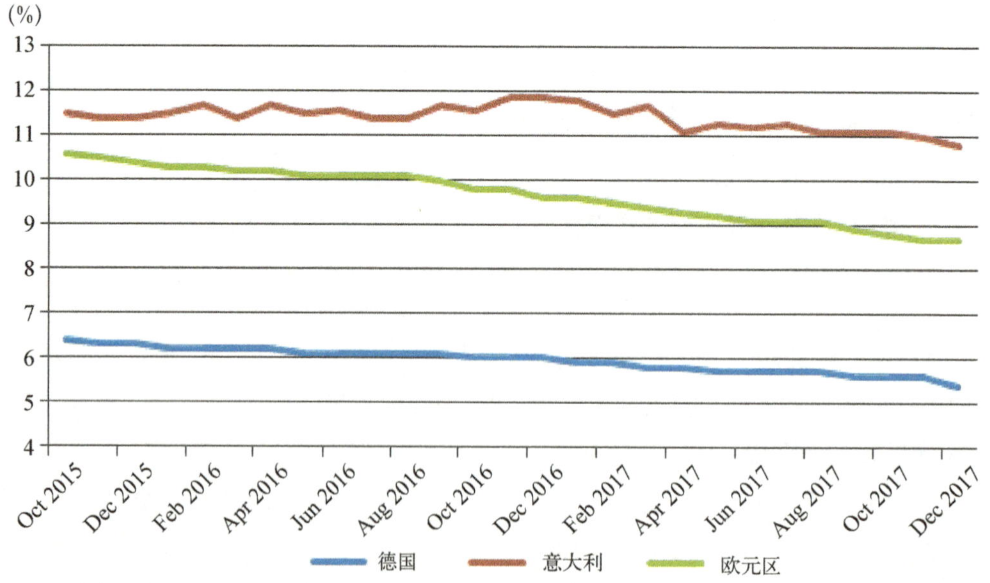

数据来源：FX168财经集团。

图2.9　欧元区劳动力市场日趋改善，但大部分国家失业率仍较高

月欧元区核心CPI仅为1.0%。通胀再次在欧元区国家间出现分化，德国调和CPI终值从10月高点1.80%下滑至12月的1.4%，而法国调和CPI终值12月上行至1.50%，意大利通胀相当疲软，12月仍为1.1%（见图2.10）。

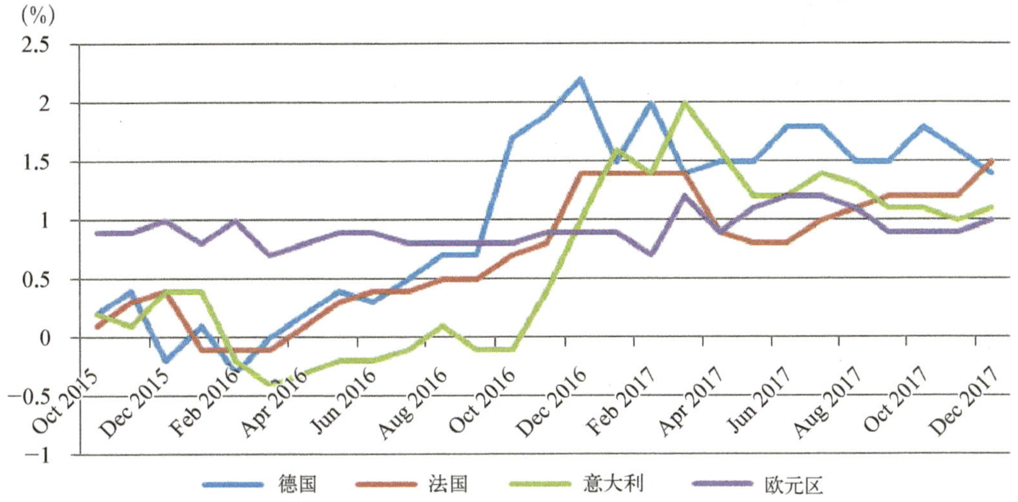

数据来源：FX168财经集团。

图2.10　欧元区通胀低迷，距离通胀目标尚远

通胀低迷仍不足以让欧洲央行在近期内加息，但随着经济的持续向好，物价水平或会向2%靠近。但不管怎样，欧洲央行已经开启了缩减QE的步伐，货币政策不再像以往宽松。

（4）日本货币供应分析及其货币政策

日本M2供应量增量并不是很大，自2004年4月以来仅增0.44倍（见图2.11所示）。日本M2供应曲线相对平缓，从2004年4月至今M2供应量从689万亿日元增长至991万亿日元，增量302万亿日元，年均增量22万亿日元。

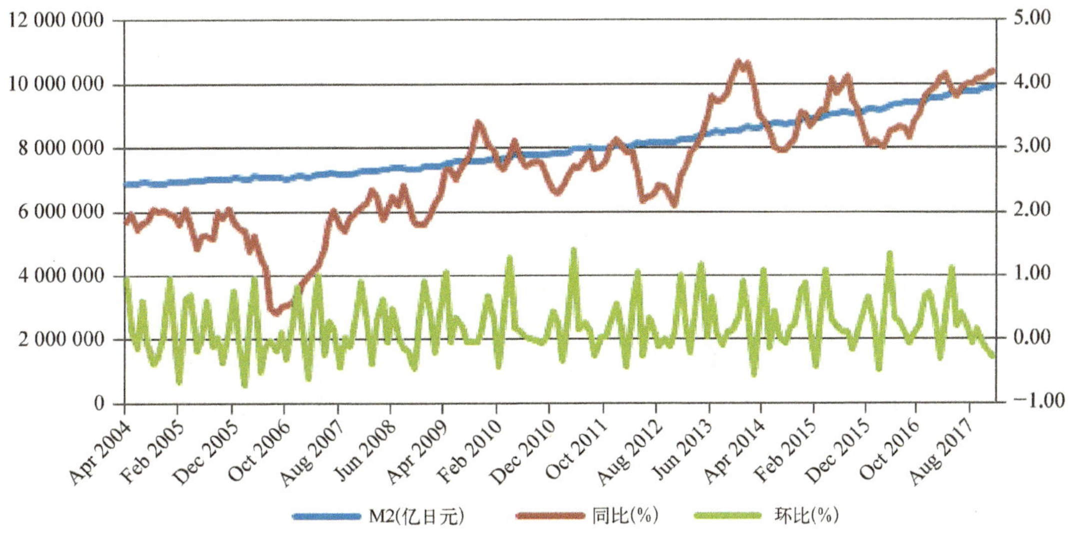

数据来源：日本央行，单位为亿日元，数据范围2004.4—2017.12。

图2.11　2004年4月以来日本M2总量仅增0.44倍，同比增长上行

但需注意的是,日元供应同比增速尚处在上行阶段,尽管目前月均增速仅为4%左右,却与美欧中趋势完全背离。

日本货币政策及展望

如果说欧洲央行还在不断放水,那么日本央行或可说是洪灾了,截至2017年12月,日本央行控制利率还在-0.10%,是少有的几个负利率国家之一。自2016年3月日本央行将利率从0.10%下调至-0.1%,如今维持已达两年,但是日本央行尚无上调利率的倾向(见图2.12)。

十月日本提前大选,安倍所在的自民党顺利赢得大选,安倍也成功连任首相,意味着安倍经济学将一以贯之运行。安倍经济学的核心之一是大规模扩张货币,日本央行将在货币宽松的道路上渐行渐远。

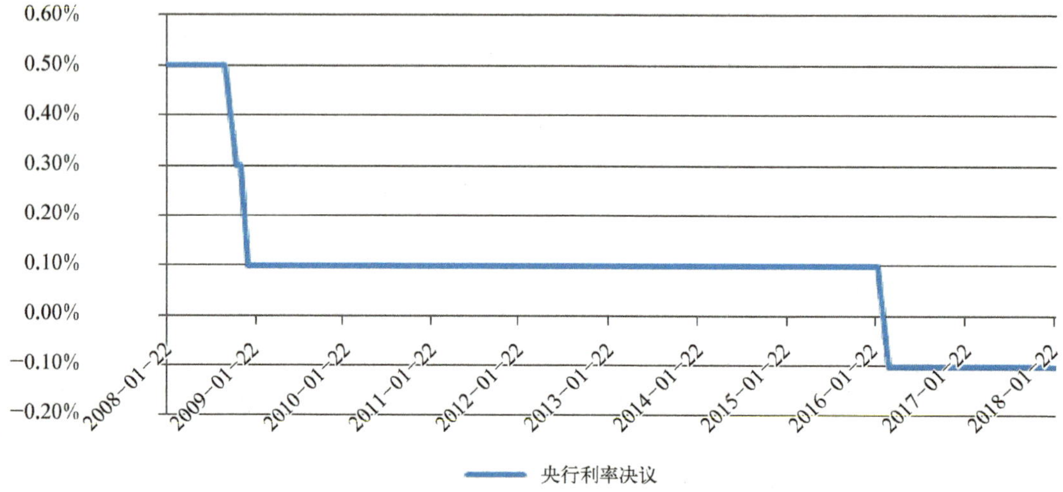

数据来源:FX168财经集团。

图2.12　日本自2016年进入负利率,目前尚未恢复

近期日本经济的好转引发日本央行政策转变的猜测。2017年第二、第三季度日本GDP年化季率都达到2.5%,从年初的低位反弹,但经济运行是否可持续尚值得期待(见图2.13)。

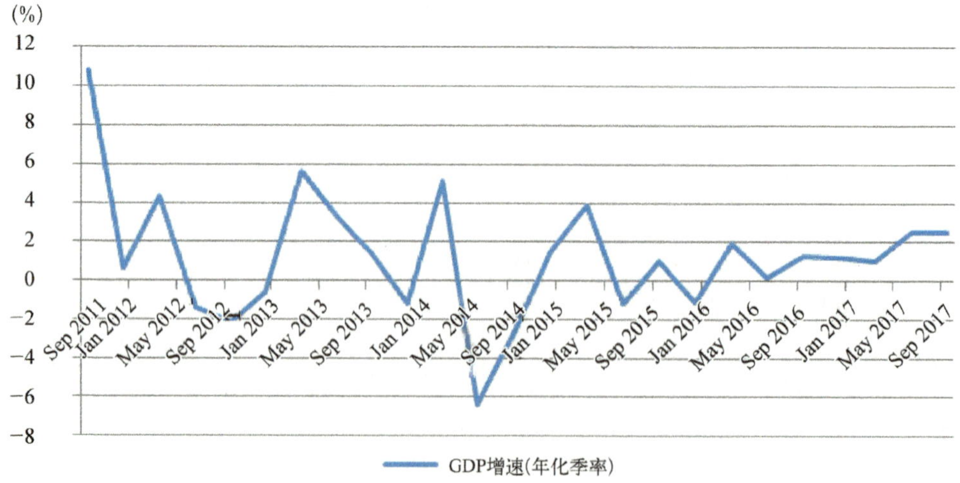

数据来源:FX168财经集团。

图2.13　日本经济在低位运行,有反弹迹象

总体看来，日本央行仍行走在宽松的道路上，但经济态势乐观或不需要进一步刺激。

2. 全球货币供应量展望：全球货币供应将进入慢紧缩时代

我们通过欧、美、日、中四大区域央行货币供应量及其货币政策来分析世界货币供应量的宽松或紧缩，源于该四大地区货币供应量占主要国家的88%以上。基于以下因素，全球货币或进入慢紧缩时代。

① 雄踞货币供应量第一宝座的中国货币政策由稳健偏宽松转为稳健中性，货币同比增速偏下行；央行基准利率处于历史低位，货币宽松政策的潜力有限；逆回购等措施只能短期释放流动性，不改变货币趋紧的事实；中国经济运行前景好于预期，不需大量放水刺激经济。

② 美国进入强加息周期，并开启缩表模式；美国M2供应量同比增速有下行趋势；鲍威尔履职美联储主席不改变美联储逐步加息倾向；美国社会处于充分就业水平，通胀不足困扰加息，但影响或被消费增长部分抵消。

③ 欧元区迈开了缩减QE的第一步，劳动力市场强劲，M2供应量同比趋平，再度大放水的可能性较低。

④ 日本短期不会改变宽松货币政策，但经济趋好或不需要进一步刺激，加之日本M2体量仅为中国的1/3，美国的2/3，日本M2增量不足以弥补中美货币政策趋紧带来的缩量。

但尚需注意到，全球货币供应量还没完全进入紧缩周期，全球货币供应增量还远高于名义GDP增速，缩水还是有的，只不过比往年小，国际货币供应量进入慢紧缩时代。

（三）2018年股票市场展望

1. 上涨趋势的股票市场：美国、中国、俄罗斯

（1）美国

在2017年底发布的预测中，各大投行几乎一致地看涨2018年的美国股票市场。而它们的主要依据就是税改的实施。企业税务减少，利润自然会提高，而企业如果可以将这部分增加的收入进行分红或再投资，就可以造成良性循环，也必然会提振股市。评论认为，虽然市场目前已经将税改的影响部分考虑在内，但还没有完全定价。随着税改效果的显现，股市会继续上扬。

另外，美国经济仍呈向好趋势，但通胀不高。耶伦即将卸任，美联储主席人选确定为对货币政策持中间立场的鲍威尔，同时年底的货币政策会议所透露的信息也比市场之前预期的要更为鸽派，这些对于美国股市而言都是利好因素。

（2）中国

一系列改革和全球经济增长上扬带来的海外需求，令中国经济在2018年继续向好。中国股市近几年的低迷则令其中许多股票显得估值较低，因此可能会在2018年吸引更多的投资。另外，2018年6月中国A股将被纳入明晟（MSCI）指数。明晟CEO费尔南德斯表示，预计A股纳入MSCI后初始资金流入在170亿美元～180亿美元；如果中国A股在未来完全纳入，预计资金流入可能达到3 400亿美元左右。这必将给中国股市带来长期的积极影响。

（3）俄罗斯

俄罗斯经济已经开始复苏，这令2017年表现不佳的股市还有更多上升的空间。有消息称，欧盟对俄罗斯的制裁有望在2018年结束。同时OPEC及俄罗斯的石油减产协议也可能持续至2018年底，从而继续支持油价。另外，俄罗斯央行也有意进一步降息。这些都令俄罗斯市场被相对看好。

2. 区间震荡的股票市场：欧洲

欧洲在2018年仍将处于动荡之中——德国的新建政府还未成定局，法国的改革将继续进行，英国也仍将面临退欧带来的威胁。另一方面，英国央行表示会进一步加息，欧洲央行也计划逐步收紧货币政策。这些因素都将对股市造成波动。且欧洲市场目前股价估值较高，虽然经济复苏势头强劲，但却缺乏像美国税改那样巨大的驱动力，因此可能会动能不足。值得注意的是，如果英国和欧盟间能够像年底所承诺的那样在2018年3月份前达成过渡期协议，无形延长退欧期限，对资本市场无疑将是一个促进因素；反之，投资者将因持续的不确定性而更加谨慎。

3. 2018年需谨慎的风险：地缘政治、资产泡沫和加息

全球各大股市的波动性都处于较低水平，因此整体趋势较为稳定，2018年几乎没有明显看跌的主要市场，但需谨慎相关的风险。

根据资产管理公司Natixis Investment Managers的调查，机构投资者目前最担心的三个因素分别为：地缘政治、资产泡沫和加息。机构投资者相信，地缘政治将在2018年对投资表现造成最为负面的影响。美朝关系的紧张化可能会影响到美国和亚洲市场，英国退欧、德国新政府状态和意大利大选等因素则将影响到欧洲市场。多数机构投资者还认为长期的低利率制造了资产泡沫，因此升息可能会导致资产价格修正，且多数机构认为股市波动性会在2018年增加。在地域、资产种类和行业领域上的分散投资可以帮助投资者降低这些风险。

4. 行业板块展望：材料、医疗、金融将保持优异表现

从板块来看，在全球经济增长继续稳步上升的背景下，多数行业在2017年的涨势应该会继续。明星板块也可能会保持优异的表现。

比如材料行业，如果美国总统特朗普在成功实现税改后进一步兑现增加基础设施建设的承诺，材料领域就必然会进一步飙升。

科技股也仍被一致看好。2000年科技泡沫后，许多科技公司的运营模式已经更加成熟和可持续化。而如今科技的发展几乎已经渗透至经济的所有领域。因此科技股的长期涨势仍将继续。但鉴于美国科技股的高增长，可以适当分散投资至关注度较低的科技股。

另外，基金经理在2018年看好的行业还包括医疗和金融。前者在不断创新研发增进价值的情况下估值仍显过低，后者则将受益于各大央行开始进入升息周期。

(四)2018年全球国债市场展望

1. 主要国家利率政策展望

展望2018年,全球利率政策料将继续趋紧的预期不会改变,目前最大的风险就是各主要央行如果同时缩减宽松政策,货币正常化的规模将直接影响到市场的稳定性。一旦缩减步伐过快,很有可能会引发危机的再度出现,从而对金融市场造成剧烈冲击。

(1)美联储

根据美联储12月政策会议的点阵图显示,维持2018年加息三次的预期不变,2019年底联邦基金利率预期中值为2.7%。但美联储官员将2018年经济增速预测提高了0.4个百分点至2.5%,远高

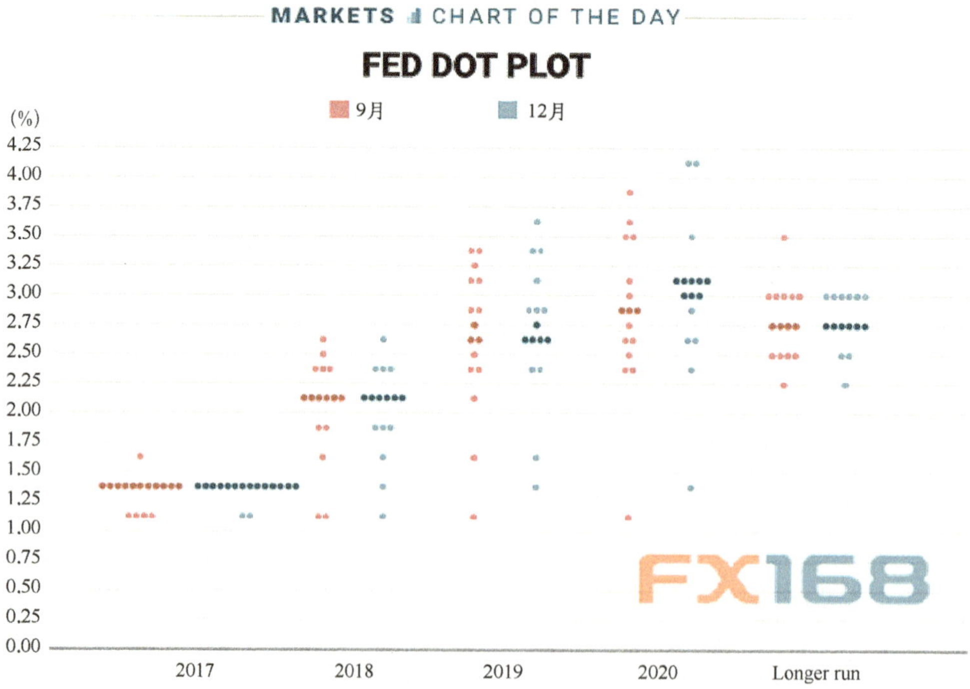

图片来源:Business Insider、FX168财经网。

图2.14 美联储12月点阵图和9月点阵图对比

于他们估计的1.8%的长期可持续增长率。换言之，经济热度已经远高于委员会9月份的预测，但加息路径保持不变，这令市场感到困惑，也令投资者对美联储点阵图的预测效果产生怀疑。

基于这种情况，分析师指出，2018年美联储加息之路预计不会一帆风顺，相反更倾向于相机而动。首先，美联储应该会保持当前的加息节奏，这有助于削减12月声明略偏鸽派可能造成的负面影响，为大规模缩表营造空间；另一方面，美联储应当会观察特朗普税改的进程和产生的实际影响，从而再决定是否进一步加息，以确保经济的稳定增长。

美联储在2017年10月开始实施缩减资产负债表计划，起初的缩表规模为每月100亿美元，但计划在12个月内以每季度增加100亿美元的速度逐步递增，直至达到每月缩表500亿美元的规模，因此10年期美债收益率困陷低位的局面有望在2018年得到扭转，紧缩政策的效应也会逐步显现。

（2）欧洲央行

欧洲央行在10月政策会议上已经宣布自2018年1月开始将每月购债规模从600亿欧元拦腰缩减至300亿欧元，持续九个月，如果有需要的话将延长，这一度被视作是欧洲央行在2018年将开始逐步退出宽松政策的前兆。

不过12月政策会议上，欧洲央行表示若前景恶化或融资环境与通胀可持续性调整路径不一致，管委会将在期限和规模方面增加QE。预计关键利率将在较长的时间内维持现有水平，并超过净资产购买计划的时间。

随后，欧洲央行行长德拉基在记者会上表示，量化宽松将会继续实施，直至欧洲央行看到持续的通胀调整。并没有讨论资产购债项目结束的时间，同时从来没有讨论过突然中止资产购债项目。经济指标仍然显示经济增长强劲，总体通胀率在未来几个月可能会放缓。

因欧元区经济普遍复苏的势头增强，欧洲央行上调了经济增长和通胀预期。欧洲央行将2017年GDP增速从2.2%上调至2.4%，2018年GDP增速从1.8%上调至2.3%，2019年增速从1.7%上调至1.9%。

欧洲央行维持2017年通胀预期为1.5%不变，2018年通胀预期从1.2%上调至1.4%，维持2019年通胀预期为1.5%不变。欧洲央行还指出，欧元区面临的通缩风险已经消失。值得注意的是，在记者会期间，德拉基还第一次公布了2020年的经济增长和通胀预期：欧洲央行预计2020年GDP增速为1.7%；预计2020年通胀为1.7%。

根据德拉基的态度市场揣测其有意在2018年9月后继续保持宽松政策，但央行内部的鹰派成员则认为经济复苏已经足够强劲，足以支撑在2018年9月后开始退出宽松政策。综合考虑，如果2018年经济增长显著，通胀加速上升，欧洲央行退出宽松政策的压力必将会陡增，届时若欧洲央行内部出现分歧而不能有序安排的话，市场恐慌或在所难免。

（3）日本央行

整体而言，日本央行目前仍是宽松阵营的坚定成员。日本央行现在采取的做法是，以维持10年期国债收益率在零水平附近作为目标，而并非是以具体金额为基准的购债策略，这其实是一种隐形缩减购债规模的做法。2018年如果日本薪资数据和通胀表现无法保持强劲的话，日本央行恐很难摆脱超宽松政策。

富国银行(Wells Fargo)分析师也表示，预计在2019年年底之前，日本央行将不会推出任何实质性的举措以收紧货币政策。不像许多发达国家央行,日央行并未透露将收紧货币政策的信号。

此外,预计日本央行在2019年之前不会释放任何有实质意义的政策收紧信号,因和其他发达国家不同,近年来日本面临了严重的通缩,且面临结构性调整。

野村证券(Nomura Securities)经济学家团队指出,日本央行行长黑田东彦在12月政策会议的利率决议新闻发布会上仍保持了鸽派立场。野村证券指出,日本央行在黑田东彦的领导下还将召开两次货币政策会议,基于黑田东彦的鸽派立场,日本央行极有可能继续保持静默。野村证券进一步指出,如果日本外的其他主要国家央行在2018年第一季度变得更加鹰派,则货币政策背离将进一步扩大,届时将利空日元。野村证券认为,日本央行在收紧货币政策之前面临四大阻力:① 日本央行领导人的任命;② 春季工资谈判;③ 自民党领导人大选;④ 2019年9月加税的最终决议。

(4)英国央行

英国央行在12月政策会议上如期维持基准利率不变,在11月份启动十年来首次加息之后,进入观望模式。由于在11月会议上刚刚提高利率,英国央行几乎没有再收紧政策的意愿。英国央行货币政策委员会重申,如果经济表现符合预期,未来几年可能需要“进一步轻微上调”关键利率,但未提供更多的时间细节。英国央行预计,未来数年里有必要温和加息,但任何加息幅度将是有限且渐进的,最重要的是,他们感到要衡量11月加息的影响还为时过早,到目前为止,他们预计第四季度经济指标要弱于预期。

目前英国经济增长显出疲态,但通胀形势却好于美国、欧洲和日本。结合脱欧谈判第一阶段已经结束,如果第二阶段能够表现顺利的话,不确定性下降有助于英国央行进一步加息。

凯投宏观(Capital Economics)也撰文指出,在欧洲央行(ECB)考虑退出量化宽松政策的情况下,英国央行(BOE)已经启动了10年内的第一次升息。市场的普遍预期是,英国央行可能会在不久之后再度升息。考虑到这一点,凯投宏观预计英国央行将在2018年收紧货币政策。

不过鉴于英国的经济规模,相信英国央行加息对全球金融市场的影响将会相对有限。

2. 主要国家国债收益率展望

(1)美国国债

2017年12月20日美国众议院投票通过了税改法案,美国30年最大规模税务调整已经在参众两院闯关成功,议案也随后交由总统特朗普签署生效。受此影响,美国10年期国债收益率一度触及2.503%高位,为3月20日以来最高水准。尽管美国长期国债收益率飙升,但分析师依然预期收益率曲线将在2018年趋平。

自美联储启动加息周期后,美国长期收益率一直非常稳定,导致中性实际利率处于低位水平,通胀预期维持低位且溢价偏低。

与此同时,美国国债短期收益率稳步上升。如果长期国债收益率继续下跌,则将导致收益率曲线出现倒挂现象。

根据彭博社12月的调查结果显示,受访的11位分析师中有6位表示,两年/10年期美债收益率将在未来24个月内出现短暂的倒挂,其中有4位预计2018年这一情况就有可能发生。届时收益率区间将处在2% ~ 2.5%之间。

由于美联储在2018年有很高概率将完成三次加息,短期美债收益率料将继续走高。而长期美债收益率整体依然处于低位，尽管2018年存在适度升高的可能，但这恐难阻止美国长短期国债收益率进一步收窄的趋势。加拿大蒙特利尔银行(BMO)利率策略主管Ian Lyngen曾指出，最早可能在2018年3月美联储加息后长短期利差就将出现倒挂。其补充道，击穿2.43%至关重要，因其是11月收益率的高位，下一个里程碑将是10月的两倍。

BMO在最新的利率展望报告中指出，预计2018年底美国10年期国债收益率将达到2.40%，但在此之前可能会触及2.00%水平，而收益率曲线倒挂的风险将最早出现于2018年3月。如果3月没有出现，则会在6月前出现。

不过考虑到当前市场正在逐步消化美联储2018年加息三次的预期，同时美联储缩表规模将稳步加大，这意味着美国购债规模将逐步下降，有助于10年期美债收益率脱离低位，只不过上升幅度不会大于短期国债。

正是出于这一预期，高盛预计，2018年美国10年期国债收益率将攀升至3%。该行认为，欧洲央行、日本央行推行的量化宽松和负利率政策扩大了全球债券期限溢价下跌，即长期国债相对于短期国债的超额回报率，这将帮助推动美债收益率曲线趋于平坦。

此外，由于低通胀前景以及全球长期对美债的需求稳健，所以押注收益率曲线趋平的操作长期来看是有利可图的。不过短期内税改通过后需要一段时间进行评估，美债难免或出现震荡阶段。但分析师指出，投资者需要小心的是，税改通过后可能会在一定时间内暂缓美债收益率曲线趋平的过程。

如果海外资金大量回流美国，政府将从中获得庞大的税收，这将减少两年期美债的发行规模，从而令短期美债收益率遭受打压。但无法忽视的是，华尔街主流意见认为税改对经济增长只能带来短暂提振，分析师预计2018年内收益率趋平的态势将重新确立。综合考虑这些因素，美债在2018年的投资价格恐怕不高。高盛也建议投资者可以做空美国10年期国债。

（2）欧元区国债

由于通缩风险已经消退，欧洲央行已经计划自2018年1月起将每月购债规模减半至300亿欧元，按理说这本应压低债券价格，进而大幅提升收益率，但现实情况显示，欧元区指标的10年期德债收益率却在年底不断走低，这令市场感到疑惑。

分析师纷纷预期欧元区债券收益率恐在2018年开始大幅修正，除了年底令人不解的过度走低以外，每年年初通常是发债高峰，这也将进一步地扩大修正幅度。高盛更是预计德债收益率将在2018年上涨至0.7%～1.1%。

另一方面，据欧洲央行最新数据显示，2017年11月欧洲央行购买德国公债规模已经连续第八个月少于应购规模，而法国和意大利两国公债则填补了德债的空缺，这令意债和法债较德债利差得到了进一步缩减。

由此可以看出，德债在2018年的投资前景较为不佳，而买入意债和法债是相对较好的选择，不过两者之间考虑到2018年意大利将迎来大选，政治前景的不确定性令意债在新一年债券市场有望成为黑马，但仍需警惕该国可能出现的风险局面。相比之下，法国稳定的政治局势令法债的安全性更高，也是欧元区债市不错的投资选择。

新的一年中英国债市将主要关注脱欧谈判的进程，据外媒获得的草案显示，英国在脱欧过渡期将不再参与欧盟的机构,并不再享有投票权;脱欧过渡期间英国仍是关税联盟和单一市场的一部分。

在第一轮谈判取得突破后,英国两年期国债收益率一度触及2016年4月以来高位,助英国国债价格全线下跌。考虑到目前脱欧谈判虽然仍将面临诸多挑战,但投资者预期整个过程有望保持平稳,在这种预期下英国国债的实际回报率不会太高,除非脱欧进程或特蕾莎·梅首相之位出现重大变故。

(3)日本国债

巴克莱(Barclays)分析师指出,在日本CPI通胀持续停滞的情况下,日本央行在2018年上半年将通过QQE和收益率曲线控制(YCC)来维持货币宽松政策。预计会有越来越多的人猜测日本央行将在2018年下半年对YCC进行调整。

与此同时,日本央行将在货币政策和执行上面临诸多挑战,因为它需要调整YCC和正常化政策,包括重新定义通胀目标和资产负债表调整。不过日本央行(BOJ)前审议委员木内登英(Takahide Kiuchi)曾在接受彭博电视采访时指出,日本央行不能继续永久购买日本国债。其认为日本央行对日本国债的购买可能会在2018年中期达到极限。如果日本央行根据收益率曲线控制(YCC)增加国债购买,这一极限可能会更早达到。

另一方面,消息人士指出,日本政府在2018年缩减发债规模可能略高于预期将为日债价格带来支撑。据悉,2018财年日本政府计划将面向市场的公债发行量在当前财年基础上削减7万亿日元,至134万亿日元,约合1.2万亿美元,原先多数分析师认为削减幅度为5万亿～6万亿日元。不过日本央行或将以同样幅度缩减购债,以避免市场出现震荡。

如果购债极限果真到来的话,日债收益率曲线可能会再度变陡,这令押注5年/10年日债收益率曲线更陡的操作变得有利可图,这也是瑞银2018年五大顶级交易建议之一。

最后,日债投资者还需密切关注朝鲜半岛局势,2017年内正是因为朝鲜试射导弹一度令日债收益率再度归零。

（五）2018年主要货币趋势分析

整体来看，全球主要经济体的货币政策呈现出趋紧的态势，从宏观层面来看主要有两大原因：

第一，2017年以来，全球经济已经一扫前一年增长颓势。我们看到美国经济稳步增长，欧元区经济也在脱欧困扰下保持强劲增长，同时新兴市场如中国、巴西和俄罗斯等经济均实现了温和复苏。根据IMF最近发布的《世界经济发展》报告显示，2017年全球经济增长速度或加快至3.4%。

第二，2017年以来全球通胀水平有所抬升，因受到制造业回暖帮助原油和其他原材料产品价格走强的提振。

基于这种局势，预计2018年全球货币政策收紧态势有望延续，除了美联储在12月会议上预期2018年将再度加息三次以外，市场还预期加拿大央行也很有可能在3月政策会议上实施加息。欧洲央行虽然加息概率不高，但考虑到已经决定自1月开始将购债计划减半至每月300亿欧元，这已经展现出未来将逐步退出宽松政策的迹象。与此同时，英国央行、新西兰联储和澳洲联储均有超过50%的概率会实施加息，而此外仅有日本和瑞典央行的加息概率不大。

虽然投资者还需密切关注英国脱欧进程、欧洲政局不确定性、地缘政治风险、贸易保护主义以及美国总统特朗普政策推进情况等一系列风险因素，但整体趋紧的政策前景将会继续推高利率敏感性货币。

1. 2018年汇市三大潜在黑天鹅

（1）鲍威尔上任后是否会加速加息

考虑到耶伦整体偏向鸽派的立场，其离任意味着鸽派阵营变相减员，虽然鲍威尔并不一定会加速加息进程，但鹰派阵营的加强或导致加息步伐意外加快。不过考虑到通胀依然处于较低水平，美国经济复苏的坚实程度仍需要更长时间进行考察，如果加息进程意外加快，市场担心十年一次的金融危机恐再度来袭，这恐加剧汇市的震荡局势。

汇市影响：经济层面欧洲表现更加强劲，结合通胀情况也好于美国，欧元/美元有望上看1.25。

（2）英国脱欧的内忧外患

虽然第一阶段谈判宣告结束，但真正的考验其实是第二阶段谈判，因为其中涉及最为关键的贸易协议。另一方面，爱尔兰边境问题也是英国即将面对的更大障碍。此外，特蕾莎·梅首相的位子也似乎不稳。英国执政党已有40名议员签署了针对现任首相的不信任函,仅差8票就可以开始重新定夺党内领导权。如果有人挑战争夺党内领导权并成功击败特雷莎·梅,将可以成为保守党党魁并出任首相,不需要举行全国大选。

汇市影响:脱欧协议和爱尔兰边境问题若妥善解决,英镑/美元有望上看1.45;若出现问题,英镑/美元恐跌向公投后的低点1.28。

(3)小心朝鲜局势升级

朝鲜现在已经拥有能够打击美国全境的洲际弹道导弹,而美国方面则加大了对朝鲜的制裁力度。虽然市场对于两国领导人"口战"的戏码开始厌倦,但市场却无法忽视一旦局面出现变化可能引发的灾难性后果。

汇市影响:这颗不定时炸弹一旦引爆,避险货币将受到强劲提振,日元必将一飞冲天。

2. 具备升值趋势的货币:欧元、英镑、澳纽、加元

(1)欧元

荷兰国际集团(ING)表示,欧元/美元进入2018年后将保持强劲,即使短期可能出现一定程度的回调。该行分析师指出,整体而言,欧洲央行已经上调GDP和CPI未来预估,不过CPI的调整幅度相对于市场预期而言仍显保守,因此膝跳反应将暂时令欧元/美元走低。不过长期而言,欧元/美元依然保持强势,在短暂调整之后,欧元的上行风险将会加大,因欧元区GDP预估上调带来的正面影响开始显现。此外,有信心能看到通胀势头向着央行目标逼近,因此建议做多欧元/美元,上行方向可关注1.30一线。

从实际收益率角度看,美元估值有点贵。而欧元目前则很便宜,但需要市场对未来进行贴现,以便从欧洲央行2019年才开始的升息周期中获益。

此外,从基本面来看,日元和欧元均有巨额的经常账户盈余,且是"便宜"的货币。欧元首先正在复苏,日元将紧随其后,但会有所滞后。

法国农业信贷银行也认为,欧元在2018和2019年内均将升值,因欧洲股市将会出现持续性的资金流入。全球投资组合的调整对于欧元而言是有利好影响的,预计欧元/美元在2018年第四季度将涨至1.23,2019年第四季度将达到1.27。

(2)英镑

虽然脱欧谈判第二阶段面临关键的贸易协议挑战,不确定性在所难免,但过渡协议的有望达成以及英国央行可能在2018年再度加息的预期,买进英镑或是新一年不错的投资选择。

凯投宏观(Capital Economics)撰文指出,因欧洲央行(ECB)的利率政策重申其对汇率的影响,英镑兑欧元在2018年将可能实现持续升值。在欧洲央行(ECB)考虑退出量化宽松政策的情况下,英国央行(BOE)已经启动了10年内的第一次升息。人们的普遍预期是,英国央行可能会在不久之后再度升息。考虑到这一点,凯投宏观预计英国央行将在2018年收紧货币政策,但同意市场认为的欧洲央行在2019年之前不会升息,这符合其对英镑/欧元2018年反弹至1.18的预期。

此外,美银美林的首选交易是买入英镑兑高估的瑞郎,而荷兰国际集团(ING)则认为英镑兑美元明年达到1.40,然后在2018年底进一步升至1.50。

（3）澳纽

根据汇丰(HSBC)外汇专家的展望报告显示，一些央行可能出现的意外之举可能带来巨大的交易机会。汇丰全球外汇策略主管David Bloom预测称，澳洲联储将在2018年第一季度加息，2018年澳元/美元有望升值约10%。

此外，挪威央行和瑞典央行有望在第二季度加息，随后新西兰联储会在第三季度加息。对于这些央行来说，市场围绕退出宽松政策的争论仍然处于起步阶段，这意味着，随着这些主题的发展，这些货币有更多的上行空间，目前正在过渡到政策正常化的进程中，预计2018年这些货币兑美元将升值10%左右。但若新西兰联储最终维持利率不变，考虑到美联储加息已成定局，那么纽元/美元可能在未来几个月跌至0.67。

针对澳元和纽元而言，由于大宗商品价格已现筑底迹象，2018年澳元表现预计将好于纽元。如果大宗商品价格表现突出，澳元/纽元有望重新测试1.12水平。

（4）加元

根据西太平洋银行(Westpac)研究分析师Richard Franulovich的观点，美元/加元可能会在2018年下行，区间可能在1.26～1.30之间。加拿大央行相信，无论是否多次加息，经济都能继续增长。Franulovich进一步补充道，美元/加元最终将在2018年跌至1.200 0左右的2017年低点。

该行表示，加拿大央行有一种不温不火的收紧偏好。随着时间的推移，央行将需要进一步加息，但该行必定会谨慎行事。令人鼓舞的是，最近公布的主要数据，包括国内生产总值、贸易和就业，都出人意料地积极起来，看起来，坏消息都已经成为过去式。

该行的基本预测仍然不变：无论是加拿大央行的预测，还是市场的共识，都预估2018年增长2.1%。风险仍在上行方面，因为加拿大总理特鲁多的财政刺激措施，仍在提振整个经济。而从美元方面来看，美国经济增长前景稳定。再从油价来看，已位于两年半高位。

3. 表现相对平稳的货币：美元

展望2018年，一些大行仍然发出看空美元的声音，但有市场分析师认为，2018年美元进一步走低的空间相当有限，甚至有望“否极泰来”，主要归因于美元头寸情况、美国经济改善以及美联储可

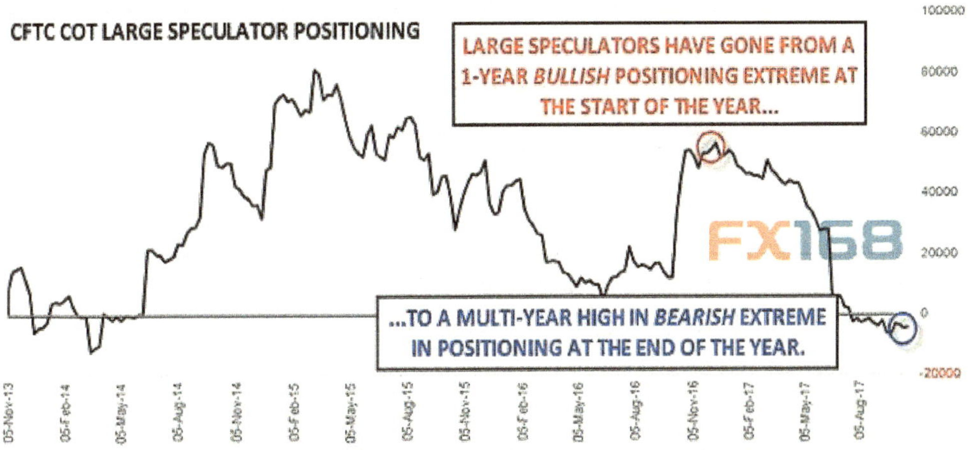

资料来源：Faraday Research、FX168财经网。

图2.15　美元仓位情况

能转为鹰派。

尽管美联储在全球主要央行中立场最为鹰派——2017年美联储加息三次而其他多数主要央行仍然按兵不动,但在这种情况下,美元走势仍然疲软,这或许会让人感到有些难以理解。

如今美元的看空气氛依然相当浓厚。根据CFTC数据,美元指数净空仓超过4 000份合约,为2014年年中以来最高水平。

Faraday Research高级市场分析师Matt Weller撰文称,对于美元后市前景,市场情绪的钟摆已经从高期望值、极端看涨,转为低期望值、极端看空,这可能会让美元在2018年的处境比2017年好得多。

Weller称,美联储2018年也将转为更加鹰派。即将就任美联储主席的鲍威尔(Jerome Powell)不太可能与其前任耶伦(Janet Yellen)的谨慎态度产生很大分歧,但投票成员的年度轮换绝对有利于鹰派。

2017年,一些大鸽派人物包括芝加哥联储主席埃文斯(Charles Evans)、明尼阿波利斯联储主席卡什卡利(Neel Kashkari)将不再拥有投票权,而两位在以往已显现鹰派倾向的委员——克利夫兰联储主席梅斯特(Loretta Mester)和旧金山联储主席威廉姆斯(John Williams)——将于2018年拥有投票权。

Weller指出,如果通胀最终在2018年显露出走强迹象,这群鹰派人物将毫不犹豫地支持激进加息,以确保美联储不会"落后于形势"。他表示,即便美国经济在2018年没有展现加速的迹象,但鉴于已经出现了失衡的头寸,美元空头可能也难以进一步推低汇率,尤其是兑那些投机者积累了大量多头仓位的货币,包括欧元、澳元和加元。Weller总结称:"毫无疑问,要买入美元,需要对其在信心方面有跃升,但正如经验丰富的逆向交易者所知道的那样,在刚开始时感觉最糟糕的头寸往往最终会得到最好的结果。毕竟,黎明前的夜晚总是最黑暗的。"

不过即便如此,美元在2018年的上行空间恐将受限。荷兰国际集团(ING)发布客户报告指出,目前有三大原因令美元在2018年难现牛市:

第一,美元走强的经济因素没有增加。如果没有真正的供给侧改革,特朗普的税收法案将增加财政赤字,而不会改变美国的长期增长趋势。这是标准的美元负面影响。

第二,美元走强的政治因素并没有增强。很明显,特朗普总统不希望美元走强——政府的保护主义担忧仍将持续到2018年。此外,自20世纪80年代以来,在共和党总统的领导下,美元往往会遭受"第二季综合征"的影响。在他们担任总统的第二年,美元的贸易加权平均水平就会下降。这很可能是由于前共和党政府的友好政策,以及中期选举的影响。

第三,最重要的是,世界其他地区正在增长,并赶上美国经济,这是远远落后于其周期的。如果投资者正在寻找"金发女孩"的成长机会,那么美国可能不是他们第一个想要投入资本的地方。

荷兰国际集团表示,唯一能获得美元升值的渠道是海外利润的回流,但在没有实际窗口的情况下,当这些资金流回到美国时,这种影响可能会随着时间的推移而蔓延和减弱。不过这还需要最终法案的细节来衡量总体影响。

4. 具有贬值趋势的货币:日元、瑞郎

(1)日元

虽然日元可能会在新的一年受到许多黑天鹅事件的支撑,但由于全球整体经济形势依然强劲

以及日本央行宽松立场暂难改变，市场普遍认为日元在2018年的下行风险依然较大。

美银美林（BofA Merrill）外汇策略研究团队撰文探讨美元/日元2018年走势前景，预计日元的基本面疲软将继续维持下去，但主要将体现在美元/日元走势上，而不是日元交叉盘上。美银美林认为，日元在2018年第一季度将维持疲软状态，主要有三大原因，其中包括：① 国际收支平衡；② 投资组合流动状态；③ 美国实际收益率上升。

预计2018年第一季度美国国债收益率走高，随后在第二季度日本国债收益率将走高，届时将导致美元/日元2018年第一季度上涨，而在第二季度将出现修正回撤。假设美国10年期国债收益率升至2.9%，则预计美元/日元2018年第二季度将于122附近筑顶，并可能在2018年年底修正回撤指向115。

鉴于此，具体而言，美元/日元2018年第一、第二、第三和第四季度末的目标位分别看至119、122、118及115。

（2）瑞郎

美国银行的全球利率、外汇及新兴市场固定收益策略及经济主管David Woo 2017年年底表示："明年我们的G10外汇方向策略是做多欧元/瑞郎，国际收支平衡及美联储和瑞士央行之间的政策背离可能会推动这一交易。"

法国巴黎银行的北美外汇策略主管Daniel Katzive则指出："市场低估了美国现金利率走高和税收立法对美元的正面影响。瑞士央行的持续鸽派前景，加上欧元区政治风险溢价的下降，这将与持续的瑞郎贬值一致。"

5. 具有崩盘风险的货币：巴西雷亚尔

2018年巴西将举行大选，令人意外的是，在竞选活动中最为活跃的前总统卢拉因被控贪腐和洗钱而被判入狱，如果上诉失败，其将彻底失去参加2018年总统大选的资格。

腐败问题已经成为巴西社会的一大毒瘤，民众对这个问题已经深恶痛绝，同时大选结果也将会对巴西经济各个层面造成巨大影响。在现任总统因贿赂丑闻面临弹劾危险的消息公布当天，巴西雷亚尔兑美元就暴跌了7%。如果2018年大选出现意外局面，巴西雷亚尔可能会再度上演崩盘戏码。

（六）2018年全球黄金市场展望：金价高位波动

在《2016—2017全球投资市场蓝皮书》中，我们认为美国10年期国债收益率，美元指数，美国CPI，原油价格、供需能够对黄金的价格产生显著影响，这些正是影响黄金价格的长期因素，下面将逐一分析。

1. 影响黄金价格的长期因素分析

（1）美国10年期国债收益率与黄金价格

美国10年期国债收益率是黄金的持有成本，其与黄金价格呈负相关关系。当前10年期国债收益率处于相对高位，随着美联储加息与缩表的推进，10年期国债收益率有进一步上涨的可能。但需要注意的是，美联储尽管加息，但是实际利率却并没有提升，源于通胀预期过大，加息带来的国债收益率上行已经被部分抵消。从这点来看，美联储符合预期的加息不一定会制约金价上行。

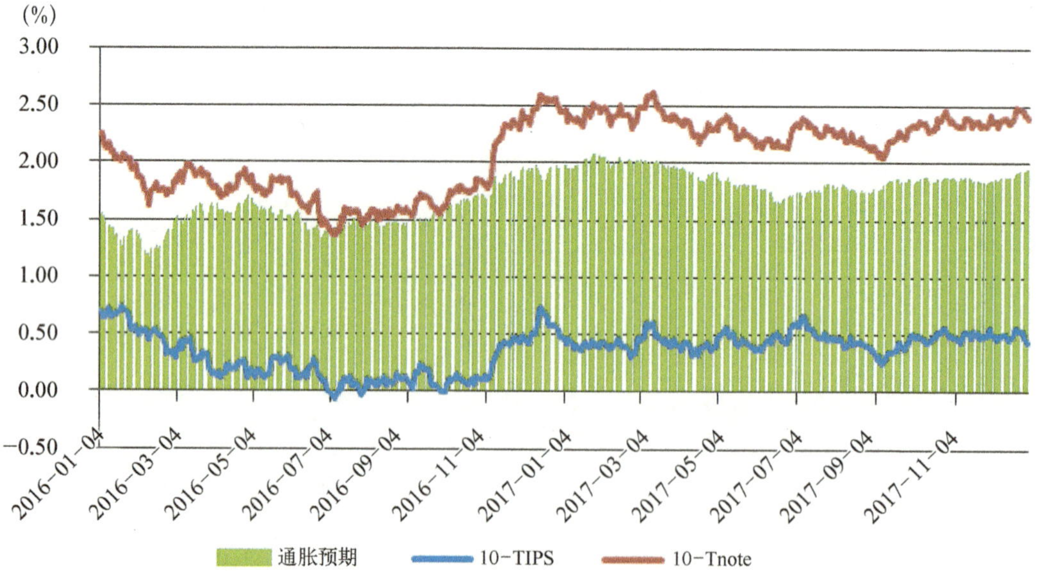

数据来源：美国财政部。10-TIPS为通胀保值债券收益率，反映实际利率，10-Tnote指代普通债券收益率。

图2.16　美国实际利率并没有跟随美联储加息上涨

（2）美元指数与黄金价格

国际黄金直接以美元计价，黄金价格与美元指数基本呈负相关。美国经济当前运行良好，但加息和税改靴子落地并没有推升美元，来年"通俄门"和美国中期选举或成较大隐患，2018年美元指数难言乐观，较难展开大幅反弹。

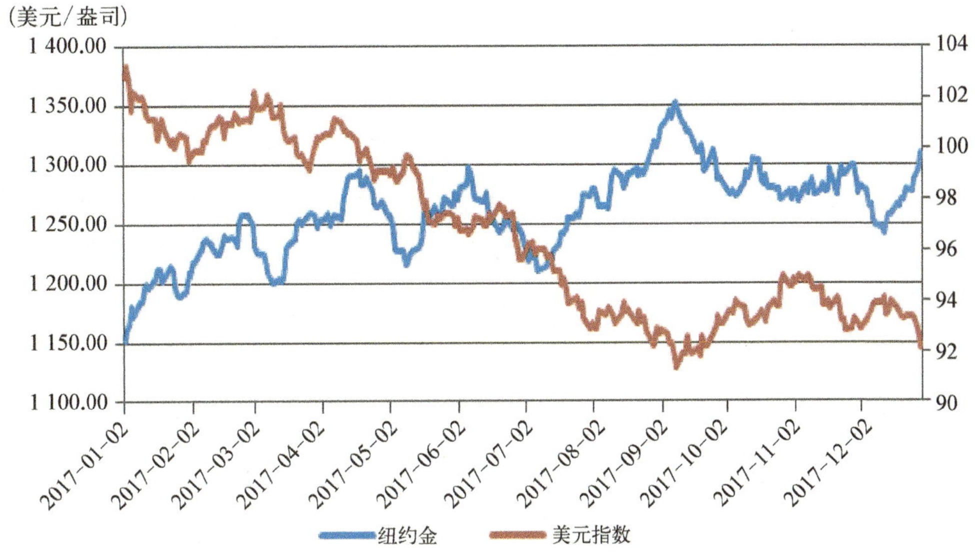

数据来源：Investing.com。

图2.17　美元指数步入下行通道，2018年恐延续跌势

此外，其他央行也开启货币正常化的进程，美元指数反弹或受到一揽子货币的压制。事实上，美联储2017年内加息三次，美德、美英、美加等息差缺口并没有大幅拉开。因此，2018年美元料不会对金价造成过多的压制。

数据来源：Investing.com。

图2.18　10年期国债利差没有伴随美联储加息而冲高

(3)通货膨胀与黄金价格

黄金的商品属性决定其可以抵御通胀,其价格与通胀成正比。如图2.19所示。通胀低迷依旧是美国社会的普遍事实,但随着劳动力缺口的缩窄、薪资水平有望提高,通货膨胀提升料在一定程度上支持黄金价格上涨。

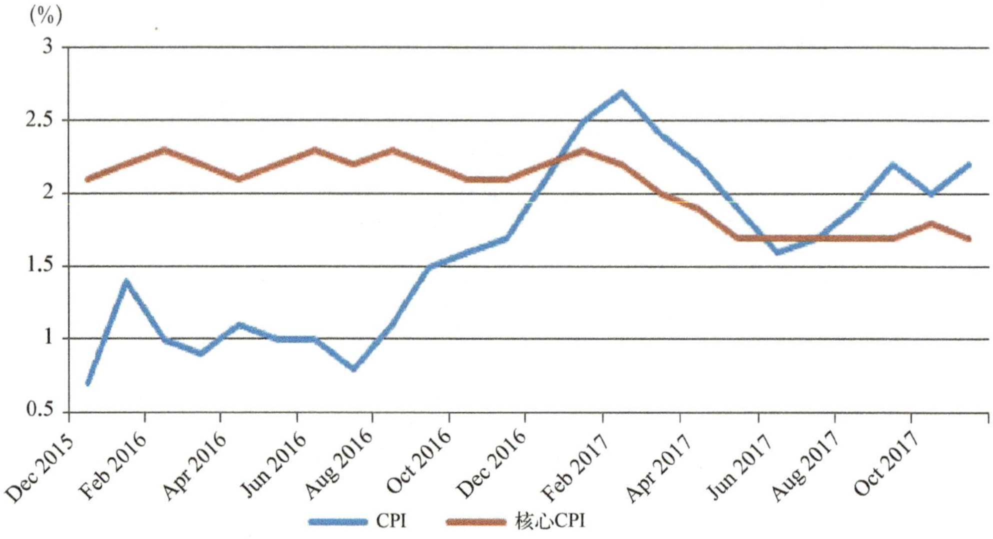

数据来源:FX168财经集团。

图2.19 美国核心居民消费物价指数仍然在低位徘徊

事实上,国际上通常用马歇尔K值判断社会的流动性程度,即M2/GDP。因为中国、美国、欧元区、日本、英国是主要的货币来源地区,从这些国家和地区马歇尔K值即可看出流动性过于泛滥。中国和日本在2016年马歇尔K值已经超过200%,并且各国马歇尔K值都呈上升趋势。由此,黄金将在2018年继续扮演对抗通胀的有力法器。

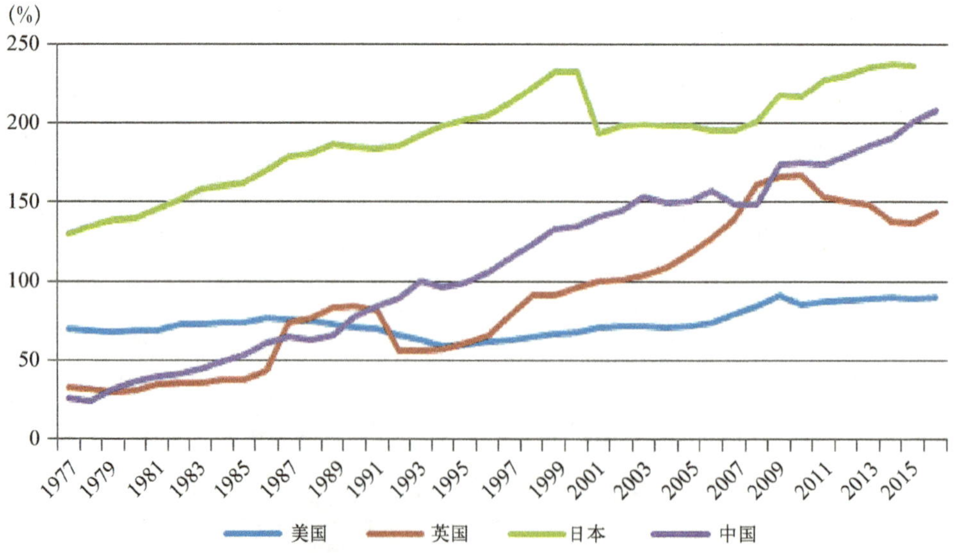

数据来源:根据世界银行数据整理得出。

图2.20 美、英、日、中马歇尔K值呈上升趋势

（4）原油价格与黄金价格

原油2017年走了一个“V”形反转，上半年由于美国页岩油不断增产，原油价格震荡下行，但OPEC减产协议的有效执行，目前原油价格处于高位。

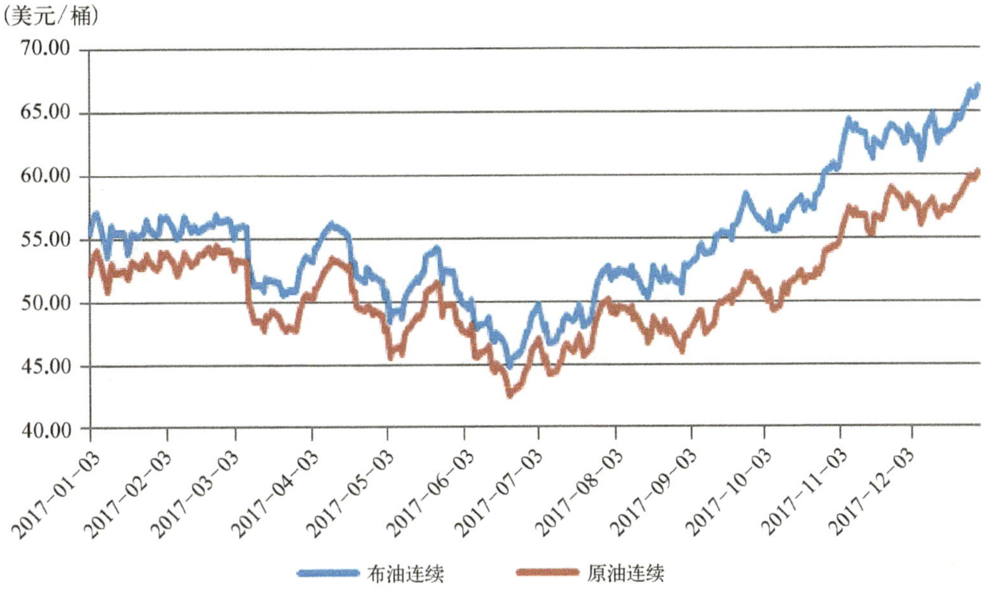

数据来源：FX168财经集团。

图2.21　原油价格冲至年内高位

12月初OPEC与俄罗斯等非OPEC产油国发布声明同意将减产协议延长至2018年年末，至于减产国是否会坚决执行减产协议，我们认为2017年减产可作参考。OPEC原油日产量目前已经低于3 250万桶/日，减产执行效果较好，美国原油库存量降至1 300百万桶以下，原油市场2018年下半年有望实现再平衡。

油价2018年的高位企稳或推升各国的通货膨胀，黄金价格也在一定程度上受到支撑。

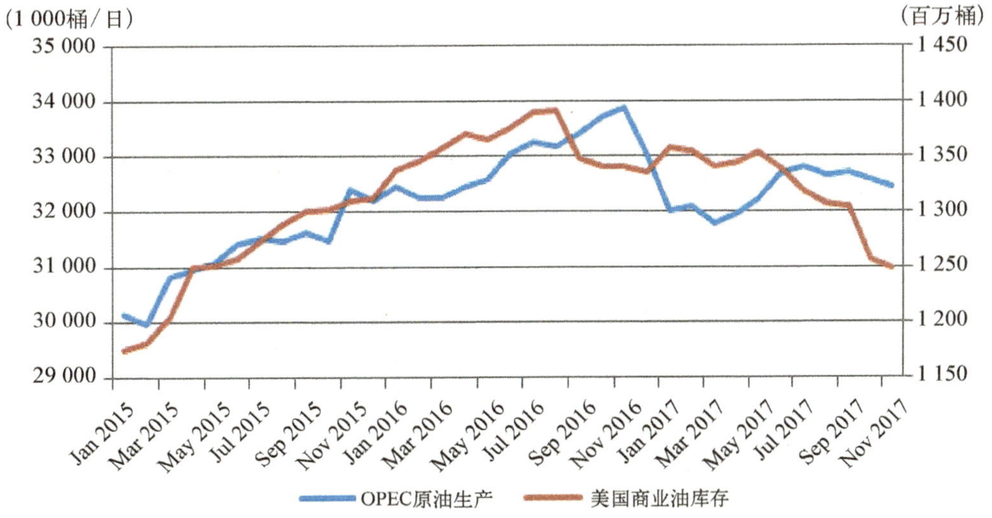

数据来源：OPEC月报。

图2.22　OPEC减产效果较好，美国原油库存降低

(5)黄金供需与黄金价格

黄金供给相对稳定,需求则随季度变动。自2017年前三季度,黄金供应维持在1 000吨以上,且呈上升趋势。但需求则从第一季度的1 037.6吨下滑至915吨,印度黄金商品和服务税(GST)的提升抑制了部分黄金的需求。

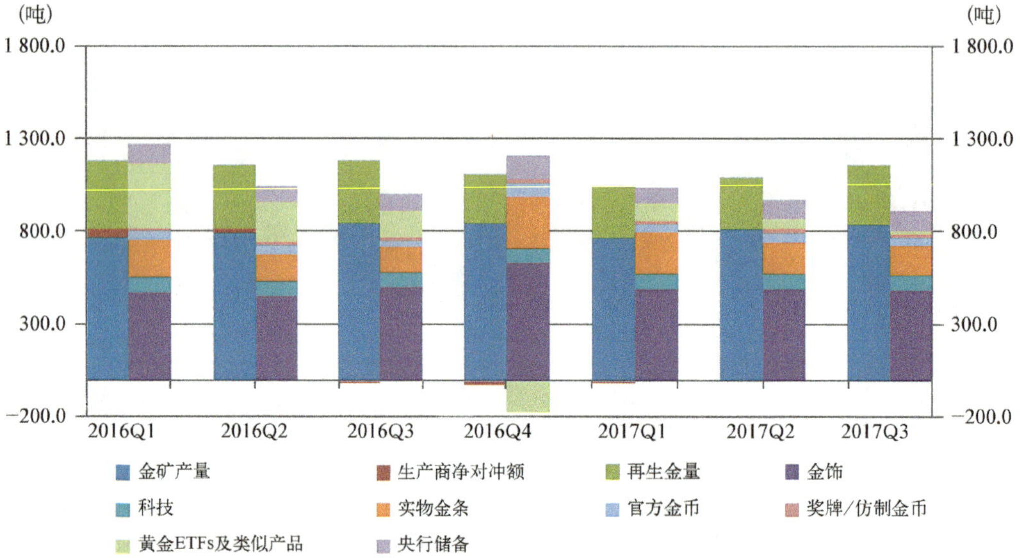

数据来源:世界黄金协会。黄金供给包括金矿产量、生产商净对冲额和再生金量三个部分,黄金供给包括金饰、科技、实物金条、官方金币、奖牌/仿制金币、黄金ETFs及类似产品和央行储备等。

图2.23　供给渐增,需求疲弱,不利金价上行

作为全球黄金消费第一大国,中国通常在春节假期消费大量黄金,第一季度自然而然成为黄金需求旺季,仍预计2018年第一季度金价会在强劲需求下得到提振。

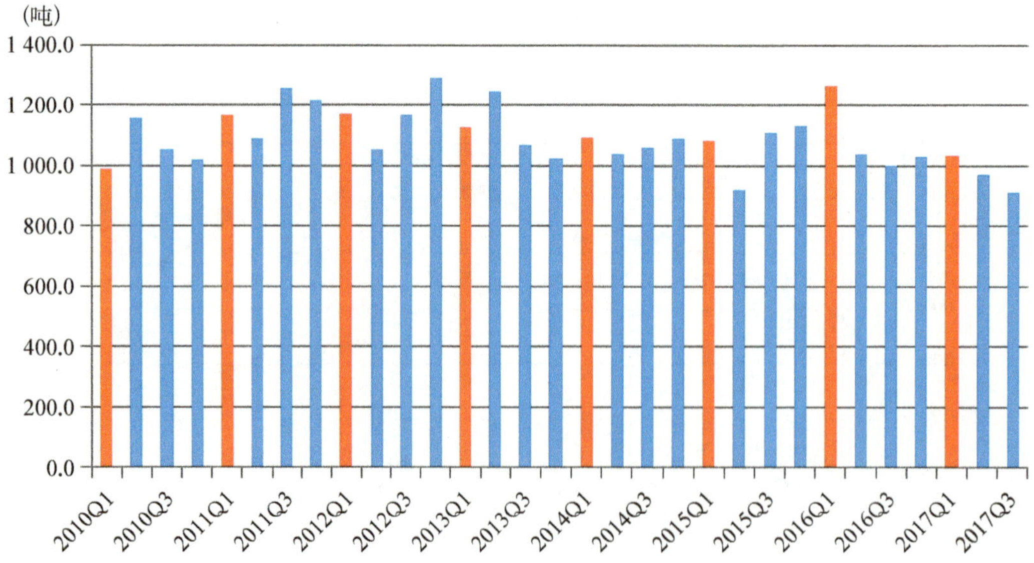

数据来源:世界黄金协会。

图2.24　第一季度黄金需求通常强劲

2. 影响黄金价格的短期因素分析

（1）黄金避险属性

黄金的短期影响因素主要体现其避险属性，从央行黄金储备可见一斑。美国、德国、意大利等欧美国家通常持有大量黄金外汇储备，其在外汇储备中的比重达到60%以上，美国甚至高达近75%。

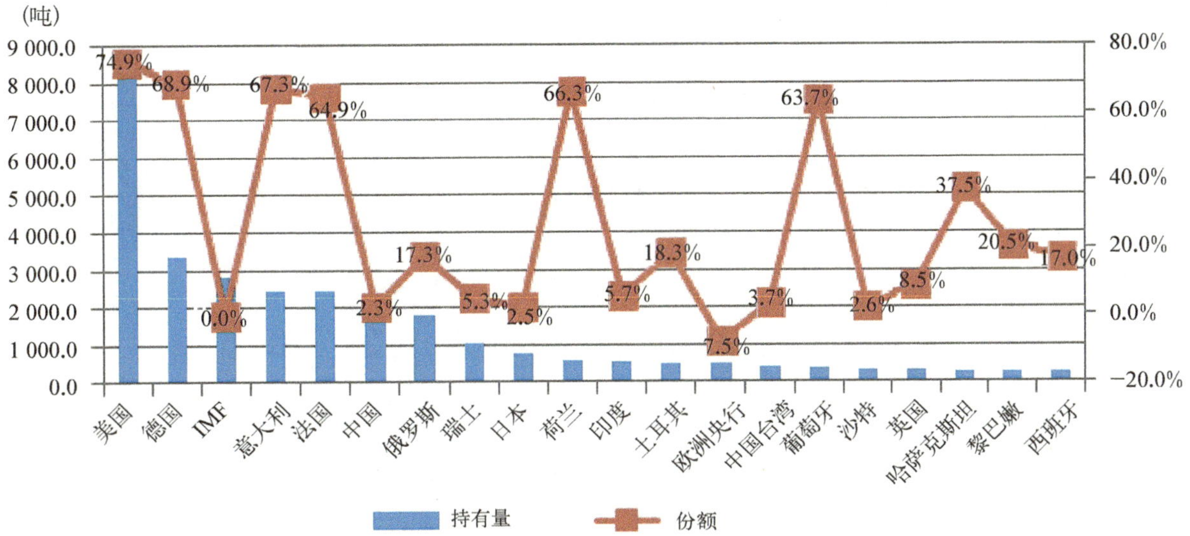

数据来源：世界黄金协会，数据统计截至2017年第三季度。

图2.25　美欧外汇储备中黄金占比较高

自2009年起各国央行开始增持黄金，以应对纸币贬值和国际经济政治环境恶化带来的不利影响。截至2017年第三季度，各国央行及国际组织共持有黄金30 180吨，同比增长1.07%，环比增长0.38%。

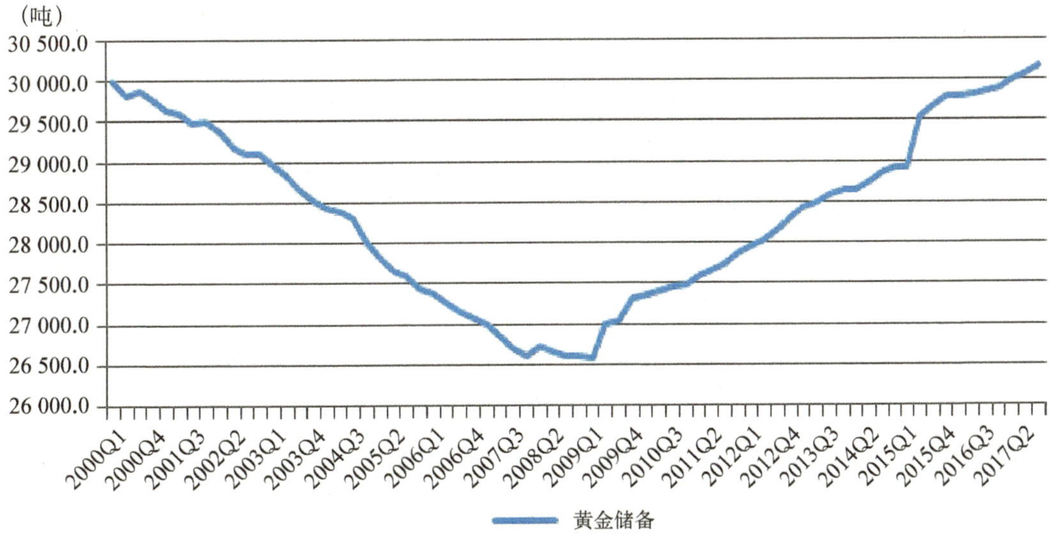

数据来源：世界黄金协会，数据截至2017年第三季度。

图2.26　自金融危机以来全球央行不断增持黄金储备

“恐怖指数”衡量了金融市场的风险水平,通常与金价同向变动。但2017年该指标反映有些失灵,黄金价格跌宕起伏,VIX指数一直处于相对低位,但我们认为这并不是常态。2018年意大利大选、美国中期选举、朝核问题仍面临较大的挑战,VIX指数或起伏波动,将对黄金提供很好的短期投机机会。

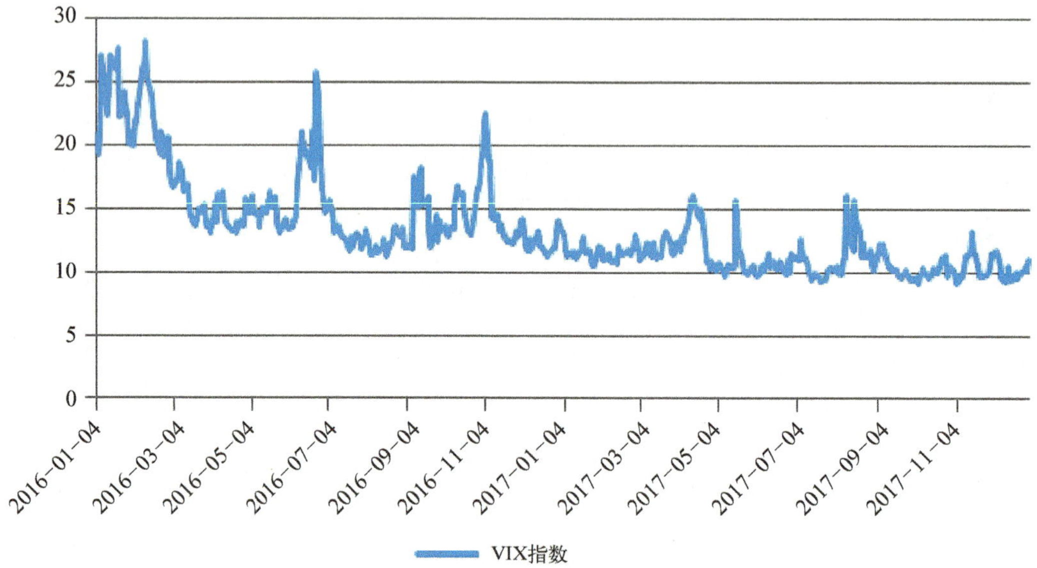

数据来源:Investing.com。

图2.27 VIX指数处于历史低位,反弹可能性较高

(2)黄金持仓量分析

进入2017年9月以后,美元的反弹压制金价,但加息靴子落地后黄金多头不断加仓,多空净持仓量从底部反弹。目前净多头持仓量高达16.33亿手,反映投资者仍对黄金抱有信心。

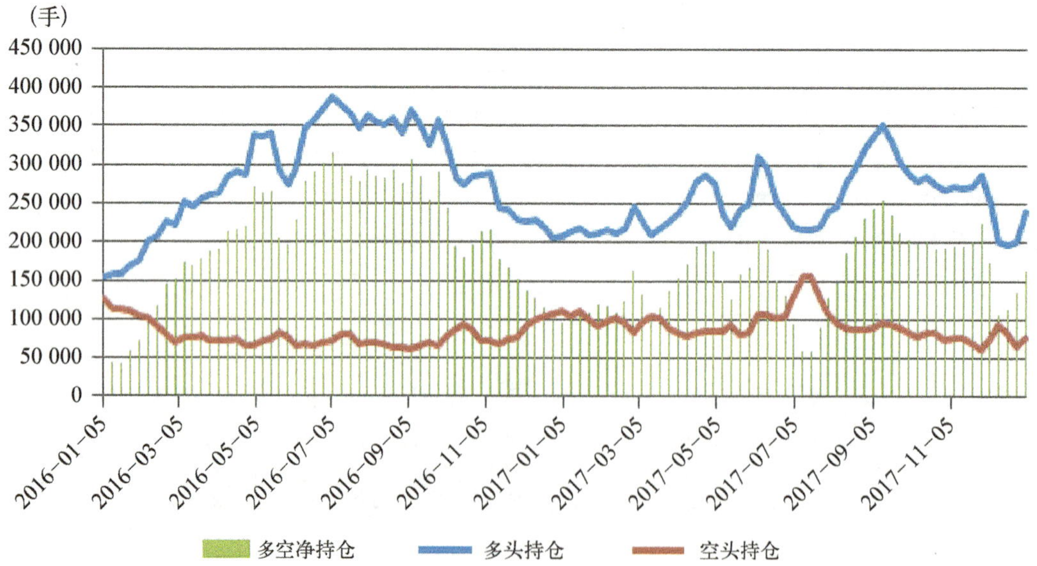

数据来源:FX168财经集团。

图2.28 黄金CFTC持仓量仍以净多头持仓为主

最大黄金ETF基金SPDR尽管已经削减黄金持仓量，但目前持仓量维持在800吨以上，处于两年内持仓量中间位置，其仍然把握黄金的增值机会。

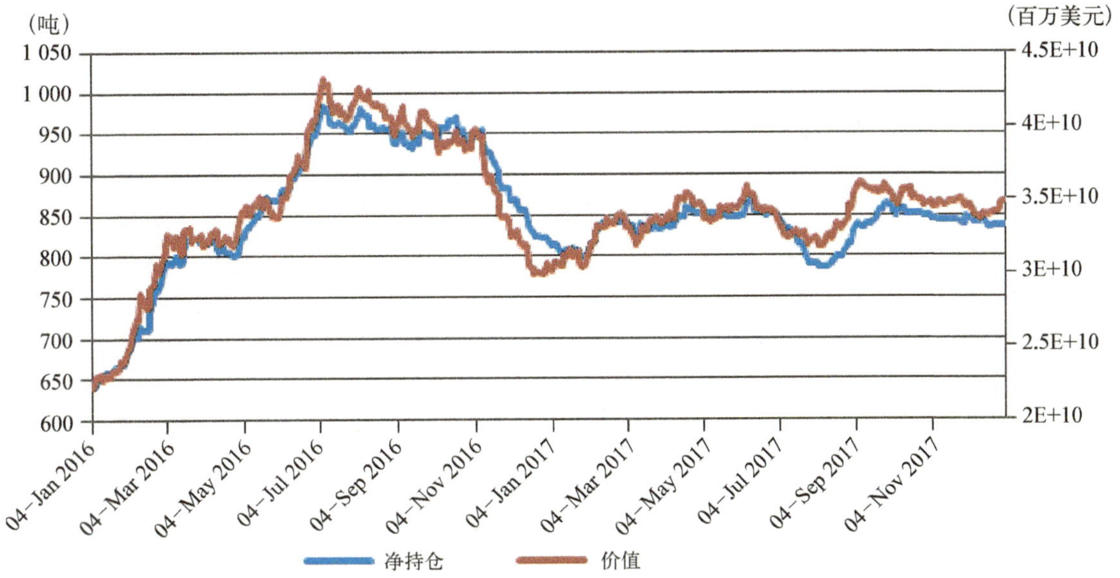

数据来源：SPDR官网。

图2.29　SPDR黄金ETF持仓居于两年中间位置

（3）金银比价分析

可以用金银比价来衡量黄金的增值潜力，通常认为，当金银比价低于75时，黄金有较大的增值空间，反之，白银变得相对便宜，不利于金价上涨。2017年金银比价触及80后掉头向下，但仍高达76.94，金价上涨或受到部分抑制。

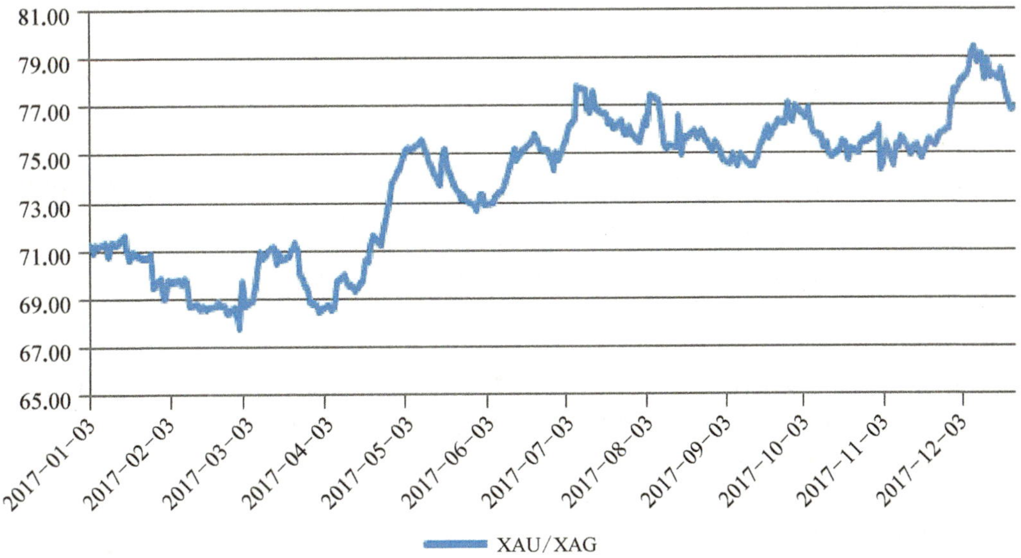

数据来源：FX168财经集团。

图2.30　金银比价从高位回落，但依然较大程度上抑制金价上行

(4)比特币泡沫已然形成

比特币因其“去中心化”和数量有限深受投资者青睐,2017年上演王者归来。比特币年内最大波幅高达2 300%,在投资回报率层面,2017年比特币录得1 281%的投资回报,而同期标普500指数为18.42%,SPDR黄金股票为11.93%,美国10年期国债则更低。

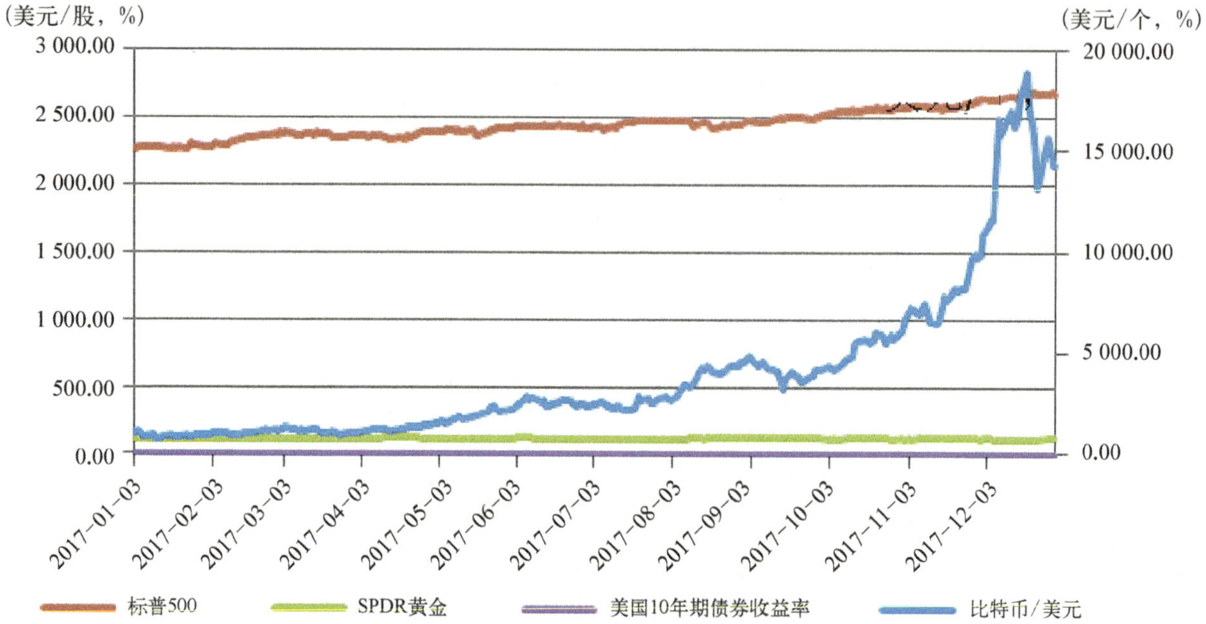

数据来源:Investing.com。

图2.31　2017年比特币投资回报远超其他类型投资

值得注意的是,比特币目前体现出很强的避险属性,但同黄金不同,比特币本身没有价值。当前比特币价格已经从高位回落,但价格仍处相对高位,12月比特币期货成功推出提供了做空比特币的机会,资本大鳄环视,一旦市场信心不再,比特币崩盘的风险或发生,届时资金将分流至黄金市场,从而推动金价上涨。

3. 2018年黄金市场展望

以上从长期和短期分析了黄金价格的影响因素,现综合结论如下:

① 美联储进一步加息和缩表或推高国债收益率,但预期的加息并不能提升实际利率,料不会对黄金价格造成重大打压;

② 其他央行跟随美联储进入货币正常化轨道,美元指数在2018年不至于大幅上涨,美元对金价的压制相对有限;

③ 2018年全球进入慢紧缩时代,但流动性依然比较宽松,黄金的抗通胀性仍大有用武之地;

④ 原油市场或在2018年实现再平衡,油价高位企稳能助推通货膨胀上行,金价依然受到支撑;

⑤ 黄金供给对金价的影响相对微弱,但需求则存在季节性切换,2018年第一季度金价或受中国春节强劲需求得到提振;

⑥ 各国央行将黄金视为重要的外汇储备,央行还在增持黄金的途中,VIX指数尽管处于低位但反弹可能性较大,各种不确定性或使得VIX爆发,短期避险属性提振金价;

⑦ 黄金投资市场依然是以净多头为主，市场普遍对黄金后市看好；

⑧ 金银比价目前处于高位，银价显得相对便宜，金价将在一定程度上受到压制；

⑨ 比特币泡沫一旦被捅破，届时资金分流进入黄金市场，或带来金价的上涨。

总之，我们依旧看好2018年黄金市场的表现，预期2018年上半年金价将围绕1 325美元/盎司上下波动；下半年有望在1 350美元/盎司上下波动。

（七）2018年全球原油市场展望：波动加剧　涨幅有限

原油兼具商品属性、金融属性和政治属性三重属性，商品属性主要表现在供需方面，较长跨度影响原油价格，金融属性和政治属性则在短期内对原油价格造成较大扰动，三者相互关联，共同决定原油走势。

1. 原油的商品属性

我们从原油供给、原油需求、原油库存、生产成本和资本支出5个方面进行原油商品属性的描摹。

（1）全球原油供给分析

全球原油供给概况

OPEC是国际原油的重要生产地，其囊括全球原油产量的1/3左右，由于产量相对集中，故能对国际油价产生重大影响。2017年第三季度全球原油产量为96.6百万桶/日，同比增长1.05%，环比增长0.62%，其中OPEC原油产量32.7百万桶/日，同比增长0.31%，环比增长1.24%，占总产量的33.85%，当前全球原油产量居于近七年内高位。

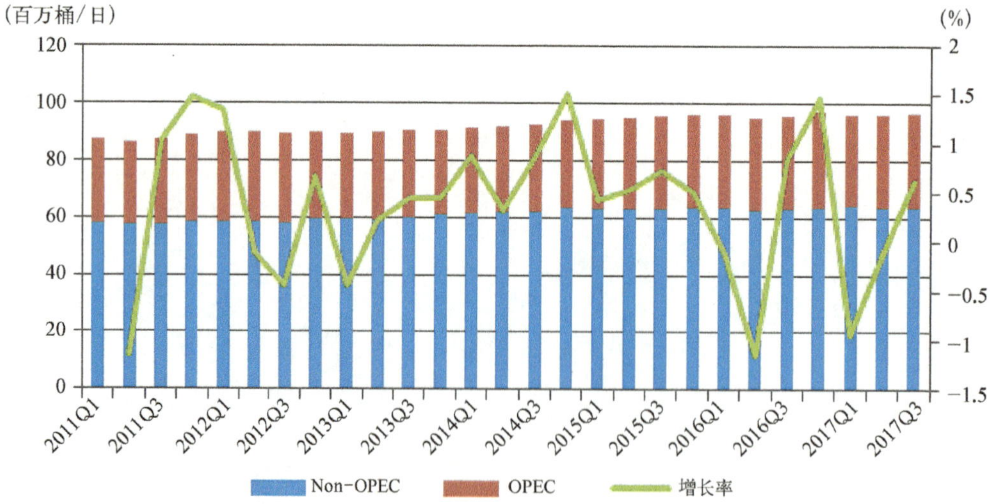

数据来源：OPEC月报。

图2.32　OPEC原油产量约为全球产量的1/3

原油产量的不断攀升挤压剩余产能，原油价格不易下行。据EIA估计，2017年OPEC剩余产能为2.1百万桶/日，低于2006—2016年平均的2.25百万桶/日，且预计2018年OPEC剩余产能将下降至1.82百万桶/日，原油价格或得到部分支撑。

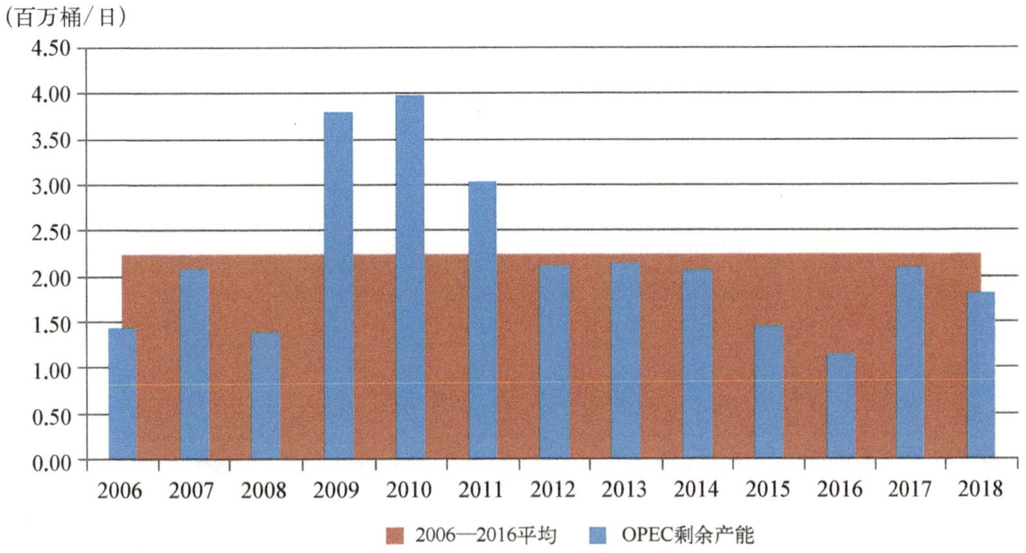

数据来源：EIA。

图2.33　剩余产能的进一步下降不支持油价下滑

当前原油供给市场呈现出俄罗斯、沙特阿拉伯和美国三强争霸的局面，三者原油生产约占全球总产量的30%。俄罗斯是原油生产第一大户，2017年平均日产原油10 593千桶/日，较2016年略增0.4%；沙特阿拉伯因为坚决执行减产协议，2017年原油日产量10 125千桶/日，较2016年减少3.21%；而美国原油产量则从2016年的8 857千桶/日增至2017年的9 128千桶/日，增幅为3.06%。

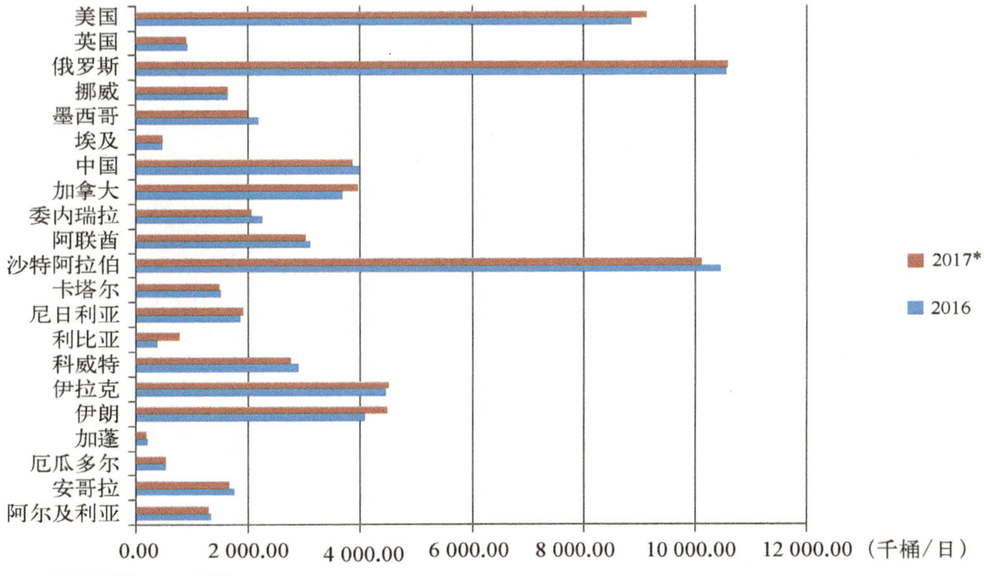

数据来源：EIA月报。

图2.34　全球原油生产呈现俄、沙、美三强争霸的格局

OPEC减产与美国原油增产之争

上述已阐明原油供给市场呈现俄、沙、美三足鼎立的局面，而俄罗斯和沙特阿拉伯已于2017年1月正式进入减产环节，美国则凭借页岩油基本实现原油自给，OPEC减产和美国原油增产无疑是2017年原油供给市场的重要主题。

OPEC于2016年11月决定将产量控制在3 250万桶/日，从2017年的减产执行结果来看，OPEC减产执行结果还不错，沙特阿拉伯、卡塔尔和安哥拉均实现了100%以上的减产率，总体减产覆盖率高达97%（见表2.2）。

表2.2　OPEC 2016年11月减产协议份额分配及执行情况　　单位：1 000桶/日

OPEC	参照产量	产量调整	产量目标	2017年平均	执行率
阿尔及利亚	1 089	–50	1 039	1 054	70.67
安哥拉	1 751	–78	1 673	1 640	141.88
厄瓜多尔	548	–26	522	532	62.82
加蓬	202	–9	193	201	14.81
伊朗	3 975	90	3 797	3 807	/
伊拉克	4 561	–210	4 351	4 464	46.19
科威特	2 838	–131	2 707	2 709	98.22
卡塔尔	648	–30	618	608	133.33
沙特阿拉伯	10 544	–486	10 058	9 946	123.05
阿联酋	3 013	–139	2 874	2 923	64.75
委内瑞拉	2 067	–95	1 972	1 965	107.37
赤道几内亚	/	/	/	136	/
利比亚	528			766	/
尼日利亚	1 628			1 623	/
OPEC	33 089	–1 166	29 804	32 573	97.24

数据来源：OPEC月报。

减产虽然取得一定成效，然而应该注意的是，当前OPEC原油产量仍然处在相对高位。的确，OPEC原油产量较2016年3 300万桶/日的平均要低，但仍然高于2015年的产量，减产之路尚未到尽头。

那么，后续减产还会如此一以贯之地执行么？从各产油国实现财政收支平衡所需油价可见端倪。尽管2017年主要产油国财政收支平衡油价普遍较2016年有所下降，但绝大部分国家仍然需要

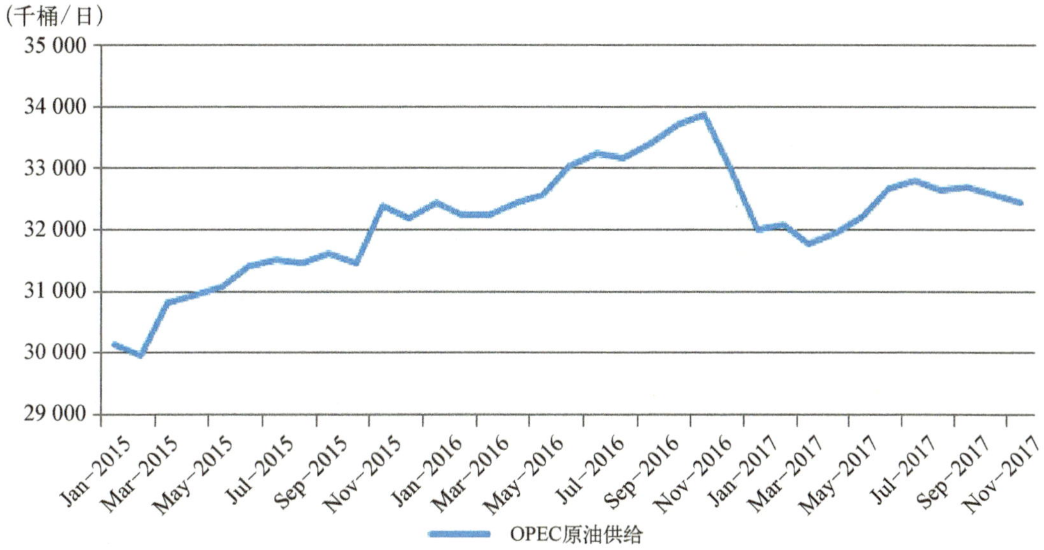

数据来源：OPEC月报。

图2.35　OPEC减产取得一定成效，但目前产量高于2015年

50美元/桶以上才能维系财政收支平衡，仅有科威特和卡塔尔低于50美元/桶，该种状况或在2018年继续。

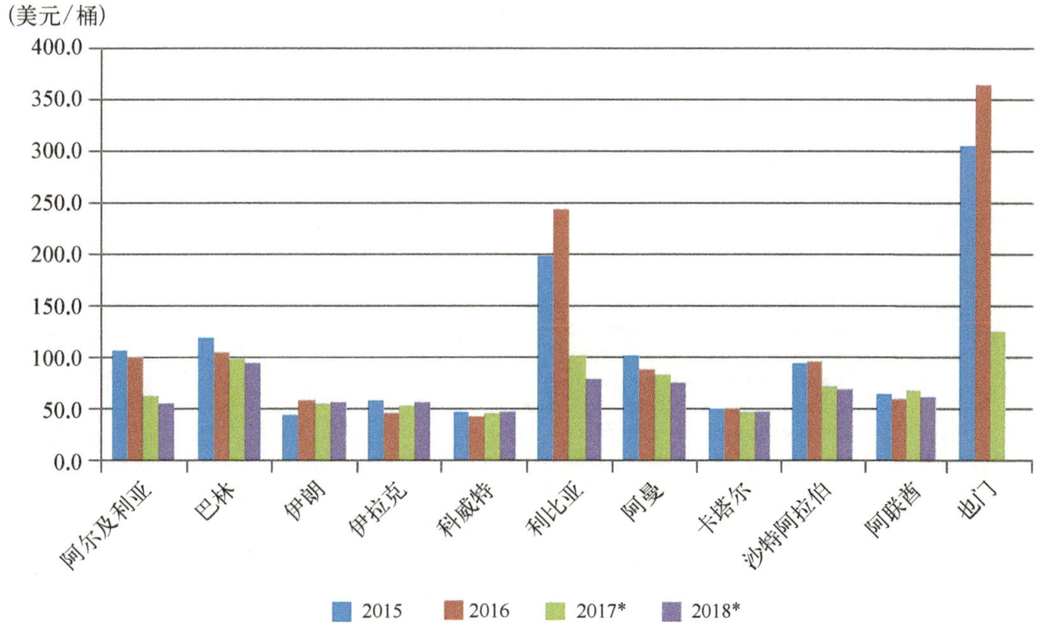

数据来源：IMF《2017年区域经济展望》。

图2.36　主要产油国财政收支平衡油价超过50美元/桶

以OPEC和俄罗斯为主的产油国如火如荼地减产，美国却借机大肆生产，以图攫取更大的市场份额。美国原油钻井数从2016年底的634口上升至7月最大值954口，虽然11月油井数下滑至911口，但由于单产增大，美国原油生产量还是增至近三年来高位9 669千桶/日。

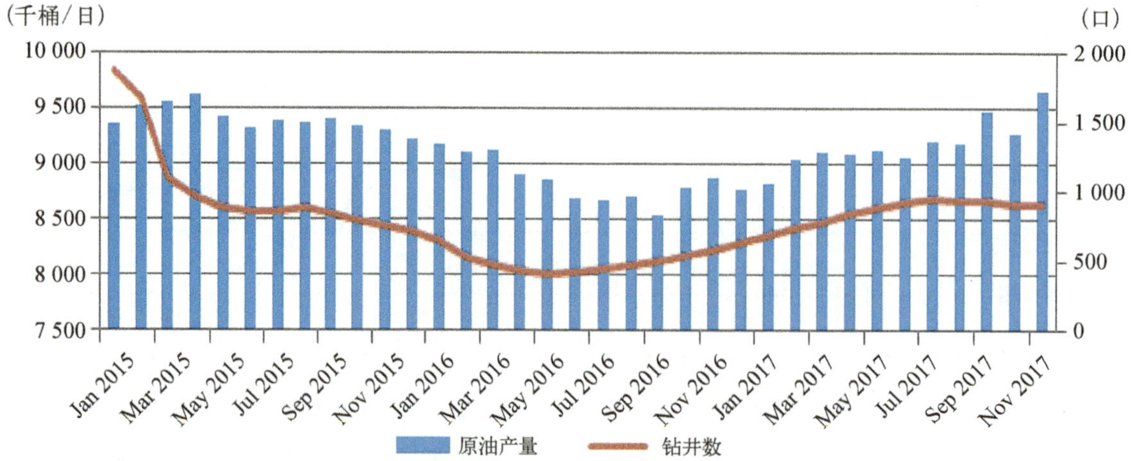

数据来源：原油产量来自EIA，钻井数来自OPEC。

图2.37　2016年下半年来美国原油产量增至历史高位，但钻井数尚处在中间水平

OPEC减产和美国原油增产仍将是2018年的焦点问题，较大的财政收支失衡料继续支持OPEC减产的决心，但油价的上涨又将受制美国原油的大幅增产。

主要产油国原油生产成本分析

地质和技术决定了原油生产成本的高低，中东地区特殊的地理位置赋予了其相对较低的生产成本。当前绝大部分产油国1桶油生产成本降至40美元以下，资本支出和运营成本所占份额因国而异，但英国、巴西、加拿大或因成本高昂在油价低迷时缩减生产。

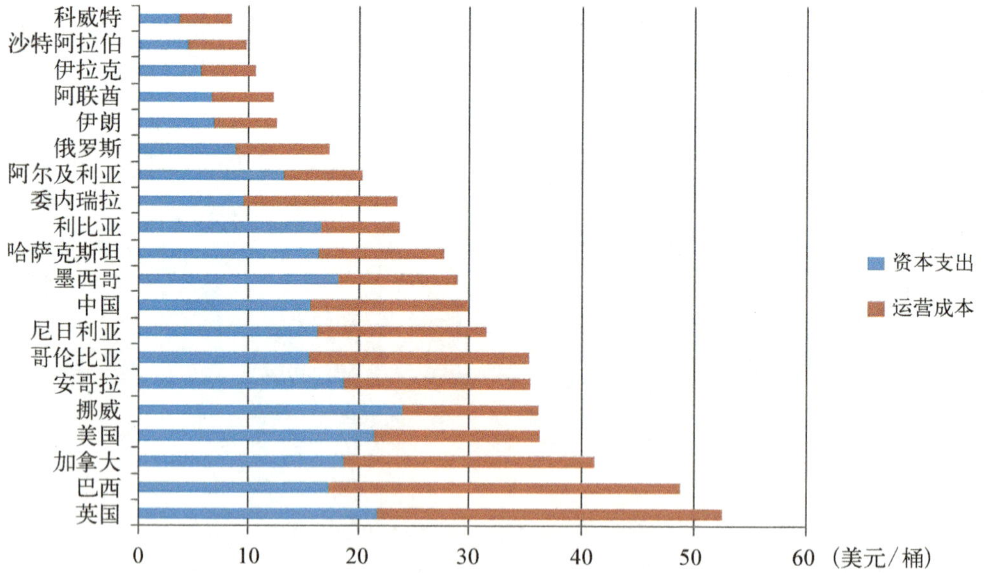

数据来源：Rystda Energy。

图2.38　40美元/桶以下油价抑制英国、巴西等高成本产油国生产

全球原油投资趋势

资本投资可以衡量未来原油产量潜力，尽管在油价低迷时油气公司会削减其投资成本，但势必影响未来原油的产量，从而推升原油价格。IEA预计2017年原油资本支出在2016年的基础上略为

增加至2 500亿美元以上，2018年有望进一步增至2 616亿美元，但相较2013年接近5 000亿美元数额相去甚远，资本支出相对低迷利好今后两年油价。

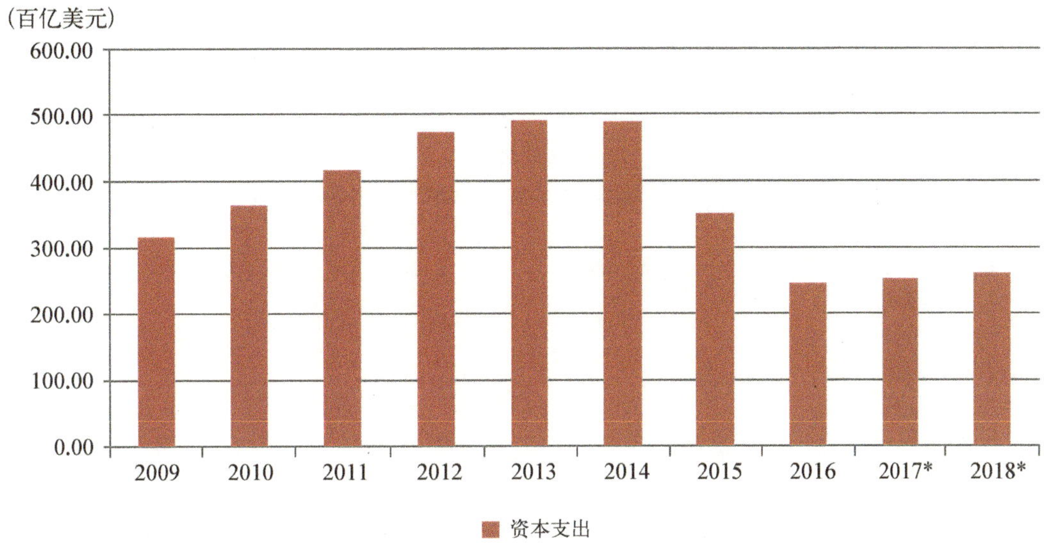

数据来源：IEA。

图2.39　当前原油资本支出处于历史低位

（2）全球原油需求分析

全球原油需求概况

OECD原油需求相对平稳，但Non-OECD国家成为原油需求的新增长点。2017年第三季度Non-OECD原油需求增至历史最高位，达50百万桶/日，同比增长2.67%，环比增长1.21%，而同期OECD原油需求为47.7百万桶/日。

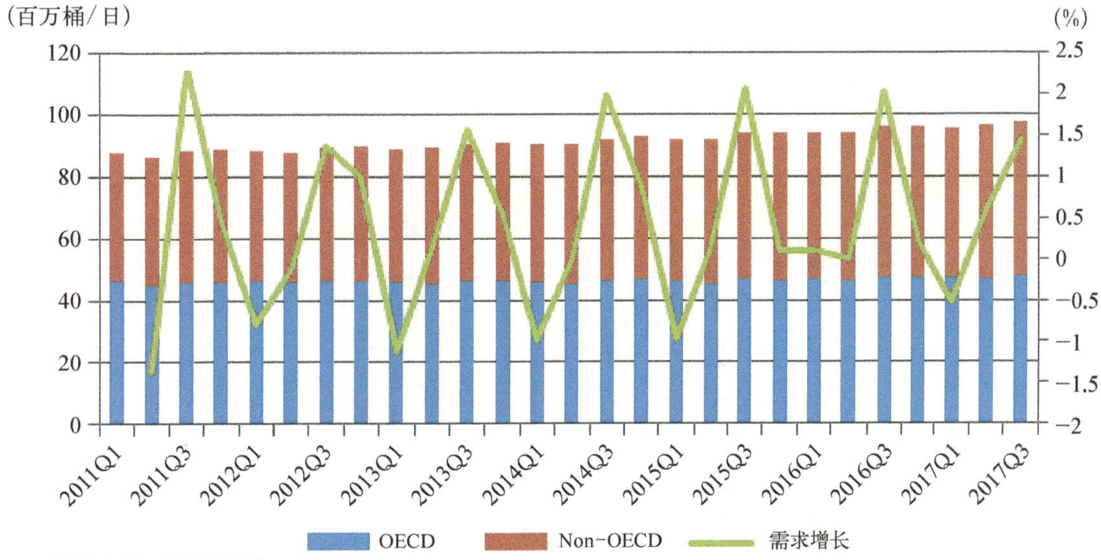

数据来源：OPEC月报。

图2.40　OECD原油需求平稳，Non-OECD是需求动力来源

中国、印度如今成为仅次于美国的原油需求大国，分列需求的第二、第三位。2017年中国原油需求1 230万桶/日，较2016年增长4.24%；印度原油需求从2016年的439万桶/日增至447万桶/日，增幅1.82%；反观欧美国家，美国需求仅增0.67%，英国、日本均为负增长，仅德国需求旺盛。

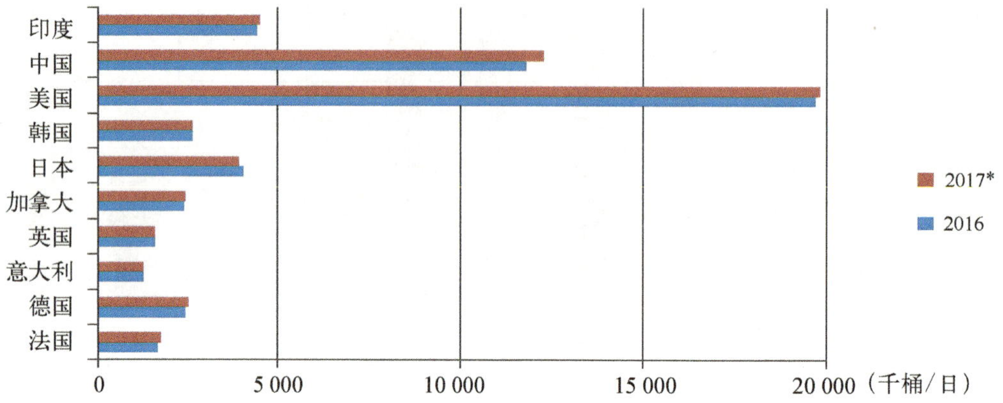

数据来源：OPEC月报。

图2.41　中国、印度原油需求强劲

全球经济稳步复苏利好原油需求

目前全球经济正从2008年金融危机的阴霾中复苏过来，增长势头远超预期。IMF 2017年10月预计2017年全球经济增速为3.6%，其中发达国家为2.2%，发展中国家为4.6%，并认为2018年全球经济更稳健增长，发展中国家有望增长4.85%，全球经济增速达到3.70%。

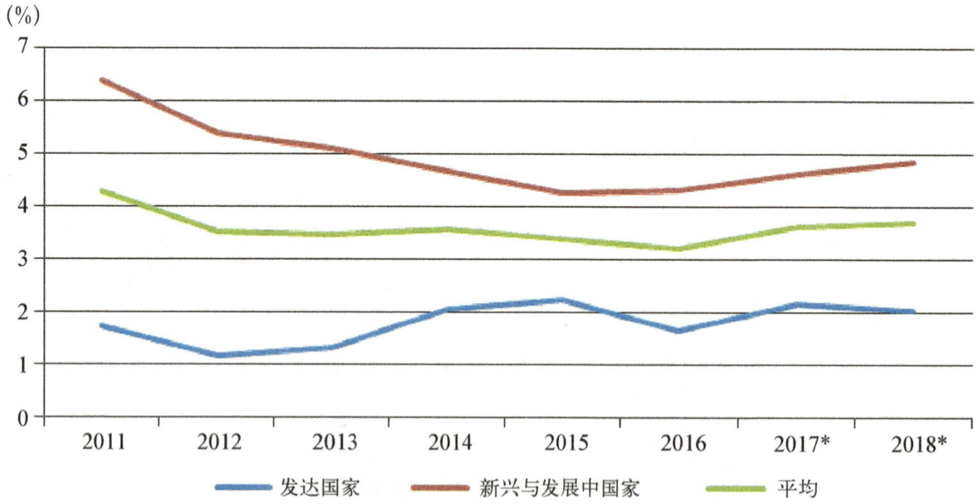

数据来源：IMF 2017年10月《全球经济展望》。

图2.42　2018年全球经济增速或更为强劲

制造业靠原油驱动，纵观全球主要国家制造业PMI指数可知，全球制造业相当活跃，目前该指数于高位运行。制造业的强劲发展势必反映在原油的需求上面，强力需求支撑原油价格上行。

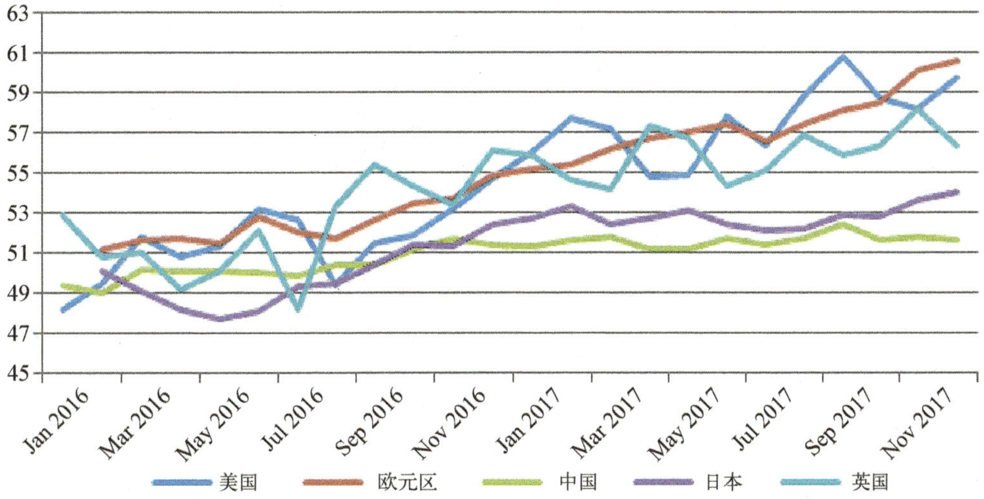

数据来源：FX168财经集团。

图2.43　主要国家制造业PMI在高位运行

原油现实影响力在逐步削弱

科技进步，人们追求环境质量，原油的替代成品层出不尽，原油在现实生活中的影响力有所削弱。全球能源强度衡量了每单位GDP所需消耗的能源量，OECD和Non-OECD能源强度均呈现下行趋势，反映产生单位GDP所需能耗减少。

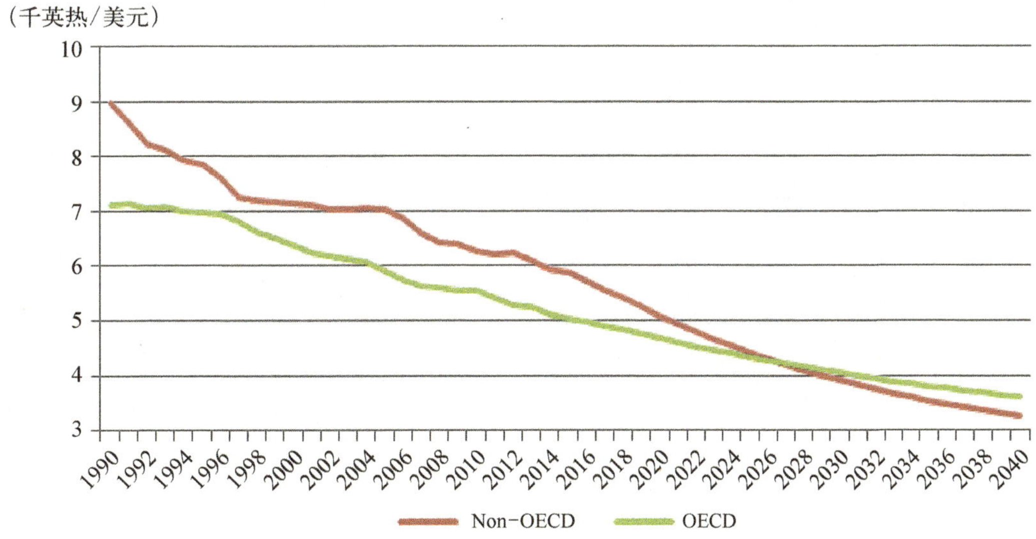

数据来源：EIA《2017年全球能源展望》。

图2.44　全球能源强度逐步降低

清洁能源在一次能源中的占比越来越大。据BP预计，可再生能源消耗将从2015年的439百万吨油当量增至2035年的1 715百万吨油当量，占比份额从3%增至9%，而原油消耗尽管总量增加，但占比将从32%缩小至29%。

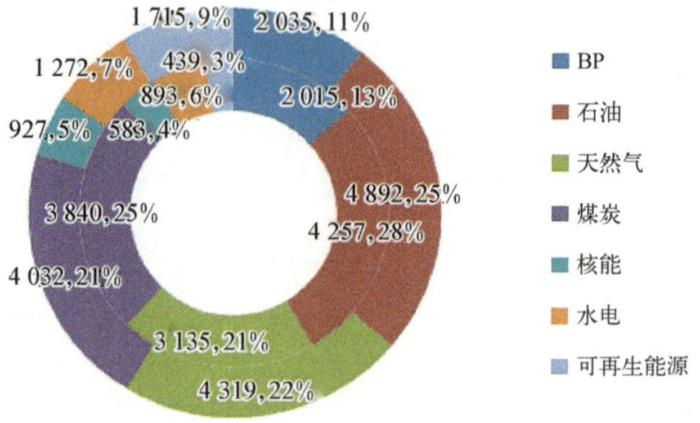

数据来源：BP。

图2.45　清洁能源在一次能源消耗占比越来越大(单位：百万吨油当量)

(3)全球原油库存分析

全球原油生产、消费的结余即为库存，短期生产不足可由库存补充，而今原油库存在历史高位附近。OPEC将OECD原油库存分为商业库存和战略库存两部分，战略库存相对稳定，而商业库存则增至历年高位30亿桶，高企的库存不利油价上行。

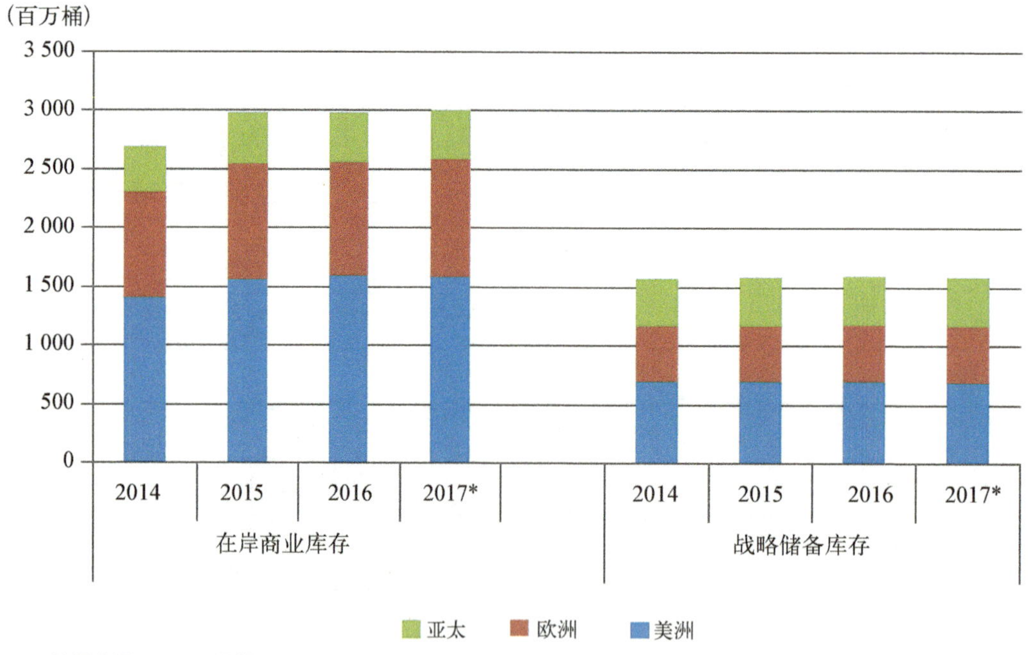

数据来源：OPEC月报。

图2.46　OECD原油库存达到历史高位

按目前的消耗速度计算，在不生产不进口的情况下，美洲、欧洲和亚太原油商业库存可维系其近两个月生产商用需求，如果再加上战略库存可支持天数更久，因而短期供应中断可能不会造成原油需求国的恐慌，支撑油价持续上行的能力有限。

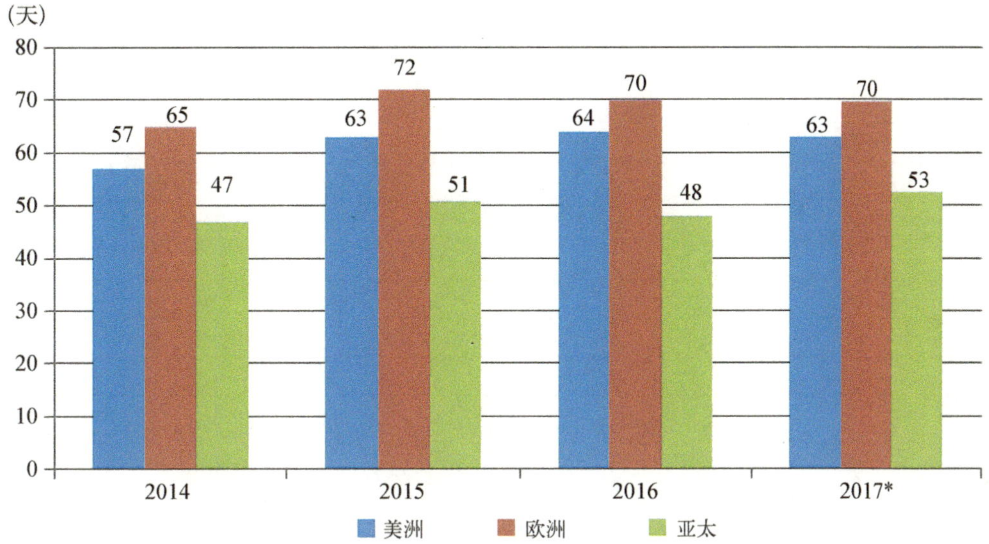

数据来源：OPEC月报。

图2.47　OECD商业原油库存可耗近两个月

2. 原油的金融属性

原油的金融属性赋予投资者通过金融市场进行原油投机，从而影响油价走势。根据CFTC原油期货持仓可知，截至2018年1月1日，多头持仓量762 666手，空头持仓量138 453手，净持仓624 213手，达到历史高位，市场普遍对原油后市看好。

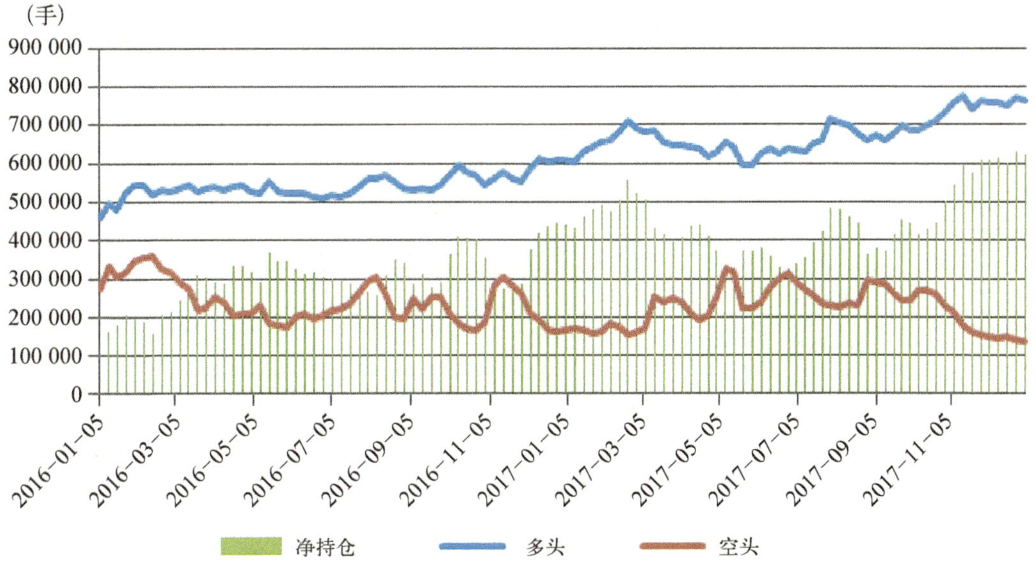

数据来源：FX168财经集团。

图2.48　CFTC原油期货净多头创两年来新高

期现价差反映了原油后市的预期，当前价差并不存在明显的趋势性，投资者目前相当谨慎。

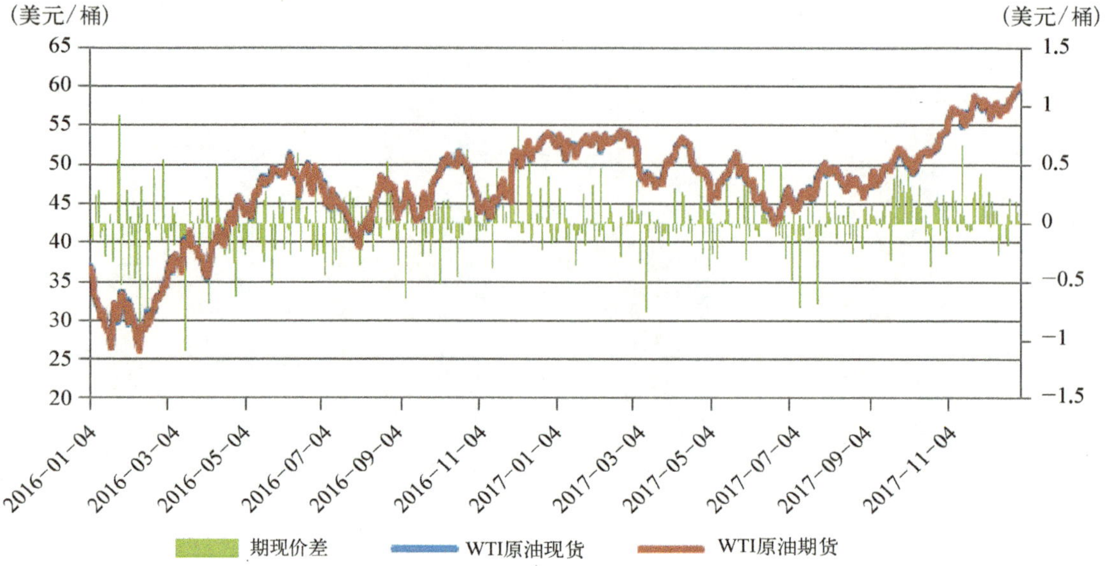

数据来源：Investing.com。

图2.49　期现价差趋平反映市场当前以观望为主

3. 原油的政治属性

(1)原油战略地位依然值得重视

原油与经济活动联系密切，被称为"商品之王"，其地位不言而喻。前述已简单提及原油被当作一种重要的战略储备，事实上商业库存和战略库存可以相互转化，我们可以从原油库存看出各国对原油资源的重视。

OECD各国均有大量原油库存，其中美国和日本优势凸显。截至2017年9月，美国原油库存高达19.78亿桶，日本也达到了5.71亿桶。

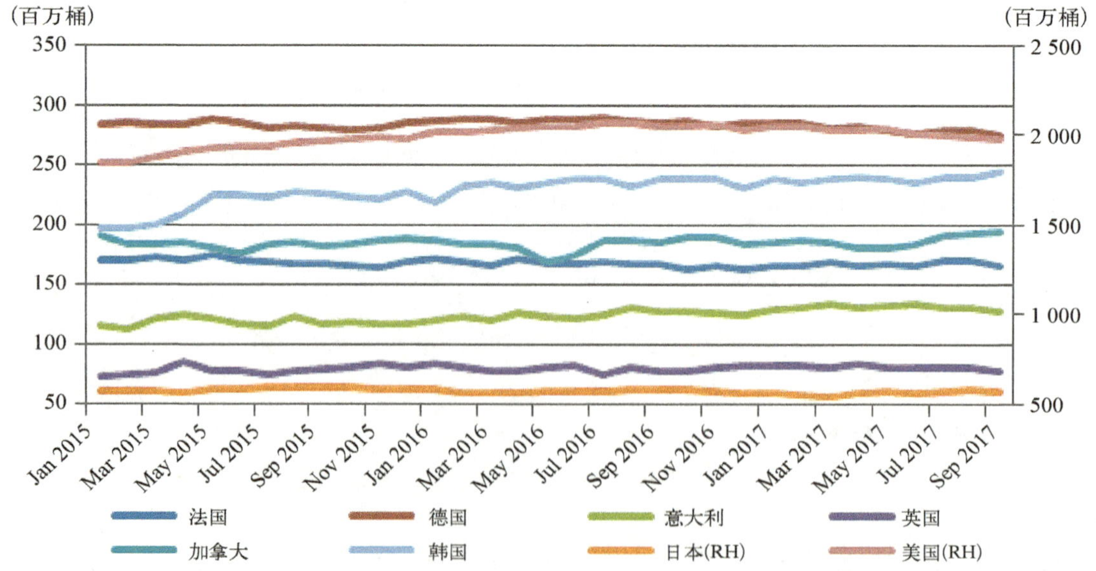

数据来源：EIA。

图2.50　美、日原油库存远超其他OECD国家

按照当前消耗速度消耗，日、德两国原油的可用天数高达100天以上，日本更是达到150天以上，法国、意大利、韩国、美国等国可用天数也超过3个月。

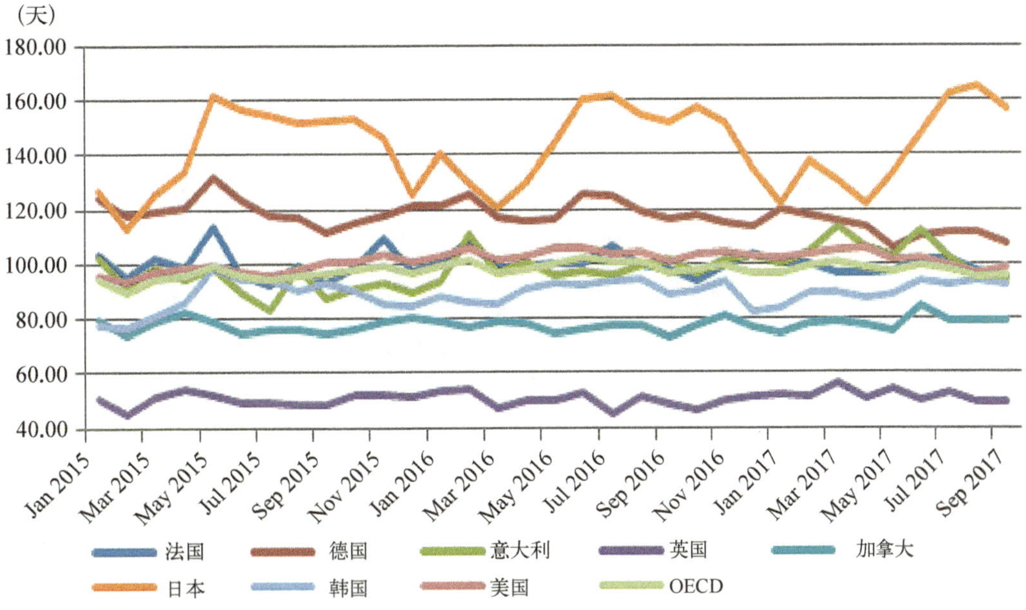

数据来源：EIA。

图2.51　日、德原油可用天数在100天以上

（2）中东原油供给中断冲击或隐现

中东地区历来是全球的火药桶，巴以冲突和伊朗问题是两大历史难题，域外大国的介入也使得这趟浑水越来越浑。2017年卡塔尔断交潮、沙特阿拉伯王储强力反腐、黎巴嫩总理哈里里辞职、也门前总统萨利赫被胡塞武装打死、叙利亚和谈停滞不前、美国承认耶路撒冷为以色列首都等反映了内政的困乏和外交的无力。

2018年中东地区或继续动荡，战争爆发的可能性不可谓无，届时原油的供应中断或实时牵动市场神经。

（3）委内瑞拉债务危机不得不防

委内瑞拉已探明原油储量高达2 980亿桶，位居世界第一。然而该国对原油的依赖程度过高，近些年国际油价低迷造成其庞大的负债。据世界银行数据，2016年委内瑞拉外债规模高达1 130亿美元，尽管较2013年的1 357亿美元有所下降，但外债/GDP依然高达33.87%，短期偿债压力更是明显，短期外债占总外债规模上升至25.5%（见图2.52）。

由于委内瑞拉原油多为重质油，其需要进口轻质原油来提炼中质和轻质原油，外债压力使得外储减少，一旦债务危机爆发，委内瑞拉原油供应将中断，原油价格将受到提振。

（4）石油“去美元化”浪潮迭起

“石油美元”一直饱受诟病，美国通过控制美元流动性无偿享受世界经济红利。而今，石油“去美元化”浪潮迭起，先是委内瑞拉宣布官方汇率机制弃用美元，该国原油及产品改用人民币计价；后是俄罗斯宣布2018年之前其所有的海港都将停止使用美元结算，转而使用卢布为主要结算货币；中

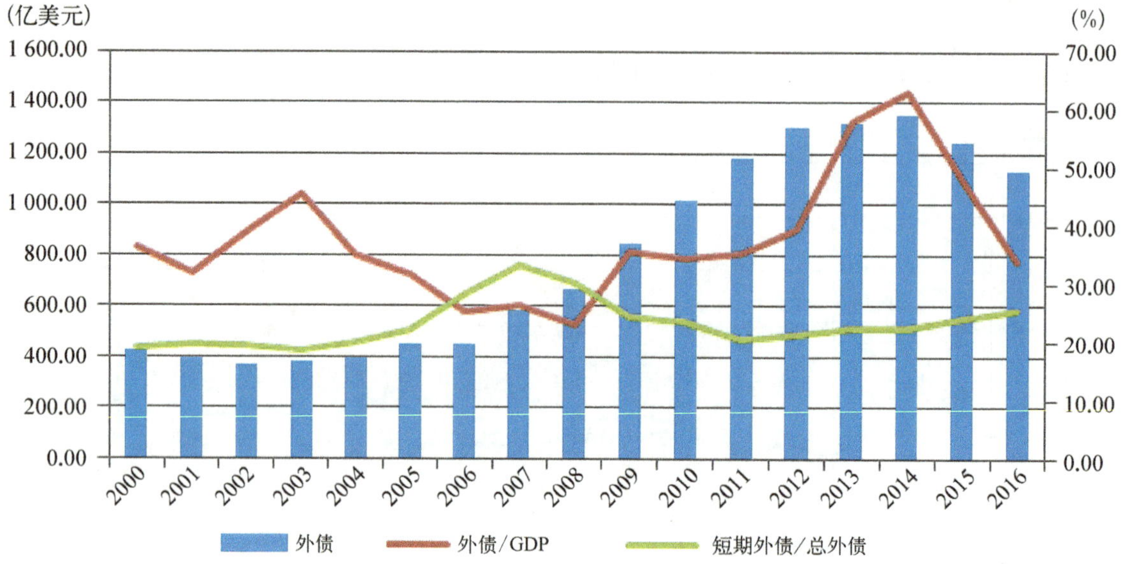

数据来源:世界银行。

图2.52 委内瑞拉债务总量降低,但短期偿债风险加大

国和沙特阿拉伯也在商讨以人民币计价和结算原油,此外,中国原油期货将于2018年3月上市,无一不是对“石油美元”霸权的挑战。如是,美元与原油的相关性或会减弱,国际原油定价将趋向多元化。

4. 2018年全球原油市场展望

以上从原油的商品属性、金融属性和政治属性三重属性分析全球原油后市,现综合结论如下:

(1)在商品属性维度,原油的供需仍将长期主导全球原油价格

在供给方面,OPEC减产和美国原油增长仍将是2018年原油市场的重要命题。剩余产能的下滑意味着原油产量再创新高的可能性不大,庞大的财政收支赤字坚定OPEC国家减产,沙特阿美2018年上市计划使得沙特阿拉伯有动力维稳油价,资本支出回升缓慢,原油供给或受限,这些均对原油价格构成支撑。但当前绝大多数原油产商成本已跌至40美元/桶,美国进一步抢占原油市场份额的动力不利于油价上行。

在需求方面,全球经济料在2018年加速运行,制造业回暖推升原油需求,但全球能源强度逐年下降,替代品出现和环保意识的提升,未来原油地位或减弱。

在库存方面,高企的库存一直是原油挥之不去的阴影,但随着减产的着力推行,原油市场的再平衡或在2018年下半年实现。

(2)金融属性和政治属性相互影响,或在短期给原油价格带来巨震

在金融属性维度,持仓分析表明当前多头占据绝对的优势,但期限价差并没有明确的趋势,市场尚处于观望状态。

在政治属性维度,主要国家仍将原油当作重要的战略储备。中东地区政治乱局或在2018年继续从而扰乱原油供给;委内瑞拉债务风险悬而未决,一旦捅破原油供给将再度遭劫;全球原油“去美元化”运动已露苗头,原油与美元的相关性或减弱。

综上分析,2018年全球原油价格有进一步上涨的动力,但涨幅或相对有限,预计Brent原油期货价格中枢在[60,70],WTI原油期货价格中枢在[55,65],但投机性机会依然值得关注。

第3部分

聪明的钱在哪里？
——全球 VC&PE 投资分析

风险投资资金（VC）和私募股权投资（PE）嗅觉敏锐，善于把握新的投资机遇。我们通过追踪全球VC、PE资金规模及其行业分布，剖析2017年最新的投资动向，以期为投资者带来新的投资启发。鉴于数据的可得性，本篇VC、PE分开阐述，最后归纳出2018年投资热点。

（一）2017年全球VC投资概况及其资金分布

1. 全球VC投资规模

全球VC投资经历了2015年的高峰，尽管在2016年有所回落，但在2017年再创辉煌。据毕马威发布的《2017年Q3全球风险投资报告》数据显示，2017年第二季度全球VC投资无论在金额还是在案例数上都创了新高，该季度VC总共投资案例数2 985个，投资总金额401亿美元。2017年第三季度VC投资略有下降，但依然处于历史高位。2016年VC投资的回落表示VC资金的相对理性，2017年高涨彰显投资迎来新的机遇期。

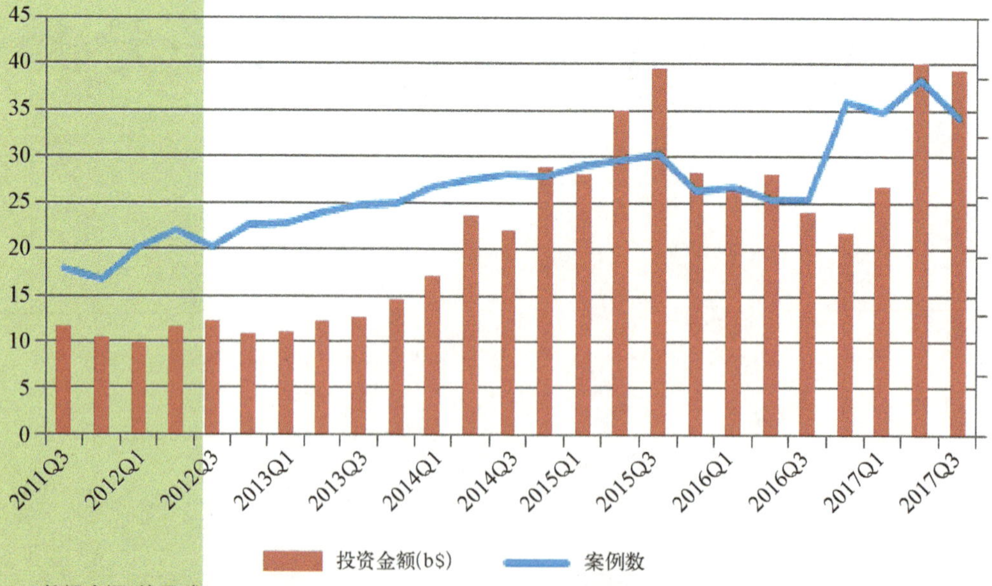

数据来源：毕马威&CB insight 2015Q2—2017Q3全球风险投资报告。

图3.1　2011Q3—2017Q3全球VC投资规模

2. 全球VC投资地区及其国家分布

（1）全球VC投资地区分布

VC投资通常投资于企业早期，风险极高，成熟的西方市场是VC最青睐的对象。据统计，在投资金额和案例数方面，北美地区都占据全球VC的半壁江山，在2017年第三季度全球2 672宗共计394亿美元VC投资中，北美地区独占1 706例共计215亿美元，分别占据总量的63.85%和54.57%。欧洲VC投资案例数为561例，约是亚洲地区2倍，但投资金额却不到亚洲的一半，仅为47亿美元。

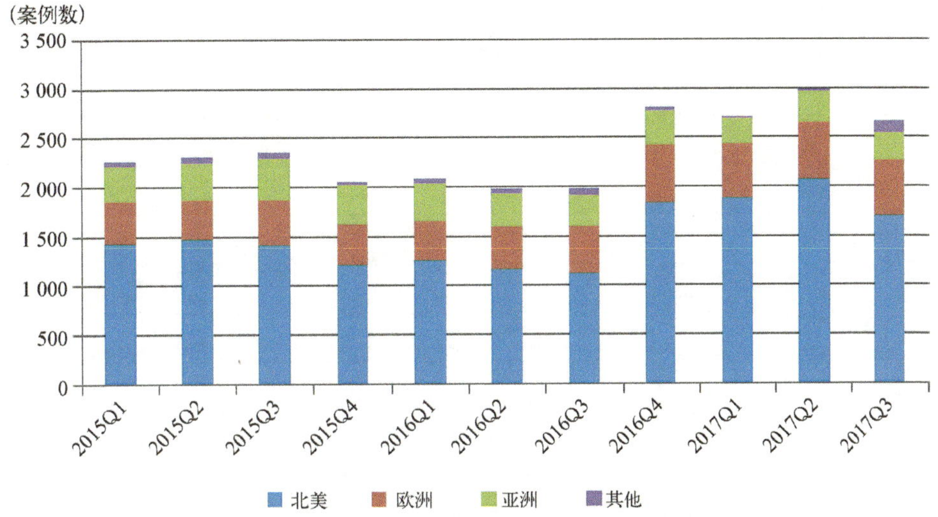

数据来源：毕马威&CB insight 2015年Q2—2017年Q3全球风险投资报告。

图3.2　北美地区VC案例数占据全球VC案例数半壁江山

尽管北美地区作为获得VC投资老大的地位不可动摇，但是亚洲地区作为一匹黑马杀出，其获得VC投资资金量呈现扩大趋势。2017年第二、三季度亚洲所获VC投资分别达到127亿和123亿美元，占全球VC总投资的31.67%和31.22%，高于2016年全年平均占比的26.56%。

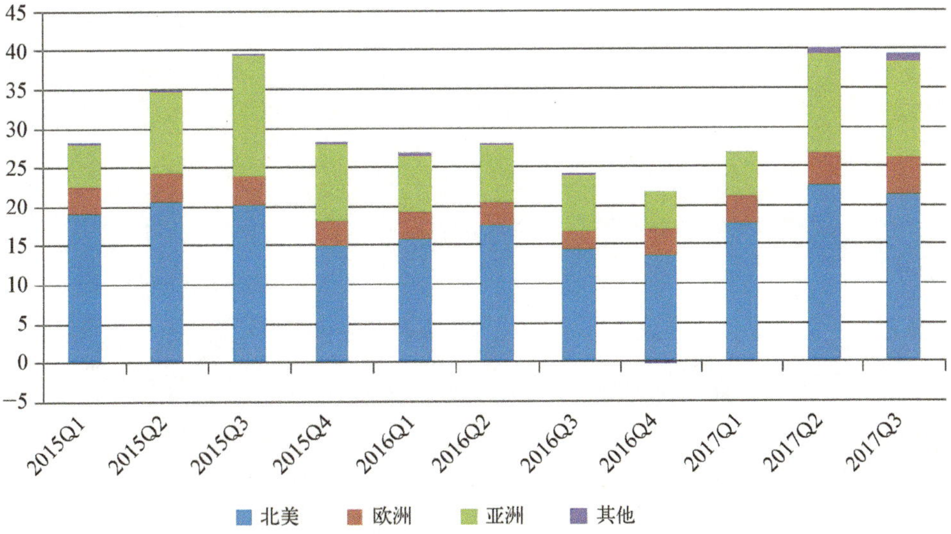

数据来源：毕马威&CB insight 2015年Q2—2017年Q3全球风险投资报告。

图3.3　亚洲VC投资金额占比呈扩大趋势（b$）

(2)全球VC投资国家分布

VC在地区上偏好北美地区，直接决定了VC投资最大的受体为美国，其他北美两国加拿大和墨西哥在经济实力上难以与其抗衡。在案例数方面，截至第三季度，2017年美国获得VC投资案例数5 921个，占全球总案例数量的70.72%，远超英国的758个、印度的428个和中国的296个；在金额方面，美国2017年所获VC投资613.9亿美元，占总资金量的57.76%。

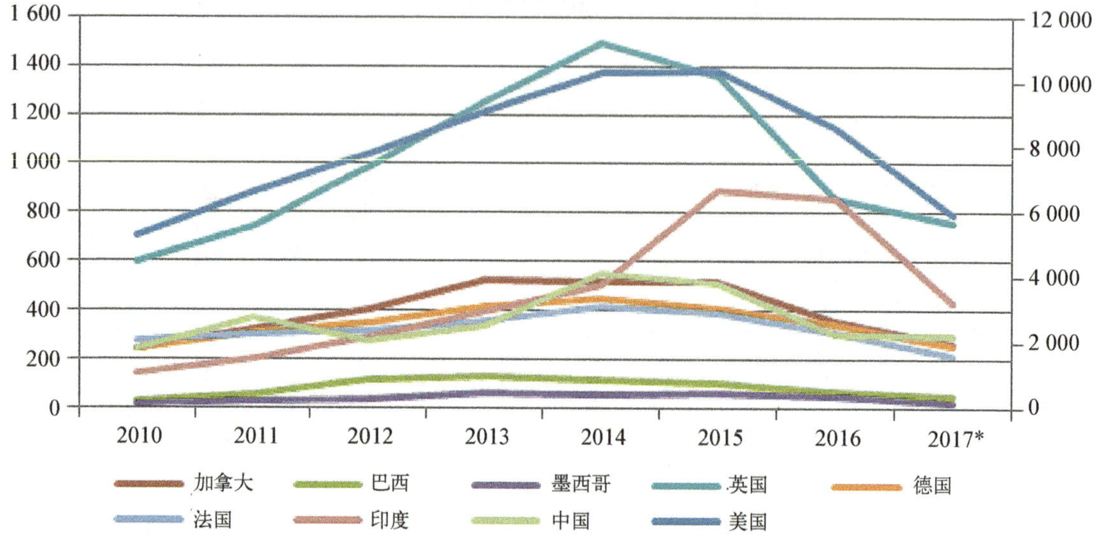

数据来源：毕马威&CB insight 2015年Q2—2017年Q3全球风险投资报告。单位：10亿美元。

图3.4 美国风险投资成交量独占鳌头

中国无疑是VC追捧的对象，尽管在投资案例数方面尚不及印度，但因为单笔交易金额大，在VC投资金额方面稳坐第二宝座。截至第三季度，2017年中国获得VC投资共247.5亿美元，按照目前的速度，2017年获得总VC金额将超2016年的310亿美元，约是2010年所获金额的10倍，其增速可见一斑。

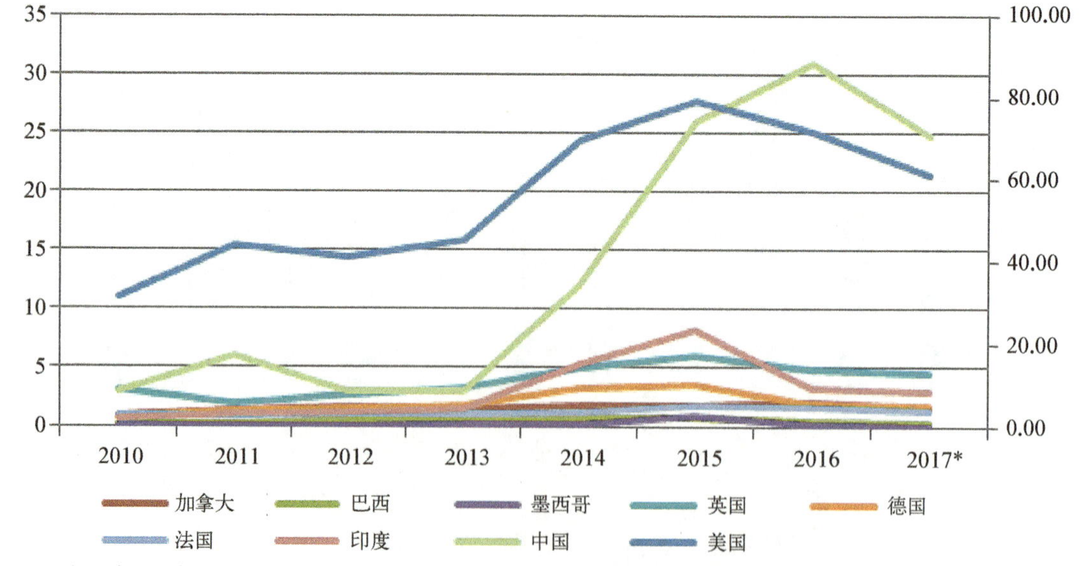

数据来源：毕马威&CB insight 2015年Q2—2017年Q3全球风险投资报告。单位：10亿美元。

图3.5 中国风险投资金额增长迅猛(b$)

3. 全球VC投资行业分布

软件行业历年来是VC投资最集中的行业，所获投资案例数和金额都独占鳌头。在案例数方面，历年软件行业占总案例数的比例都在40%以上，截至第三季度，2017年软件行业所获投资案例数近1 100例，约占投资总案例数的41.20%，而同期占比排第二和第三名的为商业服务和生物制药科技，分别占比为8.19%和6.51%；在投资金额方面，软件行业总金额的比重近两年来也达到了40%以上，2017年软件行业所获投资金额超过450亿美元，占VC总投资比例的42.72%。

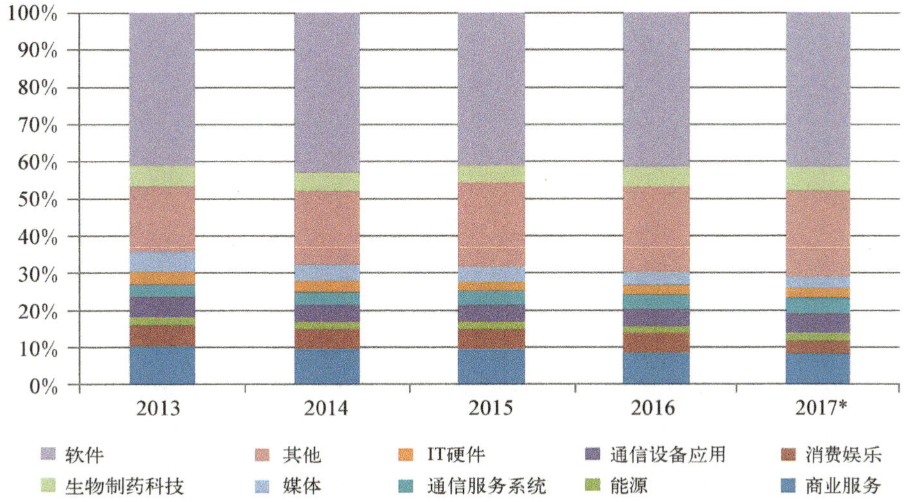

数据来源：毕马威&CB insight 2015年Q2—2017年Q3全球风险投资报告。

图3.6 2013—2017年全球风险投资成交量行业分布

相对软件行业这个巨头而言，生物制药科技较为微小，但其份额却有上升的迹象。在案例数方面，生物制药科技位居第三名，其在2014—2015年份额均为4.82%，2016年增长至5.54%，2017年则达到了6.51%；在投资金额方面，生物制药科技份额占比更大些，源于单笔投资金额更大，其在2017年份额占比达到9.71%。

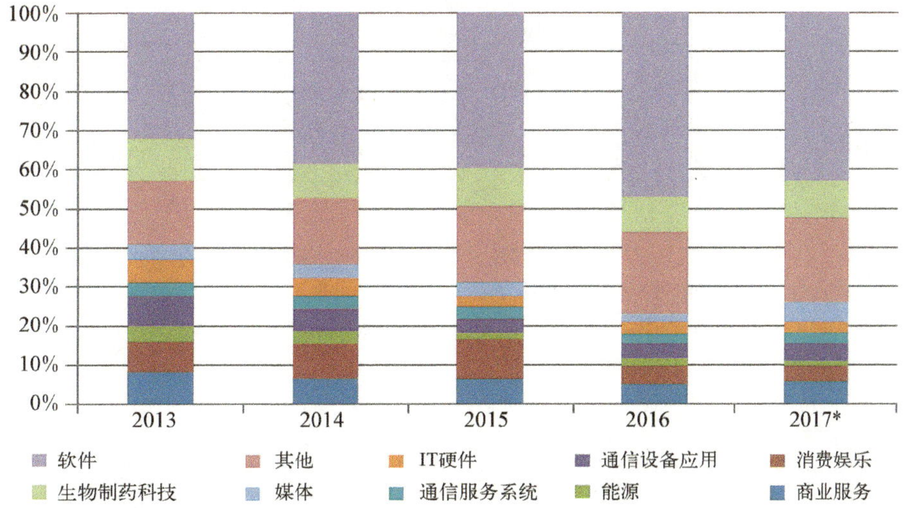

数据来源：毕马威&CB insight 2015年Q2—2017年Q3全球风险投资报告。

图3.7 2013—2017年全球风险投资金额行业分布

（二）全球PE投资概况及其资金分布

1. 全球PE投资规模

PE投资的企业已经度过萌芽期，其风险相较VC要小，因而单笔金额要大。全球PE投资案例数尽管和VC投资案例数相差不大，但是投资金额量接近后者10倍。在2016年，全球PE投资案例总数为6 538个，投资总金额达到1.079万亿美元，而同期VC共8 852个案例，投资金额为1 009亿美元。但从图3.8中可以看到，2015年是PE投资的大年，目前量价齐跌。

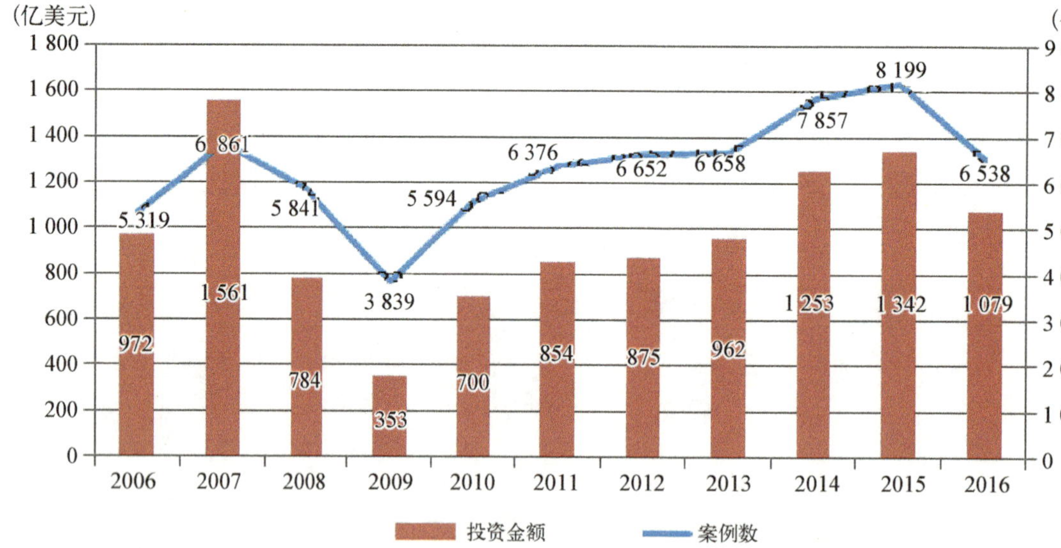

数据来源：PitchBook，2017 PE Crystal Ball Report。

图3.8　全球PE投资规模自2015年以来略为下降

2. 全球PE投资国家/地区分布

2017年，北美、欧洲和亚洲依然是PE投资的主战场，从美国、加拿大、欧洲（英国）和中国可见一斑。其中美国获得最多投资，截至第三季度，2017年美国所获PE投资案例数高达2 641例，是中国的两倍有余，是英国的近四倍；2017年美国所获PE投资金额约为3 734亿美元，高于欧洲总和的

2 673.8亿美元，是中国的8倍有余。

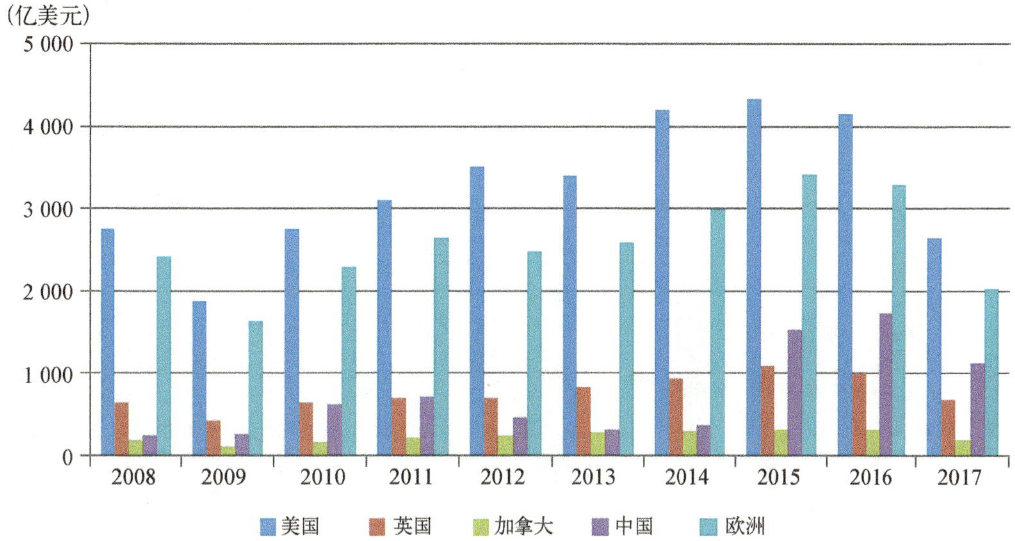

数据来源：美国、英国、加拿大、欧洲各国数据来自PitchBook，并根据Investing.com年均汇率换算，中国数据来自投中研究院。

图3.9 美国所获PE投资案例数占总案例数近一半比重

作为新兴市场国家，中国获得PE投资案例数和投资金额都相对不足，但发展速度较快。在案例个数方面，中国所获PE投资案例数在2013年一度缩窄至325例，但近几年来一路攀升，2016年中国获得PE投资共1 734个，较三年前增加1 409个，2017年前三季度中国共获PE投资1 119例，2017年总量或较2016年回落，但仍处于历史高位；在投资金额方面，中国所获PE 2013—2016年的规模分别为215.9亿、357.6亿、545.8亿、616.8亿美元，年均增速高达61.90%，目前已经超越加拿大，2017年前三季度中国共获PE投资455.2亿美元，2017年总PE投资金额或超2016年。

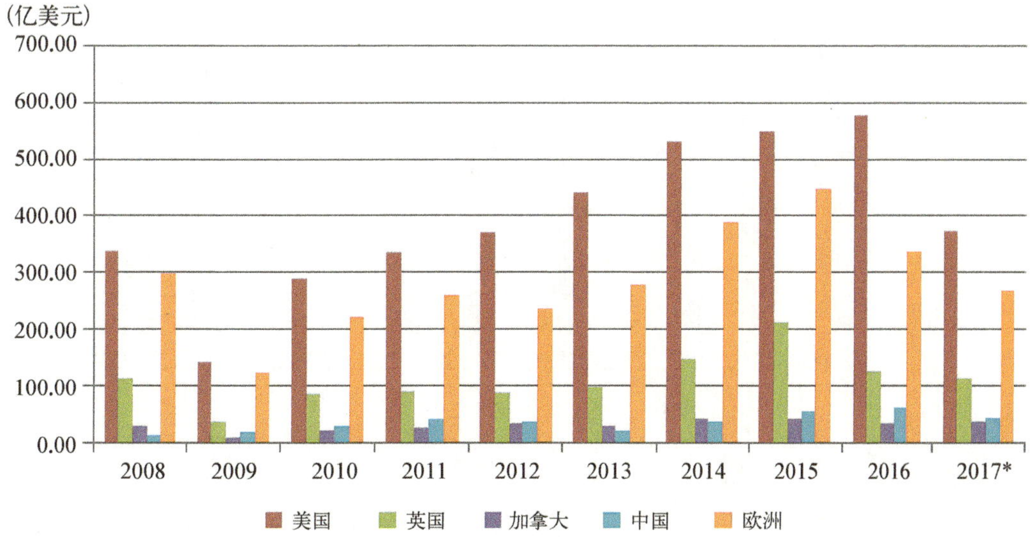

数据来源：美国、英国、加拿大、欧洲各国数据来自PitchBook，并根据Investing.com年均汇率换算，中国数据来自投中研究院。

图3.10 中国所获PE投资规模不大，但增速较明显

3. 全球PE投资行业分布

PE倾向于投资高科技行业,从欧美PE所获投资的行业分布可明显看出。从案例数来看,IT行业所获投资数量不占绝对领先地位,B2B雄踞第一宝座,其所获PE投资案例占比高达1/3;B2C一度排名第二,其获PE投资案例占比接近20%;但近年来,IT行业所获PE投资有赶超B2C的趋势,其占比开始迈向20%,这点在加拿大表现得更为明显。

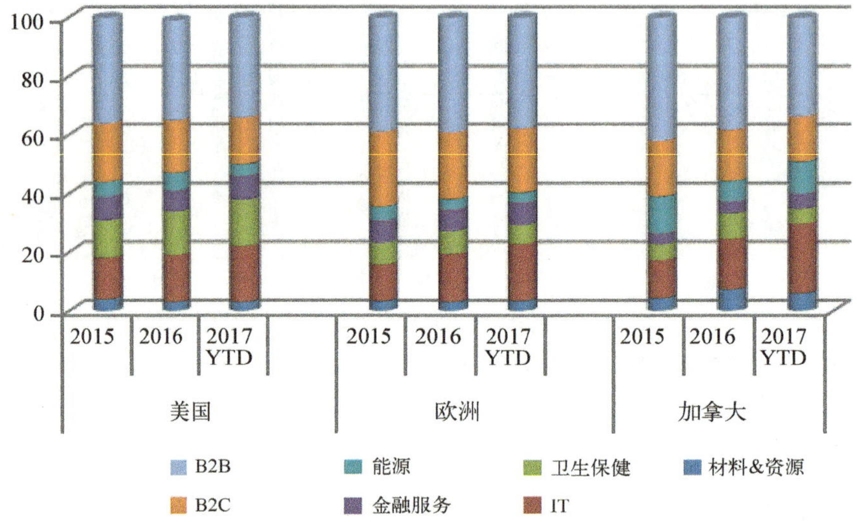

数据来源:PitchBook。

图3.11　欧美IT行业获得PE投资增长迅猛(案例数)

从金额来看,IT所获PE投资在各国有所分化,表现出美国占比缩窄、欧洲则增长迅猛。但应该看到,美国占比缩小是在2016年占比突升至30%后缩窄的,2017年前三季度所获PE投资份额占比19%,和B2C并列第二;而欧洲IT投资占比则从2015年的7.69%激增至14.50%,增速明显;加拿大IT投资增速更是翻倍,从10.65%激增至25.48%。

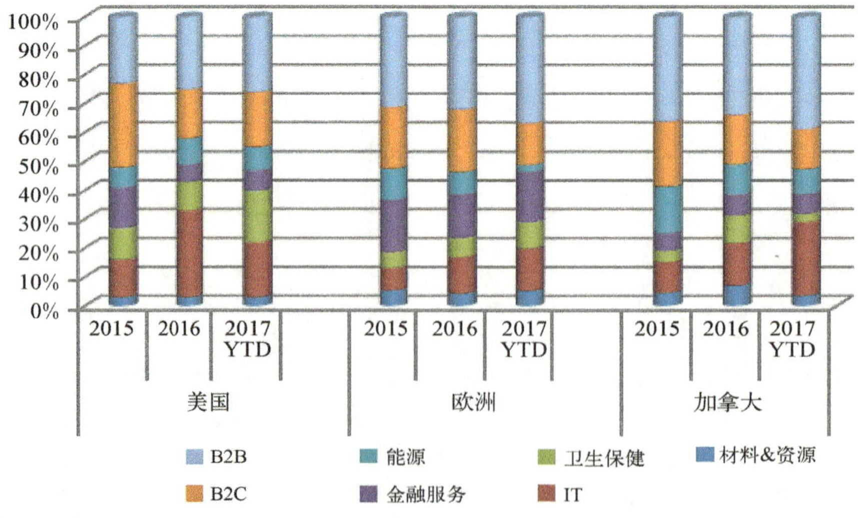

数据来源:PitchBook。

图3.12　欧美IT行业获得PE投资增长迅猛(金额)

中国和欧美略有不同，制造业、IT、医疗健康是PE投资案例数前三甲的行业。据统计，2016年总计1 491例PE投资中，制造业获得投资324起，占比21.73%，而IT和医疗健康分别获得投资247和153起，占比都在10%以上。截至2017年第三季度，2017年IT以188起PE投资超越制造业的187起，位居第一，尽管2017年中国PE投资有所放缓，但是IT仍是PE投资重点。

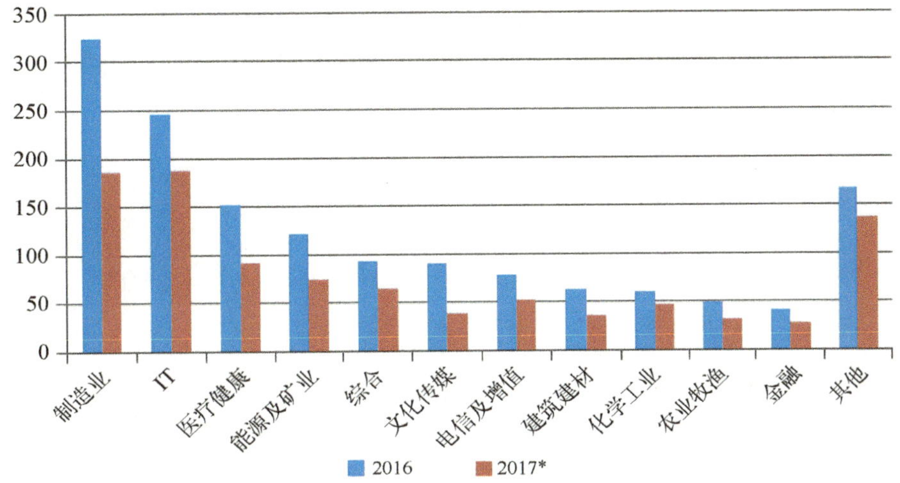

数据来源：投中研究院。

图3.13 制造业和IT在中国最受PE资金追捧（案例数：个）

在金额方面，中国PE投资行业格局又有很大不同，但IT和制造业稳居前两位。IT行业是PE投资唯一破100亿美元的行业，2016年和2017年前三季度分别达到118.76亿美元和116.53亿美元，2017年总投资额料将大幅超过2016年。制造业2016年和2017年分别获得PE投资85.90亿美元和63.30亿美元，2017年是否胜过2016年尚未可知；金融行业所获PE投资金额明显缩小，2017年前三季度仅17.15亿美元，远低于2016年的62.14亿美元；能源及矿业和房地产因为投资门槛高，单笔投入大，在金额方面还不赖，2017年两者分别达到40.74亿美元和31.01美元。

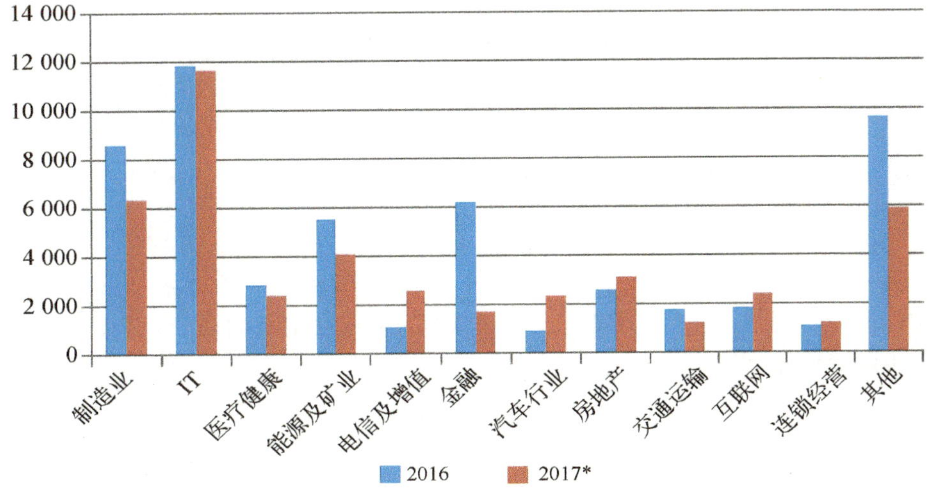

数据来源：投中研究院。

图3.14 IT在中国所获PE资金超过制造业位居第一（金额：m$）

（三）全球VC/PE投资小结

1. 2015年是VC/PE投资大年，目前尽管从高点回落但仍处在历史高位

全球VC年投资额超过1 000亿美元，而PE年投资额超过1万亿美元，后者是前者的近10倍；但从案例数来看，VC季度投资案例数在3 000例上下，而PE年投资案例数为8 000左右，后者为前者总量两倍有余，反映出VC风险大、依靠多点布局、单笔投资金额小的特点。

2. 欧美亚是VC/PE最受青睐的投资区域，亚洲地区增速明显

北美历来是VC/PE投资大户，占据了全球PE/VC投资的半壁江山，但如今亚洲却受到关注，表现在亚洲所获VC投资金额所占份额从2016年的26%左右增加到2017年第三季度的31%左右，亚洲投资吸引力不断增强。

3. 美国在VC/PE上的霸主地位不可撼动，但VC期望在中、印市场觅得良机

北美地区绝大部分的PE/VC都由美国占据，加拿大和墨西哥与之相距甚大，美国占据全球VC投资案例数的近70%和金额的50%，占据全球PE案例数和金额的一半；但需关注的是，中国已经成为全球第二大创投市场，2017年前三季度获得VC投资247.5亿美元，远高于第三名英国的46.2亿美元；印度成为VC投资第四大沃土，2017年前三季度获得投资资金29.2亿美元。

4. 软件行业占据全球VC大头，生物制药科技行业所获VC投资增长迅猛

全球VC在软件行业的投资案例数和金额份额均达到40%以上，但生物制药科技近年来发展不错，获VC投资案例份额达到6.5%，金额份额达到9.7%。

5. IT在欧美受到PE追捧，在中国有成为PE投资第一行业的潜力

由于行业分类不同，IT在欧美仅是PE投资第三大行业，但近年来所获投资增长很快，投资案例数接近20%，金额也追平第二位的B2B；IT在中国是PE投资金额的第一大户，已经突破100亿美元，在数目上也有超越排名第一的制造业潜力。

第4部分

另类投资市场：区块链与加密货币

（一）加密货币发展概况

“比特币”一词位列谷歌2017年度搜索热词排行榜第二名，不可否认以比特币为代表的加密货币在2017年饱受市场关注。加密货币全称数字加密货币(Digital Cryptocurrency)，其是由全世界的计算机运算一组方程式的开源代码，再通过计算机的显卡与处理器(挖矿)开采出后出现的一串代码，因其去中心化、限量而受投资者追捧。

全球加密货币的火爆程度从总市值上可见一斑。2017年年初全球加密货币总市值177亿美元，但到2017年年末攀升至5 725.73亿美元，增加31倍。随着韩国监管的趋严，大部分币种市值缩水。截至2018年1月28日，总计1 506种加密货币在8 353个交易所运行，市值规模高达5 787.68亿美元，超过摩根大通、Facebook、亚马逊等世界一流公司2017年末市值。

比特币尽管集万千关注于一身，其市值份额已较2017年年初大幅跳水，而其他币种颇有上演“屌丝逆袭”之感。2017年年初比特币市值154.82亿美元，占全部市值的87.47%，是名副其实数字加密货币之王，2017年比特币市值增长13倍至2 209亿美元，但份额却降至38.58%，源于其内部治理问题、区块容量接近饱和加上全球监管机构施压，2018年1月底市值份额进一步降至34.16%；瑞波币2017年涨势喜人，市值从年初的2.38亿美元暴涨345倍至822亿美元，份额从1.34%增至14.36%，仅次于比特币；以太坊市值份额从年初的4.08%增至12.18%，排名后退一名，2017年末市值达697.68亿美元，并在1月末重返第二名宝座，市值突破1 000亿美元；比特币现金是比特币的分叉，于2017年8月上线，但发展速度迅猛，2017年年末市值已跻身加密货币排行榜第四名，高达415.27亿美元，约是比特币市值的1/5。

据悉，现在几乎每天都会有一种新的加密货币诞生，截至2018年1月28日，市值突破10亿美元的加密货币有36种。按照加密货币暴涨暴跌特性，是否会有一种取代比特币而成为加密领域的储备货币，实现所谓的“大反转”，我们拭目以待。

表4.1　2017年年初、年末市值最大加密货币排行前十对比（单位：亿美元）

2017年年初	市值	份额	2017年年末	市值	份额
比特币（BTC）	154.82	87.47	比特币（BTC）	2 209.04	38.58
以太坊（ETH）	7.23	4.08	瑞波币（XRP）	822.00	14.36
瑞波币（XRP）	2.38	1.34	以太坊（ETH）	697.68	12.18
莱特币（LTC）	2.15	1.21	比特币现金（BCH）	415.27	7.25
门罗币（XMR）	1.86	1.05	艾达币（ADA）	180.30	3.15
以太经典（ETC）	1.27	0.72	莱特币（LTC）	120.01	2.10
达世币（DASH）	0.79	0.44	埃欧塔（IOTA）	95.65	1.67
互联网币（MAID）	0.45	0.25	新经币（XEM）	83.90	1.47
Augur（REP）	0.42	0.24	达世币（DASH）	78.50	1.37
斯蒂姆币（STEEM）	0.39	0.22	恒星币（XLM）	57.57	1.01
总市值	177.00	100.00	总市值	5 725.73	100.00

数据来源：CoinMarketCap。

（二）加密货币走势分析

2017加密货币热度大幅飙升源于其涨势惊人，比特币、以太坊、瑞波币价格均被推至历史高位。比特币年初价998.33美元，年末收于14 156.40美元，年度涨幅1 318%，年内最高价20 089美元，年内最低价825.25美元，年度最大波幅2 334%；以太坊年初价8.17美元，年末收于756.73美元，年度涨幅9 162%，年内最高价881.94美元，年内最低价7.98美元，年度最大波幅10 952%；瑞波币涨幅更是秒杀前两者，从0.006 368美元升至2.3美元，增加360倍，最大波幅51 484%。

央行监管、比特币病毒、比特币分叉、比特币期货上线四大因素是2017年加密货币大涨大跌的主要原因。

一是央行监管趋严加密货币全线受挫。1月央行对几大数字货币交易所现场检查以进行反洗钱调查和整改，比特币最低跌至755.76美元，以太坊最低跌至9.18美元，瑞波币跌破0.006 1美元；9月中国央行联合多部委出台《关于防范代币发行融资风险的公告》，随后数字货币交易所全部关闭国内交易，比特币一度重挫超30%，以太坊跌幅15%，瑞波币跌幅10%。

二是比特币病毒攻击加密货币受振。5月全球网络遭遇病毒攻击并要求以比特币的形式支付赎金，比特币再度走进公众视野，数字货币得到大幅提振，比特币最高上破2 700美元，以太坊突破220美元，瑞波币突破0.39美元。

三是加密货币分叉打破数量上限数字货币价格回落。7月下旬比特币分叉资金流出，加密货币大跌，比特币跌破2 000美元，以太坊下探133.72美元，瑞波币回撤至0.165关口。

四是比特币期货上线加密货币飙涨。其中比特币一度突破20 000美元，以太坊上破880美元，瑞波币逼近3美元关口，但由于韩国监管态度强硬，加密货币大幅回撤。

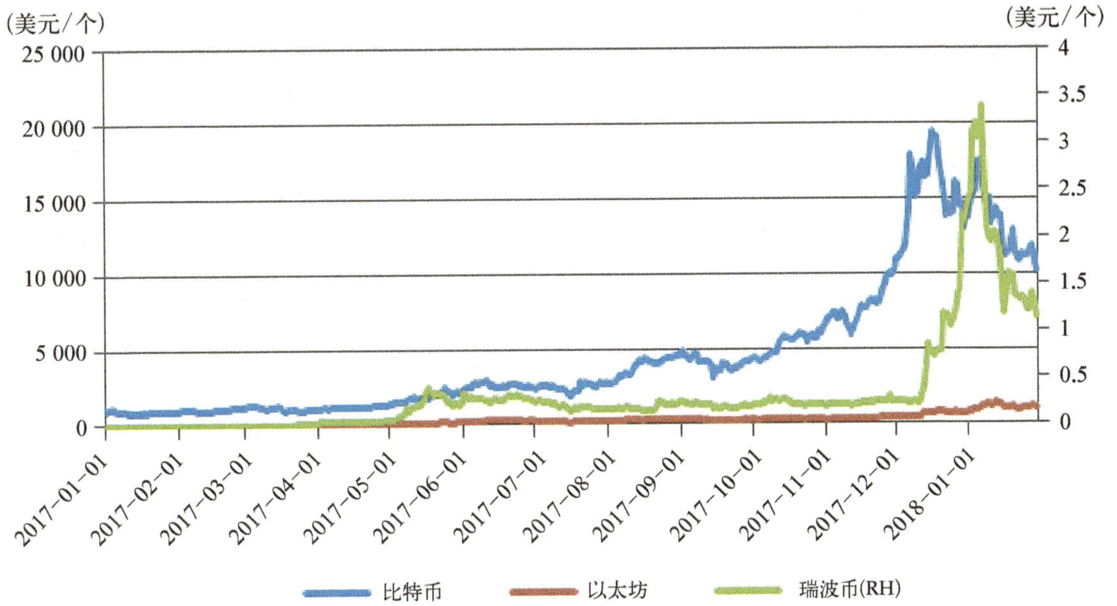

数据来源：CoinMarketCap。

图4.1　2017年三大主流加密货币涨幅甚巨

（三）加密货币各国监管情况

加密货币不受政府控制、相对匿名、场外交易难以追踪的特性滋生出恶意交易、僵尸病毒“挖矿”和非法牟利等丑闻，引发多国监管当局警惕。尽管明确将加密货币列为不合法的国家较少，但围绕是促进还是限制加密货币发展各国态度不一，大体表现出西松东紧的局面，反映了各国对于虚拟货币所蕴含的机遇与风险有着不同的评估。

具体而言，欧盟、美国、加拿大、澳大利亚、新西兰等传统发达国家或地区都是比特币的合法市场，德国、日本等国已经确定了比特币的法律地位，美国的一些州也正在寻求为比特币立法。

中、俄、印三个新兴市场大国均对比特币采取保守态度，俄罗斯定义比特币为非法，但试图推动电子加密货币立法，中国关停加密货币交易所，比特币交易严重受限，印度则对比特币不予置评，尚未出台加密货币相关政策法律。

中东和拉丁美洲各国对待比特币的看法分化明显。比特币在土耳其、伊朗、伊拉克等中东国家被承认合法，而在沙特阿拉伯、埃及、阿富汗、巴基斯坦等国则受到一定限制。巴西尽管是比特币的合法市场，但禁止基金投资比特币，其邻国玻利维亚却完全禁止比特币。以阿根廷为代表的更多拉美国家还没有对比特币表明态度。

表 4.2　主要国家加密货币监管政策一览

国　家	监　管　政　策
澳大利亚	2017 年 10 月将反洗钱法规应用于加密货币交易所，取消比特币的“双重征税”，表示使用加密货币作为支付手段不需要监管。
阿根廷	尚未制定加密货币规定，发布风险警告。
孟加拉国	2015 年表示使用加密货币是“应受惩罚的罪行”。
玻利维亚	2014 年禁止使用任何非政府发行的货币或代币。
加拿大	最早起草“比特币立法”的国家之一，2014 年将“虚拟货币业务”指定为“金融服务业”。
中　国	没有禁止比特币，但打击了比特币交易所。

（续表）

国　家	监　管　政　策
厄瓜多尔	2014年禁止比特币和分散的数字货币，同时为建立新的国有货币制定准则。
欧　洲	对加密货币监管采取谨慎的态度，让行业参与者参与起草支持性规则。
印　度	发布了两个官方警告，没有任何关于加密货币的规定，考虑推荐。
日　本	第一个明确宣布比特币为“法定货币”的国家。
吉尔吉斯斯坦	2014年宣布用交易货币进行交易是违法的。
马来西亚	考虑加密货币监管框架。
墨西哥	2014年阻止银行进行虚拟货币交易，2015年比特币可以用作付款。
摩洛哥	2017年底宣布在该国境内使用加密货币违反外汇管理条例将受到处罚。
纳米比亚	明确宣称用比特币购买“非法”。
尼日利亚	尼日利亚银行被禁止处理虚拟货币，将起草关于使用加密货币作为付款方式的官方立场。
俄　国	2018年3月起草加密电子货币立法草案。
韩　国	2018年初，韩国禁止匿名虚拟货币账户，考虑打击交易。
南　非	2017年实施“沙箱办法”测试比特币草案和加密货币的监管与少数初创企业。
新加坡	没有计划对加密货币进行监管，正在制定比特币支付的监管框架。
泰　国	声明比特币是非法的。
美　国	受到分散的监管体系的困扰，某些州更先进。
英　国	将比特币视为“商品”，计划对其进行管理。
乌克兰	由来自各个分支机构的监管机构组成起草加密货币监管提案。
津巴布韦	比特币并非“实际上合法的”，研究以确定风险。

资料来源：根据Coindesk整理。

（四）CME和CBOE比特币期货

芝加哥商品期货交易所(CME)和芝加哥期权交易所（CBOE）分别于2017年12月18日和12月10日正式上线比特币期货，现将两种比特币期货对照如下。

表4.3　CME和CBOE比特币期货合约对照

期货类型	XBT（CBOE）	BTC（CME）
单位	1个比特币	5个比特币
最小单位变动	10美元/比特币	5美元/比特币
交易时间	北京时间周一7：00到周六早上6：00	北京时间周一7：00到周六凌晨4：15
仓位限制	5 000份	5 000份
价格熔断机制	上下浮动超过前一天收盘价的10%，交易暂停2分钟，超过20%，交易暂停5分钟	上下浮动超过前一天收盘价的7%或者13%，触发熔断机制，具体暂停时间尚未透露，若超过20%，交易停止
杠杠比例	44%初始保证金	35%初始保证金
合约交割月份	仅有3个最近月的月合约	只有4个月份合约

数据来源：根据公开资料整理。

比特币期货为比特币交易市场带来做空机制，它的推出一定程度上为加密货币市场增加了热度与交易量。CBOE 2018年1月到期的比特币期货合约首日开盘报15 000美元，随后快速上涨，交易途中三次触发熔断；CME 2018年1月到期主力近月合约首日高开至20 650美元，上线一个小时即售出200多份合约。美元两只期货涨涨跌跌，最高时价格突破2万美元，在1月份结算时落至1万美元左右，跌幅超过47%，其价格走势基本反映出现货价格。截至2018年1月底，CBOE共交易了12.4万多份比特币期货合约，总价值逾15亿美元，CME比特币期货成交量维持在1 000口/日左右，相较比特币现货交易量上十亿的成交金额来说相去甚远，反映市场对比特币期货的热度不高。

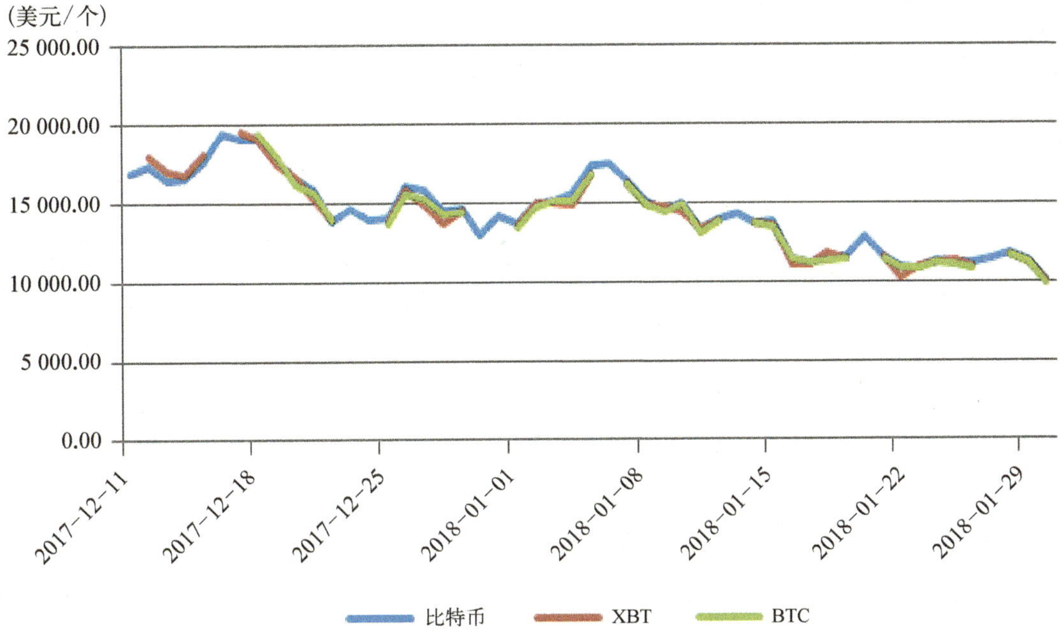

数据来源：比特币现货价格来自CoinMarketCap，XBT、BTC价格来自investing.com。

图4.2　比特币现货与期货合约预测一致

（五）2018年加密货币市场展望及投资策略

市场对比特币的评价褒贬不一，绝大部分投行唱衰比特币，批判其泡沫化，但随着比特币的连续冲高，已有投行开始力挺加密货币，譬如高盛、野村证券，摩根大通态度甚至一度反转；跨越地域，从商界到学界，对加密货币的看法也是见智见仁。

表4.4 主要机构投资者及个人投资者对于加密货币态度一览

投行		
态度	机构名	观点及做法
悲观	摩根大通	比特币是骗局，比郁金香泡沫更糟糕，并且终将毁灭。
	美银美林	禁止其金融顾问交易比特币相关投资，同时禁止执行客户交易Grayscale比特币投资信托的指令。
	德意志银行	如果比特币泡沫破裂，将给金融市场带来巨大风险。
	富国银行	比特币是金字塔计划，毫无意义，奇怪没有跌得更低。
	花旗	不提供与比特币期货市场相关的交易渠道。
	欧洲太平洋资本	比特币将"一文不值"。
	澳洲四大行	冻结比特币客户账户，并禁止向比特币交易所转账。
	瑞信集团	比特币投机表明出现泡沫的迹象。
中性	摩根大通	多次唱衰比特币，称区块链是一项用途广泛的科技。
	瑞银	加密货币是一个危险的投资，但区块链技术革新世界。
	盛宝银行	比特币暴涨至60 000美元后被打回原形至1 000美元。
乐观	高盛	比特币就是黄金，数字资产市场将继续增长，建立虚拟货币交易平台。
	摩根士丹利	对比特币的价值难以衡量，已在为大型机构客户提供比特币期货合约的清算服务。
	野村证券	比特币的升值可能使日本GDP增速提升0.3个百分点。

（续表）

投　　行		
态　度	机　构　名	观　点　及　做　法
乐观	巴克莱	比特币吸引力超乎想象，市场风险模型都因之重塑。
个　　人		
姓　名	头　衔	观　　点
巴菲特	股神	预测比特币"迟早会跌"，说他绝不会投资比特币或其他虚拟货币。
保罗	BlockTower Capital CIO	在2018年某个时候，比特币价格能高达30 000美元，也可能低至4 000美元。
罗杰斯	金融大鳄	未来大多数数字货币创业公司将被淘汰，难以生存。
格雷厄姆	Canaccord Genuity分析师	2018年将看到更多加密公司自己的IPO，以及更广泛区块链公司的IPO。
比尔·盖茨	前世界首富	比特币是一个令人兴奋的新技术，但目前尚不完美。
鲁比尼	末日博士	加密货币代表着所有泡沫的根源。
维尔	比特币耶稣	2018年比特币将涨至10万美元。
Robert Shiller	诺奖得主	比特币不会永远存在。

注：根据公开资料整理，澳洲四大行指代澳大利亚国民银行、澳新银行、澳大利亚联邦银行和西太平洋银行。

加密货币的兴起，一度引起加密货币将取代黄金的争论。诚然，加密货币在2017年一度充当避险媒介，数量有限又使得其能够抗通胀，具有一定的硬商品属性。但需要注意到，一是黄金本身具有价值，目前"西金东移"的现象仍在持续，印度、中国的黄金需求依旧旺盛，而加密货币实质是一堆代码符号；二是黄金储藏量稳定可信，而加密货币数量上限存疑，特别是分叉或可产生源源不断的加密货币；三是从波动性上来说，黄金或是更好的保值增值品，比特币的波动率是以美元计价的黄金的十倍，2017年黄金上涨13%，而比特币涨幅近13倍，其在2017年之后回撤近40%。故而，我们认为加密货币很难取代黄金。世界黄金协会研究部主管阿蒂加斯表示，加密货币可能会成为金融体系中的一部分，黄金和比特币更多是互补，而非竞争。

展望加密货币后市，2018年加密货币价格或再度经历暴涨暴跌，加密货币市场可能会面临一轮大洗牌。要准确预测加密货币市场的未来走势较为困难，但随着越来越多加密货币的出现，我们认为不能将鸡蛋放在同一个篮子里，可以采取少量资金分散配置在主流数字货币和新兴数字货币中，这样既不至于栽跟头也有利于博取高额收益。同时，平台的选择也很重要，建议选择成立时间长、交易量大的正规平台，从而防范平台风险。

（六）区块链应用场景

区块链技术的核心优势在于去中心化，建立可靠的数据库，将区块（Block）通过密码学方法相关联起来，每个数据块包含了一定时间内系统的全部数据信息，并且生成数字签名以验证信息的有效性并链接到下一个数据块形成一条主链（Chain）。

可靠数据库的建立与维护，不仅便于数据的储存并提供了安全的数据传输方式，使得数据能被高效利用起来，也是区块链技术应用的核心价值所在。提高效率、缩减成本，促成行业服务质量升级成为对该项技术应用推广的主要期待。

早在2015年，区块链领域的投资就达到了4.74亿美元，全球区块链投资事件65起，同比增长43.5%。主要公司如Ripple、Blockstream、Chain、DAH、Circle等融资规模均超过5 000万美元。各大金融机构也都加大了区块链技术研究力度，硅谷的科技巨头纷纷推出了区块链项目。

表4.5　各国区块链应用推行动态

国家与地区	典　型　事　件
美　国	2016年3月，国土安全部对区块链应用开发的公司发放补贴，为国防部研发中心化的分类账。
加拿大	2016年6月，央行展示了利用区块链技术开发的CAD-Coin——电子版加元。
英　国	2016年1月发布《区块链：分布式账本技术》，首次从国家层面对区块链技术应用进行研讨。
德　国	2016年，联邦金融监管局（BaFin）探索分布式分类账的应用价值，涉及跨境支付中银行之间转账和交易数据的储存与运用。
日　本	2016年，经济贸易产业省（METI）发布区块链技术最新调查结果，为政府推进区块链运用提供建议。
澳大利亚	2016年3月，邮政（Australia Post）开始探索区块链技术在身份识别中的应用。
俄罗斯	2017年1月，政府向普京总统提交关于“合法化”区块链技术的发展路线图，规划未来法律框架。

（续表）

国家与地区	典　型　事　件
欧　洲	2016年，欧洲央行计划对区块链和分类账簿技术与支付、证券托管以及抵押等银行业务的相关性进行评估。
	2016年，欧洲数字货币与区块链技术论坛(EDCAB)为欧盟议会的政策制定者举办"博览会"，集中研讨。

资料来源：根据网站新闻与研究报告整理。

从全球范围看，许多国家和地区都在积极探索这一新兴技术的运用，可见国家层面更多关注国家安防以及金融服务质量的提升。而金融服务产业是全球经济发展的动力，也是中心化程度最高的产业之一，经常面临信息不对称、有效信用机制难以建立的诸多问题，是区块链技术推广的主要应用场景之一。

但随着大数据时代的到来，各行各业对具有高度透明、去中心化、去信任、集体维护（不可更改）、匿名等性质的数据账本的需求明显增长，区块链技术被推广到各行各业。

表4.6　区块链技术在各行业的运用形式与项目案例

行　业	主要运用与典型案例
银行	√央行数字货币团队主攻移动支付、可信可控云计算、密码算法、安全芯片等领域。
	√国际银行卡组织Visa与区块链公司Chain共同开发的B2B跨境支付项目。
证券	√2016年1月，纳斯达克与区块链企业Chain合作推出Linq平台，将股权整合进区块链中，成为数字资产，可实现无需通过中介机构，直接发起交易。
	√2015年12月，美国证券交易委员会批准新上市公司Overstock.com的股票在比特币区块链上交易。
	√法国政府也已批准在区块链平台上交易未上市公司股权，用区块链技术来进行股权的登记与发行、结算和清算。
保险	√2016年，区块链企业Stratumn、德勤(Deloitte)与支付服务商Lemonway合作推出LenderBot，通过Facebook Messenger的聊天功能，注册定制化的微保险产品，实现智能合约的应用，既无需投保人申请，也无需保险公司批准，只要触发理赔条件，实现保单自动理赔，支付理赔金额。
公共服务	√文化：Ujo Music平台借助区块链建立音乐版权管理平台新模式，建立创作者与消费者的直接联系，提出中间商，提高知识产权保护力度。
	√教育：BitProof推出区块链学历认证项目，提升背景调查的效率与公信力，降低学历伪造风险。
	√产权登记：美国房地产区块链公司Ubitquity研发出适用于房地产行业的文件安全存储区块链平台。实现产权信息共享，避免交易欺诈行为，提高行业运行效率。
	√医疗：Guardtime的医疗档案管理项目，与爱沙尼亚电子卫生基金会合作，保证信息的安全录入，同时防止篡改、删除，监控数据变更过程。
	√公益慈善：电子货币慈善基金会BitGive建设的捐赠平台，实现平台上的捐款的使用和去向都会面向捐助方和社会公众完全开放。

（续表）

行　业	主要运用与典型案例
物联网	√2015年，IBM与三星联合打造ADEPT系统，让数十亿个设备自动交互信息时，发挥区块链分布式账本的作用，例如，当家电的运转出故障时，它们可以自动发送信号，自动更新软件。
	√Visa与DocuSign联合发起了区块链汽车租赁项目，在区块链上为客户创建数字指纹，在链上进行登记，通过分布式账本记录交易，租车协议、保险项目等内容实时更新，简化传统汽车租赁过程中的烦琐步骤。
供应链管理	√伦敦的区块链初创企业Provenance通过在区块链上记录零售供应链上的全流程信息，实现产品材料、原料和产品的起源和历史等信息的检索和追踪，提升供应链上信息的透明度和真实性。

资料来源：综合网站新闻与研究报告《腾讯区块链方案白皮书》。

综合来看，区块链的应用目前在虚拟货币、跨境支付与结算、票据与供应链金融、证券发行与交易及客户征信与反诈欺五大金融场景有着广泛的应用，而未来区块链技术的应用在资产注册、资产中心等领域也会有重要的技术价值。

结合咨询公司MarketsandMarkets专题调研报告预测，2016年至2021年之间，全球区块链市场应用和方案供应商的复合年均增长值将达到最高。不断探索提高企业运作效率的方案，银行、证券业和保险业所占市场份额会明显高于其他行业。但未来区块链技术主导下的娱乐和媒体行业发展速度将持续加快，医疗健康、物联网、供应链等行业应用则紧随其后。

（七）全球区块链股权投资

区块链技术未来应用场景广阔，随着数字货币回落，区块链股权投资兴起在望。事实上，2017年区块链股权投资经历了爆发式的增长。2017年全球区块链股权投资项目共计215个，投资规模高达10.32亿美元，投资规模逐季递增，2017年第四季度更是高达3.92亿美元，较第三季度增加1.31亿美元，环比增加50%。2018年将是区块链技术应用的关键一年，很多区块链项目将会从概念认证阶段跨越到实际投产部署，届时区块链应用技术或会遍地开花。

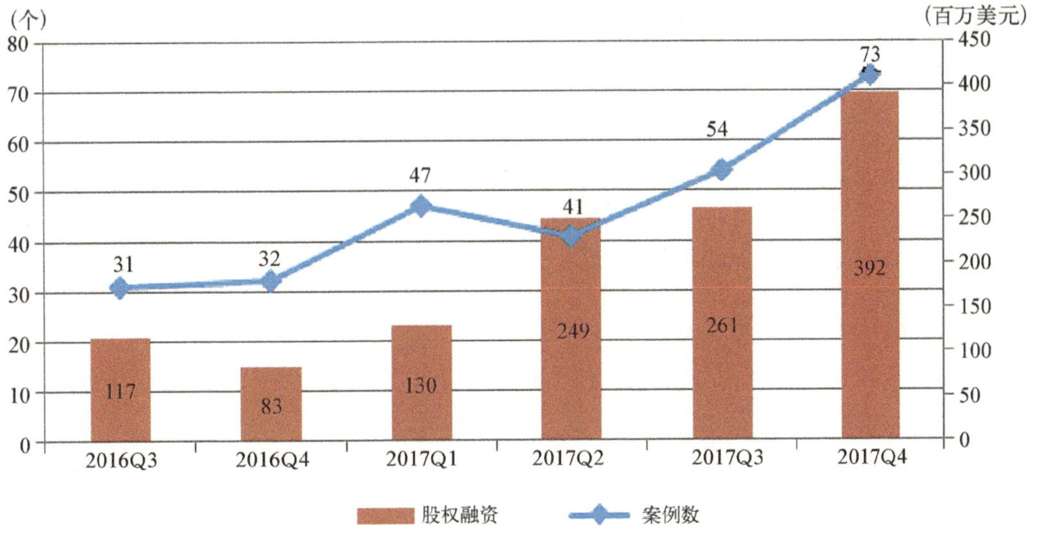

数据来源：CB Insights。

图4.3　2017年第四季度见证区块链股权投资的飙增

作为全球区块链技术创新的领导者，美国对区块链的投入可谓毫不吝啬。根据CB Insights数据统计，自2012年至2017年10月初，全球区块链股权投资前十大公司有六家总部位于美国。Coinbase是全球最大比特币交易平台，目前总共融资2.17亿美元位居行业第一，其在2017年8月还获得D轮1亿美元融资。中国有两家做比特币芯片公司BITMAIN和Canaan分别于2017年9月和

2017年5月获得5 000万美元和4 300万美元融资,跻身募资额排名前十。

表4.7　2012—2017YTD区块链十大股权投资一览

公司	披露融资额	最近融资时间	国家	经营范围
Coinbase	$217M	D轮　$100M 2017年8月	USA	全球最大比特币交易平台,提供买卖和储存比特币服务
CIRCLE	$136M	D轮　$60M 2016年6月	USA	区块链支付公司,提供虚拟货币、比特币储存及国家货币兑换服务
21 Inc.	$116M	C轮　$111M 2015年3月	USA	提供比特币挖矿池和有针对性提高设备挖矿效率的特制芯片
Ripple	$94M	B轮　$55M 2016年9月	USA	分布式账本的区块链初创公司
BitFury	$90M	C轮　$30M 2017年1月	Nether lands	区块链基础数据服务和交易处理服务
Blockstream	$76M	A轮　$55M 2016年2月	USA	业内第一家旨在扩大比特币协议层功能的公司,主导研发侧链的扩展机制
Blockchain	$71M	B轮　$40M 2017年6月	UK	比特币产业里历史最悠久的钱包提供商
Digital Asset	$67M	A-II轮 $7M 2016年6月	USA	金融业区块链基础设施提供者
BITMAIN	$50M	$50M 2017年9月	China	专注于比特币专用挖矿芯片和矿机的研究、开发和销售
Canaan	$48M	A轮　$43M 2017年5月	China	比特币挖矿机公司

数据来源:CB Insights,统计范围2012—2017.10.9。

区块链在金融行业、分销服务行业、制造资源行业应用前景广阔,IDC预计2018年全球金融行业区块链投入会达到7.54亿美元,分销服务行业区块链技术投入达到5.1亿美元,制造资源行业区块链技术投入达4.48亿美元。

第5部分

2018年FX168全球投资地图

（一）2017年FX168全球投资地图回顾

在绘制2018年FX168全球投资地图之前，我们先来回顾一下2017年的FX168全球投资地图。

投资图标一：医疗股将异军突起

在上年的蓝皮书中，我们判断医疗股将从行业板块中异军突起。根据表5.1的数据，医疗股从2016年行业排名最末尾的−8.508%提升至行业第六位，获得了18.377%的涨幅。

表5.1　各行业股票年收益率比较

MSCI	2017年世界指数	2016年世界指数
非必需消费品	23.308%	2.39%
必需消费品	14.328%	−0.833%
能　源	2.564%	23.775%
金　融	20.821%	9.966%
医　疗	18.377%	−8.508%
信息技术	41.006%	12.269%
工　业	22.418%	10.520%
材　料	24.889%	20.432%
地　产	12.092%	−0.962%
电信服务	3.501%	1.216%
公用事业	10.198%	2.23%

投资图标二：最值得关注的经济体——印度

在新兴市场，印度指数仅次于巴西指数，2017年的年度收益率为28.06%。

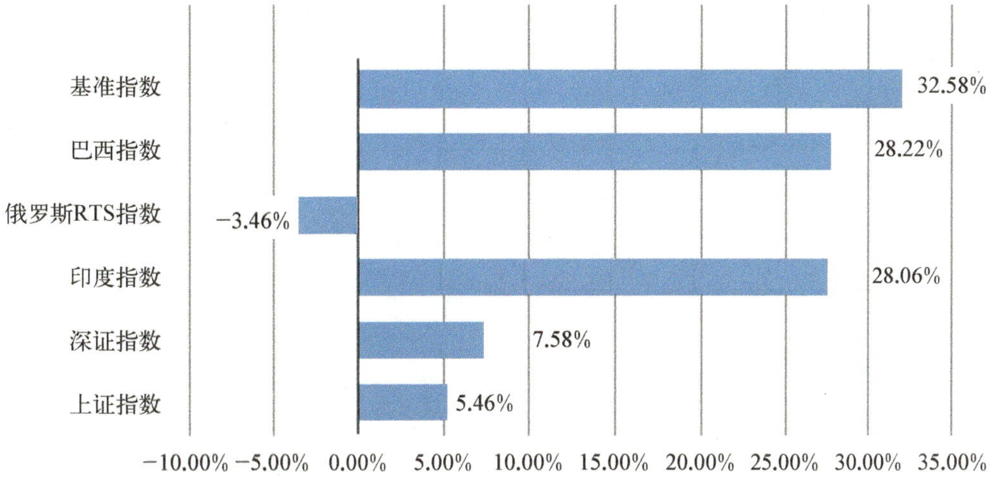

图5.1　"金砖四国"股指2017年年度收益率

投资图标三：最值得推荐的香港ETF基金

2017年，香港180只ETF基金中，表现最好的是力实专选中港地产ETF，收益率为76.1%；表现最差的是华夏Direxion纳斯达克100指数每日反向（-1x）产品，收益率为−25.4%。

表5.2是FX168在2017年推荐的香港ETF基金业绩情况，其中，表现最好的是Horizons恒生高股息率ETF (HKD)，年收益率42.2%，其次是iShares安硕BSE SENSEX印度指数ETF (HKD)，年收益率38.6%。

表5.2　2017年FX168推荐基金表现

基金名称	2017年收益率
Horizons恒生高股息率ETF (HKD)	42.2%
iShares安硕BSE SENSEX印度指数ETF (HKD)	38.6%
SPDR富时大中华ETF (HKD)	36.2%
db x-trackers MSCI印尼总回报净值指数ETF	23.8%
db x-trackers MSCI环球总回报净值指数ETF	23.4%
db x-trackers MSCI巴西总回报净值指数ETF (HKD)	23.1%
db x-trackers MSCI美国总回报净值指数ETF (HKD)	22.5%
iShares FTSE 100 Index ETF	22.3%

投资图标四：黄金推荐投资指数：★★★★

在上年的蓝皮书中，我们判断2017年上半年总体对金价构成利好，金价有望回升至1 250美元/盎司，作为长期的硬通货，金价有望在2017年底达到1 300美元/盎司。

图5.2是2017年伦敦金的走势图,伦敦金年初价1 145.9美元/盎司,年末收于1 291.0美元/盎司,涨幅12.66%,最低价即年初价1 145.9美元/盎司,最高价1 346.3美元/盎司,年内最大波幅17.48%,基本符合我们的判断。

图5.2　2017年伦敦金历经震荡上行、宽幅震荡、快速拉升、探底回升四个阶段

投资图标五:原油推荐投资指数:★★★

在上年的蓝皮书中,我们判断,2017年WTI原油将上涨至53～63美元/桶,Brent原油上涨至55～65美元/桶;但如果OPEC减产执行不力,油价或恐再度跌破50美元/桶。

如图5.3所示,2017年原油总体上涨,中途惊现"V"形反转。Brent原油期货年初价55.47美元/桶,年底报收66.87美元/桶,年度涨幅20.55%,最低价为44.82美元/桶,最高价即年末收盘价,年内最大波幅49.20%;WTI原油期货年初价52.33美元/桶,年底报收60.21美元/桶,年度涨幅15.06%,最低价为42.53美元/桶,最高价也为年末收盘价,年内最大波幅41.57%。

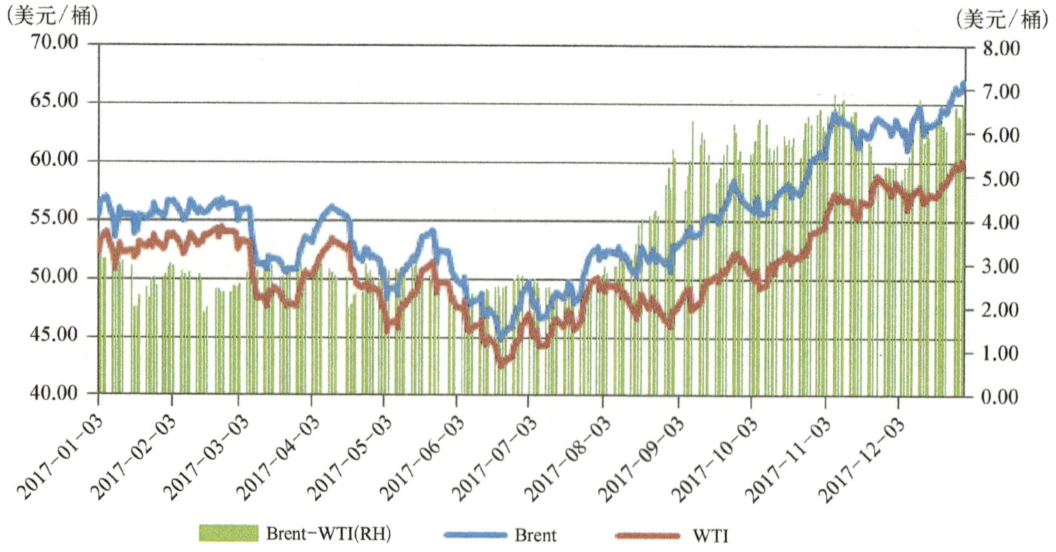

图5.3　2017年国际原油惊现"V"形反转

投资地雷提示：具有崩盘风险的货币

在2017年FX168全球投资地图上，我们提示风险的是2017年具有崩盘风险的货币：委内瑞拉玻利瓦尔、阿根廷比索、墨西哥比索、白俄罗斯卢布、南非兰特、巴西雷亚尔、俄罗斯卢布、英镑和印尼盾。从以下系列图可以看出，其中，委内瑞拉玻利瓦尔、墨西哥比索、南非兰特、巴西雷亚尔、俄罗斯卢布、印尼盾均出现剧烈波动。

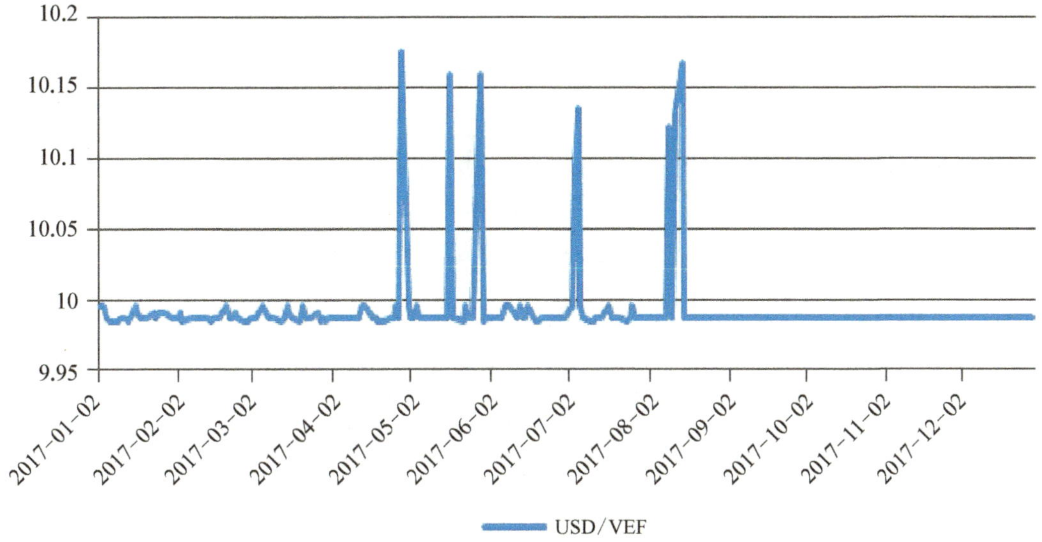

图5.4　2017年美元/玻利瓦尔走势图

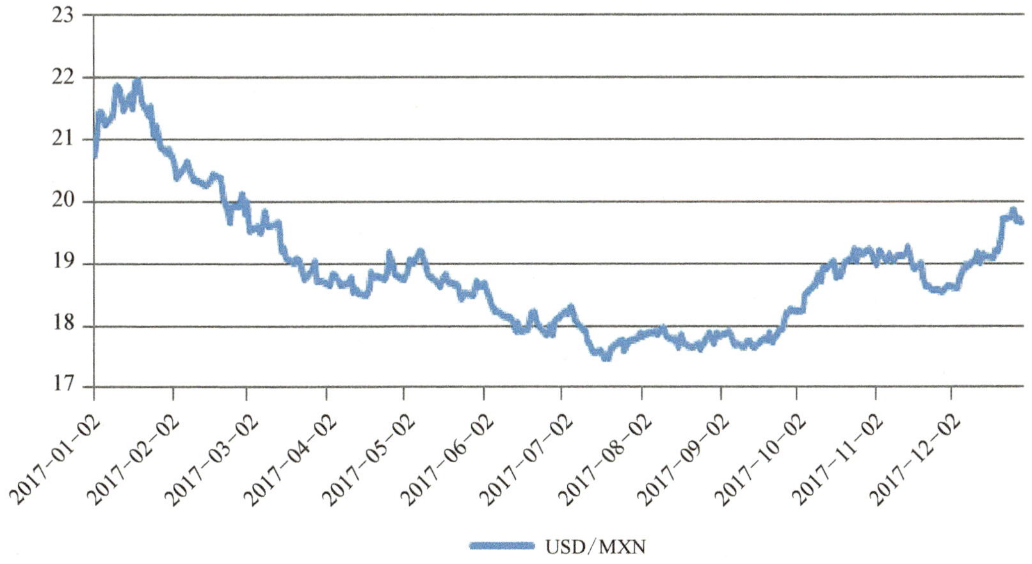

图5.5　2017年美元/墨西哥比索走势图

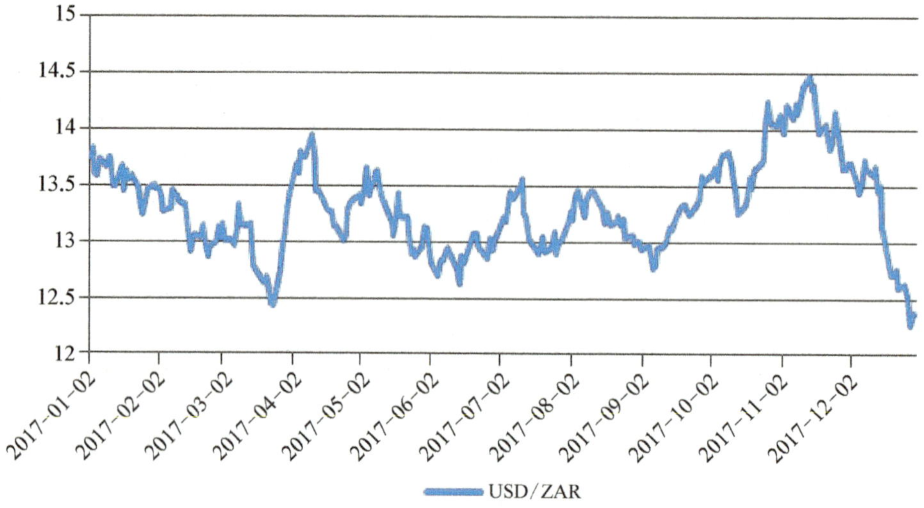

图5.6　2017年美元/南非兰特走势图

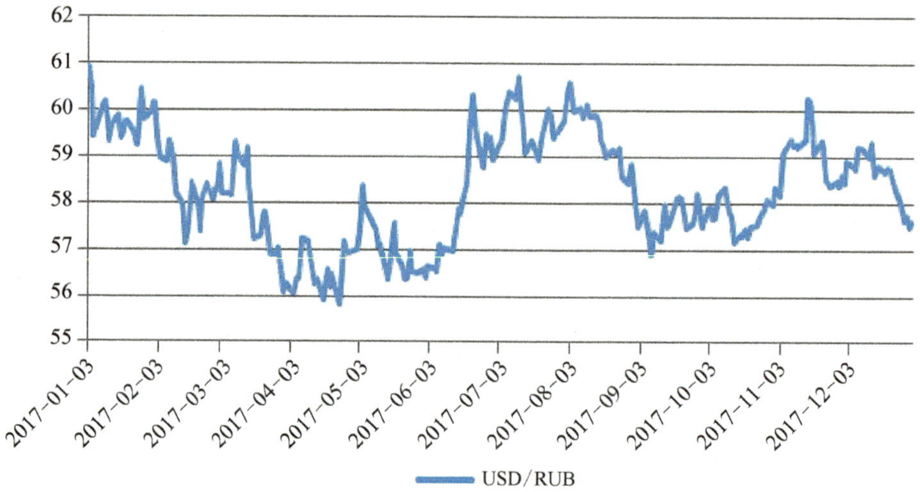

图5.7　2017年美元/俄罗斯卢布走势图

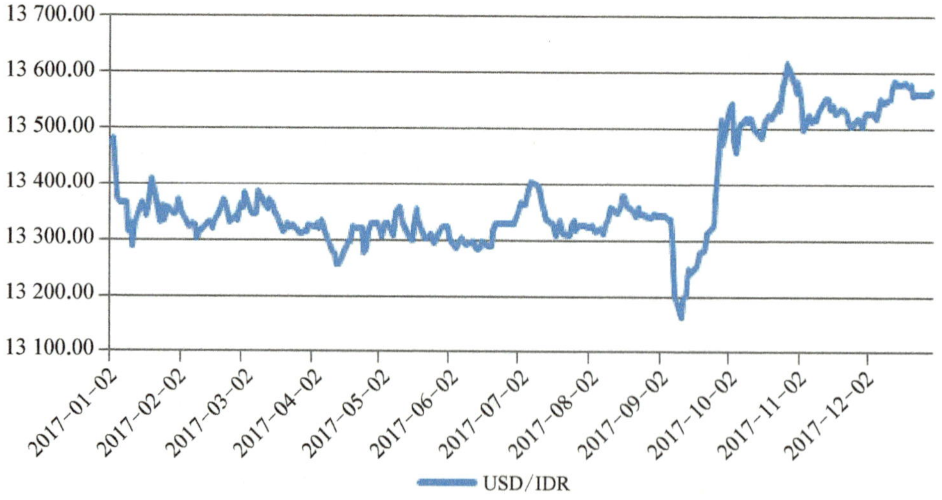

数据来源：Investing.com。

图5.8　2017年美元/印尼盾走势图

海外房产投资地图：十大国际城市

在海外房产方面，我们推荐的10大国际城市在房价方面均有不错的表现，详见表5.3。

表5.3　2017年10大国际城市房价表现

排名	城市	2017年预估涨幅	2017年实际涨幅
1	多伦多	15%	10%
2	西雅图	10%	13%
3	惠灵顿	10%	14%
4	巴塞罗那	10%	9%
5	墨尔本	10%	9%
6	悉尼	7%	4%
7	柏林	6%	10%
8	巴黎	6%	4%
9	华盛顿	5%	4%
10	休斯顿	5%	5%

（二）2018年FX168全球投资地图

世界不是平的，各国的经济政治状况亦是如此，本部分通过构建指标体系对全球主要经济体政经运行状况进行评判，筛选出值得投资的十大发达经济体和十大发展中经济体，为有全球资产配置需求的广大投资者提供参考。

1. 2018年十大值得投资发达经济体及其典型国家推荐

（1）2018年十大值得投资发达经济体

我们从经济基础、社会适宜性、偿债能力、国家风险和经济增长潜力五个维度构建指标体系，对IMF列示的39个发达经济体进行评分，评分结果如下：

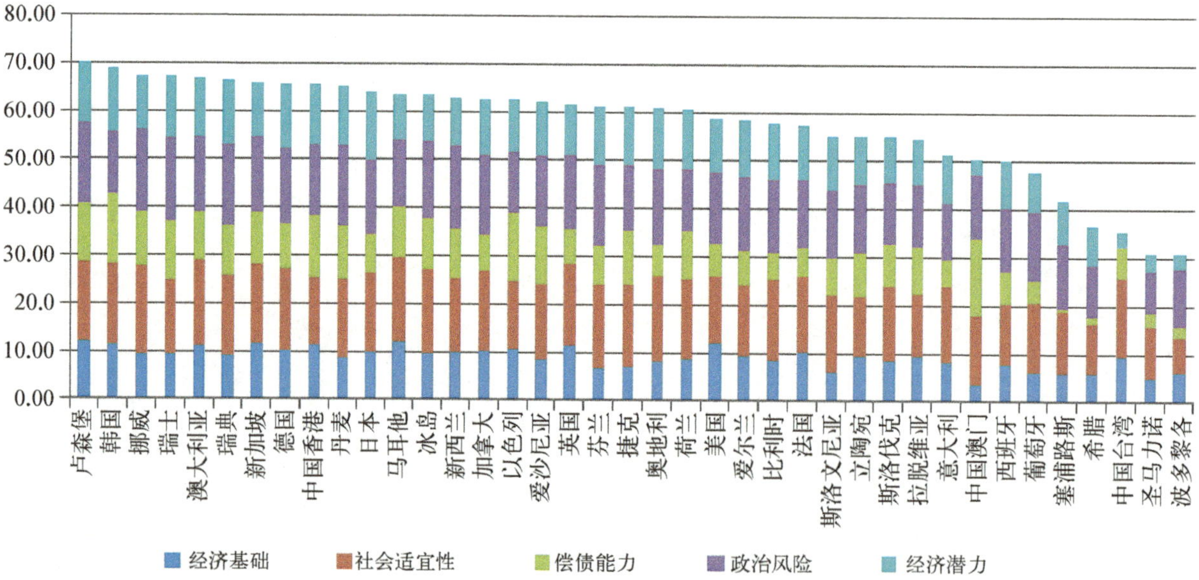

数据来源：根据IMF、WDI、CIA、UNESCO、QEDS、UNODC和UNTCAD相关数据整理得出。

图5.9　2018年发达经济体投资潜力评分

为了更形象地反映相关经济体运行情况，对上述评分进行转换：将总分由高到低排序，前10%评为5颗星，即4个经济体；接下来22.5%评为4颗星，即9个经济体，中间35%评为3颗星，即13个经济体；接下来22.5%评为2颗星，即9个经济体；最后10%评为1颗星，即4个经济体。于是，我们得出2018年值得投资的十大发达经济体如表5.4所示：

表5.4　2018年十大值得投资发达经济体评级

序　号	国家（或地区）	评　分	星　级
1	卢森堡	70.02	★★★★★
2	韩　国	68.89	★★★★★
3	挪　威	67.39	★★★★★
4	瑞　士	67.38	★★★★★
5	澳大利亚	66.67	★★★★
6	瑞　典	66.44	★★★★
7	新加坡	65.96	★★★★
8	德　国	65.64	★★★★
9	中国香港	65.51	★★★★
10	丹　麦	65.31	★★★★

数据来源：根据IMF、WDI、CIA、UNESCO、UNODC和UNTCAD相关数据整理得出。

（2）最值得投资发达经济体——卢森堡（推荐指数：★★★★★）

人均GDP突破十万美元，发达经济体中排名第一

卢森堡是世界上最富裕的国家之一，2017年人均GDP达到111 062.79美元，位居发达经济体第一位。人均GDP越高，居民的生活消费水准越高，卢森堡消费潜力巨大。

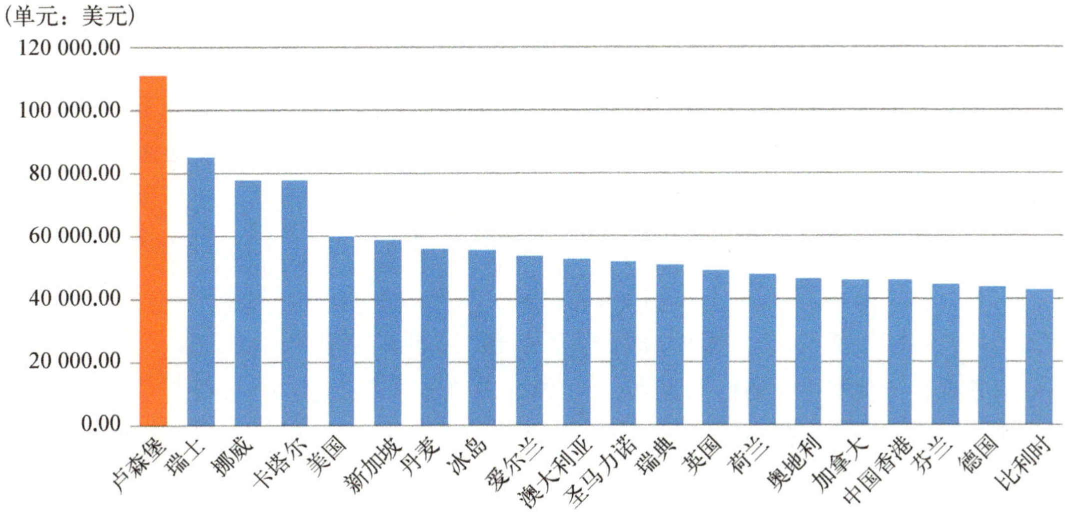

数据来源：世界经济信息网。

图5.10　2017年卢森堡人均GDP雄踞发达经济体第一

投资开放度高,FDI流向沃土

卢森堡金融业非常发达,是欧洲重要的金融投资中心,据英国智库机构Z/Yen集团2017年3月公布的全球金融中心指数(GFCI)数据显示,卢森堡以698分总分位居88个金融中心的第14名,较上年提升5个名次。

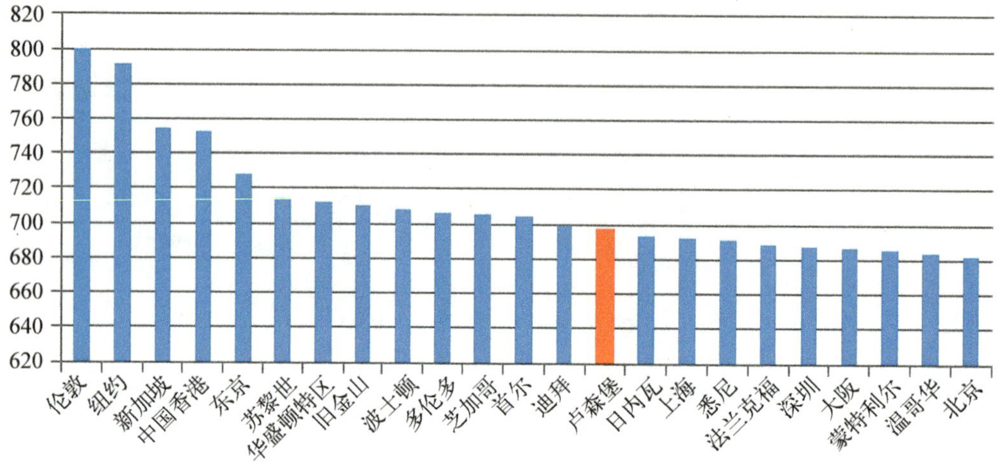

数据来源:英国智库Z/yen集团。

图5.11　2016年卢森堡位居全球金融中心指数第14位,较前年上升5位

出色的资金融通能力使得卢森堡成为对欧洲投资的一个窗口。2016年卢森堡FDI流入268.57亿美元,FDI流出316.43亿美元,FDI总流量占GDP比重高达98%,投资开放度居发达经济体第一位。

地处欧盟经济政治腹地,发展潜力巨大

卢森堡地处欧盟地理中心,与德国、比利时和法国接壤,从卢森堡辐射到其他欧盟国家相对便利。作为欧盟和北约创始国之一,卢森堡在欧洲的地位可谓举足轻重,欧盟理事会、欧洲理事会、欧盟委员会总部均设在卢森堡。

文化多元化,多语言优势凸显

卢森堡文化极为多元,外来人口较多。据中国外交部2016年1月数据,卢森堡总人口57.6万人,其中外籍人口占总人口的43%。卢森堡语种多样,其中法语、德语和卢森堡语使用较广,多语言优势使得国际交往更为顺畅。

多重税收优惠政策打造税率优势,进军欧盟市场桥头堡

卢森堡在税收优惠政策方面的优势相较其他国家凸显,一方面,卢森堡不对境内注册的投资基金的红利及其资本利得征税,另一方面,卢森堡还与美国、加拿大、巴西、俄罗斯、阿联酋、欧洲国家等众多国家签署了避免双重征税的协定,以减少投资者税务成本。据世界银行统计,2017年卢森堡总税率仅为20.5%,在发达经济体中接近新加坡的20.3%,而欧盟平均总税率高达42.55%,税收优惠可见一斑。

弹性监管,及时跟进欧盟法律

卢森堡实行弹性监管,作为欧盟成员国,当地注册投资基金可以依照“欧盟护照”条例在欧盟

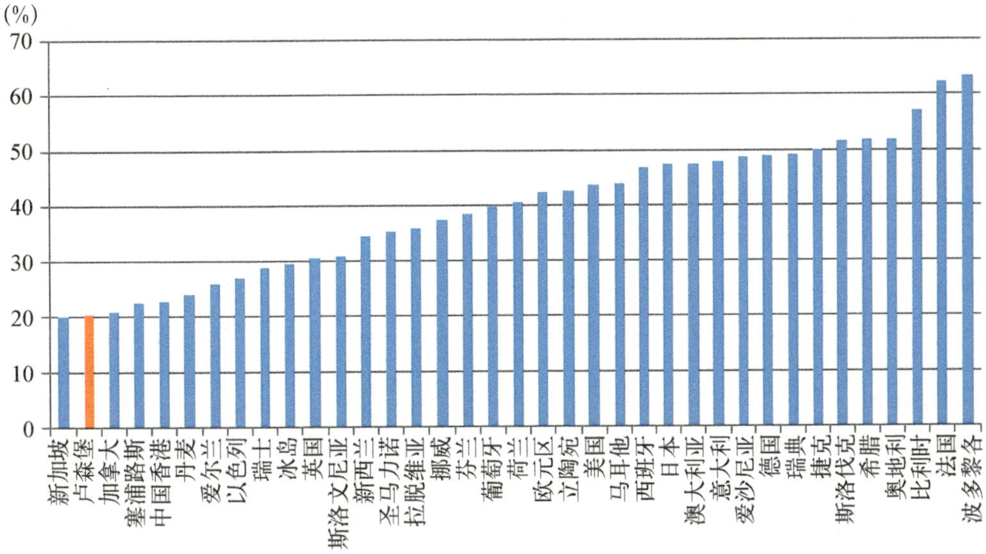

数据来源：世界银行。

图5.12　卢森堡企业总税率为20.5%，接近新加坡的20.3%

28国和全球销售。每当欧盟有新法律条款出台，卢森堡第一时间将其纳入本国法律并予严格执行。如是，卢森堡法律监管制度始终走在时代的前列。

- **风险点：欧元区政治不确定性**

卢森堡经济运行与欧洲息息相关，特别是德国、法国、比利时三强占据卢森堡进出口贸易半壁江山，该三国的政经形势势必辐射到卢森堡。

- **投资关注点：金融科技、欧洲支付牌照（Payment Institutions或PI）**

普华永道2016年的一份报告指出，全球范围内对金融科技的总投资可在未来3至5年内超越1 500亿美元。

卢森堡在金融科技监管上表现得相当“前卫”。举例来说，该国在2014年初承认了比特币等加密货币作为“货币”的地位，这与大部分国家只承认加密货币“商品”地位的做法不同；2016年，卢森堡第九块PI牌照即被授予比特币交易所Bitstamp。普华永道的报告认为，卢森堡拥有金融机构、科技企业、研发中心等组成的活跃生态圈，加之本身高度多元化的经济结构，它正在成为金融科技的创新中心。

2009年卢森堡顺应欧盟委员会于2007年11月正式颁行的《支付服务指令》（Payment Services Directive，以下简称PSD）要求修订法规，设立“PI”及“电子货币机构（Electronic Money Institution或EMI）”两种牌照对相关机构实施监管；而PSD被认为是欧盟建立欧洲单一支付市场（ESPA）的基石之一。

根据卢森堡监督管理委员会网站，目前共有10家机构获得了PI牌照；获得EMI牌照的有5家，其中包括亚马逊支付（Amazon Payments Europe）。

（3）最值得投资发达经济体——韩国（推荐指数：★★★★★）

韩国经济体量大，2017年韩国经济总量全球第11名

作为曾经的“亚洲四小龙”之一，韩国经济实力不能小觑。据世界经济信息网数据显示，韩国

2017年GDP高达1.53万亿美元,全球排名第11名,在亚洲仅次于中国、日本、印度三国,排名第四。韩国工业相当发达,钢铁、造船、电子、纺织都具有相当的分量,涌现出三星、现代、SK等大批著名企业。经济体量大,消费市场广阔。

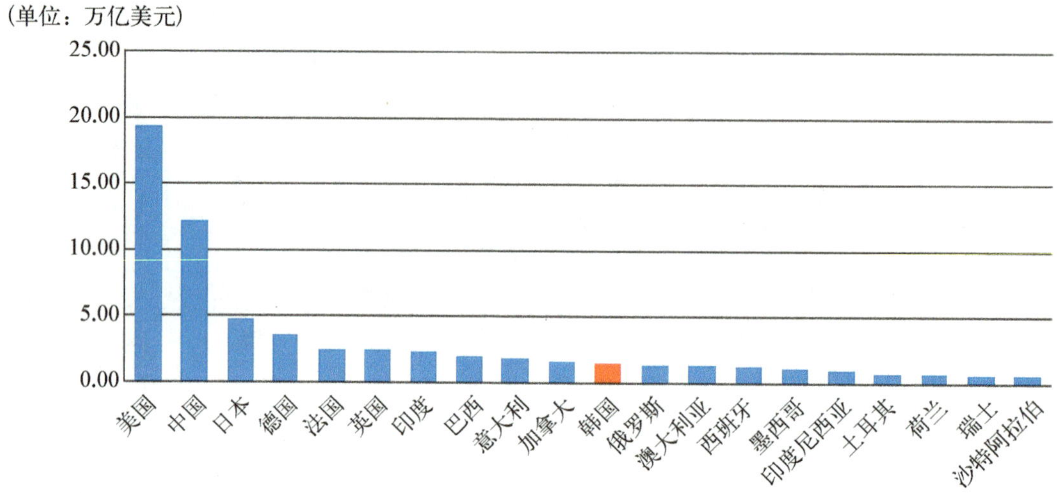

数据来源: 世界经济信息网。

图5.13 2017年韩国GDP居全球第11位

韩国经济增长呈上升趋势,且相当稳定

近年来韩国经济运行总体较好,年均增速基本在2.5%以上,高于发达经济体平均2%,更是高于美、日、欧等传统发达经济体。2016年,韩国经济实现2.8%的增速,而同期传统发达经济体仅有澳大利亚经济增速在2%以上。从GDP增速的趋势来看,韩国GDP增速还呈现上升趋势。依据IMF2017年统计数据,韩国2017年上半年GDP为7 331.74亿美元,同比已经实现2.8%的增长。

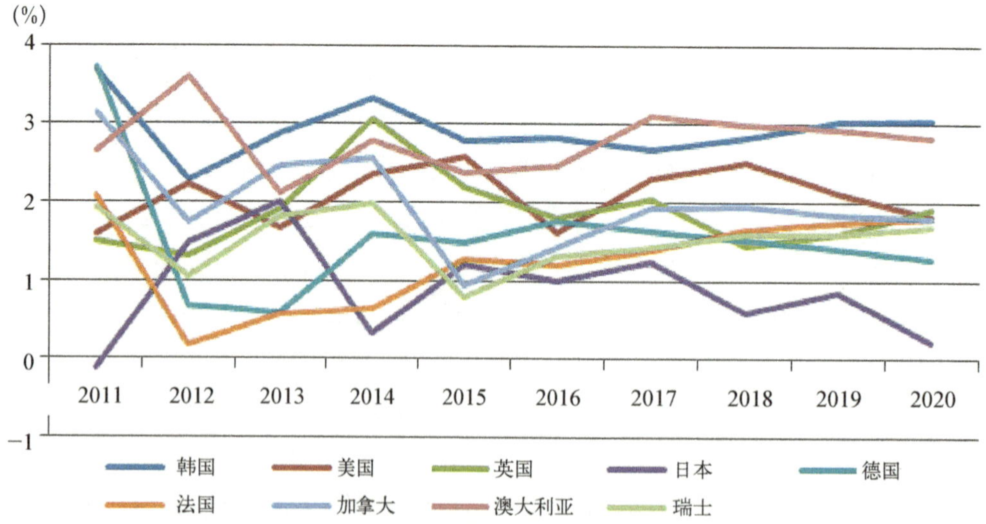

数据来源: IMF,2017—2020数据为IMF2017年预测数据。

图5.14 韩国经济增速快于传统发达经济体,成上行趋势

此外,韩国经济增速波动相当稳定,不至于大起大落。近五年增速最快为2013年的3.34%,最慢为2012年的2.29%,而同期最大中国澳门在−21.54% ~ 11.2%之间变动,波幅过大。

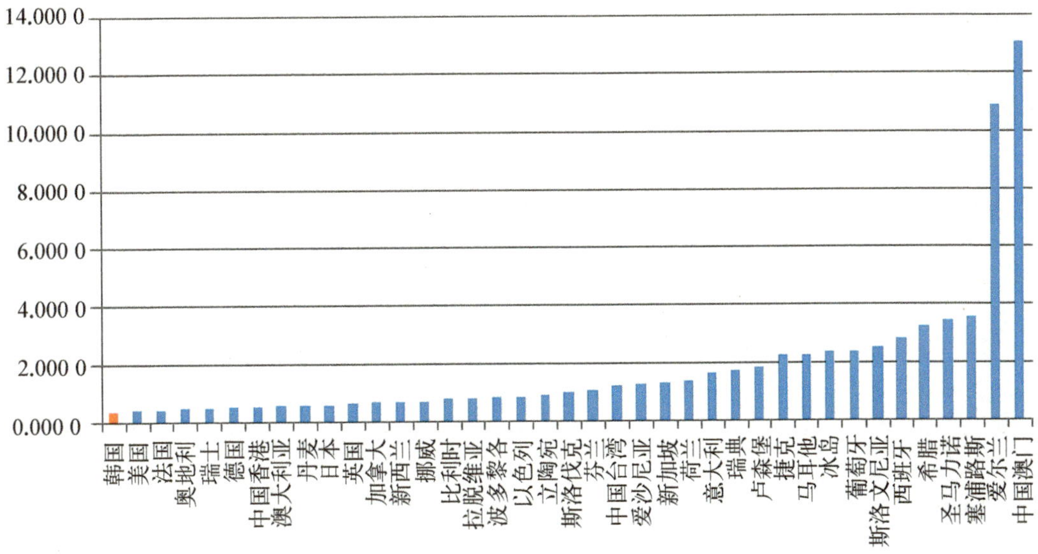

数据来源：IMF。

图5.15　韩国经济增速相当平稳，近5年波动率最小

GDP增速直接反映了经济体增长情况，体量甚大的韩国保持又快又稳经济增速着实不易。

韩国政府注重固定资产投资，固定资产投资比例在发达经济体位居第一

固定资产投资短期经济效率有限，但其在较长时间后却能带来经济效率的提高。根据世界银行的数据，韩国2016年固定资产投资/GDP的比重高达29.68%，位居发达经济体固定资产投资比例的第一。这一方面表明政府的财政支付能力强悍，另一方面足见韩国政府注重长远投资。

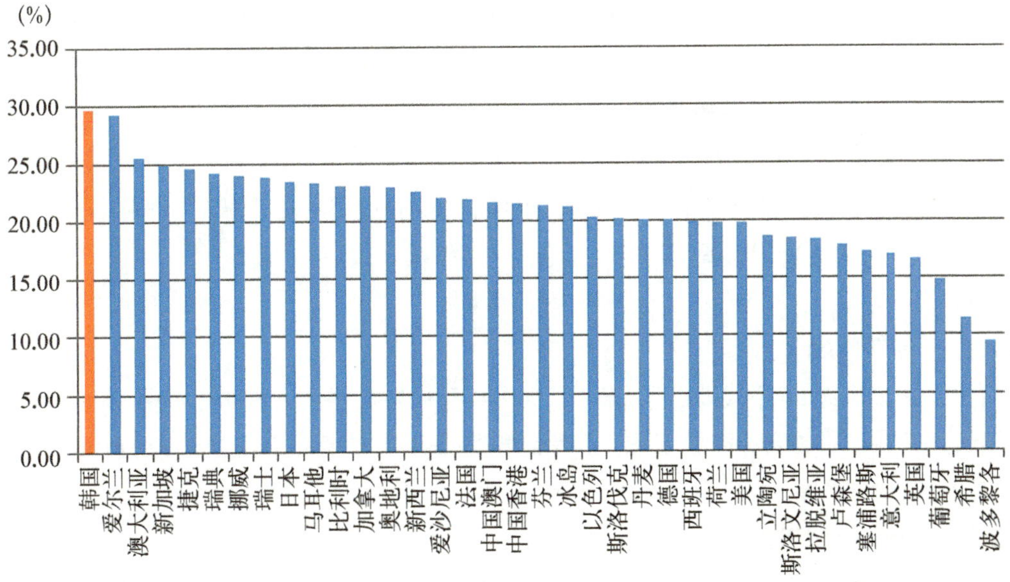

数据来源：世界银行。

图5.16　韩国固定资产投资比例在发达经济体中最高

韩国政府重视科研创新,研发支出占比居发达经济体第二位

科技生产是第一生产力,韩国政府对科研投入可谓毫不吝啬。据世界银行数据,2015年韩国政府对科研投资资金占GDP比重高达4.23%,接近科技研发强国以色列的4.27%,位居世界第二位。

科技投入与固定资产投入都计入一个经济体的经济增长潜力总分,韩国经济增长潜力得分为13.22,仅落后日本和德国的14.22和13.27,可见韩国的经济增长潜力巨大。

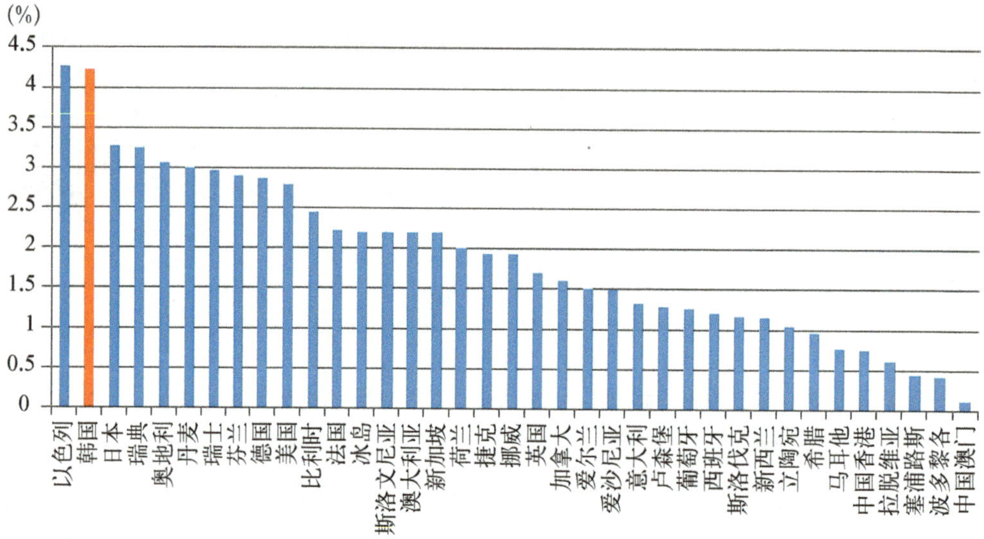

数据来源:世界银行。

图5.17　2015年韩国科研支出占比高达4.23%,居发达经济体第二位

新总统上任打消了韩国政治风险,"闺蜜门"事件造成的权力空白得以弥补

"闺蜜门"事件让前总统朴槿惠锒铛入狱,韩国政局不确定性在2017年上半年显现,文在寅的上台弥补了政治不确定的尾部风险。政治风险消散使得人民信心增强,更利于经济增长。

韩国营商环境良好,全球排名第五位

营商环境是经济体有效开展国际交流与合作、参与国际竞争的重要依托。据世界银行报告显示,良好的营商环境会使投资率增长0.3%,GDP增长率增加0.36%。2017年韩国营商环境评分高达84.09,位居190个国家中第5名。

- 风险点

风险点1:朝核问题

朝核问题在20世纪90年代即已形成,自2009年六方会谈停止后朝鲜加快了核试验的步伐,近两年"朝鲜拥核"和"韩国部萨"成了焦点问题,朝美公开互怼牵动市场神经,呈愈演愈烈之势,不利于朝鲜半岛和平和发展。

风险点2:大企业集团危机

三星集团、LG集团、SK集团、现代汽车、韩进集团是韩国昔日五大财团,其为韩国政府财政贡献巨额税款,而如今三大财团接二连三出问题。三星手机爆炸、三星太子李在镕入狱、韩进破产、现代汽车中国市场遇冷都在一定程度上拖累韩国经济。

● 投资渠道

韩国目前流通货币为韩元，过去五年最大波动23.17%，波幅要低于美元、欧元、日元、英镑等国际货币，也低于印度卢布、俄罗斯卢布、巴西雷亚尔等发展中国家货币，币值相对稳定。

通过香港基金市场进行韩国市场投资，有以下两支基金可供选择：

① db x-trackers MSCI韩国指数UCITS ETF (DR)(代码：2848)；

② iShares安硕核心韩国综合股价200指数ETF(代码：83170)。

2. 2018年十大值得投资发展中经济体及其典型国家推荐

(1)2018年十大值得投资发展中经济体

同样地，本部分对IMF列示的153个发展中经济体进行评分，鉴于经济体数目众多，下面仅罗列综合评分前30的经济体，该30个经济体综合评分都在53以上，评分结果显示如图5.18所示：

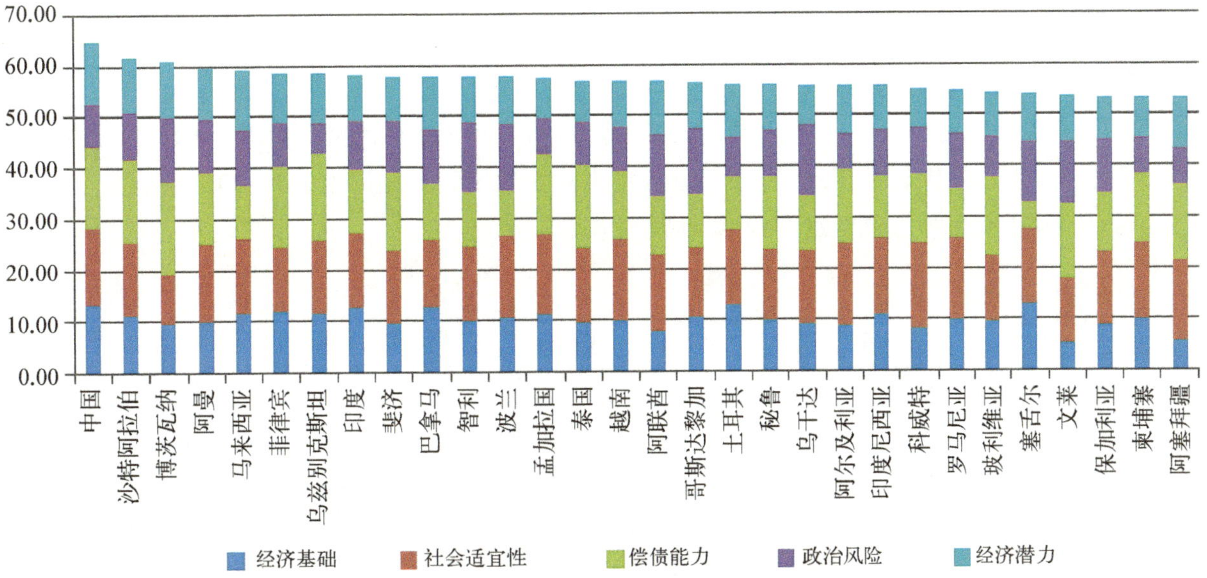

数据来源：根据IMF、WDI、CIA、UNESCO、QEDS、UNODC和UNTCAD相关数据整理得出。

图5.18　发展中国家投资潜力评分TOP30

与发达国家略有不同，我们仅对总评分在50分以上的国家予以评级，总共录得国家总数54个，按照10%、22.5%、35%、22.5%和10%的比例进行星级评定，得星五颗至一颗的国家分别为5个、12个、19个、12个和6个。前十大值得投资的发展中经济体星级评价如表5.5所示：

表5.5　2018年十大值得投资的发展中经济体评级

序　号	国　家	评　分	星　级
1	中　国	64.90	★★★★★
2	沙特阿拉伯	61.70	★★★★★
3	博茨瓦纳	61.25	★★★★★
4	阿　曼	59.72	★★★★★

(续表)

序　号	国　家	评　分	星　级
5	马来西亚	59.30	★★★★★
6	菲律宾	58.76	★★★★
7	乌兹别克斯坦	58.74	★★★★
8	印　度	58.35	★★★★
9	斐　济	58.08	★★★★
10	巴拿马	58.06	★★★★

数据来源:根据IMF、WDI、CIA、UNESCO、QEDS、UNODC和UNTCAD相关数据整理得出。

(2)最值得投资的发展中经济体——中国(推荐指数:★★★★★)

中国是全球经济增长的引擎

自2010年首度超过日本成为全球第二大经济体,近六年来中国经济一直维持6.5%以上增速,其成绩斐然。据世界银行数据统计,中国近六年来对全球增长贡献率近30%,2016年更是增加到32.43%,高于G7贡献率总和的28.41%,继续领跑全球经济。

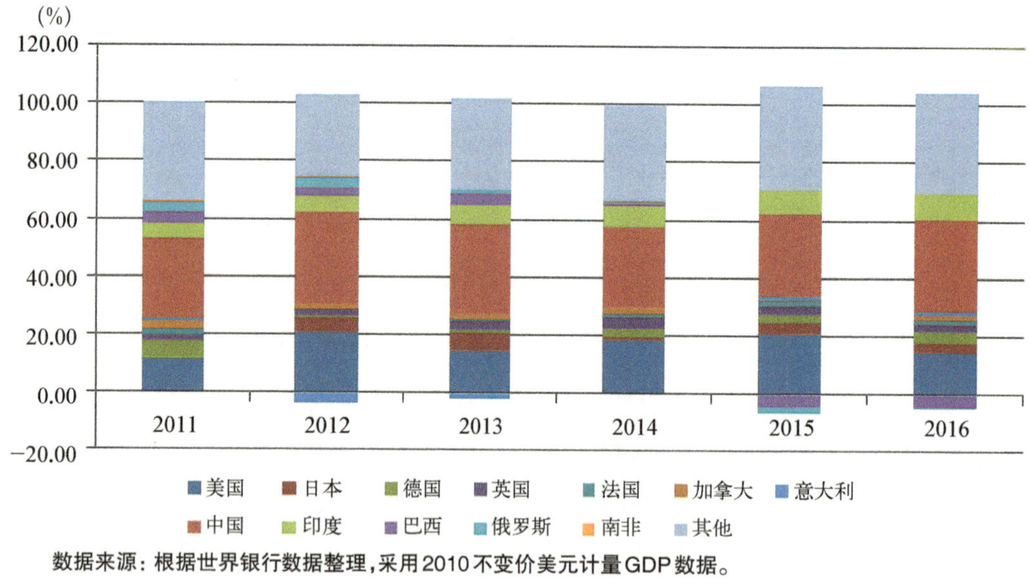

数据来源:根据世界银行数据整理,采用2010不变价美元计量GDP数据。

图5.19　中国贡献全球1/3的增长,仍然是全球经济增长的引擎

目前尽管中国经济进入新常态,但2017年GDP增速高达6.9%,七年来首次提速,高于政府6.5%的控制目标。世界货币基金组织2018年1月预期中国2018年、2019年经济增速分别为6.4%、6.3%,与此同时,预期全球经济增速同期分别为3.1%、2.0%,如是,中国经济增长贡献率将牢牢占据全球近1/3的份额,仍然是世界经济的引擎。

三大战略对内助力经济增长,对外创造发展机遇

"一带一路"建设、京津冀协同发展和长江经济带三大战略两个对内、一个对外,对内战略涉及

我国经济增长的重要两极，将为调速换挡期中国经济提供广阔空间和强劲动能；“一带一路”战略覆盖全球63%的人口和29%的经济体量，涉及65个国家，将为沿线国家优势互补、开放发展提供新的机遇。

自贸区释放经济新动能，理论实践双丰收

自贸区是中国改革开放的试验田和新高地，其核心在于制度创新。中国目前形成“1+3+7”共计11个自贸区的格局，在推进政府职能转变、投资管理体系改革、贸易监管模式创新、深化金融和服务业开放等方面取得了重大进展，为全面参与全球竞争奠定基础。

“十九大”提出新的历史方位，新“三步走”战略开启

“十九大”提出中国特色社会主义进入新时代，我国社会主要矛盾已经转化为人民日益增长的美好生活需要和不平衡不充分的发展之间的矛盾，开启“三步走”新征程，即到2020年全面建成小康社会、2020年到2035年基本实现现代化、2035到21世纪中叶建成富强、民主、文明、和谐、美丽的社会主义现代化强国。

社会主要矛盾的转变意味着社会经济目标从重总量向重结构转变、从重增长向重发展转变、从重需求向供需并举转变。同时，社会将更加重视人的感受与发展，更好地协调社会分配、经济结构等问题。国家将继续深化供给侧结构性改革，实施区域协调发展战略来应对以上矛盾。

“三步走”存在GDP和城乡人均收入翻番的量化目标，经济增速有底线，中国货币政策不会大幅紧缩，财政政策或继续发力，“稳健中性货币政策与积极财政政策”将继续推行。相对而言，人均收入目标实现更为困难，经济增速近三年政策底线或维持在6.5%。

- 风险点：逆全球化风险

中国是全球化的受益者，也是全球化的坚定拥护者，近年来全球化逆风崛起，尽管2017年欧洲大选极右翼政党悉数落败，但民粹主义风险仍需要关注。

- 投资关注领域

①消费升级（看好逻辑：社会矛盾转换）；

②高端制造业：5G、互联网、大数据、人工智能（看好逻辑：社会矛盾转换）；

③大基建（看好逻辑：“一带一路”战略、雄安新区建设）。

（3）最值得投资的发展中经济体——马来西亚（推荐指数：★★★★★）

生活成本低廉，购买力平价衡量人均GDP居发展中国家前列

尽管马来西亚以美元计价人均GDP在2016年为9 360美元，在发展中国家仅属中等，但马来西亚生活成本相当低廉，购买力平价衡量的人均GDP高达27 267美元，在发达国家中仅次于中东产油国，接近中国的两倍。以房屋价格为例，通常用房价收入比来衡量一国房价水平的高低，在马来西亚不到10年就可以买上一套标准住房。生活成本越低，居民生活相对越轻松。

平均受教育年限较长，劳动者素质普遍较高

人均受教育年限是人力资本的重要体现，在信息时代对一国发展潜力影响不可小觑。据联合国教科文组织数据显示，2015年马来西亚人均受教育年限达到10.1年，相当于高中一年级水准，在发展中国家居于前列，劳动者素质普遍较高。

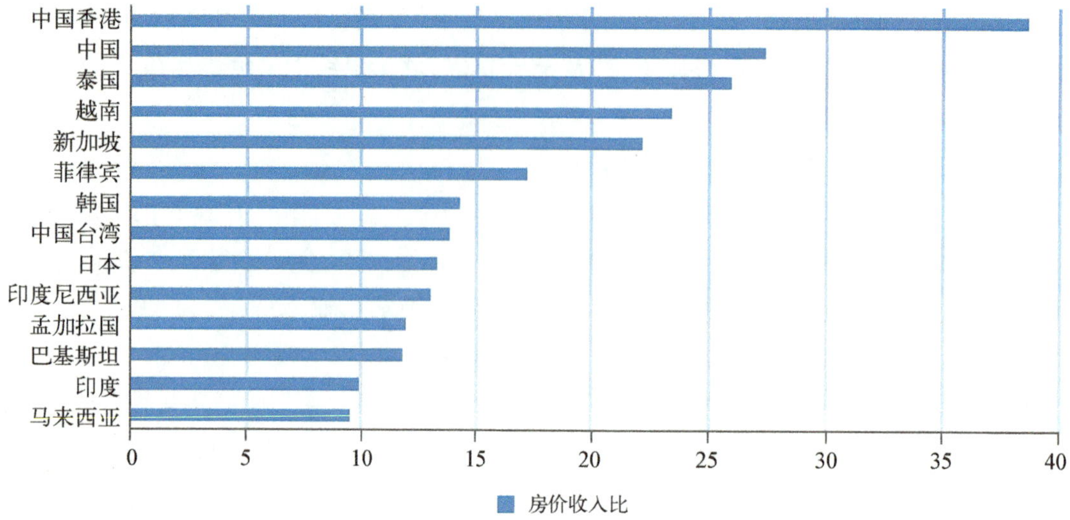

数据来源：NUMBEO。

图5.20　马来西亚房价收入比在亚洲各国(地区)处于低位

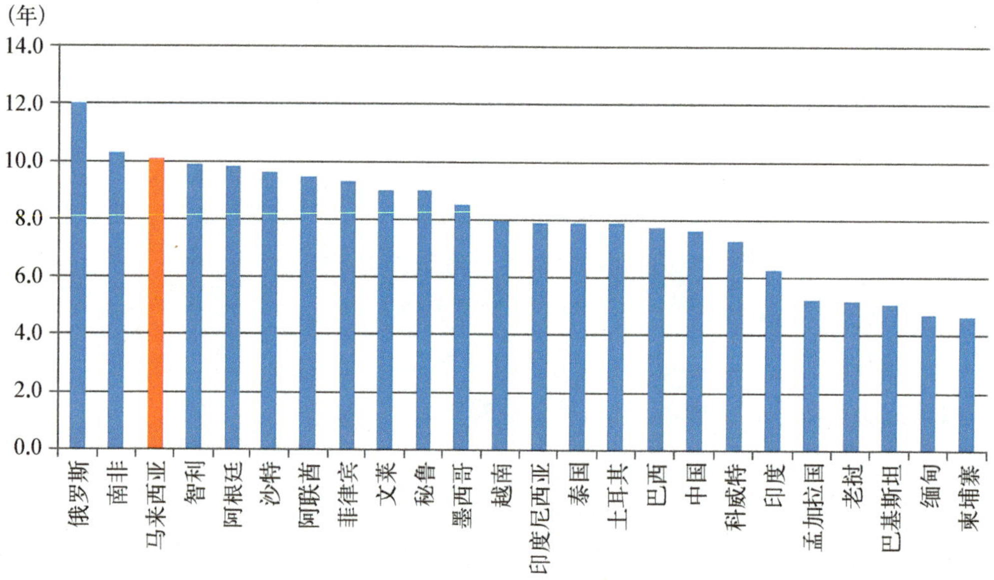

数据来源：UNESCO。

图5.21　马来西亚平均受教育年限居发展中国家前列

“2020宏愿”在即,“大吉隆坡计划”发力

马来西亚政府于2010年宣布推出经济转型计划,以便到2020年达成将马来西亚建设成发达的工业化国家,实现人均国民收入1.5万美元的宏愿。作为其中重要一环,“大吉隆坡计划”将斥资1 720亿林吉特来改善马来西亚的硬件设备、人民收入及居住环境,这或将加快人员物资流动,吸引优秀人才进入,增加该国竞争力。此外,2017年马来西亚政府又提出2050国家转型计划(TN50),并计划在2018年提供2.45亿林吉特财政预算来升级智能制造设施。

“一带一路”倡议最早响应国,优越的地理位置带来巨大商机

马来西亚扼守马六甲海峡,地处东西交通十字路口,自古以来就是海上丝绸之路的贸易中心。

"一带一路"倡议涵盖全球人口60%、全球经济产出30%，对于外向型经济明显的马来西亚来说，该倡议将帮助马来西亚开辟新市场、扩大本地产品销路和服务，并且能吸引外资。截至2017年年中，马来西亚与中国在多个领域签署的合作项目总金额已经超过1 700亿林吉特。

东西文化交汇中心，对外开放度高

华人约占马来西亚总人口的1/4，国人在马来西亚不存在语言和文化障碍。英语是马来西亚第二语言，这就为其在国际交流合作中提供便利。据悉，马来西亚拥有40多所国际化学校，英国顶尖学府诺丁汉大学、雷丁大学也相继落户马来西亚。马来西亚成为东西文化交汇中心，吸引了大批海外留学生。此外，马来西亚护照含金量高，加拿大金融顾问公司Arton Capital公布的2017年的护照指数，马来西亚护照的自由度是全球排行第5，可以免签155个国家。

- 风险点：排华事件

马来西亚华人尽管众多，经济地位不容小觑，但是政治上却由马来人把控，有不少限制华人的政策出台，如规定：上市公司股份至少30%由马来人持有。一旦出现突发暴力排华事件，马来西亚经济或受拖累。

- 投资渠道

马来西亚的流通货币为林吉特，2017年至今林吉特兑美元汇率上涨了近10%，随着全球经济回暖，马来西亚外向型经济的特征或更趋明显。

我们仍倾向用香港ETF基金进行海外市场资产的配置，通过对收益率、风险率的综合考察，可通过以下基金对马来西亚市场进行投资：

香港ETF基金：DB马来西亚03082.HK（该ETF的目标是提供在扣除费用及支出之前紧贴MSCI马来西亚总回报净值指数的表现的投资回报）。

（三）2018年FX168全球投资资产配置图

通过前述对2018年全球各经济体及主要金融市场的判断，我们对2018年的全球金融资产配置做出如下建议：

1. 权益资产配置（配置比例40%）

表5.6　权益资产投资标的及配置比例

国家/地区	投资标的（香港ETF基金）	配置比例
韩国	iShares安硕核心韩国综合股价200指数ETF	10%
中国	中国平安CSI香港高息股ETF	10%
马来西亚	DB马来西亚03082.HK	10%
美国	db x-trackers MSCI美国总回报净值指数ETF (HKD)	10%

2. 私募股权投资（配置比例10%）

对于高净值客户来说，私募股权投资已经成为一个标准配置。

如前所述，IT和医疗分别是全球PE和VC最为青睐的行业，而基于IT之上的人工智能（AI）目前可谓正在风口上，欧美进入人口老龄化助力医疗保健，我们认为两者将在2018年继续引领潮流。

股权投资关注点1：人工智能（AI）

AI尽管很早就已提出，但最近五年来发展极为迅速。花旗、Salesforce、腾讯等国际大公司都在纷纷布局AI领域，AI可以说是目前最为引流的IP。据CBinsight数据统计，企业风投2016年在AI领域投资128宗共计17.74亿美元，截至2017年上半年，该项数据已到达88例共计18.02亿美元，而在五年前只有22起1.67亿美元投资，增长可谓迅猛。

网络安全、医疗保健、物联网和商业智能/分析是近五年来最吸金的AI细分行业，分别占AI份额的13%、10%、9%和9%，这一趋势或在2018年持续。

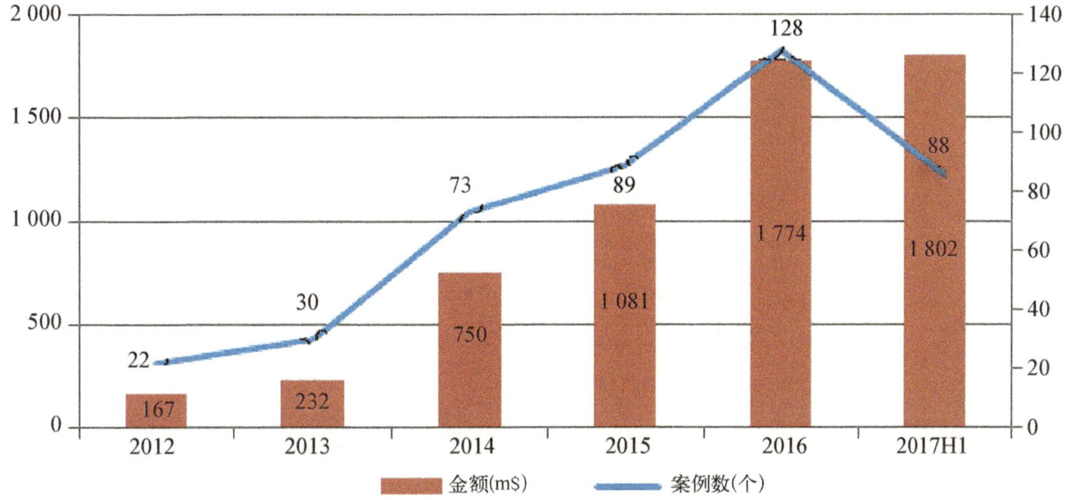

数据来源：CBinsight。

图5.22　企业风投对AI投资逐年递增

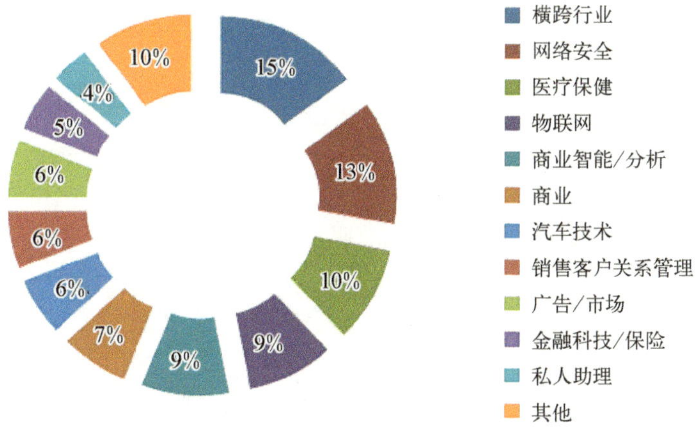

数据来源：CBinsight。

图5.23　2012—2017H1企业风投AI细分行业情况

股权投资关注点2：医疗保健

随着人类社会进入老龄化，全球对医疗的关注尤甚，全球投资资金正是看中这一点大力投资。自2010—2017年，医疗保健行业所获投资金额从10亿美元提升至近200亿美元，其增长惊人。尽管投资案例数开始下滑，但伴随的却是单笔投资金额的提高。值得注意的是，2017年前三季度医疗行业获得投资额即已经超过2016年全年，可见行业前景明显。

生物技术、医疗信息化等科技驱动医疗领域更受投资资本青睐，发展前景明朗。在2017年第三季度，生物科技获得61起近17.78亿美元投资，位居投资案例数第一位，投资金额第二位，医疗信息化以38宗投资共计8.95亿美元同时位居投资案例数和投资金额的第三位。预期2018年生物技术等科技驱动型医疗领域仍将接受更多投资，继续带动医疗保健领域的发展。

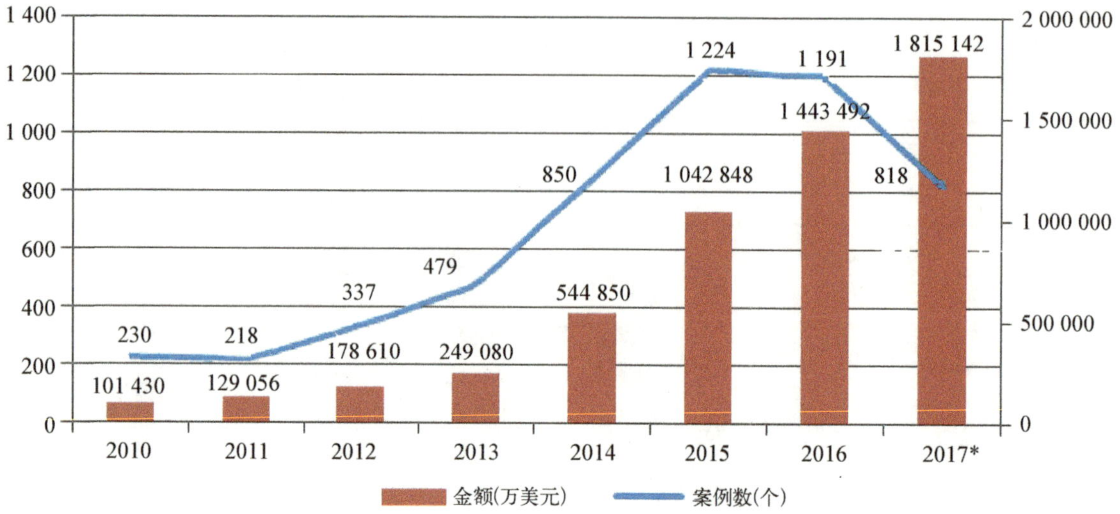

数据来源：动脉网。

图5.24　医疗保健行业所获投资金额逐年攀升

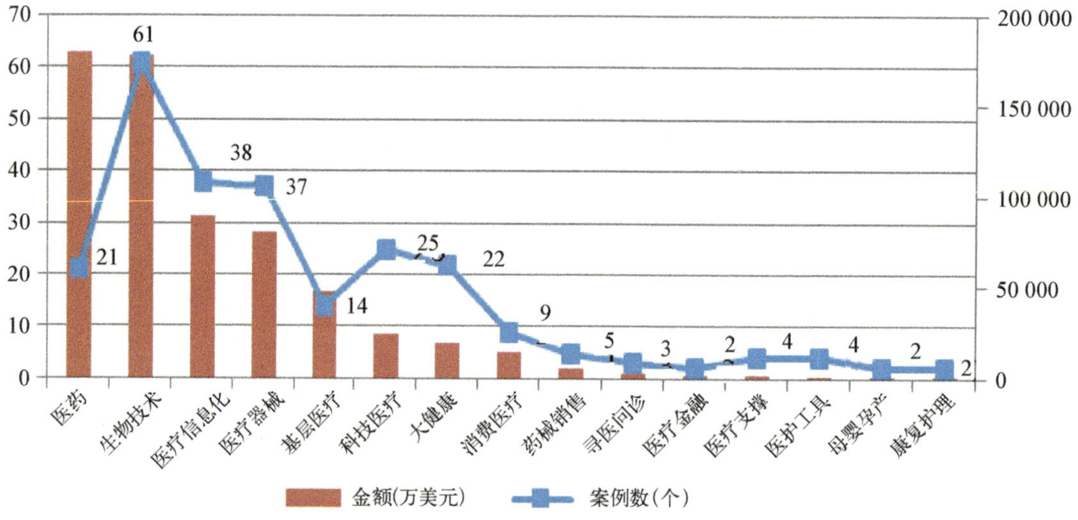

数据来源：动脉网。

图5.25　技术驱动医疗领域更受投资资金青睐

3. 2018年FX168特别推荐——日本(配置比例20%)

国际货币基金组织(IMF)2018年1月22日发布修改后的全球经济预期，预测日本实际国内生产总值(GDP)2018年和2019年分别增长1.2%和0.9%。预计随着全球经济向好，出口增加将推动经济增长，该数据较上年10月时分别上调了0.5和0.1个百分点。但与预计增长1.8%的2017年相比增速放缓。

从2017年9月份开始，日本股市迎来了一场大爆发，仅10月份一个月日经指数就上升了7.90%，当月的16日连涨创下了第二次世界大战以来最长连涨纪录，随后在11月7日触及22 937.6点这一25年来高位。根据日本财务省公布的数据，这一涨势主要是源自海外投资者的涌入——10月份，海外资金准买入日本证券总额高达3.43万亿日元(约合302亿美元)，创下历史最高纪录。

日本股市是个被持续遗忘和低估的地方，2018年，这个流动性摇摇晃晃的时期，或许这个房价、股票和汇率都便宜的地方，能产生过去多年没有的暖意。

我们特别推荐香港ETF基金：未来资产日本东证每日杠杆(2x)产品，建议配置比例20%。

未来资产日本东证每日杠杆(2x)产品

投资目标：提供在扣除费用及支出之前尽量贴近东证股价指数每日表现两倍(2x)的投资业绩。

年回报率	2017年12月31日
年度	2017年
总回报率	49.9%

由于创立时间较短，晨星没有提供这支基金的评级和相关风险信息。

点评：这支基金由于使用了两倍杠杆、扩大了追踪市场的涨势而表现突出。这支基金专注的是日本市场。日本多年来的刺激性货币政策和其他政策的效用开始显现，2017年经济企稳，下半年开始吸引了大量的海外投资。在这种形势下，2018年日本股票市场继续被看涨。

FX168金融研究院

FX168金融研究院是FX168财经集团下属的研究机构。

FX168金融研究院将充分利用FX168在货币市场的优势资源，进一步提升FX168在经济运行方面的研究能力和投资理财方面的鉴别能力，使得FX168更好地服务于高净值人群与交易群体。

产品与服务：

每年发布《全球投资市场蓝皮书》，对各国家、地区及各金融市场进行翔实客观的全面分析，为华人在全球的资产配置，包括金融投资、海外置业、留学、实业投资等方面提供建设性的意见。

提供理财产品鉴别服务——针对FX168全球投资俱乐部钻石会员

提供货币兑换咨询服务——针对FX168全球投资俱乐部钻石会员

提供定期的投资研究报告——针对FX168全球投资俱乐部钻石会员

业务合作请联络：4006-168-525

直线电话：021-53823500

FX168 财经集团

FX168
财经集团

全球
投资市场蓝皮书

中册 · 海外房产

2017—2018 全球投资市场蓝皮书

中册 · 海外房产

FX168金融研究院 编

Global
Investment Markets
Blue Book
Overseas Real Estate

2018

上海财经大学出版社

图书在版编目(CIP)数据

2017—2018全球投资市场蓝皮书 / FX168金融研究院编.
—上海：上海财经大学出版社，2018.4
ISBN 978-7-5642-2984-9 / F · 2984

Ⅰ.①2… Ⅱ.①F… Ⅲ.①金融投资–金融市场–研究报告–世界–2017—2018 Ⅳ.①F831.5

中国版本图书馆CIP数据核字(2018)第056341号

□ 责任编辑 李志浩
□ 封面设计 侯南恩

2017—2018 QUANQIU TOUZI SHICHANG LANPISHU
2017—2018全球投资市场蓝皮书
(中册 · 海外房产)

FX168金融研究院 编

上海财经大学出版社出版发行
(上海市中山北一路369号 邮编200083)
网 址：http://www.sufep.com
电子邮箱：webmaster@sufep.com
全国新华书店经销
虎彩印艺股份有限公司印装
2018年4月第1版 2018年4月第1次印刷

889mm×1194mm 1/16 12.75印张 301千字
定价：168.00元(上中下册)

序言

房地产是企业和家庭进行资产配置的重要对象，是被各个国家的历史证明具有相对低风险和较高回报的优质资产。中国经济经过40年的高速发展，已经进入到追求生活品质和财富管理的时代，适当地在海外配置一些房产，无论是消费或投资、分散资产风险还是寻求资产的保值增值，对富裕阶层是有意义的。但是，众所周知，房地产市场是一个区域性极强的市场，影响区域性房地产市场的因素众多且复杂，区域的政治、经济、环境、政策、供求关系、居民消费行为等都会对房地产市场产生向上或向下的影响，作为企业或家庭要掌握海外这些资讯并筛选出有潜力的投资对象，难度大且成本高。

FX168财经集团利用其掌握的强大数据资源库和人脉资源，尤其是发挥其专业的分析能力，出版的《2017—2018全球投资市场蓝皮书》能很好地满足大家海外置业的需要。(1)通过建立包括宜居水平、综合成本、短期潜力、长期稳定的四大维度，对全球热门的31个城市房地产市场进行了全面分析，这31个城市基本囊括了国际上最具吸引力也是我国居民和企业感兴趣的城市。四大评价维度设计，充分满足了消费者不同的购买动因需求，对于自住型置业，可重点参考宜居水平、综合成本、长期稳定得分；对于短期投资型，可重点参考短期潜力得分，再辅以综合成本得分；对于长期投资型，则重点参考长期潜力得分。而且，报告中还附上了评价这四大维度的原始数据，也可供大家自己作出评价。(2)对2017年全球房地产热点国家、热点事件的前因后果进行剖析，既能让大家感受到房地产市场的跌宕起伏和多方博弈，特别能学习到驱动房地产市场变化的因素，从中可帮助掌握一定的宏观分析方法。(3)对全球商业房地产市场进行分析。商业房地产投资的难度更大，更需要专业分析，限于篇幅和商业地产的复杂性，只能停留在宏观层面。(4)失败的案例剖析。这部分内容很珍贵，近年来我国企业和居民海外置业数量增多，不少是付出巨大学费的，通过这些案例剖析，让大家树立风险意识，掌握回避风险的技巧。

《2017—2018全球投资市场蓝皮书》全书内容丰富、资料翔实、分析理性，为在海外置业提供了大致的方向，是一本好的参考书、工具书。当然，值得一提，房地产市场是动态变化的，置业者的需求也是多样的。但可以肯定的是，有了这样一本专业研究报告的引导，可节约大量时间，避免一些低级的投资失误。

虞晓芬教授

浙江工业大学副校长

世界华人不动产2016年会执行主席

2018年3月

目录

CONTENTS

第1部分　房产市场综合评分

第2部分　2017年全球房产市场重点分析

第3部分　全球商业地产市场趋势分析

第4部分　海外房地产投资失败案例分析

第5部分　兵马未动，粮草先行：各国贷款相关数据

附　录

导言

“21世纪，是中国人的世纪。”

作为自认为严谨的市场研究人员，我们认为将英国哲学家汤恩比博士上面的这句话作为我们房地产市场蓝皮书的开卷语完全是断章取义。是的，汤恩比博士原意是认为人类会因为自己的贪婪自私、信仰疲乏、心灵空虚而走向空前危机，而中国的孔孟之道和佛教大乘佛法才是世界的救星。但事实上，在中国最近几年经济跃居世界第二、华人投资者遍布全球各地、中国的国际影响力与日俱增的情况下，这种断章取义却意外地吻合眼下的形势。

放眼世界上最高端的房地产市场如纽约、伦敦、巴黎、东京，最热门的市场如悉尼、墨尔本、温哥华、多伦多，最新兴的市场如迪拜、吉隆坡，到处都有华人投资者的身影。我们在一些市场还是新面孔，在另一些城市则成为主导市场走向的中坚力量。这些明显的事实让整个世界都惊叹：21世纪，确实是中国人的世纪。

当然，华人投资者现在还不到骄傲自满的时候。21世纪，并不是中国人独享的世纪。我们对外面世界的了解还远远不够。全球房地产市场瞬息万变，在市场波涛汹涌的浪潮中如何生存，还需要我们随时掌握世界最前沿的市场信息。这，也是我们全球投资市场蓝皮书地产部分将要为读者呈现的核心研究成果。

转眼间，我们FX168金融研究院编写的全球投资市场蓝皮书已经连续出版了三年。在上年的蓝皮书中，我们对全球24个热门房地产市场进行了详细的分析。在此基础上，今年我们将热门市场的数量增加到31个。同时，我们在各项数据上对市场的分析流程进行了全面的升级。

蓝皮书对各个市场的分析仍然按照宜居水平、综合成本、短期潜力和长期稳定四个方面进行综合评分。不过在上年的基础上，我们今年引入了更多细节数据分析。比如我们在数据上增加了包括各个城市治安、交通、生活成本、不同种类房屋价格、租金水平等方面的最新数据。同时我们还在每个市场选取了一些具有代表性的真实房源，为读者提供最直观的当地房地产现状信息。

宜居水平评分：

房地产最本质的用途仍然是居住。很多投资者在海外购买房产的主要目的就是到当地居住。所以宜居水平仍然是我们最重视的市场要素之一。

世界上目前有多家机构每年都会评出全球宜居城市排行榜。包括经济学人、美世、英国时尚杂志Monocle等机构对于一座城市是否适宜人类居住均有不同的评比标准。最终的结果在某些方面可能会非常类似，在另外一些方面则会南辕北辙。在今年的蓝皮书中，我们继续从气候、环境、人文、治安、交通、生活成本和对华人移民态度等方面对各个市场进行分析。数据是我们评判市场宜居水平优劣的最直接影响因素，但在人文等方面，我们也做出了客观的解释说明。

综合成本评分：

成本或者说价格作为投资产品来说，是决定投资最直观的量化依据。在比较各城市投资成本的问题上，各个城市之间包括汇率、税收政策、房产管理条例甚至房产市场产品本身的区别都会成为横向比较的障碍。但通过介绍价格标准、税收政策等方面的基本信息，我们也可以将各个不同的房产市场放在一起进行简单的对比。

本蓝皮书中，我们将所有国家的最新价格数据按照2017年底的汇率换算成美元，以方便读者理解。但鉴于世界各地房产市场的结果不同，价格仅仅是横向比较的一种相对参照物，我们并不建议投资者将这些价格数据作为实际投资时的参照。这一部分中，既考虑了购房时的一次性成本，又考虑了购房之后的税务等固定开销。

短期潜力评分：

增长潜力方面，我们主要的评估依据仍然有两点。第一点依据是来自价格波动本身。一个市场究竟是处于价格低迷的阶段，还是处在上升趋势，或是峰值已过，缺乏增长动力，这些因素都会成为我们预测房价未来一年增长潜力的重要依据。第二点依据将是该房产在2017年面临的影响因素。房产市场在未来一年是否面临重大政治、经济事件等情况将帮助我们在价格趋势的基础上，进一步完善对房产市场短期增长潜力的评估。在数据选择上，我们倾向于选取当地政府提供的房价指数来作为房价增长率的分析标的。

在很多网络文章或者房地产开发商的报告中，诸如销售价格涨幅、单个地区涨幅等波动较大，误差可能性较大的数据将可能与我们提供的数据有不小的差异。我们在此强调：来自当地统计机构的房价指数数据追踪的是同类型房产的价值走势。这个数据的涨跌更接近投资当地房地产最终的资本回报率。

长期稳定评分：

在这一部分的评分中，为了让投资者对长期持有某一市场房地产有更清晰的概念，评估的时间范围将会尽量延长。房产是一种可以长期投资，甚至前后经历几代人持有的投资标的，一个房产市场是否稳定将成为决定长期投资是否成功的关键。

这一部分我们会对房产市场的本质做进一步深度探索。当地政治、经济形势是否稳定，房产市场是否健康等因素都会被放在这一部分进行考量。我们会选出几个最值得关注的长期房产市场支撑因素以及几个长期内需要担忧的风险因素，对每一个市场进行分析和比较。

2017年全球房产市场简述

如果说2016年对于全球投资者是充满冲击和意外的一年，那么2017年就是投资者开始适应全新环境的第一年。在中国国内和整个世界范围，房地产市场的发展都开始逐渐转折。

在过去的一年里，中国政府对海外非金融类投资进行了更严格的管控。新政下海外房地产投资的要求大大提高。这直接影响到2017年中国对海外房地产投资的总量。但在此同时，国内投资者选择海外资产的机敏程度也随着市场变化迅速升级。在很多海外市场中，我们不再是“人傻钱多”的暴发户，中国投资者，在全球房地产投资市场的地位正在发生从量变到质变的惊人转折。

中国政府提出的“一带一路”政策在2017年继续顺利推进，并开始在东南亚、西亚甚至欧洲地区产生影响。这是让我们看到中国在全世界经济领域影响力今非昔比的最直接证据。尤其是在东南亚市场，我们的经济发展计划决定了很多城市未来10年、50年甚至更长时间的发展方向。这在过去一两百年间都是从未出现过的。

但世界的发展，并不仅仅是中国在改变。我们举两个眼下最热门的例子：

2017年末，美国国会以多出一票的优势终于通过了特朗普野心勃勃的税制改革计划。对于整个美国来说，这将是未来很长一段时间内最大的经济增长利好消息。特朗普这位靠地产发家的亿万富翁总统，在他上任的第一年确实给房地产行业带来了实惠。美国各大主要城市的房价在原本已经上涨动能贫乏的情况下再创新高。而这些成绩，还都是在税改政策尚未出炉的时候创造的。

2018年将成为检验特朗普税改实际影响的一年。同时，如果税改真的如计划那样为企业提供巨大发展空间，大大促进居民投资热情，那么这项新政将不仅仅影响美国，而是让全世界各国争相效仿。毕竟，在竞争的国际市场中，不进则退，美国的投资吸引力增加，其他国家不能坐视不管。

说到吸引力，英国眼下算是流年不利的状态，不过在2017年，情况也不像大家想象的那么简单。英国脱欧一定程度上仍然是当地房地产市场的潜在负面因素。但从结果上，我们看到市场参与者们表现出了韧性。威胁要逃离伦敦的金融大企业，在2017年并没有太大动作。尽管一些企业已经“秘密”在欧洲的其他地区购置房产、设立新的分支，但实际上，兑现当初“英国脱欧我就搬走”承诺的，没有几个。

除了英、美两国之外，欧盟地区、澳洲、加拿大、东亚、东南亚各国房地产市场都在2017年为我们提供了不少研究海外房地产的素材。一部分市场为了适应新环境而阵痛着，另一些市场则正在紧张等待着新环境的产生。这就是海外主要房地产市场在2017年的表现，而在2018年，各大市场又会迎来互不相同的全新挑战。

第1部分

房产市场综合评分

（一）美国市场

纽约城市概况：

GDP：1.5万亿美元

人均收入：70 000美元/年

房价中位数：140万美元

宜居水平：★★★☆☆

综合成本：★★☆☆☆

短期潜力：★★★☆☆

长期稳定：★★★★☆

1. 纽约

纽约是世界最繁华的现代化都市之一，从政治、经济、文化等多方面都可以算是大都会最典型的范例。纽约市区人口达到800万以上，加上周边城市整个都会区的人口接近2 000万，是美国人口最密集的都会区之一。当地是美国金融工商业中心，居民平均收入在全美国排在前列。如果拿纽约当做一个国家，其GDP在全球可以排到第十位，相当于加拿大一国的经济总水平。作为世界很多大型企业总部所在地，纽约市同时也是全世界高净值人士最集中的地区。包括美国现任总统特朗普在内，世界上最富有的一部分人都在纽约拥有房产。上述情况让纽约房产市场拥有了自己独特的属性。整体来说，纽约独特的魅力吸引了全世界的房产投资者，但同时，由于纽约在世界城市中的特殊地位，想要驾驭当地房产，对于投资者的资本实力等各方面要求也都会较高。

宜居评分：★★★☆☆

美世生活质量调查排名：第44名

纽约地处美国东北部，位于哈德逊河入海口，北面是一望无际的美东大平原，而东南面则是大西洋。整体来说，纽约的气候偏向中性，尽管年降雨量达到1 144毫米，但湿气难以保存，空气相对干燥。一月的平均气温为零下1摄氏度，七月的平均气温为25摄氏度。尽管夏季会偶尔出现暴雨天气，但当地全年大部分时间都是晴天。

作为美国东北部传统重工业中心之一，纽约的空气质量相比北美西部城市要差一些。但在市政府将大型工业企业搬离市区多年之后，当地的空气质量已经保持在良好的范围内。PM2.5含量全年平均值仅为30左右，极端情况也刚刚超出60。主要的空气污染排放来自纽约都会区上千万的人口。单从环境上来讲，纽约在全球大都会范围内算是中游，温和的气候适合大部分来自温带中国地区的投资者居住。

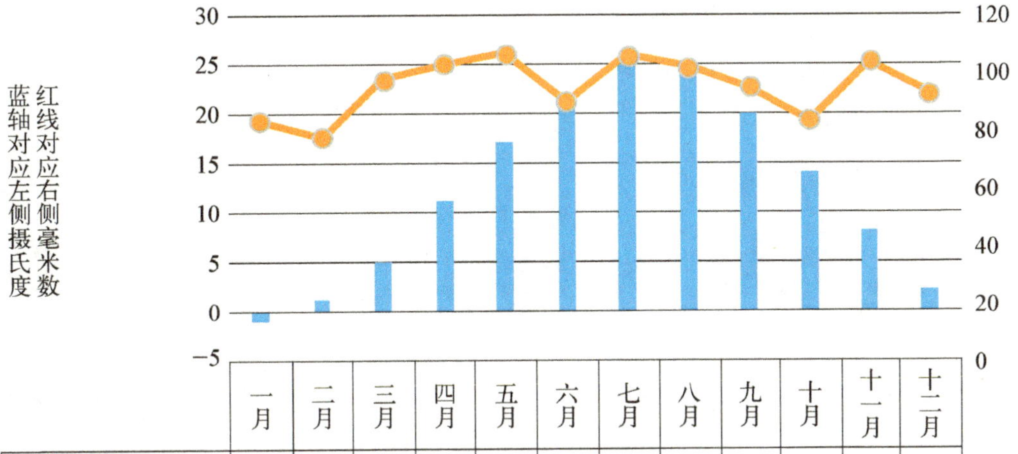

	一月	二月	三月	四月	五月	六月	七月	八月	九月	十月	十一月	十二月
月平均温度	−1	1	5	11	17	22	25	24	20	14	8	2
降雨量	84	78	98	103	107	90	106	102	95	84	104	93

图1.1 纽约气候概况

作为世界最大都市，纽约在社会和人文方面优势和劣势并存，这让当地的人文宜居水平处于全球房产市场中游的位置。作为市区拥有800万人口的城市，纽约的市区拥堵程度其实还算不错。虽然当地交通日均吞吐量排在世界前列，但是，在一些杂志评出的“最拥堵城市”排行榜中，纽约上榜并不频繁，偶尔出现几次也排不到最前面，这主要归功于历史悠久的城建工作以及纽约州充足的政府资金。

纽约的城市治安虽然在20世纪有一些不太光彩的历史，但近些年随着政府大力整治，情况已经相比过去几十年有明显好转。尽管黑帮等问题仍然不能根除，但抢劫、盗窃等财产犯罪数量连年下降。同为人口众多的美国东部传统大城市，纽约目前的犯罪率已经远远低于芝加哥、费城等地区。

纽约地区约有60多万华人人口，占总人口数接近7%。整体亚裔人群大约占城市总人口的13%。当地华人超市、餐厅数量众多，而且质量很高。纽约华人移民社区历史悠久，尽管在美国一直存在一些种族歧视问题，但近年来华人的社区族群意识越来越强。整体来说，尽管华人仍然不是纽约社会的主要族群，且歧视也会偶尔发生，但这种情况并不足以影响到华人在纽约的整体生活质量。

纽约的城市整体教育水平处于美国中上游，但整个都会区的教育质量参差不齐。这里既有全美排名前十的学校，也有全美排名倒数的学校。高质量的学校均分布在富裕的社区，入住这些社区本身的价格已经不菲。不过美国大量常青藤名校分部在纽约附近的美国东北部地区，从这一点上来看，当地整体的教育吸引力算是我们本次研究的几个美国城市中较高的。

纽约市场关键数据

通勤平均距离	18公里
通勤平均时间	45分钟
四口之家月平均消费(不含房租)	4 300美元/月
单人平均消费(不含房租)	1 150美元/月
一室公寓租金(市区)	3 090美元/月
一室公寓租金(郊区)	1 850美元/月
三室公寓租金(市区)	5 920美元/月
三室公寓租金(郊区)	3 210美元/月
公寓均价(市中心)	12 850美元/平方米
公寓均价(郊区)	6 340美元/平方米

综合成本评分:★★☆☆☆

纽约寸土寸金的曼哈顿市区主要的房产基本是公寓。而外部市郊地区则更多是独立屋和联排别墅。其中最为抢手的曼哈顿公寓价格按照位置不同,平均单元价格可以达到100万~200万美元不等。而纽约郊区尽管也有价格相对便宜的独立屋,但便宜的地区通常也是治安较差的区域。当地买房除了房款之外,交易时还需要缴纳产权保险费约0.4%、房屋转让税1%～1.425%(按照房价高低税率不同)、律师费0.16%左右以及包括房屋检查费在内的其他杂费。在纽约购房,总计需要缴纳房价2%左右的额外费用。

"50万、100万、500万、1 000万美元在纽约能买什么样的房产?"

价　位	50万美元	100万美元	500万美元	1 000万美元

位　置	纽约法拉盛	曼哈顿时代广场	曼哈顿中城东区	曼哈顿Tribeca
面　积	46平方米	62平方米	164平方米	386平方米
格　局	一卧一卫	一卧一卫	三卧三卫	三卧三卫浴
类　型	公寓	公寓	豪华公寓	豪华公寓
简　介	纽约最大华人聚居地之一,近大型公交系统中转站,楼层10层	曼哈顿岛高级住宅区,距离时代广场两条街,公寓位于16层	曼哈顿中城东区,近中央公园、金融区,楼层18层	曼哈顿最豪华地段,距华尔街三个街区,社区主要居民是华尔街精英

纽约地税在全美算中等偏上，每年地税接近房价的1.6%。公寓管理费的价格也比较昂贵。如果加上维护开销和公寓管理费，每年大约需要房价的2%到3%之间。从固定开销角度看，纽约在全球各大城市中绝对算是投资成本比较大的市场之一。很多人认为纽约的房子"买得起，养不起"。事实上拥有纽约房地产的压力确实相当大。

纽约是美国房租水平最高的城市之一，房屋的售租比达到19.52。市中心的一室公寓租金高达3 000美元。尽管如此，每年租金收入有一半以上要支付地税和管理维护费用。如果投资者是贷款购买房产，那么可供操作的空间更小。投资回报主要来源于房屋本身的升值。

短期潜力评分：★★★☆☆

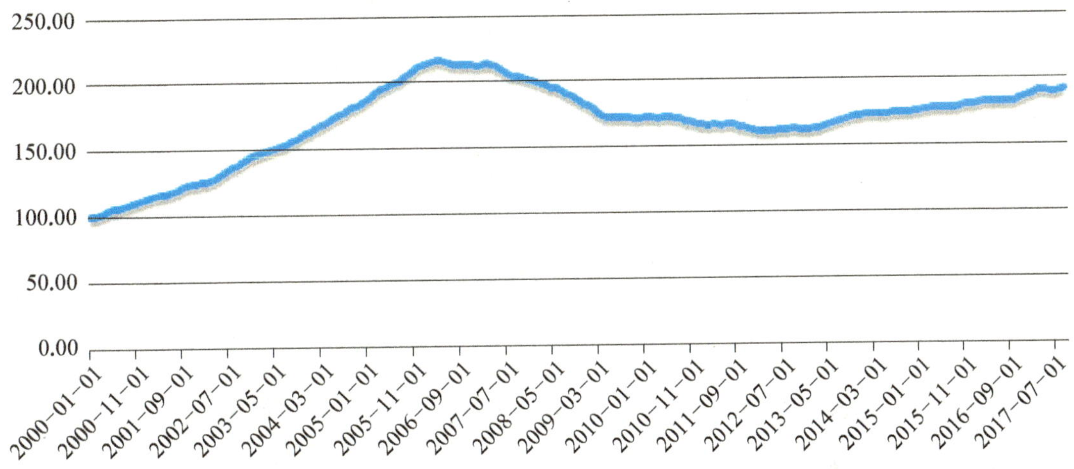

资料来源：圣路易斯联储数据库。

图1.2　纽约房价指数（2000年按100计算）

从短期价格走势的角度，纽约的新屋供给在未来两三年内仍然会继续攀升。特朗普政府的减税计划将在未来很长时间内刺激美国整体投资热情。如果税改计划顺利推进，那么纽约市区的公寓建设仍然会保持火热。这对保持房价稳定增长，避免供不应求导致短期市场大幅波动也有一定的缓解作用。在美国市场整体投资热情高涨的情况下，纽约的房地产交易活动也会相应地更加活跃。但考虑到当地居高不下的房价与工资比例，投资形式的房地产交易以及高端房地产交易仍然会成为市场增长的主要力量。曼哈顿岛内的高档公寓将继续扮演市场中最重要的角色。即使税改新政能够对当地经济产生正面影响，这种影响渗透到纽约普通居民收入水平上可能也需要花费一到两年时间。所以短期内，纽约房地产市场的成本过高问题仍然不会得到解决，本地人购房的刚需也不太可能发生巨大改变。

纽约房价在2017年的累积涨幅大约在5.2%，比我们2016年的预测高出2%。产生误差的主要原因在于市场对于特朗普上台以及美国税改的期望超出大选之前的水平。2017年末特朗普承诺的大幅税务改革正式开始走上台面，按照目前的情况来看，如果税改的进程顺利，预计纽约房价仍然可以有3%～5%的稳定提升。

2018年纽约房地产市场将会继续受到税改政策的影响。考虑到税改对整体投资市场的广泛影响力，房地产在这种氛围中扮演的角色并不会是舞台的焦点，而更多会被当做投资的风险对冲产品。纽约房地产价值将会随着美国整体房价上涨而水涨船高,市场也会更加活跃。但税改政策中,大部分资金还是会涌向金融市场或者实体经济。

长期稳定评分:★★★★☆

支撑因素一:纽约的国际经济地位

作为世界第一大经济体中最大的城市,同时也是世界经济的绝对中心之一,纽约州的GDP大约在1.5万亿美元,这个水平基本相当于加拿大或者俄罗斯全国的GDP。纽约本身的人口基数、经济规模以及在国际大都会中毫无争议的地位成为这个城市房产市场最大的支撑要素。纽约在世界上的地位重要到我们甚至难以想象什么情况下当地的房产可能出现大幅崩盘的局面。是美国经济崩溃还是“后天”级别的重大自然灾害?除此之外,当地房产即使在美国最艰难的情况下,相对世界其他城市仍然具有难以抗拒的吸引力。

支撑因素二:多元化移民背景

纽约在很多方面可以说是美国这个移民国家的门户,同时也是缩影。自由女神像是很多海外移民第一次接触美国的标志性建筑。当地已经发展上百年根深蒂固的移民文化,让移民能够更快融入美国人种大熔炉的生活。当地各种移民也吸引更多海外人士移居纽约。从这个角度,即使排除人口自然增长的影响,纽约对于房产的需求也将会继续保持稳定。

支撑因素三:人口基数

纽约市人口超过800万,附近都会区人口更是接近两千万,在欧美国家中,这个人口规模已经算是非常庞大了。人口本身支持着纽约房产市场需求。

风险因素一:城市老化,基础设施陈旧

纽约市数百年的历史以及很多别具风情的老式建筑是当地一大特色,但同时也给纽约带来一些问题。建筑本身以及很多基础设施相对陈旧,同时在纽约人口众多的环境下,这些建筑和基础设施更换起来非常困难。这在长期将为纽约市房产带来挑战。政府和规划机构已经注意到这方面的问题,并在不断尝试寻找解决办法,但未来这个问题究竟是能够被解决还是会继续恶化,目前还不能确定。

风险因素二:高端人士对环境的需求逐年增高

进入21世纪,世界各地的居民,尤其是在生活水平上选择范围更大的高净值人士对于环境的要求越来越高。纽约在全世界大城市中,环境尽管可以算上中游,但相比美国西部的旧金山、洛杉矶、西雅图来说,相对宜居水平仍然不占优势。所以在高端市场,随着人们“养生”的生活理念和对环境的追求更高,纽约在高端市场上的竞争力存在不小的问题。

华盛顿城市概况

GDP：938亿美元

人均收入：55 000美元/年

房价中位数：62.5万美元

宜居水平：★★★☆☆

综合成本：★★★☆☆

短期潜力：★★★☆☆

长期稳定：★★★★☆

2. 华盛顿

作为美国首都，华盛顿的政治地位在美国无可替代。而当地劳动力市场受到政府及大量机构总部的带动，长期以来都在美国保持非常稳定的走势。大量中产阶级的存在也使华盛顿地区成为美国各城市中房产市场发展最为稳健的一个。不过与中国的首都北京不同，华盛顿是一座“为了成为首都”而建立的城市。除了政治地位之外，华盛顿在金融、商务和文化上的整体影响力实际上要逊于纽约和洛杉矶这东、西两大都会。但另一方面，华盛顿本身浓厚的政治色彩又给当地经济赋予了其他城市不可能拥有的优势，这一点也可以延伸到房产上来，让华盛顿的房产市场具有与众不同的吸引力。

宜居评分：★★★☆☆

美世生活质量调查排名：第49名

华盛顿地处美国东部大平原，市区有波多马克河和安那考斯迪亚河交汇。当地温和湿润，全年雨水充足，年降雨量在1 023毫米左右。1月平均气温1摄氏度，7月平均气温25摄氏度。当地四季分明，尤其春秋两季，气候非常适合出行。由于华盛顿特区附近的几个州基本是农业州，工业活动相对较少，所以当地的空气质量保持在比较好的水平。PM2.5含量全年可以保持在20以下。

华盛顿的交通情况并不是一个为当地居民乐道的亮点。实际上作为美国首都，华盛顿素来有北美最拥堵城市之称。当地的整体治安水平相对良好，毕竟作为美国的政治中心，政府的重视力度堪称全美一流。但也正因为华盛顿是美国首都，流动人口和有政治诉求的美国人也经常到华盛顿地区游荡。盗窃、抢劫等针对财物的犯罪在美国的“天子脚下”也时有发生。

华盛顿当地华人社区尽管历史不长，但也继承了华盛顿特区严谨的特点，井然有序。这一点比纽约和旧金山上百年相对破旧的老唐人街要好得多。不过华人社区在华盛顿并不繁华，中餐、华人文化活动相比美国其他大城市要少。

华盛顿州的教育水平绝对能够在全美国排名前列，而且平均水平非常稳定。当地基本上各个区的教学质量与整体水平相差不多。

在所有美国大城市中，华盛顿的宜居水平属于相对较好的一个。当地气候没有美国东北部那么严酷，而生活氛围也相对安定、缓慢。不过，和一些世界级著名的宜居城市相比，华盛顿不管在气候和城市建设上都不占绝对优势。

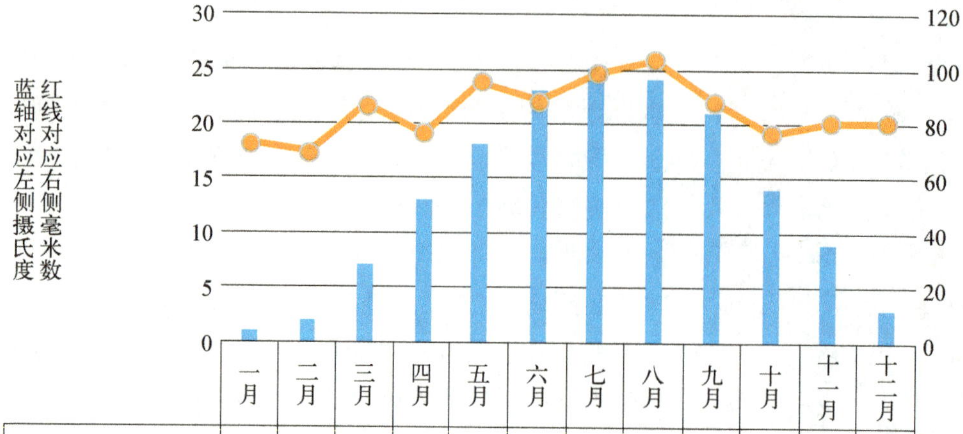

	一月	二月	三月	四月	五月	六月	七月	八月	九月	十月	十一月	十二月
月平均温度	1	2	7	13	18	23	25	24	21	14	9	3
降雨量	73	70	87	77	96	89	99	104	89	77	81	81

图1.3　华盛顿气候概况

综合成本评分：★★★☆☆

华盛顿市场关键数据

通勤平均距离	26公里
通勤平均时间	43分钟
四口之家月平均消费(不含房租)	4 170美元/月
单人平均消费(不含房租)	1 125美元/月
一室公寓租金(市区)	2 150美元/月
一室公寓租金(郊区)	1 675美元/月
三室公寓租金(市区)	3 910美元/月
三室公寓租金(郊区)	2 840美元/月
公寓均价(市中心)	6 140美元/平方米
公寓均价(郊区)	2 880美元/平方米

华盛顿郊区房产多为独立屋和联排别墅。大部分多层公寓分布在市区。市区公寓平均价格大约在每平方米6 000美元。

当地买房除了房款之外，交易时还需要缴纳一次性过户费700美元、房屋转让税1.1%～1.45%(按照房价高低税率不同)、房产证保险0.4%左右以及包括房屋检查费及其他杂费。在华盛顿特区购房，总计需要缴纳房价2%左右的额外费用。

华盛顿特区地税大约为0.56%。物业费平均每年大约为7 000美元。拥有当地房产之后，每年的房产税加物业费额外开销在房价的1%到2%之间。

华盛顿在全球各大城市中房价相对较高，但日常开销比美国最贵的纽约和旧金山要低一个档次。华盛顿房屋的平均售租比为12.44，由于地税相对较少，租金应付地税和管理费开销绰绰有余。因此，即使贷款购买当地房产，也有一定的固定收入空间。

短期潜力评分：★★★☆☆

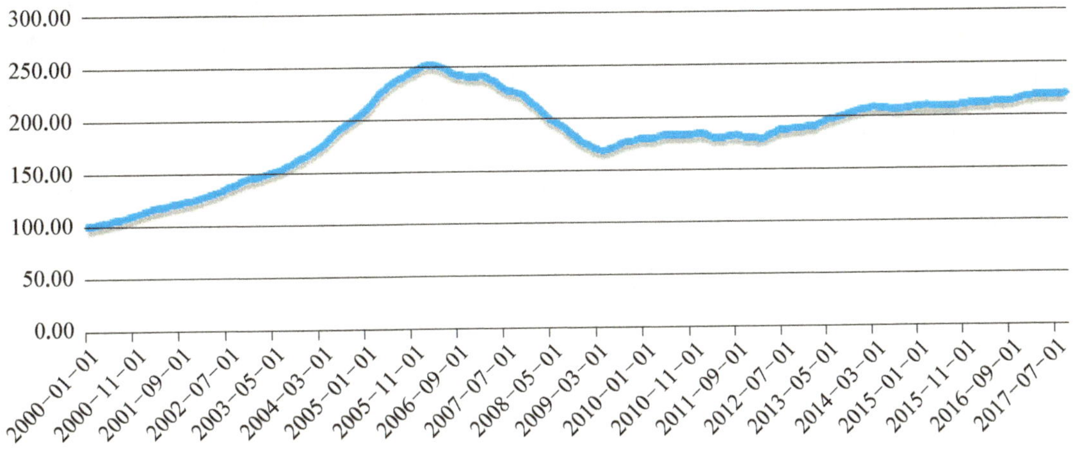

数据来源：圣路易斯联储数据库。

图1.4　华盛顿特区房价指数（2000年按100计算）

"50万、100万、500万、1 000万美元在华盛顿能买什么样的房产?"

价　位	50万美元	100万美元	500万美元	1 000万美元

位　置	华盛顿市中心	华盛顿西区	华盛顿西区	华盛顿Dupont
面　积	89平方米	112平方米	724平方米	1 012平方米
格　局	2卧2卫	2卧2卫	6卧9卫	3卧7卫浴
类　型	公寓	联排城市屋	独立豪宅	独立豪宅
简　介	华盛顿市中心公寓，距离白宫一站地，8楼	安静中产社区联排城市屋，近公园，社区内设有儿童娱乐设施	华盛顿西区独立豪宅，大地，背靠公园绿地	华盛顿豪宅区独立别墅，附带游泳池、花房、家庭影院、酒窖、桑拿

2018年华盛顿特区的房价仍然会随着美国整体经济复苏而继续上涨。与纽约、旧金山等地相比，当地的房价与居民收入比例较低，房屋的可负担水平并没有超出当地居民的能力范围。同时，

相比一些大城市拥有更多商业投机行为，华盛顿更多的购房者还是自住或者长期投资的出租类型。不过，特朗普政府精简美国政府机关的举动仍然会直接影响到华盛顿特区的劳动力市场，进而削弱当地一直稳定的房地产刚需。这个因素的实际影响很难从市场数据上观察到，但确实是当地短期内房市的负面不利因素。

华盛顿特区2017年的房价涨幅约为4%。这比我们2016年预测的5%左右涨幅相比略小。在整体表现不错的前提下，相对其他美国大城市市场确实存在后劲不足的局面。

美国整体房价水平在2017年攀升显著。在其他高端市场火热的情况下，华盛顿主要靠刚需支撑的市场吸引力相对不足。另外特朗普上台之后，精简美国政府机关的工作开始摆上台面，这对华盛顿特区当地的劳动力市场产生了不小的冲击。

2017年华盛顿市场仍然需要面对库存不足的问题。有限的城市空间和严格的城市规划政策将继续限制新的房源进入市场。而在新的税制改革实施之后，金融市场给华盛顿这种中端房地产市场带来的机会成本冲击也会更大。在这种前提下，我们认为华盛顿在2018年房价涨幅仍然会徘徊在3%到5%之间。

长期稳定评分：★★★★☆

支撑因素一：政治稳定性

作为美国首都，华盛顿在政治稳定性上可以达到世界第一流的水平。尽管美国本身也会有各种影响资本市场的政治不确定性存在，但华盛顿的首都地位并不会被任何一个其他城市所取代。汽车城底特律可能会因为一个行业的撤离而导致房价大跌，但华盛顿作为美国首都，受到类似影响的概率极小。

支撑因素二：房价可持续性

相比其他美国城市，华盛顿的大部分居民都是政府公务员、相关服务人员以及与政府有密切关系的企业的员工。这些人生活出现大起大落的可能性较小。华盛顿历来也相对远离房产投机行为。当地房产市场的价格水平在过去数百年都保持了相对温和的波动幅度。未来我们认为这种情况也会继续下去。

风险因素：人口老龄化

相比美国其他城市，华盛顿主要的工作机会更倾向于与政府相关的业务。缺乏类似纽约或者旧金山等地发达经济的弊端之一是当地吸引年轻人的能力有限。华盛顿特区拥有远低于美国其他各州的年轻人比例。在20世纪80～90年代，华盛顿曾经经历过一段时间的人口大幅下滑。21世纪初到目前为止人口受到移民等支撑保持上升，但按照目前的人口结构来看，未来并不是没有再次出现人口下滑的可能性。

3. 旧金山

旧金山曾经是很多美国华裔移民第一次站上北美洲大陆的地方。金门大桥长期以来都被华裔移民认为是中国移民前往美国的标志性建筑物。如今旧金山当地也仍然是美国华裔人口比例最高的大都会城市，华人的人口占比已经超过10%。当地同时也是目前全美国房价水平最高的城市之一。不管是买卖市场还是租赁市场，当地的价格标准都较美国其他地区高出许多。2017年随着全美房价在上年的较高基础上再度攀升，旧金山当地的房产泡沫风险也进一步加大。不过作为美国西部最主要的经济文化中心，旧金山房市受到人口、经济的支撑，在历史上也曾经多次经历动荡，但长期整体的走势还是保持了稳定上升的趋势。

宜居评分：★★★★☆

美世生活质量调查排名：第29名

旧金山地区西临太平洋，常年干燥凉爽，冬季不冷，夏季不热。1月平均气温达到10摄氏度左右，而7月平均气温受到海风和雾气的影响也仅为16摄氏度左右。平均气温最高的9月也在18摄氏度左右。年均降雨量相对稀少，大约在537毫米左右。

湾区常年凉爽的天气非常适合出行户外活动，这也成为当地交通拥堵的原因之一。不过最严重的问题是，湾区由于有水道的分割，很多地区之间的交通完全依赖桥梁。而与纽约地区不一样，宽阔且水位更深的旧金山海湾比起河流更难修建桥梁。所以湾区房产的宜居程度也受到交通情况的影响。交通便利的地区与一桥之隔的较远地区，生活质量可能出现非常巨大的差别。旧金山的犯罪是当地的老问题。奥克兰长期以来都是美国黑帮聚集的战场地区。即使在较为富裕的旧金山市区，盗窃等针对财物的犯罪案件数量也居高不下，这对当地的宜居水平算是一个不小的减分项目。

湾区的华人比例在全美排名最高。华人社区在这里非常普遍。这一点可以说非常适合不太熟悉北美生活的华人投资者快速融入当地环境。湾区的教育水平很高，尤其是旧金山市区的教育在加州排名前列。加州作为美国GDP最高的州府，主要的发展动力来源于旧金山和洛杉矶两大都会区。而相比更加偏向文化的洛杉矶，旧金山附近的硅谷地区高新技术产业的发展也是当地吸引高技术人才的重要原因。在这一点上，不管是手持技术的第一代移民，还是为子女着想的第二代移民，都会受益于旧金山地区良好的教育环境和就业形势。

旧金山湾区概况

GDP：4 700亿美元

人均收入：64 000美元/年

房价中位数：125万美元

宜居水平：★★★★☆

综合成本：★★☆☆☆

短期潜力：★★★☆☆

长期稳定：★★★★☆

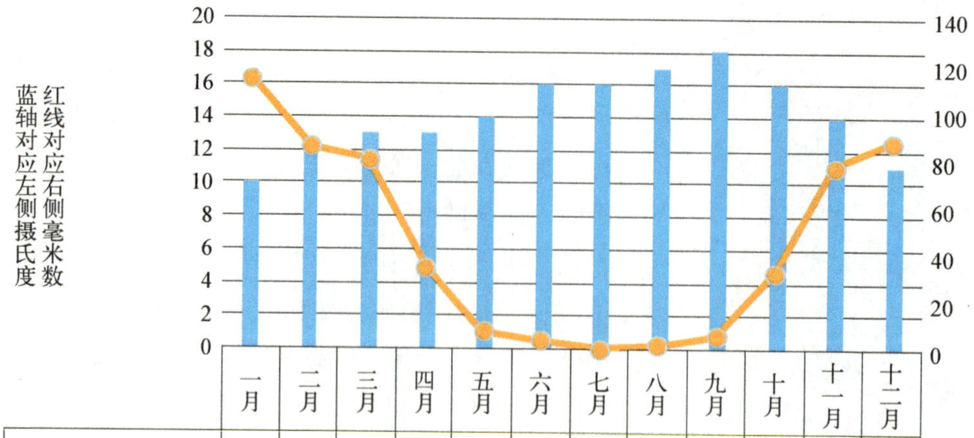

	一月	二月	三月	四月	五月	六月	七月	八月	九月	十月	十一月	十二月
月平均温度	10	12	13	13	14	16	16	17	18	16	14	11
降雨量	115	86	81	35	8	4	1	2	6	33	78	88

图1.5　旧金山气候概况

综合成本评分：★★☆☆☆

旧金山市场关键数据

通勤平均距离	22公里
通勤平均时间	42分钟
四口之家月平均消费（不含房租）	4 140美元/月
单人平均消费（不含房租）	1 120美元/月
一室公寓租金（市区）	3 285美元/月
一室公寓租金（郊区）	2 610美元/月
三室公寓租金（市区）	6 190美元/月
三室公寓租金（郊区）	4 400美元/月
公寓均价（市中心）	11 900美元/平方米
公寓均价（郊区）	8 150美元/平方米

旧金山市区公寓房价平均大约为每平方米1.2万美元。尽管旧金山市区多山，但当地市场公寓、联排城市屋和独立屋的比例仍然较为平均。市区大坡度的街道两边，也经常可以看到设计别致的独立豪宅。

当地买房除了房款之外，交易时还需要缴纳一次性公证费1 000美元、房屋转让税0.5%～0.75%（按照房价高低税率不同）、房产证保险1 500美元以及房屋检查费及其他杂费。在旧金山买房，总计需要缴纳房价1%左右的额外费用。

北加州地税大约为0.85%。不过旧金山城区公寓的管理费用不菲。拥有当地房产之后，每年的房产税加物业费额外开销大约在房价的1%到2%之间。

旧金山和纽约一样，目前算是美国房价最贵的地区。但由于地税较纽约低一些，日常开销比纽约低一些。旧金山房屋的平均售租比为15.50，房价和房租水平都是美国最高。租金足够应付地税和管理费开销，但并不能获得太大回报。如果是贷款购买当地房产，可以期待一些固定收入，但并不算特别可观。

短期潜力评分：★☆☆☆☆

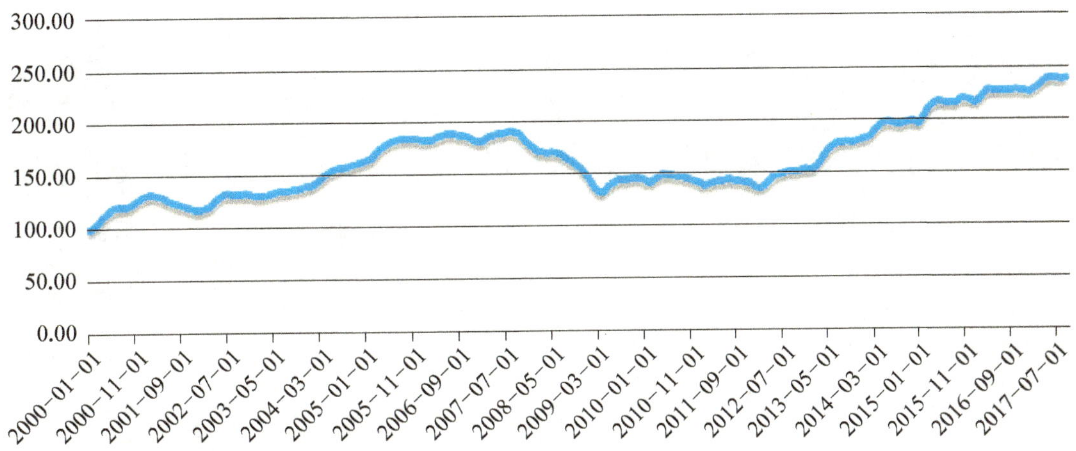

资料来源：圣路易斯联储数据库。

图1.6　旧金山房价指数（2000年按100计算）

旧金山房价在2014年开始的美国房市复苏过程中，涨得有些太快、太猛。在2016年下半年就表现出明显的后劲不足。但在2017年房市再次迎来了新的一轮上涨，继续刷新着历史最高纪录。100万美元以下的独立屋在旧金山地区彻底消失。公寓的价格也越来越远离当地居民收入的可负担水平。随着当地一批新的高层公寓落成，房屋库存理论上会出现一些补给。2018年对于旧金山房地产市场来说将会是非常值得注意的一年。我们需要观察的是特朗普的税改政策对于湾区的高新技术产业究竟会产生多大影响。如果大规模的减税真的让湾区人民收入再上一层楼，那么旧金山的房地产市场也会发生巨大波动。不过特朗普的税改对于收入20万美元以上、没有自己企业的中高收入家庭是相对苛刻的。而湾区的很多高技术人才正好处在这个区域内，那么税改的负面影响，也可能会在2018年体现在旧金山房地产市场。具体影响，还需要等到税改的细节正式实施才能理清。

旧金山房价指数在2017年增长了5.2%，销售表现再创新高。这与我们2016年预测的大约2%增长还是有相对较大差距的。2016年下半年的回撤以及旧金山目前全美第二高的房价工资比例让包括我们在内的大部分房地产分析机构认为，旧金山的房价短期潜力已经非常微小。

2017年很多情况打乱了我们的推测。特朗普上台之后，美国经济不但没有出现恐慌式缩水，甚至还因为新鲜的氛围和对税改计划的期望而大幅攀升。全美绝大部分投资产品的价格均有不同程度的上涨。而房地产市场价格也水涨船高。当然我们在2016年的蓝皮书中提示了特朗普政策对当地房地产市场的影响。但实话说，特朗普上台之后的市场走势确实距离我们的预测有一定偏差。

尽管如此，我们2016年说过的很多短期负面因素目前仍然存在。旧金山的房价比2007年的历史最高水平高出了25%之多，从历史走势角度来看，目前的房价确实保持在一个不太稳定的状态。而当地的房价工资比例也居高不下，这个因素继续将大量优质的劳动力驱赶到湾区其他地区或者加州其他城市。短期来说,旧金山房价回撤的风险仍在。按照目前的走势,当地2018年出现2%到5%的涨幅都算是比较合理的。

"50万、100万、500万、1 000万美元在旧金山能买什么样的房产?"

价位	50万美元	100万美元	500万美元	1 000万美元

位置	旧金山西增区	旧金山唐人街北滩	旧金山西北部	旧金山北区
面积	98平方米	80平方米	363平方米	585平方米
格局	1卧1卫	2卧1卫	5卧5卫	6卧7卫浴
类型	公寓	联排城市屋	独立豪宅	独立豪宅
简介	旧金山市区核心地带公寓,靠近歌剧院、博物馆,交通方便,附近是日本移民聚居地	靠近旧金山地标电报山,老式双拼城市屋,有自家后院,交通方便	靠近金门大桥,近公园、高尔夫球场。旧金山传统豪宅区老式独立屋,独立车库	靠近旧金山著名景点九曲花街、渔人码头。传统欧式风格独立豪宅

长期稳定评分:★★★★☆

支撑因素一:硅谷

旧金山地区经济并不仅仅来自硅谷,但硅谷的高科技产业可以说是当地经济支柱的一个标志性图腾。作为美国西部经济发展最快速的地区,整个旧金山湾区的创新氛围即使是纽约都无法媲美,而增长迅速的高科技产业创造了大量的高薪工作。富裕的年轻人购买房产,成了旧金山当地房市最直接的支撑。考虑到旧金山地区已经成型的教育、研究、资金配置创新企业发展链条,我们认为未来旧金山地区将继续保持经济活跃水平。而对于当地房产市场来说,活跃的经济就意味着稳定的房屋需求。

支撑因素二:有限的空间

尽管湾区东部仍然有一些可供开发的土地,但旧金山整体受到附近山脉、海湾限制的土地规模保证了当地供给不可能出现大幅攀升的情况。这对房价形成长期支撑。只要旧金山中心地带没有变化,那么这个太平洋沿岸狭小的半岛就会继续保持寸土寸金的局面。

风险因素:过高的市场价格

2017年尽管当地房价继续攀升,但不平衡的整体价格水平仍旧是旧金山地区房地产市场的一个风险因素。房价相比2007年的最高水平增长了25%以上。而美国其他地区的房价目前大部分都还不到2007年高点的80%。这种不平衡的价格水平成为旧金山房地产市场头顶悬挂的一柄风险利刃,时时刻刻提醒投资者谨慎行事。

洛杉矶城市概况

GDP：1万亿美元

人均收入：46 000美元/年

房价中位数：78.5万美元

宜居水平：★★★☆☆

综合成本：★★★☆☆

短期潜力：★★★☆☆

长期稳定：★★★★☆

4. 洛杉矶

作为美国人口第二多的都会区，洛杉矶在美国房产市场的地位是非常微妙的，一方面当地文化领域的吸引力让大量人口涌入，但另一方面城市在与纽约和旧金山等地进行经济比较时，又缺少除了电影等娱乐行业之外的核心行业。当地很多购买高端房产的富豪，不是好莱坞的大腕就是喜爱“天使之城”纸醉金迷的其他国家/地区富翁。本地失业率相对较高，人口成分两极分化严重。这就造就了洛杉矶房产市场高端市场和低端市场脱节不平衡的情况。当地包括比弗利山庄、马里布等豪宅区是全美国房产平均价格最高的社区。但就在十几公里外的中城区也存在大片房价不到豪宅区百分之一的廉价地区。

宜居评分：★★★☆☆

美世生活质量调查排名：第58名

洛杉矶位于美国西南海岸线上，受到太平洋的海流影响，当地终年温和干燥，降雨量偏少，全年仅有不到396毫米降雨。1月平均气温14摄氏度，7月平均气温23摄氏度。当地时常受到亚热带飓风影响，偶尔在夏秋交替时期受到暴雨和狂风的影响。但整体来说，“天使之城”全年基本保持阳光明媚的状态。

洛杉矶的交通状况在全美大城市中也属于不太理想的一个。人口众多又是著名旅游城市，这些因素都让当地的交通情况成为居民怨声载道的问题之一。同时，贫富差距悬殊的市区人口成分也导致当地针对财务的犯罪率在美国各城市中排名靠前。对此，当地的富人选择安装监控系统，甚至雇用保镖或保安公司来保护自己的财产和人身安全。与旧金山一样，这一点对于“天使之城”的宜居水平产生了不良的影响。

洛杉矶的华人人数约为50万，亚裔比例约为3.9%，尽管人口比例中华人并不多，但当地拥有世界除了中国之外顶尖水平的华人餐馆。华人超市等设施也非常齐全。

综合成本评分：★★★☆☆

洛杉矶市区公寓平均房价大约在7 000美元。整个市区最主要的房屋类型是独立屋。尤其在豪宅区比弗利山庄附近，数公顷占地的大型庄园是这里最大的特色。

当地买房除了房款之外，交易时还需要缴纳一次性公证费1 000美元、房屋转让税0.5%～0.75%（按照房价高低税率不同）、房产证保险1 500美元以及包括房屋检查费及其他杂费。在洛杉矶买房，需要缴纳房价之外1%左右的额外费用。

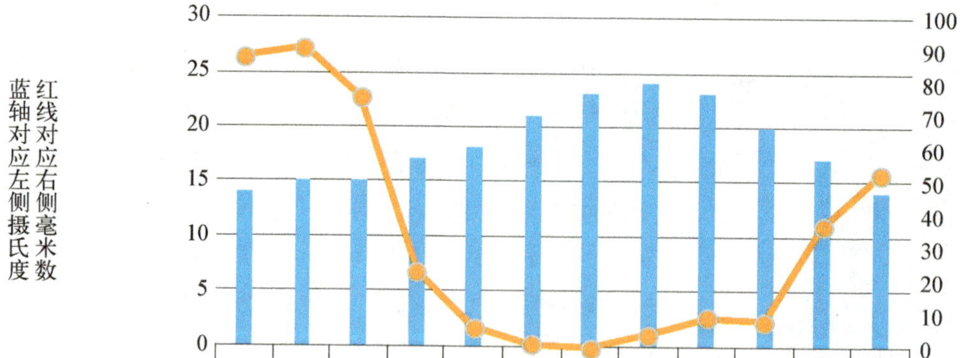

	一月	二月	三月	四月	五月	六月	七月	八月	九月	十月	十一月	十二月
月平均温度	14	15	15	17	18	21	23	24	23	20	17	14
降雨量	88	91	76	23	6	1	0	4	9	8	37	53

图1.7 洛杉矶气候概况

洛杉矶市场关键数据

通勤平均距离	30公里
通勤平均时间	48分钟
四口之家月平均消费（不含房租）	3 485美元/月
单人平均消费（不含房租）	960美元/月
一室公寓租金（市区）	2 000美元/月
一室公寓租金（郊区）	1 500美元/月
三室公寓租金（市区）	3 380美元/月
三室公寓租金（郊区）	2 730美元/月
公寓均价（市中心）	7 000美元/平方米
公寓均价（郊区）	4 200美元/平方米

加州平均地税大约为0.8%。但大部分超过当地房价中位数的独立屋地税比例大约在房价的1%以上。当地房价水平在美国属于中等偏上。但由于出租市场活跃，库存庞大，当地的租金水平并不算高。房屋的平均售租比为12.05，按照现在的市场价格，购买当地房屋出租的固定租金收益不多。租金足够应付地税和管理费开销，但并不能获得太大回报。

短期潜力评分：★★★☆☆

2017年洛杉矶的整体房地产市场表现非常不错。目前在价格指数走势上还没有表现出任何回撤的迹象。同样是最近几年房价持续攀升，洛杉矶到2017年才刚刚接近十年前经济危机前夕的高位。相比北加州的旧金山，洛杉矶房地产市场泡沫的担忧程度普遍较低。不过，这并不是短期风险较小的有力证据。洛杉矶最近十几年来，经济一直不尽如人意。失业率和平均工资等关键数据

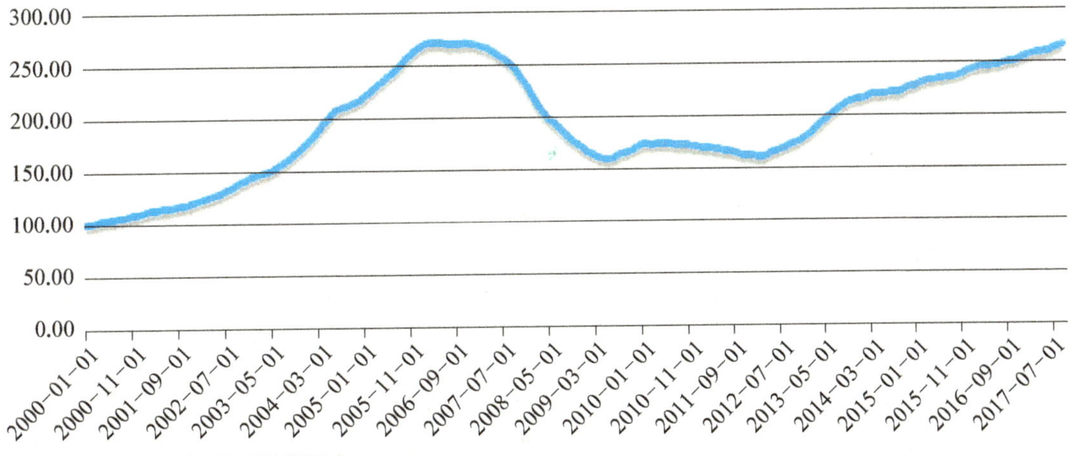

数据来源：圣路易斯联储数据库。

图1.8　洛杉矶房价指数（2000年按100计算）

表现平平。如果不是当地豪门文化备受影视明星、世界各地名流宠爱的话，洛杉矶的房地产市场恐怕没有现在这么兴旺。房市能够保持不错的局面，另一个因素来自洛杉矶本身庞大的人口基数和经济总额。

"50万、100万、500万、1 000万美元在旧金山能买什么样的房产？"

价　位	50万美元	100万美元	500万美元	1 000万美元

位　置	洛杉矶南部中心区	洛杉矶好莱坞山	洛杉矶比弗利山	洛杉矶比弗利山
面　积	70平方米	136平方米	426平方米	668平方米
格　局	1卧1卫	2卧2卫	4卧5卫	7卧8卫浴
类　型	公寓	联排城市屋	独立豪宅	庄园
简　介	洛杉矶南部市中心公寓，交通便利，靠近洛杉矶著名的斯台普斯球场	洛杉矶地标好莱坞山脚下，40年老式城市屋，靠近好莱坞影城地区	比弗利山豪宅区西班牙风格老式豪宅，房龄90年，配备游泳池、家庭影院	洛杉矶著名豪宅区比弗利山顶豪华半英亩庄园。游泳池、酒窖、娱乐设施一应俱全，鸟瞰洛杉矶全城，风景绝佳

2017年洛杉矶房价涨幅仍然保持在6.2%左右。这个水平与2016年的涨幅基本一致，比我们2016年预测的涨幅要高。而在特朗普税改计划2017年11月末出台之后，我们对洛杉矶的未来期望也随之增大。2018年当地房价有机会保持目前6%左右的涨幅。如果税改计划顺利实施，我们甚

至有可能在这里看到惊喜。

城市的刚需方面,平均工资、人口都没有太明显的增长。不过考虑到当地房价与工资的比例目前维持在5左右,这仍然是全美大城市中较低的水平。所以短期的价格上涨阻力并不算大。

全球对美国整体经济预期的提升使"天使之城"的房地产也搭上一班顺风车。2018年美国整体经济局势将在税改政策的影响之下出现不小的改变。而洛杉矶不管是年收入低于20万美元的中产阶级还是拥有自己企业的高净值人士,理论上都是特朗普税改政策的受益者。单从这一点上考虑,值得我们给洛杉矶2018年的短期潜力加上一点信任。2018年的涨幅,可能在5%~7%之间。

长期稳定评分:★★★☆☆

支撑因素一:好莱坞

尽管在失业率、经济活跃程度等方面落后于拥有硅谷的旧金山湾区,但洛杉矶地区仍然是美国西部最大的大都会。这可能很大程度要归功于好莱坞的存在和对美国梦的追寻。因为好莱坞,"天使之城"成为美国乃至世界新闻媒体关注的焦点,当地也是能够碰到世界级电影明星机会最大的城市之一。对于大部分投资房产并不特别在乎数据绝对比较结果的人来说,"能够住在好莱坞所在城市"比起房屋性价比、失业率等冷冰冰的数据更有诱惑力。好莱坞的存在让洛杉矶本身就存在一种富豪文化,当地西北部豪宅区比弗利山庄、马利布等经常出现在财富杂志上的地名一直是世界各地名流富豪向往的投资标的。好莱坞代表洛杉矶本身的一种上流社会气质、一种数据体现不出来的吸引力。这成为洛杉矶房产市场未来很长一段时间的金字招牌。

支撑因素二:人口基数

洛杉矶被很多专家认为在20到30年内有机会赶超纽约成为美国人口最多的城市都会区。目前洛杉矶及附近城市的人口已经接近1 500万。人口本身的日常需求成为当地经济的支柱之一。而人口本身也成为房产需求的绝对保障。

支撑因素三:洛杉矶港

洛杉矶港是目前美国最大、最繁忙的集装箱港口。港口本身对当地经济的支撑作用可能要超过世界知名的好莱坞对洛杉矶的影响。作为美国亚太地区最重要的贸易中转站,港口的存在意味着大量企业将继续把洛杉矶作为最重要的总部或者分部所在地。这进而保证了当地大量的就业机会,并间接支撑了房产市场。

西雅图城市概况

GDP：3 300亿美元

人均收入：58 000美元/年

房价中位数：66.8万美元

宜居水平：★★★★☆

综合成本：★★★☆☆

短期潜力：★★★★☆

长期稳定：★★★☆☆

5. 西雅图

西雅图在很多世界城市居住环境的评比中，常常被近在咫尺的世界著名宜居城市温哥华的风光掩盖。但实际上，至少从地理位置、环境、气候等方面来看，西雅图几乎就是温哥华的翻版。甚至再考虑到经济等方面因素的话，西雅图对于某些中产阶级来说，是比温哥华还要好的居住城市。当地包括波音、微软、星巴克、亚马逊等大企业为西雅图带来大量高质量工作。整体来说，西雅图可以算是中产阶级购房的天堂，这里有工作、有生活。对于较高段位的高净值投资者来说，这里也不是没有吸引力。家财万贯的老总们只要考虑一件事，就会对西雅图趋之若鹜：企业老总们，有谁不想和世界第一首富比尔·盖茨做邻居呢？

宜居评分：★★★★☆

美世生活质量调查排名：第45名

不考虑阿拉斯加的话，西雅图位于美国西海岸的最北端。当地常年温和湿润，降雨量年均969毫米。1月平均气温4摄氏度，7月平均气温18摄氏度。

由于当地属于北美洲西海岸著名的温带雨林气候，附近山脉基本是绿树成荫，植被繁茂。同时整个美国西北部地区人烟相对稀少，工业活动不多，这些因素都使西雅图的空气质量达到全美国最好的水平。当地基本上没有空气污染的问题，是自然界天然形成的健康氧吧。

当地的交通有着所有海边多河流湖泊城市的通病：遇桥则堵。尤其是西雅图居民多为朝九晚五的上班族，在上下班高峰期当地的交通情况会比平时差很多。不过当地治安状况好，绝对是全美国大城市中数一数二的。唯一可能有些影响的是当地流浪汉不少，不过基本上也聚集在城区偏远一隅，与大部分市民和游客相安无事。

西雅图整体人口不多，市区人口60多万，其中大约不到3万是华裔。当地主要的居民种族是白人，但有5%左右的居民声称自己是多种族混血。整体来说，当地华裔移民能够很好地融入城市中去。

当地文化氛围在整个美国都属于比较自由奔放的风格。这让西雅图成为一个相对欢迎新事物的城市。对于移民来说，这样的城市文化氛围还是比较友好的。这也是西雅图吸引移民的一个重要因素。

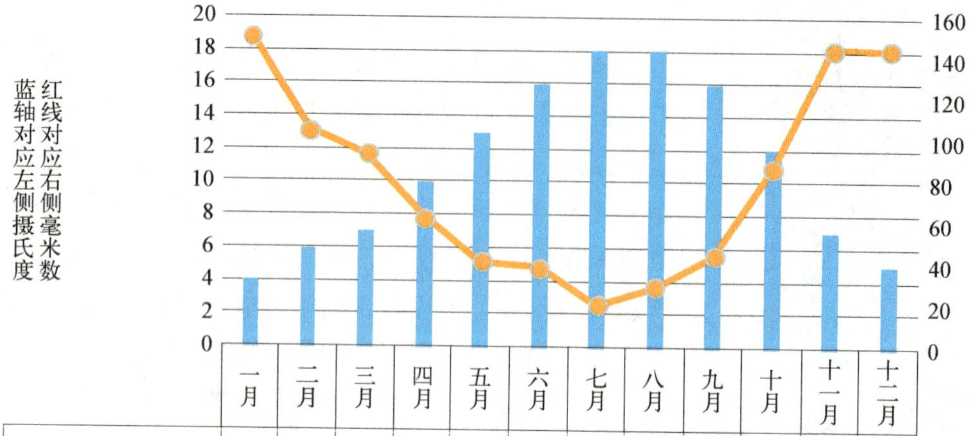

	一月	二月	三月	四月	五月	六月	七月	八月	九月	十月	十一月	十二月
月平均温度	4	6	7	10	13	16	18	18	16	12	7	5
降雨量	151	105	94	63	42	39	21	30	45	88	146	145

图1.9　西雅图气候概况

综合成本评分：★★★☆☆

西雅图市场关键数据

通勤平均距离	24公里
通勤平均时间	45分钟
四口之家月平均消费(不含房租)	3 700美元/月
单人平均消费(不含房租)	1 020美元/月
一室公寓租金(市区)	1 960美元/月
一室公寓租金(郊区)	1 450美元/月
三室公寓租金(市区)	3 510美元/月
三室公寓租金(郊区)	2 335美元/月
公寓均价(市中心)	5 780美元/平方米
公寓均价(郊区)	3 195美元/平方米

西雅图市中心公寓平均价格大约在每平方米6 000美元。独立屋是当地主要的房地产类型。市区以及主要公共交通枢纽也有不少公寓房源。

当地买房除了房款之外，交易时还需要缴纳一次性过户费1 500美元、房屋转让税1.78%左右(按照房价高低税率不同)、房产证保险1 000美元、房屋检查费700美元及其他杂费。购买西雅图房产，需要缴纳房价之外大约2%的额外费用。

华盛顿州地税大约为1.1%。拥有当地房产之后，每年的房产税加物业费额外开销大约在房价的2%到3%之间。

西雅图除了比尔·盖茨居住的贝尔维尤西部豪宅地区之外，大部分地区房价并不高，当地与北部的加拿大邻居温哥华相比平均房价更低，但是地税更贵。西雅图房屋的平均售租比为14.43。和美国大部分地区一样，按照现在的市场价格，购买当地房屋纯为了出租的投资回报不高。租金足够应付地税和管理费开销，但并不能获得太大回报。不过，如果按照以租养贷的角度考虑，当地的房地产还是可以尝试贷款购入进行投资的。

短期潜力评分：★★★★☆

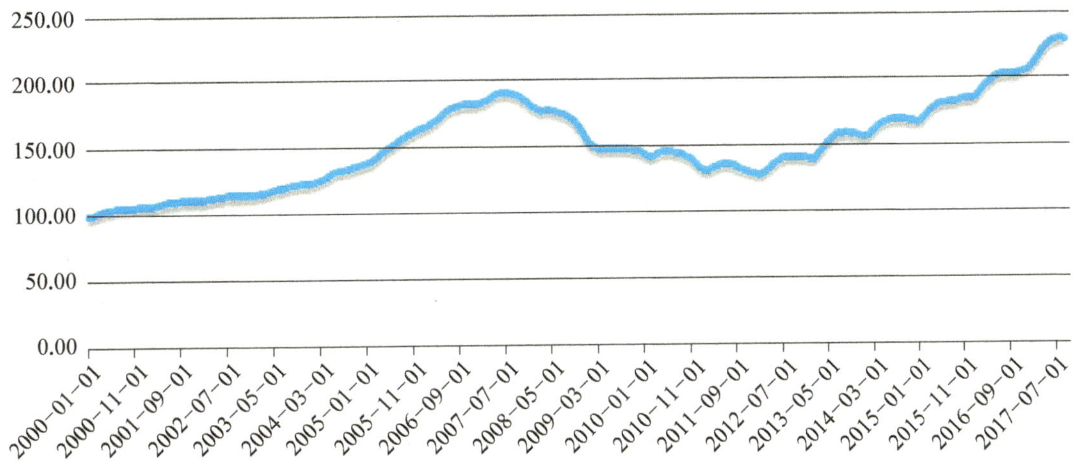

数据来源：圣路易斯联储数据库。

图1.10 西雅图房价指数（2000年按100计算）

西雅图房价在2017年的表现超过了几乎所有美国大城市。这一点基本是符合我们预期的。在过去几年的房地产市场中，西雅图算是房价上涨较晚，但后劲稳健的一个市场。另外，2017年西雅图房市也获得了新的增长动力。随着亚马逊公司在2017年中段的崛起，西雅图整个经济受到了不小的鼓舞。劳动力市场上的招聘活动频繁，城市也吸引了更多人口、资金流入。这些都在背后推动着西雅图的房价攀升。

"50万、100万、500万、1 000万美元在西雅图能买什么样的房产？"

价 位	50万美元	100万美元	500万美元	1 000万美元

位 置	西雅图女王区	西雅图联邦湖	西雅图女王区	西雅图华盛顿湖畔
面 积	100平方米	140平方米	464平方米	566平方米
格 局	2卧2卫	3卧2卫	4卧5卫	4卧5卫浴
类 型	公寓	联排城市屋	独立豪宅	独立豪宅
简 介	西雅图市中心地区，靠近海湾、西雅图钥匙球馆，临近主要交通枢纽	靠近市区的联排城市区，近公共交通、高速公路，交通方便，适合年轻小家庭	靠近市中心的豪华别墅区，始建于20世纪初的老派豪宅，内部结构进行过重新装修	坐拥西雅图华盛顿湖畔风景的现代化别墅，私人码头，与比尔·盖茨豪宅同属一个区

国际房地产市场的一些形势改变也刺激着西雅图市场。随着加拿大、澳大利亚和新西兰等传统的华人移民目的地纷纷收紧购房政策,环境相对优越、市场价格不算太高的西雅图对于来自中国、印度和其他国家的国际买家吸引力进一步提高。这给西雅图这个并不算大的市场注入了不少外来活力。

2017年西雅图房价指数上涨接近13%,这个水平处于我们2016年预测区间的上限附近。不过房价在进入2017年秋季之后已经趋向调整。对于房地产市场来说,出现超过10%以上的涨幅之后调整是比较健康的表现。

2018年西雅图的房价预计仍然会继续稳定增长。与美国主要城市相比,这里的增长潜力更大。如果税改顺利进行,美国整体房价继续走高,西雅图在2018年继续创造10%左右的涨幅可能性很大,可能的上涨区间在8%到12%之间。但需要注意的是,当地也是受国际因素影响较大的市场。如果汇率出现波动,或者其他国家出现更有吸引力的机会,西雅图的市场也会受到影响。

长期稳定评分:★★★☆☆

支撑因素一:自然环境

西雅图位于温带雨林的湿润温和气候可能并不适合所有人,但当地群山环绕,空气清新的气候的确非常适宜人类居住。不管世界经济怎样发展,自然环境相对较好的城市总是会继续受到人们欢迎的。这在长期保证了西雅图房产市场具有吸引力。同时,居住在这种氧吧级别的城市中本身就是一个长期、持续、金钱不能衡量的回报。

支撑因素二:微软、波音、星巴克、亚马逊

西雅图并不是一个单单靠环境吸引居民的城市。当地数家大型企业创造了大量的高级职位,给西雅图当地的房产注入强有力的需求侧资金。西雅图的几家公司都是各自行业的佼佼者,而且近些年一直没有满足现状,仍然保持了快速的增长和发展。在未来至少可见的10年之内,这些企业的存在仍然将给城市房产带来支撑。

支撑因素三:土地有限

西雅图市区建在落基山脉与太平洋之间狭窄的海湾之间。城市附近并没有太多可供开发的土地。尽管当地市政府近期尝试提高西雅图某些地区的建筑最高要求以增加房屋库存,但当地可供修建房屋的土地稀少仍然会在未来限制房产供给。

风险因素:国际房产市场趋势,外资流入

实际上这项因素在中短期将刺激西雅图房价继续攀升。随着全球包括旧金山、纽约、加拿大温哥华以及澳洲悉尼和墨尔本房价过高,西雅图逐渐成为国际买家的关注焦点。但考虑到房产市场的长期走势,有暴涨之后就可能有泡沫和暴跌。西雅图未来十年内,可能就会经历类似的房价大幅波动。如果顺势而为,当地房产可能是创造大量回报的生财工具,万一对形势估计错误,则也有可能造成损失。

休斯顿城市概况

GDP：4 800亿美元

人均收入：50 000美元/年

房价中位数：41.2万美元

宜居水平：★★☆☆☆

综合成本：★★★★★

短期潜力：★★★☆☆

长期稳定：★★★☆☆

6. 休斯顿

很多中国投资者第一次听说休斯顿这个城市，可能还是因为2002年姚明被休斯顿火箭队选为NBA状元。但实际上，作为美国按人口算第四大城市，休斯顿在全美国的经济地位非常重要。休斯顿是原油大州得克萨斯的第一大城市，同时也是美国著名的航天城。由于上述几种特殊身份，休斯顿成为美国南部墨西哥湾地区最吸引技术人才的地区。当地的房产走势在近些年因原油价格低迷影响逐渐冷却，但价格仍然受到由人口带来的需求支撑。相比其他几个价格居高不下的热门城市来说，在休斯顿购置房产的投资者，看中的更多是长远的发展和较低的起投条件。

宜居评分：★★☆☆☆

美世生活质量调查排名：第67名

临近墨西哥湾的休斯顿是美国纬度最低的大城市之一。当地冬季温和，夏季炎热，1月平均气温11摄氏度，7月平均气温29摄氏度。由于墨西哥湾亚热带气候的影响，休斯顿在一年四季中均有某些天会出现暴雨。当地的年降雨量达到1 145毫米左右。且时不时会受到亚热带飓风的袭击。当地的空气质量在美国地区来说也不算是特别好。休斯顿附近包括达拉斯、奥斯汀等城市整体人口众多。相对荒芜的得克萨斯大平原没有太多植被，且当地是美国最主要的原油加工、化工产业中心。这些因素导致休斯顿在空气质量表现上与其他美国大城市拉开距离。

治安表现不佳是休斯顿另一项影响宜居程度评比的劣势。在全美大城市中，休斯顿犯罪率相对偏高，甚至在与同样受到得克萨斯牛仔彪悍民风影响的达拉斯和奥斯汀比较时，休斯顿当地的犯罪率也是相对较高的。当地政府和警方近年来已经尝试整治治安问题，但目前为止，收效并不明显。

根据美国2010年的人口普查数据，休斯顿的华人人口大约在15万人，是印度人、越南人之后的当地第三大亚裔种族。整体来说，当地对于华裔移民还是比较友好的。但鉴于得克萨斯历史上存在比较严重的种族歧视，尽管目前情况好转，当地也不能算是美国最"欢迎华人"的地区。

综合成本评分：★★★★☆

休斯顿市区公寓平均房价大约在每平方米2 000美元。由于当地幅员辽阔，可用的土地数量庞大，独立屋就成了当地最普遍的住宅房地产类型。市中心有一定数量的公寓，但在同一区域内，也能找到不少。

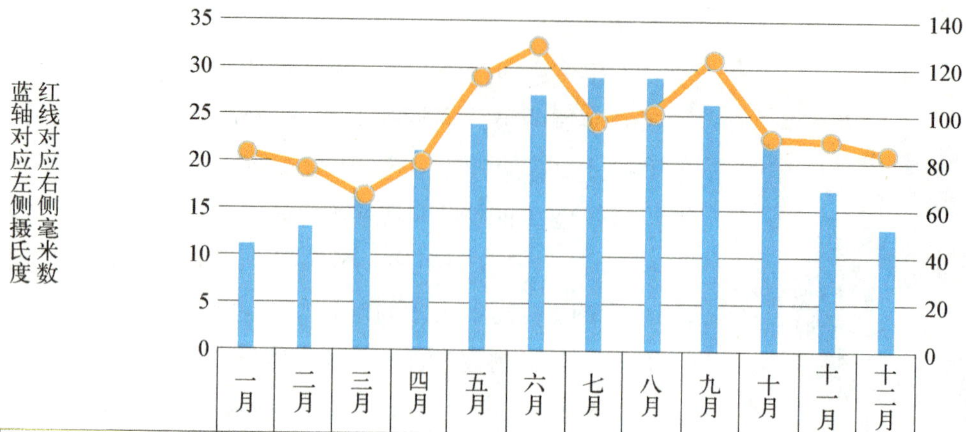

	一月	二月	三月	四月	五月	六月	七月	八月	九月	十月	十一月	十二月
月平均温度	11	13	17	21	24	27	29	29	26	22	17	13
降雨量	84	78	66	81	117	130	98	102	124	91	90	84

图1.11 休斯顿气候概况

休斯顿市场关键数据

通勤平均距离	33公里
通勤平均时间	44分钟
四口之家月平均消费(不含房租)	2 900美元/月
单人平均消费(不含房租)	820美元/月
一室公寓租金(市区)	1 400美元/月
一室公寓租金(郊区)	910美元/月
三室公寓租金(市区)	2 530美元/月
三室公寓租金(郊区)	1 585美元/月
公寓均价(市中心)	1 985美元/平方米
公寓均价(郊区)	1 072美元/平方米

当地买房除了房款之外,交易时还需要缴纳一次性产权和物业转让费500美元。得克萨斯没有房产转让税,购买休斯顿的房地产,除了房价之外需要缴纳的费用很少。但作为美国各州中税务最为繁重的州,得克萨斯的地税和其他税费非常高。养房的成本要比其他地区昂贵许多。

得克萨斯地税大约为1.9%,另外当地处于台风影响地区,每年的房屋保险还要大概1 000美元。拥有该处房产之后,每年的房产税、物业费或者维护额外开销大约为房价的3%。

休斯顿整体房价和美国其他一线城市相比还是比较便宜。不过较高的日常税务使得在当地养一栋房子比较昂贵,这在一定程度上抵消了低房价带来的优势。休斯顿房屋的平均售租比为6.19,不过由于地税偏高,实际租金与房屋开销相比并没有太多盈余。租金足够应付地税和管理费开销,但并不能获得太大回报。

短期潜力评分：★★★☆☆

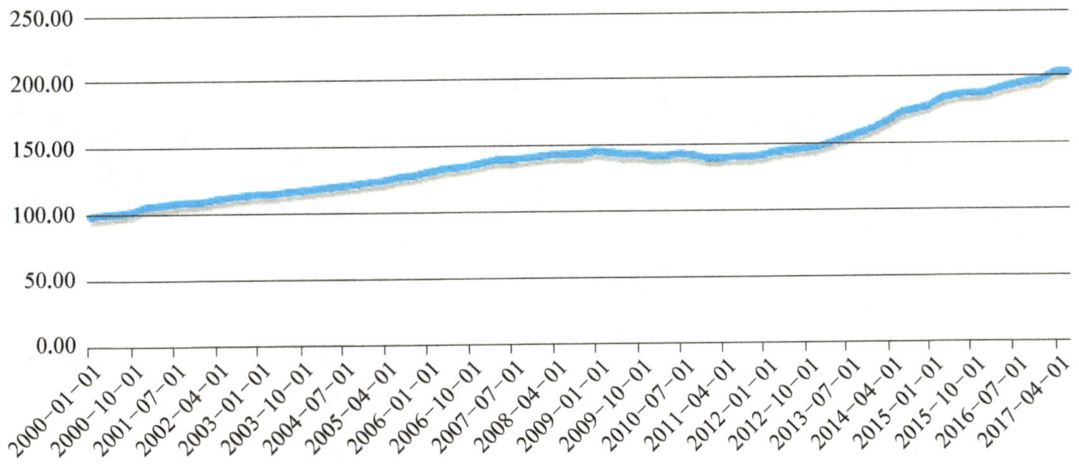

资料来源：圣路易斯联储数据库。

图1.12　休斯顿房价指数（2000年按100计算）

相比美国其他主要城市，休斯顿的房价对金融市场因素的反应相对不太敏感。从价格走势上我们可以看出，在2008年次贷危机前发生的美国全国范围房市大崩盘都没有太大程度影响到休斯顿房价。得克萨斯平原土地基本不是房产发展的问题，大片可供开发的土地为休斯顿提供了大量房源。而美国第四多的人口为当地房产市场提供了稳定需求。房价和房产市场的火热程度完全取决于当地最主要的石油和化工企业的经营状况。而在2017年，随着特朗普当选美国总统，大批石油企业看到了希望。在新一届美国政府的日程中，重新刺激石油企业是特朗普竞选时期就许下的诺言。在他上任之后，与加拿大等国的油管项目重新上马。这些都对得克萨斯的经济产生巨大积极影响，也吸引了更多劳动力举家搬迁到休斯顿。

休斯顿2017年的房价涨幅约为4.8%，非常接近我们2016年的预测。从我们对其他几个美国城市的预测表现看，特朗普上台之后美国整体的房价涨幅要普遍超过我们2016年评估的水平。但休斯顿却没有受到太多来自这个意外因素的影响。这一点也能从另一个方面印证：休斯顿的房地产市场受美国当地金融市场的影响较小。这是一个利弊结合的特征，投资者需要视自身情况和投资目的来抉择。如果想要追求金融市场同向的高回报，那么休斯顿房产的吸引力似乎不如其他美国大城市。但反过来，如果投资者想要追求能够对冲金融市场风险的稳定避险资产，休斯顿房产就成了一个非常不错的选择。

2018年休斯顿房价将继续与当地人口、劳动力市场绑在一起。而休斯顿这两个指标的优劣则要看原油企业在未来一年内的表现。2018年国际原油市场将会面临更多新的挑战。但到目前为止，美国内部包括特朗普政府原油政策在内的因素还是倾向于利好原油企业的。这给休斯顿2018年的房地产市场走向提供了支撑。如果目前的走势不发生变化，房价再次攀升4%～6%仍然是比较现实的。

“50万、100万、500万、1 000万美元在休斯顿能买什么样的房产？”

价位	50万美元	100万美元	500万美元	1 000万美元

位置	休斯顿市区西侧	休斯顿华盛顿大道	休斯顿橡树区	休斯顿西部郊区
面积	217平方米	318平方米	818平方米	938平方米
格局	3卧4卫	4卧4卫	5卧6卫	7卧11卫浴
类型	联排城市屋	独立屋	独立豪宅	庄园
简介	休斯顿城区西侧联排城市屋，交通便利，近高速公路、公共交通枢纽	华盛顿纪念公园附近紧凑型双拼式独立屋，社区安静、交通便利，屋内设施齐全	休斯顿橡树区豪宅，占地半英亩，配有家庭图书馆、酒窖	休斯顿城市西部两英亩土地的庄园，配有维多利亚风格园林、酒窖、家庭图书馆

长期稳定评分：★★★☆☆

支撑因素一：人口

休斯顿是美国第四大城市，人口本身带来的房产需求是相对稳定的。当地是美国中西部企业总部聚集地，人口、工作等因素将在未来很长一段时间里继续支撑房产市场的需求。当地作为美国航天局的所在地，也是美国最重要的信息科技中心之一。同时生物医药科学在休斯顿也已经形成规模。整体来说，尽管因为坐落在西南一隅，相比纽约、洛杉矶来说比较受冷落，但休斯顿本身的大都会氛围和城市规模足以支撑一个长期稳定的房产市场。

支撑因素二＆风险因素：原油化工业

休斯顿或者说整个得克萨斯是美国石油化工以及相关重工业的基地。当地在这方面的投入很大。很多经济来源和就业岗位与原油密切相关。但当地重点开发的原油企业实际上存在两面性。原油价格可高可低，油企和相关行业也可好可坏。这无形中为休斯顿房产市场带来其他城市没有的变数。同时原油行业也带来一定程度的污染。这从长期来讲对于休斯顿当地的房产市场吸引力具有负面影响。而且最关键的问题是，随着人类科技发展，最终人们可能还是会放弃化石燃料，虽然我们不确定这种情况会在什么时候出现，但如果把休斯顿以及德州与100年前欧洲那些因煤炭兴起的大城市做下比较的话，我们就能看到，当地至少来自原油这一块的经济增长可能最终还是会消失。对于休斯顿当地居民来说，这个问题可能还很遥远。不过如果房产投资者的眼光足够长远，那么这的确是一个需要琢磨的因素。

7. 夏威夷

夏威夷作为美国第五十大州，当地有自己的语言、自己独特的民俗和自己独一无二的太平洋中心岛国地理环境。作为全世界著名的旅游胜地，夏威夷的房产在过去几十年中，一直保持非常稳定的发展。即使在金融危机时期全美国房产市场最为低迷的2008年，夏威夷房产也表现出了强大的韧性。当地基本上没有太多工业，旅游业是最大的经济支柱。所以投资夏威夷房产，如果没有海外经济支柱的话，除非经营旅游业，剩下的当地经济来源选择可能不多。当然，当地的房产还是非常适合高净值人士投资作为度假屋的。

夏威夷概况

GDP：615亿美元

人均收入：40 000美元/年

房价中位数：48.75万美元

宜居水平：★★★★☆

综合成本：★★★☆☆

短期潜力：★★★☆☆

长期稳定：★★★★☆

宜居评分：★★★★☆

美世生活质量调查排名：第36名

夏威夷州首府檀香山（或称火奴鲁鲁）一年中大部分温暖干爽，只有冬季相对多雨。受到加利福尼亚洋流的影响，当地尽管地处热带，但温度不会太高，1月平均气温22摄氏度，气温最高的8月平均气温26摄氏度。年降雨量尽管只有770毫米左右，但是常年海风带来的潮湿空气让夏威夷地区并不干燥。对于喜爱海边活动的人们来说，夏威夷的确就是名副其实的人间天堂。

作为世界最热门的旅游目的地之一，夏威夷常年被成千上万的游客占据。作为海岛城市，檀香山的交通状况并不算很好。但檀香山本来面积就不算太大，所以实际上这并不特别影响在夏威夷生活的居民。当地治安整体来说要比美国本土好得多，但大量游客也吸引了很多针对财产的盗窃行为。这一点与世界其他主要旅游景点基本没什么差别。

檀香山在全世界作为城市进行宜居水平排名时并不受宠。这主要是因为当地距离其他大陆太远。岛上本身的基础设施也并不算现代化。单从自然环境来说，这里绝对是世界上数一数二的宝地。不过如果从一个城市的角度来看，檀香山的确仍然欠缺一些元素。

华裔在夏威夷定居已经有一百多年的历史。当地由于岛屿环境，距离美国本土或者中国大陆都需要乘坐长途飞机。地理位置上还是相对偏远一些。比起中餐，在夏威夷吃到地道日本料理的概率更大。但整体来说，这里仍然是非常适合人类居住的地区。

综合成本评分：★★★★☆

檀香山市中心公寓房价大约在每平方米7 000美元。夏威夷

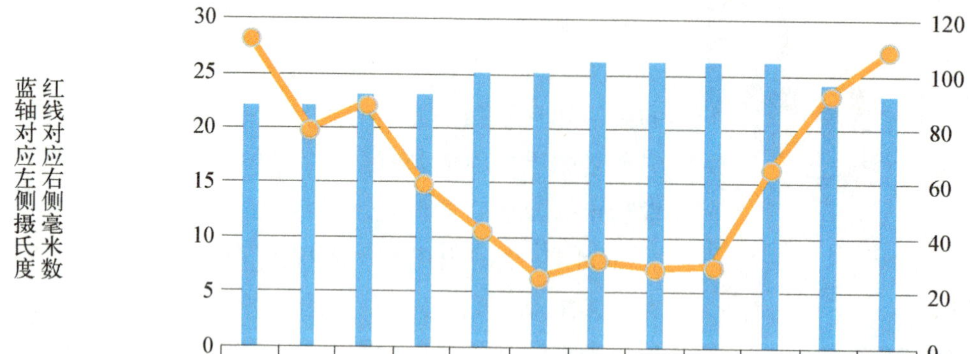

	一月	二月	三月	四月	五月	六月	七月	八月	九月	十月	十一月	十二月
月平均温度	22	22	23	23	25	25	26	26	26	26	24	23
降雨量	113	80	89	60	43	26	32	29	30	66	93	109

图1.13　夏威夷气候概况

夏威夷市场关键数据

通勤平均距离	20公里
通勤平均时间	42分钟
四口之家月平均消费（不含房租）	3 820美元/月
单人平均消费（不含房租）	1 070美元/月
一室公寓租金（市区）	1 650美元/月
一室公寓租金（郊区）	1 400美元/月
三室公寓租金（市区）	3 130美元/月
三室公寓租金（郊区）	2 620美元/月
公寓均价（市中心）	7 000美元/平方米
公寓均价（郊区）	4 900美元/平方米

是美国各州平均房价最高的州府。但这主要是因为当地极少有“便宜”的房子。实际上夏威夷市区的大部分房屋价格基本和纽约、旧金山地区类似。

当地买房除了房款之外，房屋转让税0.1%～0.35%（按照房价高低税率不同）。不过当地对于房屋出租有严格的要求。180天租约以下的短租要向政府缴纳租金收入的9.25%作为“酒店税”，且非夏威夷岛民出售房产时，也会有大约5%的惩罚性扣缴税务。在夏威夷购买房产时，需要缴纳的房价外额外费用不多，比例不到房价的1%。

夏威夷地税按照岛屿不同，在0.2%到0.9%不等。檀香山的地税大约为0.3%。非夏威夷岛民即使在交地税的方面，也按照身份不同拥有不同的税率。考虑维护费和管理费等开销，拥有夏威夷房地产，每年需要缴纳大约房价1%的固定费用。如果短期出租，还需要缴纳额外的税收。但夏威夷当地是世界著名的旅游胜地，如果运营得当，租金收入本身也是不菲的。

夏威夷房价平均水平较高，但是也有价格比较亲民的房源。夏威夷房屋的平均售租比高达17.68，不过这主要和当地房屋平均价格较高有关。实际上按照现在的市场价格，购买当地度假屋出租还是有利可图的。不过从上面繁多的出租税务也可以看出，当地管理出租的人力成本比较大，如果有空闲运营，收入可能很稳定，租金足够应付地税和管理费开销。但购买夏威夷度假屋并不适合不能长时间待在夏威夷的投资者。

短期潜力评分：★★★☆☆

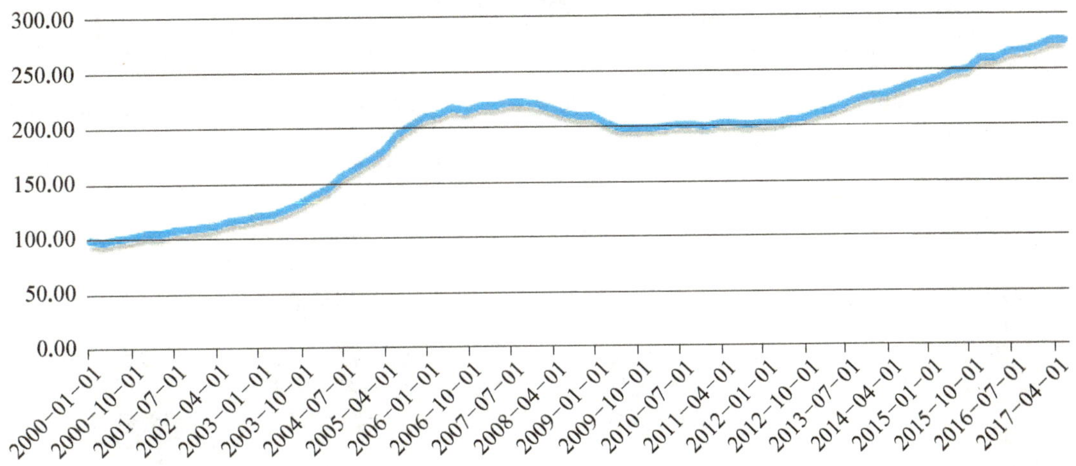

数据来源：圣路易斯联储数据库。

图1.14　檀香山房价指数（2000年按100计算）

从价格走势上看，夏威夷房价目前继续上涨的动能还很明显。但随着价格涨幅逐渐超过工资和通货膨胀的整体水平，涨势将会逐渐呈现趋缓的走向。与美国本土不同，夏威夷作为世界著名的旅游度假胜地，经济主要依靠当地旅游酒店业支撑。2018年美国本土将会受到特朗普税改政策的刺激，经济预计将会走强。但这对于远在太平洋上的夏威夷来说，影响恐怕有限。实际上，像夏威夷这种全世界知名的度假岛屿，房产对全世界经济走势的反应可能会更直观、更明显。同时，随着中国人出境游的数量和时长逐渐增加，出境游目的地越来越远，夏威夷作为世界级旅游胜地接纳游客的业务也会越来越繁忙。这对于当地住宅以及度假屋都是有积极影响的。

2017年夏威夷房价涨幅约为4%，基本符合我们2016年的预测。而在2018年我们仍然看不到太多夏威夷当地房地产可能受到冲击的明显信号。整体来说，岛屿天堂的房地产仍将会继续保持现有的稳健走势。2018年预计也会有3%到5%的涨幅。

美元、日元、人民币和欧元汇率以及美国对外旅游签证的政策可能是我们目前可以确定的短期房市影响因素之一。尽管美国在过去一年中，对签证的限制主要集中在针对几个地缘政治问题相关的国家之上，但不排除未来影响旅游业的签证政策出台的可能性。而美元兑其他货币，尤其是日元和人民币的汇率也将是未来一年左右投资者的选择。日本是传统的夏威夷海外房产投资者来源国，而中国近些年对于夏威夷房地产的热情也开始逐渐上升。但如果2018年美元因为国内国际形势走得太强，对夏威夷房地产市场可能会是一个不利因素。

未来一年我们对夏威夷房价的预估仍然在3%到5%之间。在全球经济出现重大突发影响因素之外,我们还看不到任何明显的波动信号。

"50万、100万、500万、1 000万美元在夏威夷能买什么样的房产?"

价 位	50万美元	100万美元	500万美元	1 000万美元

位 置	檀香山市区	檀香山西区	夏威夷可爱岛	夏威夷茂伊岛
面 积	101平方米	212平方米	268平方米	387平方米
格 局	3卧2卫	7卧4卫	3卧4卫	4卧5卫浴
类 型	公寓	独立屋	独立豪宅	独立豪宅
简 介	夏威夷首府檀香山市区公寓,靠近商业中心、超市	靠近夏威夷机场的独立屋,多个房间可供出租,近珍珠港等旅游景点	夏威夷可爱岛海景别墅,配备私人游泳池、桑拿,土地面积3英亩	夏威夷茂伊岛海景独立豪宅,私人海滩,面朝太平洋

长期稳定评分:★★★☆☆

支撑因素一:海岛天堂,度假胜地

类似夏威夷这种岛屿度假胜地,实际上房产的本质可能就与美国本土或者世界其他大城市不太一样。当地得天独厚的地理环境让夏威夷成为全世界旅游者经常光顾的度假目的地。同时,当地也是大量高净值投资者颐养天年的胜地。美国、日本、中国很多富商在告老还乡或者退居幕后的时候都喜欢选择夏威夷作为居住地。当地房产受到政治、经济等不时波动的国际因素影响最小。同时在当地居住本身就是一种享受。从这个角度考虑,夏威夷地理环境的得天独厚保证当地的房产相比其他城市更加稳定。

支撑因素二:岛屿地形,房屋数量有限

夏威夷群岛的地形本身就限制了土地的面积。而当地火山群岛的地理状态更是让很多山脉、悬崖和峡谷成为难以建筑房屋的地区。目前仅有的土地数量有限。即使当地房产再热门,能够获得一栋夏威夷房产也并不是随随便便就能实现的目标。这让夏威夷房产从物以稀为贵的角度更进一步提高了保值能力。

支撑因素三:价格稳定,可负担水平高

夏威夷房产由于有限的空间以及基本以旅游业为基础的经济模式,收入和房价比例要比美国其他大城市低得多。当地尽管是美国房价平均水平最高的州,但工资水平与房价并不脱节。投资者和旅游者更多,当地收入也会增长。这保证夏威夷更不容易进入类似目前澳洲悉尼、墨尔本和加拿大温哥华这种海外资金大量流入导致当地居民买不起房的局面。从这个角度讲，夏威夷当地出现房价大幅波动的可能性更小。这为长期稳定加分不少。

风险因素：距离大陆太远

夏威夷得天独厚的地理位置作为度假胜地来说绝对是优秀的。但考虑到生活、出行和其他方面，这里就远远比不上位于大陆上的其他城市了。岛上除了旅游业和少许矿业之外，也缺乏其他稳定的工商业活动。所以对于正值壮年的投资者，夏威夷只能当做度假目的地，常住的可能性较小。

（二）加拿大市场

多伦多城市概况

GDP：2 650亿美元

人均收入：40 000美元/年

平均房价：63万美元

宜居水平：★★★★☆

综合成本：★★★☆☆

短期潜力：★★★★☆

长期稳定：★★★★☆

1. 多伦多

多伦多是加拿大地区人口最多、经济最发达的地区。当地是加拿大经济、金融、文化等领域的核心地带。当地的房产市场规模自然也是加拿大首屈一指的。多伦多市区拥有大约200万人口，整个包括附近卫星城的大多伦多都会区有600万人口。整个加拿大20%的GDP来自这个地区。高度集中的经济活动让多伦多地区拥有加拿大最密集的工作机会，而当地为数众多的中产阶级也支撑了房产市场的稳定需求。2017年多伦多房地产经历了一次过山车级别的上下波动。房价在年初几乎不受控制地大幅攀升。当地政府为了稳定市场，在2017年5月出台了一系列政策打压投机行为，但在波动过后，多伦多市场本身的魅力仍然吸引着很多追求更长远打算的投资者。不同于土地稀少、人口和工作机会不成正比的温哥华，多伦多整体稳定的经济和雄厚的人口基础仍然继续支持房地产市场发展。

宜居评分：★★★★☆

经济学人宜居性调查排名：第4名

美世生活质量调查排名：第16名

多伦多位于北美东部大平原地区。尽管纬度并不算太高，但往北一马平川的大平原没有任何足以抵挡来自北极寒流的崇山峻岭。这让当地的气候略偏寒冷，冬夏温差较大。1月平均气温为零下5摄氏度，7月平均气温22摄氏度。冬季北部寒流侵袭的时候，气温经常会降至零下10摄氏度以下。当地的年平均降雨量约为785毫米。整体来说，多伦多的气候与中国东北较为相似。

多伦多的城市交通在整个北美大城市里算是及格的水平。尽管上下班时期仍然会出现拥堵，但整体来说，纵横南北东西的数条高速公路和城市公共交通可以负担上百万人的上下班通勤。当地治安在加拿大各大城市中可算是中上游水平，尽管作为大城市终归会有不少犯罪案件，但相对人口来说，犯罪率排名算是加拿大较低的。

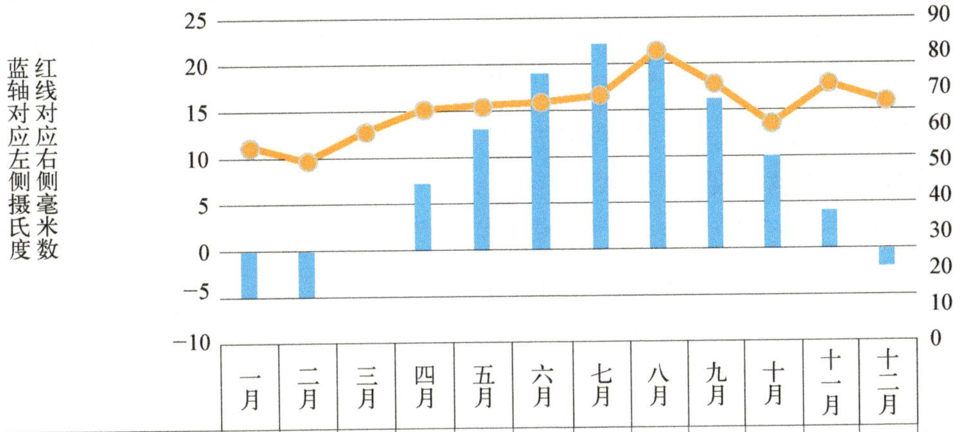

	一月	二月	三月	四月	五月	六月	七月	八月	九月	十月	十一月	十二月
月平均温度	−5	−5	0	7	13	19	22	21	16	10	4	−2
降雨量	55	51	59	65	66	67	69	81	72	61	72	67

图1.15　多伦多气候概况

多伦多地区的教育水平很高，安大略省作为加拿大经济的支柱省份，对于下一代一直很舍得花钱。当地华人人口大约55万。北部城区拥有发展完善的华人社区。实际上，作为加拿大最吸引海外技术人才的城市，多伦多本身的文化就很偏向多元化，城市对于移民的态度非常友好。

综合成本评分：★★★☆☆

多伦多和大部分北美城市一样，市区房产多为公寓，郊区则以联排别墅和独立别墅为主。多伦多市区公寓平均价格大约在每平方米6 000美元。独立屋价格需要考虑的因素更多，土地大小、附

多伦多市场关键数据

通勤平均距离	22公里
通勤平均时间	43分钟
四口之家月平均消费（不含房租）	3 000美元/月
单人平均消费（不含房租）	830美元/月
一室公寓租金（市区）	1 300美元/月
一室公寓租金（郊区）	1 050美元/月
三室公寓租金（市区）	2 350美元/月
三室公寓租金（郊区）	1 690美元/月
公寓均价（市中心）	6 270美元/平方米
公寓均价（郊区）	4 530美元/平方米

带设施等都是价格差异的影响因素。所以单位价格较难比较。

当地买房除了房款之外，交易时一次性验屋费500加元、房屋转让税按照房价不同在0.5%～2.5%之间(按照房价高低税率不同)。在多伦多购买房地产，除了房价之外还需要额外缴纳1%到3%的附加费用。新房买家需要缴纳13%的消费税，而二手房买家则不用负担这部分开支。另外自2017年开始，海外买家在多伦多购买房地产需要缴纳房价15%的附加税。

多伦多地税大约为0.5%。拥有当地房产的固定开销比国境南边的美国东部低很多。如果房产是公寓或者其他共管类建筑，管理费的价格大约是每年2 000到5 000加元不等。房产的豪华程度越高，建筑年头越早，管理费的价格也越高。

多伦多房价本身也相比美国大城市要便宜许多。考虑到加币汇率以及当地低廉的地税，在多伦多以房养贷、以房养房的方式完全有可能实现。多伦多的平均售租比为19.69，由于地税相对较少，租金应付地税和管理费开销绰绰有余。

短期潜力评分：★★★☆☆

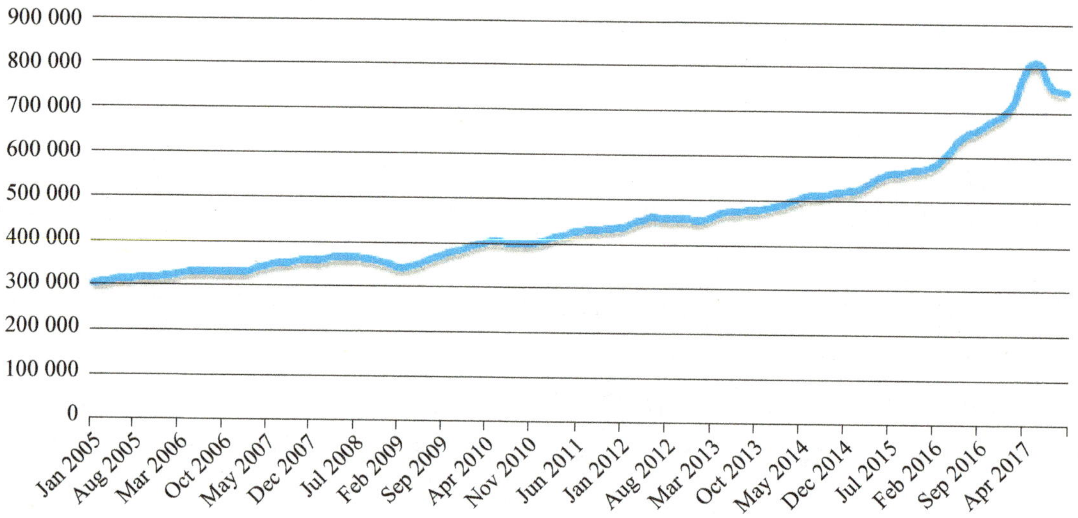

资料来源：加拿大地产协会CREA。

图1.16　多伦多房价指数(加元)

多伦多的房地产市场在2017年春天经历了一轮名副其实的过山车。房屋的销售平均价格和销售量都在三四月创造了历史最高水平。房价涨幅在年初最夸张的时候一度超过30%。市场的状态比2015年末、2016年初的温哥华市场还要疯狂。大量房屋在挂牌短短几天内售出。市场交易异常活跃，整个房地产行业进入空前的紧张。而在政府5月重手出台16项打压房价政策之后，当地的房市又瞬间大幅回落到年初左右的水平。市场再次受到反向的刺激，几个月前还疯狂的房地产市场在瞬间冷却之后整个下半年都萎靡不振。如此大起大落的波动让不少市场参与者深受打击。但从政府的角度来看，这些双刃剑政策势在必行。

抛开海外资金涌入、政治因素影响，客观地看，2017年多伦多的整体房地产刚需其实是稳定攀升的。经济表现上，多伦多整体的GDP基本符合预期，保持在2%上方。当地的失业率自2012年以来持续下降，劳动力市场为房地产市场提供了大量需求来源。特朗普上台之后，整个北美金融行业迎来了一轮高潮，而原油企业也在特朗普的政策下获得大量发展空间。这些企业的良好表现也让多伦多人民的口袋满了起来。

尽管最终没有保住年初的惊人涨幅，但在高台跳水之后，多伦多的房价在2017年末仍然相比2016年同期增长了10%。我们在2016年提示了多伦多政治因素干预房地产市场的风险。目前来看，我们对这一因素的力度估计过于保守了。

但在接受了新政策的影响之后，一旦市场参与者度过了最初的观望和恐慌期，交易活动仍然会推动房价继续走高。从国际环境、市场本身现状和趋势上，多伦多未来仍然是投资的良好选择。

外部条件上，加元尽管在过去一年中回暖了一定水平，但仍然处于历史相对低位。相比几年前与美元几乎等值的状态，现在的加元资产对于美国和中国的投资者来说实在是太便宜了。尽管15%的海外买家税是一笔不容忽视的额外开销，但考虑目前的价格涨幅，海外买家仍然有盈利的余地。更不用说很多投资者本身就已经是加拿大公民或永久居民，他们将继续不受影响地投资当地房地产。

多伦多的房屋库存问题也是短期内房价会继续上涨的支撑因素。目前多伦多房市中可供交易的独立屋、联排城市屋等低密度住宅所剩无几。而这种建筑又恰恰是加拿大人最热衷的住宅类型。有限的供给遇到不断增加的需求，可以想象价格的上涨是一种非常难以阻止的必然趋势。2018年的涨幅，预计在6%到10%之间。

回顾过去几年中世界上几个与多伦多类似的市场：悉尼、墨尔本、奥克兰，以及加拿大西部的温哥华。几个城市都因为大量海外资金，尤其是中国资金的涌入而使房价大涨。尽管都实施了各式各样的控制政策，但最终仍然抵挡不住房价的上涨趋势。政治干预能够做到的，仅仅是放缓或暂

"50万、100万、500万、1 000万美元在夏威夷能买什么样的房产?"

价　位	50万美元	100万美元	500万美元	1 000万美元

位　置	多伦多市中心	多伦多市中心	多伦多里士满山	多伦多北约克
面　积	65平方米	80平方米	450平方米	530平方米
格　局	1.5卧1卫	2.5卧3卫	8卧10卫	5卧9卫浴
类　型	公寓	公寓	独立豪宅	独立豪宅
简　介	多伦多市中心湖景公寓，近主要交通枢纽、高速公路，42层	多伦多市中心高档社区高层公寓，近多伦多大学、安大略皇家博物馆	多伦多北部豪宅区里士满山独立别墅，配有家庭图书馆、酒窖	多伦多北约克区独立豪宅，配有游泳池、网球场、娱乐室、酒窖、可停8辆车的大型地下停车场

时阻碍价格上涨,但在影响削弱之后,这几个市场又纷纷回到房价涨幅接近或超过两位数的状态。这或许也是多伦多房市在未来几年内的发展模板。

2018年,我们认为多伦多仍然会继续保持10%左右的房价涨幅。在年初,安大略省的政策影响因素将会继续保持作用,但预计到2018年春天之后,随着房市季节性回暖,多伦多的房价仍然会回到上升的趋势当中。

短期内仍然有一些可能的风险因素。加元汇率如果在2018年因为原油价格或其他原因重新大幅走高,那么多伦多乃至整个加拿大房地产市场都会受到打击。不过目前这种情况出现的概率较小。投资者需要警惕,但我们认为不必过分担心。

长期稳定评分:★★★★☆

支撑因素一:加拿大最大都会区中心

尽管加拿大拥有将近一千万平方公里的土地,是世界国土面积第二大的国家。但加拿大的主要人口和经济基本都聚集在安大略省东南部相对狭小的五大湖地区。而多伦多正是这个地区的核心城市。作为加拿大最大的都会区,大多伦多地区的GDP占到全加拿大的20%,比加拿大魁北克省、阿尔伯塔省和BC省等省份占的比重都要大。当地以外贸、物流、银行业为主体,配合制造业和服务业的综合型经济模式创造了大量就业。过去近百年中,不管国际形势如何改变,多伦多经济都保持了相当的稳定性。这对于当地房产起到很大的支撑作用。

支撑因素二:人口基数

多伦多是加拿大人口最多的都会区。当地经济和工作机会吸引大量加拿大年轻人前往定居。加拿大是一个移民国家,大量海外移民也愿意将多伦多作为他们登陆加拿大的第一站。因为在这里,他们找到工作并开始适应加拿大生活的成功率更高。多伦多本身也是一个多元文化的大熔炉。当地加拿大人、亚洲人、欧洲人、拉丁美洲人和非洲人能够比较融洽地生活在一片土地上,这也提高了多伦多成为移民首选的概率。未来数十年内,我们认为人口本身的自然增长以及多伦多吸引移民的能力将继续保证当地房产市场不缺需求来源。

支撑因素三:生活环境

多伦多因为拥有一些工业和制造业,所以实际上气候环境并不算特别优越。当地相对寒冷的气候对于一些来自温暖地区的移民来说也比较难接受。但整体来说,多伦多的气候环境还算是世界发达国家中比较靠前的。加拿大北部大片森林提高了当地空气质量。而加拿大本身的移民政策,使多伦多成为相对美国东北部大城市更加适合移民的目的地。这些因素能够帮助多伦多在吸引海外资产上更加具有竞争力。

温哥华城市概况

GDP：1130亿美元

人均收入：38 000美元/年

平均房价：96万美元

宜居水平：★★★★★

综合成本：★★★☆☆

短期潜力：★★★★☆

长期稳定：★★★★☆

2. 温哥华

温哥华房地产市场在2017年完美诠释了一个宜居城市在政治风险、泡沫担忧下的激流勇进。尽管仍然有很多国际知名分析机构担心温哥华房价会出现崩溃并最终大幅下滑，但在2017年一年中，温哥华房地产市场仍然保持了稳定的增长。一些市场相比之前两年确实出现了明显的冷却。但与此同时，另一些市场占领了聚光灯下的地位并继续推动整体房价攀升。温哥华在过去三四十年中，实际上已经经历了好几轮类似2015和2016年的上涨。至少对于华人投资者来说，一座世界宜居城市排行榜常年前列的城市，近1/4的华裔人口比例，依山傍水、四季如春，这些因素都足以让投资者将温哥华作为他们首选的海外房产投资标的。

宜居评分：★★★★★

经济学人宜居性调查排名：第3名

美世生活质量调查排名：第5名

Monocle生活质量调查排名：第18名

从纯粹的宜居水平上讲，温哥华在2017年仍然维持了世界最高级别的优异表现。气候、环境这些不容易改变的因素自不必说，人文、生活等方面温哥华也继续遥遥领先。

温哥华位于落基山脉脚下，西面是长460公里、最宽100多公里的温哥华岛。当地四季相对分明，但冬季没有严寒，夏季极少酷暑，1月平均气温3摄氏度，7月平均气温18摄氏度。春天有满街樱花盛开，秋季则有漫山遍野的红叶，除了夏天之外一年大部分时间北部的群山上都覆盖着积雪。全年降雨量在1 283毫米左右。温哥华所在的加拿大不列颠哥伦比亚省是全世界清洁能源使用率最高的地区。温哥华当地目前97%的能源来自水力等可再生能源发电。同时温哥华四面基本被山林环绕，空气非常清新。整体来说，除了下雨天气较多，温哥华在环境方面，绝对算得上世界城市中顶级的宜居地区。

温哥华的交通可能算是唯一公认的不足之处。当地地理环境复杂，既有海湾又有河谷，城市分区被水域分割，往来基本需要依靠桥梁。城市人口数量并不太多，且温哥华算不上非常繁忙的旅游目的地。这些因素算是帮了温哥华交通状况很大的忙。即使如此，温哥华仍然在近年内被一些媒体评为北美最拥堵的城市之一。当地治安整体在北美城市中算是不错的。但东南部的卫星城素里市附近也有一些黑帮活动。不过，在华人聚居的地区和豪宅区，除了小偷小摸之外，基本上治安水平良好。

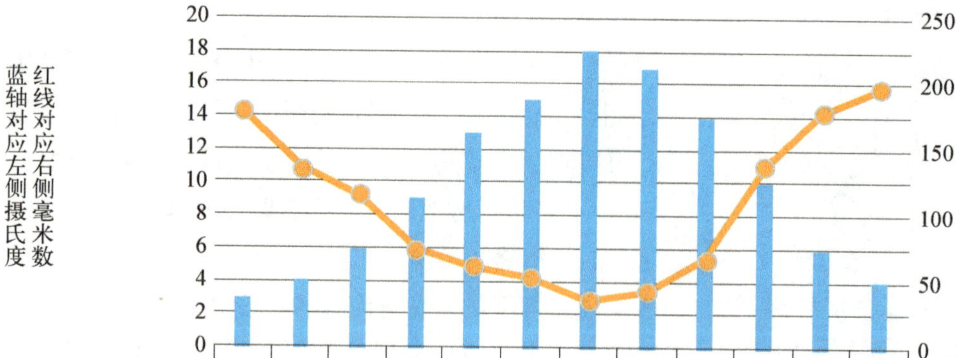

	一月	二月	三月	四月	五月	六月	七月	八月	九月	十月	十一月	十二月
月平均温度	3	4	6	9	13	15	18	17	14	10	6	4
降雨量	179	136	116	75	62	53	36	43	68	138	179	198

图1.17　温哥华气候概况

温哥华最吸引人的就是其华裔社区的氛围。当地早在20世纪末就迎来大量华裔移民，1997年前后以香港人居多。进入21世纪之后，大陆移民大量涌入当地。华人在当地商界、文化甚至以往不太涉足的政界均有很强的影响力。在温哥华某些华人聚居的城市居住，你甚至不感觉自己身处加拿大，满街都是亚裔面孔。中国游客、移民来到温哥华，基本上在安家落户、衣食住行上没有任何问题。

综合成本评分：★★★☆☆

温哥华市场关键数据

通勤平均距离	18公里
通勤平均时间	41分钟
四口之家月平均消费（不含房租）	2 900美元/月
单人平均消费（不含房租）	780美元/月
一室公寓租金（市区）	1 440美元/月
一室公寓租金（郊区）	1 090美元/月
三室公寓租金（市区）	2 900美元/月
三室公寓租金（郊区）	2 000美元/月
公寓均价（市中心）	9 520美元/平方米
公寓均价（郊区）	6 650美元/平方米

温哥华市场中的公寓数量相对多伦多要少一些，位置也倾向集中，郊区以联排别墅和独立别墅为主。华人投资者尤其对当地独立屋情有独钟。温哥华市中心公寓价格平均在每平方米9 500美元左右。温哥华公寓的价位在2017年有明显提升，当地公寓预售楼花目前不在省政府规定缴纳

15%海外买家附加税的影响范围内，所以在2017年楼花普遍受到没有加拿大身份的投资者的青睐。

当地买房除了房款之外，交易时一次性验屋费500加元可以选择性消费。房屋转让税按照房价不同在1%～3%之间（按照房价高低税率不同）。但没有加拿大移民或公民身份的海外买家在2016年8月2日之后需要额外支付15%的房屋转让税。其他的律师费等杂费一般不超过1 000加元。新房买家需要缴纳5%的消费税，而二手房买家则不用负担这部分开支。整体来说，当地居民购房需要缴纳房价3%左右的额外费用，新屋买家需要缴纳额外5%，海外买家需要再缴纳额外15%。

温哥华地税大约为0.5%。公寓和独立屋价格不尽相同。共管的公寓和城市屋地税较低，但管理费需要额外负担。独立屋地税较高，但不需要支付管理费，维护房屋的开支自己负担。在温哥华购买房地产，每年的固定开销低于房价的1%。

温哥华尽管被很多西方媒体和研究机构认为是目前世界上房价涨幅最高、房产泡沫风险最大的城市之一，但其房产在很多方面仍然比美国和中国一线城市相对便宜。而当地较低的房产持有成本也让租房有利可图。温哥华的平均售租比约为24.95，房价虽较高但地税相对较少，而且租房市场紧缩，房源紧张。租金应付地税和管理费开销绰绰有余，贷款购买这里的房地产出租获取收入或是以房养贷是现实可行的投资手段。

短期潜力评分：★★☆☆☆

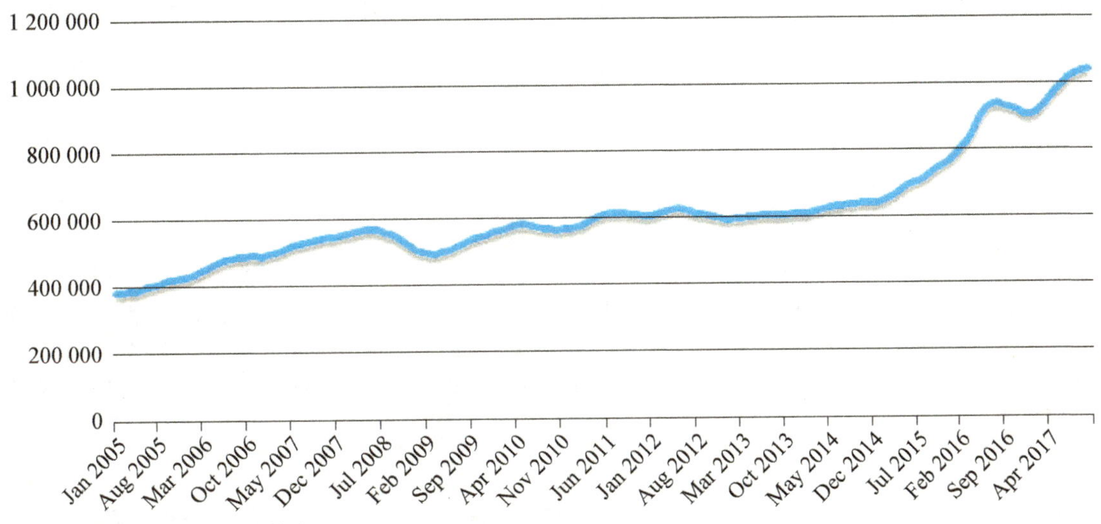

资料来源：加拿大地产协会CREA。

图1.18　温哥华房价指数（加元）

温哥华房价在2016年下半年受到政府干预的影响之后，一度处于相对冷清的局面。但这种局面在进入2017年之后仅仅持续了短短一两个月就又恢复原形。纵观整个2017年当地的房地产市场趋势，温哥华的独立屋和公寓可以说出现了两极分化的情况。到2017年底，温哥华市场上传统最主要的房地产类型独立屋已经较为稀缺，而且平均价格已经高达160万加元，远远超出了当地工薪阶层的承受能力。这让独立屋价格上涨趋势受阻。而另一方面，100万加元以下仍然有大量选择余地的公寓和联排城市屋则在2017年保持了接近20%的房价涨幅，这种趋势最终推动温哥华整体的房价保持两位数以上的增长。

政府对于房地产市场的干预以及对外来资金的堵截最终并没有阻止资金进入。灵活的投资者将目光转向公寓这类受政策影响较小,更好操作的资产类型。而外部环境仍然支持资金继续涌入温哥华市场。加元兑人民币的汇率到2017年底仍然徘徊在5.3左右。这在过去20年中都算是非常低的水平。而另一方面,加拿大的移民政策目前也并不算特别严格,新移民的不断进入、老移民的追加投资让整个温哥华房地产市场获得源源不断的资金进入。

2017年5月的BC省大选也没有给温哥华市场带来太多新鲜的影响因素。尽管上届政府自由党意外以一票之差丢掉执政党宝座,但新上任的新民主党与绿党联合政府也缺乏大刀阔斧改革整个市场的硬实力。而房价涨幅目前也不再像2016年初那么疯狂,所以政府进一步干预房地产市场的可能性大大降低。而已经适应了现有政策的市场参与者们,也逐渐开始放开手脚。

"50万、100万、500万、1 000万美元在温哥华能买什么样的房产?"

价 位	50万美元	100万美元	500万美元	1 000万美元

位 置	温哥华市中心	温哥华列治文市	西温哥华	温哥华西区
面 积	75平方米	150平方米	380平方米	450平方米
格 局	1卧1卫	3卧3卫	4卧4卫	6卧6卫浴
类 型	公寓	联排城市屋	独立豪宅	独立豪宅
简 介	温哥华市中心公寓,交通便利,近火车站、公共交通枢纽	列治文华人聚居地区联排城市屋,好学区、近华人超市、公园	西温哥华山顶豪宅,风景优美,俯瞰大温地区,房屋配有游泳池	温哥华市豪宅区独立别墅,欧式设计,配有酒窖、家庭影院、桑拿房,近温哥华最好的中学

2017年温哥华的整体房价涨幅约为12%,其中公寓价格大涨23%,独立屋价格则仅增长了4%。不过公寓价格的攀升也有尽头,目前在很多高端公寓价格已经接近低端独立屋的情况下,继续大幅上涨的空间不大。

2018年温哥华的独立屋市场涨幅可能还会延续3%到5%的涨幅,如果政府放着公寓市场不管,那么15%左右的涨幅比较现实。整体市场涨幅可能在10%上下。假设省政府出台新政进一步限制楼花市场的投机行为,那么公寓的涨幅也可能回落到10%以下。这种情况下,整个市场的房价涨幅可能在8%到10%之间。

从外部环境来看,加元的疲软仍然会吸引资本进入加拿大,而温哥华房地产不管从资本的增值、保值还是创造固定收益上都具有很强的吸引力。这将会继续支撑温哥华房价上涨。而从内部角度，移民的稳定增加以及本地经济创造的工作岗位也会保持温哥华当地居民对于住房的刚需。诚然温哥华居高不下的房价工资比例是一个阻碍移民进入温哥华的因素。但实际情况是，大部分前往温哥华的移民都已经具有购买当地房地产的实力。他们的投资并不是由工资支撑的。所以到目前为止，这一因素还不足以影响市场。房价工资比例唯一可能左右的就是政府对于房地产市场的态度，但在2016年实施15%海外买家税之后，新一届政府所剩下的选择已经不多。政府可以考虑学习新西兰，彻底禁止海外买家投资，或者对房地产增值部分征收重税，但考虑到房地产对于BC省政府财政收入的巨大影响以及新一届政府手头的政治实力，这种选择可能性极小。

除了本地政治因素之外，加元回暖仍然是影响温哥华房价的可预见影响因素。如果加元回暖，那么一些没有赶上末班车的海外投资者可能会考虑转向其他市场。

长期稳定评分：★★★★☆

支撑因素一：世界顶级宜居城市

温哥华是世界数一数二的宜居城市。这一点本身就是当地房产市场最大的金字招牌。当地温和的气候以及与世无争的地理位置都是海外高净值投资者选择当地房产的最大决定因素。当地绝大部分高价房产的买主来自美国、中国和世界其他地区。很多美国富豪、名流也有在温哥华的避暑别墅。这让温哥华当地的高端房产市场从来都不缺阔绰的买主。房价居高不下的原因也正在于此。

支撑因素二：可开发土地稀有

几乎所有位于北美洲西海岸的城市都有这一通病，那就是城市被水域分割，可建筑的土地相对稀有。物以稀为贵的概念在温哥华也最为明显。北面的群山并不适合居住，而南面就是美国边境。温哥华在这个狭长的地区已经非常拥挤，还要考虑当地拥有多条河流、海湾。这些先天因素让温哥华市区、西温、北温等豪宅区供需严重不平衡。即使房价大涨，也很难找到差不多的替代品。所以温哥华当地经常会看到两处相近房产过一条河、过一条街就相差几十万甚至上百万加元的例子。地理环境基本是难以改变的，所以这个因素将继续在未来支撑温哥华房价。

风险因素：缺乏主体经济支柱

温哥华是目前加拿大就业增长最快的地区之一。但当地在整体经济规模上仍然难以与东部的多伦多进行比较。在原油价格较高的年份里，温哥华的经济表现甚至不如位于落基山脉上的阿尔伯塔省城市。当地尽管房价在全加拿大稳居第一，但经济缺少能够创造高质量就业机会的支柱产业。外贸、物流、能源、高科技、电影等产业虽然近些年都有一定发展，但都达不到成气候的规模。

蒙特利尔城市概况

GDP：1 550亿美元

人均收入：36 000美元/年

平均房价：40万美元

宜居水平：★★★☆☆

综合成本：★★★★☆

短期潜力：★★☆☆☆

长期稳定：★★★☆☆

3. 蒙特利尔

蒙特利尔是加拿大魁北克省最大的城市。魁北克省在加拿大特殊的地位以及当地移民政策相比加拿大联邦更加宽松的形势让蒙特利尔房产最近几年格外受到关注。随着加拿大近年来不断收紧包括投资移民在内的移民通道，蒙特利尔已经成为追求更加便利移民条件人士的最佳选择。相比加拿大其他城市来说，魁北克的法语环境可能让一些人望而却步，但实际上，作为英法双语混合非常好的城市，在蒙特利尔生活并不像某些人想象的那么困难。而相对更低的价格标准，也为投资者带来更多选择。

宜居评分：★★★☆☆

美世生活质量调查排名：第23名

蒙特利尔相比加拿大另外两大城市多伦多和温哥华来说，环境和气候比较起来可能不那么优越。当地位于加拿大东部。除了位于东北方的魁北克城之外，正北方几百公里外基本就是荒无人烟的加拿大北寒林地带。

冬季寒冷多雪，年降雪量能够达到2.14米，夏季炎热干燥。1月平均气温零下10摄氏度，7月平均气温21摄氏度。大雪通常倒并不影响人们出行，因为蒙特利尔政府每年都会花费上千万加元来保证除雪工作正常进行。经常在大雪刚下时，除雪车就已经开始工作了。

蒙特利尔的交通状况在北美大城市中排名中游。城市地铁和公共交通基本能够满足居民需求。同时由于主要的城区都集中在劳伦斯河主流北部的本岛上，所以整体来说，并不算特别拥堵。基础设施相对陈旧可能是当地一个问题，蒙特利尔主要的道路基本都是20世纪七八十年代建成的，近些年城市道路偶尔传出破损的问题，不过政府也在尽力补修。

治安方面，由于魁北克法语区的政策不同，这里在色情行业等方面管理与加拿大其他地区不太一样。这让市区增添了一些传统意义上比较“乱”的地带。古老的城区和地下四通八达的商业地下城使大量无业游民聚集。但实际上，如果从犯罪率等统计数据看，在整个北美地区，蒙特利尔的治安表现要好于大部分美国城市。整体水平与多伦多、温哥华市区相差不大。

尽管环境不如其他两个大城市，但蒙特利尔的教育水平在加拿大范围内还是不输给多伦多和温哥华的。当地包括麦吉尔大学在内的大量高等学府在全世界的大学中都可以排在前列。而中小学教育也基本都是英法双语教学。在这一点上，希望子女有多语种

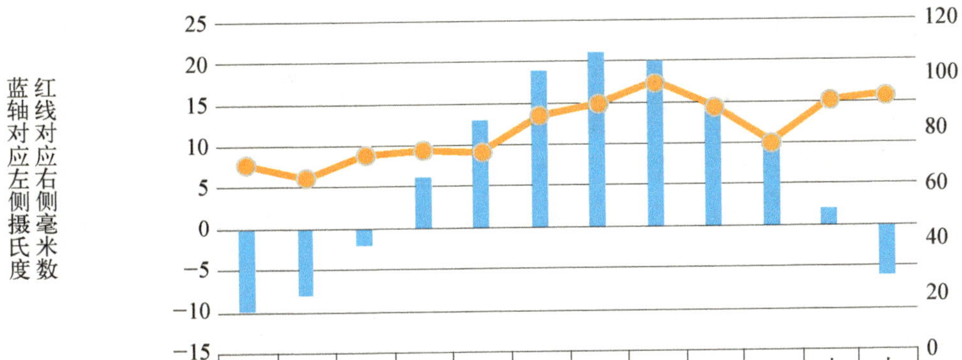

	一月	二月	三月	四月	五月	六月	七月	八月	九月	十月	十一月	十二月
月平均温度	−10	−8	−2	6	13	19	21	20	15	9	2	−6
降雨量	69	64	72	74	73	86	90	98	89	76	91	93

图1.19　蒙特利尔气候概况

能力的投资者选择住在魁北克可以说是额外获得了一个无价的法语生活环境。

综合成本评分：★★★★☆

蒙特利尔市场关键数据

通勤平均距离	15公里
通勤平均时间	39分钟
四口之家月平均消费（不含房租）	2 650美元/月
单人平均消费（不含房租）	725美元/月
一室公寓租金（市区）	800美元/月
一室公寓租金（郊区）	520美元/月
三室公寓租金（市区）	1 440美元/月
三室公寓租金（郊区）	930美元/月
公寓均价（市中心）	3 720美元/平方米
公寓均价（郊区）	2 220美元/平方米

蒙特利尔城市结构相对较老，皇家山南面的市中心尽管有部分独立屋，但通常年代久远，市区公寓仍然占多数。蒙特利尔市中心公寓平均价格大约在每平方米4 000美元。城区南部尤其是劳伦斯河南岸是蒙特利尔独立屋的主要集中地带。蒙特利尔最豪华的社区基本都坐落在这里。

当地买房除了房款之外，交易时一次性验屋费500加元可以选择性消费。房屋转让税按照房价不同在0.5%～1.5%之间（按照房价高低税率不同）。其他的律师费等杂费一般不超过1 000加元。新房买家需要缴纳14.97%的消费税，而二手房买家则不用负担这部分开支。

蒙特利尔地税大约为0.9%。比加拿大其他地区要略贵一些，但仍然比美国东部的地税要低。除了地税之外，蒙特利尔的其他税收也都要比加拿大其他地区多，但差距并不会太大。蒙特利尔的平均售租比约为19.04。租金应付地税和管理费开销没有问题。在当地以房养房的策略对于大部分比较容易出租的公寓来说还是非常合适的，不过鉴于当地是较为寒冷的地区，如果在当地有占地较大的独立屋，夏天除草、冬天除雪的成本较高，而且如果屋主不管理好自家门前，市政府也会视情况罚款。

"50万、100万、500万、1 000万美元在蒙特利尔能买什么样的房产？"

价　位	50万美元	100万美元	500万美元	1 000万美元

位　置	蒙特利尔市中心	蒙特利尔皇家山	蒙特利尔皇家山	蒙特利尔西郊
面　积	80平方米	120平方米	460平方米	600平方米
格　局	3卧1卫	3卧2卫	7卧4卫	5卧4卫浴
类　型	公寓	公寓	独立豪宅	独立豪宅
简　介	蒙特利尔市中心百年历史老公寓，内部新装修，交通方便，近金融区、麦吉尔大学	蒙特利尔皇家山地区高级公寓，近圣约瑟夫大教堂、蒙特利尔大学、皇家山公园	蒙特利尔法语老城区高尚地段豪宅，房龄100年，出自名家之手，近圣约瑟夫大教堂	蒙特利尔西部郊区豪宅庄园，配有游泳池、酒窖、游戏室，建于1860年，占地两英亩

短期潜力评分：★★☆☆☆

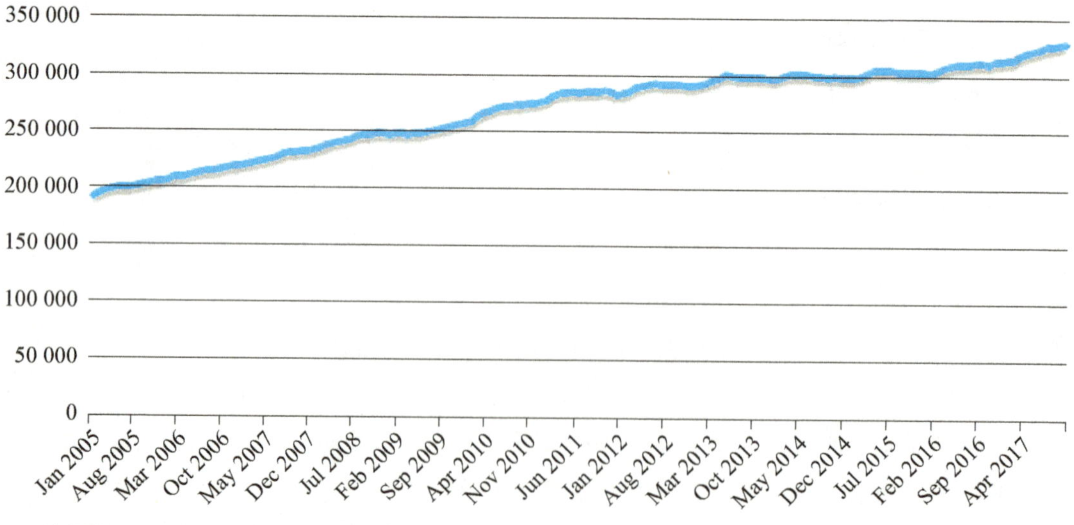

资料来源：加拿大地产协会CREA。

图1.20　蒙特利尔房价指数（加元）

2017年蒙特利尔延续着不紧不慢的房价涨幅。多伦多房价在年初一飞冲天之后又大幅回落，最后仍然录得10%以上的涨幅。温哥华则在公寓房价大涨的推动下继续保持12%的增长趋势。而蒙特利尔这个加拿大第二大城市的房价仅仅温和地增长了4%到5%左右。不过，考虑到当地房价在过去五年多来，一直以每年2%到3%的趋势随着通货膨胀稳定上升，2017年接近5%左右的涨幅已经算是非常不错了。多伦多当地政府重手干预市场活动在年中给蒙特利尔带来了一定压力。有消息指出，很多受到影响的投资者转向蒙特利尔投资。不过考虑到这里相对寒冷、生活水平不及多伦多和温哥华，最终当地的房市也没有太过火爆。

2017年蒙特利尔“意外收获”的房价上涨支撑毕竟是短期产物。可以说，在缺少政策诱因的情况下，蒙特利尔在加拿大房地产市场上，仍然是落后于温哥华和多伦多的第三选择。所以在未来房价涨幅仍然不会太过离谱。

我们认为2018年蒙特利尔的房价可能会回到之前2%到4%之间的状态，并在加元汇率不出现大波动的前提下继续保持类似的增长水平。

长期稳定评分：★★★☆☆

支撑因素一：宽松的移民政策

作为加拿大唯一的法语省份，魁北克省的移民政策可以算是加拿大全国最为宽松的。这让魁北克成为很多在其他地区获得移民身份较为困难的投资者首选的登陆地点。当地独特的身份让其政策与其他省份较为不同。所以尽管在加拿大三大城市中，蒙特利尔在气候和经济两方面占不到太多便宜，但通过宽松移民政策仍然吸引了一些人口流入。当地的房产也因此获得一些需求支撑。

支撑因素二：稳定的价格优势

蒙特利尔是一个双语城市，但法语对于很多美国和中国移民来说都是比较麻烦的一个问题。蒙特利尔相对多伦多和温哥华来说都要更加寒冷一些。这些因素让蒙特利尔在加拿大的房产市场相对不受重视。但正是这些微小的差别，让当地的房价基本上保持稳定。不会出现类似温哥华和多伦多最近两年这种大涨。平均房价等指标也较其他城市更低。总会有投资者更加重视性价比，而性价比正是蒙特利尔房产市场有实力炫耀的优点。

风险因素：经济衰退之后缺乏发展方向

蒙特利尔曾经是加拿大第二大经济中心，而且在20世纪的大部分时期，当地与多伦多的差距非常微小。但随着港口因为国际化船只逐渐变大而被放弃，蒙特利尔引以为傲的外贸和重工业都开始走下坡路。当地经济在进入21世纪之后重新在高科技、金融领域找到一些发展方向。但预计蒙特利尔房产在未来10到20年内，想要从当地经济方面获得增长的动能难度还是大了一些。

卡尔加里城市概况

GDP：800亿加元

人均收入：45 000加元/年

平均房价：38万加元

宜居水平：★★★☆☆

综合成本：★★★★☆

短期潜力：★★☆☆☆

长期稳定：★★★☆☆

4. 卡尔加里

作为加拿大第四大城市，坐落在落基山脉脚下的卡尔加里的命运与加拿大的油田息息相关。而近两年原油国际价格的低迷大大打击了卡尔加里当地的经济。房产市场也受到波及。随着很多原油企业大量裁员，卡尔加里流失了大量高薪的工作机会，很多居民被迫出售房产寻求家庭收支平衡，或者搬离卡尔加里到其他城市寻找机会。这些情况都使卡尔加里近几年的房产走势创造有史以来最低迷的表现。2017年加拿大政府对东西两条原油管道的强硬支持态度以及特朗普上台之后重开Keystone XL油管项目给卡尔加里石油产业带来转机，也为当地经济和房地产市场带来一些活力。而卡尔加里相对加拿大其他城市便宜很多的房价水平则为投资者提供了一个准入条件很低的投资平台。这些，都是卡尔加里房地产市场近期最值得研究的特点。

宜居评分：★★★☆☆

经济学人宜居性调查排名：第5名

美世生活质量调查排名：第33名

卡尔加里坐落在落基山东麓，平均海拔在1 000米左右，属于高原气候。当地寒冷干燥，年降雨量428毫米左右，年降雪量1.24米。当地一天内的温差有时可以达到20摄氏度以上。1月平均气温零下10摄氏度，7月平均气温16摄氏度，冬季时常会出现零下30摄氏度以下的极端寒冷天气。

当地的空气质量比起其他几个省份也并不算好，作为加拿大最大的石油生产省，卡尔加里在碳排放上算是全加拿大最多的一个。不过落基山脉茂盛的植被为吸收有害气体做出很大贡献。卡尔加里距离世界著名的班芙国家公园仅有1个多小时的车程。当地的冬季运动如滑雪等异常发达，这一点对于爱好滑雪的人士来说算是一个加分项。

卡尔加里的城市建设和交通相对其他加拿大大城市来说要好很多。高原上土地面积广阔。城市并不缺少可供建造道路、桥梁的空间。这让卡尔加里的交通状况至少在加拿大前四大城市中算是最好的一个。除了冬季偶尔出现名副其实的大雪封门情况之外，基本上交通不是卡尔加里居民经常抱怨的问题。石油城治安也算是加拿大比较好的一个。当地民风淳朴，同时冬季的极端天气也让流浪汉数量非常稀少。整体来说犯罪率比其他大城市都要低。

卡尔加里的教育水平在加拿大人口前四大城市中并不算突出。最有名气的大学是当地的卡尔加里大学。

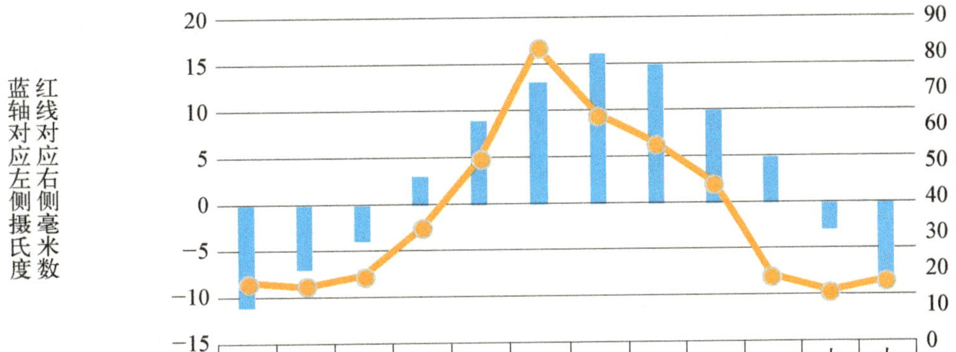

	一月	二月	三月	四月	五月	六月	七月	八月	九月	十月	十一月	十二月
月平均温度	−11	−7	−4	3	9	13	16	15	10	5	−3	−8
降雨量	17	16	19	32	51	82	63	55	44	18	14	17

图1.21　卡尔加里气候概况

综合成本评分：★★★★☆

卡尔加里市场关键数据

通勤平均距离	16公里
通勤平均时间	38分钟
四口之家月平均消费（不含房租）	3 030美元/月
单人平均消费（不含房租）	850美元/月
一室公寓租金（市区）	890美元/月
一室公寓租金（郊区）	710美元/月
三室公寓租金（市区）	1 550美元/月
三室公寓租金（郊区）	1 200美元/月
公寓均价（市中心）	3 260美元/平方米
公寓均价（郊区）	2 370美元/平方米

卡尔加里作为加拿大的石油城兴起时间并不久远。当地市区公寓占多数，但平原并不缺土地，所以独立屋在很多靠近市区的地方也有不少。市区公寓平均房价大约在每平方米3 000美元。

当地买房除了房款之外，交易时一次性验屋费500加元可以选择性消费。其他的律师费等杂费一般不超过1 000加元。新房买家需要缴纳14.97%的消费税，而二手房买家则不用负担这部分开支。阿尔伯塔省不征收房屋转让税，所以在卡尔加里购房的居民可以免去这一部分开销。在这里购买房产，如果是二手房产，除了房价之外需要缴纳的额外费用很少。

卡尔加里地税大约为0.37%。拥有当地房产之后，每年的房产税加物业费额外固定开销大约为房价的0.5%。

卡尔加里在房产方面的税收政策相对比较优惠，但当地的租房市场在最近两年原油企业裁员的大潮中表现不佳，空置率偏高。卡尔加里的平均售租比约为16.82。租金应付地税和管理费开销不成问题，但是找到稳定的租客是个难题。同时和蒙特利尔一样，如果在当地有占地较大的独立屋，夏天除草、冬天除雪的成本较高，不管是自己处理还是花钱雇人，都是一件需要重视的事情。

"50万、100万、500万、1 000万美元在卡尔加里能买什么样的房产？"

价　位	50万美元	100万美元	500万美元	1 000万美元

位　置	卡尔加里市中心	卡尔加里北市区	卡尔加里南市区	卡尔加里西郊
面　积	130平方米	230平方米	500平方米	750平方米
格　局	3卧3卫	5卧5卫	4卧6卫	10卧14卫浴
类　型	公寓	独立豪宅	独立豪宅	庄园
简　介	卡尔加里市区公寓，交通便利，近主要公共交通枢纽、近公园	卡尔加里北市区现代化独立豪宅，独立后院、近市中心，风景优美	卡尔加里南市区独立豪宅，配有酒窖、家庭影院、练舞房、图书室	卡尔加里西郊豪华庄园，占地2.6英亩。欧式风格花园，配有酒窖、家庭影院、室内篮球场

短期潜力评分：★★☆☆☆

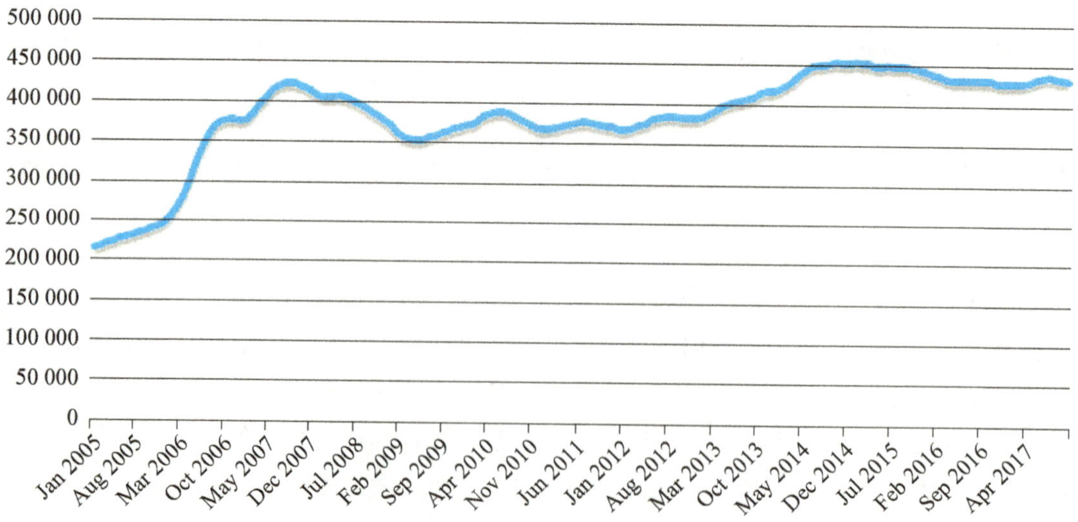

资料来源：加拿大地产协会CREA。

图1.22　卡尔加里房价指数（加元）

加拿大石油之都的房价在过去几年中可谓是跌得非常之惨。但在2017年5月开始，房价终于重新回到增长趋势上。卡尔加里的房价与石油价格还是会继续挂钩。而在目前的国际国内形势下，阿尔伯塔省的石油产业还是能够看到一线光明的。最大的利好因素就是通往温哥华、魁北克的两条输油管道以及一度被奥巴马否决的通往美国达科他州输油管道，将会为石油城带来不少经济效益和工作岗位。

2017年卡尔加里的房价稍微回暖了1%左右，目前仍然没到确定市场上涨趋势的阶段。不过继续下跌的可能性也同样不高。卡尔加里房价在2015年曾经一度达到平均50万加元以上，如果想要回到当时的水平，可能需要当地经济再努力一些。2018年当地涨幅可能还是徘徊在2%～4%之间。

长期稳定评分：★★★☆☆

支撑因素＆风险因素：石油

卡尔加里长期来讲房产市场除了石油，真的找不出其他关键影响因素。卡尔加里本身就靠着石油发家。一个位于山区曾经主要以农业为主的小镇因为地处世界最大的原油产地中心，在短短半个世纪成为加拿大第四大城市。可以说石油给了卡尔加里发展的核心力量，同时也是卡尔加里最大的“软肋”。2014年末石油大幅崩跌之后卡尔加里房产市场的波动已经告诉我们，石油对于当地有多么重要。长期来讲，想象一下将来人类不使用石油作为主要燃料的时候卡尔加里会是什么样子。但从另一方面，目前人类的确看不到短期内能够将石油彻底取代的可能性。所以我们有理由相信，卡尔加里的房产至少在石油产业继续保持的情况下，不会失去其最大的吸引力。

（三）欧洲市场

伦敦城市概况

GDP：5 800亿美元

人均收入：48 000美元/年

平均房价：67万美元

宜居水平：★★★☆☆

综合成本：★☆☆☆☆

短期潜力：★★☆☆☆

长期稳定：★★★★☆

1. 伦敦

伦敦是英国首都，也是整个英联邦国家名义元首英国女王的居住地，同时还是欧洲甚至全世界最热门的房地产市场。其中最后面这个头衔，在2016年英国公投决定退出欧盟之后，很多分析人士已经开始提出质疑。但在退欧公投一年多之后，我们仍然没有看到当地房地产市场有任何拱手让出这个世界第一宝座的迹象。英国媒体在过去一年中，普遍保持着相对悲观的态度。他们看待脱欧、看待英国临时政府、看待英国未来几年经济的态度大部分都是比较负面的。媒体曾经大肆报道称，伦敦金融区的大企业可能会在英国脱欧之后逃离伦敦，将总部搬到欧洲其他城市。但在过去的一年中，还没有哪个大型金融机构做出任何明显的动作。我们可以说，英国脱欧是最近几十年里，伦敦房地产市场经历过的最大挑战。但在这个世纪挑战面前，这个古老的市场充分表现出自身积累数百年打造的韧性。透明、稳定的房地产投资市场在风雨飘摇的英国政局影响下，仍然在2017年节节攀升，这可以说是伦敦房地产市场高稳定性最有力的背书。

宜居评分：★★★☆☆

美世生活质量调查排名：第40名

伦敦最著名的别称就是“雾都”。这个称呼顾名思义当然就是说伦敦当地雾气较大。实际上，学者们对于伦敦的雾，有两种解释。雾气聚集的一种原因是伦敦距离英吉利海峡很近，北海寒冷的雾气经常顺泰晤士河而上进入伦敦城。另外一个原因是英国作为工业革命的核心地区，拥有世界上最古老的燃烧煤矿历史。煤矿的大量燃烧导致了雾霾天气多发。英国政府近几十年一直在整顿当地空气污染问题。目前的伦敦，已经基本上只有雾，而没有霾了。不过伦敦的空气质量与北美或者澳洲城市比起来，还是会稍微差一些。

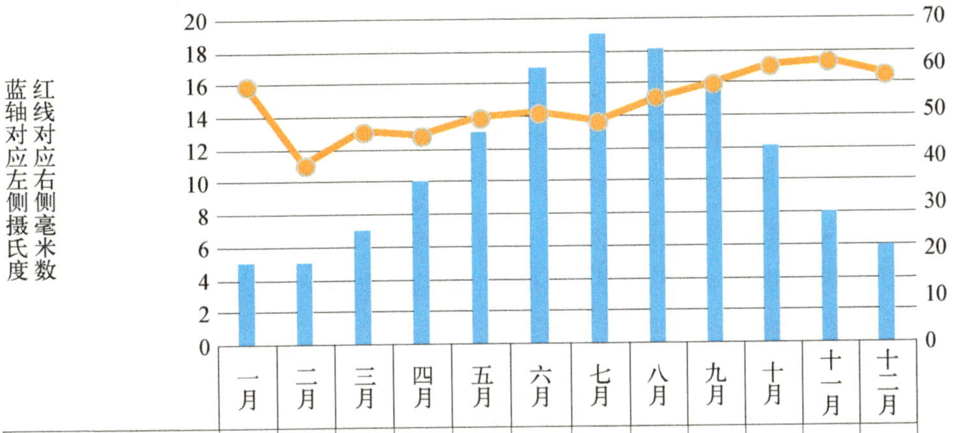

	一月	二月	三月	四月	五月	六月	七月	八月	九月	十月	十一月	十二月
月平均温度	5	5	7	10	13	17	19	18	16	12	8	6
降雨量	56	39	46	45	49	50	48	53	56	60	61	58

图1.23　伦敦气候概况

伦敦气候相对凉爽潮湿。当地1月平均气温5摄氏度，7月平均气温19摄氏度。年降雨量约为621毫米。尽管降雨量不多，但来自北海的潮湿空气仍然使当地整体偏向潮湿。当地人口众多，寸土寸金，所以伦敦大部分房产主要以公寓或是联排别墅的形式存在。而在洛杉矶号称5亿美元的豪宅没有建好之前，伦敦的海德公园一号顶层公寓仍然保持着世界最贵房产2.2亿美元的最高纪录。

伦敦公共交通系统发达，拥有世界上最密集的城市地铁网络之一。在伦敦市郊居住的人基本上是不会考虑开车上下班的，城区内很多道路都有上百年历史，既不宽阔，又错综复杂，从地图上就

伦敦市场关键数据

通勤平均距离	17公里
通勤平均时间	48分钟
四口之家月平均消费（不含房租）	3 600美元/月
单人平均消费（不含房租）	1 000美元/月
一室公寓租金（市区）	2 200美元/月
一室公寓租金（郊区）	1 580美元/月
三室公寓租金（市区）	4 180美元/月
三室公寓租金（郊区）	2 610美元/月
公寓均价（市中心）	17 600美元/平方米
公寓均价（郊区）	8 760美元/平方米

能看到，当地道路很少有横平竖直的状况。不过整体来说，公交的存在弥补了道路的缺陷，对于居住来说，伦敦交通状况尚算便利。伦敦当地的治安整体还算不错，至少在2015年遏制住叙利亚难民，并在2016年决定脱欧之后，欧洲大陆目前面临的治安问题在伦敦相对要好得多。同时伦敦当地是世界著名的教育和文化中心。从小学到大学的教育水平即使在全世界范围也首屈一指。大英博物馆等众多文化机构更是让人流连忘返。

作为欧洲最主要（基本也是唯一）的英语系大都市，伦敦的华人社区发展非常完善。超市、餐厅应有尽有。不过在欧美各国中，英国的移民政策算是相对严格的。尤其是在历任移民部长、素来以限制留学生政策著称的特蕾莎·梅成为首相之后，移民政策理论上说可能不会给海外投资者很多机会。伦敦的物价水平也是欧美各国中相对较高的，如果不在当地工作的话，除了房产投资之外，日常花销也要比其他国家开支更大一些。

综合成本评分：★☆☆☆☆

伦敦城历史悠久，很多老式建筑保养完好，配合历史情调和地理位置甚至比新房价格还高。当地市区公寓占多数，市区公寓平均价格高达每平方米17 600美元。伦敦市区土地价值连城，市区内独立有院子的古老豪宅动辄上千万英镑。而且这类房屋有价无市，不是轻易可以购得的。伦敦市面上主要的房屋类型基本是公寓或者联排类型房屋。

当地买房除了房款之外，律师费就可能达到上千英镑，而验房又要上千英镑。伦敦的房产转让费大约在1%～2%之间。同时第二栋房和出租的房屋需要缴纳土地印花税。在伦敦购买房地产，交房时需要缴纳大约房价2%～3%的额外费用。

伦敦没有地税，但有所谓的市政税，这项税务按照居民居住区域的不同从几千到上万英镑不等。持有伦敦房产，每年的市政税加上维护、水电等额外开销大约为房价的1%。

伦敦地区的税收政策比起英国其他地方要优惠得多，当地租房市场也非常火热。伦敦的平均售租比约为32，但市中心地区售租比达到欧洲最高的41.31。市郊租金应付市政税还是可以的，但考虑到伦敦市郊老房偏多，维护费用看起来不起眼，但天长日久也是一笔不小的费用。而且政府在2015年新加入的出租房屋印花税对于房东来说影响也不少。整体来说，在伦敦相对靠外的地区买房出租仍然有利可图，但利润已经不如一两年前那么高了。伦敦市中心理想地段房价基本都比较离谱，在较好的地段买房出租盈利的可能性不高，更多出租房屋的房东仅能回收一部分持有成本。纯投资者更多看中的是房屋本身价值的上涨。

短期潜力评分：★★☆☆☆

伦敦的房价指数在过去十多年整体上保持了一个非常稳定的攀升走势。2016年英国脱欧公投之后，以及2017年初的一段时间里，伦敦的房价走势趋于平缓，但在年中又开始回到上行方向。作为欧洲乃至世界上最重要的金融中心之一，伦敦的房价已经保持了上百年的世界领先水平。目前伦敦在房屋的售租比、价格与平均工资比例等方面都占据着欧洲城市中第一位的“宝座”。在这样稳定、完善、成熟的市场中，像澳洲、加拿大或者中国一线城市那种两位数的涨幅是非常罕见的。在2017年，市场已经逐渐接受了英国即将脱离欧盟这个事实。保持了上百年的高房价并没有因为英国退出欧盟而产生非常大的恐慌性下跌。古老的伦敦房地产继续作为全世界房地产市场中最稳定的一个群体而存在。

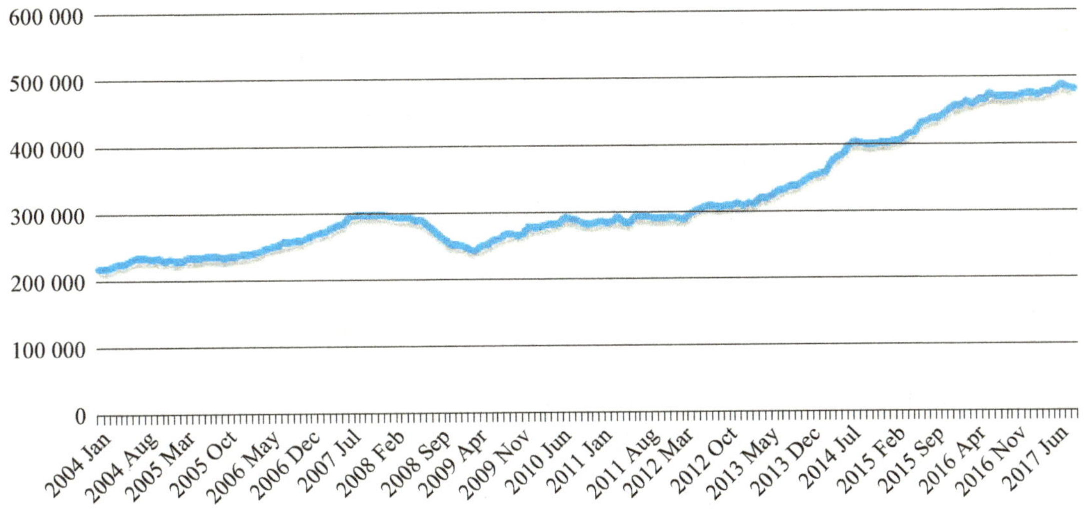

资料来源：英国国家统计局。

图1.24 伦敦房价指数（英镑）

“50万、100万、500万、1 000万美元在伦敦能买什么样的房产？”

价 位	50万美元	100万美元	500万美元	1 000万美元

位 置	伦敦金融区	伦敦新西敏区	伦敦肯辛顿区	伦敦西郊Denham
面 积	45平方米	50平方米	155平方米	658平方米
格 局	1卧1卫	1卧1卫	2卧2卫	7卧5卫浴
类 型	公寓	公寓	联排别墅	庄园
简 介	伦敦金融区老式公寓，交通方便，近地铁等公共交通枢纽，近英格兰银行	伦敦新西敏区，伦敦传统高尚社区，近白金汉宫、大本钟、维多利亚车站	伦敦海德公园西门豪华住宅区联排别墅，近海德公园、肯辛顿宫、商业街	伦敦西郊Denham区豪华庄园，占地2.5英亩，配有游泳池、酒窖

2017年伦敦房价的整体涨幅基本保持在2.5%左右，这和我们2016年的预测基本一致。相比2016年来说，涨幅有一定程度的萎缩。但比起很多媒体担忧的价格下跌，目前的局面绝对让房地产行业和伦敦的房主们松了一口气。

不出其他意外的话，2018年伦敦房价涨幅预计会在1%～3%之间。英国脱欧的漫长过程目前仍然在继续。2018年对伦敦房价最重要的影响因素也仍然将是脱欧进程的顺利与否。不过考虑到市场逐渐接受脱欧这一事实的情况，影响力比起过去的一年要小。我们在2016年曾经提醒过投资者,在一些老牌伦敦房地产大鳄重新配置资产的时候,新的投资者就有机会挤进伦敦这个有价无市的高端市场。事实上,在2017年确实有很多中资企业完成了这样的操作。未来几年内,伦敦市场仍然会在相对波动的环境下继续受到来自各方面的压力。但考虑到现有的汇率、利率、政治经济形势,大型资金进入伦敦的窗口期可能一闪即逝。等到伦敦房地产市场重新回到稳定,世界上顶级的市场将重新被老练的资本固守,留给新来者的空间绝对不会像现在这么多。

长期稳定评分:★★★★☆

支撑因素一:世界顶级都会区的吸引力

伦敦与纽约类似,即使在世界级大都会中,也可以保持最前列的超级城市。这样的市场,名字本身就是一个非常吸引人的品牌。伦敦尽管在20世纪末和进入21世纪已经逐渐失去欧洲一枝独秀的身份,但作为英语国家在欧洲的核心,当地仍然是英语世界最吸引人的欧洲房产投资标的。这种城市的吸引力主要体现在国际高净值投资者角度,所以伦敦的房产高端市场受到的支撑更多。

支撑因素二:经济规模

英国尽管目前在GDP上仅仅排到世界第五,但伦敦仍然是欧洲的金融中心。当地在英国本身的地位、在欧洲的经济地位都将继续支持就业、经济发展等与房产息息相关领域的表现。伦敦目前仍然拥有欧洲排名第一的人均GDP水平。当地居民本身的购房实力在未来支撑房产绰绰有余。

支撑因素三:稳定成熟的市场环境

伦敦城市历史已经有两千年,比英国本身的历史还要久远。而近代英国几百年的发展中,现有的伦敦房地产市场才在历史沉淀下逐渐形成。千百年的历史让伦敦的房地产行业积累了厚重的经验。这使得伦敦房地产市场完善、透明、稳定。长远角度讲,如此完善的房地产市场中,投资获得的保障要大大高于那些仍然在发展的市场。这也是伦敦在全世界房地产市场中一直占据最重要地位的主要原因之一。

支撑因素四&不确定因素:英国脱欧

我们的确在2016年见证了英国公投脱欧之后房产市场的恐慌,但是在最初的恐慌过后,市场冷静下来并进行了反思。2017年世界、欧洲、英国都已经开始逐渐接受脱欧这个事实。而结果告诉我们,至少到目前为止,伦敦房地产没有出现任何崩溃的迹象。伦敦房市在脱欧公投之后的一年多里,已经向我们展示了她的韧性,这反而成为该市场未来应对冲击的支撑。但在另一方面,我们必须承认,英国脱欧的整个过程仍然可能会在五年、十年甚至更远的时间里给伦敦带来负面影响。大企业目前还没有搬离伦敦,很多可能是因为比起急急忙忙地搬迁,慢慢转移业务的成本更小。未来伦敦还能不能留住这些给地产行业、给整体经济带来巨大支撑的企业,还需要英国的政治家谨慎小心、不走错任何一步才行。

2. 巴黎

2016年对于巴黎房产市场来说，算是危机之后出现转机的一年。在2015年年末巴黎爆发大规模恐怖袭击之后，当地房产就受到很大打击。不过在进入2016年之后，恐怖袭击造成的影响已经逐渐被淡化。作为欧洲最主要的文化、商业中心，巴黎房产市场重新靠自身的吸引力获得了不错的销售成绩。而且当地人口众多、城市化趋势高度集中的状态让巴黎继续保持房屋库存紧缺、中心地带房市供不应求的局面。英国脱欧为巴黎带来了新的潜在发展机会。伴随法国政府"大巴黎"计划的实施，当地一直在寻求吸引金融等大型企业前往巴黎成立总部。而英国脱离欧盟将可能在未来给隔海相望的巴黎带来更多发展机会。对于房产市场来说，大量跨国企业的入驻将带来更多高薪工作、更多富豪购房需求，以及更多的房产流动。

宜居评分：★★★☆☆

美世生活质量调查排名：第38名

巴黎位于法国北部巴黎盆地中央，塞纳河由东南至西北流经市区。整体来说，相比温暖的法国南部来说，巴黎受到寒冷大西洋气候影响的程度更高一些。这里冬季多雨，夏季相对炎热干燥。1月平均气温3摄氏度，7月平均气温19摄氏度。全年的降雨量为647毫米左右，但降雨量分布比较平均，同时受到雾气的影响，当地整体较为湿润。控制污染指数上，巴黎近些年已经好转很多，但与北美、大洋洲城市比较还是要差一些。

巴黎的出行在欧洲各大都市中算是相对不错的。这并不是说畅通无阻。实际上，考虑到限行、上下班高峰以及时不时出现的游行示威，巴黎的交通状况对于开车出行的居民并不友好。但市政府近年来一直大力发展公交系统，包括在一些节假日或者周末可能造成堵车的时段采取限行加公交免费的政策，让大部分巴黎人更愿意选择乘坐公共交通出行。这一定程度上缓解了巴黎当地的交通拥堵状况。巴黎城区中心的治安还算可以，在游客众多的市中心除了盗窃问题略微频繁之外，并没有特别让人担心的问题。但北部城市近郊的中亚、北非移民聚居区治安一直不太好。综合来讲，当地治安算是欧洲各大城市中的中游水平。

华人在巴黎的地位比较尴尬，这与上面说到的治安问题有很大联系。在这一点上宜居评分算是减分项。当地白人尽管也存在对外来人口不满的态度，但整体来说，还是相对欢迎有钱又不喜欢闹事的中国人。但是"华人有钱"的这一标签也导致当地犯

巴黎城市概况

GDP：7 700亿美元

人均收入：42 000美元/年

平均房价：100万美元

宜居水平：★★★☆☆

综合成本：★★☆☆☆

短期潜力：★★★☆☆

长期稳定：★★★☆☆

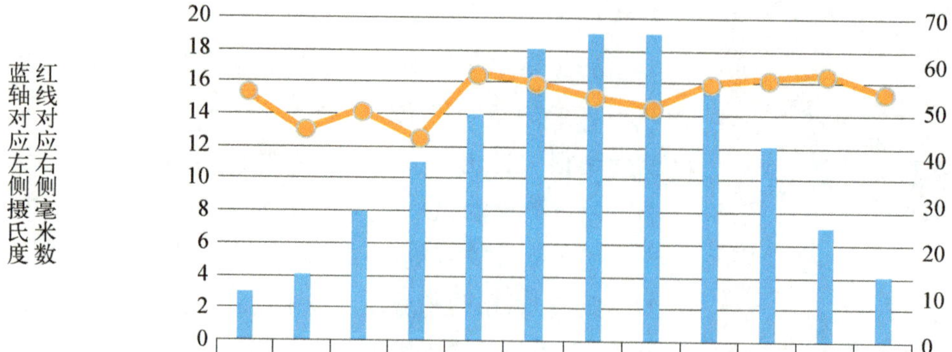

	一月	二月	三月	四月	五月	六月	七月	八月	九月	十月	十一月	十二月
月平均温度	3	4	8	11	14	18	19	19	16	12	7	4
降雨量	54	46	50	44	58	56	53	51	56	57	58	54

图1.25　巴黎气候概况

罪分子经常把华人当做目标。如果不在错误的时间出现在错误的地方,巴黎整体还是一个比较欢迎华人的城市,但鉴于个别地区的治安问题,我们还是不能将整个巴黎定为一个“比较适宜华人居住的城市”。

综合成本评分:★★☆☆☆

巴黎市场关键数据

通勤平均距离	16公里
通勤平均时间	42分钟
四口之家月平均消费(不含房租)	3 640美元/月
单人平均消费(不含房租)	1 000美元/月
一室公寓租金(市区)	1 260美元/月
一室公寓租金(郊区)	960美元/月
三室公寓租金(市区)	2 780美元/月
三室公寓租金(郊区)	1 900美元/月
公寓均价(市中心)	11 490美元/平方米
公寓均价(郊区)	8 060美元/平方米

巴黎市区以老式公寓占多数,市区公寓平均价格约为每平方米1.2万美元。

巴黎二手房私人之间买卖最主要的开销就是律师的公证费,大约在房款的7%～10%之间。巴黎的地税按照街区、地段的不同,同样面积和价位的房屋可能从几百到上千欧元不等。而且巴黎当地税率计算方式与其他很多国家不同,是按照房屋的出租价值而不是出售价值作为基数计算。购买巴黎房地产,在交易时需要缴纳的额外费用在房价的10%上下。

相对其他国家，法国人对于租客的保护可以说到了有些过分的程度。巴黎的平均售租比约为38.23。尽管租金负担政府的各项税收、房屋的杂费还是可以的，但是在巴黎租房需要事事操心。所以实际上，除了在当地居住的巴黎人外，海外投资者购房出租的仍然在少数。但从收入比例的角度，购买当地房产出租有一定的获利余地，但空间不大。

"50万、100万、500万、1 000万美元在巴黎能买什么样的房产？"

价 位	50万美元	100万美元	500万美元	1 000万美元

位 置	巴黎18区	巴黎7区	巴黎8区	巴黎16区
面 积	47平方米	60平方米	259平方米	450平方米
格 局	2卧1卫	1卧1卫	4卧4卫	5卧4卫浴
类 型	公寓	公寓	公寓	独立豪宅
简 介	巴黎市第十八区公寓，近巴黎北站，交通方便	巴黎市第七区，近埃菲尔铁塔、巴黎军事博物馆，交通方便	巴黎市第八区，靠近第一区，近卢浮宫、凯旋门，巴黎豪华住宅区之一	巴黎市第十六区安静豪宅区，240平方米大花园、室内游泳池

短期潜力评分：★★★☆☆

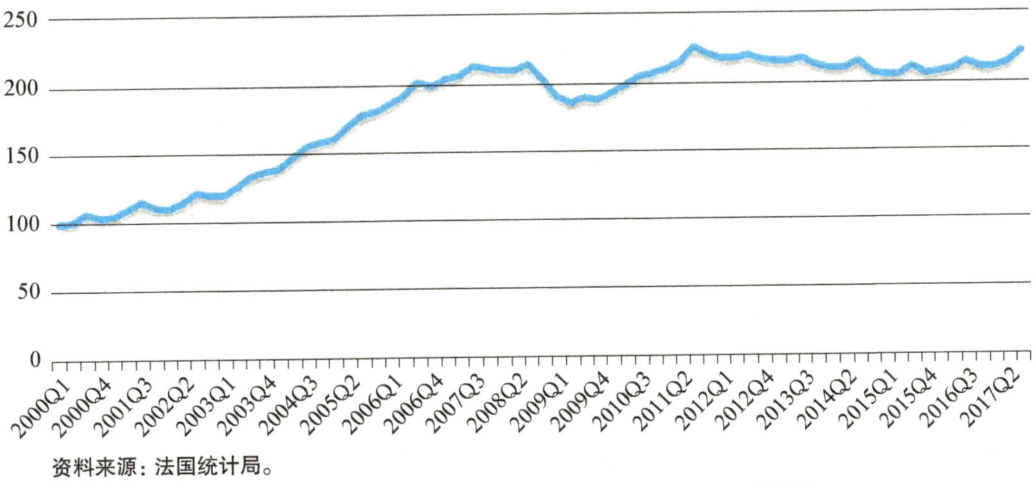

资料来源：法国统计局。

图1.26 巴黎房价指数（2000年按100计算）

巴黎房价在2012年到2015年经历了一段缓慢的下行趋势。不过到2016年开始，市场重新回到稳定攀升的局面。随着2017年法国大选结束，新一届政府的成立让经济前景得到一定程度的保障。这也刺激了当地房地产市场的热情。对于过去一年巴黎市场的表现，“浪漫”的法国媒体用了“爆炸性”等华丽的辞藻。不过，如果从房价指数的角度，当地房屋价值仅仅录得了3%～4%之间的年度增长。这种水平仅比物价的普遍增长程度稍稍高出。但需要注意的是，巴黎的房价目前已经达到了大革命之后最高的水平。考虑到法国的经济目前并不算表现特别优异，巴黎当地的工资水平在全世界大都会中也不算很高，目前的房价可以说确实有点让法国人感到“爆炸”。

另一方面，在伦敦仍然笼罩在脱欧引起的房地产崩盘阴影下的同时，海峡对岸的巴黎一直在等待金融大企业的临幸。可以说，乘坐高铁仅需要一个多小时的巴黎是伦敦企业搬回欧洲大陆最好的选择之一。然而在2017年，我们仍然没有看到大规模的此类活动。但这并没有打击到法国人的信心，他们仍然坚信巴黎房地产市场未来的美好前景，这给近期的投资活动带来一定程度的提振。

法国新一届总统马克龙在2017年当选时的政治主张主要集中在以下方面：坚持留在欧盟；抵制民族主义，同时强调安保和反恐；支持自由贸易。相比激进的勒庞来说，马克龙给法国带来了更稳定的未来政治氛围。对于房地产市场来说，这是不错的现象。尤其是马克龙在对中国资本进入和华裔移民的态度上比勒庞好得多，这在未来几年内给中国资本进入法国房地产减轻了不少阻力。

2018年预计巴黎的房价涨幅在现有的基础上仍然有上升空间。法国以及欧洲整体的经济局势将是一个短期内的影响因素。在不出现其他突发因素的情况下，巴黎房价继续保持4%～5%的涨幅应该是可以期待的。

长期稳定评分：★★★☆☆

支撑因素一：人口基数，法语世界中心

尽管法国和法语已经不像17、18世纪那样在全球占据统治地位，但巴黎作为法语国家中最大的城市仍然对持同类语言的人具有巨大吸引力。巴黎市区人口约为200多万，而在整个大巴黎范围内人口达到近一千万的水平。庞大的人口基数成为房产需求坚实稳定的主要支撑。

支撑因素二：奢侈品、豪宅、香榭丽舍大道

巴黎目前的经济主要依赖于当地的商业和服务业。城市中的企业80%是商业、公共交通、服务业等类别。6.5%的巴黎企业从事建筑业。仅有3.8%在巴黎注册的企业从事工业生产。著名的香榭丽舍大道上化妆品、奢侈品店铺，以及当地人口加上成千上万旅游者支撑起的酒店服务业成为城市最主要的经济来源。这些因素支撑着巴黎在全世界排名前五名的房价。考虑到奢侈品相对不太受长远经济发展和社会进步影响，我们认为只要巴黎人继续保持对流行的嗅觉，那么当地总会在全球的经济体系中占据一席之地。这将给当地房产，尤其是高端房产带来相应的支撑。

风险因素：宗教、难民

法国在过去近半个世纪从殖民地独立、难民政策以及其他途径吸收了大量不同宗教、不同种族的难民和移民。这些人目前有一大部分就居住在巴黎北部近郊。人口众多的伊斯兰教移民与法国本地人的融合，尽管经过数十年仍然没有进展，很多人也把近期发生的一系列恐怖袭击归咎于法国目前的宗教和民族问题上。目前来看，法国政府对此也无能为力。这一点在未来将继续成为巴黎房产市场的较大潜在风险。

柏林城市概况

GDP：1 500亿美元

人均收入：36 000美元/年

平均房价：33万美元

宜居水平：★★★★☆

综合成本：★★★☆☆

短期潜力：★★★★☆

长期稳定：★★★☆☆

3. 柏林

作为欧洲最大的经济体，德国一直是全世界技术型人才向往的移民目的地之一。德国政府对于房产的严格管控长期以来都是当地房产市场稳定的基石。这里不会有因为大量资金涌入产生的房价飙升，但同时也基本上避免了房市出现泡沫或是大幅下滑的风险。整体来说，对于不在当地居住、只求回报率的投资者来说，柏林或许并不是一个合适的投资标的。但对于未来想在德国发展、并在此长期居住的人士来说，当地房产的稳定性绝对处于世界顶级水平。此外，对于大型投资机构来说，柏林的商业房产也是提供稳定租金来源的长期可靠投资目标，“最有潜力的房产市场”这个称号更多还是针对上述这个方面来评价的。

宜居评分：★★★★☆

美世生活质量调查排名：第13名

Monocle生活质量调查排名：第3名

柏林位于德国北部的低地平原地区，距离波罗的海大约100公里。这里基本是标准的北欧城市气候，相对寒冷潮湿。1月平均气温零下1摄氏度，7月平均气温19摄氏度。年降雨量约在570毫米。柏林附近有大量的河流和湖泊，这为当地提供了丰富的水资源。

柏林的城市规划可以算是全世界大都市的典范。德国人缜密而又注重创新的思维让城市整体的规划方式符合长远发展的需求。当地飞机场、火车站等核心建筑相对分散，但城市通过公共交通紧密连接。在市区对于私家车进行限制，但同时在郊区外部拥有不限速的高速公路来缓解城区压力。柏林在城市基础设施建设上也处于世界前列。在考虑城市公共设施、公交系统为主的英国时尚杂志*Monocle*城市生活调查中，柏林名列第三位，被认为是非常适宜居住的大都会城市。

治安可能是2016年柏林人感到最为头疼的一个问题。在叙利亚难民潮涌入德国之前，当地的治安可以算是整个欧洲乃至整个西半球最好的地区之一。但在叙利亚难民涌入德国之后，大量游手好闲又人数众多的难民成为当地治安的黑洞。对此德国社会也产生了巨大动荡，同意接受叙利亚难民的德国总理默克尔也因此受到德国部分民众的指责。整体来说，柏林长期以来的治安水平还是比较稳定的。2016年的难民问题对德国有不小的影响，但随着居民对于难民的抵触情绪越来越大，预计政府也不会一直坐视不理。

柏林华人中技术移民的比例不小，其他的移民主要在当地经营小商业。整体来说，当地对于华人的态度非常稳定。至少相比

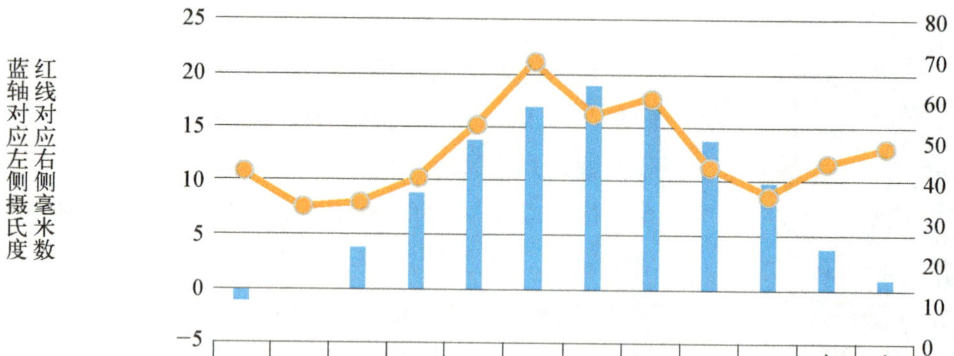

	一月	二月	三月	四月	五月	六月	七月	八月	九月	十月	十一月	十二月
月平均温度	−1	0	4	9	14	17	19	18	14	10	4	1
降雨量	43	34	35	41	54	70	57	61	44	37	45	49

图1.27 柏林气候概况

近两年难民涌入来说,德国当地人对华人的威胁几乎可以忽略不计。整体来说,难民不管在任何方面都成为柏林在2016年宜居水平上最减分的一项。

综合成本评分:★★★★☆

柏林市场关键数据

通勤平均距离	11公里
通勤平均时间	32分钟
四口之家月平均消费(不含房租)	2 950美元/月
单人平均消费(不含房租)	860美元/月
一室公寓租金(市区)	880美元/月
一室公寓租金(郊区)	630美元/月
三室公寓租金(市区)	1 800美元/月
三室公寓租金(郊区)	1 240美元/月
公寓均价(市中心)	5 580美元/平方米
公寓均价(郊区)	3 800美元/平方米

柏林的房价在整个欧洲大城市中算是比较低的。柏林市区公寓平均房价约为每平方米5 500美元。柏林的房地产市场与其民风一样严谨,主要的户型基本都是紧凑的公寓。独立屋或者豪宅相对稀少。

在柏林购置房产,买方需要缴纳7.14%的含税佣金。公证费和其他登记费用大约为房价的1.5%。同时柏林当地房产转让税为6%。在柏林购买房产,交易时需要缴纳大约15%的额外费用。

柏林除了地税之外，还有公共资源费用。购买当地房产，每年的固定开销不到房价的0.5%。不过当地房屋存在巨大差异。很多一二百年的老屋经历过第二次世界大战的动荡还是完好无损、结构坚实，但在战后50～80年代资源匮乏时期，有些房屋结构就比较薄弱，维修费用可能很高。

如果法国人对于租客的保护到了有些过分的程度，那么德国人简直视租客为上帝。柏林的平均售租比约为27.70。在缴交完柏林各种印花税、收入所得税、房屋维护费用之后，柏林的房屋出租基本是仅能保持收支平衡。海外买家在柏林买房出租并不是特别合适，当地的房产还是主要适合在柏林居住生活的人们，这一点也是德国政府制定政策的初衷。

“50万、100万、500万、1 000万美元在巴黎能买什么样的房产?”

价　位	50万美元	100万美元	500万美元	1 000万美元

位　置	柏林Mitte	柏林Mitte	柏林Mitte	柏林Mitte
面　积	69平方米	222平方米	436平方米	356平方米
格　局	1卧1卫	3卧3卫	10卧11卫	6卧5卫浴
类　型	公寓	公寓	豪华公寓	豪华公寓
简　介	柏林市中心公寓，交通方便，近主要铁路、公路枢纽	柏林市中心高级大户型公寓，交通便利，楼内设施齐全，建筑风格古朴，内部新装修	柏林市中心豪华公寓，建于1804年普鲁士时代，曾是皇室成员财产，内部精装修	柏林市区现代化豪华顶层公寓，360度柏林市区风景，眺望德国国会，内部装修奢华，配有家庭影院、酒窖

短期潜力评分：★★★☆☆

柏林房价在最近两年已经开始表现出价格涨幅攀升的趋势。尤其是2017年涨幅更是明显。德国政府在控制了多年房地产市场之后，尽管德国房产市场本身存在很多限制炒房的因素，但本国内部的需求变化已经开始让一直保持稳定的德国房产在2015年和2016年达到接近10%的涨幅。2017年柏林的房价涨幅继续维持在10%以上。尽管最近数年涨幅都达到两位数，但考虑到当地房价与世界其他地区的比较，偏低的价位仍然是吸引投资者的重点之一。德国2017年的大选最终有惊无险，这更给柏林房地产市场带来了继续稳定增长的动力。

柏林房价在2017年的涨幅为11%左右，这个比例仍然高出大部分德国城市的房价涨幅，远远超过德国整体大约5%的房价涨幅。可见在房地产整体走强的德国，柏林的吸引力仍然是数一数二的。随着默克尔继续连任，预计这种涨幅在未来仍然可以延续。

2018年德国或者说整个欧盟的政治问题仍然是柏林房地产市场最值得研究的短期影响因素

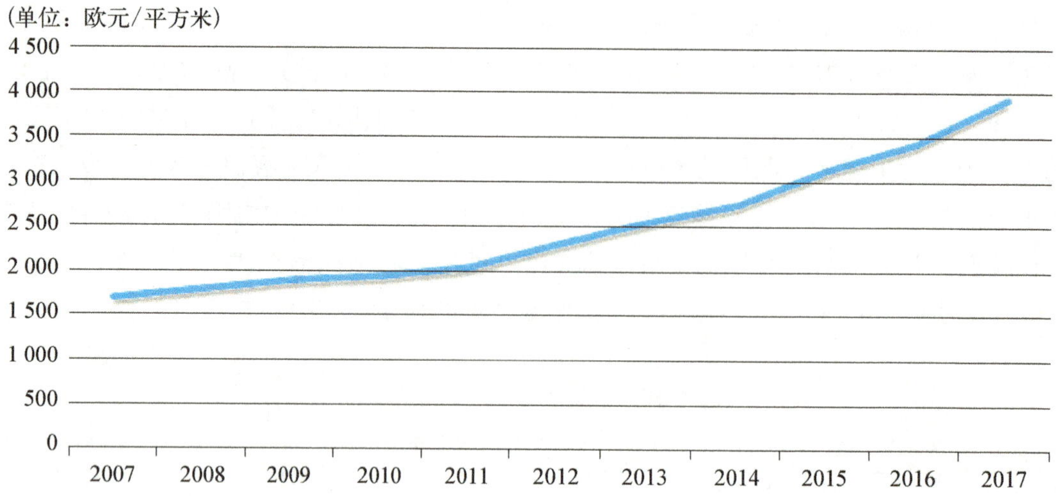

资料来源：柏林Guthmann地产。

图1.28　柏林房价均值

之一。默克尔尽管在2017年德国大选中胜出，但基民盟的优势已经不像前几年那么明显。政策改变似乎已经势在必行。本国经济、难民政策问题，以及如果应对与欧盟成员国之间的关系将对柏林未来产生巨大影响。但按照目前的走势，再出现8%到12%的年度涨幅还是可以期待的。

长期稳定评分：★★★☆☆

支撑因素：政治经济稳定性

德国是目前世界上第四大经济体、欧洲第一大经济体。稳定的经济是当地市场最大的房产支撑因素之一。但与其他世界发达国家不同的是，德国政府对于房产一贯的态度是居者有其房。长期严格限制房产投机，让德国的房价、房屋销售量和供需关系都一直保持在非常稳定的状态下。德国民众对于政府在这方面的政策非常满意，不管是目前执政的基民盟还是在野诸党派，都没有表现出要大幅改革这一方面的态度。所以至少在可预见的未来，德国房产将继续以保值为最大卖点。

风险因素一：难民问题

难民问题在目前仍然仅仅算是德国短期需要解决的难题。上千中东难民聚集科隆大教堂附近，性侵、抢劫的情况只是难民初到德国、双方都没有安定下来的突发情况。但即使德国成功安置了难民，并在未来顺利在身份、工作和稳定生活等方面解决了难民的问题，也难保不会出现类似法国的困境。如果说德国的房产政策是让当地长期稳定绝对值保持世界前列的主要因素，那么德国目前面临的难民问题则可能是未来不断拉低德国稳定性的火药桶。

风险因素二：欧盟的未来

德国作为欧盟内部最大的经济体，被很多人认为是从欧盟体制中受益最多的国家之一。德国房产自然也会多多少少分到一些实惠。但尽管默克尔和基民盟在2017年的大选中惊险过关保住执政权，但欧盟未来的走势已经不像几年前那么稳定。如同英国一样，我们并不能确定脱离欧盟的大市场德国房产就不会发展得更好，但欧盟的未来对于当地房产仍然是最大的不确定因素。长期来讲，这种不确定因素不仅仅会影响价格，也会影响很多投资者对德国房产的态度。

维也纳城市概况

GDP：1 040亿欧元

人均收入：32 000欧元/年

平均房价：42万欧元

宜居水平：★★★★★

综合成本：★★★☆☆

短期潜力：★★★☆☆

长期稳定：★★★★☆

4. 维也纳

"音乐之都"维也纳在最近几年的世界宜居城市排行榜上一直保持领先地位。当地文化氛围浓厚的特点使维也纳吸引了大量慕名而来的游客和移民。整体安全有序的城市生活使维也纳获得了全球各界非常高的评价。而奥地利政府近些年为了挽救经济颓势对移民政策的网开一面也是维也纳房产市场逐渐升温的主要原因之一。和柏林较为类似，维也纳当地2016年年末和2017年年初受到难民潮的影响存在一些暂时性的不利因素。不过与德国不同的是，在经过最初的混乱之后，奥地利政府在接纳难民的问题上相对强硬许多。这一点使维也纳治安等问题在难民潮安定之后有所缓解。不过作为"欧洲首都"以及前往福利更高的北欧国家的必经之路，维也纳当地仍然存在大量流动人口。这对于当地房产短期的走势来说并不是个好消息。

宜居评分：★★★★★

经济学人宜居性调查排名：第2名

美世生活质量调查排名：第1名

Monocle生活质量调查排名：第2名

维也纳坐落在阿尔卑斯山东北麓和维也纳盆地西北部之间，多瑙河自东南向西北贯穿维也纳市中心。由于东部大陆气候和西部海洋气候的交汇影响，维也纳冬夏两季的差别较大。冬季寒冷干燥，夏季炎热多雨。1月平均气温零下1摄氏度，7月平均气温20摄氏度。年降雨量约为623毫米，降雪量约为0.68米。

城市过去主要是在多瑙河南岸发展起来的，北岸的发展相对较新。这里得天独厚的地理条件使当地自古就是欧洲重要的交通咽喉要道，也使得当地历来都是兵家必争之地。不过多灾多难的历史也为城市留下了大量宝贵的文化遗产。罗马帝国和奥匈帝国统治时期，维也纳发展最为繁盛。大量宏伟的历史建筑使维也纳成为欧洲最著名的历史名城。

作为东西欧政治、经济和文化的跳板，维也纳居民的生活质量相当高，在整个欧洲可以说是居民生活质量最高、犯罪率最低的城市。当地对农业的重视也是亮点之一。维也纳16%的土地被用于种植各种蔬菜水果。而温和的气候也适合大部分蔬果生产，这使当地居民一年四季可以吃到附近生产的新鲜食品。不过据很多在维也纳居住的华人表示，维也纳当地的中餐水平不高，所以到当地居住，如果不适应西餐的话，可能需要自己下厨。

维也纳的交通状况非常不错。作为欧洲第四大城市，当地的

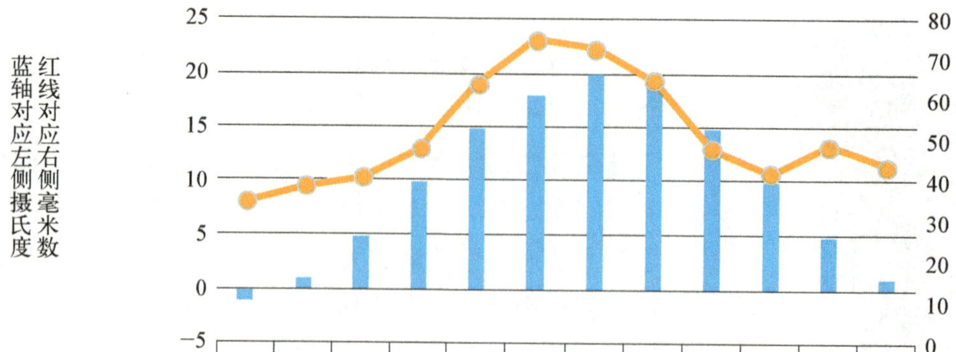

	一月	二月	三月	四月	五月	六月	七月	八月	九月	十月	十一月	十二月
月平均温度	−1	1	5	10	15	18	20	20	15	10	5	1
降雨量	35	39	41	48	64	75	73	65	48	42	49	44

图1.29　维也纳气候概况

实际交通拥堵情况并不严重。公共交通为城市缓解了不少压力。当地的教育最为出名的是对于音乐等文化领域的造诣。如果希望未来子女在音乐方面有一技之长，那么维也纳算是一个教育子女最适宜的居住地。

综合成本评分：★★★☆☆

维也纳市场关键数据

通勤平均距离	8公里
通勤平均时间	26分钟
四口之家月平均消费（不含房租）	3 100美元/月
单人平均消费（不含房租）	885美元/月
一室公寓租金（市区）	930美元/月
一室公寓租金（郊区）	640美元/月
三室公寓租金（市区）	2 020美元/月
三室公寓租金（郊区）	1 260美元/月
公寓均价（市中心）	8 480美元/平方米
公寓均价（郊区）	4 330美元/平方米

维也纳房产市场相对比较开放，这也成为当地房价攀升的主要原因之一。不过由于奥地利经济发展并不像德国、法国等地那么吸引人，当地的外来人口增长并不是特别迅速。维也纳市区公寓平均价格约为每平方米8 500美元。

在维也纳购买房产需要缴纳1%～3%的法务费用。过户费大约是房款的3.5%，登记税1%，另有中介费1.5%～2%，总计额外支出7%～10%之间。

维也纳地税大约为0.225%。维持房屋最大的开销可能就是维修。老房子经常需要维护，这可能会是一笔不小的意外开支。但整体来说，当地养房成本并不算是世界各大城市中较高的。

维也纳的房屋售租比是欧洲大城市中第三高的38.35，仅次于英国伦敦和意大利的罗马。在维也纳海外买家买房出租并不是特别合适，一方面，租金和房屋价格并不是特别成正比；另一方面，我们前面讲到，当地经济发展并不是特别强劲，租客数量不多、租金不高，而且很难找到理想又稳定的租客。

"50万、100万、500万、1 000万美元在维也纳能买什么样的房产?"

价　位	50万美元	100万美元	500万美元	1 000万美元

位　置	维也纳Dobling	维也纳内城区	维也纳市郊巴登	维也纳内城区
面　积	44平方米	135平方米	667平方米	350平方米
格　局	1卧1卫	1卧1卫	7卧7卫	4卧5卫浴
类　型	公寓	豪华公寓	独立豪宅	豪华公寓
简　介	维也纳城西高尚住宅区，交通便利，近主要交通枢纽，公寓配有公用游泳池	维也纳内城区中心地带豪华公寓，交通便利，公寓配置齐全，配有健身房、公用游泳池等	维也纳市郊传统豪宅区，历史悠久，建筑成于19世纪，曾为奥地利贵族府邸，典雅欧式花园	维也纳内城区，由历史建筑亨克尔杜能司马克宫改建而成的豪华公寓，奥地利皇室成员前宅邸

短期潜力评分：★★★☆☆

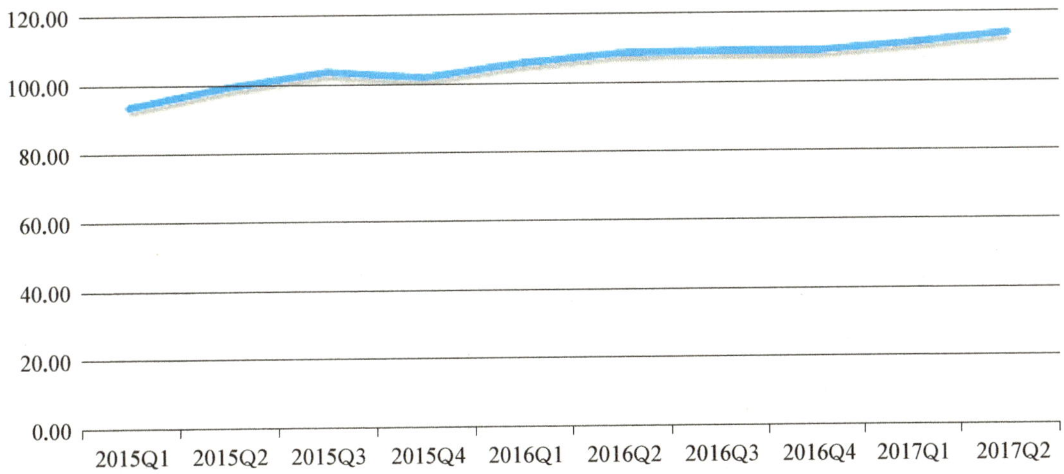

资料来源：欧洲央行。

图1.30　奥地利房价指数(2015年按100计算)

2017年奥地利全国的房价涨幅在5%左右。房价在过去一段时间上涨趋势加剧的情况是毋庸置疑的。世界上最宜居城市之一的特征仍然让维也纳成为全世界房地产投资者的关注焦点。但作为奥地利首都的维也纳目前的房价涨幅只有大约3%，低于全国的平均值。可以说，靠近阿尔卑斯山的乡间庄园仍然是海外投资者更热衷的投资标的。而维也纳城区内由于房源充足、房价涨幅不高，整体的吸引力还是小一些。

2018年维也纳的房价涨幅可能会继续保持这种低于国内其他地区的状态。考虑到政府对房地产可负担水平的控制，购买维也纳的房产，更多是为了享受当地舒适的文化气氛。

德国和法国在2017年纷纷结束了国内大选，这给欧洲相对小国奥地利带来政治上的一些稳定因素。而随着2015年叙利亚难民潮的冲击逐渐被消化，市场也开始回到稳定。理论上2018年相比2017年更有投资维也纳房地产的理由。所以我们预测的当地房价也会稍微调高至3%～5%之间。

长期稳定评分：★★★★☆

支撑因素一：宜居水平

维也纳长期以来宜居水平都排在世界前列。这本身就是一种无形的房产稳定因素。大部分前往当地居住的房产投资者看中的是维也纳的居住环境而不是投资回报率。这一点保证了当地房产市场很难出现大幅崩跌、投资者蜂拥出逃的局面。维也纳曾经被称作欧洲的中心，但目前实际上也仅仅是欧洲诸多大城市中较为不起眼的一个。当地并不是特别受国际上追逐利益的炒房团关注。这对于维也纳来说，也是房产市场保持稳定的优势。

支撑因素二：欧洲中心地位

尽管奥地利经济在欧洲并不算特别发达，但维也纳作为欧洲东部最大的都市之一，连接了整个欧洲东西南北各个方向的国家和人民。这也是几百年前维也纳建城时开始就有的优势。在欧盟地区劳动力流动频繁的今天，维也纳作为该地区的地理中心，将继续保持对四周国家劳动力的吸引力，这给当地房地产带来长期支撑。

日内瓦城市概况

GDP：1 200亿美元

人均收入：82 000美元/年

房价中值：148万美元

宜居水平：★★★★☆

综合成本：★★☆☆☆

短期潜力：★★☆☆☆

长期稳定：★★★★☆

5. 日内瓦

瑞士整体房产的活跃程度在过去两三年内已经开始出现大幅冷却的迹象，当地移民趋势和不断增加的海外投资让日内瓦和伯尔尼等主要市场房价不断攀升。瑞郎“黑天鹅”事件爆发之后，瑞士的房价水平已经大大超出了当地年轻人的可负担范围。这让很多分析师和研究机构都相信瑞士的房市将会冷却。尽管如此，在欧洲大陆整体动荡、全球经济不景气的情况下，日内瓦当地的核心房价指标仍然继续在年内保持了2%左右的提升。尽管涨幅缩小，但瑞士房产在逆境中仍然表现出顽强的韧性。这从另一方面证明了作为世界最著名的银行业国家，瑞士在房产上也表现出非常稳定的保值作用。

宜居评分：★★★★☆

美世生活质量调查排名：第8名

Monocle生活质量调查排名：第22名

对于宜居的评比标准很多，全球各种杂志每年都会进行多种多样的评比。日内瓦在某些评比中获得非常高的顺位，这主要是出于城市政治、经济的国际地位。对于企业家来说，日内瓦是非常舒适的居住地。当地众多的国际活动能为企业家带来大量信息，而舒适凉爽的山区空气则保证高净值投资者们能够头脑清晰。

日内瓦城区海拔大约373米，四周被阿尔卑斯山围绕。当地1月平均气温1摄氏度，7月平均气温20摄氏度。当地年降雨量934毫米左右。当地独特的山区地理环境让这个世界“和平之都”人口难以与其他大都市相比。日内瓦市区的面积仅有15平方公里左右，市区人口18万左右。不过在另一方面，四周环绕的雪山也为当地提供了独特的景观，在宜居评分上额外加分。

整体来说，日内瓦的治安还是非常不错的。不过和大部分欧美大城市相比，夜间针对游客的抢劫和盗窃活动还是一定程度存在。当地人口稀少，在交通方面倒是并不存在特别拥堵的情况。不过生活消费水平偏高算是日内瓦一个不太吸引人的地方。整体来说，对于能够远程操作生意的企业家投资者来说，日内瓦是一个非常适宜居住的地方，不过对于以工资为主要收入的居民来说，当地的物价和稀少的工作机会并不算非常友好。

综合成本评分：★★☆☆☆

日内瓦房价在整个欧洲来说相对算是比较高的，由于城市规模较小，相对的房源也比较紧张。当地市区公寓平均价格约为每平方米1.3万美元。

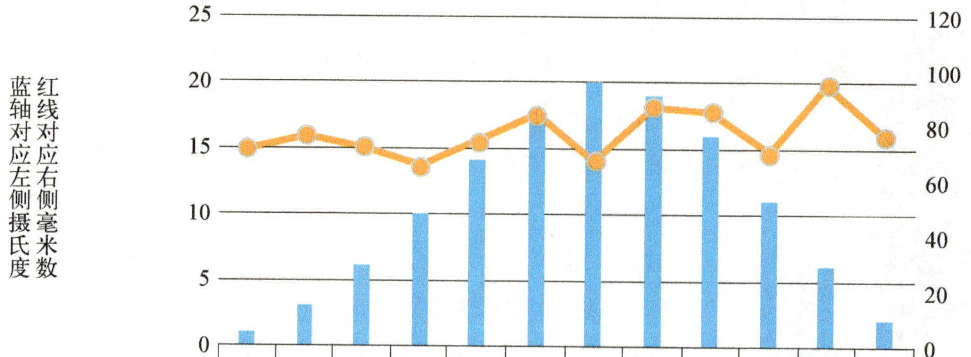

	一月	二月	三月	四月	五月	六月	七月	八月	九月	十月	十一月	十二月
月平均温度	1	3	6	10	14	17	20	19	16	11	6	2
降雨量	72	77	73	66	75	85	68	88	86	71	96	77

图1.31　日内瓦气候概况

日内瓦市场关键数据

通勤平均距离	9公里
通勤平均时间	24分钟
四口之家月平均消费(不含房租)	5 470美元/月
单人平均消费(不含房租)	1 475美元/月
一室公寓租金(市区)	2 200美元/月
一室公寓租金(郊区)	1 850美元/月
三室公寓租金(市区)	5 920美元/月
三室公寓租金(郊区)	3 210美元/月
公寓均价(市中心)	12 850美元/平方米
公寓均价(郊区)	6 340美元/平方米

在日内瓦购买房产需要缴纳4%左右的过户费,另外还有4%左右的中介费用。在当地购买房产需要缴纳房价8%左右的额外费用。

日内瓦的地税是按照个人净资产的高低收取的,这还是比较符合瑞士作为世界著名银行业国家的特征。个人拥有的房产、股票、基金等均会被考虑到征税标准中。对房产的税率大概在0.3%～0.5%之间。不过这个税率仅仅是"拥有"房屋的成本。房屋出租所获得的收入要交税、房屋升值同样要交税,可以说在这一点上,精通银行业的瑞士政府充分利用了在当地投资的国际富豪每一分资产价值。不过整体来说,瑞士毕竟是世界上著名的准"避税天堂"国家。拥有房产需要的固定开销并不算特别大。

精通计算的瑞士人在房屋出租问题上还是给投资者留下了一些空间。日内瓦房屋售租比

31.80。尽管相对值不低，但税收的主体都是出租的收入，所以政府还是留下一部分给房东用于房屋维护和自己的收入上面。不过当地房源稀少，能够买到适合出租的房屋不是很容易。但瑞士作为旅游度假胜地，不管是长租还是短住，寻找租客还不算太难。

"50万、100万、500万、1 000万美元在日内瓦能买什么样的房产？"

价　位	50万美元	100万美元	500万美元	1 000万美元

位　置	日内瓦市区	日内瓦市区西部	日内瓦 Anieres	日内瓦湖畔
面　积	34平方米	159平方米	295平方米	314平方米
格　局	1卧1卫	4卧3卫	6卧7卫	3卧3卫浴
类　型	公寓	公寓	独立豪宅	豪华公寓
简　介	日内瓦市区北部，靠近日内瓦国际机场，交通便利	日内瓦市区西部，靠近高速公路，交通便利，社区安静稳定	日内瓦湖东岸庄园，占地一英亩，近瑞士法国边境，配有酒窖、果园	日内瓦湖畔豪华公寓，全日内瓦市区最佳湖景，近日内瓦火车站

短期潜力评分：★★☆☆☆

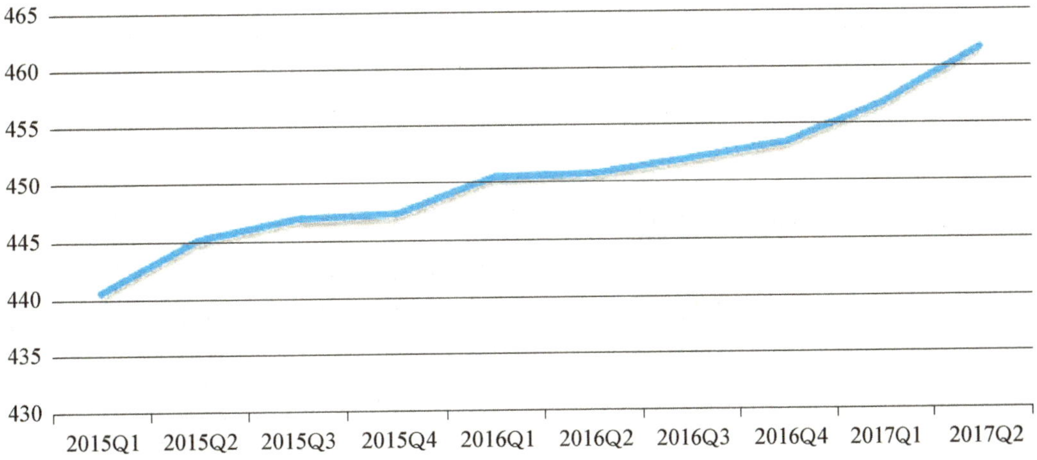

资料来源：瑞士中央银行。

图1.32　瑞士房价指数（1971年按100计算）

日内瓦房产价格在21世纪基本没有太大的波动，如果单独考虑价格走势图的话，也看不到这种趋势将会出现巨大变化的可能性。2017年瑞士四周国家的政治局势并不稳定，但最主要的两个欧盟政治不确定因素来源，法国和德国大选最终都朝向欧盟稳定的方向发展，这对瑞士经济的未来和社会稳定来说是有利的。在瑞郎“黑天鹅”事件之后,瑞士一直受困于各种经济问题。而几个主要城市房价居高不下也是该国社会问题的重要一环。作为世界上一直公认的避险国家和准“避税天堂”,瑞士一直受到海外资金的青睐。而瑞郎的低迷则给资金进入瑞士提供了更多途径。不过按照目前的汇率和房价水平,日内瓦已经让很多人消费不起。这使2017年当地房价涨幅没有出现太大波动。

由于瑞士目前没有官方的城市房价指数,我们从日内瓦当地的公寓每平方米叫价变化看,房价的涨幅只有1%～2%。瑞郎在未来一年不发生重大波动的话,我们认为这个价格还会继续保持。

瑞士的房地产市场投资最大的优势就是保值和避税。房价本身的涨幅回报并不是投资当地房地产的主要目的。不过考虑到瑞士的房价水平和生活成本,在这里投资,对于投资者的资金储备要求也比较高。

长期稳定评分:★★★★☆

支撑因素一:政治稳定性

瑞士在过去数百年来,一直在纷乱的欧洲很完美地保持了自身的领土完整和国家稳定。即使在第二次世界大战最艰难的时期,瑞士也保持了相当程度的中立和完整。在全欧洲几乎都加入欧盟的时候,瑞士人继续谨慎地选择了若即若离的态度。当地尽管没有从加入欧盟中获取利益,但同时也不会因为欧盟的一些问题而导致经济波动。瑞士人一直以古老、谨慎、缜密的银行业运营而著称。而日内瓦的房产与此类似,这是保值的象征。

支撑因素二:资产稳定性、准“避税天堂”

尽管瑞士目前的税收并不能称之为我们通常意义上的“避税天堂”,但当地对于外汇不设管制、客户利益至上的政策仍然让瑞士成为很多富裕阶级保存资产的绝佳选择。瑞士目前的税率对于某些行业或者特定的经济行为有一定的政策优惠。属于准“避税天堂”或者“租税胜地”的概念。相应地,日内瓦的房产也成为这些富豪关注的投资标的。瑞士人对自己的这种国际身份目前还是非常满意。我们也认为这一点上在可见的未来不会出现动荡。基于这种考量,我们认为日内瓦房产将继续受益于瑞士避税国家的身份。

风险因素:瑞郎“黑天鹅”

自从2015年的瑞郎“黑天鹅”事件之后,瑞士的金融体系就面临着冲击。而瑞士央行对于瑞郎的控制也继续成为全世界外汇投资者的关注重点。瑞士的房产在这个问题上也受到不小的影响,随着瑞郎汇率大幅攀升,瑞士的房产成本升高,进而影响了需求。不过我们从长远角度看,更需要注意的是瑞士政策的转变。随着全球金融体系的不断发展,瑞士人也逐渐进行一系列改革。那么现有瑞士的稳定资本市场未来是会继续保持还是逐渐向其他国家靠拢,这还需要进一步观察。总体上讲,我们仍然认为类似瑞郎“黑天鹅”的事件暂时是一种独立的现象。但做长远投资的时候,必须考虑这种现象会不会在未来对瑞士房产市场产生影响。

巴塞罗那城市概况

GDP：2 600亿美元

人均收入：24 000美元/年

平均房价：31万美元

宜居水平：★★★☆☆

综合成本：★★★☆☆

短期潜力：★★★★☆

长期稳定：★★★☆☆

6. 巴塞罗那

巴塞罗那在2017年因为独立事件而备受关注。不过当地的房市却并没有受到政治问题影响，连续第二年发力攀升。房价从之前几年的颓势中开始回暖，而且最明显的乐观信号是当地的房屋成交量已经开始出现大幅回升。西班牙整体经济形势目前仍然不容乐观，但政府近年来吸引海外投资的计划已经初见成效。尤其是房产市场简单粗暴的“买房即移民”政策吸引了大量来自海外的投资。这让西班牙房产市场逐渐活跃起来。另一方面，作为欧洲最西端的国家，西班牙在过去一段时间中叙利亚难民潮问题上受到的影响最小。当地福利与北欧国家不可同日而语，但这就导致前往西班牙的都是真正希望开展新生活的难民。他们的到来不但没有让当地环境恶化，反而增加了大批非常有质量的劳动力。

宜居评分：★★★☆☆

美世生活质量调查排名：第39名

Monocle生活质量调查排名：第24名

巴塞罗那位于地中海北岸。北部是分割法国和西班牙的比利牛斯山脉。山脉的存在挡住了来自北方的寒冷空气，而温暖的海风则为巴塞罗那带来潮湿的空气。当地冬季温暖湿润，夏季炎热干燥。1月平均气温10摄氏度，7月平均气温24摄氏度。年降雨量612毫米左右，降雨天气主要集中在秋季。当地日照充足，是世界上最好的日光浴胜地之一。

和大部分欧洲大城市一样，巴塞罗那悠久的历史和城市规划的错综复杂让当地开车出行并不方便。但公共交通基本上可以满足市民日常的出行。巴塞罗那整体治安不错，但是针对富人和游客的盗窃活动还是比较猖獗。这一点上，其实单单考虑2016年的水平，巴塞罗那要比中欧和德国等地难民成群结队的情况好得多。

整体来说，相比其他大都会来说，西班牙的工作机会较少。当地的华人社区的规模与英语国家也不能同日而语。虽然近些年华人数量在不断上升，但大部分仍然主要从事服务业或是经营小商铺。

综合成本评分：★★★☆☆

巴塞罗那房价相对欧洲其他大城市要便宜许多。当地市区公寓平均价格约为每平方米5 000美元。公寓和独立屋在巴塞罗那都有不少房源。

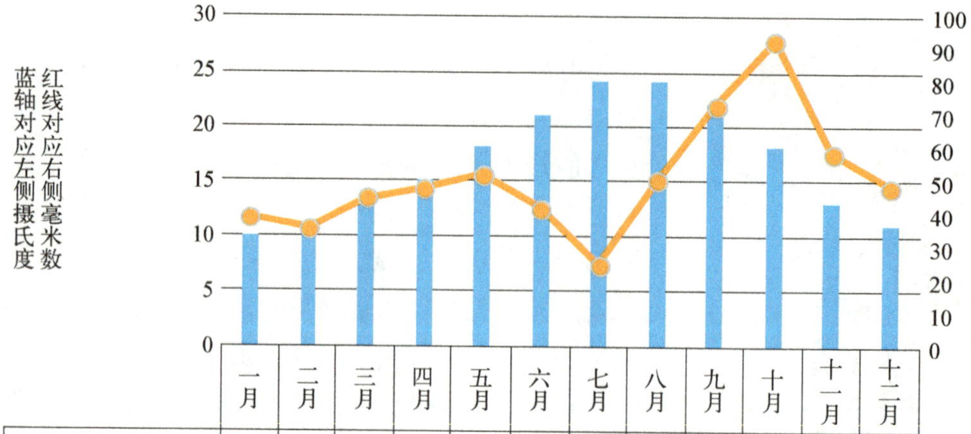

	一月	二月	三月	四月	五月	六月	七月	八月	九月	十月	十一月	十二月
月平均温度	10	11	13	15	18	21	24	24	22	18	13	11
降雨量	39	36	45	48	52	42	25	51	73	93	59	49

图1.33　巴塞罗那气候概况

巴塞罗那市场关键数据

通勤平均距离	12公里
通勤平均时间	32分钟
四口之家月平均消费（不含房租）	2 750美元/月
单人平均消费（不含房租）	775美元/月
一室公寓租金（市区）	1 000美元/月
一室公寓租金（郊区）	760美元/月
三室公寓租金（市区）	1 640美元/月
三室公寓租金（郊区）	1 142美元/月
公寓均价（市中心）	5 370美元/平方米
公寓均价（郊区）	3 620美元/平方米

在巴塞罗那购买房产总的附加费用要8%～15%。其中包括过户费5%、附加税10%、公证费1%～2.5%，含税法律费用1%～2%。购买当地房产时，需要缴纳房价以外大约15%的费用。

巴塞罗那地税大约0.75%。不过西班牙政治相对动荡，税率会经常改变。持有巴塞罗那地产，每年的固定开销大约在1%。

巴塞罗那市中心平均售租比约为24.64。房屋出租在这里还算有一定的收益可图。不过巴塞罗那政府对于不出租房屋并在当地没有其他收入的居民有很大的税收补贴。符合条件的话地税只需要缴纳1/4。在当地出租房屋究竟是不是划算还需要居民按照自己的情况考量。

"50万、100万、500万、1 000万美元在巴塞罗那能买什么样的房产?"

价　位	50万美元	100万美元	500万美元	1 000万美元

位　置	巴塞罗那市区	巴塞罗那Gotico	巴塞罗那东郊	巴塞罗那北郊
面　积	50平方米	100平方米	525平方米	500平方米
格　局	2卧1卫	2卧3卫	5卧4卫	7卧6卫浴
类　型	公寓	公寓	独立豪宅	独立豪宅
简　介	巴塞罗那市区矮层公寓顶楼套间，风景优美，交通便利	巴塞罗那市中心海景公寓，近水族馆、公园、博物馆等主要景点	巴塞罗那东郊豪宅区，配有室外游泳池	巴塞罗那北郊山顶豪宅，鸟瞰整个巴塞罗那市区，风景优美，建筑风格极具当地代表性

短期潜力评分：★★★★☆

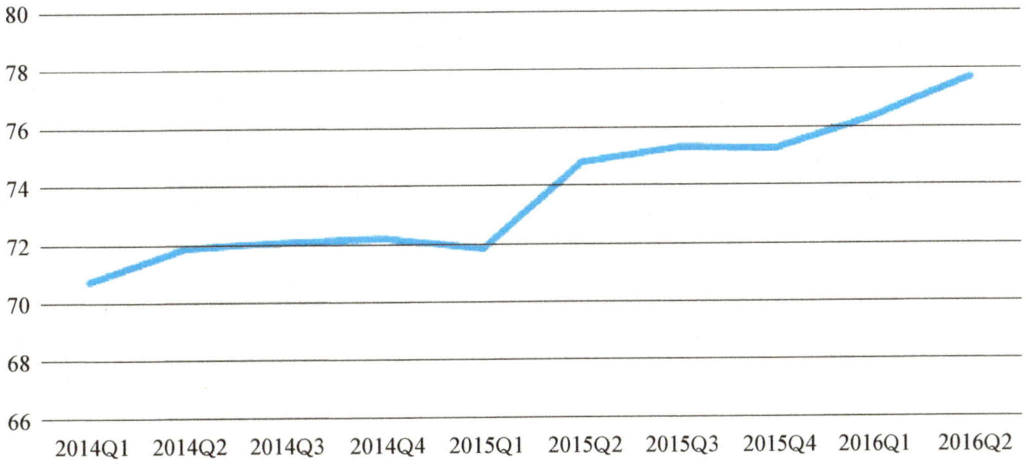

资料来源：欧洲央行。

图1.34　西班牙房价指数

西班牙整体的房产价格正在从一个长期的下跌趋势中恢复过来。在2015年当地房价才首次出现攀升。综合来讲，西班牙在欧洲地区不管是企业投资还是创造就业都并不是非常活跃。实际上，在很多分析中，经济学家认为西班牙房产市场的回暖带动了近年来当地1/3的经济产出。当地出台的买房即可获得移民身份的政策，更是让很多来自欧盟申根条约之外的投资者考虑西班牙房产的主要原因之一。巴塞罗那作为西班牙经济最发达的地区，房产市场走势相对提前于整个市场。房产转向上涨的时间要早于西班牙其他城市。

2017年加泰罗尼亚地区的独立运动可以说在整个欧洲掀起了不小的风波。尽管大部分国家都表示独立问题是西班牙国家内部问题而闭口不谈，但实际上，国际社会仍然普遍希望西班牙能够保持领土完整。

政治上的风波在2017年末产生了社会问题。巴塞罗那以及整个加泰罗尼亚地区的人民分成两极。暴动和政府镇压在该区域内愈演愈烈。尽管房价在这种动荡中仍然保持上涨，但考虑到政治风险问题，目前投资巴塞罗那属于一定程度的赌博行为。

巴塞罗那房价在2017年涨幅约为9%，仍然仅次于首都马德里在全西班牙排名第二。考虑到年末的独立风波和目前的局势发展，2018年当地的房地产市场势必受到一定程度的影响。但在另一方面，尽管政治动荡，西班牙经济仍然表现尚可。加泰罗尼亚的独立一定程度上也正是因为当地的经济强大。所以8%～10%的房价涨幅并不是难以达到的。

2018年我们仍然需要继续关注加泰罗尼亚的独立问题。目前的情况来看，西班牙政府留住加泰罗尼亚的决心已定。不管是从宪法的角度宣布独立公投违宪还是出动军队收回加泰罗尼亚的自治权，政府都愿意采取强硬的手段。但在另一边，加泰罗尼亚自治政府则有一定的回旋余地。至少在2018年，巴塞罗那继续作为西班牙城市而不是成为一个新的加泰罗尼亚共和国首都的可能性目前还是相对较大的。但整体来说，尽管价格走势上我们认为巴塞罗那投资前景不错，但政治因素考量下，短期内这里仍然是风险区域。

长期稳定评分：★★★☆☆

支撑因素一：经济实力

尽管西班牙整体经济实力在欧洲大国中算是相对较弱的一个，GDP也要排在德、英、法、意等国之后，但巴塞罗那以及附近的加泰罗尼亚却算得上是欧洲最富裕的地区之一。当地人均GDP达到近3万欧元，相比欧盟平均水平高出15%以上。当地的商业、旅游业、制造业和服装流行品行业为巴塞罗那带来就业和财富。而就业和财富则转化成房产市场中的稳定投资。

支撑因素二：人口密度和城市地理位置

巴塞罗那是欧洲人口密度最高的城市之一。不到200万的人口聚集在山脉和地中海之间狭长的市区地带。这限制了巴塞罗那城市的发展，也保证现有的城市房产价值会因为房源稀缺继续稳定。

不确定因素：加泰罗尼亚独立

2017年10月，仅有约半数加泰罗尼亚居民参加的独立公投获得了超过90%的独立支持率。而另一方面，在独立公投结束之后，又有数十万人走上巴塞罗那街头抵制自治政府的独立行为。从2017年末的局势来看，西班牙政府留住加泰罗尼亚的意志坚决。在最坏的情况下，甚至不惜出动武力。但在这种情况下，加泰罗尼亚支持独立的居民反而可能群起抗争使事态恶化。我们目前并不能确定此次事件对巴塞罗那房地产市场的影响结果，只要最终的结局不是暴力起义与镇压，那么当地房地产市场不会在长期内受到太大影响。虽然目前可能性不大，但假如加泰罗尼亚最终成功独立，那巴塞罗那房地产市场可能反而会迎来更多机会。但眼下，独立闹剧暂时还只能算是一个非常不确定的因素。

7. 阿姆斯特丹

阿姆斯特丹是荷兰首都，也是荷兰第一大城市，欧洲地区第六大都会区。提到荷兰，很多人首先想到的可能是风车、郁金香、奶牛、运河或者红灯区和大麻。但在最近四五年时间里，随着全球高端房地产市场的暗流涌动，阿姆斯特丹这个古老城市的房地产也逐渐成为高净值人士津津乐道的话题之一。作为一个欧洲小国的首都，阿姆斯特丹在经济、政治地位上并不算是欧洲顶尖。但近年来随着国际移民趋势越来越灵活多变，当地宜人的环境和开放的文化氛围吸引了大量海外移民。另一方面，阿姆斯特丹本身作为欧洲重要金融、贸易中心之一的身份也吸引了很多跨国企业进驻。多方面的优势，让阿姆斯特丹房地产市场在全世界范围内占据自己应得的一席之地。对于有兴趣配置海外资产的投资者来说，是一个可行性很高的选择。

阿姆斯特丹城市概况

GDP：1 850亿美元

人均收入：45 000美元/年

房价中位数：45万美元

宜居水平：★★★★☆

综合成本：★★★☆☆

短期潜力：★★★★☆

长期稳定：★★★☆☆

宜居评分：★★★★☆

美世生活质量调查排名：第12名

Monocle生活质量调查排名：第20名

阿姆斯特丹城区位于荷兰的西北部，北海运河将该城的水道与北海连接起来。尽管地处较高纬度的欧洲大陆北部，但由于海洋性气候的因素，阿姆斯特丹一年四季气候都相对宜人。当地1月平均气温2摄氏度，7月平均气温17摄氏度。全年降雨量805毫米，降雨在一年中基本分布均匀，秋冬交季相对更加多雨。阿姆斯特丹是欧洲第六大都会区，当地人口稠密，空气质量水平相对适中。

阿姆斯特丹城市水道错综复杂，但荷兰人很有先见之明地对城市进行了细致的规划。交通拥堵情况并不算严重。不过遍布城市的运河也让当地车辆出行不是那么方便，本地人通勤很多更愿意选择环保又方便的自行车。

夜生活是阿姆斯特丹人不可或缺的一部分，这里的红灯区也是世界著名。尽管从宜居角度我们难以界定这个特征有无负面影响，但整体来说，城市的生活氛围比较活跃。

尽管阿姆斯特丹的城市氛围偏向自由奔放，但当地的治安水平还算不错。当地除了盗窃、滥用药物问题较为严重之外，其他方面的犯罪率都远远低于欧洲其他城市。阿姆斯特丹的唐人街坐落在市区旅游业发达的地段，与著名的红灯区仅一街之隔。当地华人氛围在整个欧洲算是不错的。当地对于外国移民的态度也非常友好。

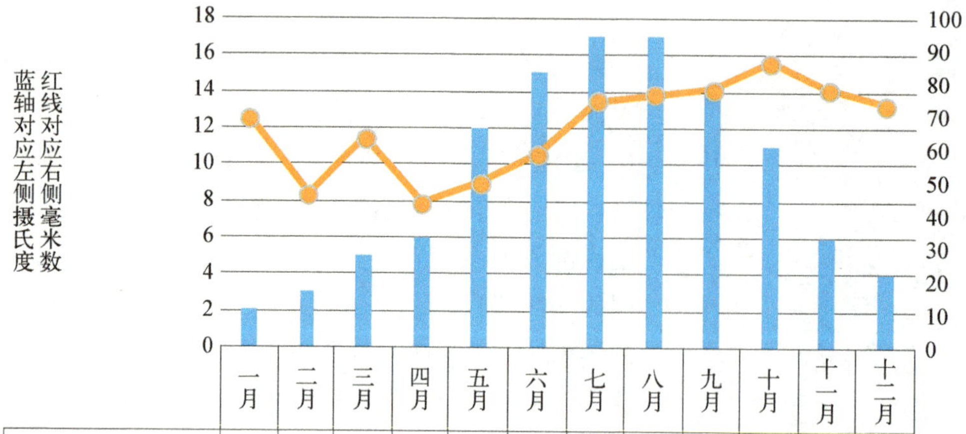

	一月	二月	三月	四月	五月	六月	七月	八月	九月	十月	十一月	十二月
月平均温度	2	3	5	6	12	15	17	17	14	11	6	4
降雨量	70	47	64	44	50	59	75	77	79	87	79	74

图 1.35　阿姆斯特丹气候概况

综合成本评分：★★★☆☆

阿姆斯特丹市场关键数据

通勤平均距离	14 公里
通勤平均时间	28 分钟
四口之家月平均消费（不含房租）	3 460 美元 / 月
单人平均消费（不含房租）	970 美元 / 月
一室公寓租金（市区）	1 690 美元 / 月
一室公寓租金（郊区）	1 260 美元 / 月
三室公寓租金（市区）	2 880 美元 / 月
三室公寓租金（郊区）	1 980 美元 / 月
公寓均价（市中心）	7 130 美元 / 平方米
公寓均价（郊区）	4 390 美元 / 平方米

阿姆斯特丹市区有公寓和独立屋供投资者选择，不过城区主要还是老式公寓房源居多。市区公寓平均价格大约每平方米 7 000 美元。

当地买房除了房款之外，二手房交易时还需要缴纳房价 2% 的过户税、房屋买卖中介费 1.5% 左右。另外还有几百欧元的律师、验房等费用。在当地购房，总计需要缴纳房价 4% 左右的额外费用。

阿姆斯特丹地税为 0.5% 左右。拥有当地房产之后，每年的房产税加物业费额外开销很少。由于当地流动人口多，租房市场活跃，所以在这里购买房产出租回报稳定且收益率不低。

阿姆斯特丹房屋的平均售租比为 16.91，租金应付地税和管理费开销绰绰有余。即使贷款购买

“50万、100万、500万、1 000万美元在阿姆斯特丹能买什么样的房产?”

价　位	50万美元	100万美元	500万美元	1 000万美元

位　置	阿姆斯特丹市中心	阿姆斯特丹市中心	阿姆斯特丹西区	阿姆斯特丹南郊
面　积	40平方米	117平方米	257平方米	1 475平方米
格　局	1卧1卫	2卧2卫	5卧5卫	10卧11卫浴
类　型	公寓	公寓	公寓	豪华庄园
简　介	阿姆斯特丹市中心老城区公寓，建筑古朴，交通便利，内部新装修	阿姆斯特丹市区后现代风格公寓，将于2018年第三季度建成	阿姆斯特丹西城区豪华公寓，18世纪老建筑改造，内部现代化装修	阿姆斯特丹东南郊区豪华庄园，占地5英亩，配有网球场、室内游泳池

当地房产，也有一定的固定收入空间。

短期潜力评分：★★★★☆

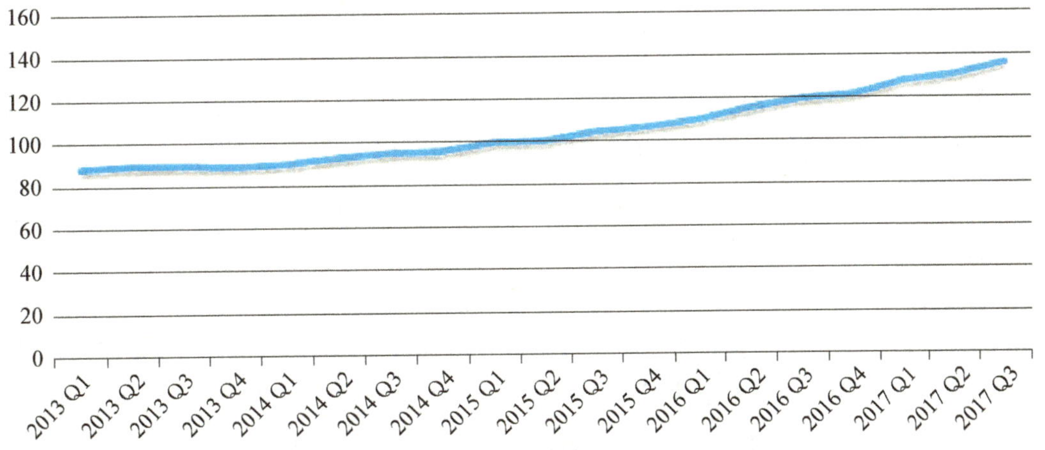

注：房价指数2010年按100计算，资料来源：荷兰国家统计局。

图1.36　阿姆斯特丹房价指数

荷兰房地产在2013年触及21世纪以来的最低水平，随后开始了持续两位数涨幅的繁荣时代。火爆的房市到2017年第三季度才首次出现了环比轻微下滑的局面。在过去的一两年中，已经不止一家分析机构将阿姆斯特丹的房市泡沫风险系数上调了。同时被上调的，还包括伦敦、巴黎等主流市场，以及柏林、慕尼黑、澳洲、加拿大等近几年投资者趋之若鹜的市场。在这些市场中，阿姆斯特丹不管在价格水平上还是在宜居水平上都仍然有其相对优势。所以尽管很多人认为2018年当地市场可能出现调整,但整体来说,人们还是持续对阿姆斯特丹保持相当程度的信心。

另一个来自当地的好消息是,在阿姆斯特丹,低端市场的吸引力仍然火爆。地产行业内部普遍反映称,中低端的公寓目前在阿姆斯特丹仍然处于供不应求的状态。整个欧洲目前正处在劳动力高度流动的时代,而在这种时期,宜居、自由的阿姆斯特丹是很多工薪阶层年轻人的第一选择。这给当地带来了很充沛的短期刚需。

2017年阿姆斯特丹的房价涨幅13.8%,尽管不如2015年和2016年的水平,但在全球范围内已经十分少见了。2018年我们的预测偏向认为这个涨幅可能会有所下降,但整体市场保持10%到12%的上涨仍然值得期待。

一方面,阿姆斯特丹的房价工资比例在整个欧洲仍然算是可以接受的程度。按照当地工资水平,10年工资就可以购买中位数左右的房屋,而在伦敦、巴黎、慕尼黑等地则至少要20年。相对低廉的价格将会继续吸引外部移民。另一方面,荷兰最近几年的经济表现在欧盟内部尚不错,未来的经济增长预期也推高了劳动力市场活跃水平。最后,荷兰政府对于房地产市场的态度一直比较温和。从这几点考虑,2018年阿姆斯特丹的房地产市场仍然值得期待。

长期稳定评分:★★★☆☆

支撑因素一:宜居、自由

阿姆斯特丹在世界知名媒体的宜居城市排行榜上虽然没有特别靠前的名次,但基本都在榜上。当地自然环境良好,人文环境自由奔放,尤其合年轻人的胃口。作为世界著名旅游城市之一,阿姆斯特丹的风景优美。这种宜居水平高的大型城市,历来房价都能在长期内保持稳定。同时,自由的人文氛围也能保证城市吸引年轻一代移民,长远角度也保证了人口的稳定增长,为房地产市场刚需提供支撑。

支撑因素二:经济前景

在17世纪荷兰最鼎盛的时期,阿姆斯特丹是整个世界最繁华的城市之一。在荷兰作为"海上马车夫"的岁月里,当地几乎垄断了一半欧洲的海上贸易。时至今日,荷兰在贸易上的国际地位虽然不复当年盛景,但仍然是整个欧洲排名前列的。荷兰最近几年的经济增长水平也在欧盟地区名列前茅。经济表现稳定成为房地产市场的支撑因素,让投资者放心在当地进行中长期投资。

风险因素:右翼以及民粹主义抬头

长期以来,荷兰都可以算是欧洲新政治风潮的"试验田",很多新的政治理念都是在荷兰政坛首先出现。2017年荷兰曾一度被认为是欧盟"第一块倒下的多米诺骨牌"。人们认为,荷兰的民粹右翼反对党将会掌权并开始推动脱欧的进程。但最终选举的结果是首相吕特成功连任。尽管如此,大选中的票数已经说明,荷兰国内对于民粹主义排外、脱离欧盟的想法已经有不少支持。对于房地产市场来说,脱离欧盟或抵制海外移民就相当于给现有的快速增长判死刑。如果在下几届大选中民粹主义再度抬头,那么阿姆斯特丹房地产就可能进入一个相对清淡的时期。

哥本哈根城市概况

GDP：1 340亿美元

人均收入：49 000美元/年

房价中位数：42万美元

宜居水平：★★★★☆

综合成本：★★★☆☆

短期潜力：★★★☆☆

长期稳定：★★★☆☆

8. 哥本哈根

哥本哈根是丹麦首都，也是波罗的海东南部最大的港口城市。这里是连接波罗的海与北海、大西洋以及世界其他地区海路航线的必经之地。哥本哈根的市名在低地德语中意为“商人的港口”。在建城几百年的历史中，这个城市也完美诠释了这一名称。直到今天，哥本哈根仍然是北欧地区最重要的港口城市之一。当地房地产市场在最近十年左右的时间里一直受到国际投资者的青睐，可能要起于2008年*Monocle*杂志的世界生活质量调查将哥本哈根评为世界上最适合居住的城市。同时，丹麦在最近几年的国家幸福指数排名中，也被评为世界上幸福水平最高的国家。城市的气候略微偏冷但不算严寒，而城市生活成本水平稳定，治安水平很高，人文环境自由开放，这些都成为近些年哥本哈根吸引来自全世界投资者的卖点。

宜居评分：★★★★☆

美世生活质量调查排名：第9名

Monocle生活质量调查排名：第6名

哥本哈根位于整个丹麦日德兰半岛最东端。与瑞典国境隔海相望。市区基本上三面环海，城市位于连接波罗的海与北海的狭长水道中间。当地属于海洋性气候，秋冬相对多雨，但全年很少出现极端的高温或者低温。当地1月平均气温0摄氏度，7月平均气温17摄氏度。全年降雨量621毫米，降雨在一年中基本分布均匀，秋季相对更加多雨。丹麦人口相对稀少，工业活动也并不集中，哥本哈根市区的空气质量很好，空气中极少有污染物质。

尽管城市三面环海，但市区发达的道路交通网络让哥本哈根的交通状况保持良好。城市的结构基本以扇形向西北方的丹麦腹地延伸。哥本哈根人口大约110万，尽管与其他欧洲大城市比起来人口不算多，但这里集中了丹麦全国33%的人口，算是丹麦国内绝对的人口中心。

哥本哈根可以算是整个欧洲甚至世界首都城市中治安水平最好的一个。城市中居民普遍天真淳朴，犯罪率非常低。除了极个别因为政策而不受当地政府管辖的区域治安较差之外，整体城市非常安全。哥本哈根华人人数较少，这在一定程度上限制了华人前往当地投资并居住的热情。不过当地也有不少中餐馆，华裔并不用担心在这里生活会找不到中国氛围。

哥本哈根城市被很多媒体评价为幸福、宜居的主要原因之一就是当地民风淳朴，而且居民乐于以共享、协商的风格分享资源。

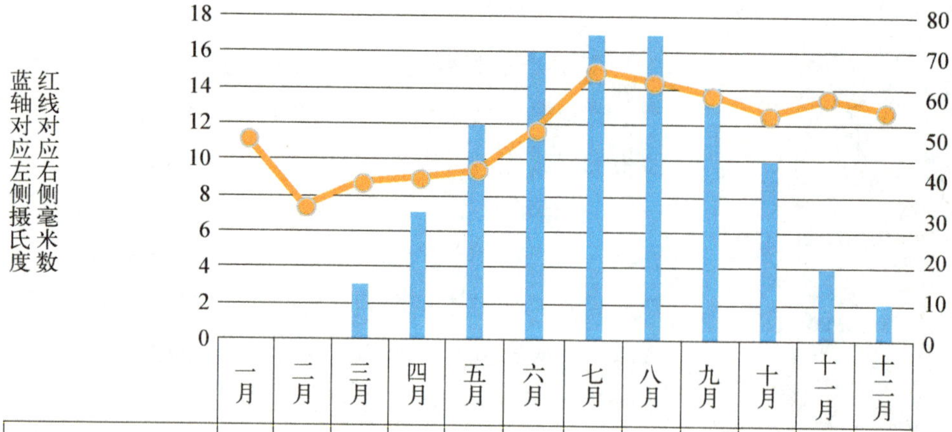

	一月	二月	三月	四月	五月	六月	七月	八月	九月	十月	十一月	十二月
月平均温度	0	0	3	7	12	16	17	17	14	10	4	2
降雨量	50	33	39	40	42	52	67	64	61	56	60	57

图 1.37 哥本哈根气候概况

但另一方面，丹麦人相对慢热，人与人之间关系的建立并不像国内那么容易。这里的生活并不适合所有人，但总的来说，还是比较倾向于欢迎外来移民的。

综合成本评分：★★★☆☆

哥本哈根市场关键数据

通勤平均距离	13公里
通勤平均时间	31分钟
四口之家月平均消费（不含房租）	3 750美元/月
单人平均消费（不含房租）	1 045美元/月
一室公寓租金（市区）	1 425美元/月
一室公寓租金（郊区）	1 000美元/月
三室公寓租金（市区）	2 690美元/月
三室公寓租金（郊区）	1 840美元/月
公寓均价（市中心）	6 720美元/平方米
公寓均价（郊区）	4 260美元/平方米

哥本哈根市区公寓和独立屋户型数量都不少，但建筑年头久远的老公寓长期以来占据着城市房屋库存的绝大多数。市区公寓平均价格大约在每平方米7 000美元。

当地买房除了房款之外，交易时还需要缴纳律师费0.1%到0.5%、财产税大于2%、房产的注册费用大约1 500克朗。在哥本哈根购房，总计需要缴纳房价3%左右的额外费用。

哥本哈根地税大约为1%。另外当地的管理费也偏高。拥有当地房产之后，每年的房产税加物业费额外开销为房价的2%左右。

房价不算太高,房租也相对不低,但从投资角度算是可行的固定收益来源。哥本哈根房屋的平均售租比为19.20。出租的租金收入应付房屋固定开销足够。但丹麦对于租客高度保护,绝大部分当地购房者都不愿意将房屋出租,即使出租也会对租客有很多要求,以防止自己陷入麻烦。

"50万、100万、500万、1 000万美元在哥本哈根能买什么样的房产?"

价　位	50万美元	100万美元	500万美元	1 000万美元

位　置	哥本哈根市中心	哥本哈根市中心	哥本哈根北郊	哥本哈根北郊
面　积	79平方米	116平方米	537平方米	614平方米
格　局	2卧2卫	4卧2卫	11卧9卫	6卧8卫浴
类　型	公寓	公寓	庄园	庄园
简　介	哥本哈根市中心公寓,交通便利,近火车站,顶层露台风景优美	哥本哈根市中心豪华公寓,交通便利,近火车站、码头、大学	哥本哈根北郊豪华庄园,典雅北欧风格庭院,内部装修奢华,占地近一英亩,近市区	哥本哈根北郊豪华庄园,建于17世纪,被列入丹麦历史遗产建筑物,距哥本哈根市中心仅15分钟

短期潜力评分:★★★☆☆

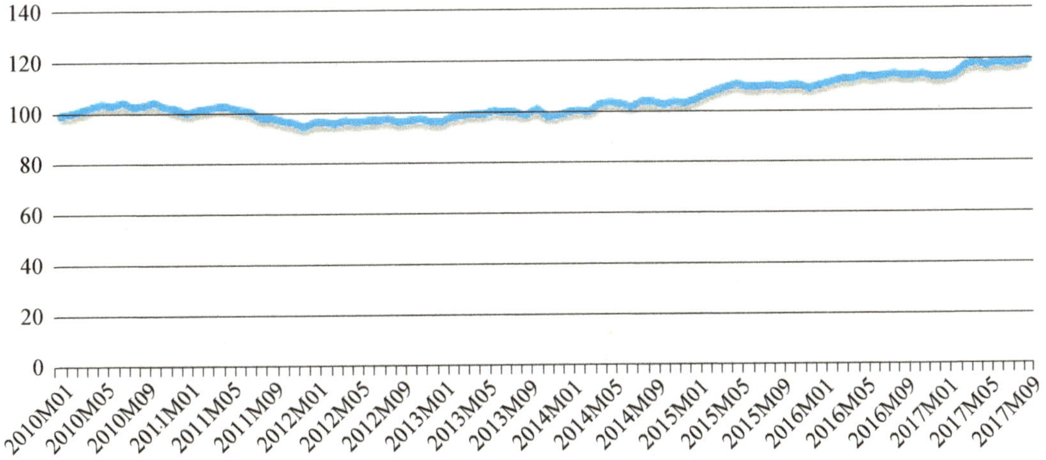

注:房价指数2010年按100计算,资料来源:丹麦统计局。

图1.38　哥本哈根房价指数

丹麦在欧洲算是相对较小的经济体,而且国内除了首都之外,缺少其他主要城市。整个国家的人民有向首都这唯一的现代化城市聚集的趋势。这种趋势在最近几年尤为明显。而丹麦政府对于居民购房也提供了不少支持。目前的丹麦购房贷款利率平均不到2.5%,这在全球范围内算是相当低的水平。这些都促进了当地房地产市场的发展。另一方面,哥本哈根市区仍然存在大量百年历史以上的老房,新屋的库存相对稀少,这更进一步提升了新房在哥本哈根市场的吸引力。

2017年哥本哈根整体房地产市场价格涨幅约为4.5%。单算新公寓的话,涨幅则接近10%。考虑到当地的价格水平和城市吸引力,我们认为这样的涨幅继续延续的可能性很大。2018年当地整体房价可能继续上涨4%到6%。

相比伦敦、巴黎等欧洲大城市来说,哥本哈根毕竟是较小的市场。甚至和最近几年较热的柏林、维也纳比较,哥本哈根在知名度和投资的整体活跃程度上也逊色一些。这种相对冷门的市场更需要投资者自己多做功课,能够直接借鉴的经验较少。但从另一方面讲,相对冷门的城市能够挖到宝的可能性也比在备受关注的市场中找寻机会的概率要大。如果对哥本哈根充分研究,这里绝对有能给投资者带来获利的机会。

长期稳定评分:★★★☆☆

支撑因素:世界上最幸福的童话之国

丹麦成为世界上幸福指数第一的国家,很大一部分原因是因为丹麦人不攀比、随性享受生活的民风。这一点并不是一个从中国移民过去的人能够轻易学得来的。但我们从市场稳定性角度考虑,正是这样的人文环境让丹麦的市场保持了淳朴、恬淡的一面。相比其他市场,这里少一些浮躁、多一份稳定。事实上,在第二次世界战后的半个多世纪,丹麦也一直被当作欧洲大陆的避险国度。

都柏林城市概况

GDP：1 000亿美元

人均收入：41 000美元/年

房价中位数：24万美元

宜居水平：★★★★☆

综合成本：★★★☆☆

短期潜力：★★★★★

长期稳定：★★★☆☆

9. 都柏林

都柏林是爱尔兰共和国首都以及该国最大的城市。这里是爱尔兰政治经济的中心，同时也是欧洲经济发展最快的地区之一。爱尔兰政府最近几年通过引进高新技术公司在当地投资，获得了大量经济发展机会和工作岗位。该国允许一些诸如苹果这样的大企业依靠爱尔兰在欧盟的身份实施避税，这也引起了欧盟其他成员国的不满，但该国仍然坚持吸引外资的发展方向，这让爱尔兰，尤其是首都都柏林地区的失业率在短短几年内迅速降低。100多万的人口虽然在欧洲算不上大城市级别，但作为很多高新技术企业打入欧洲市场的桥头堡，这里备受技术移民的青睐。经济和劳动力市场的火热带动了房地产行业，使爱尔兰一度低迷的房价在最近三四年中迅速回升，目前都柏林的房价距离历史高位仍然有一段距离，每年10%以上的涨幅还没有减缓的迹象。可以说，从短期回报的角度考虑，这里是欧洲最值得期待的市场之一。

宜居评分：★★★★☆

美世生活质量调查排名：第34名

都柏林地处爱尔兰岛屿东部，隔海遥望英国的利物浦市。当地属于温带海洋性气候，冬暖夏凉，基本没有太极端的气温。来自大西洋的暖风不断带来潮湿空气，但爱尔兰主要的降雨都集中在岛屿西面，都柏林相对获得的日照要多得多。当地1月平均气温5摄氏度，7月平均气温15摄氏度。全年降雨量767毫米，降雨在一年中基本分布均匀，冬季相对更加多雨。由于远离欧洲大陆的传统工业区，且大西洋季风常年掠过岛屿，所以爱尔兰的空气质量在整个欧洲都算是非常不错的。

都柏林市区被当地的利菲河分为南北两部分。北部主要是老城区工业集中的地带，南部则主要是商业集中的高尚社区，豪宅也基本上都在利菲河南岸。当地的交通状况表现中规中矩，虽然城市建设投入不多，但人口也比其他欧洲大城市少，所以拥堵情况适中。

都柏林的治安状况表现一般，当地和其他欧洲首都城市的问题类似，游客多也让盗窃和抢劫等案件频发。从犯罪率数据看，这里并不算是欧洲比较安全的城市。城市内部比较的话，利菲河南岸地区治安要明显好于北岸。都柏林大约有3万～4万华人，当地对待外来移民的态度很包容，华裔人群在都柏林生活还是比较舒适的。

都柏林最大的特点就是城市的文化氛围非常年轻。当地的夜生活在整个英伦半岛算是最为丰富的。都柏林也经常被评为“欧洲最友善城市”，这些因素都增加了在当地居住的舒适水平。

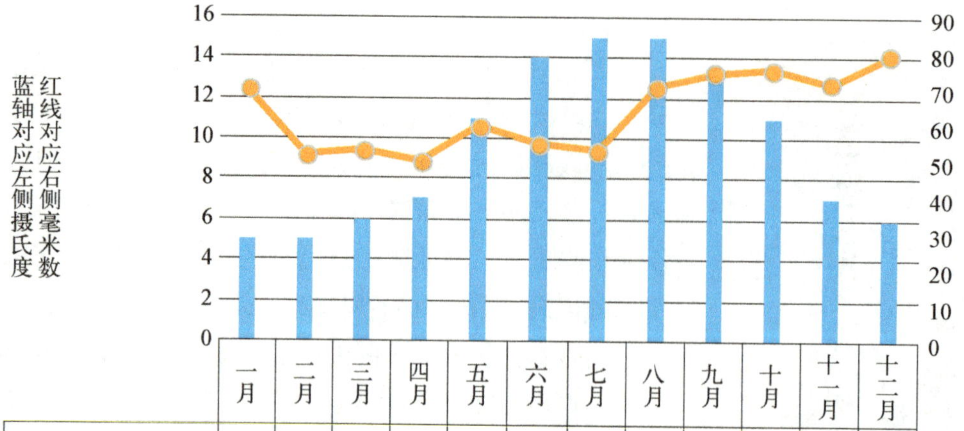

	一月	二月	三月	四月	五月	六月	七月	八月	九月	十月	十一月	十二月
月平均温度	5	5	6	7	11	14	15	15	13	11	7	6
降雨量	70	52	53	50	60	55	53	71	75	76	72	80

图 1.39　都柏林气候概况

综合成本评分：★★★☆☆

都柏林市场关键数据

通勤平均距离	12公里
通勤平均时间	40分钟
四口之家月平均消费（不含房租）	3 490美元/月
单人平均消费（不含房租）	970美元/月
一室公寓租金（市区）	1 730美元/月
一室公寓租金（郊区）	1 400美元/月
三室公寓租金（市区）	3 050美元/月
三室公寓租金（郊区）	2 300美元/月
公寓均价（市中心）	6 060美元/平方米
公寓均价（郊区）	4 200美元/平方米

都柏林市区公寓和独立屋户型数量都不少，高层公寓主要集中在市中心。市区公寓平均价格大约在每平方米6 000美元。当地买房除了房款之外，交易时还需要缴纳一次性过户费80欧元、房屋契约税1.5%左右（按照房价高低税率不同）。另外很多房屋交易需要购房者缴纳2%～3%的维护基金。在都柏林购房，总计需要缴纳房价3%左右的额外费用。

爱尔兰地税为0.18%左右。拥有当地房产之后，每年的房产税加物业费额外开销很少。这也是购买当地房产的好处之一，固定开销在全球各大城市中算是非常低的。

都柏林房价在整个欧洲地区算是比较低的。当地的生活成本整体也要低于欧洲大陆城市。都柏林房屋的平均售租比为16.20，由于地税很少，租金应付地税和管理费开销绰绰有余。即使贷款购买当地房产，也有一定的固定收入空间。

"50万、100万、500万、1 000万美元在都柏林能买什么样的房产？"

价　位	50万美元	100万美元	500万美元	1 000万美元

位　置	都柏林南区	都柏林南郊	都柏林南郊	都柏林南郊
面　积	60平方米	180平方米	591平方米	536平方米
格　局	2卧1卫	3卧3卫	6卧6卫	5卧4卫浴
类　型	公寓	联排城市区	庄园	独立豪宅
简　介	都柏林南区公寓，近都柏林大学，交通便利，社区安静稳定	都柏林南部郊区联排城市屋，近高速公路、公共交通枢纽，生活方便	都柏林南郊独立庄园，占地面积7英亩，配有欧式风格园林	都柏林南郊海滨豪华别墅，建于1847年，拥有私人海滩、码头

短期潜力评分：★★★★★

都柏林的房价在2007年的全球金融危机中受到重创，从2008年开始下跌，一直到2012年才渐渐止住跌势。房价在之后的几年中随着经济增长又再次回升，到2017年中，房价基本算是涨回2005年前后的水平。回过头来看爱尔兰房价在2005年到2008年的这段暴涨，起于经济增长迅速，

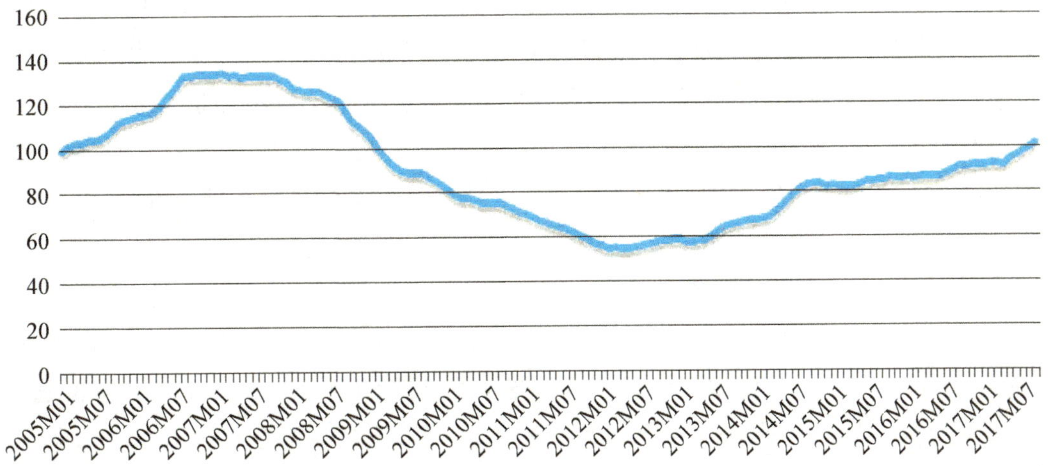

注：房价指数2005年按100计算，资料来源：爱尔兰统计局。

图1.40　都柏林房价指数

止于2008年全球范围的房地产泡沫破裂。爱尔兰政府在危机时期通过对银行进行债务担保试图缓解局面,但最终导致政府财政陷入麻烦,不得不向欧盟以及IMF寻求帮助。这不得不说是当地房地产市场韧性不足的一个现实证据。甚至很多人认为,尽管爱尔兰在十年后的今天已经再次靠经济增长摆脱了负债的问题,但金融体系中危机时期的遗留影响仍然存在。

但从目前的价格水平来看,当地至少在短期内进入另一个房市泡沫的可能性极小。都柏林的工资水平相比2005年已有很大增长,而房价则刚刚回到当时的水平,上涨空间仍然宽裕。从2017年5月开始,都柏林的房价涨幅开始提速,从之前的5%～7%攀升到10%以上。到2017年末,房价涨幅已经上升到12%左右。我们可以将这个转变看做当地市场进一步走强的明显信号。究其原因,美银以及摩根大通等美国金融大鳄因为英国脱欧而转向布局爱尔兰房地产可能要负主要责任。

相比对外来企业较为严厉的欧洲大陆各国,爱尔兰是国际大企业,尤其是美国大企业在欧洲设立总部同时寻求一定程度避税的绝佳桥头堡。这种优势在英国脱欧之后表现得更加明显。爱尔兰政府对于这种外资进入也持欢迎的态度。政府和人民已经知道外资进入可能会推高房价,同时也会带来经济发展和工作机会。所以在2017年爱尔兰央行的预测中,政府预测未来三年国内房价上涨15%左右。在这种预测的前提下,央行和爱尔兰政府作出的反应是:房款对首次购房者贷款管控,同时尽量提升国内,尤其是首都都柏林的房屋供给。可以说,上述这种举动证明了,政府是支持房价温和上涨的。

根据上述几个短期趋势,我们认为2018年都柏林的房价涨幅可能还会保持在10%以上,甚至达到15%。而且这一趋势可能会一直保持到英国彻底脱离欧盟。2018年全世界大部分热门市场都在过去几年的大涨之后表现出疲软迹象,但库存不足、价格虚高等问题在都柏林还不存在。再加上欧洲内部经济格局调整的趋势因素,我们认为爱尔兰这个在全世界范围内并不起眼的市场有可能会在2018年成为房价涨幅最大的欧美城市。

长期稳定评分:★★★☆☆

支撑因素:国际经济政策的灵活性

很多人将特朗普当选美国总统认定为西方国家民粹主义抬头的最有力证据。欧洲大陆上目前这种反国际化、追求本国利益至上的理念也发展迅速。但与欧洲大陆很多国家相比,爱尔兰的民粹主义目前却并不算主流。作为欧洲边缘地带的小国,爱尔兰深谙顺应国际形势的治国之道。2016年为了苹果公司而与欧盟对立的态度就证明了这一点。只要外资能够给爱尔兰带来工作和经济增长,该国并不担心外来的企业会带来太多竞争,如果这种精神继续保持,那么都柏林在未来一段时间内,都会是一个欢迎国际资本的城市。这将给当地房地产市场带来大量外来资金,市场内的流动性也会保持较高水平。对于一个小国首都房地产市场来说,这些将会是最好的增长保证。

风险因素:受外部因素影响较大

爱尔兰是一个经济规模较小的国家。灵活多变的政策可以让其在经济发展中获得不少搭顺风车的机会。但同时,在全球或者欧洲地区整体经济大潮中,爱尔兰绝大部分时间也只能随风飘舞,难以自己掌握命运。这一点在2008年的金融危机中已经表现得很明显。所以在未来全球范围的大型经济动荡时,都柏林房地产的相对稳定性还是要弱于纽约、伦敦这种大城市大市场,这可能是当地市场很难完善的缺陷。

（四）亚洲市场

新加坡城市概况

GDP：3 000亿美元

人均收入：45 000美元/年

平均房价：166万美元

宜居水平：★★★★☆

综合成本：★☆☆☆☆

短期潜力：★☆☆☆☆

长期稳定：★★★★☆

1. 新加坡

对于全球大部分高净值投资者来说，在新加坡购房置业具有很多政策上的优惠。这个位于赤道上的“弹丸小国”对于海外投资者非常友好。当地无遗产税、无资本收益税这两项税收优惠让新加坡成为很多富豪的避税天堂。新加坡城市治理井井有条，人人遵纪守法，这也让该地在居住水平上达到世界领先水平。不过在过去的十多年中，新加坡在被大量媒体杂志评为世界上最宜居的城市和最热门的房产市场的同时，也被扣上了“最贵的房产市场”的帽子。当地政府近年来在控制房市上下的功夫也很大。新加坡房价到2016年第二季度已经连续下降11个季度。尽管仍然是亚洲最贵的房市之一，不过新加坡已经逐渐走出房市过热的困境，甚至很多机构都预测，新加坡央行可能借此机会重新放宽包括对贷款等方面的限制，让房市重新升温。在这种预期之下，新加坡的房产市场成为投资者值得关注的亚洲房产市场之一。

宜居评分：★★★★☆

美世生活质量调查排名：第26名

Monocle生活质量调查排名：第13名

对于不耐酷暑的投资者来说，新加坡可能并不算特别适合居住。但对于中国南方的投资者来说，适应新加坡的气候还是没有问题的。当地纬度1度左右。当地受到热带气候影响，常年炎热多雨。全年平均气温都在27摄氏度左右，年降雨量高达2 378毫米。当地的空气质量在全亚洲算是相对不错的，不过近些年新加坡邻国印度尼西亚以及马来西亚的原油等高污染产业一定程度上降低了新加坡整体的空气质量。

新加坡的治安情况可以算是全世界数一数二的良好典范。当地法律条文繁杂而且执行力度极强，这使得当地人民遵纪守法的意识非常强。在这里即使没有警察，也不会有违反交通规则等问题发生。当地的交通情况也因为遵守交通规则和拥堵税的征收而在全球大城市中表现相对不错。

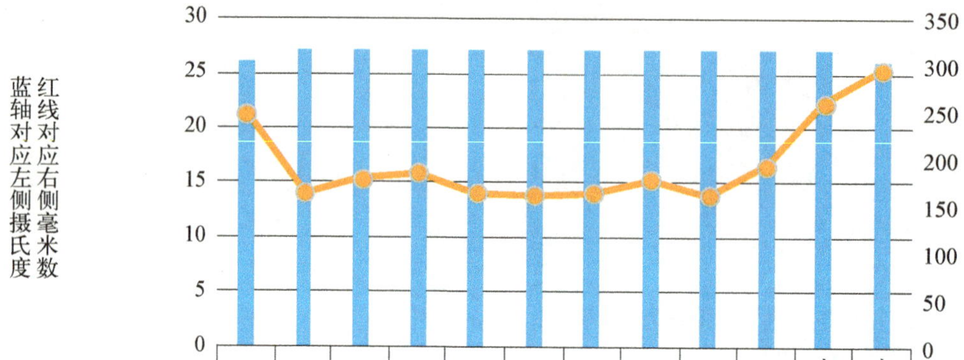

	一月	二月	三月	四月	五月	六月	七月	八月	九月	十月	十一月	十二月
月平均温度	26	27	27	27	27	27	27	27	27	27	27	26
降雨量	250	166	181	187	166	164	166	180	163	195	262	298

图 1.41　新加坡气候概况

教育和经济活力是新加坡作为世界著名宜居城市的金字招牌之一。新加坡政府将教育列为仅次于国防的第二大政府开支部门，足见其对教育的重视。早在20世纪新加坡就以一个“弹丸小城”国家的身份成为“亚洲四小龙”之一。而当地在逐渐将重工业转型为金融和贸易行业之后，更是成为亚洲精英技术人才向往的居住地。

当地宜居水平中最减分的弱项就是城市或者说国家天生的土地稀少。作为城市国家，新加坡可供开发的土地已经没有太多。政府近年尝试保护仅有的几片热带雨林，同时通过填海造地扩展了一部分城市，但是这仍然不能改变新加坡缺少土地的事实。所以从长远角度来看，新加坡的城市发展已经基本达到极致。从目前的土地使用率角度，已经很难找到更多发展空间。

综合成本评分：★☆☆☆☆

新加坡市场关键数据

通勤平均距离	17公里
通勤平均时间	46分钟
四口之家月平均消费（不含房租）	3 260美元/月
单人平均消费（不含房租）	890美元/月
一室公寓租金（市区）	2 240美元/月
一室公寓租金（郊区）	1 450美元/月

（续表）

三室公寓租金（市区）	3 890美元/月
三室公寓租金（郊区）	2 330美元/月
公寓均价（市中心）	18 630美元/平方米
公寓均价（郊区）	9 555美元/平方米

新加坡作为东南亚最繁华的城市之一，房价在全世界都是排在最前列的。当地市区房价高达每平方米1.85万美元。

在新加坡购房前，投资者需要先确认自己的购房资格，大部分带土地的独立屋和排屋是不允许海外投资者购买的。只有圣淘沙岛的别墅和排屋对海外投资者开放。而在新加坡购房，地契也分为99年、103年和999年等多种。当地也有永久居住的地契，所以这一点需要提前确认好，对于价格以及未来投资都影响重大。当地海外投资者购房需要支付的额外费用为房价的18%左右。永久居民和新加坡公民购房额外负担要少得多。

新加坡市中心平均售租比约为32.29。当地地税和出租税统称产业税。税收是按照房产“年值”来征收的，也就是年房产能够大概租出多少钱，就按照这个政府估算的价格收税。这与很多国家按照房产的总价值收税较为不同，税率按照年值计算，平均为4%～6%。不管怎么收，按照年值计算的情况都会让房东有不少收益。这也是当地房产被很多海外尤其是来自中国投资者看中购买并出租的主要原因。

“50万、100万、500万、1 000万美元在新加坡能买什么样的房产？”

价　位	50万美元	100万美元	500万美元	1 000万美元

位　置	新加坡中区市	新加坡市中心西部	新加坡第十邮区	新加坡武吉知马
面　积	92平方米	72平方米	200平方米	416平方米
格　局	3卧2卫	2卧2卫	3卧3卫	4卧6卫浴
类　型	公寓	公寓	豪华公寓	豪华公寓
简　介	新加坡中区河景公寓，交通便利，近公园、球场、公共交通枢纽	新加坡市区西部，近新加坡植物园，交通便利，风景优美	新加坡罕见的永久地契公寓，仅限本地人购买，交通便利，公寓配置奢华	新加坡豪华公寓，靠近武吉知马自然保护区，风景优美，交通便利，360度市区景观

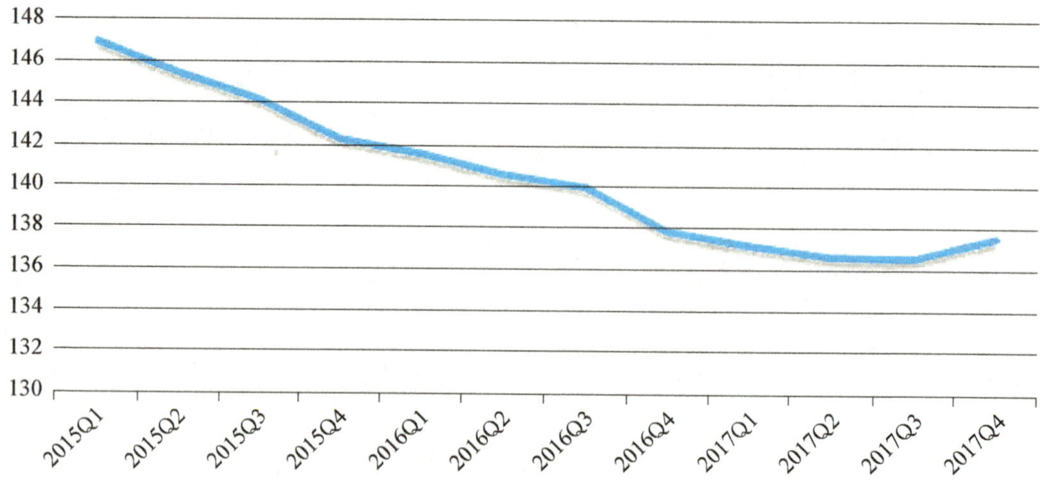

注:房价指数2000年按100计算,资料来源:新加坡城市管理局。

图1.42　新加坡房价指数

短期潜力评分:★☆☆☆☆

2017年最后一个季度,新加坡的房价指数终于出现了回升的迹象。在此前的三年时间里,房价一直是保持下跌趋势的。当地房屋价格指数在2013年末达到峰值,并在之后一直保持下滑。现在的当地房价水平大约相当于2011年的标准。东南亚疲软的经济发展成为新加坡房价最大的短期价格压力。尽管当地岛国寸土寸金的状态没有改变,但在2008年之后,房价已经累计上涨了20%左右,当地房价进一步上涨的空间短期内并不大。当地最主要的房价下跌压力,除了高房价本身之外,贷款成本的不断升高也让年轻人难以负担高房贷。2017年新加坡的整体经济增长表现仍然不算太好。不过情况在年末发生了一些好转。目前新加坡仍然是整个世界上房价最高的城市之一。在未来的一段时间内,这个因素将会成为房价继续攀升的阻碍。

2017年新加坡的房价基本上算是走平,年末的房价与上年年末差别极小。可以说价格在过去几年的下跌中找到了一个短期支点,但未来继续下跌的可能性仍然存在。

随着美国总统特朗普上台,对新加坡经济可能带来推动作用的TPP等国际协议失去了美国的支持。而另一方面,中国的"一带一路"计划中,新加坡目前也并不明显占有优势。可以说,未来几年,东南亚的这个经济核心将会受到不小的考验。

投资新加坡房地产短期内获利的可能性目前很小,2018年我们预计房价会继续趋于走平。如果单从回报率角度看,这里远远比不上澳洲、加拿大等增长速度快的市场。投资新加坡房地产,近期主要还是看中当地的保值属性以及新加坡的避税政策。

长期稳定评分:★★★★☆

支撑因素一:"避税天堂"

新加坡在亚洲地区可以说是名副其实的"避税天堂",当地不管是企业还是个人税收都相对较低,同时也不设遗产税。这些优势让新加坡这个"弹丸小岛"上兴起的城市国家迅速成为东南亚的金融中心。新加坡是高净值投资者避税的良好选择。当地受到这种情况影响,房产即使在本国经济不景气时也能获得稳定支撑。

支撑因素二：土地稀少

新加坡这个总面积不到720平方公里的狭小国家居住了500多万人口。在没有任何富余土地可以开发的情况下，除了进行有限的填海造地之外，新加坡房产只能在现有的空间内发展，这让当地房源非常有限。稀有的资源让房产市场保持紧凑的局面，成为稳定当地房产价值的最大地理决定因素之一。

支撑因素三：政治稳定

新加坡的法律条款明晰严格，这就保证了当地房产市场井然有序，绝对不会出现欺诈、混乱的局面。在新加坡当地购买房产，要比在其他地方放心很多。同时政府稳定的政策走向也是保证新加坡房产稳定的重要因素之一。当地房价、房屋买卖受到政府政策变动而大幅波动的可能性相对其他国家小得多。

风险因素：地契年限

尽管新加坡的地契年限问题一般会被考虑到房价之中，甚至也有接近永久拥有的999年地契，但存在地契年限仍然是当地房产需要考虑的问题之一。尤其是一些历史已经数十年的老房和老地契。这些还剩下几十年的地契将在未来成为房产长远投资的一个问题。毕竟前往当地投资的一些人看重的是新加坡没有遗产税，但如果留给后代的房屋还有年限的话，并不能算是完美的和毫无风险的。

东京城市概况

GDP：16 800亿美元

人均收入：40 000美元/年

平均房价：250万美元

宜居水平：★★★★☆

综合成本：★★☆☆☆

短期潜力：★★☆☆☆

长期稳定：★★★☆☆

2. 东京

东京房产在2017年表现仍然不错。考虑到日本经济目前的疲软状态，房地产能够走势不错是因为获得了多方面因素支持。日本政府仍然在实施其史无前例的量化宽松政策，这让贷款买房相对容易。另一方面，尽管日本的人口老龄化、少子化趋势使日本全国人口数减少，但实际上，大量人口的聚集让东京人口在最近几年继续稳定上升。此外，2020年奥运会主办城市已经确定是东京市，日本政府在当地即将或已经进行的各种基础设施投资将会在未来不断增加东京房产的价值。不过中国投资者可能普遍对日本的地震、海啸、核电站泄漏甚至20世纪90年代的房产泡沫记忆深刻，对于投资东京房产可能还是相对谨慎。而且相比北上广，东京的房屋价格涨幅实际上并不算诱人。东京房产真正诱人的地方是其出租回报率。中国大部分城市的出租回报率一年在2%以下，而这个比例在东京可以达到5%～7%之间。这对于追求稳定回报的中长期投资者来说更为划算，而且日本的房产是永久所有权，如果从中长期考虑的话。东京房产还是有其吸引力的。

宜居评分：★★★★☆

美世生活质量调查排名：第47名

Monocle生活质量调查排名：第1名

东京位于日本关东平原。面朝东京湾，海湾之外就是太平洋。和日本大部分地区一样，东京受到海洋的气候影响更为明显。当地四季分明，夏季炎热多雨，冬季寒冷干燥。1月平均气温5摄氏度，7月平均气温26摄氏度。年降雨量约为1 435毫米。当地空气质量相比中国北方尚算良好，不过人口众多等原因也让PM2.5指数偶尔处于100左右的水平。

东京的交通状况可以算是亚洲国家大城市中最好的一档。当地充分利用空间的城市建设方式以及道路秩序的良好表现使城市道路保持非常顺畅的状态。公交系统复杂到可能会让刚到东京的人感到难以理解，但当熟悉之后，明白这里密集的公交、地铁线路能够大幅提高公交系统的效率。

东京的教育环境非常优秀。当地附近地区聚集着日本大部分最好的学校。这也是日本人有超过1/10居住在东京的原因之一。东京当地的治安在全世界范围内算是非常不错。而且日本人普遍比较礼貌，大部分日本人没有种族歧视的倾向。东京目前有大约16万华人在此定居，华人已经成为当地外国人口最多的一个族裔。

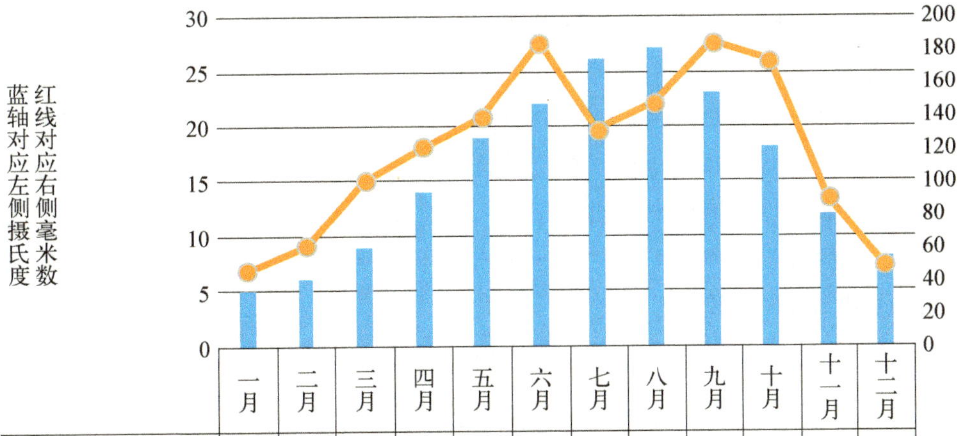

	一月	二月	三月	四月	五月	六月	七月	八月	九月	十月	十一月	十二月
月平均温度	5	6	9	14	19	22	26	27	23	18	12	8
降雨量	47	62	101	122	139	185	132	148	185	174	90	50

图1.43　东京气候概况

综合成本评分：★★☆☆☆

东京市场关键数据

通勤平均距离	17公里
通勤平均时间	44分钟
四口之家月平均消费（不含房租）	3 850美元/月
单人平均消费（不含房租）	1 060美元/月
一室公寓租金（市区）	1 060美元/月
一室公寓租金（郊区）	660美元/月
三室公寓租金（市区）	2 280美元/月
三室公寓租金（郊区）	1 190美元/月
公寓均价（市中心）	13 060美元/平方米
公寓均价（郊区）	5 990美元/平方米

尽管经历了20世纪90年代房产泡沫的破裂，东京都仍然是日本乃至亚洲房产价格相对较高的地区。东京都中心地区公寓价格平均达到每平方米1.3万美元。

在东京购买房产，需要缴纳4%左右的交易税。如果房屋用于自住，这个税率可以降到3%。房屋印花税大约最高50万日元。房屋交易还要缴纳额外的销售税，这部分在5%～8%不等。另外还有土地登记税、房屋登记税共约4%。购买当地房产需要缴纳的额外费用大约在房价的10%～15%之间。

日本的固定资产税和城市规划税每年都要征收，这些税费的总比例为房屋当年价格的1.4%左右，在全球各大城市中算是比较昂贵的，这也是当地持有房产花费较大的原因，加上巨额的遗产税，“富不过三代”在日本是非常普遍的现象。

东京都的平均售租比约为50，市中心售租比高达51.43。不过日本人对于租房的热衷还是非常高涨。很多家庭甚至到有了几个小孩时也仍然选择租房住。不过鉴于东京房价与租金不相匹配，在当地买房纯为了出租并不是特别理想的选择。日本房价已经连续下滑了20年之久，而国家的少子化、老龄化情况继续恶化，很多日本人对于买房并不是特别热衷。整体来讲，在东京购房出租还算收支平衡，但想要获利难度较大。

“50万、100万、500万、1 000万美元在东京能买什么样的房产？”

价　位	50万美元	100万美元	500万美元	1 000万美元

位　置	东京都江东区	东京都中央区	东京涉谷区	东京品川区
面　积	61平方米	111平方米	400平方米	450平方米
格　局	2卧2卫	3卧3卫	7卧6卫	6卧3卫浴
类　型	公寓	公寓	独立屋	独立豪宅
简　介	东京都江东区2LDK公寓，近公园，距离涉谷区仅一桥之隔	东京都中央区3LDK公寓，近公园、小学、交通枢纽	东京都涉谷区独立屋，交通便利，配有独立车库，装修奢华，配有酒窖	东京都品川区独立豪宅，配有日式庭院、游泳池、酒窖、桑拿、游戏室

短期潜力评分：★★☆☆☆

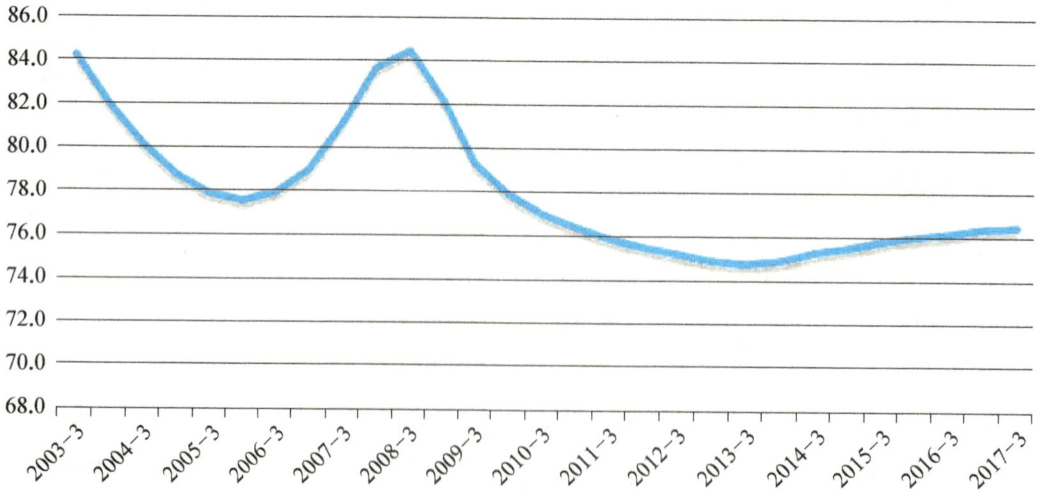

注：房价指数2000年按100计算，资料来源：日本土地总合研究所。

图1.44　东京房价指数

自2013年东京房价触底反弹之后，在过去几年当地涨幅一直得到了保持。考虑到近期日本经济的疲软走势和日元在国际动荡中获得的不情愿升值，东京房价的表现已经算是可圈可点了。日本政府目前仍然处于史无前例的大规模量化宽松政策过程中。但日元在全球各种政治、经济不确定性面前，继续扮演主要货币中最有保值功能的角色。

东京房价在2017年的基本涨幅仅有1%。但和上年一样，个别地区的房价涨幅仍然远远超出其他区域。随着2020年东京奥运会越来越近，一些地区的场馆建设以及公共交通改善将会成为东京房地产市场中值得期待的短期回报项目。但在整个庞大的东京都会区范围内，价格普遍上涨的可能性仍然微乎其微。

全球的不确定性目前仍然处于相对较高的水平。对于日本来说，这意味着更多避险资产的进入。但和其他适合海外投资者的市场相比，日本的房地产持有成本仍然较高。所以，除了个别地区或者个别项目之外，整个东京房地产市场的短期前景仍然不算特别乐观。2018年预计房价涨幅在1%～3%之间。

长期稳定评分：★★★☆☆

支撑因素一：日本国内第一都会区地位

东京人口占据日本全国的1/10。当地是日本政治、经济、文化和教育的绝对中心。不管是从人口基数、就业还是其他方面来看，东京都地区的房产都因为当地在日本的绝对优势地位而保持稳定。东京的确出现过20世纪90年代的房产泡沫，但排除泡沫期间的上涨和下跌，东京在长期平均价格上仍然是上涨的。即使最近十几年日本一直处在经济不景气之中，东京的房价指数仍然保持了稳定上涨，这主要还是归功于整体城市规模。

支撑因素二：相对严谨的市场

东京的房产市场从律师、房产公司到个人卖家的文书准备工作可以说非常严谨。当地房产市场的透明程度和法制化程度很高，这降低了在东京投资房产的风险。同时，当地完善的房产交易系统让房屋不管是转租还是转卖都非常方便。这就保证了房产转化成固定收入或者现金的流通性。

风险因素一：火山地震之国

日本是世界上著名的火山、地震灾害频发国家。1923年发生的关东大地震震央就在距离东京不远的神奈川县。而2011年日本东部海域发生的里氏9.0级地震以及其后引发的海啸带来的冲击仍然历历在目。在全世界范围选择房产投资，很难绕过日本地震多发这一特点。所以长远角度讲，地震频发是东京房产需要考量的风险之一。

风险因素二：人口老龄化、少子化

整个日本目前都面临人口老龄化、少子化的影响。人口结构的老化可能在未来进一步给日本的经济带来负面影响。对于房产市场来说，需求面也会因为人口的减少而大受打击。目前日本的少子化问题已经出现改善的迹象，但是考虑到人口结构改变的缓慢程度，我们仍然将这算作东京房产市场需求未来的一个风险因素。

首尔城市概况

GDP：8 700亿韩元

人均收入：42 000美元/年

房价中值：54万美元

宜居水平：★★☆☆☆

综合成本：★★☆☆☆

短期潜力：★★★☆☆

长期稳定：★★☆☆☆

3. 首尔

房价涨幅较大、出租回报率比国内高、房产是永久所有权，这些都是首尔房产在最近几年成为中国投资者青睐投资品的主要原因之一。2017年朝鲜半岛的核问题成为热门话题，从这个角度来看，首尔的房地产对于中国投资者，尤其是中国南方的投资者可能会有些“恐怖”。总的来说，距离中国较近的地区中，首尔以其上述优势，加上对于中国投资者来说投资相对容易的便利条件，成为中国投资者进行海外房产资产配置的首选市场之一。

宜居评分：★★☆☆☆

美世生活质量调查排名：第73名

首尔位于朝鲜半岛中部，由于地理位置与中国隔海相望，气候等各方面条件基本与同纬度的中国城市差不太多。尽管市区并不靠海，但实际上首尔距离黄海仅有数十公里距离，基本上还算是海洋性气候。当地1月平均气温零下4摄氏度，7月平均气温25摄氏度。全年降雨量1 373毫米左右。首尔的空气质量在全球各大城市之中也不容乐观，PM2.5的数值可能会比中国北方城市稍微好一些，但也基本都在100以上。

首尔的道路交通在最近几年有不少提升。但上下班高峰期拥堵也是必然现象。不过当地的人口平均道路里程相对较多，换句话说就是车辆和人口都不像北京、上海那么密集。韩国政府对于首都的治安格外重视，这就让首尔当地治安水平非常高，甚至连小偷都非常少见。另外，当地的韩国大妈们非常积极关注街坊动态，成为很多“义务警察”，这让首尔在治安方面在全球范围都算是不错的。尤其是相比欧美大城市来说，首尔当地治安足够获得非常高的肯定。

韩国对教育的重视程度非常高，而当地经济又有高度集中的趋势，这让首尔的教育水平表现不俗。当地对于华人的态度实话说并不算友好。尽管政府在最近几十年积极尝试改善华人在韩国的地位，但是由于国家文化政治等各方面因素，效果并不算太好。整体来说，韩国华人在近几年一直呈现数量增长的趋势，但当地华商和真正融入社会的华人数量仍然较少，大部分留下工作的中国移民都在经营小型餐馆等饮食行业。

综合成本评分：★★☆☆☆

首尔作为距离中国最近、最方便华人投资的海外市场之一，房价与中国一线城市比起来还是有一定优势的。首尔市中心公寓均价大约每平方米1.15万美元。

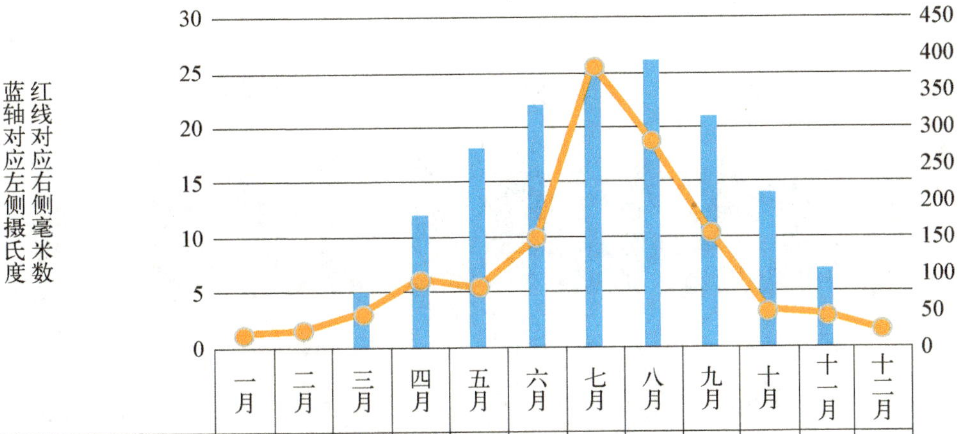

	一月	二月	三月	四月	五月	六月	七月	八月	九月	十月	十一月	十二月
月平均温度	−4	−1	5	12	18	22	25	26	21	14	7	0
降雨量	21	25	48	95	83	151	385	283	159	52	46	25

图1.45　首尔气候概况

首尔市场关键数据

通勤平均距离	17公里
通勤平均时间	39分钟
四口之家月平均消费（不含房租）	3 580美元/月
单人平均消费（不含房租）	980美元/月
一室公寓租金（市区）	850美元/月
一室公寓租金（郊区）	500美元/月
三室公寓租金（市区）	2 440美元/月
三室公寓租金（郊区）	1 380美元/月
公寓均价（市中心）	11 450美元/平方米
公寓均价（郊区）	7 230美元/平方米

首尔的房产转让额外费用按照房价的不同有很大差别。交易税在0.15%～6%之间。律师费0.25%～1%，登记费3%，中介费0.2%～0.9%。另外还有教育费和印花税等。在首尔购买房产需要缴纳的额外费用在房价的5%～7%之间。当地的土地持有成本在0.2%～4.5%不等。

首尔的平均售租比为22.9左右，市中心大约为32.29。但海外投资者除非是成立大型公司，否则在首尔不允许依靠出租获得收入。而以公司名义买房，尽管被允许，但相对成本较高。现在在首尔很多买房出租的华人投资者是挂靠着当地的管理公司。尽管初期办理手续相对麻烦，但随后维护上则比较省心。当然，更多人关注首尔房产，还是看中当地的升值空间。

"50万、100万、500万、1 000万美元在首尔能买什么样的房产?"

价位	50万美元	100万美元	500万美元	1 000万美元

位置	首尔汉南洞	首尔平仓洞	首尔平仓洞	首尔汉江路洞
面积	105平方米	181平方米	330平方米	250平方米
格局	2卧2卫	3卧2卫	6卧6卫	4卧4卫浴
类型	公寓	公寓	独立豪宅	豪华公寓
简介	首尔汉南洞江景公寓,交通便利,风景优美	首尔平仓洞矮层公寓,首尔老牌富人区,附近社区安静稳定,交通方便	首尔平仓洞豪宅区独立别墅,配有庭院、游泳池、台球室,山景	首尔汉江路洞豪华公寓,首尔名流聚集社区,江景高层,交通便利

短期潜力评分:★★★☆☆

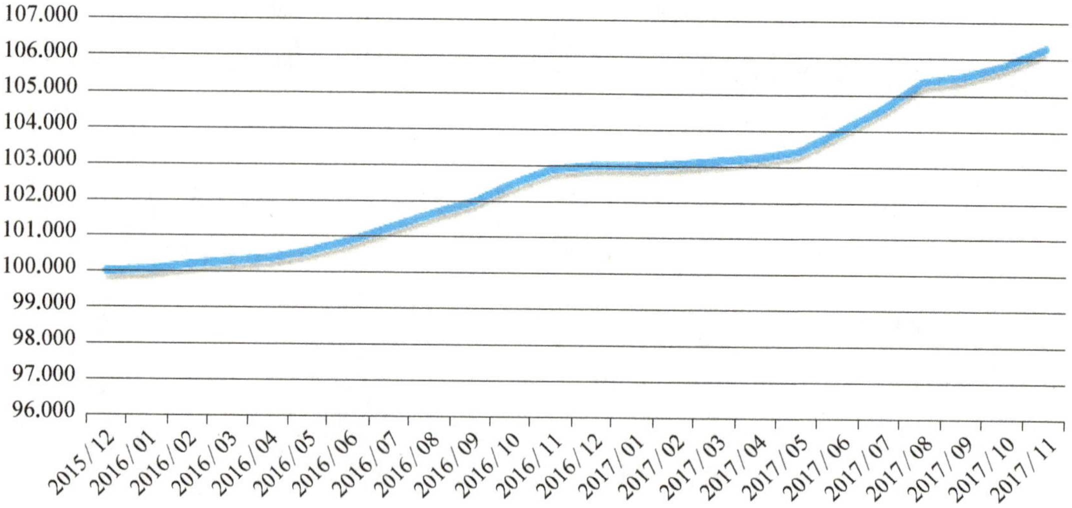

注:房价指数按照2016年初为100计算,资料来源:韩国国民银行。

图1.46 首尔房价指数

从房屋价值指数的角度来看,实际上韩国房产自20世纪80年代开始,除了在1998年亚洲金融危机中稍有下滑之外,之后一直保持着稳定的上升趋势。另外与其他亚洲城市不同的是,首尔房产即使在韩国经济表现不错的几年中,涨幅实际上也并不算太高。这保证了当地房价继续上涨,拥有持续稳定的动能。目前相比东京、中国香港、新加坡等城市来说,首尔的房价仍然不算特别高,和中国内地的北京、上海也仍然有一定差距。这一点将继续成为中国投资者进入首尔市场的诱因。

2017年首尔的房价涨幅在3.5%左右。韩国国内经济表现自2010年之后就一直不算太好。再加上朝鲜半岛地缘政治局势的干扰，这些因素在近期可能还是会继续阻碍首尔房地产价格继续攀升。

韩国本身的房地产需求并不会因为朝鲜半岛核问题而受到太大影响。作为韩国首都，首尔掌握着韩国1/5的经济，整个国家的人都向往着在首尔拥有房产。但对于国际资本来说，核问题却是一个严重甚至致命的威胁，这可能在2018年导致首尔缺乏国际资本的注入。所以短期内，我们认为首尔房地产增长可能会相对低迷。2018年的涨幅可能在2%～5%之间。

长期稳定评分：★★☆☆☆

支撑因素：人口、经济高度集中的首都模式

与日本一样，韩国的人口、经济、政治和其他各方面资源在首尔高度集中，形成了全国独一无二的房产市场强力支撑。首尔的人口占到韩国的大约1/5，首都圈GDP几乎占到全国GDP总值的一半。即使排除附近卫星城和乡镇，600平方公里的首尔市GDP也达到了韩国1/4左右。高度集中的人口和经济让首尔房产在韩国一直保持强劲增长。而这种集中型的发展模式也是未来房产市场需求的保证。

风险因素：半岛局势

2017年朝鲜半岛的局势成为整个世界的不安因素。不管是短期还是长期角度，朝鲜半岛局势走向最坏可能性的这一隐患都将会成为当地房地产市场最大的问题这一。尤其是对于海外投资者来说，这将会直接影响他们在全世界范围内选择投资标的时是否考虑韩国的最终决定。随着朝鲜一次次无视各国警告试射导弹和进行核试验，首尔房地产市场受到牵连可能也只是一个时间问题。

吉隆坡城市概况

GDP：460亿美元

人均收入：13 000美元/年

房价中值：17万美元

宜居水平：★★☆☆☆

综合成本：★★★★☆

短期潜力：★★★★☆

长期稳定：★★☆☆☆

4. 吉隆坡

吉隆坡是马来西亚首都，也是该国当之无愧的政治、经济、文化中心。当地接近200万的人口在整个马来西亚都是没有其他城市可以匹敌的。吉隆坡人种、语言和文化非常多元化，这促进了包括旅游、服务业等方面的发展。而首都与生俱来的经济吸引力让吉隆坡成为马来西亚经济发展速度最快的城市。吉隆坡拥有马来西亚几乎所有的政治核心机构、国家元首官邸，以及马来西亚最大的股票交易所——吉隆坡证券交易所。当地拥有多所世界著名高等学府，而当地的国油双峰塔也被认为是象征马来西亚的标志性建筑物。基本上，如果对马来西亚不太了解的投资者首次关注当地房地产市场，那么吉隆坡必将是第一个被考虑的城市。而经过深思熟虑之后，仍然有大部分投资者会把最终的投资标的选在这个马来西亚首屈一指的大都会地区。

宜居评分：★★☆☆☆

吉隆坡地处马六甲海峡东岸的巴生河畔，距离海岸线不到50公里。四周被群山包围，自古就是马来亚文明繁衍兴盛的地区。由于地处赤道附近，吉隆坡气候终年炎热潮湿，年降雨量高达2 486毫米，常年平均气温基本保持在27～28摄氏度。属于典型的热带雨林气候。炎热潮湿的气候对于中国北方的投资者可能是个考验，南方投资者适应的难度更小一些。不过考虑到新加坡的成功例子和吉隆坡本身的情况，当地气候算是比较适合人类居住的。

马来西亚工业化程度并不算高，但密集的人口和相对较低的清洁能源利用率让当地的空气质量拉低到全球大都会的平均水平。另外马六甲海峡东岸印度尼西亚国境内的热带雨林在旱季偶尔会发生山火，这也可能成为当地空气污染来源之一。不过比起人口和工业化程度更高的北部泰国、越南来说，吉隆坡的空气质量算是不错的。

吉隆坡本身的交通环境是整个马来西亚最先进的，城市内基本保证了公共交通线路的覆盖率。不过公共交通的使用率并不算高。大部分有车的当地人还是更愿意自己开车出行。当地的交通拥堵水平与新加坡差不多。根据TomTom数据库的记录，吉隆坡人平均每天在晚高峰期的行车时间要比平时多80%左右。这个数值与新加坡、中国香港等城市差不多，大概相当于中国东莞、武汉、长春的水平。

作为发展中国家首都，吉隆坡的治安水平近些年来仍然被人诟病。实际上，很多数据库显示当地的犯罪率相比临近的新加坡、

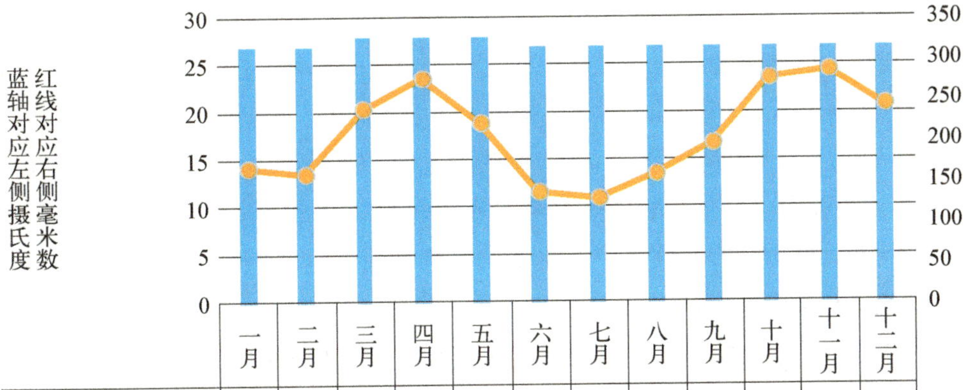

	一月	二月	三月	四月	五月	六月	七月	八月	九月	十月	十一月	十二月
月平均温度	27	27	28	28	28	27	27	27	27	27	27	27
降雨量	166	158	238	277	221	136	129	160	196	276	286	243

图 1.47　吉隆坡气候概况

吉隆坡市场关键数据

通勤平均距离	19公里
通勤平均时间	43分钟
四口之家月平均消费（不含房租）	1 760美元/月
单人平均消费（不含房租）	490美元/月
一室公寓租金（市区）	560美元/月
一室公寓租金（郊区）	330美元/月
三室公寓租金（市区）	1 000美元/月
三室公寓租金（郊区）	530美元/月
公寓均价（市中心）	2 980美元/平方米
公寓均价（郊区）	1 500美元/平方米

曼谷等地区还是要高一些。不过当地大部分人素来都有热情好客的美名。

教育应该算是吉隆坡在宜居评分中的优势项目。实际上，考虑到马来西亚大部分国土都被热带雨林覆盖，高度密集的人口让吉隆坡成为当地主要高等教育机构的聚集地。同时，当地的基础教育水平在马来西亚国内也是首屈一指。作为英联邦国家，马来西亚保留了很多大英帝国时期的痕迹。英国和澳大利亚等英联邦国家的一些大学在马来西亚也有自己的分校区。当地除了马来语之外，华语、粤语和英语应用广泛。这些因素推动吉隆坡的教育保持较高的水平，也成为吸引房产投资者的因素之一。

吉隆坡的华裔人口大约为76万人，占城市比例43.2%。当地华裔社区氛围浓厚，华人在当地生活基本不会遇到太大障碍。同时,作为俗称“三小时经济区”中的一员,吉隆坡距离中国较近的地理位置也给当地华人很多便利。

综合成本评分:★★★★☆

作为马来西亚首都和政治经济中心,吉隆坡房价在马来西亚也是当之无愧的第一名。按照2017年的汇率,吉隆坡市中心公寓的价格大约在每平方米3 000美元。郊区房价大约是市中心的一半,1 500美元上下。目前在吉隆坡市中心热卖的几个新建公寓,起价在20万到100万美元。其中以著名的双子塔附近的物业最为昂贵。

马来西亚全国印花税价格按照三级模式征收,首10万林吉特征收1%,10万到49.999 9万的部分按照2%征收,50万以上的部分按照3%征收。另外房产律师费在0.5%～1%之间。产业价值越高,律师费比例相应越低。其他买房时的一次性费用不超过200林吉特,对于几十万的房产来说,占比基本可以忽略不计。

马来西亚全国房地产共有两种每年固定征收两次的费用。一种被称为门牌税,价格按照房屋的价值和各州情况不等大概在每年1 000到2 000林吉特之间。另一种为地税,按照每平方英尺0.06林吉特的比例征收。这就意味着包含公寓管理费等杂费在内,拥有一处1 000平方英尺的吉隆坡房地产每年大约有2 000到3 000林吉特的固定开销。如果房屋地处吉隆坡最昂贵的中心地带,那么这个数字可能还要更高。但是从比例的角度来看,马来西亚的房屋固定税率并不算高。

吉隆坡当地房地产的租售比约为19.21,这个比例在亚洲国家主要城市中算是比较低的。这就意味着只要能保证稳定出租,吉隆坡房地产的出租回报率还是相当不错的。

“20万、50万、100万、300万美元在吉隆坡能买什么样的房产?”

价位	20万美元	50万美元	100万美元	300万美元

位置	吉隆坡Kiara山	吉隆坡Kiara山	吉隆坡Taman区	吉隆坡西郊
面积	120平方米	220平方米	400平方米	800平方米
格局	3卧2卫	4卧3卫	4卧4卫	5卧4卫浴
类型	公寓	公寓	豪华公寓	独立别墅
简介	吉隆坡市中心西区公寓,交通便利,公寓配有公共游泳池,儿童娱乐区	吉隆坡市中心西区高层豪华公寓,24小时保安、游泳池,风景优美	吉隆坡市区东部豪华别墅,装修豪华,配有游泳池、健身房	吉隆坡西郊罕见独立别墅,独立车库、室外游泳池

短期潜力评分：★★★★☆

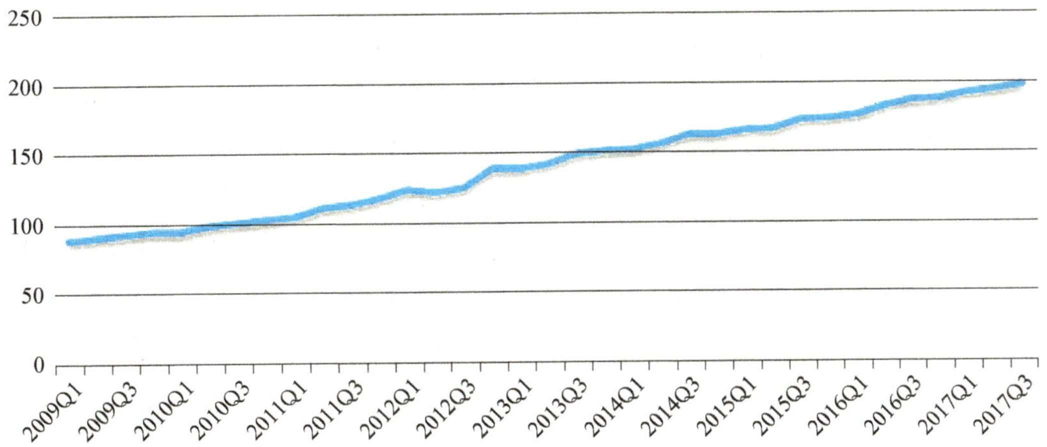

注：房价指数2010年按100计算，资料来源：马来西亚房产局。

图1.48 吉隆坡房价指数

吉隆坡房价在最近两年尽管涨势已经不如2013年前后，但涨势仍然稳定。在马来西亚最近不到十年的房价大涨过程中，吉隆坡以全国最高的人口基数、全国最集中的政治经济硬实力等优势获得了最大的累计涨幅。不过考虑到目前马来西亚各城市的发展进程，吉隆坡在某些方面继续保持领先的迹象仍然明显。

2017年吉隆坡房价涨幅约为7%，到了下半年涨幅开始缩小。但在过去的三四年中，吉隆坡房价一直保持了接近10%的上涨趋势，这在整个亚洲地区都是非常难得的。考虑到马来西亚最近两三年的经济表现和未来在“一带一路”计划中的地位，我们认为2018年吉隆坡仍然有机会保持现在的涨幅，5%～8%是可以期待的。

如果放在国际市场进行比较，那么吉隆坡房市在短期内继续攀升的助推力似乎更具有说服力。在东南亚各国的首都中，吉隆坡目前拥有最低的房价工资比例。当地平均房价与居民工资的比例仅为8.94。这意味着吉隆坡当地居民仍然对房地产市场有非常大的支撑潜力。作为比较，最接近吉隆坡的东南亚大城市新加坡房价工资比为21.63。曼谷的房价工资比为19.45。胡志明市房价工资比为21.65。雅加达的房价工资比为16.85。而中国一线城市如北上深以及香港的房价工资比例都要远远超过30，深圳为亚洲最高，房价工资比例44.36。这意味着，一个中等收入的居民在深圳不吃不喝也要45年才能付完一栋中等水平房屋的全款，而在吉隆坡，同样的过程只需要9年时间。对于人口相对流通的东南亚地区来说，吉隆坡目前算得上是名副其实的“房产投资低洼地带”。未来随着当地经济不断活跃，房价仍然有很大的上涨空间。

长期稳定评分：★★☆☆☆

支撑因素一：人口以及首都在国内的凝聚力

吉隆坡作为马来西亚国家首都，是全国居民向往的城市。这一点在过去几十年来都没有发生过变化。对于海外移民和投资者来说，当地在马来西亚范围内也总是被第一个注意到。城市的人口数量、人口密度几乎是第二名城市的2倍，同时人口总数目前仍然以每年1.5%左右的速度快速增长。且移民中有很大一部分是年轻人。这些因素都决定着吉隆坡拥有马来西亚国内最稳定的房地产市场需求。这种情况在马来西亚政治稳定的前提下，极少可能会在五到十年的中期内发生变化。所以相比马来西亚其他城市，吉隆坡房地产还是拥有更加稳定支撑的。

支撑因素二：政府发展方向及中国“一带一路”政策

作为一带一路计划海上丝绸之路非常重要的咽喉要道，马六甲海峡附近国家与中国在未来几年中的合作将给马来西亚带来大量投资机会。这种情况下，作为首都的吉隆坡将成为资金、项目的主要标的。尽管如马六甲、槟城等地区将分担一部分投资项目，但吉隆坡在马来西亚的政治地位和经济基础仍然会为当地带来投资。马来西亚政府最近几年对于基础设施、城市规划和经济特区的建设下了不少功夫。同时政府本身也在直接或间接对吉隆坡等城市的房地产进行助推。内外双管齐下的推动，巩固了吉隆坡房市的政治经济支撑。不管是资金、企业还是技术进入吉隆坡，都会对当地房地产带来积极正面的影响。

不确定因素：多元文化

马来西亚是一个文化非常多元化的国家，这种情况在吉隆坡非常明显。伊斯兰教背景让马来西亚成为中东、印巴地区躲避动乱的伊斯兰教徒最佳的庇护所。同时，当地浓厚的华裔氛围也吸引了大量来自中国的移民。但同时，多元文化总会多多少少产生一些摩擦，至少作为华人投资者来说，投资吉隆坡房地产或者移居马来西亚就意味着需要注意和当地人士的交流沟通，需要避免触犯对方的宗教禁忌。对于大部分人来说，这并不是一个非常难做到的事情。但同时，不能否认当吉隆坡在国际市场上与其他城市竞争时，这一点可能会让一部分投资者相对谨慎。

曼谷城市概况

GDP：900亿美元

人均收入：12 000美元/年

房价中值：28万美元

宜居水平：★★★☆☆

综合成本：★★★★☆

短期潜力：★★☆☆☆

长期稳定：★★☆☆☆

5. 曼谷

曼谷是泰国首都，是泰国王室的居住地，也是该国政治、经济、文化、贸易的绝对中心城市。泰国华人也将当地称为“泰京”。在整个东南亚各国城市中，曼谷与中国的关系可以说源远流长。由于成为首都之前，曼谷基本是无人居住的区域，当时最早在曼谷东部定居的是来自中国南部沿海的潮州人。而在西部的是波斯人和葡萄牙人移民，后来随着城市规模不断扩大，大量泰国当地人来找工作，慢慢人口增加才形成了现在的曼谷。泰国王室也是18世纪末才将王宫迁至此处。曼谷这个城市名也是源自潮州话对当地岛屿和低地的描述。在整个东南亚地区，曼谷是经济最发达的地区之一。同时，泰国王室对于海外移民的态度也最为包容。这些都成为曼谷房地产市场受海外尤其是中国投资者青睐的重要驱动因素。

宜居评分：★★★☆☆

曼谷位于湄南河入海口的广阔冲击平原地带，北面是中南半岛的辽阔泰国国土，南面是曼谷湾。当地属于典型的热带季风气候。冬季干燥，夏季多雨，全年气温都在25摄氏度以上。当地1月平均气温26摄氏度，7月平均气温29摄氏度。全年降雨量1 430毫米左右。曼谷的空气质量在全球各大城市之中不算很好，PM2.5的数值基本都在100以上。与中国南方沿海大城市的水平类似。

交通一直是曼谷城市建设的最大问题之一，这里河道众多，素有“东方威尼斯”之称。对于短期停留的旅客来说，空中捷运等避开拥堵街道的公共交通网络绝对是最省时省力的交通工具。而在当地开车的居民则需要每天面对号称“亚洲第一赌”的混乱交通。城市700多万人口成为当地宜居水平的减分项。不过在治安方面，尽管曼谷盗窃等针对旅客、财物的犯罪数量不少，但整体治安水平在东南亚各国首都中，仅排在新加坡之后位居第二位。城市内的暴力事件稀少，各项治安指标中，最严重的是腐败问题。

曼谷本身与华裔的渊源就非常久远，当地大部分资本阶级和高净值人士都是来自中国潮汕地区的华裔后代。泰国王室对于海外移民的态度也一直保持包容、友善。这些因素都成为中国投资者投资曼谷房地产的优势。

综合成本评分：★★★★☆

曼谷最主要的房源类型是公寓，这与中国的大城市基本类

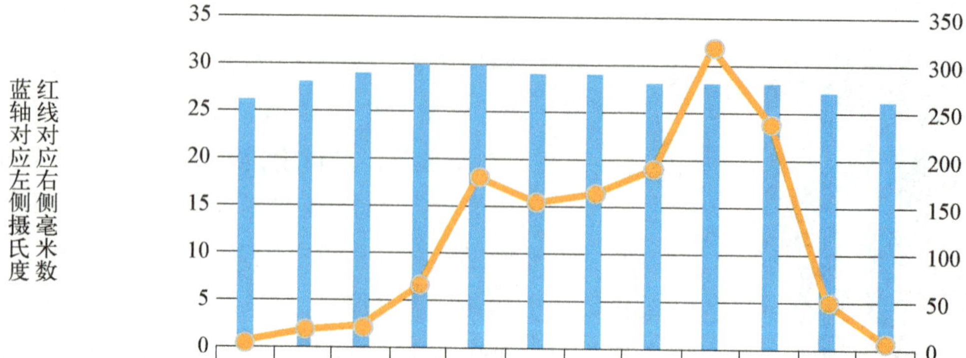

	一月	二月	三月	四月	五月	六月	七月	八月	九月	十月	十一月	十二月
月平均温度	26	28	29	30	30	29	29	28	28	28	27	26
降雨量	7	20	24	67	182	156	165	191	320	239	51	8

图1.49　曼谷气候概况

曼谷市场关键数据

通勤平均距离	17公里
通勤平均时间	46分钟
四口之家月平均消费（不含房租）	2 300美元/月
单人平均消费（不含房租）	640美元/月
一室公寓租金（市区）	640美元/月
一室公寓租金（郊区）	290美元/月
三室公寓租金（市区）	1 940美元/月
三室公寓租金（郊区）	850美元/月
公寓均价（市中心）	4 170美元/平方米
公寓均价（郊区）	2 100美元/平方米

似。但当地也存在一定数量的独立别墅，价格普遍比公寓要高很多。曼谷市区的公寓平均价格大约每平方米4 000美元。

在曼谷购买房产，需要缴纳房价2%的过户费、房价3.3%的特种商业税、房价0.5%的印花税以及按照所有人情况不定的个人所得税。总计在购房时需要缴纳的额外费用在房价的6%～8%。不过这部分费用在很多地方可以由买卖双方协商分摊。所以实际对买家而言，负担3%～4%。

当地的土地持有成本在0.2%～0.5%不等。泰国地税起征点较低，尽管最近该国实施了新的地税政策，但主要也是针对拥有大量土地的超级富豪。整体对于居民住宅的税率仍然很低。不过当地的公寓管理费相对较高，每年至少有房价的1%～2%，再加上房屋的维护费用，整体的固定开销其实也不算少。

曼谷的平均售租比约为25.91，市中心大约为22.5。整体回报率还算不错，一些交通便利的区域租金不菲，投资出租会有不错的收益率。但需要注意的是，曼谷市区内各大区域差距巨大，很多地区虽然价格便宜，租金也极低，但管理费用可能较高。如果想在当地投资房产出租获取固定回报，需要慎重考量的因素还是很多的。

"20万、50万、100万、300万美元在曼谷能买什么样的房产?"

价　位	20万美元	50万美元	100万美元	300万美元

位　置	曼谷Chitlom	曼谷Silom	曼谷Bangna	曼谷Krung
面　积	60平方米	80平方米	450平方米	400平方米
格　局	1卧1卫	1卧1卫	5卧5卫	4卧4卫浴
类　型	公寓	公寓	独立别墅	豪华公寓
简　介	曼谷市区公寓，近交通枢纽、超市、学校、公园	曼谷河景豪华高层公寓，无敌夜景，近主要交通枢纽	曼谷西郊独立别墅，配有游泳池、健身房、桑拿	曼谷市中心河景高层公寓跃层套间，超大观景阳台

短期潜力评分：★★☆☆☆

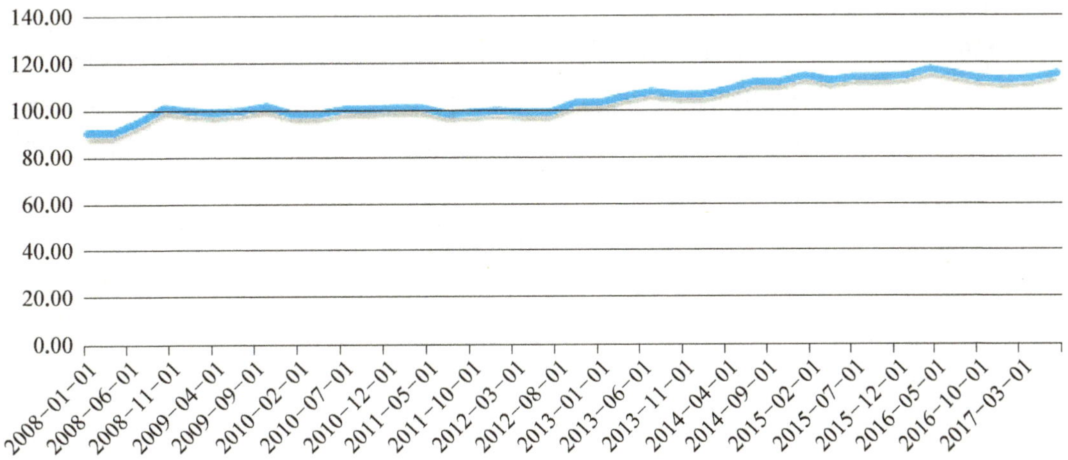

注：房价指数2010年按100计算，资料来源：泰国国家统计局。

图1.50　曼谷房价指数

从泰国官方的房价数据上看,曼谷的整体房价在过去十年基本上保持了相对稳定的增长。从2008年至今,当地政府的房价指数基本上没有同比涨幅超过10%的时期。但另一方面,网络上"曼谷房价涨幅40%""泰国房产价值大涨三四成"的新闻又此起彼伏。同时又有很多消息称,2017年曼谷的房屋交易数量实际下降幅度很大。这不得不让我们对个别网络上的文章数据表示高度怀疑。整体来说,曼谷的经济基础、宜居水平支持当地房地产价值稳定攀升,但上述某些过高幅度的上涨明显是不太现实的。个别社区的房价涨幅在近些年确实出现了两位数的增长,但整体也只有刚刚超过10%的水平。而且泰国二手房市场与欧美市场不同,相对较为冷清。新开发的楼盘价格上涨,并不能代表短期投资一定会获得类似的回报率。

2017年曼谷的房价官方数据录得了1%左右的小幅下滑。个别地区的房价倒是确实因为曼谷地铁轻轨的开发而出现攀升。但整体来说,政府限制房地产市场波动的大方针以及曼谷在全球范围的吸引力并不支持当地房地产整体高速增长。

考虑到中国"一带一路"政策将会给泰国整体经济带来的发展契机,以及泰国近几年的房价走势,我们认为2018年曼谷的房地产市场整体保持价格稳定或是1%～3%的小幅增长是可以实现的。在过去十年中,上一次曼谷房价轻微下跌发生在2012年,而在之后的2013年,曼谷房价也轻微回暖了3%左右。

"一带一路"政策落实到泰国经济的具体表现将成为曼谷房地产市场短期的一个外在影响因素。而在泰国内部,地税新政在2019年1月1日实施前,将继续给当地房地产市场带来一些压力。而曼谷轻轨近期的开发,也会给个别地区带来增长动力。

长期稳定评分:★★☆☆☆

支撑因素:经济稳定、人口集中

泰国尽管在1997年的亚洲金融危机中,是最早被国际投机资金狙击的国家,但在过去几十年的发展中,国家吸取经验教训,保持了东南亚地区相对稳定的经济增长幅度。在过去几年,泰国在处理与东盟伙伴以及国际大国关系上,也表现得比较理性。对于房地产市场来说,这些都是不错的支撑因素。

风险因素:泰国新国王

2016年泰国上一任国王普密蓬逝世,王储哇集拉隆功登基。相比他被神化的父亲,新任泰王在当王储时很多出格行为给他未来的执政前景带来担忧。前任国王普密蓬在泰国的传奇统治持续了70多年,而如今新国王在过去一直以"绯闻缠身的花花公子"形象而被大家熟知。对于泰国未来来说,这一点目前仍然算是一个不太乐观的隐忧。

胡志明市城市概况

GDP：1 300亿美元

人均收入：7 700美元/年

房价中值：18万美元

宜居水平：★★☆☆☆

综合成本：★★★★☆

短期潜力：★★☆☆☆

长期稳定：★☆☆☆☆

6. 胡志明市

胡志明市原名西贡，是越南最大城市，也是整个中南半岛最大的都会区之一。当地是越南经济、贸易、文化的中心，经济规模占到整个越南的1/5。从法国殖民时期，这里就是整个越南地区最繁荣的城市。到1976年越南社会主义共和国成立，为了纪念政权创始人胡志明，才将城市改成现在的名称。2015年越南政府颁布了住房法的修正案，首次放开了对外国投资者和境外越侨购买该国房产的限制。政策规定，外国投资者可以在该国购买50年产权的公寓。这让很多海外投资者看到了出现盈利机会的可能。胡志明市作为越南最大的城市，理所当然地成为海外投资者的首要目标。但由于产权问题并未彻底放开，所以当地房地产市场仍然存在诸多不确定因素。整体来说，胡志明市房地产市场的未来可期，但短期内，可操作空间并不算特别大。

宜居评分：★★☆☆☆

胡志明市位于越南南部平原，面朝中国南海。当地属于热带季风气候，全年平均气温超过25摄氏度。夏季多雨，冬季干燥。当地1月平均气温26摄氏度，7月平均气温27摄氏度。全年降雨量1 868毫米左右。由于人口众多，胡志明市的空气质量水平不高。PM2.5经常达到150以上。

胡志明市的交通状况整体并不算特别好，但和东南亚其他城市比起来，这里的拥堵水平还不算最高。最近几年，胡志明市政府为了缓解交通问题，凭借胡志明市水道众多的优势大力发展水上公共交通，这给陆路交通带来一定程度的改善。治安方面，胡志明市的犯罪率不低，盗窃、抢劫等问题时有发生。贩毒、帮派问题也比较猖獗，不过最严重的还是当地的腐败问题，在整个东南亚大城市中算是非常严重的。

胡志明市的华人主要集中在堤岸区，人数有50万左右。尽管华人比例不高，但华人在当地经济活动中占有重要角色，仅仅6%的华裔人口，却占据着胡志明市超过30%的财富。当地华人大部分是中国东南沿海的移民，是胡志明市经济增长的主要贡献者。华人在明末清初大批移民到此，并在法国殖民时期作为当地主要的贸易力量。到了越南共和国时期，由于1979年的中越战争，华裔人口很多移民东南亚其他国家，剩余的人在当地的社会地位也一落千丈。但在最近几十年，随着越南放开了对外政策，华人地位重新提升。

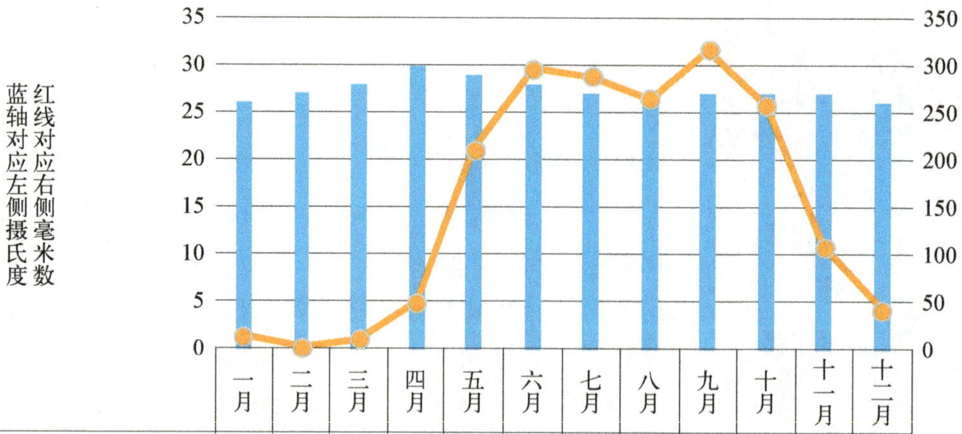

	一月	二月	三月	四月	五月	六月	七月	八月	九月	十月	十一月	十二月
月平均温度	26	27	28	30	29	28	27	27	27	27	27	26
降雨量	13	2	10	50	212	298	289	266	318	259	109	42

图1.51　胡志明市气候概况

综合成本评分：★★★★☆

胡志明市市场关键数据

通勤平均距离	7公里
通勤平均时间	30分钟
四口之家月平均消费（不含房租）	1 550美元/月
单人平均消费（不含房租）	430美元/月
一室公寓租金（市区）	600美元/月
一室公寓租金（郊区）	300美元/月
三室公寓租金（市区）	1 130美元/月
三室公寓租金（郊区）	650美元/月
公寓均价（市中心）	2 210美元/平方米
公寓均价（郊区）	1 000美元/平方米

胡志明市市区的公寓平均价格大约每平方米2 000美元。当地主要户型为公寓，对外国人开放的户型中，高层豪华公寓占多数。

在胡志明市购买房产，外国买家需要缴纳印花税、增值税和管理费基金。不过大部分开发商都将前两者计入房价。所以在当地购房，总计需要缴纳的额外费用大概只有房价的0.5%作为管理费基金。

越南没有每年固定支出的地税，但物业管理费大约为房价的0.5%。胡志明市的平均售租比约为14.23，市中心大约为16.61。整体回报率比起东南亚很多国家首都要高，投资出租会有不错的收益率。但当地租赁代理费用也不低，而且房屋的维护费用每年还要花掉一笔钱，算下来出租可以获得不错的稳定收入，但实际的优势没有售租比体现得那么高。

“20万、50万、100万、200万美元在胡志明市能买什么样的房产？”

价　位	20万美元	50万美元	100万美元	200万美元

位　置	胡志明市7区	胡志明市7区	胡志明市Nam Phu	胡志明市An Phu
面　积	90平方米	380平方米	400平方米	350平方米
格　局	2卧1卫	7卧4卫	10卧6卫	8卧4卫浴
类　型	公寓	独立别墅	独立别墅	独立别墅
简　介	胡志明市第七区公寓，交通方便，风景优美，新公寓装修豪华	胡志明市第七区独立别墅，交通方便，独立出入	胡志明市东区独立豪宅，配有景观庭院、小桥流水	胡志明市第二区独立豪宅，法国殖民时期建筑，近国际学校、商场

短期潜力评分：★★☆☆☆

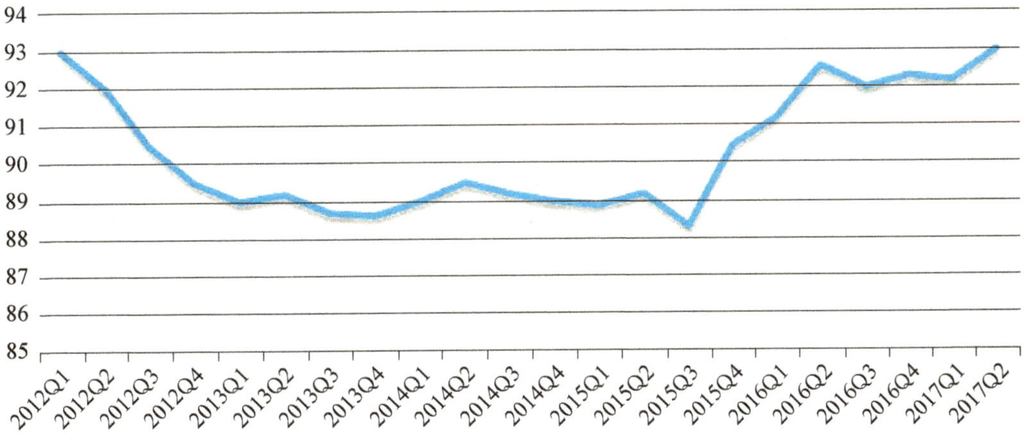

注：房价指数2009年按100计算，资料来源：第一太平戴维斯。

图1.52　胡志明市房价指数

越南在2015年正式出台了放宽海外投资者和境外越侨购买该国房地产的住房法修正案。该国长期以来不对外开放的房地产市场终于正式进入了境外投资者的视野。很多当地的房地产业内人士趁机宣传称，胡志明市将会是第二个上海浦东，当地的房价会在未来几年内高速增长。但实际上，从对越南房地产市场长期追踪的第一太平戴维斯公司数据来看，至少在眼下，当地房地产市场的涨幅只能算温和，还达不到很高的水平。另外中国投资者必须了解的一点就是，尽管新的住房法放开了对海外投资者购房的限制，但产权方面，永久产权仍然只有越南本地人才能享受。新楼盘能够卖给外国投资者，但只有50年产权。由于这个问题，外国投资者购买的房产，也只能卖给外国人。这种看似放开，实则仍然处处受限的局面，让外国投资者在当地仍然束手束脚。

越南目前的房地产价格水平大约是金融危机时期历史最高房价的93%。尽管越南最近几年经济发展很快，但一度被认为对越南具有决定性意义的TPP太平洋伙伴合作组织在特朗普上台后接近流产。而在中国主导的"一带一路"计划中，越南的地位也相对落后于马来西亚、泰国。这让越南在未来一段时间内经济增长动能不足。

2017年胡志明市的房价涨幅约为2%，考虑到城市最近一段时间的房价整体走势，我们认为2018年维持类似的涨幅可能性很大。胡志明市当地拥有土地的独立屋最近几年涨幅不错，有的时候甚至能够达到两位数。但我们上面说到，这种投资只适合拥有越南身份的人士，外籍人士是享受不到的。

长期稳定评分：★☆☆☆☆

支撑因素：经济增长迅速，人口基数大

越南人口接近1亿，而胡志明市是该国最大的城市，也是经济、贸易活动中心。都会区近千万的人口成为当地房地产市场刚需的绝对保障。胡志明市是所有越南年轻人心目中向往的工作城市。年轻的人口提高了未来一段时间当地房地产的需求水平。

风险因素：开放程度不高，高端市场流动性不足

越南尽管放开了海外投资者购买房产的一些政策，但总的来说，土地和永久产权的问题仍然让海外投资者难以大规模进入市场。当地的独立豪宅只在越南本地富豪群体中流通，而公寓的高端社区尽管近几年建设的数量庞大，但却因为产权政策问题并没有吸引太多海外富裕的投资者。越南本地人又不太热衷于消费高端房产，这让当地房地产市场存在不小的隐患。这种隐患尤其对海外投资者影响巨大，所以国内的高净值人士选择越南房地产需要倍加小心。

7. 迪拜

迪拜是阿拉伯联合酋长国目前人口最多的城市，这座短短数十年从沙漠中拔地而起的年轻城市在最近几年间以其香车、富豪和摩天大楼吸引了很多中国投资者的注意。迪拜的人口已经达到400万左右，目前是动荡不安的中东相对最为稳定、经济活跃的金融、贸易中心。当地快速发展的房产让华人投资者为之心动，但相比其他已经稳定发展上百年的欧美大城市，迪拜房产对于华人来说，仍然是一个相对比较棘手的选择。不管是对其长期可靠程度，还是对中东局势的恐惧，这些因素都成为阻碍华人投资者投资当地房产的难题。不过实际上，迪拜当地目前的常住人口中已经有上万华人先行者。有一些人是前往迪拜为挥金如土的中东老板打工，另外一些人则是瞄准了中东的石油产业到当地开拓市场。

迪拜城市概况

GDP：1 000亿美元

人均收入：28 000美元/年

平均房价：31万美元

宜居水平：★☆☆☆☆

综合成本：★★★★☆

短期潜力：★★★☆☆

长期稳定：★☆☆☆☆

宜居评分：★☆☆☆☆

美世生活质量调查排名：第74名

迪拜位于波斯湾沿岸，距离波斯湾的咽喉要道霍尔木兹海峡不到200公里。当地沙漠气候实在不能称作一个自然环境上适宜人类居住的地方。常年干燥炎热，1月平均气温19摄氏度，7月平均气温34摄氏度，极端气温经常达到40摄氏度以上。同时由于沙漠气候，年降雨量只有81毫米。

迪拜之所以吸引人前往，最主要甚至可以说仅有的亮点就是当地政府的基础设施建设和撒钱式的政策。迪拜政府对于城市的建设极尽奢华。道路、港口、医院、图书馆等基础设施都是世界顶尖水平。当地对于海外技术人才也是非常欢迎。薪金水平也非常丰厚。不过即使在迪拜年薪上百万，也并不会在当地过得很好，实际上，迪拜的大部分“消费者”都是身价上亿的石油国王子或者外国企业主，当地工资水平虽高，但是生活开销其实相对更加昂贵。

中国常驻迪拜的主要人口除了技术工人和金融服务人员外，其他大部分都是靠贸易相关工作谋生。不过当地并没有什么可以享用的中餐，能够获得的蔬菜水果也非常稀少。同时，尽管迪拜人对于中国人没有什么歧视态度，但穆斯林严格的生活戒律还是需要前往当地的华人注意。总的来说，尽管迪拜在房产重要程度上值得关注，但是当地的宜居水平在全世界可选的城市中比起来的确不高。

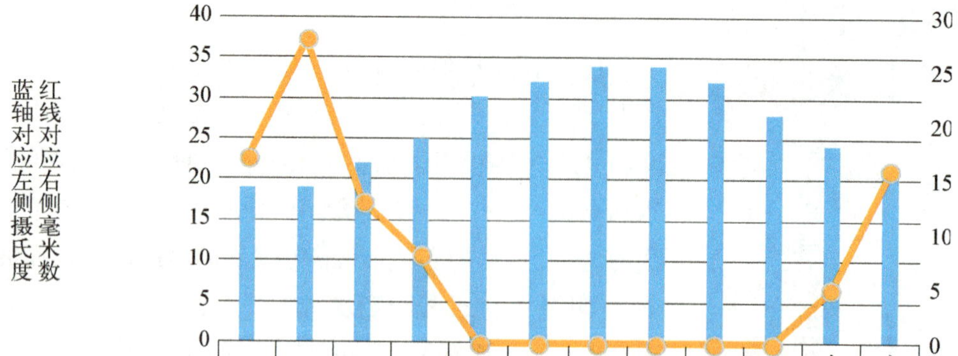

	一月	二月	三月	四月	五月	六月	七月	八月	九月	十月	十一月	十二月
月平均温度	19	19	22	25	30	32	34	34	32	28	24	21
降雨量	17	28	13	8	0	0	0	0	0	0	5	16

图1.53　迪拜气候概况

综合成本评分：★★★★☆

迪拜市场关键数据

通勤平均距离	30公里
通勤平均时间	38分钟
四口之家月平均消费（不含房租）	3 120美元/月
单人平均消费（不含房租）	900美元/月
一室公寓租金（市区）	1 880美元/月
一室公寓租金（郊区）	1 300美元/月
三室公寓租金（市区）	3 750美元/月
三室公寓租金（郊区）	2 690美元/月
公寓均价（市中心）	3 920美元/平方米
公寓均价（郊区）	2 560美元/平方米

作为年轻的新兴沙漠明珠城市，尽管大街上遍布亿万富翁，但迪拜的房价和欧美大城市以及中国一线城市还有一定差距。迪拜市中心公寓平均价格约为每平方米4 000美元。

阿联酋基本上是一个无税国家，沙漠中的石油养着整个国家，很多政策甚至是政府向国民“发钱”。不过在迪拜购房仍然需要缴纳大约3%的房产注册税。迪拜没有地税，但如果在当地购房出租，需要缴纳租金的5%给政府作为房屋租赁税。

迪拜的平均售租比仅为8.52左右，市中心售租比也仅仅是10.03。考虑到当地没有地税的情况，单纯从售租比的角度，在迪拜买房出租可谓是稳赚不赔。但实际情况是，尽管当地的确租房市场非常火热，但租金收入并不稳定，很多在迪拜租房工作的都是海外人士，偶尔会存在人间蒸发不见踪影的情况，而且迪拜当地想要找个靠谱的经纪公司帮您管理是不太可行的。基本上租房、收房租这件事必须亲力亲为。整体来说，和所有投资品一样，收益较高代表风险较大。在迪拜买房出租就是这样，投资者需要自己考虑好风险。

“50万、100万、500万、1 000万美元在迪拜能买什么样的房产？”

价　位	50万美元	100万美元	500万美元	1 000万美元

位　置	迪拜市中心	迪拜市中心	迪拜市中心	朱美拉棕榈岛
面　积	135平方米	199平方米	488平方米	855平方米
格　局	2卧2卫	3卧3卫	4卧5卫	5卧7卫浴
类　型	公寓	公寓	豪华公寓	豪华公寓
简　介	迪拜哈利法塔附近高层公寓，交通便利，附近娱乐行业发达	迪拜市中心高层公寓，交通便利，配有游泳池、健身房	迪拜市中心豪华公寓顶层套间，俯瞰迪拜著名的音乐喷泉，交通方便，配备豪华	迪拜著名棕榈岛豪华公寓，世界顶级公寓配置，游泳池、健身房、桑拿、仆人房等

短期潜力评分：★★★☆☆

迪拜的房产价格在过去两年中，随着原油价格经历了一个相对的低谷。房价在2014年和2015年原油价格大幅下滑时，曾经一度出现下跌的局面。不过在2016年下半年，随着国际油价企稳、OPEC决定减产等对原油利好的消息传出之后，迪拜的房价也出现了重新反弹回升的迹象。不过在2017年初，大量新建成的公寓进入市场，再次打乱了迪拜房地产整体的平衡。阿联酋或者说整个中东的财富完全取决于原油，在之前油价下跌的时候，迪拜的房产曾经经历了高达两位数的价格下跌。但随着油价企稳，曾经在过去两年中等待机会的买家重新开始出手，很多当地分析机构都认为，这可能意味着迪拜房价走势的拐点已经到来。不过，在这个沙漠城市里，一切都和随风飘动的黄沙一样不太靠谱。我们今天看到的盛世景象，转眼间可能就会被沙暴吞没。2018年当地房价涨幅可能会和2017年一样，在0%～5%之间的范围内波动，但当地数据统计系统并不完善，对各种来源数据的判断将会是投资者的一个难题。

作为房地产市场的新秀，迪拜目前的房价数据参差不齐。各种不同的开发商进入市场都会吹嘘一番迪拜的房价涨幅和自己楼盘的升值潜力。但实际上，老练的海外房地产投资者对于这些数据并不会太过认真。不过总体来说，虽然波动幅度巨大，但迪拜房地产的中长期升值还是表现不错的。而且当地的租金水平很高。这给投资迪拜房地产增加了一些额外的回报。

2018年整个中东的局势成为迪拜房地产短期内最大的影响因素。随着沙特阿拉伯皇室内部的腥风血雨，整个阿拉伯半岛的政治、经济局势都会出现一些改变。而经常出没迪拜豪华场所的酋长、王子也可能会换一批。这对于房地产商来说并不算是好事。但迪拜市场本身就是一个波动的高风险环境，真正敢于投资当地房地产的投资者，对于目前的中东局势应该也不会太过担忧。

长期稳定评分：★☆☆☆☆

支撑因素&风险因素一：中东石油王国

中东的酋长国王们是“富得流油”这个词最直观、最贴切的实例。而迪拜作为服务酋长们利益的城市建设起来的时候，就受到整个中东石油产出国的支撑。不管是当地政策还是当地的房屋需求，都受到中东地区富豪挥金如土生活方式的支持。我们当然知道石油不可能永远作为人类最主要的能源被使用下去，但按照目前的发展方式，人类在短期内还是脱离不了对石油的依赖。而中东作为世界上石油开采成本最低的地区，也必然会继续从中受益。迪拜的房产作为新兴城市会有一定的水分和大幅的波动，但只要中东石油大亨们继续在当地保持投资，工作机会、外资就不会停止对迪拜房产的支持。这一点同时在未来也将会是迪拜的死穴，一旦原油不再受到国际市场的重视，当地沙漠、高温的居住环境以及中东缺乏其他工业的情况就将会让这个沙漠明珠被沙子淹没。

支撑因素&风险因素二：沙特阿拉伯王室改革

2017年的沙特阿拉伯王室内部风波成为全世界媒体争相报道的新闻之一。尽管阿联酋和沙特阿拉伯是两个国家，但我们知道，在阿拉伯半岛上，同盟国家之间的联系是非常紧密的。迪拜市内消费的，很多都是沙特阿拉伯来的王子。这些素来锦衣玉食的沙特阿拉伯王子们2017年经历了不少风雨，新王储对沙特阿拉伯皇室内部的改革让沙特阿拉伯的未来增加了更多的变数。一个传统、富裕的国家里出现这种革新，确实是很难预测结果的。我们目前对改革的前景倾向看好，因为毕竟改革的大方向将会带领沙特阿拉伯乃至整个阿拉伯半岛走向更富强的道路。但如果改革遇到传统势力的抵制，那么整个中东都将可能受到波及。

风险因素三：过度依靠投资，缺乏人口支持和经济活动

尽管阿联酋本身是一个非常富裕的国家，但是迪拜作为城市来说，仍然是一个缺少常住人口、缺少稳定经济的半成品。很大一部分在迪拜工作的居民都是海外劳工。他们看中的是迪拜较高的薪水，很少有人会对这个沙漠中的城市产生定居、生儿育女的念头。长期来讲，这种趋势对于城市房产需求极为不利。

（五）大洋洲市场

悉尼城市概况

GDP：3 080亿美元

人均收入：57 000美元/年

平均房价：77万美元

宜居水平：★★★★★

综合成本：★★☆☆☆

短期潜力：★★★★☆

长期稳定：★★★★☆

1. 悉尼

作为澳洲最大的城市，悉尼也是整个南半球经济最繁华的地区。同时，这里也是世界上最适宜人类居住的城市之一。每年全球各大媒体评出的世界宜居城市排行榜中，总会有悉尼的身影。阳光、沙滩、风帆、比基尼和设计独特的歌剧院是悉尼的名片，而当北半球正处在严酷的冬天时，悉尼的夏天就显得格外吸引人。不过不要因为悉尼的宜居水平高就忽略了其经济上的优势。悉尼地区垄断了整个澳洲1/4的经济活动，尤其是最近几年，在澳洲传统的原材料产业疲软的情况下，悉尼贡献了几乎一半澳洲的经济增长来源。大量劳动力从世界各地涌向这里，这让当地房地产在刚需上远超方圆数千公里内的任何一座大城市。整体来说，悉尼房地产市场在任何方面都有自己的明显优势，对于想要进行海外资产配置的投资者来说，是不容错过的上上之选。

宜居评分：★★★★★

经济学人宜居性调查排名：第7名

美世生活质量调查排名：第10名

Monocle生活质量调查排名：第7名

悉尼位于澳大利亚东南端海岸线上，当地属于亚热带海洋性气候。当地由于位于南半球，冬夏两季与大部分北半球城市是相反的，所以对于想要冬季避寒、夏季避暑的人来说，澳洲是非常不错的选择。悉尼1月气温22摄氏度，7月气温12摄氏度。年降雨量约为1 309毫米。

悉尼的交通状况并不是能为“宜居”加分的领域。实际上，被称为南半球“堵”城的悉尼，即使放在全世界来看，也不能算是交通状况良好的地区。外来人口数量的激增、本国人口流动、城市受水道分割都为悉尼城带来更多交通拥堵的麻烦。而市政府近期为了舒缓交通进行的轻轨等工程建设反而更加恶化了城市交通。悉尼的治安并不算全世界发达国家中最好的,很多人将这一点归咎于澳大利亚曾经作为囚犯流放地的历史和当地人整体较为狂放的性格。实际上,大部分当地富人区的治安还是相对不错的。只有在城市偏僻的地区晚间可能并不适合步行出门。

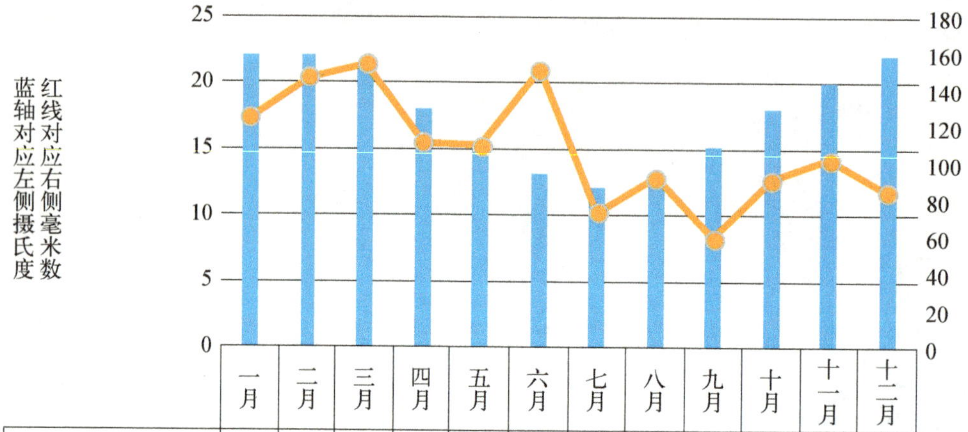

	一月	二月	三月	四月	五月	六月	七月	八月	九月	十月	十一月	十二月
月平均温度	22	22	21	18	15	13	12	13	15	18	20	22
降雨量	126	148	155	112	110	152	74	93	60	92	103	85

图1.54 悉尼气候概况

悉尼的华人人口目前有30万左右,已经成为当地最大的非白人少数民族族裔。澳洲20世纪70年代废除白澳政策之后,当地华人在政治、经济、文化领域的地位不断提高,目前已经是澳大利亚最重要的社会群体之一。悉尼当地的中餐、华人超市数量和质量都绝对不输给华人社区最为发达的美国和加拿大。

综合成本评分:★★☆☆☆

悉尼市场关键数据

通勤平均距离	19公里
通勤平均时间	43分钟
四口之家月平均消费(不含房租)	3 420美元/月
单人平均消费(不含房租)	940美元/月
一室公寓租金(市区)	2 020美元/月
一室公寓租金(郊区)	1 470美元/月
三室公寓租金(市区)	3 590美元/月
三室公寓租金(郊区)	2 320美元/月

（续表）

公寓均价（市中心）	10 200美元/平方米
公寓均价（郊区）	6 260美元/平方米

悉尼的房价在最近几年涨幅较大，目前在全世界大城市中排在中上游水平。悉尼市区公寓平均房价约为每平方米1万美元。

悉尼的房产印花税按照价格从1.25%到7%不等，海外买家在整个新南威尔士州购买房产要缴纳4%的额外印花税，澳大利亚政府也向100万澳元以上的房屋征收海外买家申请费。每100万征收1万澳元。同时从2017年起，海外买家持有房产每年还要额外缴纳0.75%的地税。悉尼当地律师费在房款的1%～2%之间，另有2%～2.5%的中介费。购买当地房产时，需要额外缴纳房款的10%左右各类费用。悉尼的自住房没有地税，考虑到0.75%的海外投资者地税，当地的房屋持有成本仍然不算太高。

悉尼的平均售租比为23.75左右，市中心售租比22.12。也就是说，越靠近市中心的房屋反倒出租收益越高。这与全球很多城市相比都是有很大不同的。按照悉尼目前的房租水平，在当地购房出租是非常划算的一件事。出租房屋需要缴纳一定的租赁税，但仍然远低于悉尼房租。所以整体来说，在悉尼购房不管是追求增值还是追求出租获得稳定收入都有利可图。不过澳大利亚政府近期收紧了对海外投资者贷款的限制。同时对海外投资者第二套房进行严格管控，这一点可能算是一个无形增加的成本。

“50万、100万、500万、1 000万美元在悉尼能买什么样的房产？”

价　位	50万美元	100万美元	500万美元	1 000万美元

位　置	悉尼市中心	悉尼市中心	悉尼北郊	悉尼北郊
面　积	58平方米	120平方米	450平方米	760平方米
格　局	1卧1卫	2卧2卫	6卧4卫	8卧8卫浴
类　型	公寓	公寓	独立别墅	独立别墅
简　介	悉尼市中心高层公寓，交通便利，近市区，步行可至悉尼歌剧院	悉尼市中心高层公寓，靠近金融区，交通方便，公寓配套设施齐全，近中国友谊公园	悉尼北郊豪华别墅，配有室外游泳池、家庭影院、双车库	悉尼北郊豪宅区海滨别墅，配备可停10米长游艇的私人码头，风景优美，内部装修奢华

短期潜力评分:★★★★☆

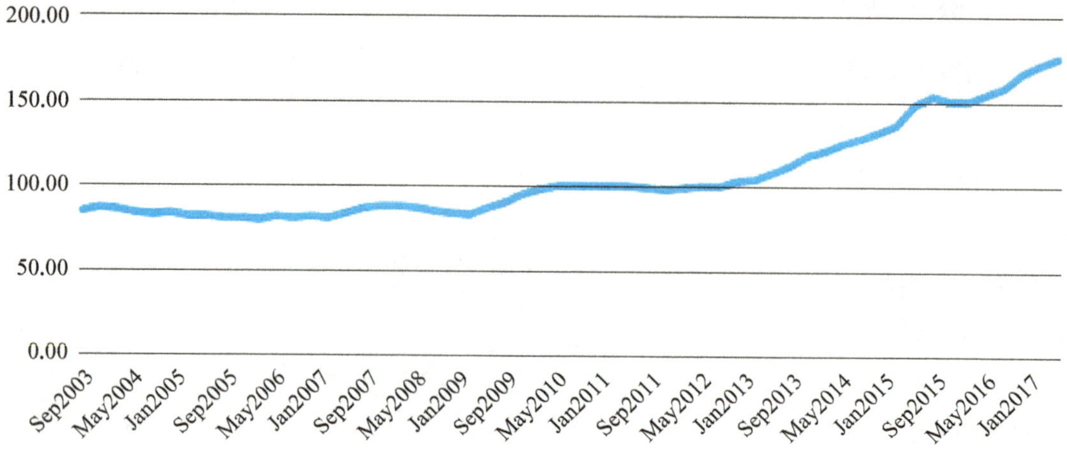

注:房价指数2010年按100计算,资料来源:澳大利亚统计局。

图1.55 悉尼房价指数

2017年6月左右,悉尼的房价中位数达到历史最高的120万澳元,房价平均值也攀升到100万澳元以上,相比上年同期仍然创造了10%的涨幅。但好景不长,在随后的半年时间中房价却出现缩水。市场中的销售活动迅速下降,卖方为了让自己的房产卖出,大幅降价,最终在年末将房价拉低到100万澳元左右。年内的涨幅也缩水到低于4%。在澳洲其他几个主要城市房价继续以两位数增长的情况下,悉尼的房市冷却让人们看到了澳洲房产价格触及上方极限的迹象。

目前悉尼的房价已经远远超出当地工薪阶层能够负担的水平。而在南方,墨尔本的房价相比悉尼更加便宜,最近几年经济表现也不错。这让很多悉尼年轻人南下寻找自己能够负担的生活。贷款难度的加大也让房地产市场的需求受到限制。这些因素加在一起,造成了悉尼房价的短期下跌。不过,大部分澳洲的经济学家都认为,在目前的情况下,悉尼房价出现断崖式崩盘的可能性很小。

悉尼所在的南威尔士州在2017年推出了一些对购房者减免印花税的政策。这在一定程度上缓解了房价大幅下跌的趋势。同时,尽管目前市场上很多买家仍然处于观望状态,但手持资金的国内外投资者仍然虎视眈眈,价格下跌会刺激这些人的购买情绪。

当然,2018年最初的几个月里,悉尼房价继续小幅下滑或者走平仍然是目前可能性最大的发展方向。但从市场分项情况来看,目前降价的主要是悉尼的高端豪宅市场。中低端的公寓等户型表现基本还是稳定的。在悉尼经济表现强劲的情况下,尽管涨幅可能不如前几年,但期待一个5%～8%的相对温和攀升并不是不现实的预测。

长期稳定评分:★★★★☆

支撑因素一:人口基数及经济规模

悉尼拥有澳大利亚乃至整个大洋洲最大的城市经济规模、城市人口,而悉尼港也是整个澳洲大陆最大最重要的港口。这些客观因素直接导致了悉尼房产市场价格标准相比澳洲其他地区高出许多。澳洲地广人稀。悉尼是少有的大城市生活选择居住地。当地人口的自身增长加上附近地区外来人口的吸引保证了房产市场的稳定需求。而经济和工作机会则继续支撑当地房价。从目前澳洲的整体环境来看，能够挑战悉尼第一大城市身份的除了墨尔本之外基本上没有其他选择。这奠定了悉尼作为澳洲房产市场佼佼者的基础。

支撑因素二：南半球、海外资金

悉尼是世界上少有的发达国家南半球城市。在北半球大部分地区天寒地冻的时候，悉尼人正享受温暖的夏日阳光。当地连圣诞节都是在海边度过的。这种南北半球季节差异使悉尼成为很多海外资金购买度假屋的目标区域。海外资金在目前的悉尼市场占据相当的比例。而当地宜居的环境以及与北半球大部分发达国家相反的季节将在未来继续保证悉尼受到来自美国、中国和欧洲高净值投资者的青睐。

风险因素：政府对海外资金的管控

悉尼澳大利亚当地政府对于近几年大幅上涨的房价有些担忧。当地目前银行利率处于历史最低水平。经济疲软让政府不得不降息刺激投资。但这同时降低了当地房屋抵押贷款利率。同时澳元在最近几年随着大宗商品疲软而汇率下降。上述几个情况大大刺激了海外资金进入澳洲房产市场的兴趣。从最近两年的情况看，澳洲政府并不希望海外资金对于悉尼房产产生太大的推动。政府出台了一系列政策打压房价，限制海外人士贷款和买房。较为激进的政策干预影响了房产本身的走势。同时管控也增加了悉尼房产市场下滑的风险。如果未来几年国际形势发生转变，澳元走强以及海外资金因政策而离开澳洲，房产市场可能会出现一些比较大的波动。

墨尔本城市概况

GDP：2 300亿美元

人均收入：49 000美元/年

平均房价：61万美元

宜居水平：★★★★★

综合成本：★★★☆☆

短期潜力：★★★★☆

长期稳定：★★★★☆

2. 墨尔本

墨尔本连续近十年占据经济学人宜居城市榜首，在其他媒体的宜居排行榜上也表现优异，这不得不说是对当地居住环境的最大肯定。墨尔本平和的文化氛围、舒适宜人的自然气候都让这座南半球城市被全世界房产投资者追捧。这也是为什么当地在2015和2016年先后出台房产市场限制政策，但房价却仍然继续稳定攀升的原因之一。相比澳洲第一大城市悉尼来说，墨尔本的发展更偏向文化、艺术和商业。墨尔本目前整体房价水平仍然低于悉尼。同一国家、地理位置差不太多的两个城市之间，墨尔本以其更为著名的宜居水平和更加低廉的价格继续吸引着投资者。房价两位数增长对于墨尔本人来说，已经是持续了三四年的一种常态，在2017年下半年澳洲最大城市悉尼房地产市场开始明显冷却之后，很多人担心同样的事情会发生在墨尔本身上。从现在的局势看，房价连年增长超过10%确实不是一个能够长期保持的增长水平，但相比悉尼，墨尔本仍然有一定的上升空间，在全球市场范围内，非常值得投资者仔细研究。

宜居评分：★★★★★

经济学人宜居性调查排名：第1名

美世生活质量调查排名：第16名

Monocle生活质量调查排名：第5名

墨尔本基本位于澳洲大陆的最南端，尽管南面有塔斯马尼亚岛阻挡，但与南极之间再没有其他障碍物。当地的气候比较温和，夏季不那么炎热。墨尔本1月平均气温20摄氏度，7月平均气温9摄氏度。年降雨量666毫米左右。整体来说，当地气候相对干燥，气温又不极端，常年都可以户外活动。

墨尔本市区拥堵的情况与悉尼基本上是难兄难弟，在这一点上，两个城市都存在巨大的问题。墨尔本城区功能性高度集中，上下班高峰时期，大量人流都集中在市中心地区，这让当地交通在特定时段基本上不管是公车还是私家车都寸步难行。即使乘坐铁路交通，拥挤的车厢也并不是非常舒适。当地的治安情况整体并不算特别良好。在更重视“自由”的世界宜居评比中，墨尔本的犯罪率并不影响整体水平。但从华人投资者、留学生的角度看，前往澳洲城市，的确是需要提高对治安的警觉性的。这里可能有大量非常友好的市民，但同时也的的确确存在个别较为危险的罪犯。

墨尔本华人常住人口比例达到10%左右，但实际上，近年来随着大量留学生以及陪读家长的涌入，当地的流动华人人口甚至有超

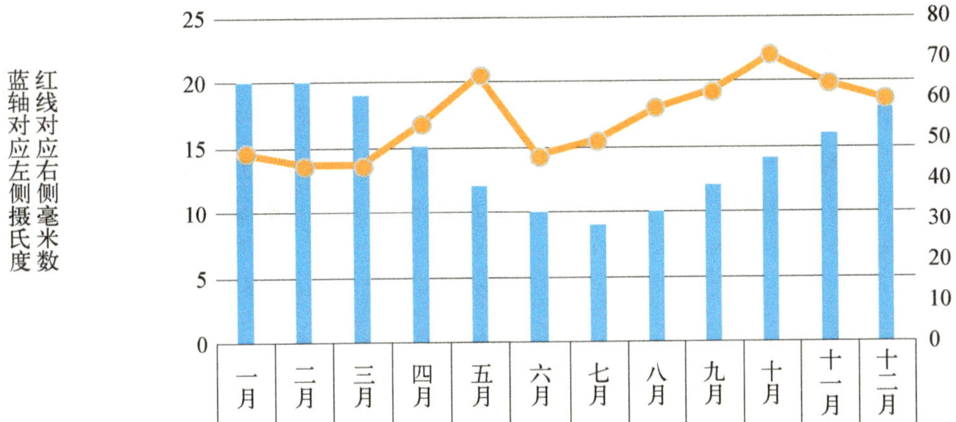

	一月	二月	三月	四月	五月	六月	七月	八月	九月	十月	十一月	十二月
月平均温度	20	20	19	15	12	10	9	10	12	14	16	18
降雨量	47	44	44	54	66	46	50	58	62	71	64	60

图1.56　墨尔本气候概况

过常住华人人口的趋势。有调查指出，墨尔本地区华人留学生有多达数十万人，这个数据来源并不可靠，但从澳洲教育部全国将近70万中国留学生的情况看，说墨尔本留学生数十万也不算夸大得太严重。当地庞大的华人社区带来中餐和华人超市非常兴旺发达的局面。这对于华人房产投资者来说，也是非常便利的条件之一。

综合成本评分：★★★☆☆

墨尔本市场关键数据

通勤平均距离	17公里
通勤平均时间	38分钟
四口之家月平均消费（不含房租）	3 320美元/月
单人平均消费（不含房租）	930美元/月
一室公寓租金（市区）	1 330美元/月
一室公寓租金（郊区）	970美元/月
三室公寓租金（市区）	2 320美元/月
三室公寓租金（郊区）	1 480美元/月
公寓均价（市中心）	6 400美元/平方米
公寓均价（郊区）	5 160美元/平方米

墨尔本尽管在世界宜居指数上排名靠前，但房价却相比同为澳洲城市的悉尼来要低一些。墨尔本市中心公寓平均价格约为每平方米6 400美元。

墨尔本的房产印花税按照价格从1.4%到5.5%不等，目前除了联邦对100万澳元以上房屋的额外收费之外，墨尔本所在的维多利亚州对海外买家征收双倍印花税。墨尔本当地律师费为房款的

1%～2%之间，另有2%～2.5%的中介费。购买当地房产需要缴纳的额外费用为房价的10%。自住房免地税，而出租用房需要交0.3%的地税，相对来说，与欧美很多城市比起来还是很低的。

悉尼的平均售租比约为22.54，市中心售租比20.52。也就是说，越靠近市中心的房屋反倒出租收益越高。这与全球很多城市相比都是有很大不同的。与悉尼类似，当地房租水平不但可以负担地税等开支，甚至可以应付贷款。这也是墨尔本房价在政府严管之下仍然在2016年保持了10%左右涨幅的主要原因。

“50万、100万、500万、1 000万美元在墨尔本能买什么样的房产?”

价　位	50万美元	100万美元	500万美元	1 000万美元

位　置	墨尔本市中心	墨尔本市中心	墨尔本市南区	墨尔本东郊
面　积	65平方米	110平方米	440平方米	800平方米
格　局	2卧1卫	3卧2卫	4卧4卫	6卧5卫浴
类　型	公寓	公寓	独立别墅	独立豪宅
简　介	墨尔本市中心高层公寓，靠近皇家展览馆、唐人街，交通方便	墨尔本市中心高层公寓，交通便利，近商业区	墨尔本市中心豪华地段独立别墅，交通便利，内部设施典雅，半地下独立车库	墨尔本东郊豪宅区独立别墅，配有游泳池、网球场、私人藏品艺廊、酒窖、家庭影院

短期潜力评分：★★★★☆

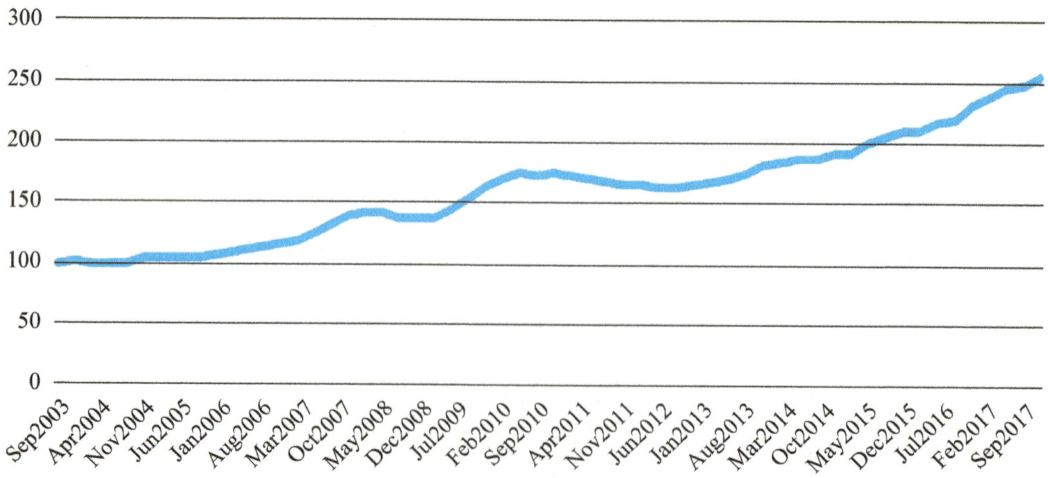

注：房价指数2003年按100计算，资料来源：澳大利亚统计局。

图1.57　墨尔本房价指数

墨尔本的房产价格在过去两年中基本上保持了与悉尼并驾齐驱的走势。当地尽管在世界宜居排名上超过悉尼，但在经济发展和劳动力市场规模上略逊一筹。在另一方面，墨尔本尽管房价水平比悉尼稍微低一些，但是当地房价与工资比例较悉尼更低。这表示当地居民仍然有相对更高的能力消费当地房产。这就表示在需求出现改变、政府政策影响供需关系的情况下，墨尔本相比悉尼有更好的抗压能力。一个非常重要的数据是，悉尼房产在2016年销售量同比下滑了16%，而墨尔本仅下滑了4%左右。这表示相比悉尼来说，墨尔本对于价格回落的韧性更强。

墨尔本房价在2017年涨幅大约在9%左右。按照目前走势，2018年保持在8%到10%附近涨幅的可能性很大。尽管当地房产市场与悉尼一样处于相对动荡的时期，但预计上下波动幅度也不会超过5%。

2018年墨尔本房产市场需要考虑的问题主要是当地政府对房价的管控政策。目前随着世界几个主要的房产热门市场悉尼以及温哥华纷纷对房价大涨作出反应，墨尔本实施的印花税等新政将继续发挥作用。

长期稳定评分：★★★★☆

支撑因素一：世界最宜居城市

墨尔本已经连续数年被评为世界最宜居的城市。当地远离世界绝大部分天灾多发区、政治火药桶和是非之地。气候温和且终年阳光明媚。同时作为澳洲文化之都，在墨尔本的生活丰富多彩。整体来说，墨尔本作为世界最宜居的城市，本身就是一种对房产市场最为稳定的保障。这类宜居城市即使在全球经济最不景气的时候，也会因避险情绪房价获得支撑。而在全球经济向好的时候，也总有高净值投资者愿意选择此地作为度假和安顿家人的宝地。

支撑因素二：可负担性

墨尔本当地的工资房价比例相比房价偏高的悉尼要低得多。当地整体工资相对平均，中产阶级人数众多。房价在最近几年的增长并没有超出工资增长水平太多。这保证了墨尔本当地居民对房屋的负担能力，同时也保证了当地房产市场继续稳定发展的空间。

部分风险因素：楼花、公寓供应

墨尔本与悉尼类似，在过去两年内受到海外资金冲击房价涨幅超过历史平均水平。尽管涨幅最大的仍然是包含土地的独立屋，但公寓的价格也随着整体市场火热而上涨。目前的问题在于，墨尔本尽管有一些河流分隔市区，但当地城市外围有大量的土地可供建设。目前当地的在建公寓数量已经大大超过往年水平，预计两三年内的房源数量将会继续大幅攀升。尽管对于一座400万人口的城市来说，消化一些房源还不会导致整体市场崩盘，但随着房产市场相对冷却，对公寓市场的支撑可能不足以保证价格继续攀升。这部分风险主要是针对墨尔本个别类型的房产市场，但投资者需要保持一定警惕。

奥克兰城市概况

GDP：650亿美元

人均收入：52 000美元/年

平均房价：43万美元

宜居水平：★★★★☆

综合成本：★★★☆☆

短期潜力：★★★★☆

长期稳定：★★★★☆

3. 奥克兰

奥克兰是新西兰第一大城市，也是新西兰经济最繁荣的城市。奥克兰常住人口约为150万，基本相当于整个新西兰人口的1/3。再加上当地是整个新西兰对外交流最频繁的城市，说新西兰近半数人的活动都集中在奥克兰也不为过。自2010年前后，整个大洋洲房地产价格开始直线攀升。相比后知后觉的首都惠灵顿，奥克兰也是新西兰国内最先感受到房价上涨趋势的城市。2017年下半年新西兰新任总统一上台就宣布将禁止外国人购买现房，这让整个岛国房地产市场为之一震。但同时，市场中资金流动的暗潮也开始重现。在新政出台之前，当地房地产市场实际上处于较为阻塞的局面，价格的飙升以及市面上房源的稀少让整个市场陷入半瘫痪的状态。但政府的新政则极有可能将已经拥堵的资金流动挤压到更狭窄的空间。禁止外国人购买现房的政策一出，当地期房就变成海外买家唯一的避难所，这反倒让一些市场比原来更疯狂。而暗潮涌动的现状，也给一些激进的投资者提供了入市弄潮的良机。

宜居评分：★★★★☆

美世生活质量调查排名：第15名

奥克兰是整个新西兰最北部的大城市，主要城区坐落在豪拉基湾南岸。豪拉基在当地毛利语中是“北风”的意思，而在位于南半球的新西兰，北风是暖风，带来舒润温和的空气。这也为奥克兰成为欧洲殖民者最早在岛国建立聚居地创造了良好条件。奥克兰当地1月平均气温19摄氏度，7月平均气温11摄氏度。年降雨量1 284毫米左右。整体气候偏向温暖湿润。

奥克兰2011年的官方总人口数为137.7万，最近几年由于移民和自然增长，当地的人口接近150万。由于城市围绕海湾建筑，南北交通成为奥克兰市民最头疼的问题，尤其是早晚高峰时期，通勤时间要比平时增加至少一倍。尽管奥克兰在国际安全角度，是很多海外人士认为的避风港，但警力不足、法律对犯罪较为宽容一定程度上助长了当地盗窃、抢劫等类型犯罪的频发。提升治安水平也是政府最近几年大力整顿的重点目标。目前，当地的治安水平在整个欧美大城市中，只能算是中游。

奥克兰华人人口大约有11万，华人文化氛围浓厚。这里与“旧金山”相对，是被华人称为“新金山”的海外华侨聚集地之一。尤其是最近几十年，移民新西兰的华人大部分集中在奥克兰地区。华人投资者在当地购房居住，会获得很多便利。

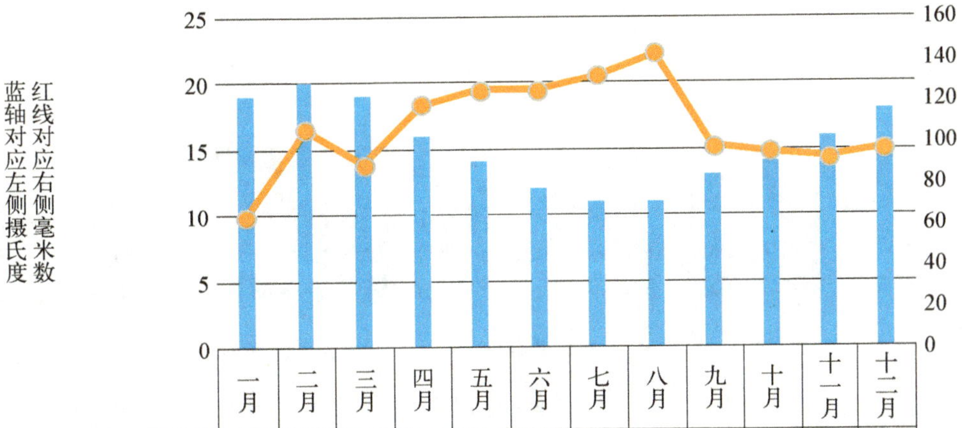

	一月	二月	三月	四月	五月	六月	七月	八月	九月	十月	十一月	十二月
月平均温度	19	20	19	16	14	12	11	11	13	14	16	18
降雨量	64	106	89	118	125	125	132	143	98	95	92	97

图1.58　奥克兰气候概况

综合成本评分：★★★☆☆

奥克兰市场关键数据

通勤平均距离	15公里
通勤平均时间	43分钟
四口之家月平均消费（不含房租）	3 300美元/月
单人平均消费（不含房租）	910美元/月
一室公寓租金（市区）	1 230美元/月
一室公寓租金（郊区）	1 000美元/月
三室公寓租金（市区）	2 360美元/月
三室公寓租金（郊区）	1 730美元/月
公寓均价（市中心）	6 760美元/平方米
公寓均价（郊区）	4 950美元/平方米

在经过了数年的快速增长之后，奥克兰房价目前已经是新西兰全国当之无愧的第一，与其他地区拉开了很大距离。当地市中心公寓平均价格大约在每平方米7 000美元。

新西兰购房主要的额外开支是中介费。在火热的奥克兰市场，中介费平均要比其他新西兰城市高一些，大约在4%。奥克兰地税并不算高，目前每年地税仅有房屋价值的0.2%左右。一栋100万美元价值的独立屋，每年地税只需要付出2 000美元左右。

奥克兰的平均售租比约为22.71，市中心的售租比为24.60。当地学生、打工族等为数众多，这让投资房屋出租成为当地一项稳定的收入来源。找房客在奥克兰并不是一个让房东头疼的问题。

“50万、100万、500万、1 000万美元在奥克兰能买什么样的房产？”

价位	50万美元	100万美元	500万美元	1 000万美元

位置	奥克兰市中心	奥克兰北岸	奥克兰新市场区	奥克兰北岸
面积	80平方米	260平方米	488平方米	1 000平方米
格局	2卧1卫	4卧2卫	6卧3卫	4卧4卫浴
类型	公寓	独立屋	独立别墅	海景别墅
简介	奥克兰市中心金融区高层公寓，靠近奥克兰港口，交通便利，设施齐全	奥克兰市北岸郊区独立屋，占地面积622平方米，近高速公路，交通方便，距离市区15公里	奥克兰市中心豪宅区独立别墅，占地面积1 200平方米，配有游泳池、图书室，海景	奥克兰北岸豪宅区海景独立别墅，占地3 700平方米，私人海滩、热带风情庄园

短期潜力评分：★★★★☆

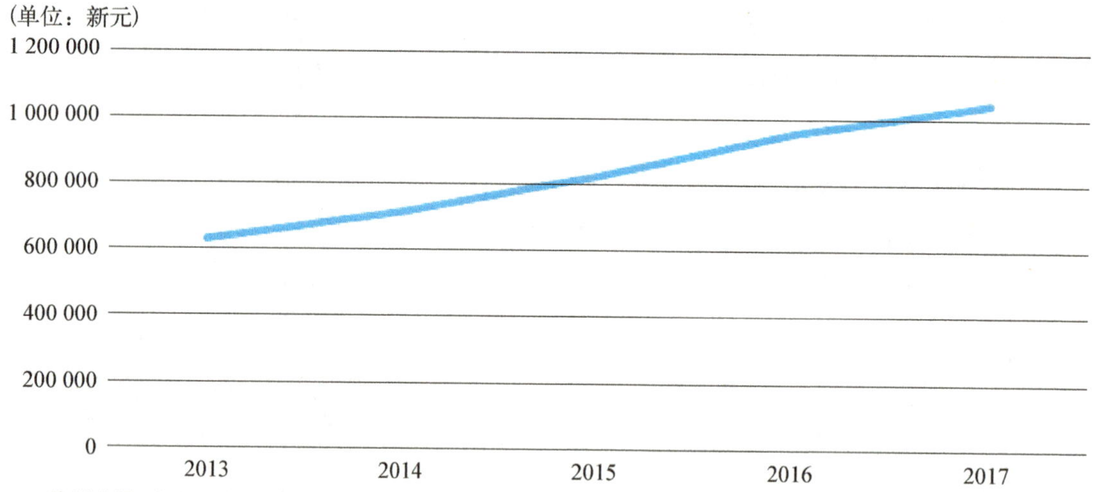

资料来源：新西兰地产局ENZ。

图1.59　奥克兰基准房价

目前奥克兰的房价在当地人眼里已经属于有些难以负担的水平。2017年整个奥克兰地区的基准房价正式突破了100万新元。据当地统计，1/4的年轻人在毕业工作的前五年中难以负担奥克兰目前的房价，这也成为奥克兰市和新西兰国家政府亟需解决的问题。在最近两年，奥克兰的高房价涨幅已经稍微有些回落的趋势。尤其是豪宅区的房市已经开始降温，但在刚需和海外资金两方面同时继续推动的情况下，很多低价区域的价格年内涨幅仍然超过10%。

新西兰针对海外买家的限制购房新政策将成为短期内奥克兰房市最大的影响因素。但从澳洲、加拿大的类似政策效果类比，我们并不认为目前公布的这项禁止海外买家购买当地现房的政策可能对整体房市产生特别大的影响。一些海外资本集中的市场如高端豪宅可能会遭遇一段时间的冷清局面，但另一些不受政策影响的预售公寓则会成为资金泄洪的集中地带。但与其他地区政府一样，新西兰新一届政府的最终目标是稳定房市，保证当地居民安居乐业的权利不受外来因素影响。所以2018年很有可能出现新的后续政策。而这些后续政策，可能会在现有的价格上涨趋势上增加新的阻力。

2017年奥克兰房价涨幅约为9.2%，这个数据我们认为在新政影响下是会有一定程度的下滑的。新一届政府肯定也希望将房市的涨幅尽可能控制在更低的水平，5%～8%理论上是一个大家都能接受的水准。

长期稳定评分：★★★★☆

支撑因素一：国际环境

新西兰远离世界其他各大洲，甚至距离大洋洲的主要大陆澳大利亚也有一定距离。与世隔绝的状态让当地很少受到如恐怖主义、国际地缘政治等因素的影响。这让当地成为全世界资本理想的避风港。而奥克兰又是新西兰最大的城市，移民、游客和短期居住者不断给奥克兰注入新鲜的血液和对房地产的需求，这些成为奥克兰房地产市场在全球获得一席之地的主要外在优势。

支撑因素二：国内经济比例

奥克兰是岛国新西兰最大的城市，整个国家的工商业基本都集中在这里。尽管首都惠灵顿和其他南部城市一直在尝试从北部吸引移民，但工作机会的多寡让奥克兰面对新西兰其他城市的时候拥有绝对的吸引力。新西兰的年轻人尤其愿意在毕业之后选择奥克兰作为自己开始新生活的起点。这让奥克兰房地产市场的刚需保持稳健。

风险因素：高房价与工资比例失衡

奥克兰目前是整个大洋洲房价工资比例第二高的城市，仅次于悉尼。在这里的居民如果想要靠当地工资支付房款非常困难。奥克兰的基准房价目前已经超过首都惠灵顿基准房价两倍以上。不得不说，在这种价格标准下，一旦出现汇率波动、国际热钱快速逃离的情况，当地的房地产市场可能会受到重创。目前政府仍在竭力控制类似的风险。但眼下的价格水平说明问题依旧存在。

惠灵顿城市概况

GDP：135亿美元

人均收入：40 000美元/年

平均房价：25万美元

宜居水平：★★★★☆

综合成本：★★★★☆

短期潜力：★★★★☆

长期稳定：★★★☆☆

4. 惠灵顿

惠灵顿是新西兰第二大城市，也是该国政治、文化的中心。尽管在1865年新西兰将首都从北部的奥克兰迁往位于新西兰中部的惠灵顿，但挪走政治中心的结果并没有影响到奥克兰作为新西兰最繁荣城市的情况。当地工业、商业的发展仍然超过首都惠灵顿。甚至很多飞往新西兰的国际航班在两个城市之间，仍然更愿意选择奥克兰作为终点站。但最近几年，由于奥克兰房价渐渐远离居民可承受范围，越来越多的人开始转向惠灵顿市场。整体来讲，新西兰的房产，尤其是新西兰受海外投资者关注的房产主要还是集中在奥克兰和惠灵顿之间。不过在奥克兰房产市场相对过热的情况下，惠灵顿以其相对便宜的价格和更为优越的租赁回报率逐渐占据了市场最亮眼的位置。新西兰国土面积不大，这种微妙的差距也使大量投资者逐渐开始南下首都，开始对惠灵顿房产的追逐。

宜居评分：★★★★☆

美世生活质量调查排名：第15名

新西兰作为岛国，整个国土面积也不过27万平方公里左右。所以尽管存在指环王中土大陆那种多样化的风景，但新西兰包括惠灵顿在内的大部分地区还是受海洋性气候影响较大。惠灵顿当地1月平均气温17摄氏度，7月平均气温9摄氏度。年降雨量1 098毫米左右。南纬41度的高纬度让惠灵顿成为世界最靠南的首都城市。这里也因为靠近40度强风区而成为世界上最多风的首都之一。

惠灵顿的城市人口仅有40万左右。不过近年来人口激增让当地交通情况开始恶化。市政府近期也意识到了这一问题，并开始包括城市环线等项目在内的基础设施建设。短期内，惠灵顿交通状况在全球大城市中并不算最好，但是鉴于发现问题较早，政府仍然有时间对城市结构进行调整。新西兰岛国相对人口流动少，治安较澳洲和欧洲北美要好得多。这一点上，惠灵顿比起其他城市来说，算是可以获得加分的。

惠灵顿当地的华人人口大约在1.5万，当地的华人社区发展不如华人人口已经达到11万的奥克兰。这也成为华人投资者到当地投资买房的障碍之一。不过人口较少的局面正在改善，尤其是在房产开始吸引更多华人投资者的情况下，新西兰的政治首都正在获得更多华人商家和投资者的注意。

综合成本评分：★★★★☆

新西兰人口相对稀少，尤其是南部地区更是地广人稀。相比

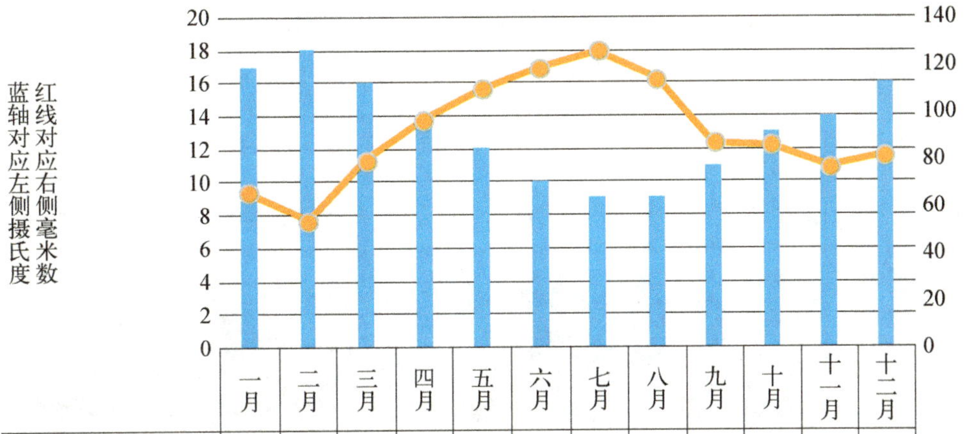

	一月	二月	三月	四月	五月	六月	七月	八月	九月	十月	十一月	十二月
月平均温度	17	18	16	14	12	10	9	9	11	13	14	16
降雨量	66	54	80	97	110	119	126	114	87	86	77	82

图1.60　惠灵顿气候概况

惠灵顿市场关键数据

通勤平均距离	10公里
通勤平均时间	27分钟
四口之家月平均消费（不含房租）	3 000美元/月
单人平均消费（不含房租）	830美元/月
一室公寓租金（市区）	860美元/月
一室公寓租金（郊区）	700美元/月
三室公寓租金（市区）	1 650美元/月
三室公寓租金（郊区）	1 200美元/月
公寓均价（市中心）	3 850美元/平方米
公寓均价（郊区）	2 300美元/平方米

北部的奥克兰，惠灵顿拥有更多独立屋房源，公寓相对较少。当地市中心有限的公寓平均价格大约在每平方米4 000美元。

在新西兰购房主要的额外开支是中介费，大概会在3.5%～4%房款之间。除此之外，当地尽管也对海外投资者有所管控，但管控的方向基本是房屋出售之后的资产回报。在当地购买房地产时需要缴纳的额外费用为房价的3%～5%。惠灵顿地税目前在0.3%左右，相比美国和欧洲城市来说相当低。

惠灵顿的平均售租比约为18.24，市中心售租比为20.55。对于在惠灵顿买房出租的人来说，租金负担开支一直不是难题，难题在于如何找到稳定合适的租客。当地人口相对流动较少，能找到一个租客一直居住不是特别容易。随着近些年北部第一大城市奥克兰房价飙升，有一些人开始前往惠灵顿居住，这可能会在未来为当地租房市场带来一些活跃气氛。不过整体来说，在惠灵顿买房出租从纯数据的角度讲，还是有稳定收入的。

“20万、50万、100万、300万美元在惠灵顿能买什么样的房产？

价　位	20万美元	50万美元	100万美元	300万美元

位　置	惠灵顿市中心	惠灵顿市中心	惠灵顿北郊	惠灵顿市中心
面　积	80平方米	76平方米	220平方米	455平方米
格　局	2卧1卫	2卧1卫	4卧2卫	4卧2卫浴
类　型	公寓	公寓	独立别墅	独立别墅
简　介	惠灵顿市区老式公寓，交通便利，内部设施齐全	惠灵顿市中心高层公寓，交通方便，配套设施齐全	惠灵顿北郊占地面积1 700平方米独立别墅，私人沙滩，距市区30公里	惠灵顿市中心海景别墅，交通便利，俯瞰整个惠灵顿市区及海湾，配有家庭影院、健身房

短期潜力评分：★★★★☆

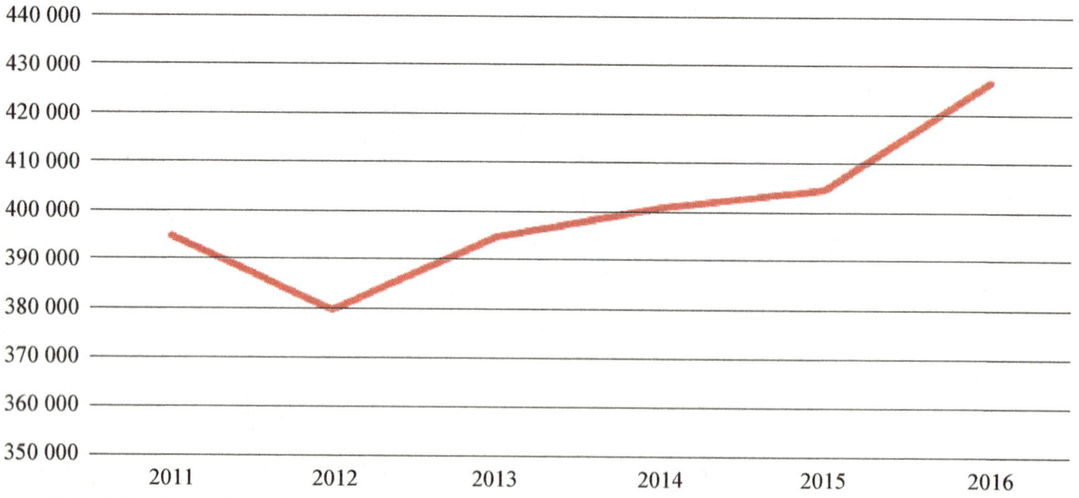

资料来源：新西兰地产局ENZ。

图1.61　惠灵顿基准房价（新西兰元）

2017年绝大部分时间里，惠灵顿的房地产市场都是与我们上年预测状态相符的。房价涨幅达到13.8%，远远超过新西兰最大城市奥克兰的涨幅。来自奥克兰以及澳洲其他城市的分流资金大量进入这个一度被冷落的新兴市场中，这让惠灵顿房地产行业大受鼓舞。

但在2017年10月，新西兰刚刚上任的37岁女总理杰辛达宣布：为了限制当地该国失去控制的房价，政府计划出台政策，彻底禁止海外买家购买现房。消息一出，整个新西兰地产界哗然。

在澳洲和加拿大的几个城市，对海外买家的限制已经不算是新鲜事了。但之前还没有哪个城市或者地区做出彻底切断海外买家来源的举动。悉尼和墨尔本都采取对海外买家购置第二套房产进行限制的方法，来减少海外资金的投机行为。而在加拿大，温哥华和多伦多的政府选择向海外买家征收惩罚性的附加税来控制房价上涨。澳洲和加拿大的政策一方面限制了房价，另一方面也保证市场仍然运作，地产行业和政府都继续保持来自房地产市场的稳定高额收入。而新西兰的政策，从立意上更直接、更毫无保留地照顾到当地的民生。

理论上，政策并没有彻底堵死海外投资。外国投资者仍然可以选择期房楼花来实现自己在新西兰的资产配置。但考虑到新西兰尤其是惠灵顿市场的楼花数量并不多，如果政策真的正式实施，那么惠灵顿房价2018年肯定会明显低于2017年的水平。而且新西兰本地移民身份并不算特别难获得，所以我们认为，继续在新政下，6%～10%的房价涨幅仍然很有可能出现。

但目前存在一个问题是，新西兰的政策暂时只是政府的一个承诺，什么时候正式实施还是个未知数。在政策实施前，所有可能受到影响的海外买家将会以更快的速度完成投资。到时候，在新西兰房地产投资上排名第一的中国人、第二的澳大利亚人和美国人、英国人都将会成为短期新西兰房价的推手。这将在短期内造成新西兰房地产价格再次攀升。所以，禁止海外买家购买现房政策执行的时间点，将成为2018年惠灵顿以及整个新西兰市场最大的短期影响因素。

长期稳定评分：★★★☆☆

支撑因素：新西兰国内人口流动

新西兰尽管面积并不算大，但作为与世界其他繁华地区相对较远的岛国，很多地区仍然保持着地广人稀、缺少劳动力的局面。过去新西兰主要的人口都聚集在气候较为温暖的北岛奥克兰地区。但目前人口过于密集、房价过高已经让奥克兰很多人口开始向南移动。而位于南北岛中间的惠灵顿成为人口流动的主要目的地之一。在未来一段时间内，新西兰当地的人口流动将继续支撑惠灵顿房价上涨。比起奥克兰来说，当地长期发展潜力和稳定性都要大一些。

风险因素一：地震

新西兰处于太平洋南段地震带附近，当地地震多发的情况与日本类似。在这一点上，投资当地房产也需要考虑一些自然灾害的影响。新西兰在2016年末就发生了三起比较严重的地震灾害，这对于投资当地房产的海外买家来说，还是有一些令人担忧的。

风险因素二：人口、经济规模较小

新西兰在全世界的位置相对偏远，尽管作为移民国家每年都接纳大量移民，但人口和经济规模都相对较小。而惠灵顿人口经济规模更是小于北部第一大城市奥克兰，这在未来可能会成为惠灵顿房产市场发展的瓶颈。

第2部分

2017年全球房产市场重点分析

（一）特朗普执政元年
——一位房地产商的总统路

毫无政治经验、身家数十亿美元、满嘴跑火车的特朗普如今当选美国总统入主白宫已经过了一年。这或许是人类历史上房地产业内人士在政治舞台上创造的巅峰。

尽管特朗普自己就是靠房地产发家致富的，但他上任以来，调整了一次住房贷款保险制度，任命了一位婚礼策划师做国家房地产部门主管，然后就再也没有对美国房地产市场做出其他大动作。尽管如此，美国的房地产市场仍然在2017年大热，创造了可能是2008年金融危机之后最好的销售表现和价格涨幅。这种结果，如果在2016年大选之前人人自危的时候被提出来，应该不会有太多人相信。

但在2016年美国大选过去的这一年多时间里，我们看到的是一个大选之前美国乃至世界主流媒体没有预见到的局面。特朗普尽管仍然在各个方面发挥自己吸引眼球的特长，并不断刷新着全世

界人民对于“美国总统”定义的理解，但他给美国带来的，却是一种难得的新鲜感。尤其是在2017年末他野心勃勃的税率改革计划最终被国会通过之后，这种“未来可能更好”或者至少“未来充满机遇”的情绪，成为美国股市、经济的增长动力。在这种情况下，本来被预计已经基本到达一个阶段性顶点的美国房地产市场，在2017年又重新获得了新的上升空间。

税改的细节虽然仍然会出现改动，但从目前已经公布的内容中，我们可以看到以下几点对房地产可能产生的影响：

（1）企业税大幅降低，给美国整体经济减负。如果顺利，美国经济确实会在未来一段时间内强劲复苏。而房地产市场整体与经济发展基本是正相关的关系，理论上会继续受益。

（2）企业所有者收入按个人所得税征收。这条实施之后，大企业主们不用满世界想方设法避税了。理论上利于资本回流美国，房地产势必可以分一杯羹。

（3）个人所得税多方面改革，如减少个税征收工资档位、提高免征额度等。简单来说，年收入20万美元以下的中产阶级在新的税制下税负将会大大降低，这样，能够花在房地产上的资金自然就多了。

（4）遗产税取消或大幅减免，起征额度或提升至1 100万美元。富二代、富三代、富N代们不用担心祖辈的资产被国家拿走大半了。花天酒地、购置豪宅可以更加无所顾忌。

（5）净投资所得税将取消或在未来一段时间内逐渐取消。这样可以刺激美国居民进行更多投资，不必担心投资回报被政府征收很大比例的税务。

（6）海外利润汇回美国，政府税率将从35%降低至7%～14.5%之间。这样可以吸引美国企业将在海外的收入回流美国，对于美国商业地产市场将有极大影响。

（7）纳税人在美国以外获得的收入，将不予征税。这一条算是上一条的个人版，海外收入不收税，美国就成了世界上最大的“避税天堂”。

看完特朗普的税改细则，我们最能体会的一点就是：这位特立独行的美国新任总统究竟是不是一个好的政治家我们还不能下定论，不过他至少“没有忘本”，他对美国的房地产行业可以说是仁尽义至。税改究竟对美国经济是好是坏，这可能需要很长时间来验证。但这份税改政策一出，资金的流动必将推动美国房地产走向新的巅峰。在全世界范围内，美国的房地产未来都将会保持十足的相对优势。

回过头来看2016年美国大选前后的股市和房市，最大的感触可能就是主流媒体如何“不靠谱”。实际上，由于特朗普作为美国总统，甚至是作为总统候选人都是非常标新立异，所以大部分分析师和主流媒体都认为一旦他上台，市场可能出现恐慌。但事实是，市场其实并不那么在乎总统究竟是不是非主流。本来可能出现的对未知前途的担忧，变成了对未来不确定性的期望。人们并不害怕未知，甚至在美国过去几年不温不火的复苏过程中，人们内心里向往着未知，他们宁愿要一些带着风险的刺激，也不希望生活继续平淡。这种情绪，推动美国三大指数一路走高，也推动了美国几个主要城市的房地产市场在已经被人警告有泡沫的情况下继续攀升。买家从来是不怕风险的，他们甚至期望看到一定风险，因为在投资学中，高风险和高回报通常都是如影随形的。尽管我们并没有太多机会和美国的房产投资者肩并肩体验市场的火热温度，但他们的活动，我们可以从一些数据中清晰地观察到。

首先来看一些严谨的、具有大局观意义的官方数据：美国整体的房价指数在2016年10月大选之前维持在2006年创造的最高点记录附近。在大选之后,房价指数一个月就攀升了0.5%左右。至2017年夏季结束的时候,房价指数已经上涨了4.5%左右。单个城市市场方面,纽约、洛杉矶和旧金山等地的房价指数分别上涨了3.8%、3.9%、3.9%。其中纽约和洛杉矶房价距离2006年最高点还有一定距离,而旧金山的房价则已经超过2006年最高值8.6%左右。房价指数主要是观测一个市场中房地产价格的长期走向,除了投资活动,连自住的长远房屋价值上涨也计入考量。这样的数据较不受短期市场活动的影响。如果连房价指数都能有5%左右的涨幅,我们就可以将这看做是市场处于较为活跃状态的一个明显信号了。

如果大胆一点,看看某些短期热门城市平均售价数据的涨幅,或许更能体会到过去一年美国房地产市场中投资活动有多么疯狂:截止到2017年8月底,美国与加拿大交界的旅游小镇水牛城,房屋挂牌价中位数相比上年同期攀升了34.76%。房价在美国相对较低、在2017年被炒房者看中的中东部城市亚特兰大,房屋挂牌价中位数攀升了24.54%。俄亥俄州的辛辛那提,房屋挂牌中位数攀升了20.60%。赌城拉斯维加斯的北部地区,房屋挂牌中位数上涨了16.84%。这些城市都有几个明显的共同点:投资成本相对较低,过去并不算是房地产热门市场。这一组数据,体现的可能都是短期的投机行为。但正是这种投机行为在全美国的普遍存在,让我们观察到美国房地产投资者内心的一种情绪:“未来,或许是有赚钱机会的!”

在美国方面,我们可以说,虽然特朗普的第一年,当地房市受到了不小的鼓舞。但对于世界其他一些地方来说,情况就完全不一样了。考虑到美国仍然是世界第一大经济体、第一军事强国以及国际影响力最大的国家之一,特朗普这么一个很不按套路出牌的人当选总统对于全世界的投资情绪和实际影响是不可忽视的。但鉴于世界其他国家(不管是美国的盟友还是敌人)都不在特朗普“让美国再次伟大”的受惠范畴之内,美国之外的房地产市场,并不能指望特朗普的经济政策能为它们带来直接好处。不过,这并不代表没有任何市场会间接从特朗普上台这件事上受益。

尽管迹象并不明显,但特朗普上台之后,邻居加拿大的房地产市场也获得了一些活力。一方面,美股攀升让与美国经济绑在一根绳上的加拿大经济有所好转。这让加拿大人也期望能够从邻居家的繁荣中享受一些余温。另一方面,特朗普对移民、难民的刁难态度给加拿大更多吸引海外技术人才甚至投资的机会。那些来自中东、非洲,甚至中国的技术人才,在美国大门紧闭的情况下转而北上。还有很多高科技公司为了留住人才,都选择在加拿大开设分公司安置那些难以在美国获得绿卡的技术人员。这些因素给加拿大房地产市场注入了一些新的动能。可以说,全世界受特朗普上台影响最大的国家房地产市场,可能就要算加拿大了。

欧洲方面,一位不支持巴黎气候协定、伸手要钱、支持贸易壁垒的美国总统上台,对经济从来都不会是什么好事。但考虑到欧洲自身的政治混乱局面,特朗普的上台对房地产的影响并不大。

特朗普就职美国总统仅仅一年,如果不出意外,他至少还有三年的时间来向美国和全世界演示:究竟一个毫无政治经验的亿万富翁能够将美国治理得怎么样。我们永远不能知道,如果希拉里在2016年最终当选,究竟世界会是什么样。但至少目前的情况看,美国国内的房地产市场从特朗普政府方面获得的推动因素要比阻碍因素多。而且,考虑到未来还有税改和对特朗普承诺的“再次伟大的美国”的期待,美国的房地产市场前景在未来的一段时间之内,还是会受到乐观情绪的支撑。

（二）澳洲房产泡沫
——破灭还是继续疯狂

如果你现在上网搜索澳洲房地产，“房产泡沫”这个词绝对会是最先出现的搜索结果之一。连维基百科现在都已经单独设立了澳洲房地产泡沫这一项词条。可以说，自2009年全球范围的金融危机逐渐消散之后，澳洲（主要是悉尼和墨尔本两座城市）的房地产市场涨幅，已经达到了现象级的水平。

在过去的几年中，大银行、金融分析机构甚至大型经济类国

际组织都对悉尼和墨尔本的房地产泡沫做过评价。IMF多次警告称，澳洲的房地产泡沫可能会以悲剧收场。摩根士丹利的分析师在2016年就曾经指出，悉尼的房价早已超过了市场能够承受的最高峰值。澳洲本地的分析师们，也普遍对房地产泡沫的存在深信不疑。甚至连一些第一线的地产经纪，都认为悉尼和墨尔本最近几年火热的房地产市场是不可持续的。

然而，在专家学者们不断的口诛笔伐之下，市场的参与者们似乎并没有受到太多影响。在铺天盖地的“房市泡沫”的负面声音下，悉尼和墨尔本的整体房价连续数年以两位数的速度攀升。

澳大利亚统计局的官方数据显示，2017年悉尼和墨尔本的房地产加权价格指数相比上年增长了大约13.8%。即使是一些相对保守的机构也表示，两地的房屋价值指数上涨幅度至少有10%左右。更加可怕的是，悉尼2017年夏天的房屋拍卖清盘率(即拍卖房屋在短期内的销售比例)创纪录地达到了73.9%。换句话说，接近3/4的悉尼房屋，在拍卖的第二天就会获得报价并成交。这说明目前悉尼的房地产市场仍然是卖方市场。房子非常好卖，一出现在市场上就会有多个买家竞价。

不能说经济学家们对于房地产泡沫的担忧是错的。毕竟，房价与当地工资水平的差异，的确给澳洲的整体金融市场健康带来很多隐患。但最终，价格，仍然还是市场决定的。

房地产市场最主要的支撑，通常情况下都来自于当地居民的刚性需求。这在长期来讲，是没有任何问题的。短期的投机行为，最终都将会被长期需求消化或是自己退出舞台。而价格，也将会回到平衡的水平。但悉尼和墨尔本的情况，有些例外。

海外买家最近一直是澳洲房地产市场泡沫的始作俑者嫌疑人之一。尤其是资金雄厚、热衷房地产、作风激进的中国买家，更是被认为是炒高澳洲房地产的罪魁祸首。这种指控，并不算太冤枉中国人。

2015年，在房价涨幅大大超过当地工资涨幅的情况下，悉尼和墨尔本的当地政府连续出台了各式各样限制海外买家在当地投资房地产的政策。从结果上看，如果政府不这样做，那两地的房价涨幅可能就不仅仅是每年上涨10%这种水平了。中国的崛起，以及国内不动产市场和固定收益市场的纷乱局面，让很多有能力的投资者转向海外。而澳洲，就是中国人买房、移民、留学最合适的目的地之一。从这一点上看，那些在一两年前坚信澳洲房市将会冷却的分析师，的确低估了中国人的购买力。

但他们低估的，不仅仅是来自中国的因素。

世界局势最近几年的发展，也对澳洲房地产市场的持续升温起到推波助澜的作用。全球债券等稳定收益投资品因为近年来各大主要央行的紧缩政策保持疲软。大宗商品萎靡不振。而欧洲和美国方面的政治形势也让更多人背井离乡，前往澳洲这块不怎么受国际政治因素影响的净土居住。澳洲移民局的数据显示，每年有大约30万来自世界各地的移民进入澳大利亚。这些人绝大多数留在工作机会更多的大城市如悉尼和墨尔本。除此之外，还有数十万留学生、持短期工作签证的人以及其他方式的短期签证居民前往澳大利亚，期望着能够在未来几年获得澳大利亚的永久居住身份。这些人，都成为悉尼和墨尔本两个城市房地产市场的参与者和房屋刚性需求的来源。

悉尼和墨尔本的房地产价格还会继续上涨么？眼下，几个主要的推动因素仍然支持这种发展方向。来自中国、美国和欧洲的移民、资金仍然没有枯竭的迹象。中国的金融市场，短期还不太可能发展到将追求长期稳定回报的投资者吸引回来的水平。欧洲的纷乱仍然在继续，而美国方面，即使经济在特朗普的减税政策出台之后回暖，现任政府对于移民的态度，也可能将更多来自其他地区的移民驱赶到澳大利亚、加拿大这样的对移民仍然相对友善的国家。所以，房价还是会涨的。

那么澳洲存在房地产泡沫么？这是目前争论最多的问题。但至少，从种种迹象来看，它和我们过去见过的房地产泡沫并不一样。这个泡沫被吹了将近10年，膨胀了一倍以上，但现在仍然没有破。如果继续这么发展下去，经济学界可能就需要给这个"泡沫"起一个新的名字。但目前，这个吹不破的泡沫未来究竟会怎么样，还是一个值得探讨的课题。

（三）风雨飘摇的英国——伦敦地产还保值么？

伦敦的房价2017年9月相比上年同期下滑了0.6%。这是英国首都房价在八年来首次出现下滑。作为世界最核心的金融中心之一，同时也是世界房地产市场中最受关注的城市之一，伦敦的房价下跌让人们多少有点恐慌。不过考虑到过去一两年之中，英国脱欧、欧洲政治局势纷乱、恐怖袭击频发、难民潮等诸多问题，再看伦敦的房价下滑，似乎也合情合理。甚至我们可以说，考虑到上面这些重磅“黑天鹅”事件的冲击，仅仅下滑0.6%算得上是伦敦房地产的保值属性发挥了不小的作用。

但如果看长远点，伦敦的情况还不算太坏。我们来看看号称英国脱欧就搬离伦敦的各大银行，到2017年底究竟有没有兑现自己的“承诺”：

摩根大通：号称将搬迁伦敦40%的部门到其他城市，实际到目前为止仅挪走了7%。

德意志银行：号称将搬迁60%的部门，到目前挪走了5%。

巴克莱：搬迁了3%。

花旗银行：搬迁了4%。

高盛：搬迁了10%。

摩根士丹利：搬迁了2%。

UBS瑞银：号称将搬迁20%，到目前仅调动了4%。

瑞士信贷：搬迁了4%。

汇丰：唯一一家“履行承诺”的银行，号称搬迁23%，到目前搬走了20%。

可以说，虽然各大金融机构都不希望英国脱欧，但在事件发生之后，他们并没有大举迁移，仅仅是搬迁了很小一部分必需的职能

机构。英国人担心的上万高薪工作岗位流失？没有发生。英国人担心的房地产，尤其是商业地产市场崩盘？也没有发生。

的确，考虑到政治因素方面最近几年的负面影响，人们实在不能对伦敦的房地产市场期望太多。随着英国退出欧盟的计划一步步成为现实，我们极有可能看到跨国的大银行和企业开始将它们设在伦敦的欧洲总部迁走。我们也可能看到英国的经济在脱欧之后经历阵痛。对于那些手中持有伦敦房地产，并想要近期变现的人来说，这些都不是特别好的消息。但抛开短期成为头条的消息，从历史的长远角度看，伦敦的优势，并没有改变太多。

诚然在脱欧之后，伦敦和欧洲大陆各国以及欧盟本身的关系变得较为微妙。但我们不能忘了，即使在加入欧盟的时代，英国也没有加入申根签证协议，英镑也没有被欧元取代。英国本来就保持了很高的独立性。的确，个别企业可能会考虑将运营重心转移到英吉利海峡对岸，但出现大规模工商业迁移？这似乎太低估英国本身的实力了。

伦敦仍然是世界上高等学府、人才最集中的城市之一。伦敦仍然是世界上金融活动的中心城市。伦敦仍然是欧洲的英语首都。只要这些因素不变，那么支持伦敦经济、伦敦房地产市场的核心因素就不会变。至少，价格的下行方向上，我们可以找到不少稳定的支撑。

不过，如果从短期的角度看，我们也不能太过乐观。

英国首相特蕾莎·梅在一次保守党年度大会中，经历了或许是她政治生涯中最尴尬的一次演说。先是她在演说中剧烈咳嗽，然后一名化妆成保守党成员的喜剧演员恶作剧地递上一份“辞职书”闹场。最后，连现场道具都不给面子，首相背后标语上的字母居然掉了下来。如果这发生在几年前，我们可能仅仅会把这些当成无关痛痒的笑话，连保守党自己都可能一笑而过。但在英国眼下的局势中,我们实在有点笑不出来。

英国的整体经济形势自从脱欧之后就一直处于低迷的状态。自己把自己玩脱了的英国人目前正在承受他们投票决定带来的后果。当然,我们不能因为新闻上很多人说自己投脱欧票仅仅是为了好玩就说大部分英国人真的不希望脱欧。但事已至此,历史的车轮只能不断向前滚动。

作为临危受命的救火队,特蕾莎·梅以及现任政府实际上做得还算不错。至少在混乱中稳定了局势,并制定了一套靠谱的脱欧具体实施计划。但从房地产的角度来说,能够至少有一个稳定的局势要比不知道明天会怎样好得多。市场的表现也正是如此,在最初的动荡不安之后,目前房地产市场已经接受了英国即将脱欧这个事实,并以此为未来发展的基准继续进行交易。

英国的未来在哪里,这个问题不管是特蕾莎·梅、英国政府、英国百姓或者全世界的分析人士都不敢轻易下结论。而英国的房地产市场也是如此。不过,就目前的情况来看,伦敦并不算太糟糕。这里仍然是世界上最古老、最具有韧性的高端房地产市场。这里的房地产仍然是世界上数一数二的保值资产。脱欧或不脱欧,英国毕竟还是英国,伦敦毕竟还是伦敦,至少在投资者眼中,值钱的,还是一样值钱。

（四）“一带一路”与东南亚房地产——风起云涌

东南亚与中国山水相连，从地理环境和气候上都非常接近中国南方地区。早在秦汉时期就有中原移民进入东南亚的记载。近代“下南洋”的移民浪潮更是让东南亚的华裔人口猛增。改革开放之后，尤其是中国经济迅猛发展之后，越来越多的中国人以投资者的身份出现在东南亚的土地上。尤其是最近十几年的时间，随着“新马泰”旅游的兴起，越来越多的中国投资者开始对东南亚产生新的认识，并开始进行房产投资，甚至直接移民前往东南亚居住。而东南亚各国的房地产开发商们，也意识到了中国投资者的这种趋势，并对中国买家表示了极大的欢迎。

这种积极的发展趋势，在最近三四年获得了新的动力。

2010年，中国GDP首次超越日本，正式成为世界第二大经济体。这让中国的国际影响力提升到一个新的高度。而2013年国家提出的“一带一路”跨国经济带政策，或许是自郑和下西洋以来，中国的政策首次能够强烈影响到其他国家的经济。这一点，不管是“一带一路”沿线的国家人民还是中国人自己都非常清楚。在这种以中国官方政策为基调的形势之下，本来就已因为最近几年旅游业发展而热络起来的东南亚房地产市场获得了更多支撑。

“一带一路”的“海上丝绸之路”规划中，东南亚是中国到印度洋、非洲、欧洲海上路线的第一站。尤其是马六甲海峡附近地区更是海上路线西行的咽喉要道。而从经济现状的角度来看，东南亚各国的劳动力成本仍然处在相对较低的水平。个别国家和地区在最近数十年中，已经发展出一定水准的基础设施和投资配套环境，非常适合国内资金流入。在资金和人口同时流入的情况下，整个东南亚地区未来十到二十年的房地产刚需非常厚实。我

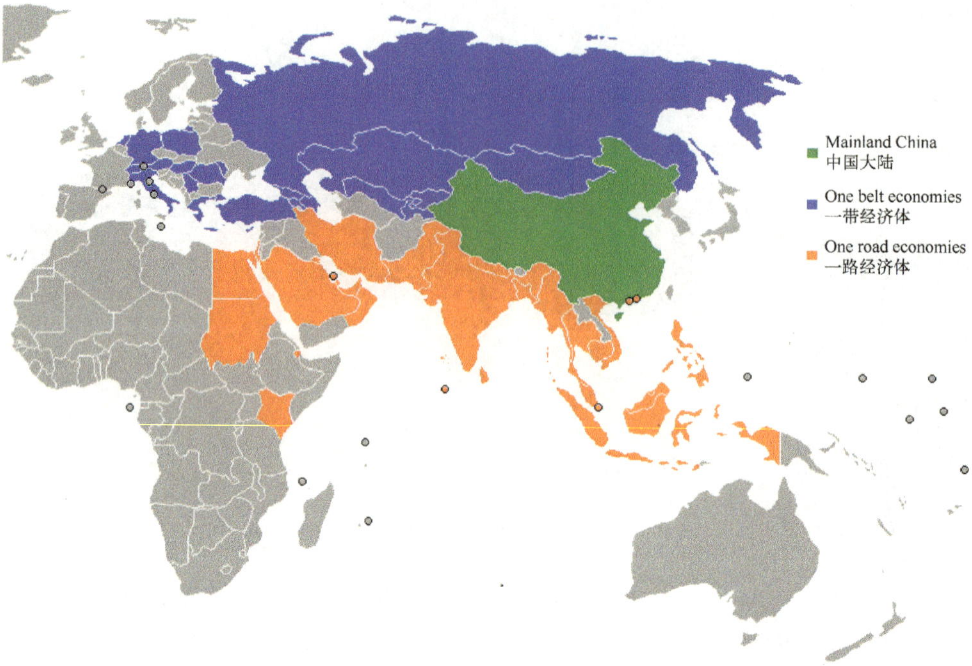

们甚至可以说,"一带一路"政策就像中国政府给东南亚房地产升值打下的重要基石。

但在整体房地产一片向好的大环境下,各国,甚至同一国家中的各个城市之间,却又存在着一番激烈的角逐。一些城市由于自然条件、人文或者当地政府政策的优势获得了更多的关注,另外一些城市则相对被冷落。还有一些城市,在炒家、投机者和夸大其词的开发商合作下房价大涨,但实际上并不适合投资者继续进场。在这种复杂的情况下,投资之前充分了解当地环境,同时对自身条件作出合理的分析是非常必要的。只知道"一带一路"可能推高东南亚房价,而盲目进入一个自己不熟悉的市场,投资的风险并不比直接把钱拿到赌场里小多少。

沿海城市,尤其是靠近主要国际航道、自身拥有深水良港的沿海城市在这一轮投资热潮中被普遍看好。近两年市场反馈显示,很多与贸易相关的国内企业已先行一步向这类城市进行投资。商业地产投资加上外派人员住宅的买卖,在几个首都城市,尤其是吉隆坡和曼谷掀起一波房地产高潮。

新加坡仍然是整个东南亚地区房价最贵的城市,也是世界上房价最贵的城市之一。高昂的价格吓退了一些投资者,但由于其"避税天堂"属性以及教育和生活水平吸引力,这里仍然是高端投资者和追求保值、宜居水平投资者的首选。但新加坡最近几年与中国政府之间的合作关系已经逐渐被其他国家尤其是马来西亚赶超。所以从增长潜力上,新加坡并不占优势。

一些已经成名已久的旅游胜地也迎来了第二春。著名的巴厘岛在过去数年中多个度假屋投资热潮过去之后,已经是一个连高端投资者都很难进场的市场,但目前仍然被大量投资者高度关注。而泰国的普吉岛、芭提雅等地则仍在继续上涨。

随着"一带一路"政策的不断推进和实际执行,东南亚还会在现有基础上更大程度地向中国投资者开放。"一带一路"本身,是一个需要多国政府配合、经济大势配合才能效益最大化的跨国大型项目。这不是能够一蹴而就、轻轻松松完成的工作。但至少在五到十年之内,政策本身给东南亚带来了无限的机会和潜能。而作为房地产投资者,这种机会,绝对可以说是几十年难得一见的。

（五）短租平台的全球狂热
——日进千金可能么？

“共享经济”这个新名词，在21世纪的第二个十年里席卷了各行各业。这种新兴的网络运营模式在很多产业中开发出了全新的市场。房地产行业也不能免俗，发展出了诸如Airbnb（中文译名：爱彼迎）等共享短租房屋平台。短租单间、公寓甚至整栋别墅的生意在全球各地纷纷掀起热潮。从房地产投资的角度来看，Airbnb等网络短租平台让租房市场更加灵活多变，但同时也给传统的租房市场带来冲击。尤其是在北美、欧洲、澳洲等市场，Airbnb的兴起，已

经正式成为一个房地产领域的热门话题。

Airbnb最初的理念非常简单,一个公开在互联网上的平台,让一些家里有空房间的屋主与另一些寻求短期出租屋的租客建立联系,从而让大家共同获利。但在发展到一定规模之后,Airbnb已经不仅仅是简单的多余空屋共享平台,很多度假屋在平台上找到了商机。另一些家住大城市闹市区或者旅游景点附近的居民也发现了这个平台带来的机遇。到最近的几年,连一些空置的豪宅、庄园甚至欧洲一些地区的陈旧古堡都在短租共享平台上对外开放。

平台的迅猛发展首先让投资人和开发者们赚得盆满钵溢。Airbnb尽管一直没有在任何股票交易所正式上市,但其市值已经增长到300亿美元以上。这个没有任何酒店固定资产投资的企业,目前的市值已经超过了所有大型连锁酒店企业。相比之下,分店遍布全世界的万豪(Marriott International),尽管最近刚刚合并了喜达屋酒店集团,市值也仅有150亿美元。

Airbnb看似赚了不少,但该公司开创的市场,其潜在价值仍然远远高于公司本身目前创造的价值。数据显示,目前全球有超过2亿名租客在使用Airbnb平台租房。租房市场覆盖了191个国家、6.5万个城市。除此之外,全球(主要是欧洲)有1 400座城堡也在Airbnb的平台上发展租赁业务。平均来看,全球Airbnb房东每个月净赚900多美元。这个数字大概相当于Airbnb覆盖的191个国家平均月薪的3倍左右。

在过去,欧美的租房市场,主要以一年左右期限的长租为主,短租收入不稳定,而且相比长租也要难管理。但在Airbnb出现之后,由于出租环节变得快捷便利,很多大城市、热门景点附近的房屋流入了这个新兴的市场。举例来说,纽约曼哈顿附近两房的公寓,如果按年签约,每个月的租金平均在2 000到3 000美元。如果放在Airbnb上短租,则平均价格为每天150美元左右。在这个价位上,只要房东每个月出租20天以上,就能与长租收入保持一致。而曼哈顿每年都要接待来自世界各地上百万的游客,附近三星以上酒店的价位都在每晚200美元以上。相比之下,每晚150美元的Airbnb短租屋非常划算。很多热门地区的短租屋,几乎是全年不休,这让短租变得非常有吸引力。

Airbnb让躺着赚钱再次有了新的现实版模式。如果你在纽约曼哈顿、伦敦帕丁顿,或者夏威夷的茂伊岛上拥有一套可供出租的房产,只要在Airbnb上放几张好看的房屋照片,你就可以月进千金。这种新的模式,让很多投资者找到了新的思路。

当然,在让自己和用户赚了不少钱的同时,Airbnb也在全世界各地引发了不少问题。目前争论最激烈的问题主要有三个:对传统酒店行业的不公平竞争、对附近社区治安的不良影响,以及抬高当地房租水平。

相比需要各种税务、投资的传统酒店行业来说,Airbnb的短租成本实在太低。所以在价格竞争上,传统酒店行业完全没有任何机会。最重要的一点是,很多Airbnb的房东并没有如实上报自己出租房屋做短租旅馆生意的这个信息。这让他们少交了很大一笔酒店税务。另外,很多住宅区的房东将自己的空屋短租给游客,让社区附近的流动人口增加,这造成了附近居民的一些不适应。很多分析人士也将房租上涨归咎到Airbnb的兴起。确实,如果将房屋短租出去的收益增加,这让很多长租的房东眼红。如果不涨房租,他们也会更倾向于将房租短租赚取更多收益。上述这些问题,让Airbnb在很多城市并不是那么受普遍欢迎。一些城市甚至已经开始着手出台政策管制或整顿

Airbnb上的混乱局面。

机遇与挑战并存，这种情况对于一个仅仅发展了不到十年的行业来说，算是一个非常不错的开始。而对于广大房地产投资者来说，Airbnb这种共享房屋租赁平台，则是创造收益的新途径。尤其是对于那些想要投资房产，但又不能自主管理或者不能长期在当地管理的人来说，Airbnb简直是量身定做的出租利器。

在整个全球房地产市场，购买用于出租的房屋来投资并不能算是一种主流。更多的投资者还是看重房地产的保值属性和长期增长潜力。但不可否认的是，由于Airbnb等房屋共享平台的出现，房地产投资确实出现了新的盈利模式。而这种模式，对于最近有兴趣投资海外房地产的人来说，是很值得研究的。

（六）加拿大房市过山车——多伦多房产改革的前因后果

过去的三五年中，世界上最宜居同时也是中国移民人数最多的两个国家的房地产市场受到华人投资者热捧。悉尼、墨尔本、温哥华和多伦多这几个城市房地产市场持续升温。不过，在2017年之前，多伦多在上述四个市场里，一直不是聚光灯的焦点。这种情况，在2017年发生了很大改变。

如果你没有关注多伦多的房地产市场，仅看多伦多下半年的房价指数数据的话，你可能会认为当地房市经历了一个不错的上涨年头。整体房价指数年率上涨了15%左右，独立屋上涨约为6%，联排城市屋上涨18%，高层公寓上涨了高达25%。但实际上，多伦多在2017年初的疯狂过山车式价格波动，是最近十几年中，全世界房地产市场罕见的大幅波动现象。

我们在上年的蓝皮书中已经讲过，随着加拿大另一大房地产市场温哥华在2016年出台了限制海外买家的政策，多伦多将被逃离温哥华的海外买家和资金占领。这一点在2017年初就已经实现，而到2017年的三四月，当地的房地产市场似乎要进入一个疯狂的状态中，房价指数年率增长接近30%，销售量、平均售价等数据的飙升比前一年温哥华的水平有过之而无不及。

同样，我们在上年的蓝皮书中也讲过，在有了温哥华的前车之鉴之后，多伦多所在的安大略省政府，绝对不会坐视房地产市场失控。所以，一定程度的限制、打压政策几乎是100%会出现的，不确定的只是出现的时间和打压政策的力度。考虑到前面有温哥华以及澳洲的案例可以借鉴，安大略省管控多伦多房市的政策有很多种选择。到2017年4月末，市场的走向一直保持在我们预计的区间内。

但从这里往后，实际情况与我们的预测出现了一点小小的偏差。回过头来检查问题所在，我们认为，上年的预测低估了加拿大安大略省政府对房价失控的担忧程度。直白一点说：我们也没想到，安大略省政府高官们，这么怕房价涨上天。

2017年5月3日，安大略省省长韦恩女士，在多伦多市中心宣布：为了限制不断上涨的房价，保护多伦多居民生活的稳定性，安大略省决定出台十六条新措施。除了温哥华上年刚刚实验过的海外买家附加税之外，物业空置税也被引入多伦多。整个地区的房地产市场从房源、地产经纪、租赁、税务等多方面受到了全面的限制。温哥华、悉尼和墨尔本地区政府给多伦多提供了不少限制房市的政策选项，而安大略省政府最终选择了照单全收。

十六项房市改革政策的效果是惊人的。从2017年春季的数据、市场动态以及舆论都能清晰地看到多伦多房市发生了多么翻天覆地的变化。

数据方面，2017年4月多伦多地区整体房价指数相比2016年涨幅还有27.66%，基准房价81.7万加元。到7月，基准房价已经下跌至80.7万加元。考虑到过去数年多伦多房价一直保持着10%左右的涨幅，出现基准房价下跌说明多伦多政策的改革不但给当地房价踩了刹车，甚至挂上了倒挡。

市场的反应要比基准房价数据变化快得多。4月之前的多伦多房地产市场，是一片火爆气氛，卖家占据绝对的主导地位，房屋公开参观日人满为患。竞标也极为活跃，大部分房屋都能快速售出，而且最终成交价均超出挂牌价格。而政府限制政策一经出台，多伦多房屋销售量瞬间丢了一半。卖家和买家的地位瞬间发生了一百八十度的转变。

舆论的反应更加直观。政策出台之前，“多伦多房价涨幅高达30%”“房市进入白热化”。政策出台之后，则变成：“房市惨跌！”“专家预测明年房价还要再降。”

相比温哥华在2016年8月出台海外买家附加税之后的温和调整，多伦多的房价在2017年可以说是来了一次“硬着陆”。但排除春季的大起大落，我们最终仍然看到了15%左右的房价年率涨幅。可以说，2017年多伦多仍然打败了全世界大部分城市，继续保持着房价涨幅排行榜的靠前位置。但实际上，如果仔细观察多伦多目前的市场，我们可以看出消费者的情绪受到了不小的打击。

尽管几乎没人认为多伦多还会再经历一次“十六项政策打压房市”的大戏，但不管是买家还是卖家，都牢牢记住了2017年房市的巨大波动。不那么急于买房的买家们，开始期许房价在未来可能再下降一点，于是选择继续等待。而不那么急于卖房的房主们，则选择放弃当前的市场，等待未来更好的机会。双方这种心态的变化，导致市场活动非常清淡。

其实，在现有局面下，个别买家可能会碰巧遇到急于在惨淡市场出售房产的卖家，而获得一个非常划算的折扣。不过在市场如此冷清的状态下进场，除了一定程度的投资魄力之外，还需要有一个长远的投资计划。这种机会，相对比较适合自住或者长期投资的买家。

整体来说，多伦多房地产市场在2017年经历了一轮名副其实的过山车行情。而且起伏之大以至于一年之后市场仍然没有恢复正常。但我们需要注意：目前在背后推动多伦多、温哥华、悉尼和墨尔本市场的大潮流——海外买家尤其是中国买家仍然很活跃。未来当地的房地产市场，向上的动能仍然不少，现在，市场只是需要时间消化打压政策带来的影响。

安大略省政府的改革政策，给未来其他国家/地区政府限制房价上涨提供了鲜活的案例。正像悉尼、墨尔本和温哥华给多伦多提供案例和经验教训一样。从房地产研究的角度，也给我们提供了素材。历史从来不会百分之百重演，但历史中的一些事件总会有相似之处。未来，多伦多今天的故事很有可能会发生在另一个国家、另一个城市、另一个房地产市场。

（七）火箭人与东北亚
——朝鲜半岛与东亚房市

日本和韩国，或者更确切地说，东京和首尔，这两个最代表该国的房地产市场在2017年表现非常不错。这一点是我们在讨论东北亚的地缘政治对两地市场影响之前，需要先明确清楚的一点。甚至可以说，对这两个市场中的大部分参与者来说，东北亚地缘政治并不能算是一个市场的主要影响因素。但对于我们这本蓝皮书的

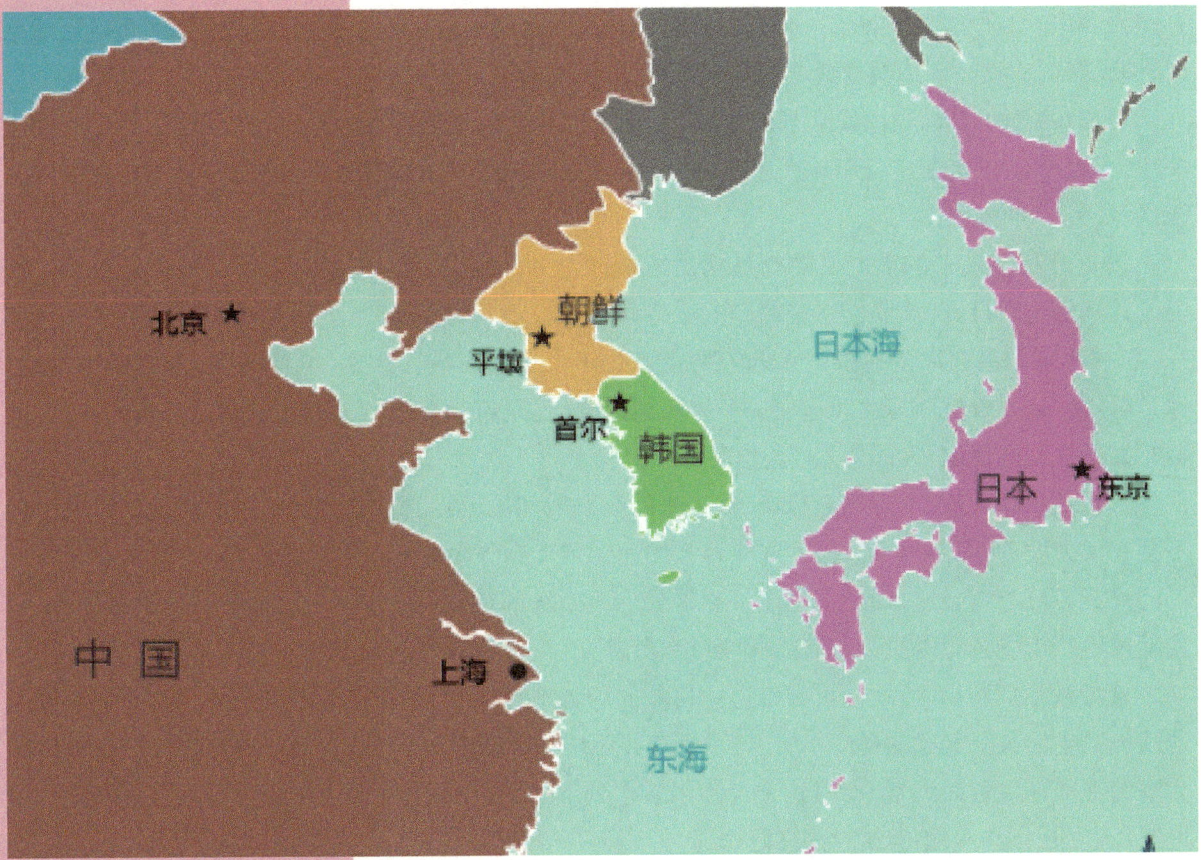

读者,或者说对于大部分中国的海外房地产投资者来说,朝鲜地区最近一年逐渐升温的核问题却是一个绕不开的结。

东京方面,正在紧张筹措2020年夏季奥运会的政府对于城市建设加大了关注力度。各项针对奥运会进行的城市开发计划纷纷开工。奥运村以及其他场馆附近的房价也开始一路飙升。日本政府和东京地方政府都希望2020年东京奥运会能给疲软的经济带来一些刺激,所以财政预算上也毫不吝啬。所以,可以说东京房地产市场至少在奥运会之前,是已经打上了一个很大的“上涨”标签的。中国的投资者们自然不会放过这样明显的机会。实际上,在2016年里约奥运会闭幕日本首相安倍晋三扮成超级马里奥出现的时候,就已经有很多有先见之明的投资者盯上了东京的房地产。

另一方面,首尔在最近十年左右的时间里,房价一直稳定上涨。除了自身市场需求之外,来自中国的投资者在首尔市场中也扮演了重要的角色。2017年的前半年对于首尔和韩国来说并不算理想。韩国前总统朴槿惠的一系列政治丑闻、最大企业三星的产品丑闻和内部风波都让韩国的经济出现了一些波动。布置萨德系统导致中方的抵制又让韩国外贸方面很受伤。不过在文在寅走马上任之后,韩国的经济在下半年算是稳定了,房地产行业也受到鼓舞。首尔房价年初每周涨幅还徘徊在0.05%左右,到文在寅上任之后,房价周涨幅攀升到0.15%,进入8月,这个数值再次攀升到接近0.5%的水平。当地政府为了稳定房价,甚至不得不推出了号称是“史上最严厉的打房政策”来限制价格攀升。不过尽管如此,当地房价在2017年的年率涨幅仍然在5%以上。

朝鲜核试验的新闻在2017年9月开始被中国、日本、韩国三国以及欧美国家广泛关注。这让房地产行业内部多少有一些担心,究竟东北亚地缘政治这个足以影响全世界的潜在风险对市场情绪有多大冲击,几乎没人拿得准。不过在朝鲜领导人和美国总统特朗普进行了几轮隔空网络骂战之后,情况好像也没有继续朝着最坏的方向行进。

可以说,对于日韩两国民众来说,甚至包括中国东北部地区的百姓来说,核问题尽管受到高度关注,但还不至于改变自身房地产市场的局面。但对于中国计划前往日韩进行房地产投资的人来说,就是另一种情况了。

投资给我们带来的最主要的收益就是纯金钱上的回报。不过这并不能代表投资的全部。投资尤其是房地产投资,给我们带来的是安全感和长期保障。潜在风险,尤其是朝鲜核问题这样绕不开、忽视不掉的潜在风险对投资者的心情也算是一个负面影响。试想,同样是5%左右的回报率,你是希望你的投资位于东北亚这样一个火药桶边上,还是希望自己的投资位于相对安全的澳洲、北美?如果你有选择权,大部分人还是会选择后者。

如果这种情况成立,那么意味着,在未来的一段时间里,虽然日本、韩国本国的房地产市场可能不会有太大波动,但海外资金流入这些地方的速度可能会放缓。那些已经进入日本、韩国房地产市场的投资者可能不会选择退出,但还没有涉足当地市场的投资者或许会三思而后行。这种状态下,日韩房地产市场在海外投资者面前,确实相对丢掉了一份吸引力。

地缘政治问题可大可小,可长可短。目前的局势来看,我们并不认为事态会闹到真正影响整个地区居民生活甚至安危的程度。所以,尽管存在影响,但朝鲜核问题眼下对房地产市场还仅仅体现为情绪上的一些负面因素,一旦这个危险因素得到缓解,首尔、东京这两个城市仍然是偏好亚洲房地产投资的中国买家不容错过的良好选择。

第3部分

全球商业地产市场趋势分析

(一) 2017年中资商业地产重大收购

2017年对于那些投资海外房地产的中资企业或中国背景企业来说，是一个值得推敲的年份。如果未来的发展走势保持在正确的轨道上，那么过去的一年很有可能是中资海外资产配置在某些领域从量变到质变的一个重要转折点。

尽管过去一年中存在包括“一带一路”在内的一些积极因素，但中国政府对海外资产配置的监管升级以及海外环境近期的不稳定让整体资金流动减缓。2017年境内资金投资海外非金融类资产的总额下降了近一半。但在总量大幅下滑的情况下，投资整体的水平和理智程度则有上升的趋势。这一点在外媒对于中资的态度上也能体现出一二。2017年之前，中资收购海外房地产在世界的很多地区经常被当地媒体视为暴发户的挥霍。收购价格与同级别外资之间交易金额相比明显偏高。但2017年的很多交易中，我们看到中资集团开始增加理性。这是一种非常良好的发展方向，对于中国资本在全球市场进一步站稳脚并长期稳定发展有非常大的助益。

尽管总量上相对下降，但2017年中资企业仍然在全球房地产市场上制造了很多值得研究的收购案例。在纽约、旧金山、伦敦市场，就出现了一些敢于弄潮的中资公司身影。

2017年3月，中国海航实业集团在纽约以22.1亿美元的价格收购了地标性建筑，45层的办公大楼Park Avenue 245号。这栋大楼的交易在当地房地产市场引起了很大的轰动。即使在寸土寸金的曼哈顿地区，总价值超过20亿美元的办公大楼选择也是相对比较稀少的。而这种稀有资源被中国投资者收购让当地整个房地产市场感受到中资企业资金、资源的雄厚以及对市场的参与欲望。

245 Park Avenue位于曼哈顿中城区东侧，这里是纽约当地大型企业总部办公楼的聚集地。仅该大楼附近方圆200米的小区域里就有摩根大通纽约总部、巴克莱纽约总部、大都会人寿保险总部等跨国企业总部建筑。245 Park Avenue本身的租金收入不菲，该建筑是曼哈顿地区租金最贵的十栋办公大楼之一，每平方英尺的年租金至少要100美元以上。而22.1亿美元的收购价格除以大楼接近两百万平方英尺的使用面积，每平方英尺的售价大约为1 200美元。纽约中城区的办公室空置率约为11%。这就意味着，不考虑租金上涨、地产价值上涨的情况下，海航集团每平方英尺的1 200美元投资每年也能够收回至少89美元左右的固定租金收益。7.5%左右的固定租金收益毛利，在全球范围内都算是相当可观的。更何况大楼地址位于纽约这个目前全球商业地产发展最稳定、风险和流动性搭配最优化的市场，这更让海航的投资获得了多重保障。

相比最近几年市场稳定发展的纽约，伦敦商业地产目前可以说是山雨欲来风满楼。英国脱欧的影响在2016年已经造成了当地市场很大的波动。而在目前谁都不知道未来会怎样的情况下，2017年仍然有很多有资源、有野心的中方投资者在伦敦房地产市场上活跃着。

2017年3月，北京首都开发控股集团继2016年底以2亿英镑收购伦敦地标性建筑30 Crown Place之后，再次出手伦敦市场。这次该公司收购的目标是价值9 650万英镑的办公大楼Fleet Place House。

这栋位于伦敦金融区中心地带的8层办公大楼使用面积8 543平方米。买家2013年从德国一家家族基金收购该建筑时的价格是6 800万英镑，4年算下来，收益率5.9%。这个收益率数据比伦敦该地区的5%左右的平均办公楼资本收益率要高一些。但整体来说，仍然算是一个符合市场走势的收购价格。

又是2017年3月，中渝置地集团（C C Land Holdings Limit）在伦敦以11.35亿英镑的价格收购了Leadenhall Building。这桩交易一度是伦敦过去一年中金额最大的房地产交易，直到另一家中资企业的交易在年中签约。

2017年中资企业在伦敦最大手笔的一次收购是由调味品大鳄李锦记创造的。李锦记在2017年7月末以13亿英镑的价格收购了伦敦著名的“对讲机”大楼Fenchurch大街20号（20 Fenchurch Street）。20 Fenchurch Street是一栋37层的办公大楼，是伦敦目前第六高的摩天大楼。因为形似对讲机而成为伦敦当地一个知名的标志性建筑。

在市场动荡的情况下,2017年共有超过150亿英镑的商业地产转手。而2017年7月的商业地产转手总金额达到21亿英镑,创造了2007年3月以来的最高纪录。可以说,英国脱欧为一些长久以来希望插手伦敦商业地产领域但却没有机会的中资企业提供了良好的入场时机。中资企业这股在伦敦当地还略显生涩的新兴力量趁着欧洲老牌基金迟疑不决的时候终于挤出了一片属于自己的发展空间。

当然,由于政府监管力度加大,政策限制以及其他一些原因,2017年中国企业在海外商业地产市场的整体活跃程度相较前几年是有所下降的。中国银监会近期对于一些债务规模庞大的大型企业实施限制贷款措施,这让包括万达、安邦等最近几年在海外房地产市场活跃的企业活动受到一定限制。其中万达在这方面尤其成为国内外媒体舆论的关注焦点。

万达原本在2017年6月已经接近达成与英国方面就Nine Elms Square商业地产的交易谈判。但在最后关头,万达方面决定放弃收购。该项混合型地产开发用地原本的收购价格为4.7亿英镑。

（二）全球高端商业地产市场现状

前一部分主要介绍了2017年中资企业在全球一些具有代表性的商业地产交易活动。相对全球整体的商业地产交易来说，初出茅庐的中方资本仍然只能算是九牛一毛。在纽约、伦敦、东京、巴黎等世界最顶级商业地产市场中，欧美投资者整体的形势究竟是如何的呢？我们在这里做一下简单的介绍。

作为世界上经济最发达的国家，美国在商业地产市场的规模和活跃程度上一直遥遥领先。最近两三年全球商业地产按交易量计算，前十名城市中美国占据了五个席位。除纽约之外，洛杉矶、华盛顿、芝加哥和波士顿都是目前世界上最顶尖的商业地产市场。不过尽管如此，伦敦仍然以稳定的优势超过纽约，保持作为世界上最活跃、资本最集中的商业地产市场。巴黎和东京两个主要城市尽管距离前两名也有一段距离，但交易量也仍然高于美国除了纽约之外的其他城市。亚洲除了东京之外，上海和香港也挤进了前十名，不过排位目前相对靠后，分别是第八和第十名。

由于上述统计包含了最早到2014年的交易数据，而且在2014～2017年伦敦一直是单个年度的冠军，所以英国首都作为世界最热门商业地产市场并不完全是靠脱欧风波引发的抄底活动。

作为世界上最顶尖的金融中心，伦敦是全世界众多大型企业的总部以及主要分支机构所在地。而且与硅谷等网络时代新宠不一样，伦敦的办公室模式仍然是古老的密集型。摩天大楼是伦敦当地商业地产最主要的表现形式，这就导致伦敦当地的商业地产活动高度集中。大量高质量商业地产集中在范围很小的几个街区之内。更具体地说，伦敦近80%的商业地产，主要集中在泰

晤士河北岸，其中以英格兰银行为中心的伦敦金融区商业地产最为密集。

作为世界上最火热的商业地产市场，伦敦的商业地产空置率一直保持稳定。2017年伦敦各区最后一个季度的商业地产空置率基本保持在3%到8%之间。每平方英尺的年租金则在70到120英镑不等。按照当地平均商业地产价格，租金收益率基本保持在4%上下。

纽约尽管最近几年商业地产的交易活动仍然屈居第二，但在商业地产的总价值上，2017年已经与伦敦基本持平。美国整体房地产市场价值在最近几年随着经济复苏不断增长。在2016年纽约政府部门商业地产总估值就已经超过了一万亿美元，创造了历史最高水平。而在2017年，随着特朗普当选总统，市场对于减税、加息的积极预期再次推高了整个美国金融产品价值。纽约地区的商业地产总估值也攀升至1.16亿美元。而伦敦目前的商业地产总估值大约在883亿英镑。按照2017年底的汇率，伦敦仍然稍稍高出纽约一点。不过二者的差距已经微乎其微。

从市场现状的角度看，纽约的商业地产投资回报率在2017年内要比伦敦有些微的优势，租金收益率从上年的4%增长至4.5%，超过伦敦的平均水平大约半个百分点。不过租金收益率的数据统计主要依赖近期签约，所以一年内的短期数据并不能充分说明问题。如果纽约想要证明在高端商业地产回报率上超过伦敦，还需要至少两三年稳定表现来证实。

空置率方面，纽约则仍然距离伦敦相差较远。中城区南部是整个纽约市中心空置率最低的区域，这里的商业地产空置率大约为8%。纽约其他地区的空置率基本上保持在10%上下。

巴黎作为世界上第三大商业地产市场，各方面水平实际上距离前两名还是有很大差距的。2017年巴黎市中心的商业地产平均年租金约为88美元。这个水平基本上属于伦敦和纽约租金范围的下限附近。而巴黎市中心的高端商业地产租金回报率约为3%，这个水平也比伦敦和纽约要低。巴黎郊区的租金回报率倒是能够达到4.5%到6%之间，但投资的风险系数也增加了许多。

其实，如果我们分别眺望伦敦、纽约和巴黎的市中心，就不难发现，法语世界的首都相比英语世界的两大都会要“矮”一些。巴黎并没有太多像伦敦、纽约那样的摩天大楼。这里的商业地产更多是较矮的老式建筑，商业地产的密集程度不高。不过相对而言，由于当地并没有太多商业地产可供选择，所以空置率在这里要低得多。市中心的商业地产空置率低至3.1%，100栋现有办公室中，可能仅有3栋供新租客选择。

东京作为亚洲唯一一个挤进前五名的商业地产市场，实际上沾了地域庞大的光。如果按照面积来算，东京都会区的大小至少是五六个曼哈顿岛的面积。大约60美元的每平方英尺年租金水平比巴黎还要低。在整个亚洲地区，东京的租金平均值也低于香港、北京和上海，排在第四位。当地的空置率则要更低，在新宿和涉谷这两个区，商业地产的空置率低至2%。

东京商业地产市场目前仍然处于从七八年前的低谷复苏反弹的阶段。空置率的超低水平预计将在未来继续推高房租平均值，所以2017年东京的数据可能并不是可持续的。

（三）2018年海外商业地产市场前景展望

2017年中国政府对于海外非金融类投资，尤其是房地产投资方面的管控不但在国内金融界掀起波澜，在全世界范围也广泛受到关注。很多在过去几年刚刚因中国资本收购优质当地商业地产而兴奋的市场，又因为中国政府的新规而紧张起来。媒体尤其关注的是，此次中国监管机构针对的，基本都是最近几年最活跃、收购规模最大的顶级企业。

这种有针对性收紧监管力度的动作让一些国外分析人士摸不着头脑。他们认为，中国政府最近的行动与之前鼓励国内企业“走出去”的方针并不相符。不过，中国人民银行、金管局和发改委等部门之后的一系列发言解释了这个问题：中国仍然坚持实行“走出去”战略。在“一带一路”发展过程中，中国政府还推动加快了很多国内企业“走出去”的步伐。但在另一方面，对于一些负债水平相对较高、结构性风险因素较大的企业和项目，政府方面选择了较为谨慎的态度。

万达、安邦、平安保险、海航集团等国内大企业最近几年在全球范围内大规模收购优质资产，从增长潜力的角度，这应该算是一个不错的发展趋势。但同时，这些大型机构大手笔、大金额的收购也增加了他们背后的中国银行系统的风险。这并不是中国政府所希望看到的。所以在“走出去”的大前提下，政府希望看到更多稳定、理性的收购。这也是2017年政策改革的核心目标。

除了政府的限制，海外环境的变化也成为中国资本在2017年向海外商业房地产流动的阻碍。我们上面提到，一些中资企业在伦敦房地产市场波动的情况下，抢占了一些伦敦顶级商业地产楼盘。尽管从现有的账面收益率、市场影响力和打响国际知名度等方面，这些收购都是积极乐观的，但脱欧等客观政治风险因素仍然不能被忽视。在动荡的环境下选择静观其变，对于一些资源有限或者更追求稳定的投资者来说，也绝对算是明智的选择。

其他国家政府、社会舆论最近几年对于中国资本在当地投资基本还是保持着相对谨慎但同时乐观的态度。毕竟对于美国、欧洲等热门市场来说，中国人早已不是他们接待的第一批海外投资者。尽管考虑到政治因素和文化差异，有的时候一些中国在海外的房地产大宗投资仍然相对其他国家难度更大，但中国人在高端房地产市场频频出现，到2018年的今天已经完全可以被各国房地产从业人士接受了。

英美两国的纽约、伦敦这些老牌的国际化大都会对于中资企业收购当地商业地产的容忍或者说欢迎程度最高。而一些较小的发达国家市场比如澳大利亚、加拿大、新西兰，由于市场规模较小，近期价格浮动较大，对于中资大举进入当地市场仍然保持了一定的谨慎。不过这些问题在个人住宅市场更为明显。商业地产方面，很多澳洲、加拿大的政府和舆论还是比较欢迎中方进行投资的。一些媒体甚至在2017年中国政府对海外非金融类投资进行限制之后，表达了对本地房地产市场未来的悲观展望。这在一定程度上降低了中资公司收购海外商业地产的难度。从实际角度来看，海外市场内部对相对生涩的中资企业的这种容忍有的时候是起到决定性作用的。

海外各国之间，尤其是欧美澳甚至包括日本市场之间，在很长一段时间里一直是保持着频繁的商务沟通。在商业地产的领域也是如此。但中资公司，尤其是来自大陆的中资公司对于海外的商业模式、市场环境和交流习惯还是非常生疏的。近些年一些公司勇敢地“走出去”并建立了不错的往来关系，但绝大部分公司仍然是摸着石头过河，或者借助中间人与海外方面进行洽谈沟通。在这种情况下，海外方面能否给予中方适当的宽容和帮助决定了中资企业在海外市场能否站稳脚跟。

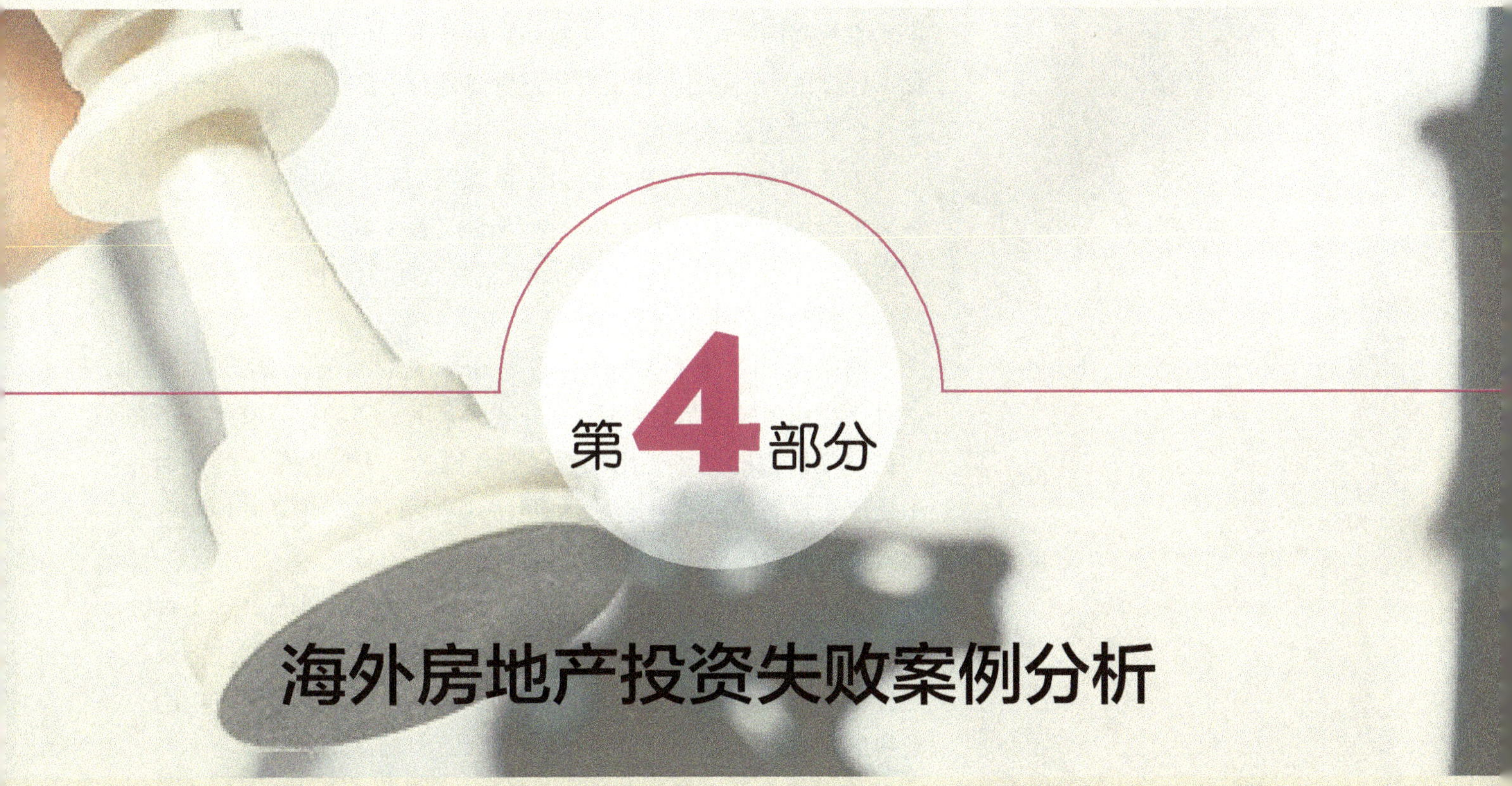

第4部分

海外房地产投资失败案例分析

俗话说:“失败乃成功之母”。这句话在过去一直是激励失败者重新振作的“灵药”,同时也经常被用于鼓励人们勇于尝试,不要害怕失败。但事实上,如果一位海外房地产投资者不能先彻底读懂前人犯下的错误,那么自己就极有可能成为别人成功路上的踏脚石,永无翻身之日。

随着网络时代现代化的信息技术发展,国内的投资者现如今足不出户就已经可以接收到来自世界各地的种种信息。如果是外语水平较高的国内投资者,接收信息的范围就更加宽阔。在这种情况下,实际上很多国内真正有意配置海外房地产的投资者都已经处于一个相对信息过剩的局面。

如果暂时先不考虑资金的转移难度问题,全世界可供投资的高质量房地产市场成千上万。各个国家、各个城市甚至一个城市的不同地区都有着不一样的市场环境。在这种情况下,有针对性地选择是一件非常困难的工作。

海外房地产投资失败并不是一个罕见的现象。实际上,在网络时代高速运转的信息环境中,失败的案例传递的信号有时候更容易被高度重视的概率要比成功案例高得多。毕竟一个人的成功并不是那么容易一模一样地复制。但失误的操作如果不加以注意,却通常更可能会在未来重现。

但失败案例的出现并不代表一类投资品的前景不好。正视失败并加以学习实际上正是通向成功最稳妥的捷径。我们接下来重点分析一下最近几年中国投资者在海外房地产投资领域出现的失败案例以及潜在风险。

投资失败并不是一种可控的风险。但以事后诸葛亮的心态分析,无非是对国际趋势、当地环境以及投资涉及的相关人员的错误估计导致的。换成通俗点的讲法,就是天时地利人和三条,在任何一条上犯严重错误,都会导致投资最终失败。

下面我们举出的一些失败案例中,都是近年中国投资者在海外房地产市场出现过的投资失败实际情况。这些案例是非常值得准备涉足海外房地产市场的国内投资者仔细研究的。

（一）忽视政策风险导致的失败案例

在上年的蓝皮书中，北美有一个大城市被我们预测为2017年房价潜力最大的市场。这个城市就是加拿大第一大城市多伦多。而在2017年，这个城市的房地产市场在兑现了增长潜力的同时，出现了近年来全世界房地产市场里很少见的波动。

我们在上年的蓝皮书中曾经指出，多伦多市场是2017年内增长潜力最大的海外房地产投资市场之一。但同时，我们也强调了这里的高政治风险因素。而2017年初当地房地产市场的变化就与我们的预期基本一致。年初，多伦多房价大幅攀升，最高年增长率达到33%。多伦多所在的安大略省政府为了限制房市过热的严重问题，一口气出台16条新政重手打击炒房行为。结果新政出台之后，房市大幅冷却。

如果考虑和上年相比的情况，多伦多房价仍然攀升了约15个百分点，大部分在2016年购买房产并长期持有的投资者，仍然收获了非常可观的资本增值。受到最大影响的是2017年3月、4月买房，然后又因为种种原因在之后不得不出手的一部分人。他们在房价最高的位置购入，然后短短一两个月间，资产缩水接近30%。更糟糕的是，由于市场短期的波动，买卖双方的心态都受到巨大打击，一时之间，抛售止损几乎成为不可能。这种情况下，大部分投资者想要保证投资能够获得回报的唯一方法就是继续持有房产，并期待多伦多房市在未来几年内仍然能够继续稳定增长。考虑到多伦多房市已经受到控制，即使现有的房价涨幅继续保持，按照投资者在2017年3、4月购得房产计算，也要至少3年的时间房价才能回到他们购买时的水平，这还是不考虑持有房屋成本的情况下。但不巧的是，有一部分人在投资时，仅仅看到了市场潜力无限的一面,却忽视了波动的风险。而这一部分人之中,又有一些资金上较为拮据,或者短期内需要周转,结果造成了相当程度的损失。

一些多伦多的房主,在2017年初房市动荡的情况下,选择卖出自己现有房产,同时购买新的房产。而在他们中间,有一部分人非常不走运地先在价格偏高的情况下买到了新房,但旧房却没能来得及在政策出台之前卖掉。最惨的情况,是新房交了押金而旧房难以卖掉周转不开,最后交易不成,白白损失上万甚至数十万加元的押金。

多伦多此次的整体政策变动让不少投资者遭受损失,但这并不能算是无妄之灾。绝大部分遭受损失的投资者都犯了下面几个错误:

(1)无视政府的警告。多伦多房价在2016年已经有明显的过热信号出现。而当地政府也在政策出台之前多次明确表示将限制房地产价格进一步过热。而且,2016年中在加拿大另一个热门房地产市场温哥华当地政府已经出台了类似的政策。这种情况下,3月、4月仍然有大量头脑发热的投资者不惜代价抢购房产,忽视了政府的警告。

(2)错误估计政策力度和效果,照搬其他市场的案例。过分依赖温哥华的例子和数据可能是多伦多一部分投资者折戟的主要原因之一。2016年8月温哥华当地出台限制海外买家的附加税之后,当地房价并没有出现太明显的波动。而对于海外买家来说,多这15%的附加房产交易税却是一个很大的差距。这在一定程度上助长了2017年初多伦多一些海外买家抢房的决心。他们深信房价像温哥华一样不会下跌太大,即使下跌,也不会超过15%这个水平。但最后的结果是,多伦多出台15%海外买家附加税之后,短期内房价下跌30%,即使考虑增加15%附加税的情况,投资者在价格最高时收购的房产仍然出现了损失。

(3)在市场波动的情况下不计成本、冲动交易。根据多伦多房地产市场内部的消息,在2017年初房市疯狂的时候,很多投资者为了抢到自己认为合适的房源,经常出现激进竞价或者放弃很多买家权益的情况。这种冲动的行为导致收购的价格较市场整体水平高出很多。犯这类错误的冲动型投资者,主要是受到市场环境的影响,主动在心理上放大了对回报的预期,并忽视了潜在的风险。

我们回过头看2017年初多伦多房地产市场的乱象,其实会发现这种投资失败的模式在中国很多地区、很多市场都客观存在。投资者在市场大环境动荡的情况下,出现了盲目从众、心态失衡的情况,最终导致投资失败。这是十分值得我们所有投资者警醒的。保持冷静的心态在当今社会并不是一件容易的事。我们每天都会接受各种各样的信息,这些信息对于我们的判断都会起到影响。但在大环境出现波动的情况下,能否保持必须的冷静,并在纷乱的信息中过滤出准确的那几个,就成了区分成功投资者和失败投资者最大的分水岭。

投资市场中,风险和回报通常都是成正比的。多伦多在2017年初吸引了全世界投资者的关注,价格飞涨之后,当地政府的管控趋势明显。在这种情况下,仍然铤而走险,逆势而为,最终导致投资失败确实不算冤枉。某些投资者在多伦多2017年的操作,就好像赤壁之战曹操算准了冬天都是西北风,却被一场突如其来的东风吹垮了百万大军一样。这样的操作和投资心态,确实是投资者应该极力避免的。

（二）错误投资标的选择导致的失败案例

下面一个关于美国的案例，其结局非常极端，我们单就房产方面进行一下分析。一对夫妻在2002年登陆美国东部城市亚特兰大。有一点积蓄的他们想要购买一套自住的房产。很快，在一位地产经纪的介绍下，他们花了15万美元购置了一栋位于市区东北的独立别墅。该栋房屋当时在亚特兰大属于较为偏远的冷门房屋。但经纪人当时告诉他们，这里房价相对便宜，而且未来有可能会随着城市发展而成为新的核心社区。

在之后的十几年中，夫妻一直在城市东北角居住。而房价也基本没有出现过上涨。2008年的经济危机之后，夫妻的生活受到很大影响，不得已在2011年决定卖房，结果发现他们十年前15万美元购买的房产，现在挂牌11万美元都无人问津。

最后因为心理问题，丈夫枪杀妻子然后自杀。这个事件在当地华人社区掀起轩然大波。而他们出售的房子也成为讨论的焦点。很多人说，如果这对夫妻当初不是买在这个偏远的社区，他们最后的结局可能不会这么凄惨。

心理问题我们在这里不做讨论，仅研究这对夫妻的投资选择：

亚特兰大在美国属于相对较小的城市。这里本来就不是房地产市场火热的地区。而这对夫妻在这样的市场还选择了较为偏远的房屋。不管从资产的流动性还是增值潜力上，就已经输在起跑线上。

其实，“这地方现在便宜，以后发展了就不得了”这种推销模式在国内也屡见不鲜。事实上，也确实有很多国内大城市中曾经偏僻的地方发展几年瞬间成为高价区，上海的浦东就是一个最好的例子。但在欧美国家，人口稀少、经济发展已经进入稳定期，出现类似上海浦东这样的可能性微乎其微，在纽约、洛杉矶等大城市都极为少见，在亚特兰大这样的城市，更是难上加难。

最近几年，一些欧美的偏僻小镇，或者某个大城市四周的空旷地区都会利用类似的手段宣传自己。纽约附近的大西洋城赌场区，也曾经以“东部的拉斯维加斯”作为招牌。但绝大部分类似的噱头最终都没有兑现。我们可以说，像浦东或者拉斯维加斯这种投资奇迹的确是存在的，但这就像是中彩票一样，虽然投资回报比例极大，但风险永远是与投资回报率成正比的。而房产投资成本巨大，将全部或者大部分身家都押在彩票一样的投资产品上，并不是明智的选择。这也是海外房地产投资中，我们一直更推荐大城市、稳定成熟市场的主要原因。

亚特兰大这对夫妻投资房地产的案例，应该说是很多初到海外定居，对当地环境不熟悉的国人经常容易犯的错误。国外的环境与国内相差甚远，用国内的思路来指导国外房地产市场投资，很难获得良好的结果。这也是为什么我们常常提醒投资者，到一个陌生的市场，一定要多听多问，广罗信息。房地产对很多人来说是人生最大的一笔投资，绝对是值得我们多花时间来研究，谨慎做决定的一项工作。

（三）文化及政策差异导致的失败案例

另外一个来自加拿大西部城市温哥华的案例，更具有代表性。2017年，是温哥华整体公寓市场火热的一年。中国投资者不仅仅作为买卖公寓的个体出现，一些有资源的投资者还在温哥华市场尝试进行了楼盘的开发。

但夏季的一则新闻，却震动了温哥华的公寓市场。一栋位于温哥华市区的楼盘在拿到了最初的经营许可以及一系列法律文件之后，在2015年开始对外进行预售。这栋楼盘的开发商就是一家来自中国的企业。之前也曾经在温哥华地区开发过其他项目，算是小有名气。而项目的地点、价格也非常划算，所以在开盘之后，该项目的预售进行得很顺利。

但在之后两年，尽管项目的资金到位，却因为政府迟迟未批下营建许可，最后开发商不得不在2017年宣布项目终止。

该项目取消影响最大的当属两年前购买了该建筑预售资格的投资者。尽管开发商承诺给消费者们补偿当初定金的50%，但附近地区最近几年的房价涨幅要远远高于补偿所能覆盖的范围。截止到目前，消费者仍然在寻求法律的帮助。

据称，该项目迟迟未能拿到营建许可的原因是因为项目初期整地过程中，未经许可砍伐了项目范围内的一棵树木。在温哥华，树木是受到严格保护的。建筑活动如果想要砍伐树木，必须获得政府相关部门的许可。而正是这起事件，让温哥华市政府一直没有批准该项目的营建许可。

也有一些网友认为，该项目开发商是因为当地房价大涨，当初的预售价格过低，最终出于利益考虑才借种种原因取消了项目。具体的内部原因究竟为何，我们不得而知。但如果消费者通过法律手段持续追究,相信取消项目对于开发商来说,损失更大。而且出了这样一桩丑闻,这家开发商今后的发展可想而知。所以楼盘开发的最终破产,对任何一方都没有好处。

在这个案例中,消费者作为最大受害者,实际上犯的错误并不多。他们只是选择了一家小型的开发商,而选择行业内较小、较新的企业,从来都是存在更高风险的。

但从开发商的角度,因为一棵树而拿不到政府的营建许可,这不得不说是这家中资公司对于海外市场和社会文化、政治规则的不熟悉导致的。如果当时多花一些功夫按照法律程序妥善处理这棵树的问题,那么后面的诸多问题可能就不会发生了。

（四）偏听轻信导致的失败案例

整体来说，美国房地产市场在最近几年保持稳定，但仍然有一些投资失败的个例。商业地产尤其容易出现类似的情况。我们再列举两个来源于网络的案例。由于具体情节不方便透露，名字也早已被隐去，这些案例的真实性我们不能确定，但在结合美国当地情况之后，我们认为，这些案例说明的问题值得投资者思考。

案例一：几位来自国内的投资者与一位美国当地华人在佛罗里达州拟建一座度假村。投资人商定以股份制的方式出资经营，美国当地的华人为大股东，同时负责项目的实地运作。由于项目成本不高，最终选择了一位初出茅庐的律师简单草拟了一份合同。因为投资者之间都还算熟悉，他们在签订合同之前并没有考虑到太多问题。

但在度假村投资的过程中，股东因为各种问题发生了争执，这时才发现合约上根本没有写明小股东是否有对大股东决定的否决权。最终，除了让身在美国的大股东牵着鼻子走，小股东们没有任何其他办法。

案例二：一位来自国内的富有投资者，想要在纽约投资一处商业办公楼出租获取稳定回报。他也选择了与当地的老移民华人进行合作，合作方式也是股份公司模式。国内投资者在这个案例中占据绝大部分股份，而美国当地的老移民仅有小部分股份。但由于国内投资者对当地情况不熟悉，选择公司律师、会计的大权就被老移民把持。

结果，收购大楼并运营一段时间之后，国内投资者没有获得任何收益。原因是老移民将大量租金按现金收入获取，又不计入公司账目。公司律师、会计、秘书等一系列人员都是老移民的亲信,国内投资者在这种经营模式之下,只能任人宰割,最终选择赔本退出公司。

上述两个案例中,投资失败最直接的问题都发生在"人"身上。很多国内投资者最大的问题之一,在于宁愿相信不是特别熟悉的"老乡",也不愿意深入接触美国当地的专业人士群体。地产经纪、律师、会计在北美和欧洲早已经形成一个完善的职业系统。更何况随着最近几年中国经济的发展,越来越多欧美的专业人士选择雇用华人或与华人同行搭档。很多国内投资者自认为英语水平不行,不愿意直接接触美国当地的专业人士,这实际上让自己处于相当被动的局面,也给一些别有用心的人可乘之机。

即使在欧美完善的经纪人体系中,也经常会遇到别有用心的不良经纪。但在整个欧美发达国家的体系中,不管是移民背景的华人经纪或专业人士,还是土生土长的当地专业人士中,拥有良好职业道德的仍然是绝大多数。当面接触,货比三家,这样能让你遇到此类人并蒙受损失的概率大大降低。反之,如果像上面两个案例中的投资者直接将选择专业人士的权利交给一些自认为熟识的非专业人士,那你只能期望这个人真的如你想象的那样忠实了。

第5部分

兵马未动，粮草先行：各国贷款相关数据

考虑到我们的读者大部分都是已经获得或有能力获得海外投资资格的高净值投资者,我们首先假设各位已经拿到或者即将拿到前往海外心仪房产市场的签证、移民或者公民身份。那么我们就直接跳到投资房产的第一步:准备资金。

俗话说“兵马未动,粮草先行”,资金的准备工作决定了投资房产可以操控的空间。这部分按照投资人的不同存在很大差异,由于各个市场成本差距巨大,同时市场内各个不同的房产也存在很大的价格差距,投资人完全可以按照具体情况具体操作。需要注意的一点是,因为世界上绝大部分国家房产可以获得抵押贷款,所以各国贷款政策的不同将决定投资人究竟能够将自己的资金充分利用到什么程度。熟悉各国贷款政策,对于投资房产具有非常重要的前瞻性指引。

美国

美国目前按照投资人个人情况不同,通常的海外购房者贷款首付金额需要在35%以上,最高贷款金额在200万美元。个人贷款额度基本是年薪或年收入的4～5倍。2017年各大银行之间的贷款利率在3%～5%之间。中小型贷款机构申请流程会更加容易,但利率也会至少高出2～3个百分点。还款年限通常为20～30年。

加拿大

加拿大政府近年来为了限制海外买家对本国房产的投资活动,进行了贷款政策改革。银行对于海外购房者的首付款要求也在35%～50%之间,贷款总金额不得超过100万加元。个人贷款额度基本是年薪或收入的4～5倍。目前加拿大贷款利率在2%～4%之间。不过银行在审批贷款的时候要求贷款人在利率为4.5%左右的环境中仍然可以负担还款,所以对还款能力如固定收入等方面的审查较为严格。中小型贷款机构同样申请流程较容易,但利率较高。还款年限通常为20～30年。

英国

英国目前对海外投资者贷款购房政策较为宽松。自住投资者首付只需20%,投资性投资者首付款最低可以达到25%。贷款的利率也按照自住和投资有所差异,自住的贷款利率大约在2%～4%,而投资贷款利率则在4%～5%。个人贷款额度基本是年薪的5倍左右。投资者需要提供相关的收入证明才能贷到上述额度。还款年限通常为20～25年。

法国

法国整体对于海外投资者贷款要求较为严格,审查过程较繁琐,但如果能够提供足够的文件,海外投资者在当地最低可以按照25%的首付款贷款。贷款的利率最低可以达到1.5%左右。还款年限通常为15～25年。

德国

德国对于房产相关市场的管控一向非常严格。海外投资者没有德国当地的居住权、工作的话,是非常难拿到当地银行房屋抵押贷款的。但如果投资者符合上述条件,那么当地贷款利率可以达到1%甚至以下。目前德国大部分住房贷款的利率约为2%。不过当地对于首付款的要求也很高,很多海外买家必须支付50%的首付款才能申请到贷款。还款年限通常为20～25年。

奥地利

奥地利当地各家银行对于房屋抵押贷款的要求各异。但基本上海外投资者不交出30%～40%

以上的首付款是拿不到贷款的。当地贷款利率相对便宜，基本在2%以下。还款年限通常为20年。

瑞士

瑞士根本上讲是一个欢迎海外投资的国家。在房产贷款申请方面，海外投资者获得的审查与当地人没有太大差异。当地首付款最低要求基本在20%左右。房产固定利率和浮动利率之间差距较大。固定利率最低可以达到稍稍高于1%的水平，而浮动利率则在2%以上。还款年限通常为20年。

西班牙

西班牙也是相对较为欢迎海外投资者的国家。当地贷款最低首付可以达到20%。当地海外投资者贷款利率大约在2.5%上下。不过当地通常的还款年限为15年，如果要求更高年限，那么利率可能会稍微提高到2.75%至3%之间。

荷兰

荷兰对于海外投资者的态度相对较为开放。当地也允许年轻人从父母那里获得最多10万欧元的免税房地产资助。当地贷款利率在1.5%～3%之间，还款期限通常为20～30年。

丹麦

丹麦对整个欧洲地区来说，获得海外投资者青睐的程度相对不算太高。政府对海外人士贷款买房的态度既不支持也不抵制。银行方面也主要依据居民的资产信用情况发放贷款。当地房贷利率为1%～3%之间。还款期限一般为30年。大部分贷款的首付要求都是20%。

爱尔兰

爱尔兰在欧洲算是一个相对欢迎海外投资者的国家。当地银行对于海外人士贷款购买房产的政策也较为宽松。当地甚至有被称为“帮助购买”的贷款优惠政策。不过正因为贷款获得的难度较低，当地的利率也较为昂贵，目前当地房贷的利率为3%～5%，比很多欧洲国家都要高。还款期限一般在30年。

新加坡

新加坡申请贷款对于海外投资者来说是相对容易的。当地首付款最低可以达到20%，不过按照房屋类型和兴建时间不同，通常需要30%的首付款才能拿到理想的贷款合约。当地贷款利率在1%～1.5%之间。在全世界范围也算是相对较低的水平。还款年限通常为30年。

日本

日本目前基本上不对没有本国永久居住权或是国籍的外国人士提供贷款服务。中国台湾的投资者可以考虑在台湾银行驻日分行尝试办理类似手续。中国大陆的投资者则需要尝试寻求大陆银行驻日分行的帮助，不过这部分仍然是一个难点。如果拥有日本居住身份，当地贷款利率最低可以达到1%左右，有些银行甚至可以给到0.5%左右的优惠利率。首付款要求在35%左右，还款年限通常为30年。

韩国

韩国对于没有当地永久居留身份或是公民身份的投资者贷款管控也是相对较为严格的。不过如果投资者账户里有足够的资金，可以考虑直接与房屋公司进行分期付款。拥有当地身份的投资者贷款首付一般在20%～30%之间。最近几年韩国房贷利率上涨，近期已经达到4%～5%的水平。

马来西亚

马来西亚国家政府近些年一直在致力于吸引更多海外投资者前往当地进行投资。政策上也有很多优惠条款。不过贷款申请人的财务状况仍然是申请贷款最直接的影响因素。尤其是个人收入，一般是银行是否提供房贷的直接影响因素。当地的首付款最低可以到10%左右。利率在4%～5%之间。还款期限通常为30年。

泰国

泰国的贷款政策相对来说算是较为严格的。个人资产状况将会被仔细审查之后才可能获得贷款。当地的利率最近两年也处在较高的水平上。目前的利率为4%～6%之间。还款年限较为灵活，从3年到30年均有可供选择的产品。

越南

由于越南在最近两年才刚刚向海外投资者放开房地产市场，所以贷款购房的政策也相对较新。实际上，时至今日当地市场仍然有人用大袋钞票现金购买房产。由于贷款市场并不完善，所以当地的贷款利率较高，还款年限则较少。目前的利率为7%～10%，还款年限通常也只有10年。

阿联酋

阿联酋外籍居民在当地购买自住房产的首付款要求通常在25%～35%之间。投资用房产的首付款要求在40%～50%。当地银行可以提供最高25年还款期限的贷款，但利率相比本书中其他市场要高得多，大约为6%～10%。

澳大利亚

澳大利亚银行对于海外投资者和本国人基本上是一视同仁的，只要你能提供足够的资料证明还款能力和信用，首付款最低可以达到20%，不过一般的首付款大多在25%左右。当地利率相对较高，基本在5%以上。还款年限通常为20～30年。

新西兰

如果没有新西兰当地收入，一些当地银行不会向海外投资者提供贷款。不过也有部分银行愿意在首付足够的情况下承担风险。当地首付款浮动较大，最低限额按照城市、投资者资格不同可能在10%～50%之间。新西兰目前的浮动利率在5.5%左右，而固定利率则在5%上下。当地还款年限通常为20～30年。

附　录

表1　各城市宜居相关数据

城　市	宜居评分	气候（平均气温、降雨量）	上下班通勤平均距离及时间	华人文化	空气质量
墨尔本	★★★★★	10～21℃、650毫米	17公里/38分钟	浓厚	优质
温哥华	★★★★★	7～23℃、1 500毫米	18公里/41分钟	浓厚	优质
悉尼	★★★★★	13～23℃、1 200毫米	19公里/43分钟	浓厚	优质
维也纳	★★★★★	0～20℃、600毫米	8公里/26分钟	良好	优质
夏威夷	★★★★☆	23～27℃、400毫米	20公里/42分钟	良好	良好
多伦多	★★★★☆	－3～21℃、800毫米	22公里/43分钟	发达	良好
西雅图	★★★★☆	5～18℃、900毫米	24公里/45分钟	良好	优质
阿姆斯特丹	★★★★☆	2～17℃、800毫米	14公里/28分钟	良好	良好
旧金山	★★★★☆	10～15℃、600毫米	22公里/42分钟	浓厚	良好
柏　林	★★★★☆	1～18℃、600毫米	11公里/32分钟	良好	良好
东　京	★★★★☆	5～25℃、1 350毫米	17公里/44分钟	良好	良好
哥本哈根	★★★★☆	0～17℃、600毫米	13公里/31分钟	良好	优质
新加坡	★★★★☆	26～28℃、2 350毫米	17公里/46分钟	发达	良好
日内瓦	★★★★☆	2～20℃、950毫米	9公里/24分钟	尚可	优质
奥克兰	★★★★☆	11～19℃、1 300毫米	15公里/43分钟	良好	优质
惠灵顿	★★★★☆	10～19℃、1 250毫米	10公里/27分钟	尚可	绝佳
都柏林	★★★★☆	5～15℃、750毫米	12公里/40分钟	良好	良好
洛杉矶	★★★☆☆	14～23℃、400毫米	30公里/48分钟	发达	一般
华盛顿	★★★☆☆	4～27℃、1 000毫米	26公里/43分钟	良好	良好
纽　约	★★★☆☆	2～25℃、1 250毫米	18公里/45分钟	发达	一般
伦　敦	★★★☆☆	5～19℃、600毫米	17公里/48分钟	发达	一般
巴　黎	★★★☆☆	5～20℃、650毫米	16公里/42分钟	尚可	一般
巴塞罗那	★★★☆☆	10～23℃、650毫米	12公里/32分钟	尚可	较差
曼　谷	★★★☆☆	26～29℃、1 450毫米	17公里/46分钟	良好	较差
蒙特利尔	★★★☆☆	－9～26℃、750毫米	15公里/39分钟	良好	良好
卡尔加里	★★★☆☆	－7～17℃、300毫米	16公里/38分钟	良好	优质
首　尔	★★☆☆☆	－4～24℃、1 350毫米	17公里/39分钟	尚可	良好
吉隆坡	★★☆☆☆	27～28℃、2 500毫米	19公里/43分钟	尚可	较差
休斯顿	★★☆☆☆	12～29℃、1 300毫米	33公里/44分钟	尚可	一般

（续表）

城　市	宜居评分	气候（平均气温、降雨量）	上下班通勤平均距离及时间	华人文化	空气质量
胡志明市	★★☆☆☆	26～27℃、1 850毫米	7公里/30分钟	尚可	差
迪拜	★☆☆☆☆	24～35℃、88毫米	30公里/38分钟	不多	一般

表2　各城市成本相关数据

城　市	成本评分	市区公寓均价（美元/平方米）	郊区公寓均价（美元/平方米）	购买额外成本（按房价计算）	持有成本（每年按房价计算）
休斯顿	★★★★★	$1 985	$1 072	0.1%	3%
胡志明市	★★★★☆	$2 210	$1 000	0.5%	0.5%
吉隆坡	★★★★☆	$2 980	$1 500	2%	1%
卡尔加里	★★★★☆	$3 260	$2 370	0.1%	0.5%
蒙特利尔	★★★★☆	$3 720	$2 220	1%	2%
惠灵顿	★★★★☆	$3 850	$2 300	4%	0.5%
迪　拜	★★★★☆	$3 920	$2 560	3%	0.5%
曼　谷	★★★★☆	$4 170	$2 100	3%	2%
巴塞罗那	★★★☆☆	$5 370	$3 620	10%	1%
柏　林	★★★☆☆	$5 580	$3 800	15%	0.5%
西雅图	★★★☆☆	$5 780	$3 195	2%	3%
都柏林	★★★☆☆	$6 060	$4 200	3%	0.5%
华盛顿	★★★☆☆	$6 140	$2 880	2%	2%
多伦多	★★★☆☆	$6 270	$4 530	2%	1%
哥本哈根	★★★☆☆	$6 720	$4 260	3%	2%
奥克兰	★★★☆☆	$6 760	$4 950	4%	0.5%
洛杉矶	★★★☆☆	$7 000	$4 200	1%	1%
墨尔本	★★★☆☆	$6 400	$5 160	10%	0.5%
夏威夷	★★★☆☆	$7 000	$4 900	0.5%	1%
阿姆斯特丹	★★★☆☆	$7 130	$4 390	4%	1%
维也纳	★★★☆☆	$8 480	$4 330	8%	0.5%
温哥华	★★★☆☆	$9 520	$6 650	2%	1%
悉　尼	★★☆☆☆	$10 200	$6 260	10%	1%

（续表）

城　市	成本评分	市区公寓均价（美元/平方米）	郊区公寓均价（美元/平方米）	购买额外成本（按房价计算）	持有成本（每年按房价计算）
旧金山	★★☆☆☆	$11 900	$8 150	1%	2%
首　尔	★★☆☆☆	$11 450	$7 230	6%	2%
巴　黎	★★☆☆☆	$11 490	$8 060	7%	0.5%
纽　约	★★☆☆☆	$12 850	$6 000	2%	3%
日内瓦	★★☆☆☆	$12 850	$6 340	8%	0.5%
东　京	★★☆☆☆	$13 060	$5 990	13%	2%
伦　敦	★☆☆☆☆	$17 600	$8 760	2%	1%
新加坡	★☆☆☆☆	$18 630	$9 555	18%	5%

表3　各城市房价短期增长潜力相关数据

城　市	短期潜力评分	2018年预估涨幅	2017年涨幅	增长动能	短期风险
都柏林	★★★★★	10%～15%	12%	较强动能	适中
阿姆斯特丹	★★★★☆	10%～12%	14%	较强动能	适中
西雅图	★★★★☆	8%～12%	13%	较强动能	适中
温哥华	★★★★☆	8%～10%	12%	较强动能	适中
柏　林	★★★★☆	8%～12%	10%	较强动能	较高
巴塞罗那	★★★★☆	8%～10%	9%	较强动能	较高
墨尔本	★★★★☆	8%～10%	9%	较强动能	适中
多伦多	★★★★☆	6%～10%	10%	动能减弱	较高
惠灵顿	★★★★☆	6%～10%	14%	动能减弱	较高
吉隆坡	★★★★☆	5%～8%	7%	较强动能	较高
奥克兰	★★★★☆	5%～8%	9%	较强动能	较高
悉　尼	★★★★☆	5%～8%	4%	中等动能	适中
洛杉矶	★★★☆☆	5%～7%	6%	中等动能	适中
哥本哈根	★★★☆☆	4%～6%	5%	中等动能	适中
休斯顿	★★★☆☆	4%～6%	5%	中等动能	适中
巴　黎	★★★☆☆	4%～5%	4%	中等动能	较高
维也纳	★★★☆☆	3%～5%	3%	中等动能	适中

（续表）

城　市	短期潜力评分	2018年预估涨幅	2017年涨幅	增长动能	短期风险
纽　约	★★★☆☆	3%～5%	5%	中等动能	适中
夏威夷	★★★☆☆	3%～5%	4%	中等动能	较低
华盛顿	★★★☆☆	3%～5%	4%	中等动能	适中
旧金山	★★★☆☆	2%～5%	5%	动能疲软	较高
首　尔	★★★☆☆	2%～5%	4%	动能疲软	适中
迪　拜	★★★☆☆	0%～5%	5%	动能不稳定	高
蒙特利尔	★★☆☆☆	2%～4%	4%	动能疲软	适中
卡尔加里	★★☆☆☆	2%～4%	1%	动能疲软	较高
日内瓦	★★☆☆☆	1%～3%	2%	动能疲软	适中
伦　敦	★★☆☆☆	1%～3%	2%	动能疲软	较高
东　京	★★☆☆☆	1%～3%	1%	动能疲软	适中
胡志明市	★★☆☆☆	1%～3%	2%	动能疲软	适中
曼　谷	★★☆☆☆	1%～3%	-1%	动能疲软	较高
新加坡	★☆☆☆☆	0%	0%	缺乏动能	适中

表4　各城市长期稳定相关数据

城　市	成本评分	政治因素	经济因素	城市规模	居民结构
温哥华	★★★★☆	稳定	适中	中	多元化
多伦多	★★★★☆	稳定	强劲	大	多元化
纽　约	★★★★☆	稳定	强劲	巨大	多元化
华盛顿	★★★★☆	稳定	较强	大	多元化
旧金山	★★★★☆	稳定	强劲	大	多元化
夏威夷	★★★★☆	稳定	一般	中	多元化
维也纳	★★★★☆	稳定	一般	中	较多元化
日内瓦	★★★★☆	稳定	较强	中	较多元化
新加坡	★★★★☆	稳定	强劲	大	多元化
悉　尼	★★★★☆	稳定	强劲	大	多元化
墨尔本	★★★★☆	稳定	较强	中	多元化
奥克兰	★★★★☆	稳定	一般	中	多元化

（续表）

城　市	成本评分	政治因素	经济因素	城市规模	居民结构
伦　敦	★★★★☆	较稳定	强劲	巨大	多元化
洛杉矶	★★★★☆	稳定	适中	巨大	多元化
柏　林	★★★☆☆	较稳定	强劲	大	较多元化
巴　黎	★★★☆☆	较稳定	强劲	巨大	多元化
阿姆斯特丹	★★★☆☆	稳定	适中	大	多元化
蒙特利尔	★★★☆☆	稳定	适中	中	多元化
西雅图	★★★☆☆	稳定	较强	中	多元化
哥本哈根	★★★☆☆	稳定	适中	中	较多元化
东　京	★★★☆☆	稳定	强劲	巨大	较多元化
惠灵顿	★★★☆☆	稳定	适中	中	较多元化
都柏林	★★★☆☆	稳定	适中	中	较多元化
休斯顿	★★★☆☆	稳定	适中	大	较多元化
卡尔加里	★★★☆☆	稳定	适中	中	较多元化
巴塞罗那	★★★☆☆	较稳定	适中	大	较多元化
首　尔	★★☆☆☆	较稳定	适中	大	较多元化
曼　谷	★★☆☆☆	较稳定	适中	大	较多元化
吉隆坡	★★☆☆☆	较稳定	适中	大	较多元化
胡志明市	★☆☆☆☆	一般	适中	大	较单一
迪　拜	★☆☆☆☆	较不稳定	适中	中	较单一

表5　经济学人世界宜居城市排名

排　　名	城　　市	所属国家
1	墨尔本	澳大利亚
2	维也纳	奥地利
3	温哥华	加拿大
4	多伦多	加拿大
5	卡尔加里	加拿大
6	阿德莱德	澳大利亚
7	珀　斯	澳大利亚

（续表）

排　名	城　市	所属国家
8	奥克兰	新西兰
9	赫尔辛基	芬　兰
10	汉　堡	德　国

注：经济学人评选主要按照城市安全、医疗、教育、基础设施以及环境5大类30多个指标对各城市进行评分。

表6　美世生活质量调查排名

2017年排名	2016年排名	城　市	国　家
1	1	维也纳	奥地利
2	2	苏黎世	瑞士
3	3	奥克兰	新西兰
4	4	慕尼黑	德国
5	5	温哥华	加拿大
6	6	杜塞尔多夫	德国
7	7	法兰克福	德国
8	8	日内瓦	瑞士
9	9	哥本哈根	丹麦
10	10	悉　尼	澳大利亚
10	无	巴塞尔	瑞士
12	11	阿姆斯特丹	荷兰
13	13	柏　林	德国
14	14	伯尔尼	瑞士
15	12	惠灵顿	新西兰
16	15	墨尔本	澳大利亚
16	15	多伦多	加拿大
18	17	渥太华	加拿大
19	19	汉　堡	德国
19	20	斯德哥尔摩	瑞典

注：美世调查主要针对政治、社会、环境、个人安全、健康、教育、就业、交通、基础设施以及公共服务等40多个因素进行考察。

表7　Monocle生活质量调查排名

排　　名	城　　市	所属国家
1	东　京	日本
2	维也纳	奥地利
3	柏　林	德国
3	慕尼黑	德国
5	墨尔本	澳大利亚
6	哥本哈根	丹麦
7	悉　尼	澳大利亚
8	苏黎世	瑞士
9	汉　堡	德国
10	马德里	西班牙
11	斯德哥尔摩	瑞典
12	京　都	日本
13	赫尔辛基	芬兰
14	福　冈	日本
15	香　港	中国
16	里斯本	葡萄牙
17	巴塞罗那	西班牙
18	温哥华	加拿大
19	杜塞尔多夫	德国
20	阿姆斯特丹	荷兰

注：Monocle评分主要根据包括生活费用、图书馆数量、市民自由度、交通、户外活动方便性等22个指标对城市生活质量进行评选。

表8　各城市房价与平均工资比、售租比、贷款薪资比

城　　市	房价工资比	售租比	贷款薪资比
伦　敦	24.16	38.24	163.54%
新加坡	22.18	40.87	138.67%
曼　谷	21.58	24.42	176.71%
首　尔	19.17	51.57	132.23%
胡志明市	18.37	19.30	189.08%

（续表）

城 市	房价工资比	售租比	贷款薪资比
东 京	17.49	52.58	97.34%
巴 黎	16.44	37.78	98.76%
温哥华	14.29	25.41	92.15%
巴塞罗那	13.10	25.62	93.33%
维也纳	12.87	36.08	78.68%
悉 尼	11.95	24.85	89.23%
日内瓦	10.54	32.11	62.79%
奥克兰	10.37	24.60	80.14%
纽 约	10.32	17.71	73.94%
吉隆坡	9.87	20.44	75.17%
阿姆斯特丹	9.69	19.39	60.66%
惠灵顿	9.65	22.31	72.66%
柏 林	9.58	26.99	57.28%
旧金山	9.53	15.67	68.33%
夏威夷	9.17	17.90	66.36%
多伦多	9.09	20.89	59.21%
墨尔本	8.90	22.91	66.63%
哥本哈根	8.39	19.81	52.93%
都柏林	8.38	16.03	60.06%
蒙特利尔	6.55	21.09	42.80%
洛杉矶	5.77	13.45	41.29%
华盛顿	5.51	13.25	38.92%
迪 拜	5.40	9.79	39.53%
卡尔加里	5.02	17.60	32.85%
西雅图	5.01	13.86	36.00%
休斯顿	1.88	6.55	13.42%

数据解释：以伦敦为例，房价工资比24.16表示，按照伦敦当年平均工资，24.16年可以全款购买当年平均水平房屋。租售比38.24表示，按照伦敦当年房价，38.24年平均租金达到当年房款。贷款薪资比163.54表示，按照伦敦当年平均工资，收入的163.54%被用于偿还房贷。

表9　2017年前十个推荐城市预估房价与实际房价比较

排　名	城　市	2017年预估涨幅	2017年实际涨幅	2018年预测涨幅	2017年波动幅度	2018年波动幅度
1	多伦多	15%	10%	6%～10%	大	中
2	西雅图	10%	13%	8%～12%	小	小
3	惠灵顿	10%	14%	6%～10%	大	大
4	巴塞罗那	10%	9%	8%～10%	大	大
5	墨尔本	10%	9%	8%～10%	小	小
6	悉　尼	7%	4%	5%～8%	中	小
7	柏　林	6%	10%	8%～12%	大	中
8	巴　黎	6%	4%	4%～5%	小	小
9	华盛顿	5%	4%	3%～5%	小	小
10	休斯顿	5%	5%	4%～6%	小	中

FX168
财经集团

全球
投资市场蓝皮书

下册 · 中国资管市场

2017—2018全球投资市场蓝皮书

下册 · 中国资管市场

FX168金融研究院 编

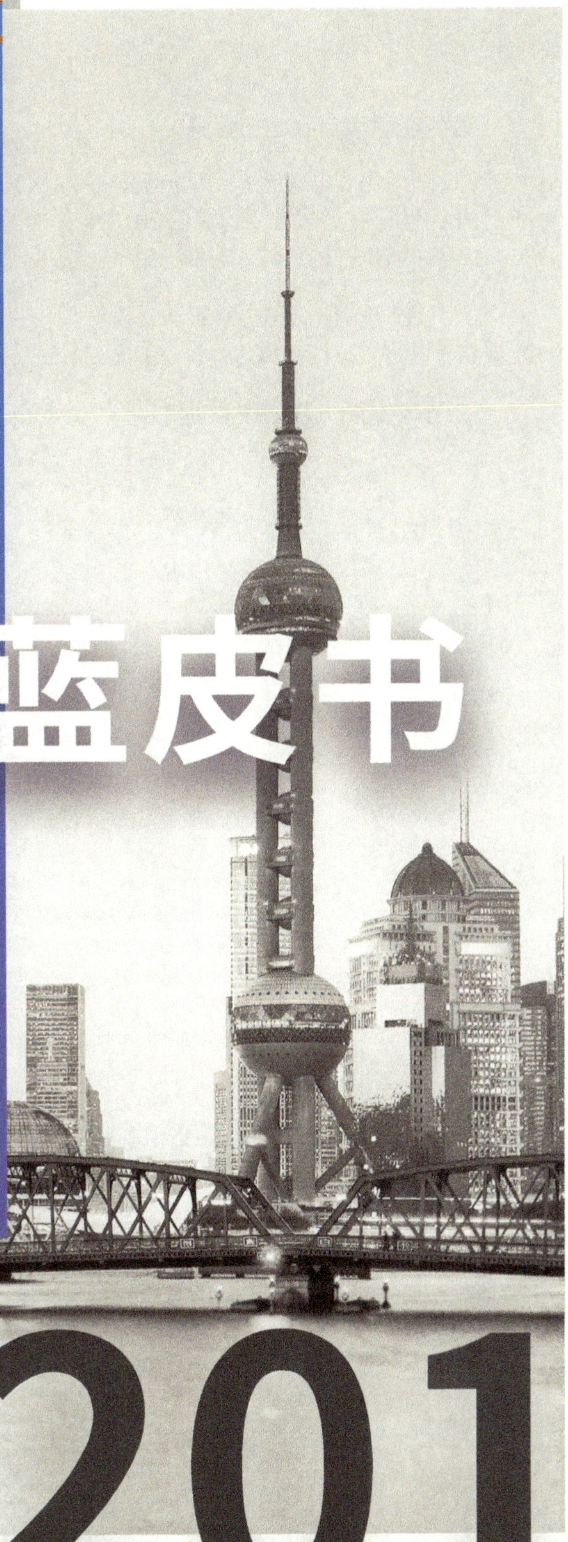

Global
Investment Markets
Blue Book
China Asset Management
Market

2018

上海财经大学出版社

图书在版编目（CIP）数据

2017—2018全球投资市场蓝皮书 / FX168金融研究院编.
—上海：上海财经大学出版社，2018.4
ISBN 978-7-5642-2984-9 / F · 2984

Ⅰ.①2… Ⅱ.①F… Ⅲ.①金融投资–金融市场–研究报告–世界–2017—2018 Ⅳ.① F831.5

中国版本图书馆CIP数据核字（2018）第056341号

☐ 责任编辑　李志浩
☐ 封面设计　侯南恩

2017—2018 QUANQIU TOUZI SHICHANG LANPISHU
2017—2018全球投资市场蓝皮书
（下册 · 中国资管市场）

FX168金融研究院　编

上海财经大学出版社出版发行
（上海市中山北一路369号　邮编200083）
网　　址：http://www.sufep.com
电子邮箱：webmaster@sufep.com
全国新华书店经销
虎彩印艺股份有限公司印装
2018年4月第1版　2018年4月第1次印刷

889mm×1194mm　1/16　7.75印张　183千字
定价：168.00元（上中下册）

序言

弹指一挥间，中国的资管行业已走过近二十年历程，在这近二十年的历程中，中国财富管理市场展露蓬勃生机，资产管理行业持续发展。2012年以来，监管部门推进了一系列的市场化改革措施，不断拓展资产管理业务的外延，打破了资管机构之间的制度性壁垒，形成了相互交叉、跨界竞争、创新合作、混业经营的“大资管”格局。2012—2015年，大资管市场规模复合增长率达51%，2015年规模为93万亿元。

快速发展的同时，我们注意到中国资管行业存在着三大问题，而这三大问题或将引发三大风险。第一个问题是刚性兑付。长久以来，中国的投资者在理财上习惯了刚性兑付，而这不利于合格投资人的养成。第二个问题是表内业务表外化。这加大了金融机构的经营风险，也不利于监管机构的管理。第三个问题是杠杆。杠杆问题加剧了金融市场的波动，不利于整个金融市场的稳定。随着资管新规的出台，以上三大问题有望得到解决。

2017年11月，“一行三会一局”联合发布了新规的征求意见稿(《中国人民银行、银监会、证监会、保监会、外汇局关于规范金融机构资产管理业务的指导意见(征求意见稿)》)。这个首次横跨各类机构的纲领性文件，涵盖了资管业务的方方面面。从此次资管新规的设计上看，不论是集中度的安排，还是净值化管理，甚至是风险提示、信息披露,未来整个行业对投资管理人能力的要求会进一步提高,行业分化会进一步加剧。

同时,随着中国金融业的进一步开放,外资资管加快进入中国市场。截至2018年1月,有富达、瑞银、富敦、英仕曼、惠理、景顺纵横、路博迈、安本、贝莱德、施罗德、安中11家全球知名的外资机构先后拿到PFM牌照。如果说2017年是外资私募机构进入中国市场的元年,那么2018年将是蓬勃发展的一年。

我们认为,未来中国资管市场将是一个巨大的市场,专业的资管机构会成为市场主流,个人直接投资会逐渐减少。作为本土的资管公司,我们将以真正的主动管理能力和服务来面对资管行业的变革,面对全世界优质资产管理公司的挑战。同时,也期望FX168财经集团的这套《2017—2018全球投资市场蓝皮书》将记录与见证中国资管行业的发展。

吴克忠
优势资本股权投资基金创始合伙人、董事长
2018年3月

目录

CONTENTS

第5部分　资管市场投资者结构分析

第6部分　外资资管进军中国市场

第7部分　2017中国期货市场运行概况

导 言

2017年11月7日，德勤咨询旗下的资产管理行业策略咨询公司Casey Quirk发表报告预测，中国将在2019年成为仅次于美国的第二大资产管理市场，届时中国将占据全球资金净流入总和的一半。

报告指出，到2025年，中国资管规模的年增长率将会保持在平均15%的水平，而到2030年则逐步降至12%。总的来看，这将使2017年至2030年间，中国投资者投入资管行业的新资金达到8.5万亿美元，同时也意味着中国的资产净流量，将与其他全球市场的总和不相伯仲。该报告估计，到2030年，中国的资管规模将从2016年的2.8万亿美元跃升至17万亿美元。

2017年12月28日，全球最大资管公司贝莱德宣布，其在上海的外商独资企业贝莱德投资管理（上海）有限公司已成功在中国证券投资基金业协会登记成为私募证券投资基金管理人。

2016年6月，基金业协会《私募基金登记备案相关问题解答（十）》允许外商独资企业（WFOE）资管机构注册成为私募基金管理人，在境内募资及设立基金投资于境内市场。据上海浦东新区政府的统计，全球资产管理规模排名前十的机构中，已有包括贝莱德、领航、JP摩根、BNY Mellon、AXA在内的八家在上海设立了资管子公司，而全球资管规模排名前五十的机构中，也已有过半数在上海陆

家嘴设立了资管子公司。

这意味着，中国资管市场将进入一个全新的发展阶段。

FX168金融研究院
2018年1月30日

第1部分

全球资产管理市场概况

根据波士顿咨询的全球资产管理报告,2016年,全球管理资产额从64.6万亿美元增长到69.1万亿美元,增幅6.97%,明显高于2015年增速的1.49%。

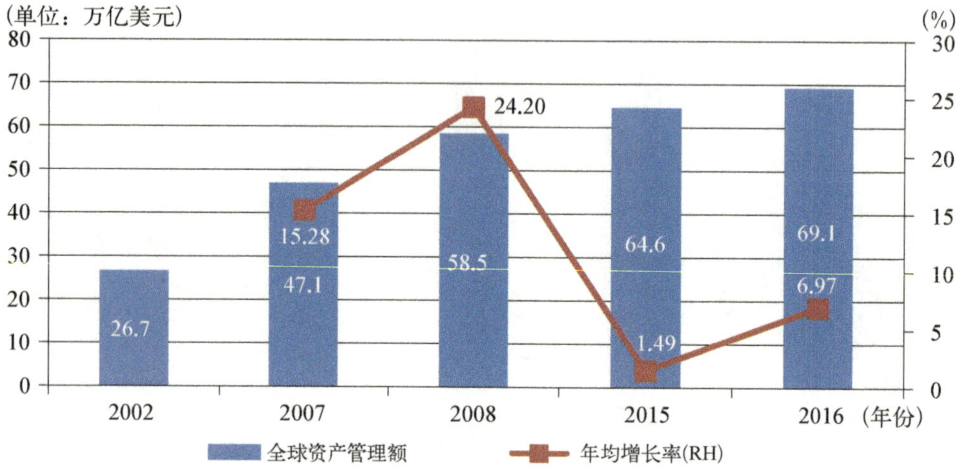

数据来源:波士顿咨询《2017年全球资产管理报告:创新者的破局之路》。

图1.1 2016年全球管理资产额近70万亿美元,增速反弹

从地区来看,欧洲、美洲依然是全球资产管理的集中地,但亚洲资管市场发展迅猛。2016年北美和欧洲资产管理额分别为33万亿美元、18.4万亿美元,合计占全球资管市场的3/4,而亚洲仅有6.6万亿美元的规模,占比仅为9.88%,但远高于2007年、2015年份额的4.84%、8.97%。

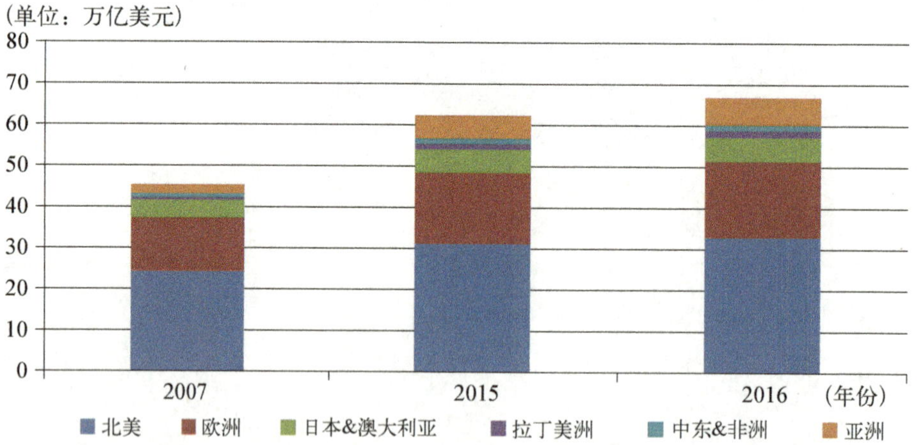

数据来源:波士顿咨询《2017年全球资产管理报告:创新者的破局之路》。

图1.2 欧美资产管理额占主导地位,但亚洲增长迅速

细分到国家,美国是毫无疑问的霸主,中国排在英国之后,位列第三。2016年美国资产管理规模高达33.4万亿美元,占据全球一半份额,中国以2.8万亿美元落后英国的3.8万亿美元。

然而,中国资产管理市场潜力巨大。据Casey Quirk全球需求模型估计,2017—2021年中国将获得全球近45%的资产净流量,远高于美国、英国、日本等成熟市场的10%、1%和5%。

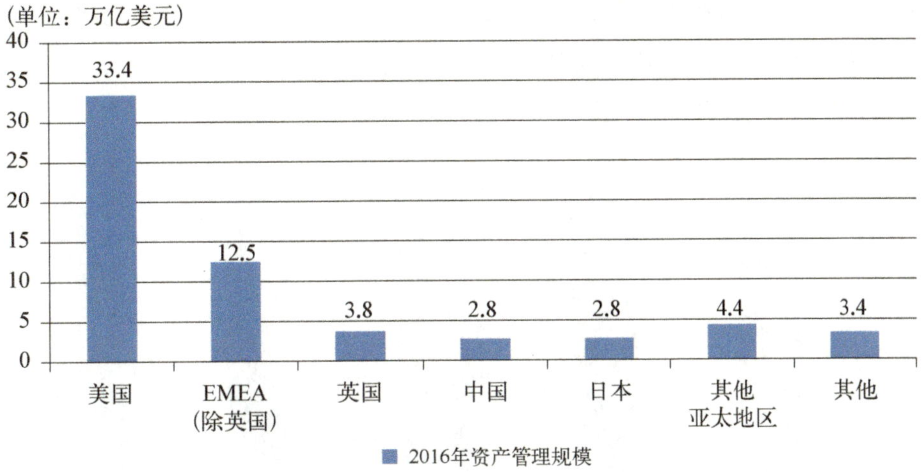

数据来源：Casey Quirk Global Demand Model, Casey Quirk Analysis。

图1.3　美国是资产管理行业霸主，中国位列第三

2016年，资金流向持续了过去十年来从传统主动管理型核心产品向被动型产品、另类产品、特殊产品及解决方案转移的趋势。预计到2021年主动管理型核心产品份额将从2016年的35%下降至29%，而被动型产品和解决方案型产品份额将分别扩大至20%和15%，达到19万亿美元、14万亿美元，年均复合增长率高达9%。

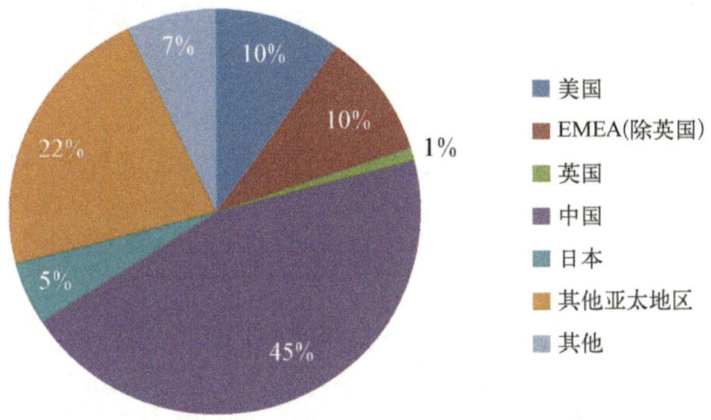

数据来源：Casey Quirk Global Demand Model, Casey Quirk Analysis。

图1.4　2017—2021年中国将获得全球小一半的资产净流量

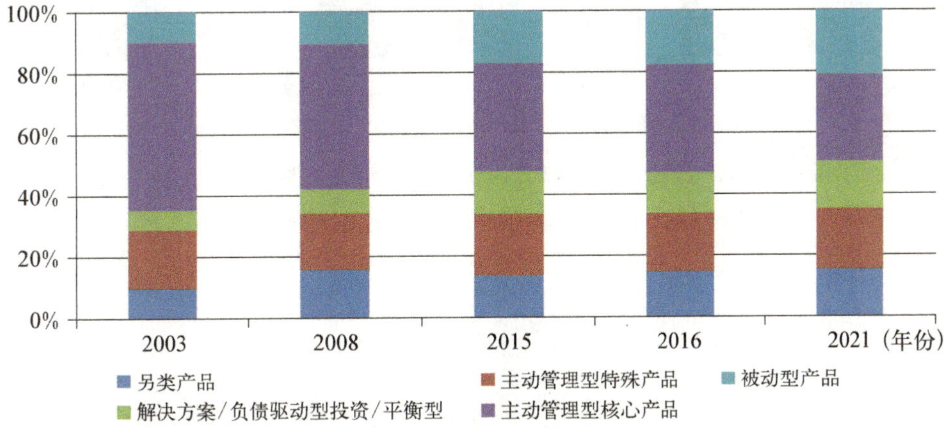

数据来源：波士顿咨询《2017年全球资产管理报告：创新者的破局之路》。

图1.5　主动管理型产品资产份额受到被动型产品、解决方案和另类产品挤占

随着管理规模的激增，来自被动型产品和解决方案型产品的管理收入势必更为重要。预计到2021年，两者的管理收入占比将从当前的6%、8%分别扩大至7%、10%，至200亿美元和310亿美元，同另类产品共同引领管理收入的提升。

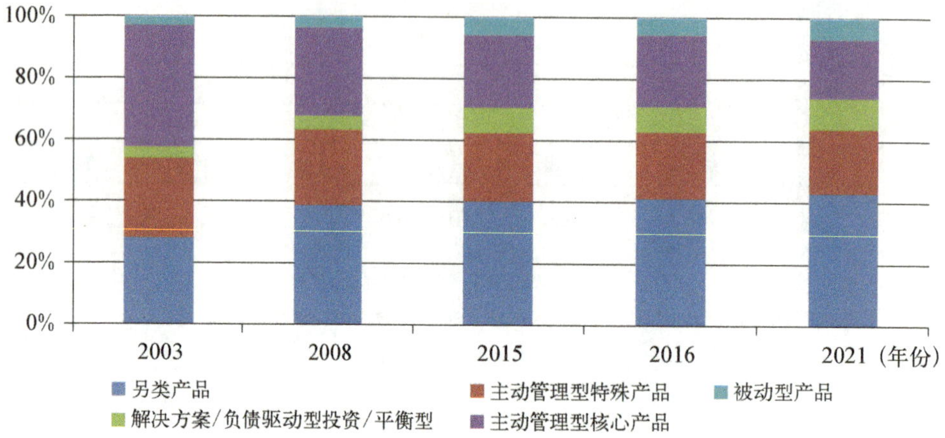

数据来源：波士顿咨询《2017年全球资产管理报告：创新者的破局之路》。

图1.6 被动型产品、解决方案型产品伙同另类产品引领全球资管行业管理收入的增长

如前所述，2016年传统资产管理机构收入下降1.4%，同时因为成本并未明显下降，导致成本收入比从61%上升到62%，整体利润率下降2%。

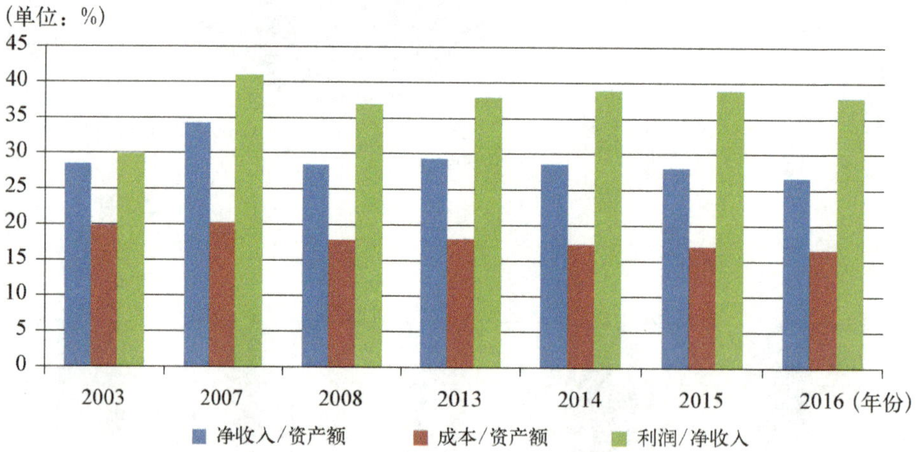

数据来源：波士顿咨询《2017年全球资产管理报告：创新者的破局之路》。

图1.7 收入逐步下降，利润略微缩减

第2部分

2017年中国资产管理市场概览

根据官方的数据统计，截至2017年12月末，公募基金、券商资管、期货资管、私募基金和基金及其子公司专户管理规模分别为11.60万亿元、16.54万亿元、0.21万亿元、11.10万亿元和12.27万亿元；截至2017年10月末，保险资管备案规模1.95万亿元；截至2017年9月末，信托资产余额24.41万亿元；截至2017年6月末，银行理财余额为28.38万亿元。

因此，以不完全统计，截至2017年12月，中国大资管行业总规模近106万亿元（部分重复计算）。

（一）银行理财市场

银行理财是中国资管行业的老大。根据银行业理财登记托管中心的数据，截至2017年6月底，银行理财存续规模高达28.38万亿元。不过该规模较2017年年初的破30万亿元有所缩减，但理财产品存续只数却由年初的7.5万只激增到8.6万只，增幅15%，达到历史高位，也反映出单只产品规模的瘦身。

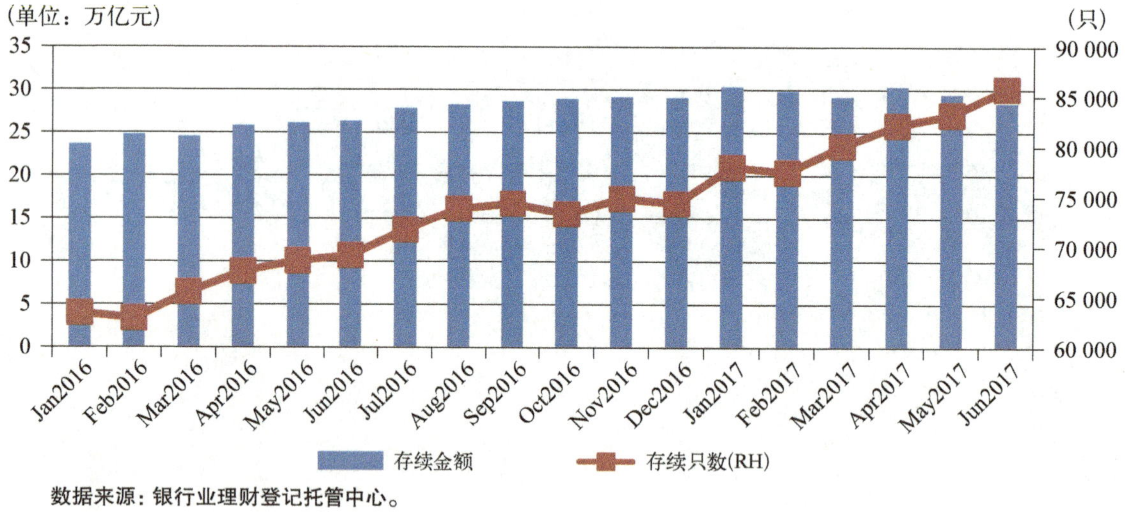

数据来源：银行业理财登记托管中心。

图2.1　2017年银行理财存续金额从高位回落，但存续只数创历史新高

从管理主体来看，国有大型银行和全国性股份制银行是银行理财产品管理的主力军，而中小型银行的力量较为微弱。2017年上半年末国有大型银行理财产品管理规模9.27万亿元，全国性股份制银行管理规模11.8万亿元，两者合计占有理财产品总份额的近3/4。

从收益类型来看，银行理财分保本和非保本两种，保本理财产品规模并没有随总规模的下跌而下跌。尽管目前仍旧以非保本理财产品为主，但保本理财产品规模由2016年年末的5.94万亿元上涨至6.75万亿元，占比由20%扩大至24%。

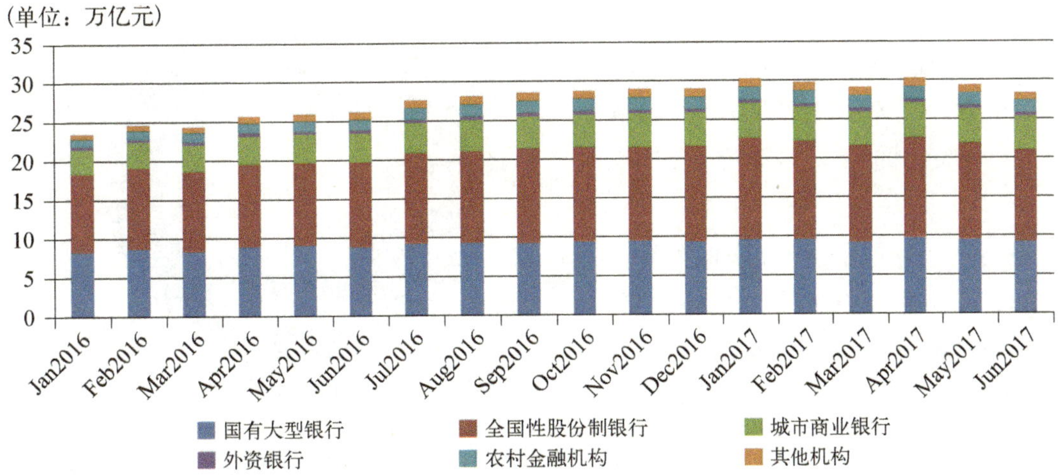

数据来源：银行业理财登记托管中心。

图2.2 国有大型银行和全国性股份制银行依旧是银行理财市场的中坚力量

不同类型银行保本和非保本理财规模比重不尽相同，外资银行更是逆转了非保本产品份额较大的行业规律，其非保本产品占比仅26.39%，部分源于民众对外资银行的不信任。

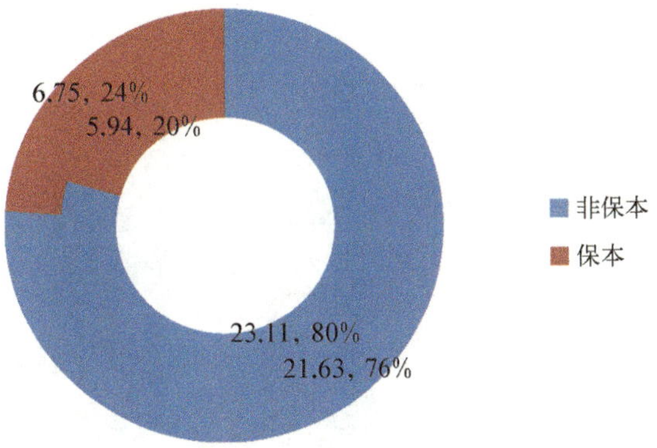

数据来源：银行业理财登记托管中心。

图2.3 2017年银行保本理财产品存续金额和份额均较上年有所增加（单位：万亿元，%）

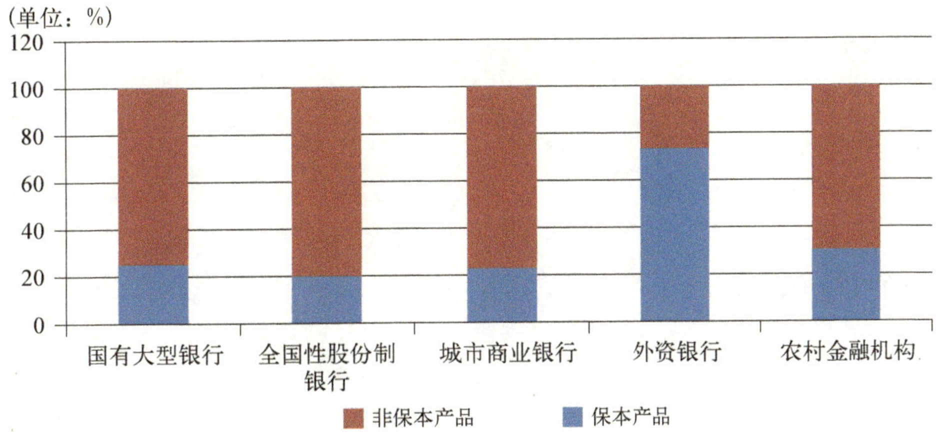

数据来源：银行业理财登记托管中心。

图2.4 外资银行非保本产品占比仅26.39%

在发行方式方面,开放式理财产品更受青睐。2017年上半年累计募集开放式理财资金60.26万亿元,较同期59.65万亿元增加1%,占总募集资金的72%,份额较上年同期增长1%。

从发行产品风险程度看,中低风险产品居多。2017年上半年低风险、中低风险和中等风险理财产品分别募集资金20.69万亿元、47.44万亿元和15.15万亿元,三者累计占有份额83.28%。

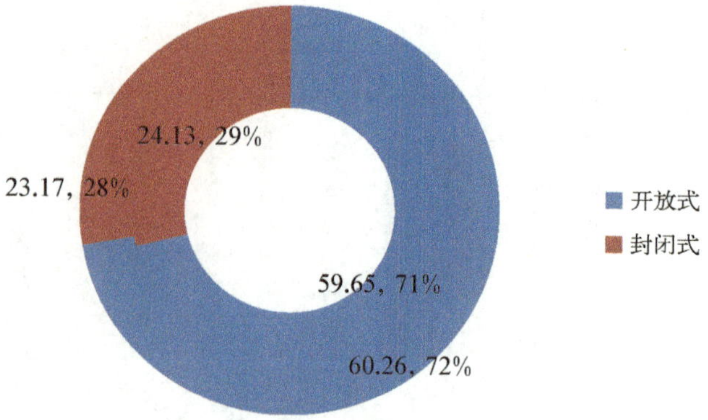

数据来源:银行业理财登记托管中心。

图2.5 2017上半年开放式银行理财产品较同期募资额略增,但封闭式则下跌(单位:万亿元,%)

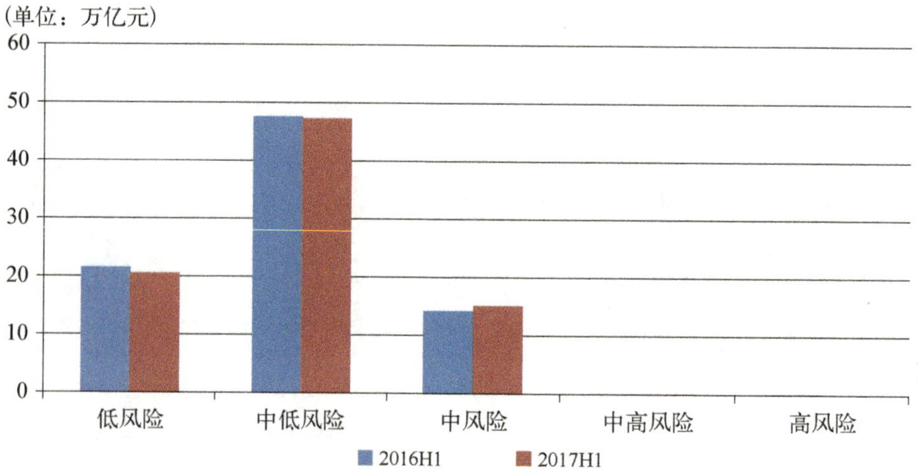

数据来源:银行业理财登记托管中心。

图2.6 银行理财产品以中低风险产品为主

在资金配置方面,债券是理财资金重要的配置标的。2017年上半年投向债券理财资金占理财资金总量的42.51%,其中商业债券占比34.8%,政府债券占比7.71%。

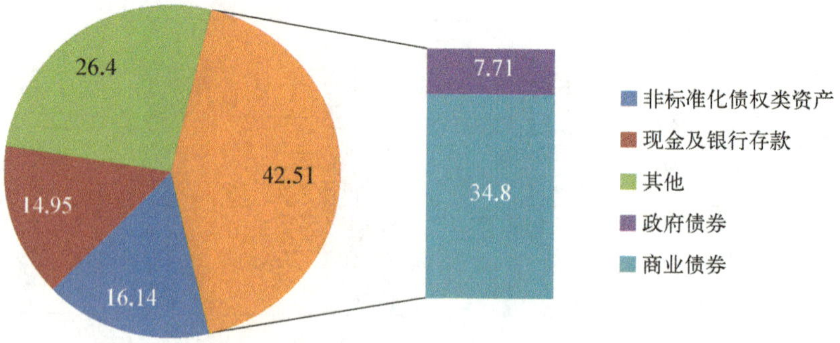

数据来源:银行业理财登记托管中心。

图2.7 债券是银行理财产品主要配置资产(单位:%)

（二）信托产品市场

信托资管规模居行业第二。根据中国信托业协会的数据，截至2017年第三季度末，信托业受托管理资产规模达24.41万亿元，较二季度末的23.14万亿元新增1.27万亿元，环比增速5.47%，较上年同期18.17万亿元增加6.24万亿元，同比增速34.33%。

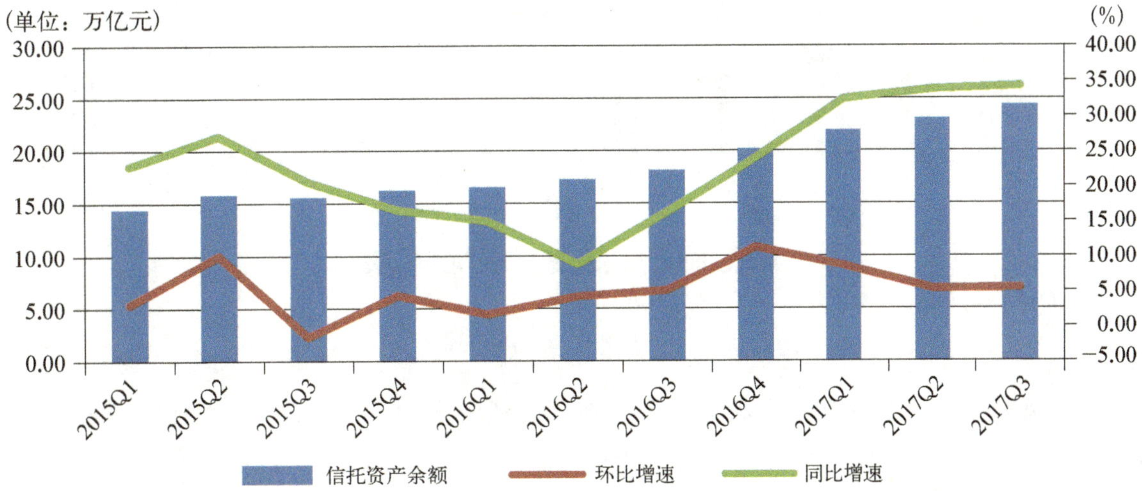

数据来源：中国信托业协会。

图2.8　信托资产余额环比增速放缓，同比增速达历史新高

从资金来源看，单一资产信托依旧占据近半壁江山，但集合资金、管理财产信托份额逐步扩大。截至2017年第三季度，单一资产信托11.54万亿元，占全部资金来源的47.29%，而集合资金、管理财产信托分别从第二季度的8.52万亿元、3.51万亿元扩张至9.1万亿元、3.76万亿元，份额分别增加0.48%、0.23%（见图2.9）。

从功能上看，由于其他资管行业通道业务监管加强导致通道业务回流信托，信托业事务管理类业务由2016年以来占比持续增加，截至2017年第三季度达55.66%，而融资类和投资类则分别缩窄至18.26%和26.08%（见图2.10）。

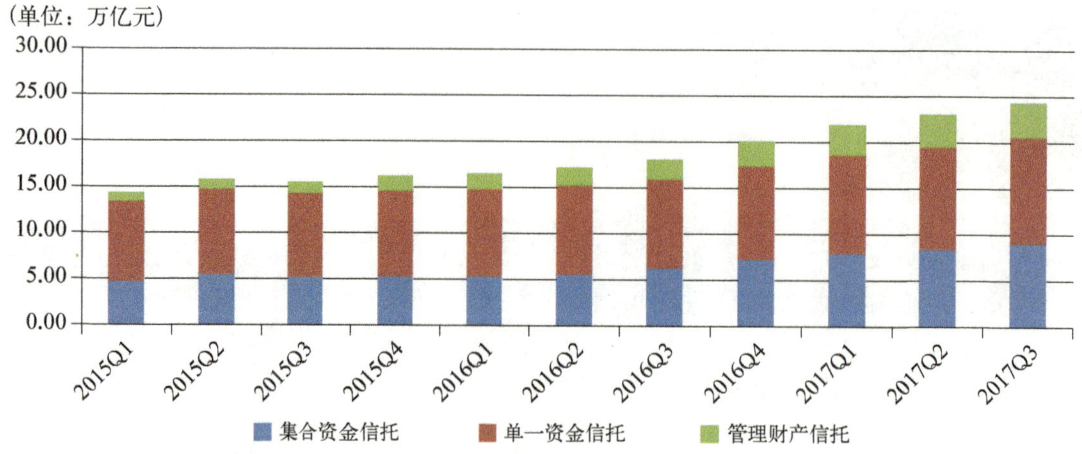

数据来源：中国信托业协会。

图2.9　从来源上看单一资产信托份额减少，集合资金、管理财产信托份额扩大

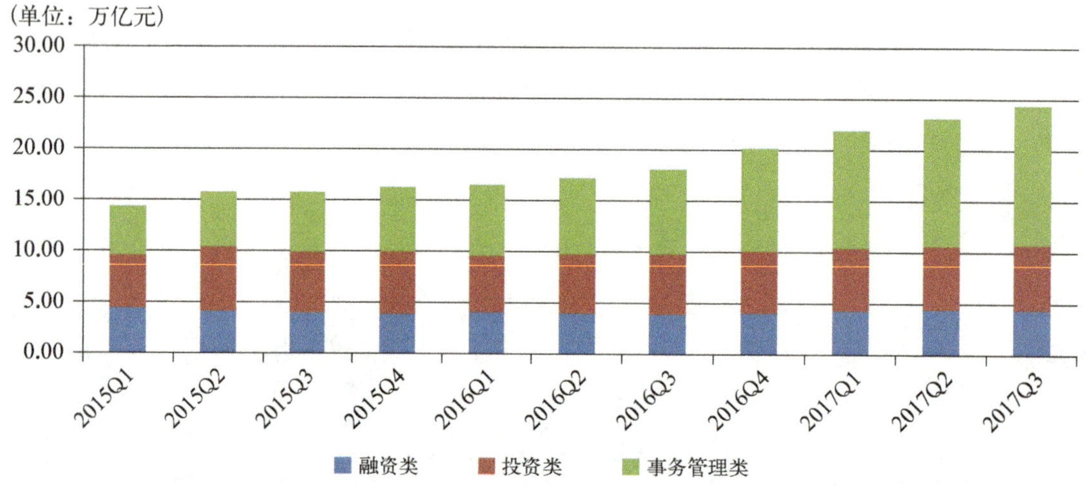

数据来源：中国信托业协会。

图2.10　从功能上看事务管理类信托资产增长迅猛

信托风险项目因其潜在的高收益分流了部分信托资金，目前信托风险项目余额居于高位。2017年三季度信托风险项目共计594个，获投资金1 392.41亿元，尽管同比略为缩小，但已从2016年年末反弹(见图2.11)。

在资金运用上，信托资金更倾向于贷款、交易性金融资产、可供出售金融资产及持有至到期股权投资，2017年第三季度三者累计占有信托运用资金总额的79%(见图2.12)。

从投向看，工商企业所获资金颇丰，且成长迅速。截至2017年第三季度，工商企业获得信托资金5.56万亿元，较上期增长4 126亿元，占全部信托资金运用的26.95%，较上期增长0.7%；而同期基础产业、房地产、金融机构所获资金分别为3.21万亿元、2.07万亿元和3.91万亿元(见图2.13)。

细分到行业，金融业无疑是信托资金投向的巨无霸。截至2017年第三季度，金融业获得信托资金9.03万亿元，占资金运用总额的42.35%，较上年同期增加2.54万亿元，同比增长39%；而同期获得信托资金超过万亿的行业还有建筑业、房地产业、租赁和商务服务、水利环境和公共设施管理业，分别获得资金1.26万亿元、2.12万亿元、2.39万亿元和2.05万亿元(见图2.14)。

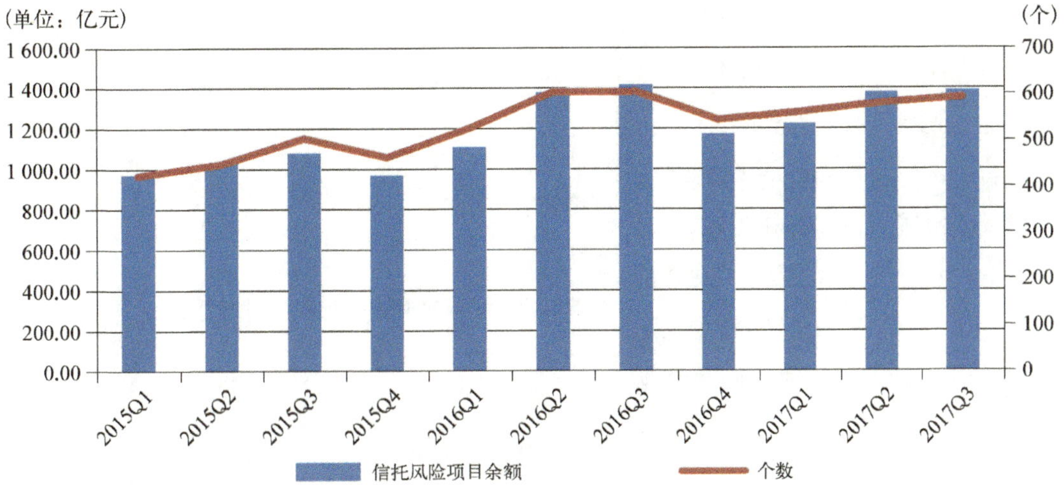

数据来源：中国信托业协会。

图2.11 信托风险项目余额处于历史高位

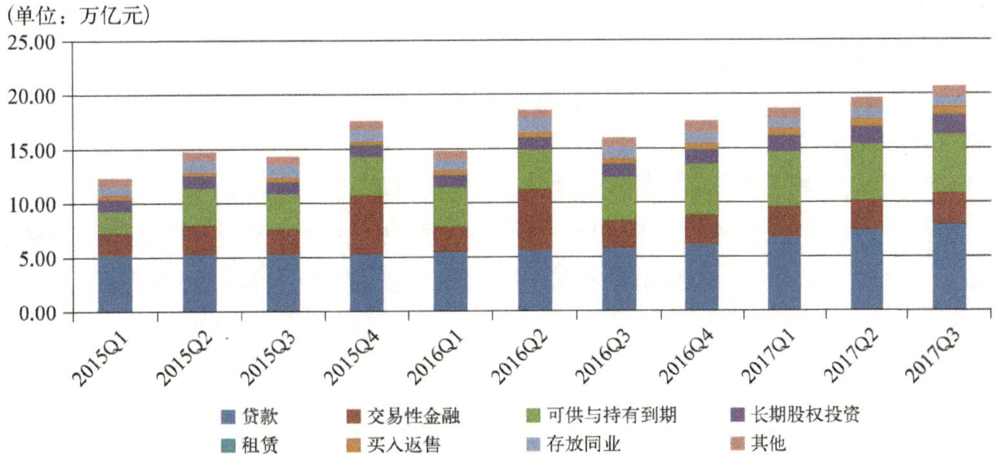

数据来源：中国信托业协会。

图2.12 贷款、交易性金融、可供及持有到期占信托资产运用的3/4以上

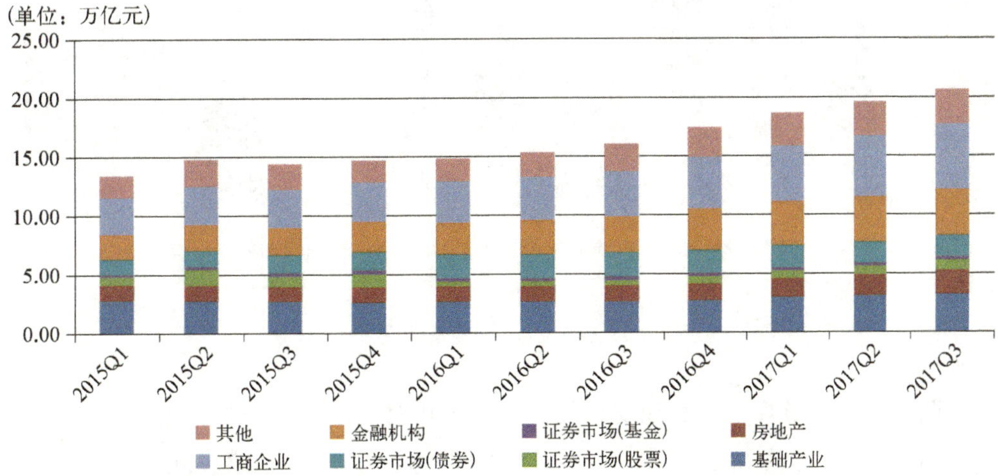

数据来源：中国信托业协会。

图2.13 信托资金最倾向投资工商企业

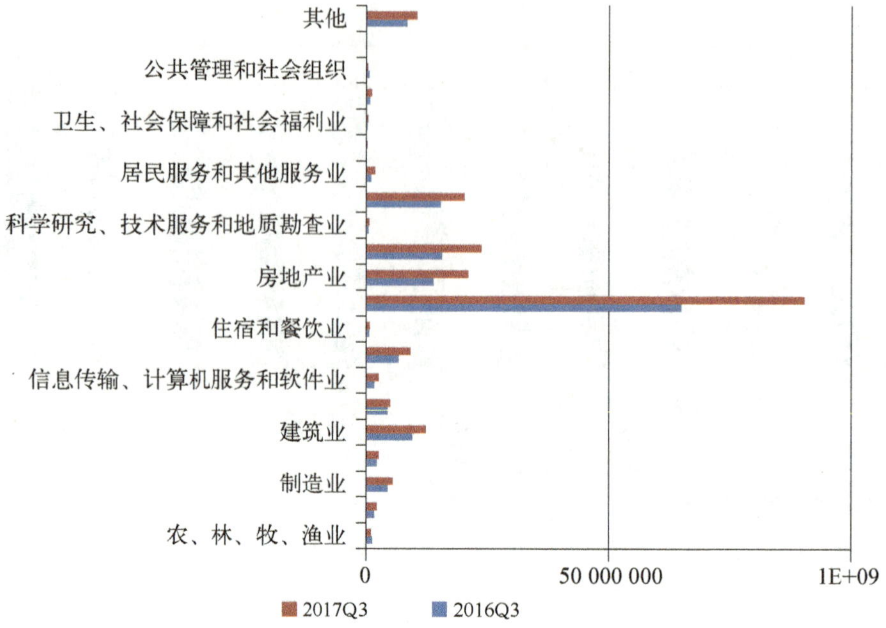

数据来源：中国信托业协会。

图2.14　金融业是信托资金投向的巨无霸(单位：万元)

信托业经营收入由利息收入、信托业务收入和投资收益三部分组成，信托业务收入占比越来越大。2017年第三季度信托业务收入529.85亿元，占经营收入的比重高达70%，远高于两年前60%不到的份额，但相较一季度的71.90%份额有所下滑，间接反映来自投资收益份额的提升。

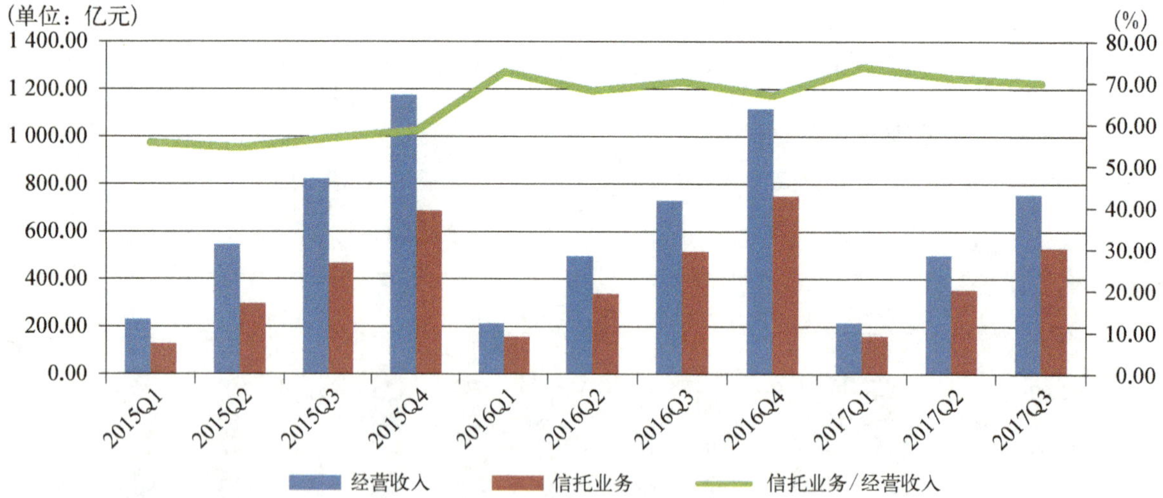

数据来源：中国信托业协会。

图2.15　信托业务是信托业主要的收入来源

然而，近期信托业清算项目个数和支付收益均处于相对低位。2017年三季度共清算项目1 411个，远低于2015年一季度的2 004个，支付收益672.77亿元，为近三年来第三低。

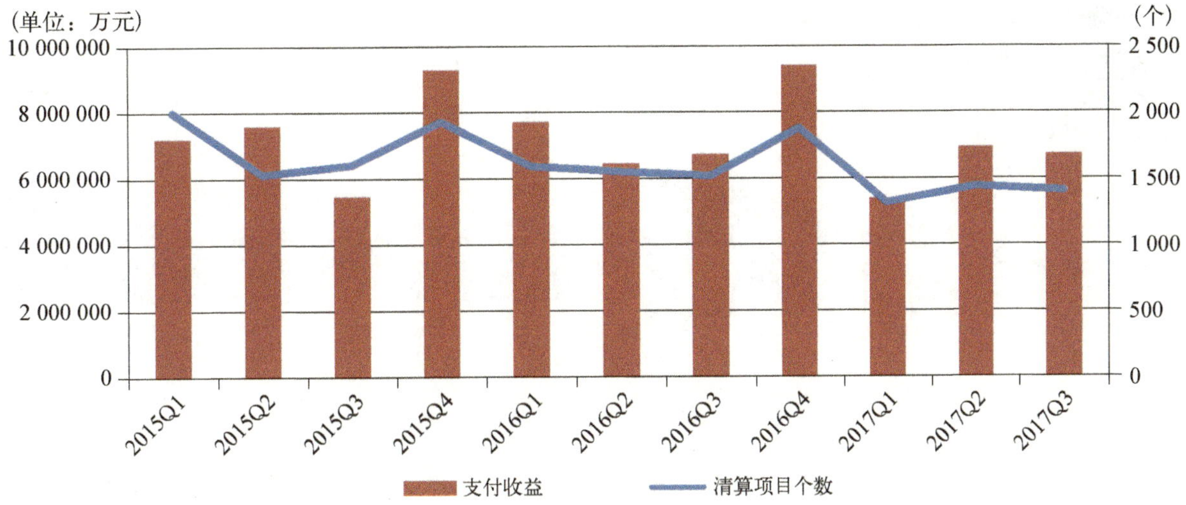

数据来源：中国信托业协会。

图2.16　清算项目个数和支付收益处于相对低位

就投资回报率来看，信托业2017年有所放缓。2017年第三季度平均年化综合信托回报率仅0.44%，三年来仅高于2015年第一季度，年化综合实际收益率降至5.85%，也小于2016年均值7.43%。

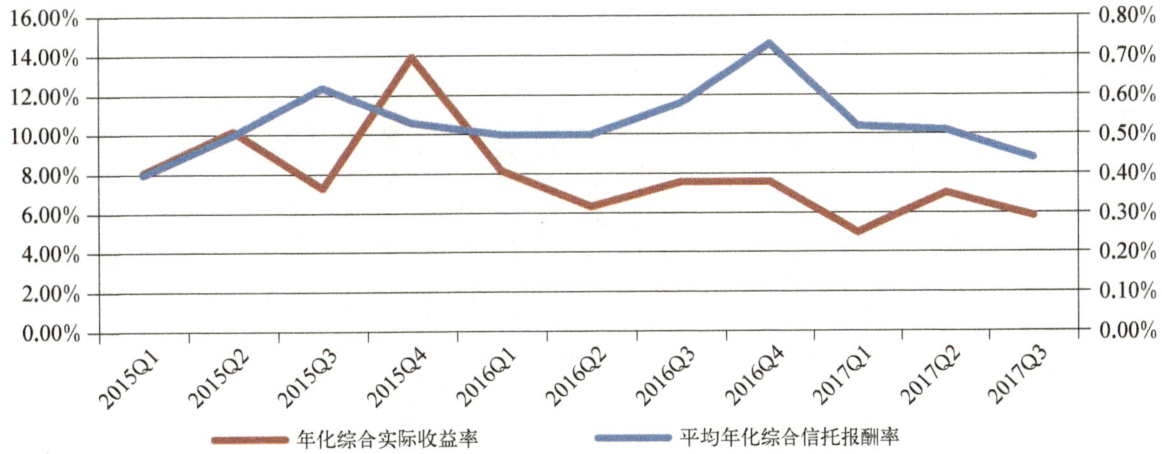

数据来源：中国信托业协会。

图2.17　信托业年化综合实际收益率处于历史低位

（三）公募基金市场

中国公募基金市场发展迅速，目前已经突破11万亿元。根据中国证券投资基金业协会的数据，截至2017年12月，公募基金存续数量4 841只，基金份额11.02万亿元，净值高达11.60万亿元，三者均达到历史最高点。

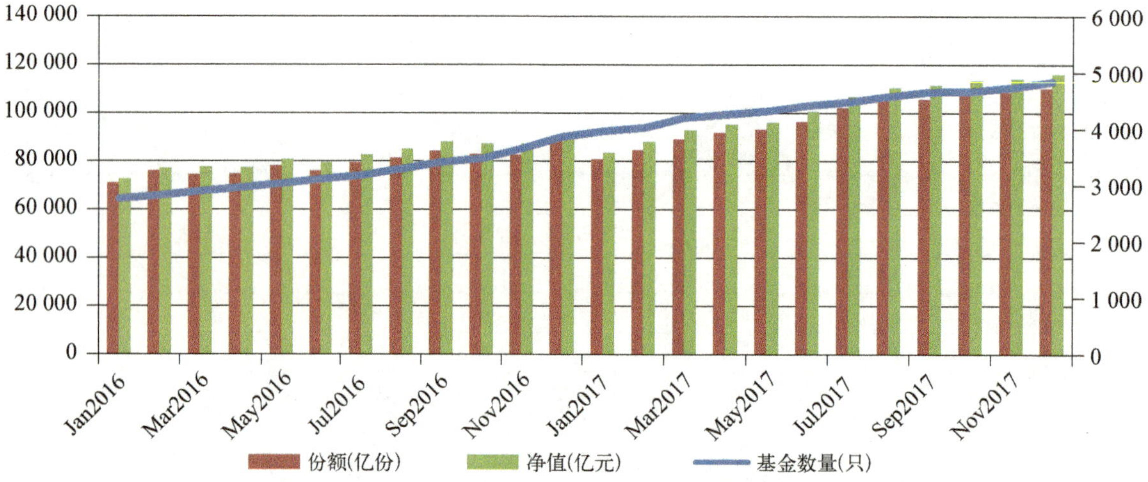

数据来源：中国证券投资基金业协会。

图2.18　公募基金规模和数量升至历史高位

目前有中外合资公司、内资公司、证券及子公司、保险公司四类公司获得公募基金授权，其中中外合资公司和内资公司是公募基金设立的主体。截至2017年12月，127家获得公募基金牌照的公司中有45家中外合资公司、68家内资公司、12家证券及子公司和2家保险公司（见图2.19）。

公募基金偏爱发行开放式基金，而封闭式基金则相对较少。截至2017年12月，公募资管共备案480只封闭式基金产品，设立规模6 097.99亿元，同比减少3.82%，环比增加1.31%；同期开放式基金备案4 361只，设立规模10.99万亿元，同比增长28.84%，环比增加1.33%。如表2.1所示。

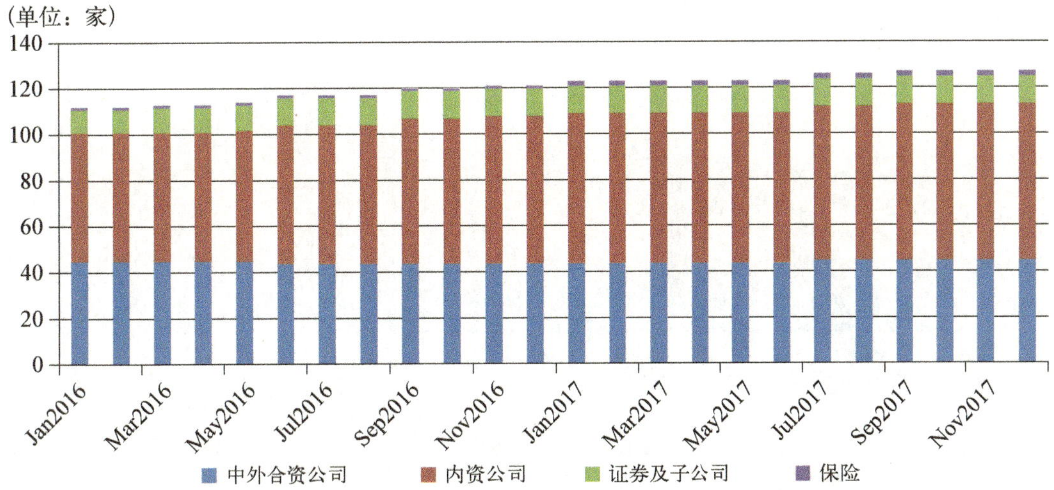

数据来源：中国证券投资基金业协会。

图2.19　内资公司是公募基金设立的主要形式

表2.1　公募基金封闭式和开放式发行一览

		Dec2016	Nov2017	Dec2017	同比	环比
封闭式基金	基金数量	303	454	480	58.42	5.73
	份　额	6 179.14	5 801.63	5 863.27	–5.11	1.06
	净　值	6 340.11	6 019.27	6 097.99	–3.82	1.31
开放式基金	基金数量	3 564	4 288	4 361	22.36	1.70
	份　额	82 249.17	102 954.10	104 326.82	26.84	1.33
	净　值	85 252.94	108 060.96	109 898.87	28.91	1.70

数据来源：中国证券投资基金业协会。

在开放式基金中，混合基金在数量上遥遥领先其他类型基金。截至2017年12月，混合基金备案数量2 096只，而同期股票基金、货币基金、债券基金、QDII基金备案量仅为791只、348只、989只和137只（见图2.20）。

但从金额上看，货币基金无疑是开放式基金最大的投资标的，其源于单只基金规模较大。截至2017年12月，公募货币基金净值达6.80万亿元，较上期增长1 226.68亿元，占据开放式基金份额63%，而第二名的混合基金净值为1.80万亿元，仅为前者的1/4（见图2.21）。

2017年迎来公募基金的爆发年，投资收益普遍好于2016年。2017年度公募基金全线飘红，混合型、股票型和QDII型收益达两位数，仅有另类投资业绩表现欠佳，仅为1.60%，劣于2016年的4.94%（见图2.22）。

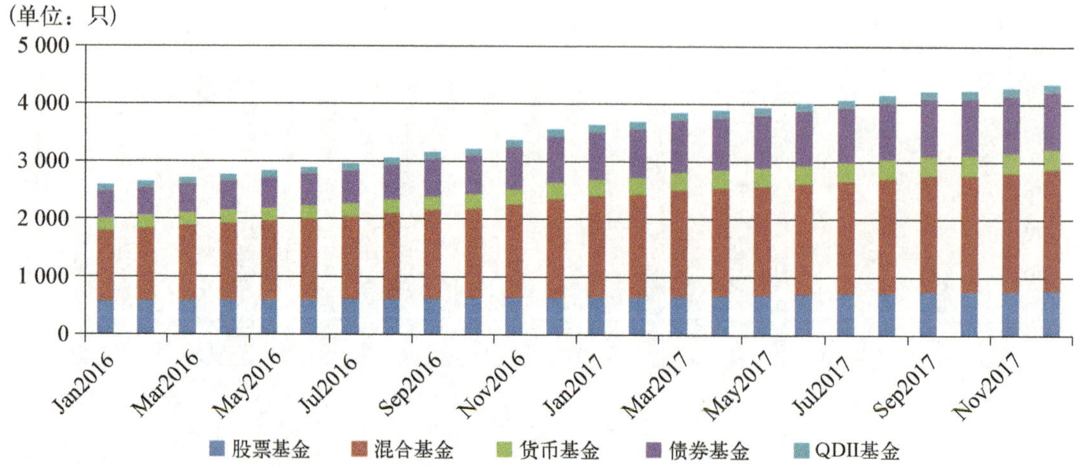

数据来源:中国证券投资基金业协会。

图2.20 混合基金是发行数量最多的基金

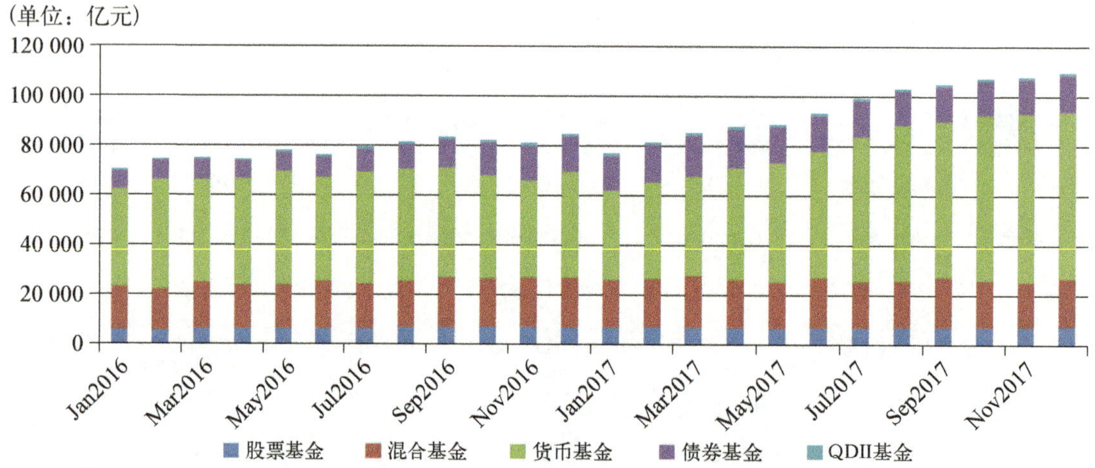

数据来源:中国证券投资基金业协会。

图2.21 货币仍然是公募基金最重要的投资标的

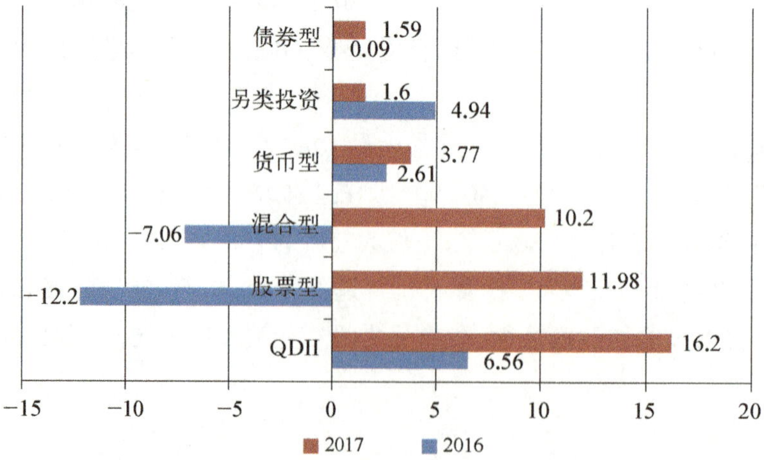

数据来源:Wind,取基金年度平均业绩。

图2.22 2017年公募基金平均收益率普遍好于2016年(单位:%)

（四）证券资管市场

券商资管位列行业第三，2017年由于通道业务受限，券商资管规模自一季度高点回落。根据中国证券投资基金业协会公布的最新月度数据，截至2017年12月底，券商资管管理规模为16.54万亿元，较第一季度历史最高点18.77万亿元减少2.23万亿元。

根据中国证券投资基金业协会公布的最新季度数据，截至2017年第三季度，券商资管存续产品数量23 371只，资产规模为17.37万亿元。

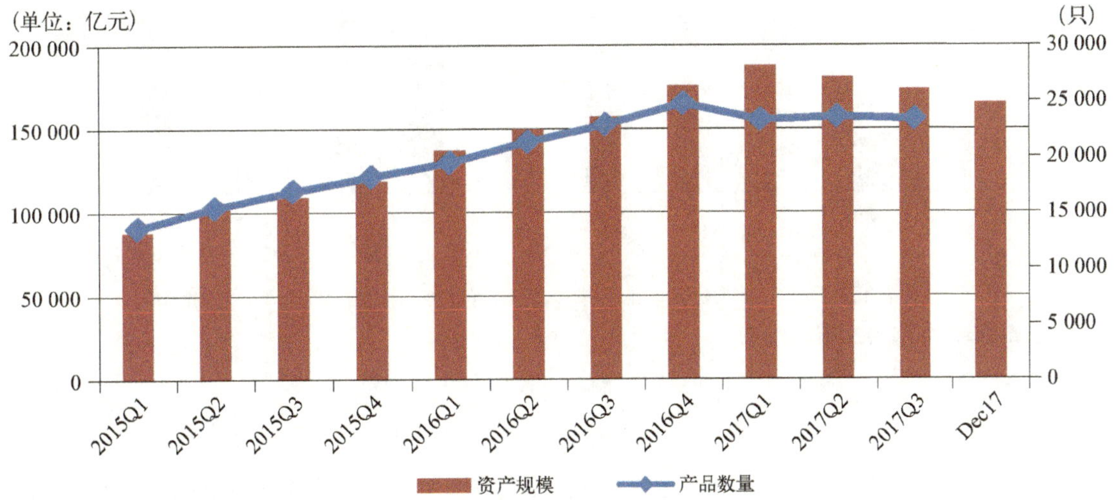

数据来源：中国证券投资基金业协会。

图2.23 券商资管规模自一季度高点回落

从产品类型来看，定向资管计划数量优势明显，截至2017年第三季度有近1.9万只产品，而同期集合计划、专项资管计划和直投子公司的直投基金仅为3 600只、127只和708只（见图2.24）。

量上的绝对优势在规模上也得到反映，定向资管计划资金规模从第一季度的16.06万亿元下跌至第三季度的14.73万亿元，但仍然占据84.77%的份额。需要注意的是，直投子公司的直投基金目前规模尽管较小，但短短两年就从1 287.4亿元增至3 614.11亿元，增幅明显，这或许成为今后券商资管的重要趋势（见图2.25）。

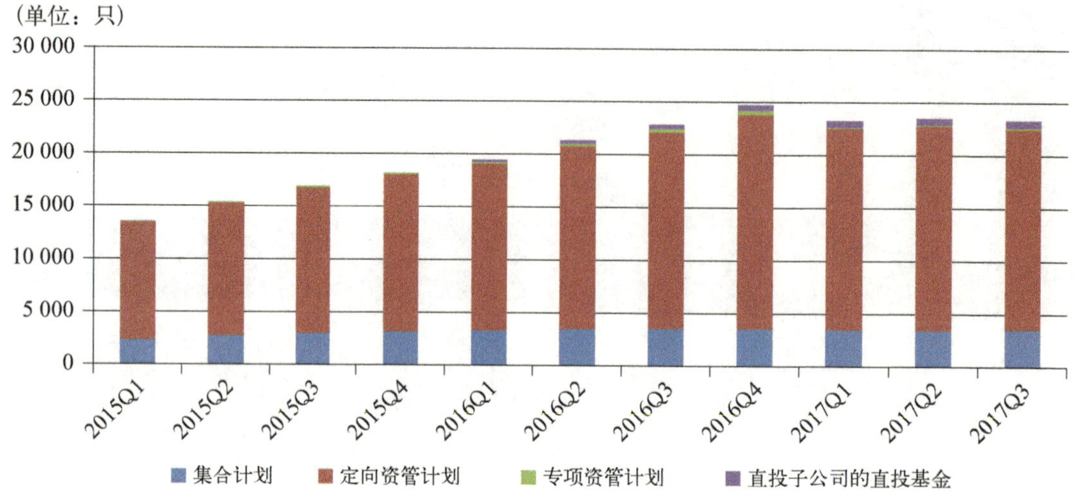

数据来源：中国证券投资基金业协会。

图2.24　定向资管计划是券商资管中坚力量(数量)

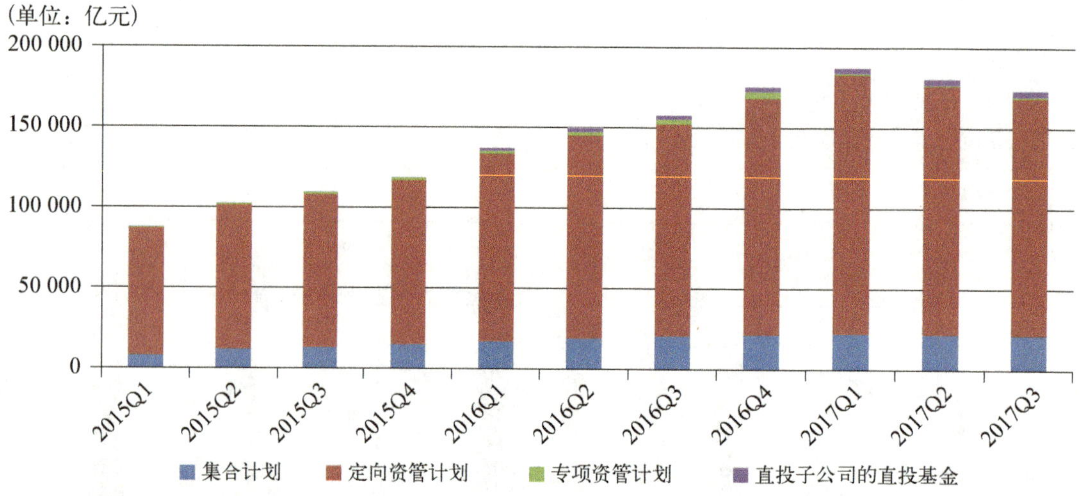

数据来源：中国证券投资基金业协会。

图2.25　定向资管计划是券商资管中坚力量(规模)

从投资标的来看，券商资管倾向配置交易所、银行间市场，2016年投资规模5.65万亿元，占总份额的1/3，其他投资标的合计投资11.67万亿元(见图2.26)。

券商资管开始从被动投资管理向主动管理转变，从管理规模前20强券商数据可见一斑。2017年第三季度管理规模前20强管理资产规模总计10.74万亿元，较一季度高点11.66万亿元有所缩减，而同期主动管理规模前20强管理资产从一季度的3.59万亿元降至三季度的3.37万亿元，降幅规模小于前者(见图2.27)。

从管理规模来看，券商资管管理规模集中在100亿～3 000亿元。截至2017年12月，券商资管规模在100亿～500亿元为27家，500亿～1 000亿元为13家，1 000亿～2 000亿元为23家，2 000亿～3 000亿元为12家，其余规模共计22家(见图2.28)。

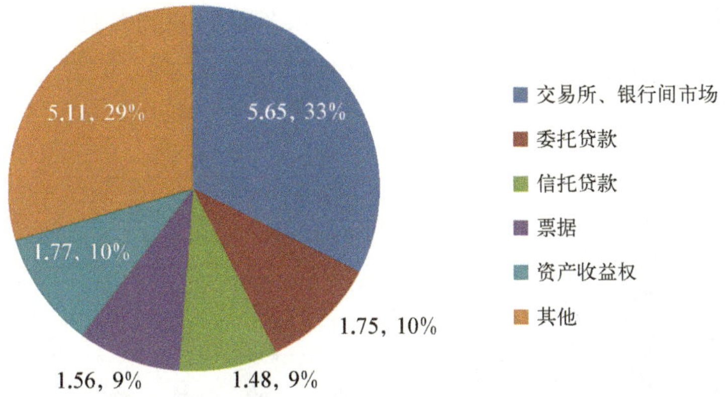

数据来源：《证券期货经营机构私募资产管理业务2016年统计年报》。

图2.26　券商资管倾向配置交易所、银行间市场（单位：万亿元，%）

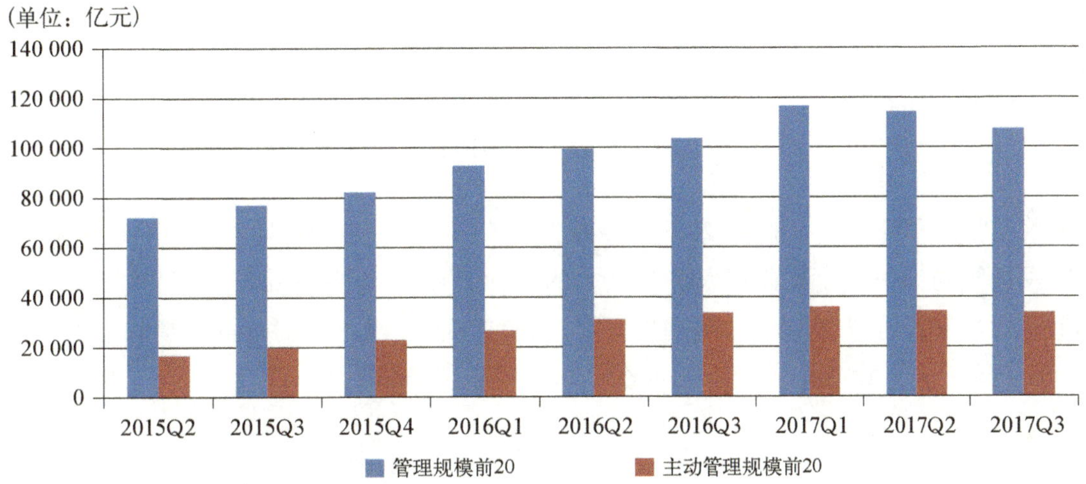

数据来源：中国证券投资基金业协会。

图2.27　资管规模前20券商资管公司管理规模下降，但主动管理占比扩大

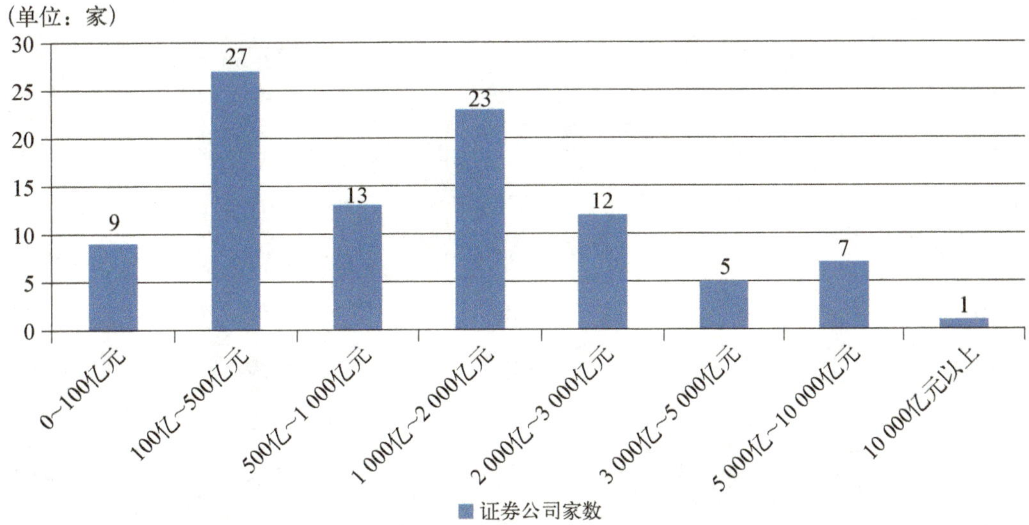

数据来源：中国证券投资基金业协会。

图2.28　券商资管管理规模集中在100亿～3 000亿元

证券公司设立资管子公司实施专门资产管理业务，但尚存在较大差距。从13家上市券商设立的资管子公司来看，资产净规模最大的为华泰资管的53.78亿元，最小的为财通资管的6.62亿元。

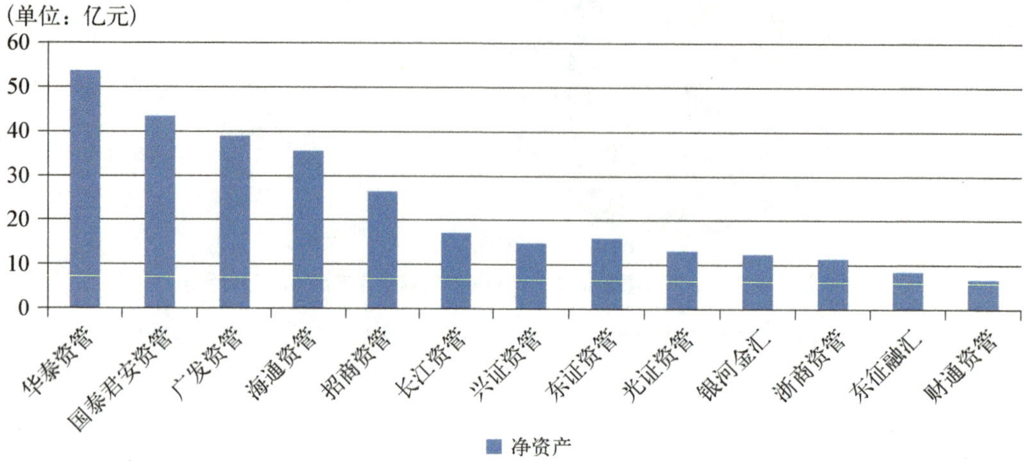

数据来源：上市券商月报。

图2.29　上市券商资管子公司净资产规模差距甚大

从营业收入和经营利润来看，2017年券商资管子公司业绩表现差异较大。华泰资管、东证资管和广发资管是唯一三家营业收入破20亿元的资管公司，但营收同比增长迥异，东证资管高达109.98%，而广发资管只有1.49%；华泰资管、广发资管净利润破10亿元，同比增长分别为13.8%、8.78%，而国泰君安资管、长江资管和兴证资管2017年净利率录得负增长。

表2.2　上市券商资管子公司业绩表现　（单位：亿元）

2017年	营业收入	净利润	营收同比（%）	净利润同比（%）
华泰资管	21.26	11.44	25.58	13.8
东证资管	21	6.01	109.98	62.34
广发资管	20.6	11.05	1.49	8.78
国泰君安资管	16.03	7	−24.44	−17.91
招商资管	11.33	7.18	3.18	14.57
光证资管	10.67	5.11	5.27	16.55
海通资管	8.39	4.5	12.59	27.19
银河金汇	7.3	1.28	55.89	135.16
长江资管	6.54	2.92	−1.29	−20.13
兴证资管	4.91	1.97	−26.53	−42.61
东征融汇	2.11	0.75	—	—

数据来源：2017年12月上市券商月报。

（五）期货资管市场

期货资管在大资管行业中并不显眼，一些大型券商公司规模甚至能够超过期货资管总规模。根据中国证券投资基金业协会最新月度数据，截至2017年12月末，期货资管规模2 146亿元，较第一季度缩水近30%，尚不及2016年第一季度的2 273亿元。

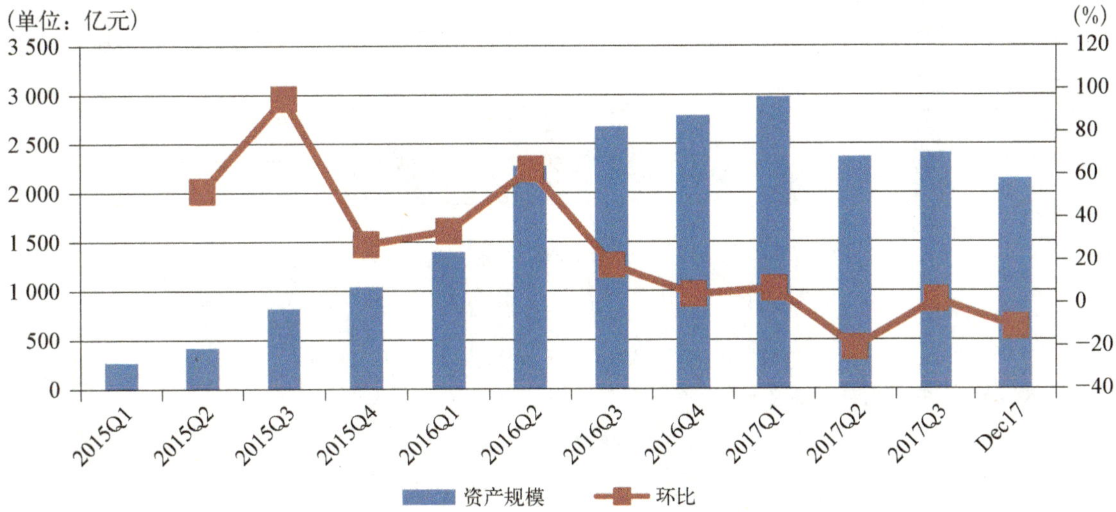

数据来源：中国证券投资基金业协会。

图2.30　期货资管规模跌至两年低位

从产品备案来看，12月期货资管备案产品数量和规模齐增。2017年12月期货资管产品备案306只，设立规模45.17亿元，分别较11月增加40只、3.91亿元，已经从9月的谷底回升（见图2.31）。

从管理规模来看，期货资管整体规模较小来源于个体的羸弱，期货资管集中在0～5亿元。截至2017年12月资产管理规模在5亿元以下的公司高达71家，占行业总数的56.8%（见图2.32）。

在产品结构方面，主动管理类产品表现耀眼。截至2017年10月，主动管理类产品数量高达2 016只，规模1 480亿元，同比增长73%、97%，显示期货公司资管业务在主动管理能力方面的提升；而分级结构化产品的数量仅为220只，规模418亿元，同比分别减少71%和85%。如表2.3所示。

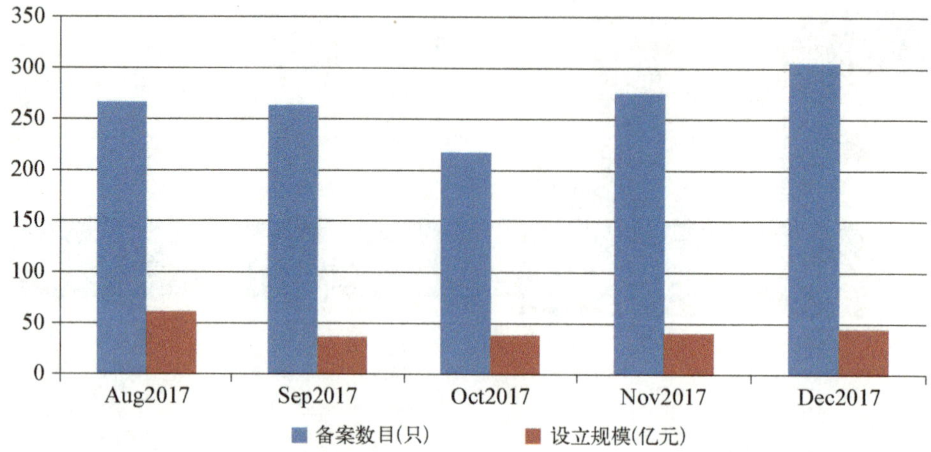

数据来源：中国证券投资基金业协会。

图2.31 期货资管12月备案产品和规模量价齐升

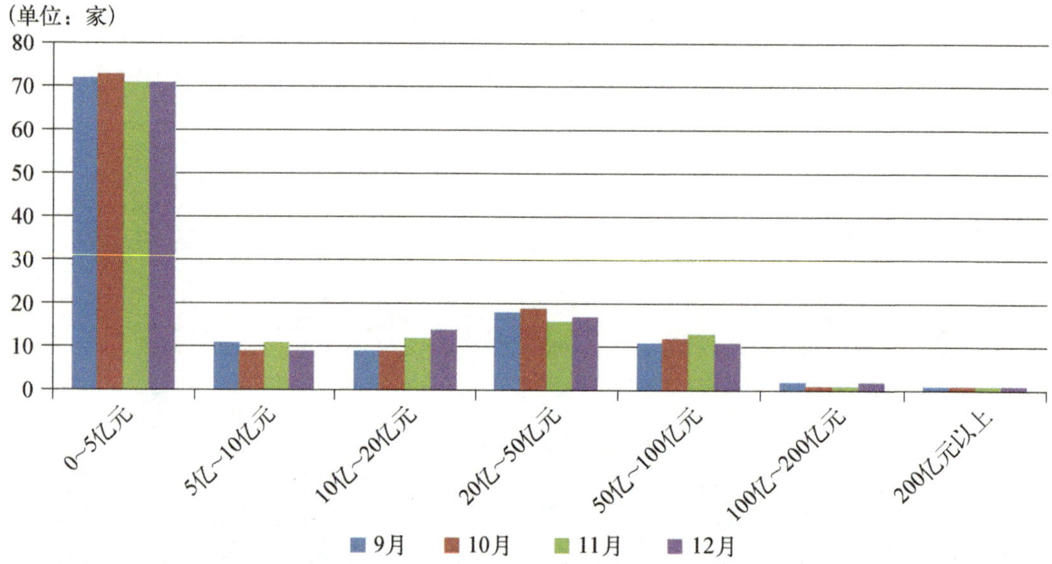

数据来源：中国证券投资基金业协会。

图2.32 期货资管规模普遍在5亿元以下

表2.3 2017年10月期货资管产品类别一览

	数量(只)	数量同比(%)	规模(亿元)	规模同比(%)
主动管理类	2 016	97%	1 480	73%
分级结构化	220	−71%	418	−85%

数据来源：中国期货协会。

与此同时，期货资管积极贯彻去杠杆、去通道的要求，以通道业务为主的其他产品数量从2016年末的312只减少至170只，规模从243.3亿元减少至41.72亿元。

截至2017年10月，期货资管业绩还是可喜的。据中国期货业协会数据，1—10月期货资管业务总收入9.05亿元，同比增长38.47%；业务净利润2.53亿元，同比增长6.78%，反映出资管业务已经成为期货公司新的利润增长点。

进一步地，从收入结构来看，2017年上半年管理费收入占比83.72%，业绩报酬占比10.12%，反映期货资管业务收入对管理费收入的相对依赖。

表2.4　2017年期货资管业绩回报及收入结构一览

	业绩回报（1—10月）		收入结构（上半年）	
	金额（亿元）	同比	管理费	业绩报酬
总收入	9.05	38.47%	83.72%	10.12%
净利润	2.53	6.78%	/	/

数据来源：中国期货业协会。

（六）私募基金市场

近些年来，私募基金增长迅猛。根据中国证券投资基金业协会的数据，截至2017年底，私募基金管理人突破2万家，达到22 446家，较2016年底增加5 013家，同比涨幅29%；私募业从业人员达到23.83万人，尽管人数较2016年有所缩减，但反映了公司精简化、智能化的客观事实。

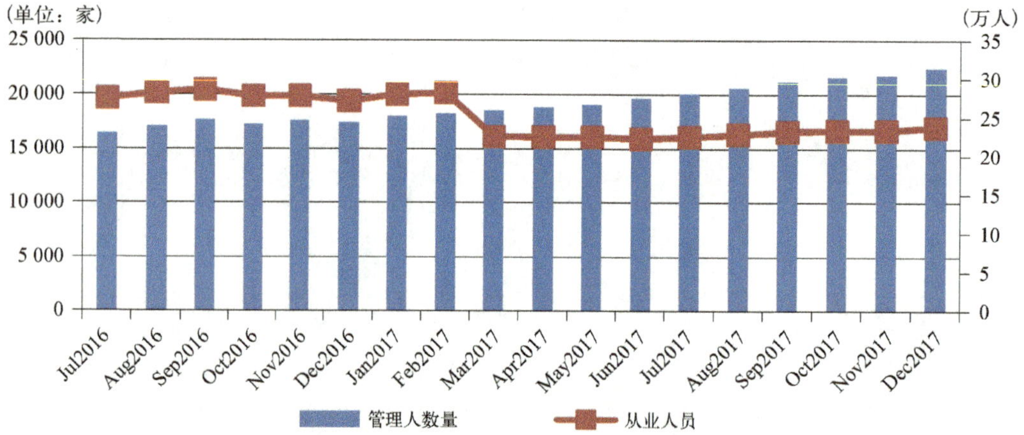

数据来源：中国证券投资基金业协会。

图2.33　私募基金管理人突破2万家，但从业人员数增速缓慢

在基金备案方面，2017年12月底已备案私募基金66 418只，同比增长42.82%，接近两年前3倍；管理基金规模突破11万亿元，同比增长40.68%，环比增长1.83%（见图2.34）。

不同机构类型情况有所差异，私募股权＆创投管理人在管理人数量和基金规模上占据绝对优势，2017年底，13 200家私募股权＆创投管理人管理28 465只私募基金，管理规模达7.09万亿元，占规模的63.88%；但私募证券管理人在基金数量上问鼎，2017年底共管理私募基金32 216只，但同私募股权＆创投管理人量差从2016年的9 083只缩减至目前的3 751只（见图2.35）。

在基金规模分布方面，中小型规模管理人居多。截至2017年底，管理规模10亿元以下管理人为7 080家，10亿～20亿元为734家，20亿～50亿元为599家，50亿～100亿元为238家，100亿元以上为187家（见图2.36）。

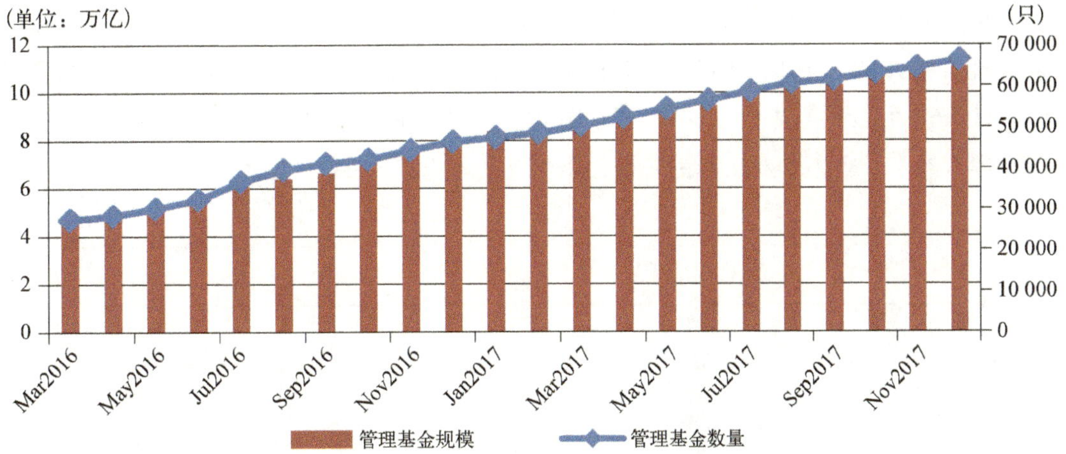

数据来源：中国证券投资基金业协会。

图2.34 私募基金管理规模超11万亿元，基金数量是两年前近3倍

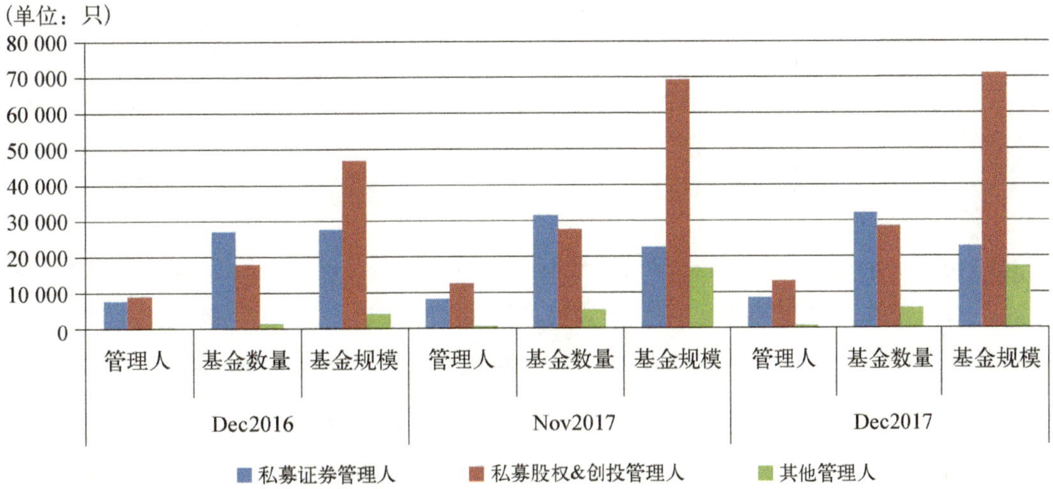

数据来源：中国证券投资基金业协会。

图2.35 私募证券产品数量占优，但私募股权与创投管理资金规模优势明显

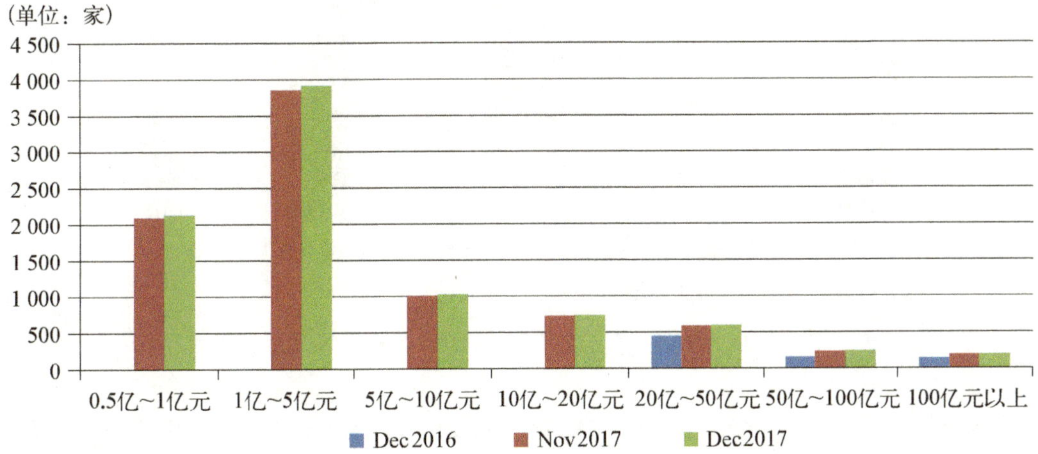

数据来源：中国证券投资基金业协会。

图2.36 私募基金管理人以中小型规模居多

从地区分布来看,上海、深圳和北京是私募基金管理的三巨头。截至2017年底,上海已备案私募基金管理人4 581家,管理19 100只基金共计2.49万亿元资金;深圳4 377家管理人管理12 143只基金共计1.67万亿元资金;北京私募基金管理规模达2.60万亿元,为所有地区之最;排名第四的浙江在管理人家数、基金数量和基金规模上都不及前三者的一半。

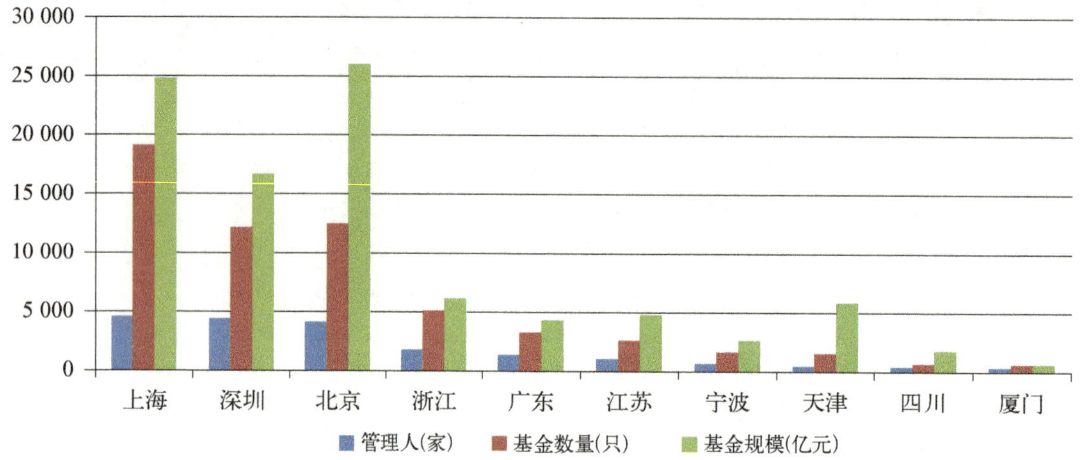

数据来源:中国证券投资基金业协会。

图2.37 上海、深圳、北京是私募基金最旺盛的地方

备案公司不一定马上就发行基金产品,事实上进行私募基金产品的管理人数量要小于备案管理人数。如图2.38所示,有管理规模私募基金管理人增加,但平均规模略为下降。截至2017年底,有管理规模私募基金管理人从11月的18 648家增至19 049家,平均管理规模由5.84亿元降至5.83亿元。

数据来源:中国证券投资基金业协会。

图2.38 有管理规模私募基金管理人增加,但平均管理规模略为下降

从投资策略来看,新增产品中采用股票策略占比加大,体现了主动管理的监管要求。2017年12月私募发行产品清淡,股票策略产品104款,占全部产品发行数量的73.76%,组合基金15款,其余类型都为个位数(见图2.39)。

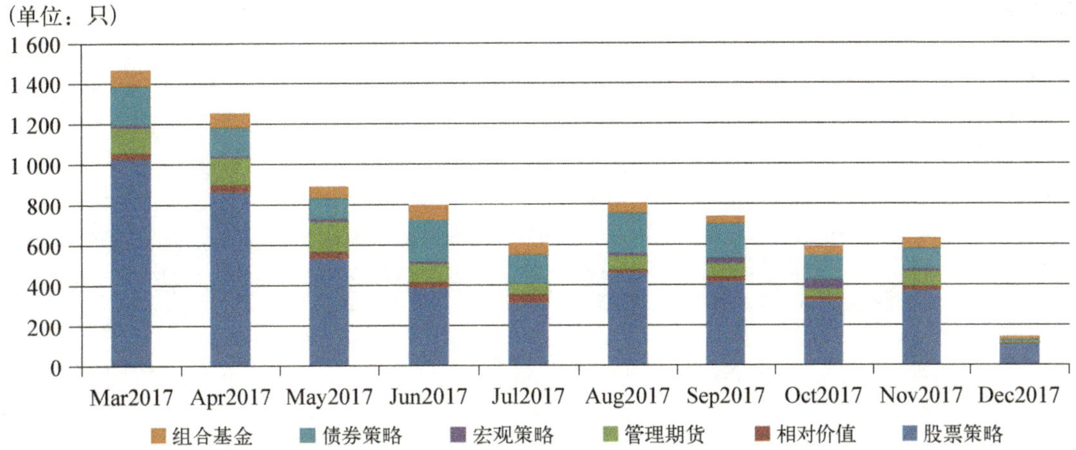

数据来源：华宝证券，私募基金月报。

图2.39　采用股票策略的新增私募产品占比变大反映主动管理的要求

从收益率来看，2017年私募收益率普遍好于2016年。2017年私募平均收益率为5.13%，高于2016年的–3.93%。但各策略又有所差异，其中股票策略表现优异，2017年平均收益高达11.29%，其在2016年收益率为–5.92%；最差为固定收益策略的3.63%，低于2016年的5.77%。

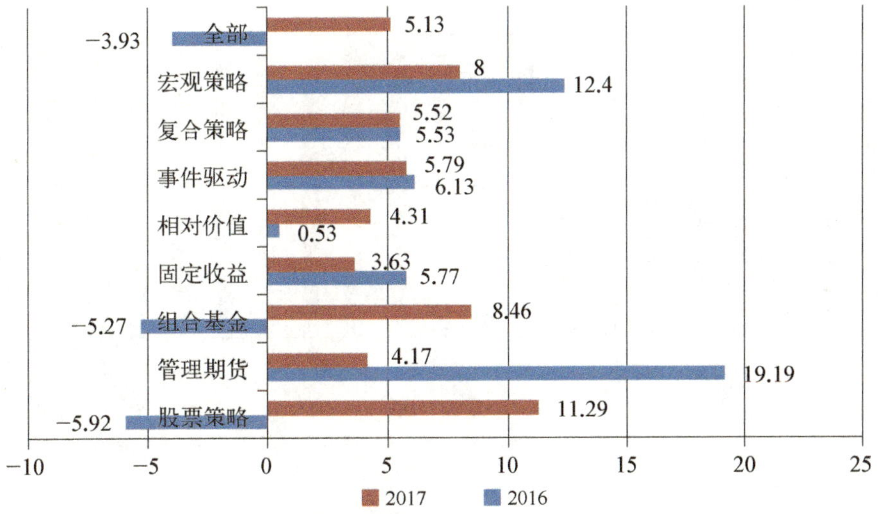

数据来源：Wind，万得基金，剔除涨幅异常、成立日迟于2017年1月1日的基金，取平均业绩。

图2.40　2017年私募收益率普遍好于2016年（单位：%）

（七）保险资管市场

作为保险公司的一个分支，资管子公司现在实力相对不足。根据保监会的数据，截至2017年11月，保险资产管理公司的资产规模仅449.29亿元，只有再保险公司的1/8、产险公司的1/56和寿险公司的1/291。

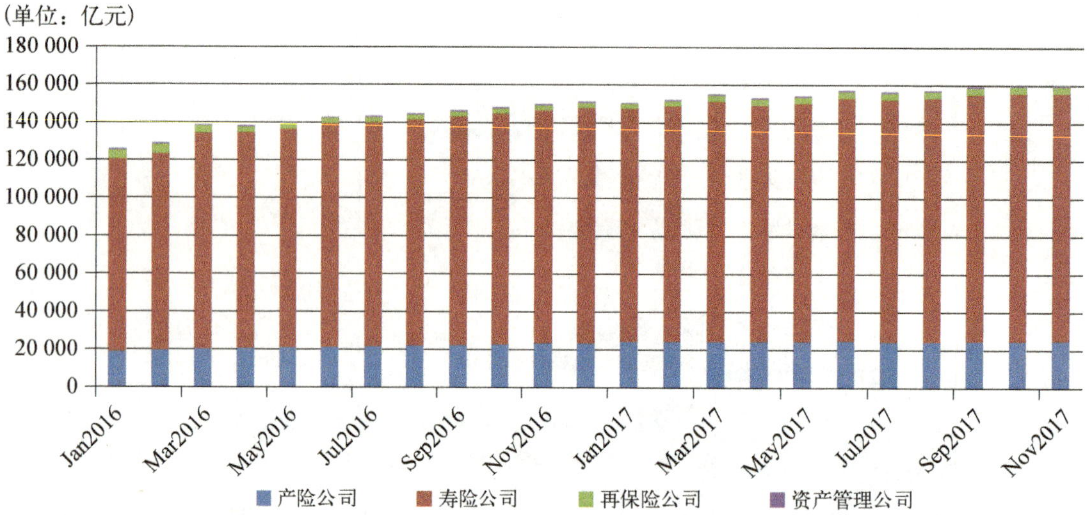

数据来源：保监会。

图2.41　保险资管占保险公司总资产的比重还很羸弱

保险资金运用余额是保险公司闲置资金用于投资增值的部分，目前已近15万亿元。截至2017年11月，保险资金运用余额为14.7万亿元，环比增长0.05%，同比增长12.07%，增速略为放缓（见图2.42）。

在投资标的方面，保险资金运用余额中银行存款占比减少，债券和另类投资崛起。截至2017年11月，投向银行存款资金余额为1.93万亿元，占资金运用份额由2016年的18%减至13.13%；投向债券资金5.15万亿元，占比由32.81%增至35%；投向其他投资占比由34.89%增至39.07%（见图2.43）。

在产品发行方面，目前共有14家保险资管公司发行产品，发行产品数量和规模因月度而异。2017年11月14家保险资管公司共计发行31款产品，募集资金规模482.2亿元，资金规模较8月和9月有所回落，但产品数有所增加（见图2.44）。

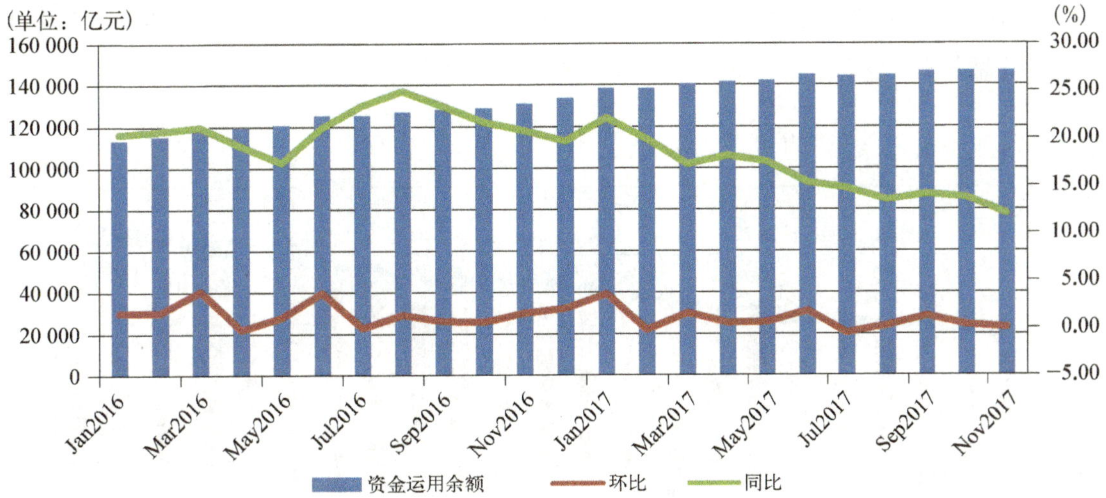

数据来源：保监会。

图2.42　保险资金运用余额近15万亿元，增速略为放缓

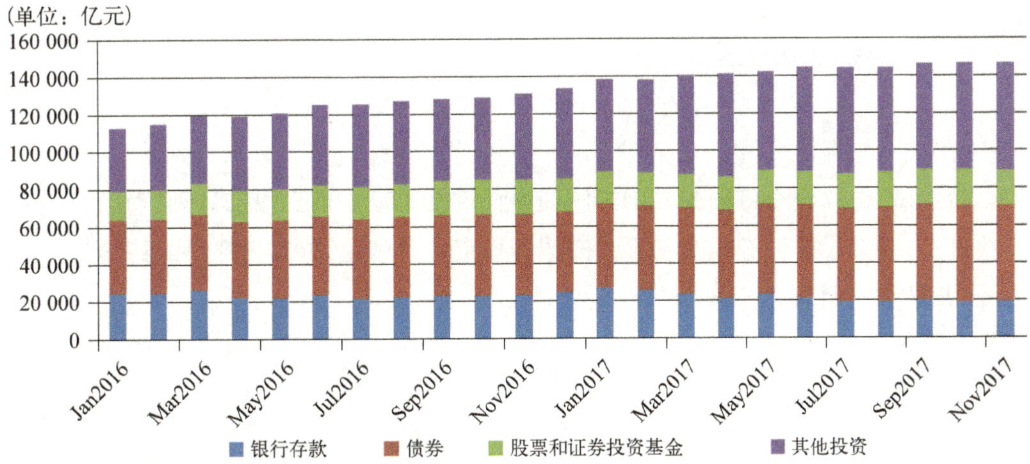

数据来源：保监会。

图2.43　保险资金运用余额中银行存款占比减少，债券和另类投资崛起

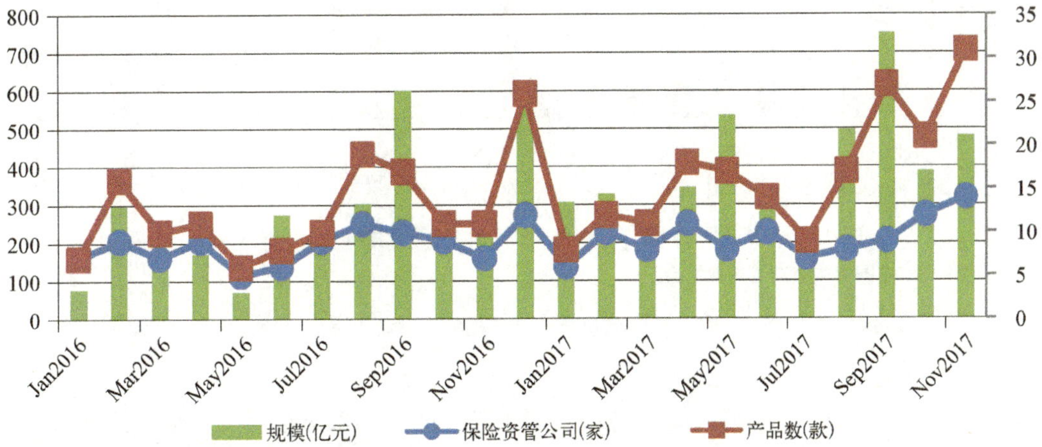

数据来源：中国保险资产管理业协会。

图2.44　目前共有14家保险资管公司发行产品，注册规模因月度而异

截至2017年11月底,保险资管累计发行产品812款,募集资金规模2万亿元,同比增长25.70%,环比增长2.47%。

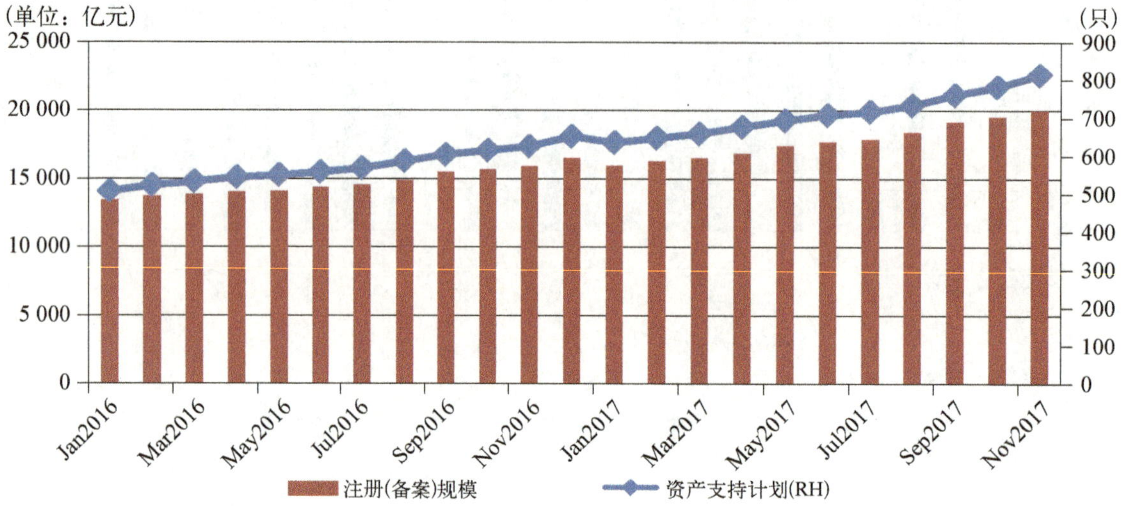

数据来源:中国保险资产管理业协会。

图2.45 保险资管规模突破2万亿元,累计在册产品812款

从资金投向看,保险资金倾向于基础设施债券投资和不动产债券投资计划,而股权投资计划相对不足。数量上,基础设施债券投资和不动产债券投资平分秋色,2017年11月两者产品数分别为9款和22款,而股权投资计划落空。

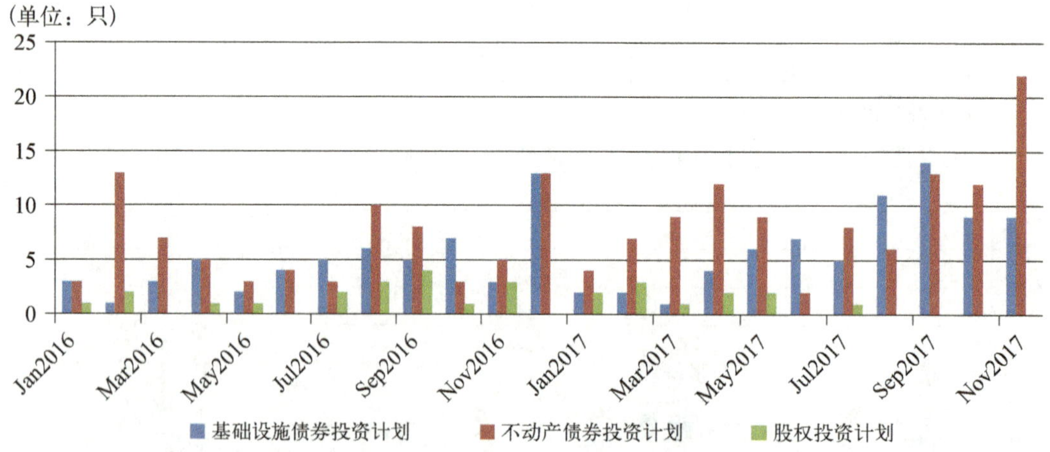

数据来源:中国保险资产管理业协会。

图2.46 保险资金倾向于基础设施债券投资和不动产债券投资计划(数量)

在金额上,2017年11月基础设施债券投资计划获投资金182.6亿元,不动产债券投资计划获投资金299.6亿元,但值得注意的是,基础设施债券投资计划变化范围较大,最大9月份一度达到535.7亿元,最低为2016年1月的21.64亿元(见图2.47)。

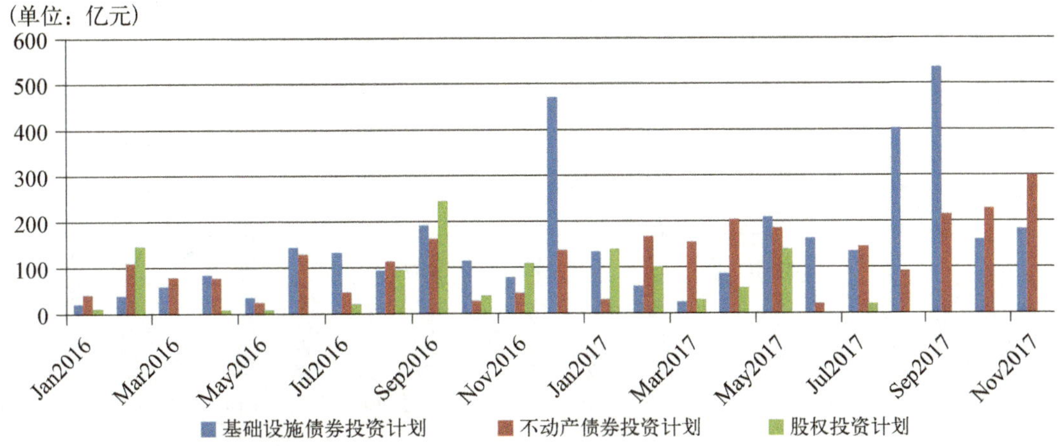

数据来源：中国保险资产管理业协会。

图2.47 保险资金倾向于基础设施债券投资和不动产债券投资计划（金额）

从收入来看，寿险公司是保险公司业务收入的重要来源。2017年11月产险公司收入893.64亿元，同比增加14.07%；寿险公司收入1 115.17亿元，同比增加4.11%。

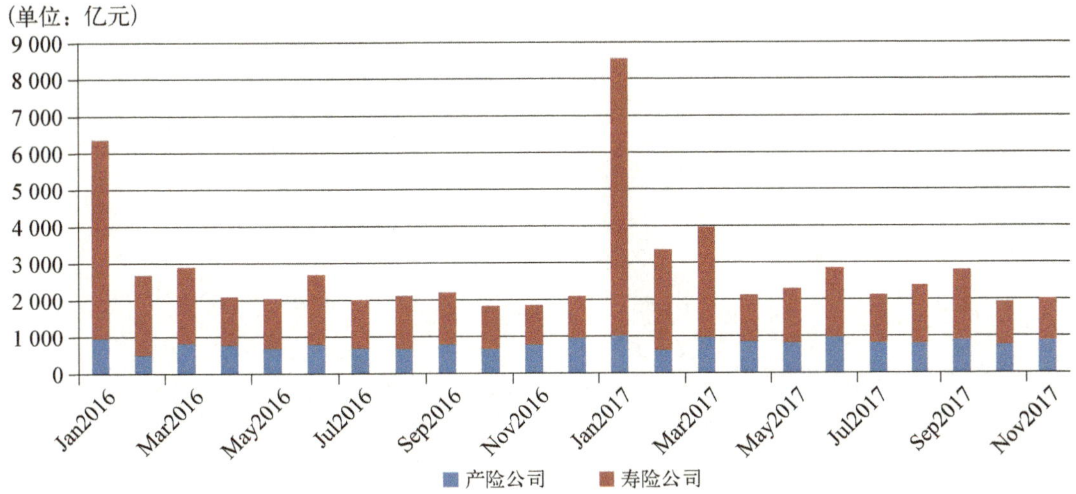

数据来源：保监会。

图2.48 寿险公司是保险公司业务收入的重要来源

从投资收益率来看，其从2015年的高点回落并在2017年有所反弹。2017年保险投资收益率达到5.77%，较2016年增加0.11个百分点，处于历史中等水平（见图2.49）。

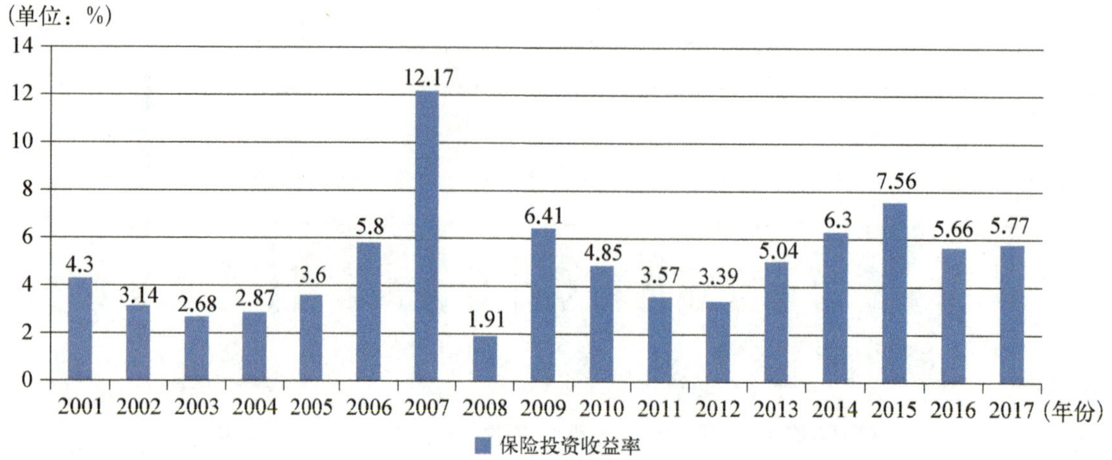

数据来源：保监会。

图2.49　2017年保险投资收益率较2016年有所反弹

第3部分

第三方理财市场

第三方理财是独立于银行、保险、基金等金融机构，通过分析客户财务状况及理财需求，从而提供综合性的理财规划服务的中介理财机构。据《2017中国高净值人群数据分析报告》显示，2017年中国个人可投资潜在规模高达188万亿元。然而，当前中国第三方理财市场鱼龙混杂，诺亚财富、恒天财富、钜派财富引领风潮。下面仅就诺亚财富为代表一窥中国第三方理财市场。

1. 诺亚财富基本概况

诺亚财富于2003年成立，2010年成功登陆纽交所上市，其目前已经发展成为以财富管理、资产管理、全球开放产品平台、互联网金融等多业务为主线，提供财富管理、海外资产配置、高端保险、高端教育等全方位的综合金融服务平台。

表3.1 诺亚财富基本情况简表

指　标	指 标 说 明
成立时间	2003年
上市时间	2010年11月10日（纽交所：NOAH）
管理资产额	4 700亿元（2017年第三季度）
服务客户数量	超过17万名高净值客户
服务范围	投资、保险、教育、家族服务、汽车租赁、海外配置等
中国总部	上海
公司资质	基金销售业务资格证书、私募投资基金管理人登记证书、经营保险经纪业务许可证、证券交易就证券提供意见提供资产管理（香港）、注册投资顾问牌照（美国）、保险代理人牌照、泽西岛信托牌照、小额贷款资质、商业保理资质、融资租赁资质、教育培训资质、增值电信业务经营许可证、公益基金会牌照、众创空间牌照

数据来源：根据诺亚财富官网整理。

诺亚财富自成立以来，其财富管理规模和高净值客户积累量增长势头喜人。2003年2亿元的财富管理规模至2017年第三季度达到4 700亿元，净增2 300余倍；高净值客户规模也从502人增至175 979人，较2016年第三季度增加45 488人，同比增加34.86%。

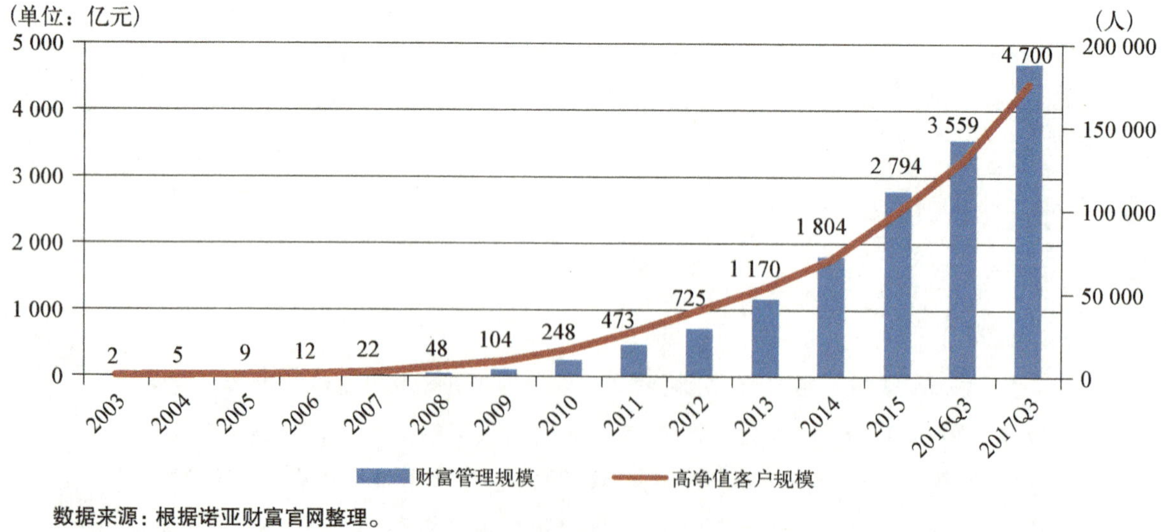

数据来源：根据诺亚财富官网整理。

图3.1 诺亚财富管理规模和客户数量呈指数型增长

2. 资产负债分析

诺亚财富资产规模已超9亿美元，但资产负债率目前处于相对低位。截至2017年第三季度，诺亚财富资产量达9.13亿美元，首度突破9亿美元，同比增长25.53%；负债规模为3.04亿美元，为资产的1/3强，即资产负债率为33.24%，纵向看，资产负债率目前从第二季度的31.55%有所回升，但仍居于近3年来的第二低位，诺亚财富偿债能力良好。

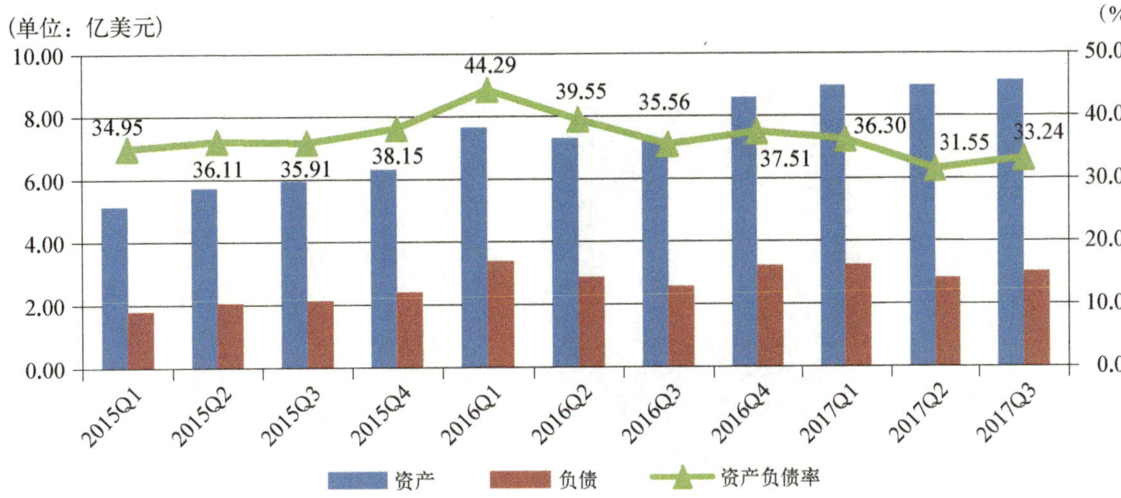

数据来源：诺亚财富季报。

图3.2　2017年第三季度诺亚财富资产超9亿美元，资产负债率处于相对低位

3. 营运能力分析

营运能力衡量资产的利用效率，资产的周转率越高，营运能力越强，本处选择流动资产周转率和总资产周转率进行衡量。诺亚财富的总资产周转率逐步降低，于2015年初的15.17次降至2017年第三季度的11.37次，周转能力有所恶化；但流动资产周转率对于服务型企业诺亚财富来说更具有代表性，自2016年底达到历史低位14.93次以后，流动资产周转率于2017年第三季度回升至15.80次，营运能力更趋好转。

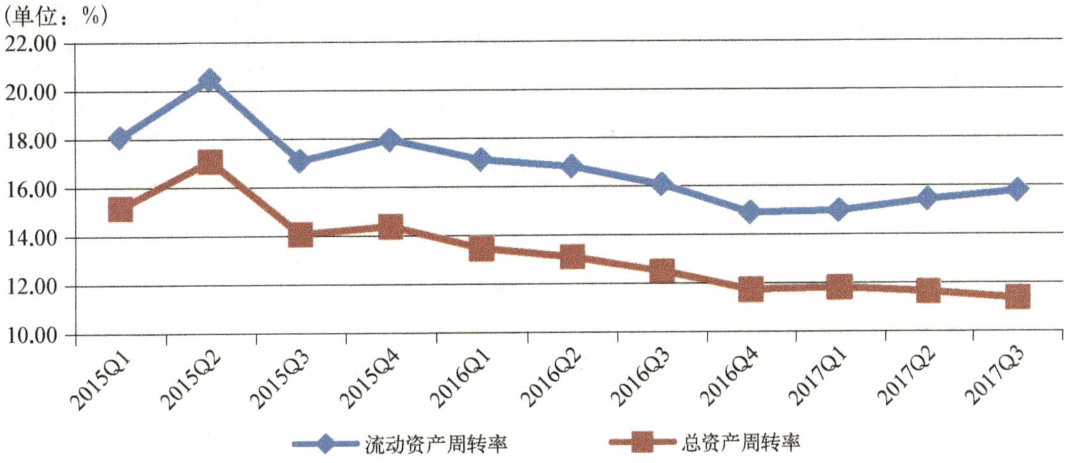

数据来源：诺亚财富季报。

图3.3　诺亚财富营运能力出现分化，流动资产周转率反弹但总资产周转率创新低

4. 盈利能力分析

财报统计了诺亚财富在财富管理、资产管理、互联网金融三个业务的收入情况，财富管理依旧是收入来源的大头，2017年第三季度达到了4.889亿元，占收入总份额的71.43%，较2016年同期增加1 430万元；但资产管理、互联网金融发展迅猛，第三季度收入分别达到1.646亿元、3 009万元，较2016年同期增长34.37%、171.02%，占收入份额的比重由20.13%、1.87%扩大至24.05%、4.51%。

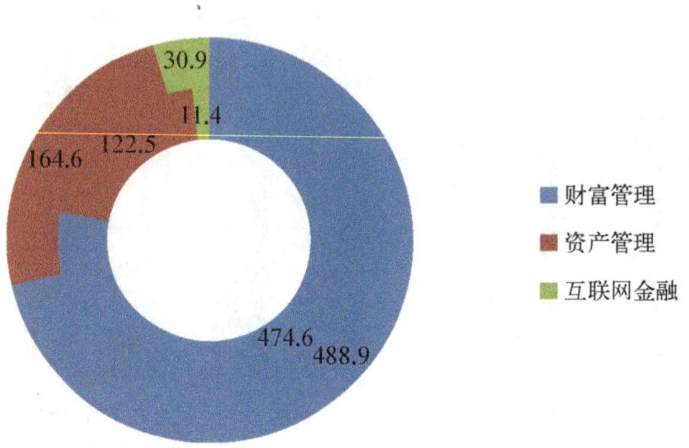

数据来源：诺亚财富季报。

图3.4　财富管理是诺亚财富的主要收入来源，但互联网金融增速较快(单位：百万元)

过往三年诺亚财富维持25.66%的净利润，成绩斐然，但季节变化明显。在2017年第三季度诺亚财富净利润率达到26.8%，较第一、二季度有所回落。事实上，诺亚财富净利润率通常在第一季度最高，通常能够达到30%以上，但第四季度最低，往往低于20%。

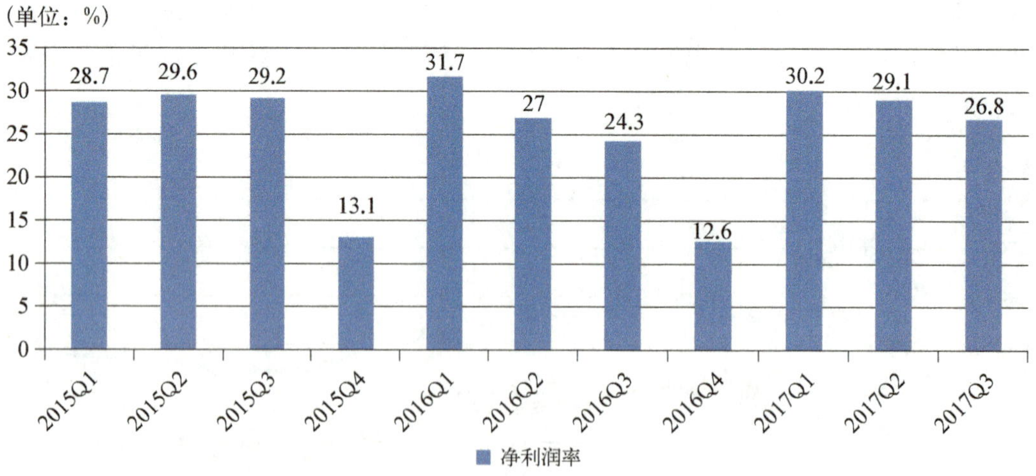

数据来源：诺亚财富季报。

图3.5　诺亚财富维持20%以上净利润率，但季节分化明显

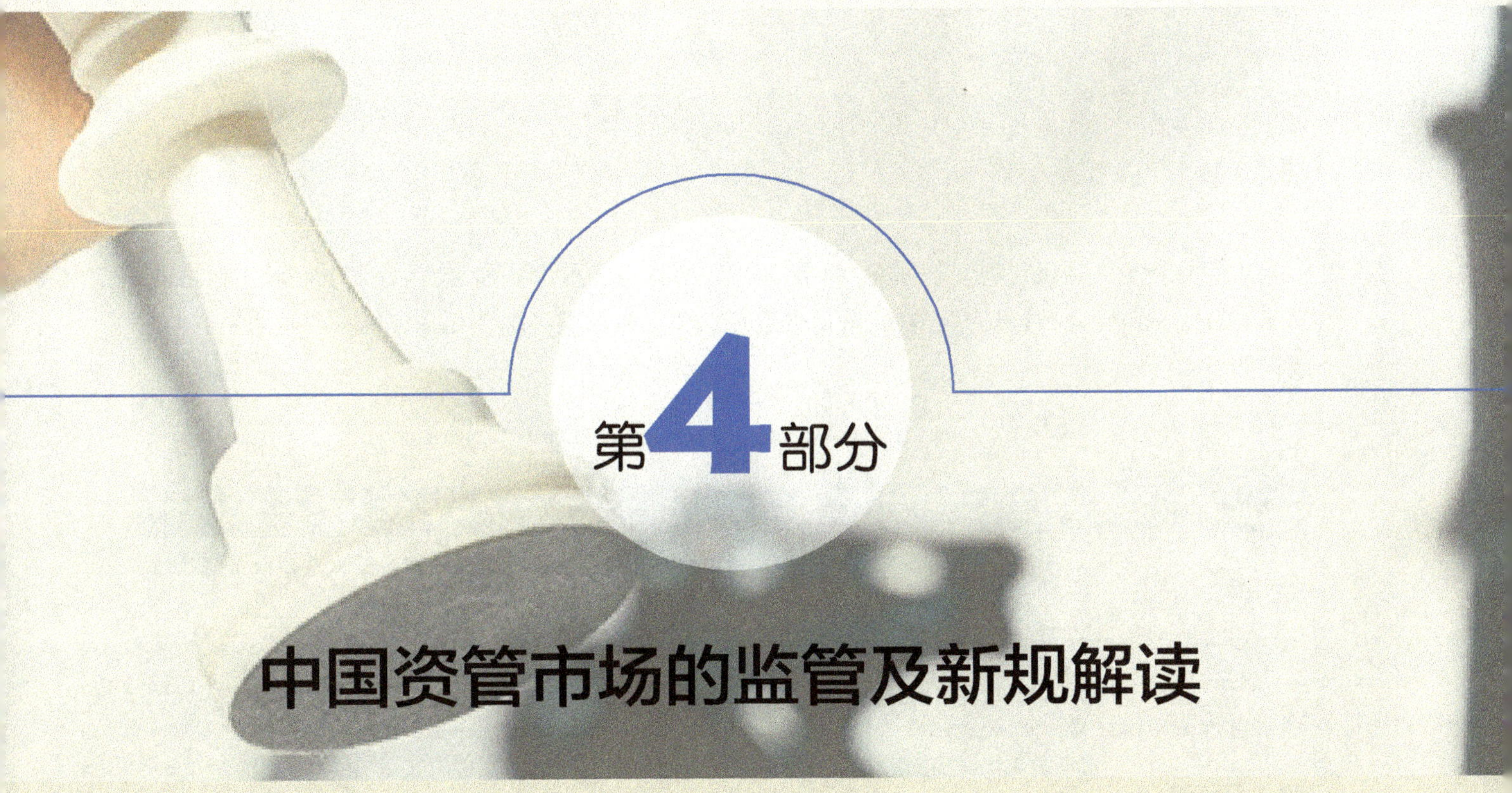

第4部分

中国资管市场的监管及新规解读

（一）中国资管市场的监管概况

大资管行业囊括银行、信托、基金、证券、保险、期货等多重市场参与者，在监管新政出台之前，尚未实行统一监管，监管机构繁多，监管依据也存在较大的区别。统计相关市场参与者适用的监管政策如表4.1所示。

表4.1 大资管行业监管政策一览

管理人	资管产品	政策依据
银行	银行理财产品	银监会令2005年第2号《商业银行个人理财业务管理暂行办法》
信托公司	资金信托（包括集合资金信托、单一资金信托）、财产权信托	信托法 银监会令2009年第1号《信托公司集合资金信托计划管理办法》
公募基金管理公司及其子公司	公开募集证券投资基金	证券投资基金法
	特定客户资产管理计划	证监会令第83号《基金管理公司特定客户资产管理业务试点办法》
证券公司及其子公司	集合资产管理计划	证监会令第93号《证券公司客户资产管理业务管理办法》 证监会公告〔2013〕28号《证券公司集合资产管理业务实施细则》
	定向资产管理计划	证监会公告〔2012〕30号《证券公司定向资产管理业务实施细则》
期货公司及其子公司		证监会令11号《期货公司监督管理办法》
私募基金管理人	私募投资基金	证监会105号令《私募投资基金监督管理暂行办法》
保险资产管理公司	债权投资计划、股权投资计划、股债结合型投资计划	保监发〔2012〕92号《基础设施债权投资计划管理暂行规定》
	资产支持计划	保监发〔2015〕85号《资产支持计划业务管理暂行办法》

（续表）

管理人	资管产品	政策依据
保险资产管理公司	组合类保险资产管理产品	保监资金〔2013〕124号《关于保险资产管理公司开展资产管理产品业务试点有关问题的通知》
专业保险资产管理机构		
养老保险公司	养老保障管理产品	保监发〔2015〕73号《养老保障管理业务管理办法》

数据来源：根据公开资料整理。

（二）资管监管新规及其解读

2017年11月中旬，中国人民银行、银监会、证监会、保监会、外汇局五部门联合发布《关于规范金融机构资产管理业务的指导意见（征求意见稿）》，旨在打破刚兑、破除多层嵌套与禁止资金池模式、清理理财乱象、降低分级杠杆等，将国内资管纳入统一监管的范畴。

《征求意见稿》共29条，计1万余字，但重点监管方向和要求如表4.2所示。

表4.2　大资管新规（征求意见稿）重点监管方向和要求

监　管	要　求	方　向
刚性兑付	鼓励净值化，打破刚性兑付	重点监管
资金池	“三单”管理，不得期限错配，加强流动性管理，净值化估值	重点监管
非标资产	定义更严格，非标不能期限错配，不得投向禁投领域	重点监管
期限错配	非标到期日不得晚于封闭式产品到期日，或开放式产品最近一次开放日	趋　严
通道业务	金融机构不得对其他机构资管产品提供规避投资范围、杠杆约束等监管的通道服务	重点监管
多层嵌套	禁止多层嵌套，只允许1层嵌套	趋　严
统一杠杆	对公募、私募总资产/净资产比例设定为140%和200%，禁止四类产品分级	去杠杆
结构化产品	4类产品不得分级，不得对优先级保本保收益	去杠杆
过渡期	1年半时间，到2019年6月	平稳过渡

资料来源：债市覃谈。

具体而言：（1）打破刚性兑付。资管业务是“受人之托，代人理财”的金融服务，金融机构开展资管业务时不得承诺保本保收益，金融管理部门对刚性兑付行为采取相应的处罚措施。

（2）禁止资金池业务。要求对每只资产管理产品的资金单独管理、单独建账、单独核算，不得开展或者参与具有滚动发行、集合运作、分离定价特征的资金池业务，要求金融机构加强产品久期管理，规定封闭式资管产品最短期限不得低于90天。

(3)规范非标资产。资管新规为“非标资产”在限额、流动性管理、运行期限等方面提出了具体要求。特别是在运行期限方面，资管新规对“非标资产”的终止提出了明确要求，即标准化债权类资产的终止须在封闭式资产管理产品到期之前或者开放式资产管理产品最近一次开放日之前。

(4)严控期限错配。规定对封闭式产品非标资产到期日不晚于产品到期日，对开放式产品不晚于最近一次开放日，通过开放式产品的方式规避禁止期限错配的做法不再可行。

(5)禁止通道业务。要求“金融机构不得为其他金融机构的资产管理产品提供规避投资范围、杠杆约束等监管要求的通道服务”。这意味着“规避投资范围、杠杆约束等监管要求”的通道业务将被全面禁止。

(6)禁止多层嵌套。规定“资产管理产品可以投资一层资产管理产品，但所投资的资产管理产品不得再投资其他资产管理产品(公募证券投资基金除外)”。这意味着除公募基金外，资管产品的结构最多有两层，即资产管理产品A–资产管理产品B，但是针对公募FOF和MOM，《指导意见》并未明确规定。

(7)统一杠杆要求。针对由于各种资管产品存在不同杠杆倍数或负债比例导致不同产品之间存在杠杆套利的情况，新规对资管业务的杠杆倍数和负债比例做出了统一规定，强调计算单只产品的总资产时按照穿透原则，合并计算所投资资产管理计划的总资产，对公募和私募产品的负债比例(总资产/净资产)分别设定140%和200%的限制。

(8)严控结构化产品。规定公募产品以及开放式运作的，或者投资于单一投资标的，或者标准化资产投资占比50%以上的私募产品均不得进行份额分级。

(9)新老划断设置过渡期。设置过渡期至2019年6月30日，按照“新老划断”原则，允许存量产品自然存续至所投资资产到期，即实行“资产到期”。

资管新规的出台引起资本市场的巨震，但有其短期和长期影响之分：

短期影响相对消极。一是严监管对金融行业和实体企业存量融资或产生一定冲击，流动性较好的债券尤其利率债在初期遭遇大幅调整；二是资管产品本身的清盘和赎回也会加大金融机构“负债荒”压力，从而对经济造成延伸性影响。因距离新规正式落地存在过渡期，影响将相对平稳。

长期影响利大于弊。一是整个资管行业大跃进的时代宣告结束，风险适度暴露有利于风险资产的定价趋于合理化，风险管理水平的上升，规模增速放缓的同时得到质量提升；二是非标资产供给逐步下降，标准化资产投资将成为大势所趋；三是强监管下中国的影子银行和非标通道等金融乱象将面临全面清理，银行广义新增信贷放缓，不少中小银行、理财等将重新面临优质资产荒的困境；四是刚兑的打破或带来存款角度衡量的无风险利率的抬升，但相较以银行理财预期收益率作为无风险利率的标准来说，无风险利率总体下降。

其次，资管新规对资管各子行业的影响不尽相同：

银行理财(影响较大)：新规规定金融机构不得开展表内资产业务，而保本理财是在银行表内核算，银行保本理财产品或消失；新规打破刚兑，要求净值化管理，投资者不确定性增大，表外理财发展速度也将受到明显制约；新规禁止多层嵌套，银行理财产品的套利空间被压缩，预计未来理财业务利差有所缩窄，银行资管子公司或成立；小型银行通道业务份额较重，新规出台或强化大银行优势，小银行或被淘汰；新规设立1年半过渡期，短期内银行理财规模或放缓，但预计影响相对较小。

券商资管（影响较大）：新规要求净值型管理使得依靠金融机构来进行产品滚动的证券公司资产面临抛售的压力；新规明确禁止通道业务，而券商通道业务已在稳步收缩，主动管理将成为券商资管业务增长的主动力；券商资管大集合产品投向多为高流动性资产，但并非当前监管鼓励方向，未来规模将会逐步萎缩；新规将投资债券、股票等标准化资产比例超过50%的私募产品的情形界定为不得进行份额分级，未来券商主动管理类产品将无法进行分级，券商结构化产品发行将受到一定影响；资管新规强调消除多层嵌套和通道，在穿透式监管下委外业务将面临较大萎缩；由于ABS不受杠杆和嵌套等相关规定，ABS可以成为非标转标的途径，ABS市场可能继续扩张。

公募基金（影响较小）：公募本来就以现值计价，完全符合资管产品净值化管理要求，短期构成利好；公募FOF在多层嵌套上获得豁免，公募FOF在大类资产配置和多策略配置上具有一定比较优势；新规规定公募产品不得进行份额分级，公募分级基金产品面临清盘或转型为其他类型基金产品；新规规定不得出现接受某一投资者申购申请后导致其份额超过基金总份额50%以上的情形，定制基金模式将再度被限制；新规分类中忽略货币类产品，明确商品及金融衍生品类产品，未来以商品和金融衍生品为标的的公募基金产品创新将会加速；公募基金需经审批才能投资未上市股权，部分封闭式基金的创新或会终结。

信托（影响较大）：新规明确要求资管产品不能刚兑，信托产品的收益率曲线变得陡峭，短期来看，信托产品零售端规模的收缩在所难免；新规“禁止多重嵌套”使得银行理财很难再绕道购买信托计划，打击信托的通道业务和主动管理业务；新规禁止资金池，非标资产资金池逐渐消亡，而混合类的资金池等到非标资产到期之后或向标准固定收益产品转型；严格执行穿透管理使得信托来自机构端的重要资金来源大规模收缩，不利于公募产品对接信托计划；然而信托零售门槛从100万元下降至30万元，有利于新客户的积累。

私募（影响适中）：新规认定下的私募基金不属于金融机构，不可以接受金融机构的投资，私募基金规模扩大受阻；中小私募在新规落地后易出现资金缺口，尤其是高度依赖金融机构孵化资金又难以进入金融机构投顾白名单的私募；新规对投顾在交易指令的操作上给予放开，金融机构资金或通过投顾方式投资私募基金；合格投资者门槛的提高或直接减少合格投资者数量，私募基金规模受到一定影响，业绩相对平庸、品牌效应偏弱的机构或将遭遇更大压力。

保险（影响较小）：新规首次将保险资管列入资管行业，改善了其市场地位，有利于其在同一起点上与其他金融机构开展公平竞争；保险资管投资资金主要来源保险业务获取的资金，面临资金多层嵌套风险较小；新规限制非标产品的发行，但保险资金投资于非标的比例不足30%，受到新规影响较小；新规打破刚性兑付，具有储蓄属性和预定利率的年金险和万能险等产品竞争对手仅剩银行表内理财，其竞争格局有所改善。然而，新规实行穿透式监管，中小保险公司投资渠道将受更多限制，对未来投资收益率的负面影响较大。

期货（影响较小）：新规限制通道业务，期货资管结构化资管产品面临冲击，将向自主管理转变；新规强调降低杠杆，或会降低客户吸引力，产品规模会受到一定限制；新规对期货公司资管业务的合规要求提高，期货公司代销资质部分受限。期货资管总体规模较小，历史欠账不多，新规对期货资管的影响相对有限。

（三）资管增值税

2017年12月25日财政部发布90号文，将于2018年1月1日起正式征收资管产品增值税，资管产品增值税缴纳规定尘埃落定。根据规定，几类资管产品投资不同标的可能遇到的增值税缴纳情况如下：

表4.3　不同机构、资管产品对于增值税的缴纳情况

持有品种	金融自营机构		证券投资基金		其他资管产品	
	利息收入	转让价差	利息收入	转让价差	利息收入	转让价差
国债、地方政府债、政策金融债、金融债、同业存单、质押式回购、买断式回购、同业借款、同业存款、同业代付	无	可抵扣6%	无	无	无	简易3%
非金融信用债	可抵扣6%	可抵扣6%	简易3%	无	简易3%	简易3%
保本理财/基金	可抵扣6%	可抵扣6%	简易3%	简易3%	简易3%	简易3%，持有到期无
非保本资管产品	无	可抵扣6%	无	简易3%	无	简易3%，持有到期无
股　　票	无	可抵扣6%	无	无	无	简易3%
其他非保本金融投资产品	无	可抵扣6%	无	简易3%	无	简易3%

注：附加税为缴纳部分的12%，只要缴纳增值税均需缴纳，数据来源于财政部、国税总局、天风证券研究所。

资管增值税的征收，无疑会对资管行业产生不可低估的影响，大致看有以下几个方面：

（1）资管告破野蛮生长。资管新规打破刚性兑付，资管产品实行净值型管理，开征增值税将提高资管产品运营成本，其收益率趋降，资管产品对于公众的吸引力将下降，不利于资管规模的扩张。

（2）资管产品收益缩窄。资管产品运营过程中发生的增值税应税行为以管理人为纳税人，但税

负也会沿着资产管理产品的投资链条向上、向下传导。税负向上传导会压减投资回报率,税负具体转嫁的程度取决于双方的税收弹性和议价能力。

(3)企业融资成本上升。税负成本向下传导会推升实体经济融资成本。譬如债券市场,在新发债券招标时资管机构会考虑增值税的因素,可能会推高发行利率。如果资管产品对接的是项目类资产,资管机构还可能会和项目端谈判,要求适当提高借款利率。

(4)信用利差逐渐走阔。资管产品各类底层资产中,对于利息收入,国债、地方债、金融债等均免征增值税,而信用品则均需缴纳,信用债相对于利率债的税后收益率下降,若要保持原来的税后利差水平,信用利差将会走阔。

第5部分

资管市场投资者结构分析

从投资者结构看,广义上可以分为个人投资者和机构投资者两大类,资管市场亦是如此。截至2017年上半年,银行理财、券商资管集合计划中个人投资者占比相对较高,超过40%,分别达46.3%和42.9%,信托产品中以个人投资者为主的集合产品占到37.3%。而基金子公司、基金专户、券商定向资管的投资者结构中,机构投资者占比分别高达94.5%、95.6%和99.7%,其中以银行和信托委托资金的比例分别达到68.5%、64.9%和86.4%,占据绝对优势。

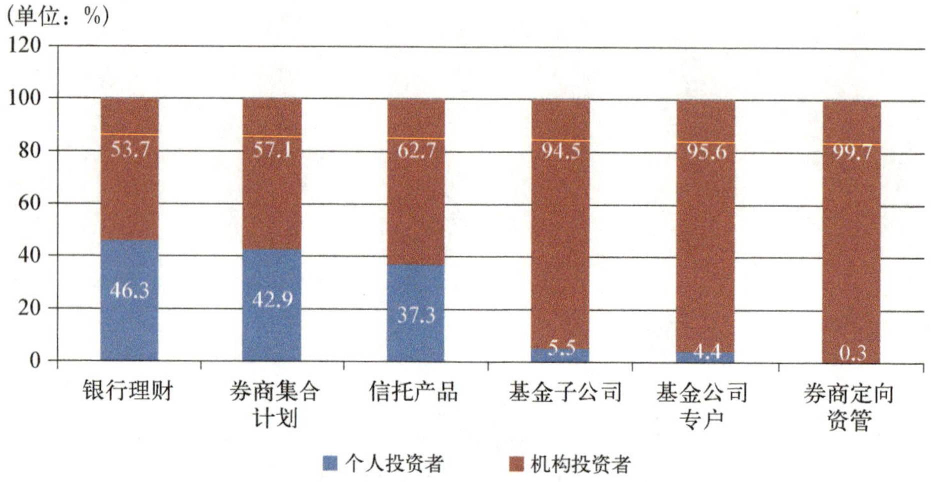

数据来源:债市覃谈。

图5.1 个人投资者规模在行业分布上差异明显

（一）个人投资者

个人投资者是构成资管市场的重要参与者，居民财富积累推动资管市场发展壮大，其投资偏好影响各子市场的动态变化。截至2017年，居民人均可支配收入达25 974元，同比增长9.04%，增速快于2016年的8.44%；与此同时，居民人均消费支出增至18 322元，同比增长7.08%，增速较上年有所放缓；收入支出差值由2016年的6 710.24元激增至7 652元，差距进一步拉大。

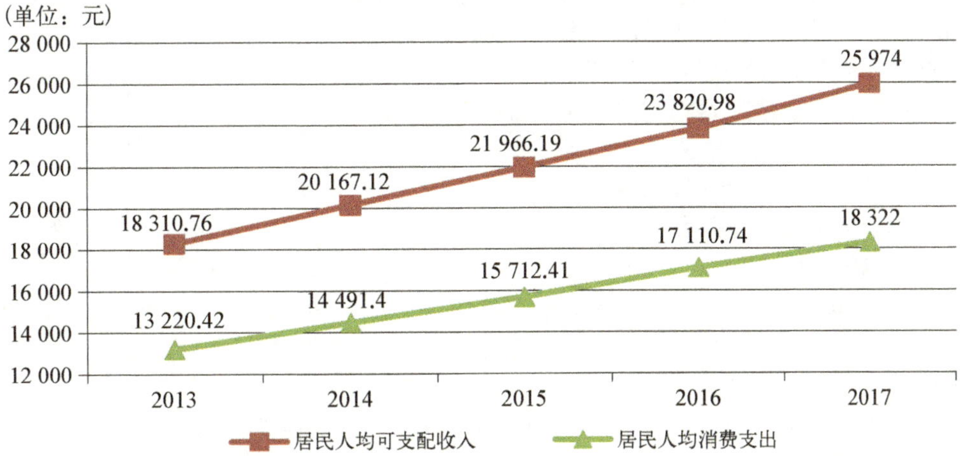

数据来源：中国统计局。

图5.2　居民人均可支配收入攀升，收入支出差值拉大

个人可投资资产是剔除自住房地产和流动性较差资产后的余额，反映了潜在的可投资能力，资产净值在1 000万元以上的高净值人群尤为受到关注。根据贝恩公司和招商银行联合出版的《2017中国私人财富报告》，2016年底全国个人可投资规模达165万亿元，较2014年增加43万亿元，复合年化增长率达21%，预计2017年达到188万亿元；高净值客户可投资规模有望从2016年的49万亿元增至2017年的58万亿元，份额从29.7%增至30.8%（见图5.3）。

高净值人群通过各种途径实现其自身财富的增值保值。据胡润百富调研数据，高净值人群现在对银行的偏好下降，但对其他机构的偏好增强。2017年高净值人群偏好银行的占比由77%降至

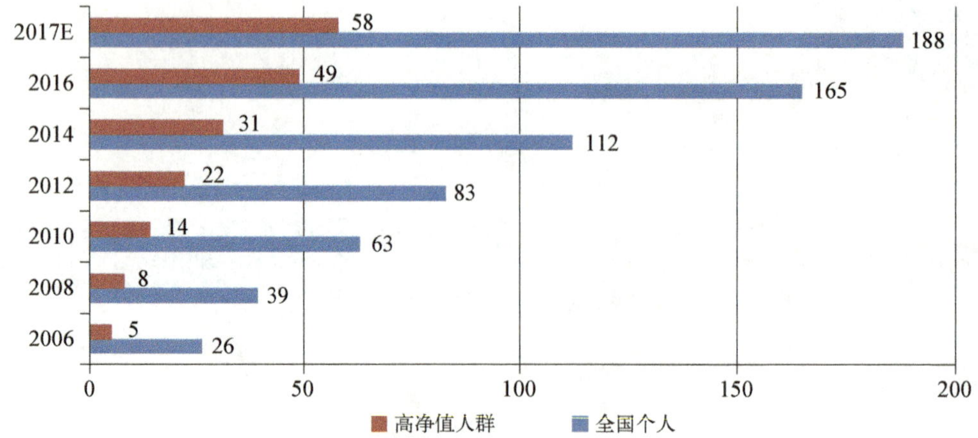

数据来源:招商银行&贝恩:《2017中国私人财富报告》。

图5.3 个人可投资规模达165万亿元,高净值份额扩大(单位:万亿元)

65.9%,但是证券/基金/期货公司、保险公司、专业财富管理机构、互联网金融机构、信托公司分别上升至56.2%、51%、45.2%、38.4%和38.2%(见图5.4)。

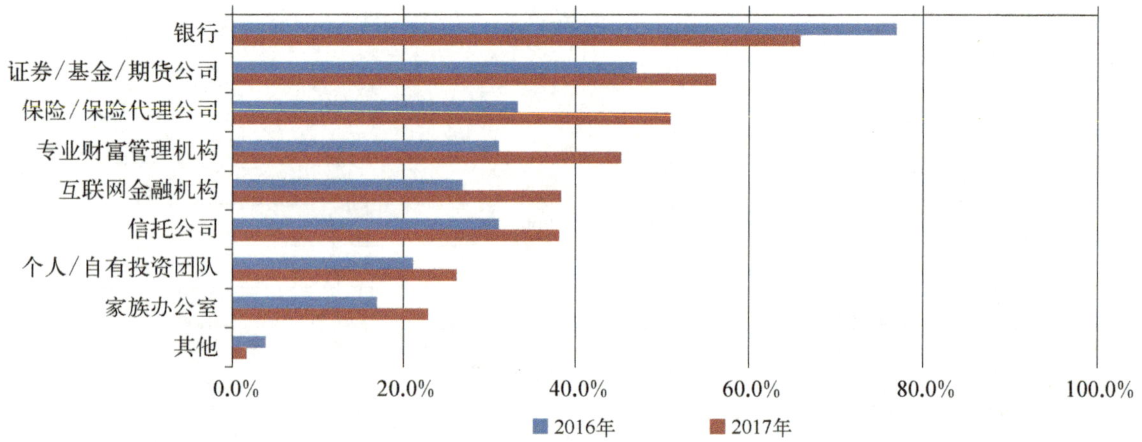

数据来源:胡润百富。

图5.4 高净值人群对银行偏好降低,更加青睐其他机构管理财产

财富浪潮背后涌现各种各样的个人投资群体,虽然或有重叠,但都有其鲜明特色。

(1)创富一代

创富一代大多于20世纪50～60年代出生,80年代末陆续开始下海经商。根据《中国私人银行2017:十年蝶变、十年展望》数据显示,创富一代50%的财富来源于创办企业,投资获利、工资和福利积累各20%,另外有少部分来自继承父辈财产。

(2)财富新贵

财富新贵人群集中在30～50岁,职业多为一代企业家或职业经理人,其主要收入来源是企业经营所得与公司股票,75%拥有可投资资产,介于1 000万～5 000万元。这类群体有强烈的创富需求,风险偏好高,倾向于权益类投资与另类投资。

（3）80后、90后

互联网的兴起为普遍受过高等教育的80后、90后提供好的理财机遇期，小额资金可以方便、快捷地在互联网金融平台投资收益较高、流动性较好的产品，这样既降低了学习、实践投资理财的成本，同时也唤起了这个群体理财意识的觉醒。

（二）机构投资者

中国资管行业机构投资者日趋多元化，银行、券商、保险、信托、私募、公募等形成鼎立之势。随着养老金入市、第二第三支柱快速发展，养老金在资管市场的重要作用凸显。

中国目前已经形成基本养老保险、企业年金和商业养老保险三支柱支撑的养老保障体系，其中基本养老保险又由企业职工养老保险和城乡居民养老保险两部分构成。截至2016年底，基本养老保险基金累计结存43 965亿元，企业年金基金累计结余11 075亿元。

具体来看，城镇职工基本养老保险参保人接近4亿人，历月收入基本大于支出，总体基金结存呈现逐步扩张的趋势。截至2017年11月，城镇职工基本养老保险参保人为3.98亿人，当月基金收入3 900亿元，高于支出的3 687.5亿元，基金余额增加。

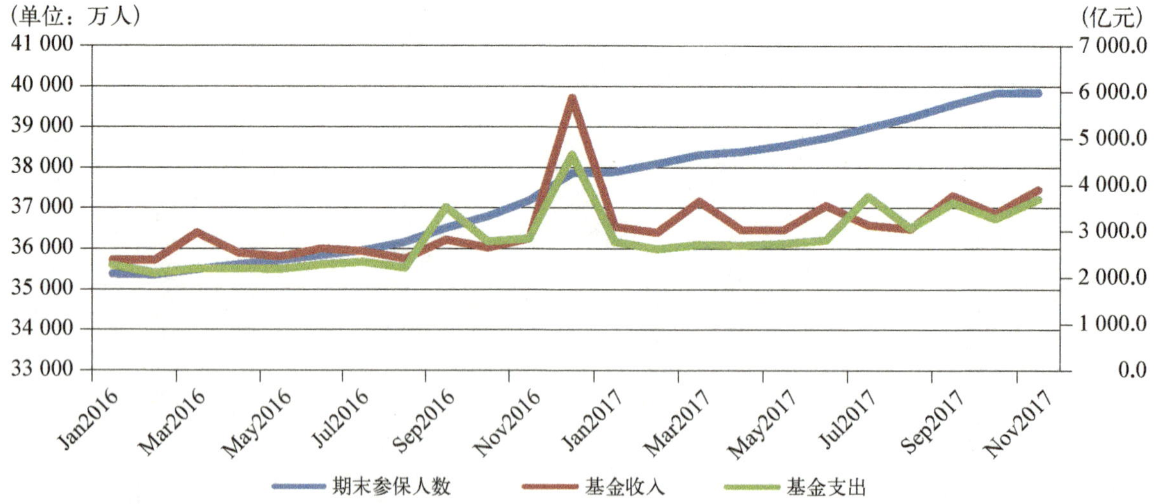

数据来源：人社部。

图5.5　城镇职工基本养老保险参保人近4亿人，历月基金收入基本大于支出

城乡居民基本养老保险较职工基本养老保险的覆盖范围更广，参保人数超过5亿人，但近几个月来基金收入赶不上基金支出，资金缺口呈现拉大的趋势。截至2017年11月，城乡居民基本养老

保险参保人数5.11亿人，当月基金收入157.8亿元，基金支出205.2亿元，缺口47.4亿元，较10月缺口37.2亿元有所扩大。

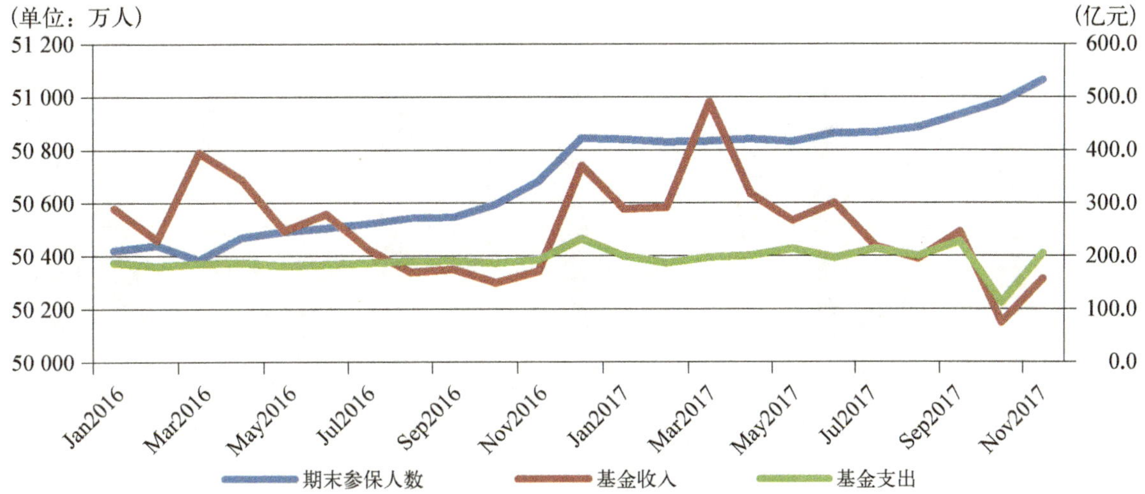

数据来源：人社部。

图5.6 城乡居民基本养老保险参保人数超过5亿人，支出缺口拉大

2016年底基本养老保险基金投资运营正式启动，目前已有9省委托投资4 300亿元。据悉西藏、甘肃、浙江、江苏也打算加入，将新增资金1 500亿元。截至2017年三季度末，已投入运营的养老基金收益率为4.15%，年化收益率为5.5%。

企业年金是国家基本养老保险的重要补充，是国家养老保障体系的第二支柱。目前企业年金尚未完全普及，全国仅不到8万家企业参加企业年金计划，覆盖2 328.61万职工，积累基金不到基本养老保险的1/3，为1.24万亿元。

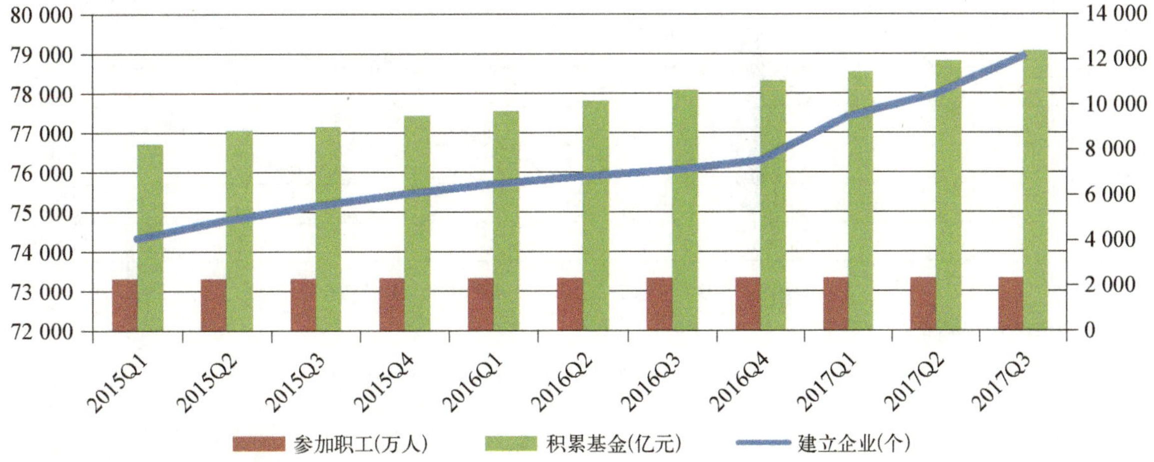

数据来源：人社部。

图5.7 近8万家企业参加企业年金计划，积累基金达1.24万亿元

经过一年过渡期，《企业年金办法》将于2018年2月1日实行。当前企业年金实际运作资产余额超过1.2万亿元，但增速略为放缓。截至2017年第三季度，企业年金实际运作余额达1.21万亿

元,分布在3 408个投资组合中,较第二季度增加4.15%,增速较上期有所放缓。

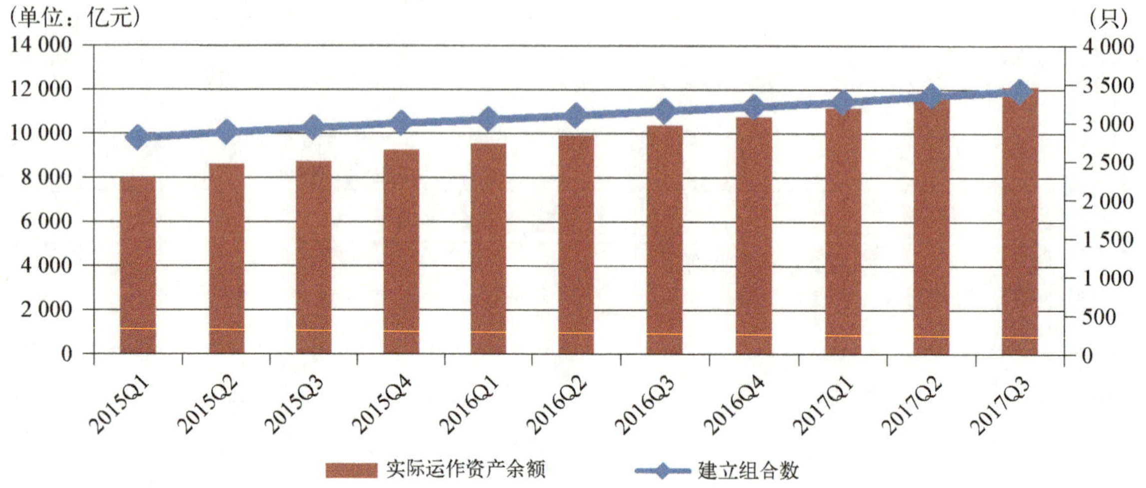

数据来源:人社部。

图5.8　企业年金实际运作资产余额超过1.2万亿元,增速略为放缓

企业年金收益波动较大,当前已从低位回升。2017年三季度,企业年金投资收益166.69亿元,较上期增加35.69亿元,环比增加27.24%,当期平均收益率达1.41%,高于前两季度的收益率。年度加权平均收益率为3.79%,居于两年来高位。

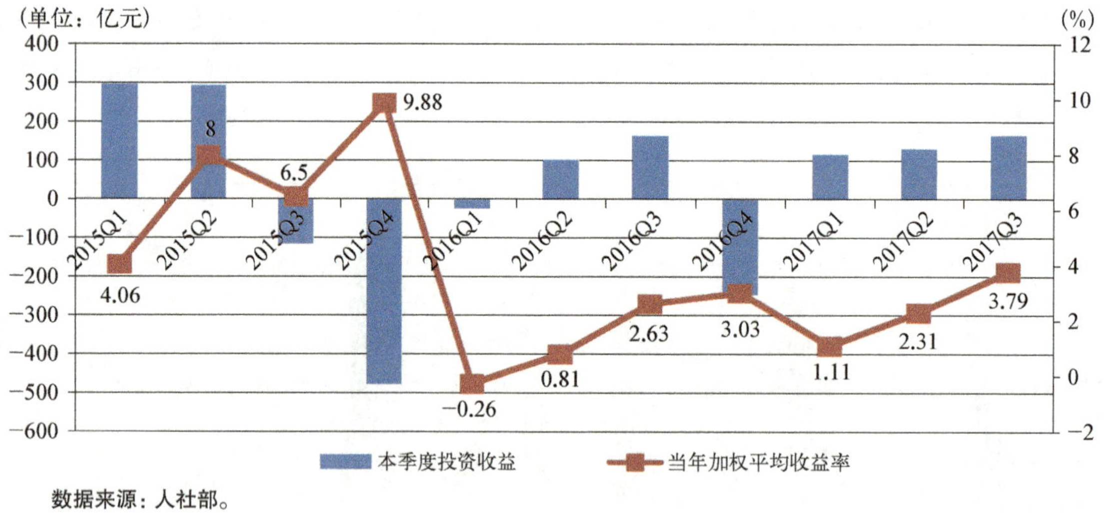

数据来源:人社部。

图5.9　企业年金年度加权平均收益率从低位抬升

第6部分

外资资管进军中国市场

中国资管市场潜力巨大,成为外资资管巨头眼中的“蓝海”,人人都想分一杯羹。

2013年之前,QDII、QFII、RQFII是外商资金流通的主要途径,但当时金融开放受限程度较高。截至2017年,132家QDII获批投资额度899.93亿美元,288家QFII获批投资额度971.59亿美元,196家RQFII获批投资额度6 050.62亿元人民币。事实上,QDII额度已经逼近900亿美元限额,近三年来几乎无变化。

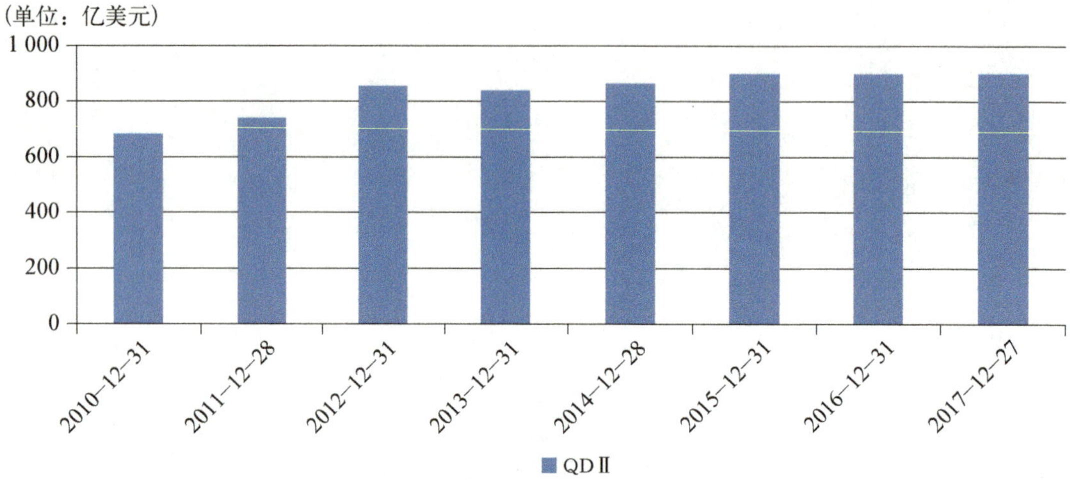

数据来源:中国外汇局。

图6.1　QDii额度已逼近900亿美元极限

QDII投资额度分配到银行类、证券基金类、保险类和信托类四类机构,其中证券基金类占比最大,而信托类占比最小。截至2017年年底,证券基金类QDII投资金额375.5亿美元,占总份额的42%,而信托类QDII投资金额仅77.5亿美元,占比9%。

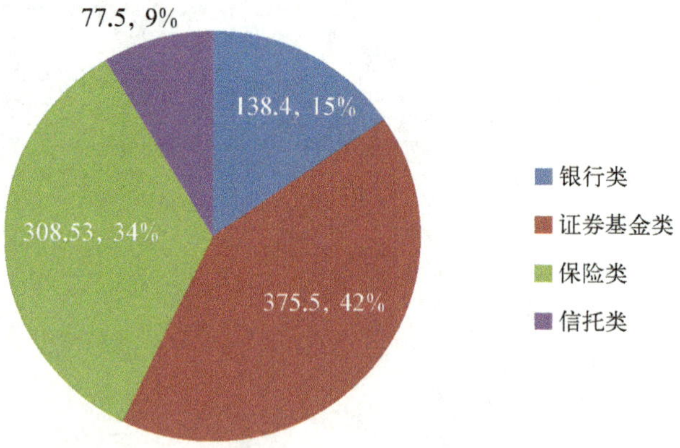

数据来源:中国外汇局。

图6.2　2017年底QDII投资机构额度占比情况(单元:亿美元)

2013年之后中国金融领域进一步开放,为外资进军中国提供更便利条件,我们将其分为合格境内有限合伙人(QDLP)和外商独资企业(WFOE)两个阶段。外汇管理局于2013年开始批复QDLP资格,拥有该资格的外汇资管可向中国境内投资者募集人民币资金,并将资金投向海外市场。相较QDII,QDLP范围延伸至对冲基金、房地产基金和股权基金。截至2017年底,共计3批15家境内外对冲基金公司获得QDLP资质。

然而,因为担忧税收问题、人民币汇兑风险、海外投资的市场风险以及QDLP产品的某些另类操作条款,高净值投资者对QDLP反应相对平淡。尽管QDLP基金产品年化回报稳定在10%～20%,但若赎回比例超过5%管理团队将收取4%～7%赎回费用,实际投资收益缩水严重。

表6.1　截至2017年底3批15家合格境内有限合伙人（QDLP）一栏

第一批			第二批			第三批		
公司名称	获批额度	时间	公司名称	获批额度	时间	公司名称	获批额度	时间
城堡投资（Citadel）	5 000万美元	2013年9月	瑞银全球资产管理	1亿美元	2015年3月	上投摩根	1亿美元	2015年9月
橡树资本（Oak Tree）	5 000万美元	2013年9月	德意志资产及财富管理	1亿美元	2015年3月	广发钧策	1亿美元	2015年9月
英仕曼（Man Group）	5 000万美元	2013年9月	野村资产管理	1亿美元	2015年3月	黑石	1亿美元	2015年9月
奥氏资本（Och-Ziff）	5 000万美元	2013年9月	EJFCapital	1亿美元	2015年3月	惠理资本	1亿美元	2015年9月
肯阳资本（Canyon Capital）	5 000万美元	2013年9月	世邦魏理仕全球投资公司	1亿美元	2015年3月			
元胜资本（Winton）	5 000万美元	2013年9月						

数据来源：根据公开资料整理。

据悉，2018年初QDLP或重启，料将发放6张牌照。

2017年以来，中国金融双向开放提速，财政部宣布单个或多个外国投资者直接或间接投资基金管理公司的比例限制从20%～49%放宽至51%，同时三年后这一控股权比例将不受限制，外商独资企业（WFOE）时代到来。

2017年1月4日富达国际旗下的富达利泰率先在中国基金业协会正式完成备案，获准在华开展私募业务。截至2017年底，中基协会备案的证券类私募机构中外商独资企业共10家，其中6家备案时间集中在2017年11—12月，包括路博迈投资、景顺纵横投资、惠理投资、安本投资、施罗德投资和贝莱德投资。据悉，全球资产管理规模排名前20的机构中，已有8家设立了资管类WFOE，包括贝莱德、先锋领航、富达、JP摩根、安联投资、纽银梅隆、安盛集团、德意志银行（见图6.3）。

然而，WFOE真正备案产品进行运作的却不多见，目前总共2只股票策略、2只债券策略和1只量化CTA产品。其中，富达利泰独占3席，其于2017年5月4日备案了第一只产品“富达中国债券一号私募基金”，并在12月底分别备案了一只债券策略和一只股票策略产品；瑞银资产管理（上海）有限公司则在11月1日发行了第一只股票策略产品“瑞银中国股票精选私募基金一号”；另有英仕曼在12月11日发行了一只量化对冲基金（见表6.2）。

值得注意的是，外资独资资管在华开展业务可以说是2015年以来中英经济财金对话、中美战略与经济对话的成果之一，未来海外优秀金融机构的实质性进入，对促进行业竞争、提高市场效率都具有重要的意义。

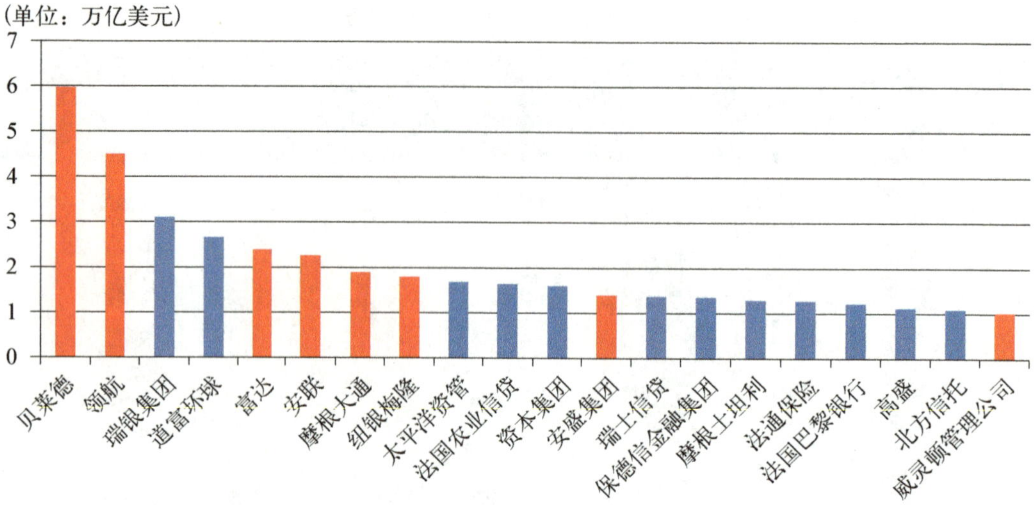

数据来源：公开资料整理，数据截至2017年9月30日。

图6.3　全球资产管理机构前20强有8家在上海成立WFOE

表6.2　已登记外资私募名单及其产品发行情况

公司名称	登记时间	注册资本	旗下产品	产品类型	备案时间
富达利泰投资管理（上海）有限公司	2017-01-03	200万美元	富达中国债券一号私募基金	债券策略	2017-05-04
			富达中国债券盈收一号私募基金	债券策略	2017-12-28
			富达中国股票一号私募基金	股票策略	2017-12-29
瑞银资产管理（上海）有限公司	2017-07-13	1亿元人民币	瑞银中国股票精选私募基金一号	股票策略	2017-11-17
富敦投资管理（上海）有限公司	2017-09-07	400万美元	暂无	—	—
英仕曼（上海）投资管理有限公司	2017-09-07	100万美元	英仕曼宏量1号私募基金	量化CTA	2017-12-11
惠理投资管理（上海）有限公司	2017-11-09	5 000万元人民币	暂无	—	—
景顺纵横投资管理（上海）有限公司	2017-11-09	200万美元	暂无	—	—
路博迈投资管理（上海）有限公司	2017-11-09	200万美元	暂无	—	—
安本投资管理（上海）有限公司	2017-11-29	500万美元	暂无	—	—
贝莱德投资管理（上海）有限公司	2017-12-25	200万美元	暂无	—	—
施罗德投资管理（上海）	2017-12-25	4 000万元人民币	暂无	—	—

数据来源：中国证券投资基金业协会，截至2017年12月底。

第 7 部分

2017 中国期货市场运行概况

(一) 全国市场规模与结构

根据中国期货业协会的数据，2017年全国期货市场交易总量为30.76亿手，市场交易总额为187.90万亿元，截止到2017年12月末，持仓量为1 217.67万手，环比减少13.2%。

从半年度数据看，2017年上半年完成全年交易总量的48.0%，同比减少35.5%，完成全年交易总额的45.7%，同比减少13.5%；下半年完成全年交易总量的52.0%，同比减少25.7%，完成全年交易总额的54.3%，同比减少3.9%。

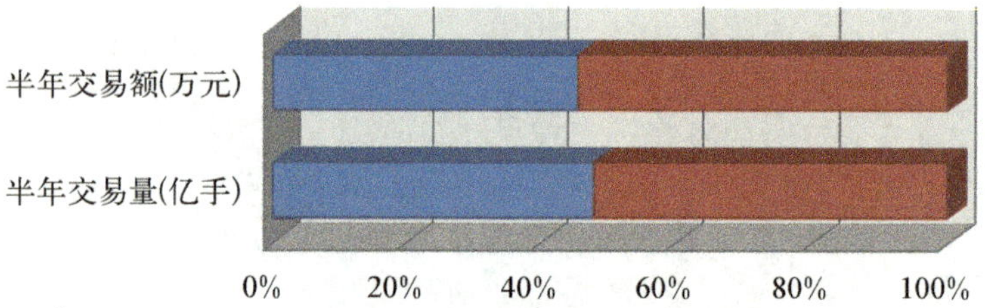

	半年交易量(亿手)	半年交易额(万元)
上半年	14.78	85.91
下半年	15.98	101.99

数据来源：中国期货业协会：《2017年12月全国期货市场交易情况》。

图7.1　2017年全国期货市场交易量与交易额半年度完成情况

2017年度内，全国期货市场下半年的整体情况略好于上半年，且交易额同比下降的幅度明显小于交易量同比下降的幅度。

从交易量月度数据看，仅2月、8月、9月三个月份实现了同比增长，3、4月和10、11月期间都较上年相同时期在交易量上有明显的下滑，最大下滑幅度达到同期的−53.9%。4—8月交易量情况良好，基本维持在月均2.83亿手左右，环比最大增量为17.1%。年度交易量下滑出现在3月末和8月末，又均在之后的3个月内便实现回升，全年月均2.56亿手（见图7.2）。

交易额月度数据的同比变化略好于月度交易量的同比变化。2月、8月、9月、10月四个月份实现同比增长，最大达到50.1%。在8—10月期间，连续实现同比增长，其中9月份当月交易量虽较上

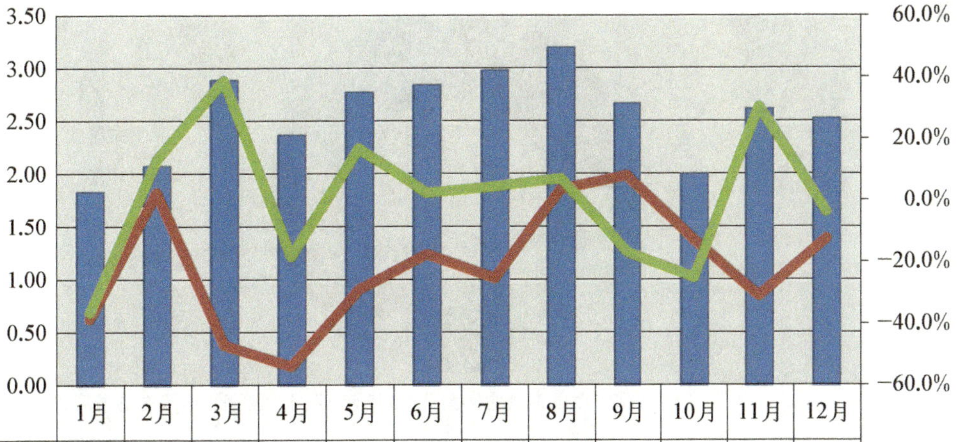

	1月	2月	3月	4月	5月	6月	7月	8月	9月	10月	11月	12月
全国交易量(亿手)	1.83	2.08	2.89	2.37	2.77	2.84	2.98	3.20	2.66	2.00	2.61	2.53
同比增长率(%)	−38.3	2.7	−46.9	−53.9	−28.9	−17.4	−25.2	3.8	8.3	−12.8	−30.8	−12.2
环比增长率(%)	−36.3	13.3	39.1	−18.1	17.1	2.6	4.8	7.3	−16.7	−24.9	30.7	−3.4

数据来源：中国期货业协会：《2017年12月全国期货市场交易情况》。

图7.2　2017年全国期货市场交易量月度完成情况

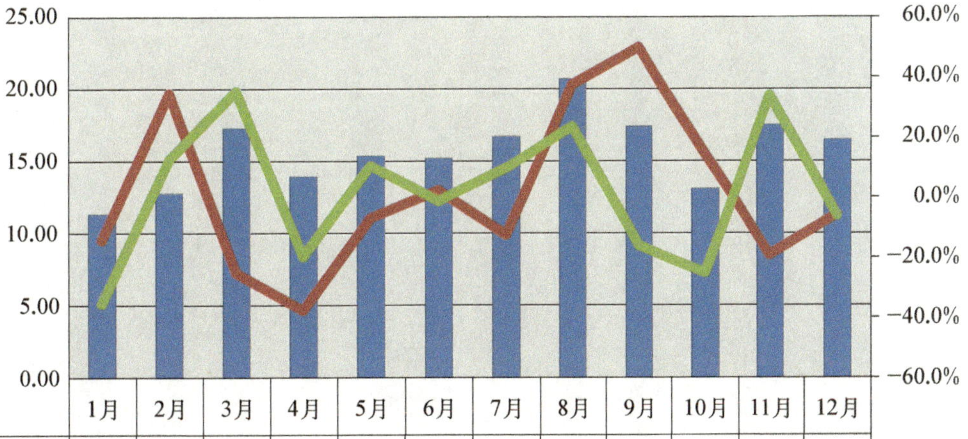

	1月	2月	3月	4月	5月	6月	7月	8月	9月	10月	11月	12月
全国交易额(万亿元)	11.34	12.77	17.29	13.90	15.39	15.22	16.72	20.70	17.42	13.09	17.55	16.52
同比增长率(%)	−14.1	34.7	−25.0	−37.6	−6.7	2.5	−12.3	37.7	50.1	14.4	−19.1	−5.4
环比增长率(%)	−35.1	12.7	35.4	−19.6	10.7	−1.1	9.9	23.8	−15.8	−24.9	34.1	−5.9

数据来源：中国期货业协会：《2017年12月全国期货市场交易情况》。

图7.3　2017年全国期货市场交易额月度完成情况

年同期只提升了8.3%，交易额却是上年同期的1.5倍(见图7.3)。

从季度数据看，外圈是各季度交易额的完成量以及在全年总量中的占比，内圈是各季度交易量的完成量以及在全年总量中的占比。整体而言，交易量与交易额在四个季度中分布均匀，市场稳健运行，且交易量与交易额显示出了同向变化的特征。占比最大的第三季度和占比最小的第一季度，交易量和交易额在全年总量中的占比正好相等，分别是29%和22%(见图7.4)。

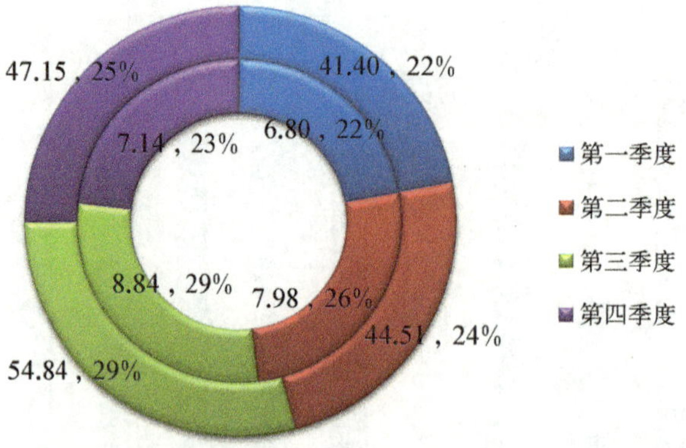

数据来源：中国期货业协会：《2017年12月全国期货市场交易情况》。

图7.4　2017年全国期货市场各季度交易量与交易额情况

截止到2017年12月，全国期货市场持仓量情况为月末持仓1 217.67万手，环比持仓量减少13.22%。

（二）各交易所规模与结构

2017年全国期货市场总体规模中，上海期货交易所、大连商品交易所占了总体比重的绝大部分。依据数据可见，上海期货交易所全年交易量和交易额占比均接近全国市场规模的1/2，大连商品交易所全年交易量和交易额则为全国市场规模的1/3左右。

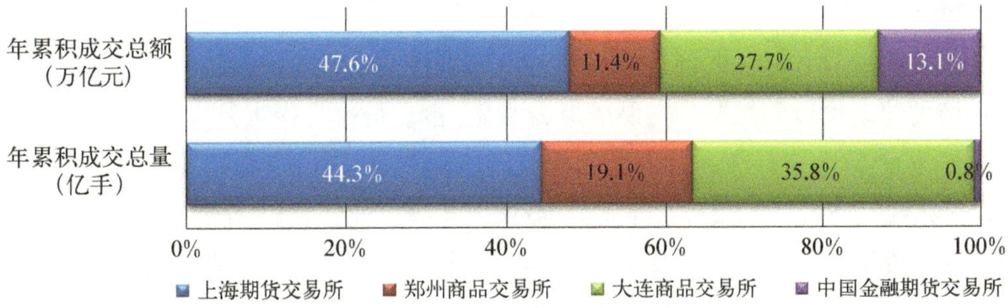

数据来源：中国期货业协会：《2017年12月全国期货市场交易情况》。

图7.5　2017年期货市场四大交易所年交易量与交易额

表7.1　2017年四大交易所期货交易情况

交易所名称	年累积成交总量（亿手）	年累积成交总额（万亿元）	交易品种数量（种）	典型交易品种举例
上海期货交易所	13.64	89.93	14	石油沥青、螺纹钢、热轧卷板、铜、黄金、白银等
郑州商品交易所	5.86	21.37	19	PTA（精对苯二甲酸）、甲醇、菜籽粕、玻璃、白糖等
大连商品交易所	11.01	52.01	17	铁矿石、豆粕、玉米、鸡蛋。焦炭、聚乙烯等
中国金融期货交易所	0.25	24.59	5	10年期国债期货、沪深300股指期货、5年期国债期货、上证50股指期货、中证500股指期货

数据来源：中国期货业协会：《2017年12月全国期货市场交易情况》。

截止到2017年12月底，全国期货市场共有55种交易品种，上海期货交易所的交易品种中以有色金属、贵金属、钢铁建材等为主；郑州商品交易所和大连商品交易所则以农产品、化工用品等最为常见；中国金融期货交易所均为金融期货类交易品种，集中在国债和股指期货。

各月份不同交易所的交易量和交易额在全国份额中的占比不同，依据月度数据，交易量月占比的波动更为明显，而交易额月占比的变化曲线则更为平滑。

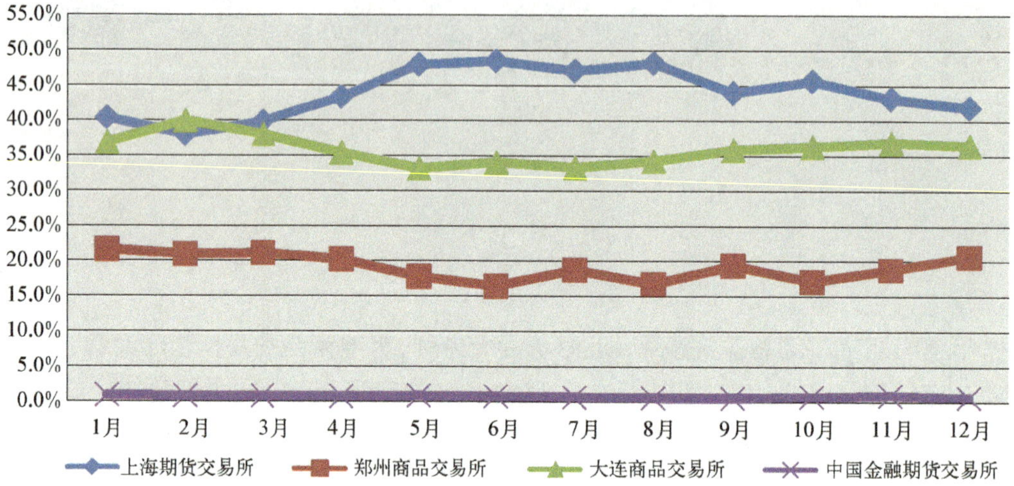

数据来源：中国期货业协会:《2017年12月全国期货市场交易情况》。

图7.6　2017年四大交易所月度成交量的全国份额占比变化

两个指标的波动均以上海期货交易所最为明显，占比最小月份当月交易量占全国份额的比例为38.1%，占比最大月份当月交易量占全国份额的比例为48.5%，相差了10.4个百分点；月度交易额的变动占比则在44.5%～51.2%之间波动，最大值和最小值相差6.7个百分点。

中国金融期货交易所交易品种最少，仅10年期国债期货、沪深300股指期货、5年期国债期货、上证50股指期货、中证500股指期货五个交易品种，交易量各月占全国份额的比重在0.6%～1.0%之间波动，交易额占比则在9.6%～16.0%之间波动。

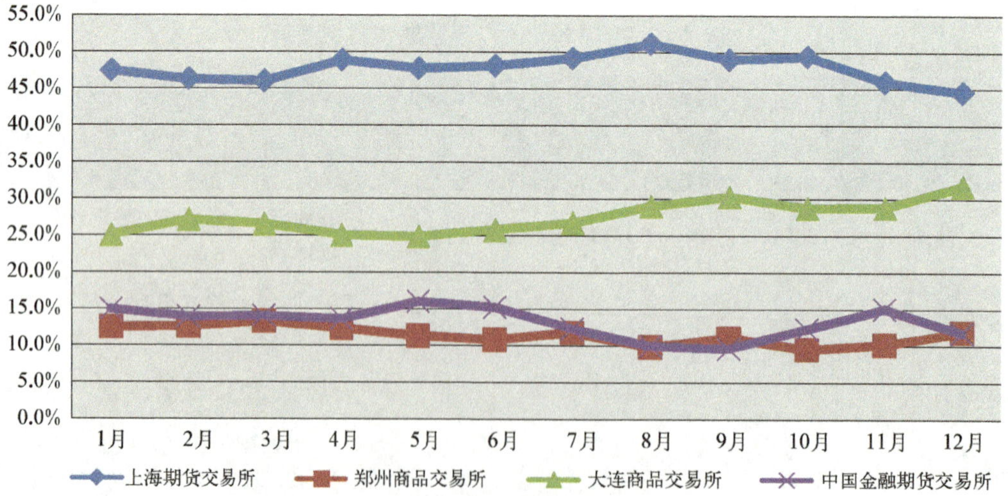

数据来源：中国期货业协会:《2017年12月全国期货市场交易情况》。

图7.7　2017年四大交易所月度成交额的全国份额占比变化

相较而言，郑州商品交易所与大连商品交易所的交易量和交易额的变动趋势则更为相似，说明交易品种的价格变动也更为平稳。

从持仓量看，大连商品交易所持仓量占全国持仓总量的比例最高，月度平均持仓比例为42.6%；上海期货交易所月度平均持仓比例为33.0%，郑州商品交易所月度平均持仓比例为23.0%，中国金融期货交易所月度平均持仓比例为1.5%。

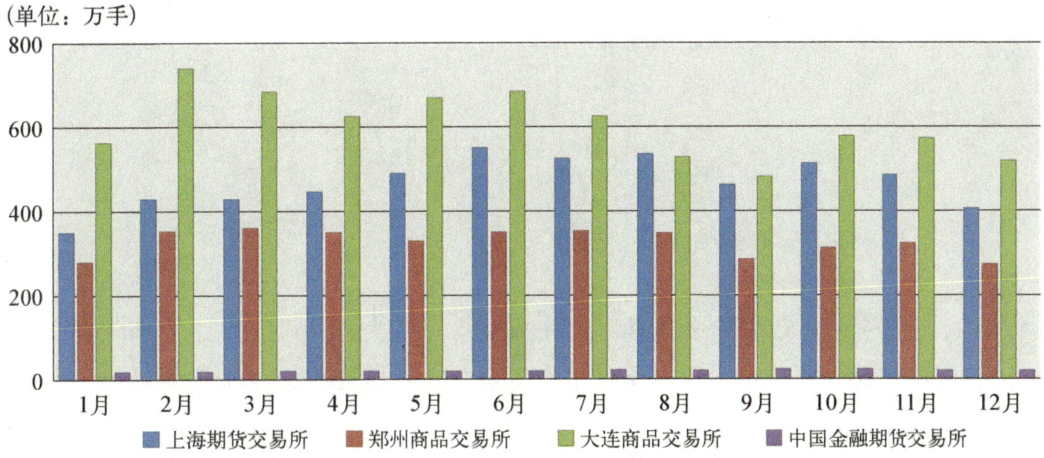

数据来源：中国期货业协会：《2017年12月全国期货市场交易情况》。

图7.8　2017年四大交易所12月月末持仓量对比

持仓量占比较高的大连商品交易所和上海期货交易所各月持仓量的变动要大于持仓量占比相对较小的郑州商品交易所和中国金融期货交易所。从数据上看，大连商品交易所月度持仓量占比最高时达到当月市场持仓总量的48.0%，最小时为36.9%，波动范围在11.1个百分点；上海期货交易所月度持仓量占比最高时达到37.4%，最小时为27.8%，波动范围在9.6个百分点；郑州商品交易所月度持仓量占比最高时达到24.3%，最小时为21.8%，波动范围在2.5个百分点；而中国金融期货交易所月度持仓量占比最高时达到1.9%，最小时为1.2%，波动范围在0.7个百分点。

（三）交易品种结构与规模

2017年四大交易所的55个交易品种一共完成交易总量为30.76亿手，结合期货协会公布的统计数据，交易量在前10位的交易品种的交易量占了整个交易总量的64.4%。

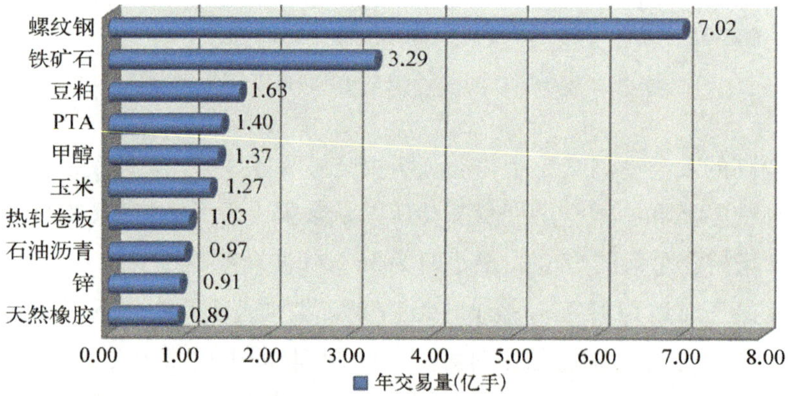

数据来源：中国期货业协会：《2017年12月全国期货市场交易情况》。

图7.9　年交易量TOP 10的交易品种明细

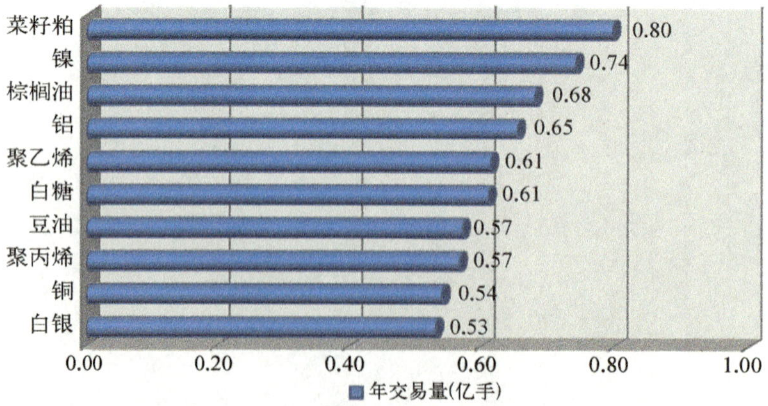

数据来源：中国期货业协会：《2017年12月全国期货市场交易情况》。

图7.10　年交易量TOP 20的交易品种明细

从全年的交易额看，全年总量为187.90万亿元，同样表现出了较高的集中度。交易额排名在前10位的交易品种的交易额占全国总量的61.3%，排在11～20位的交易品种的交易额占全国总量的20.7%，即前20位的交易品种的交易额合计占到全国总量的82.0%。

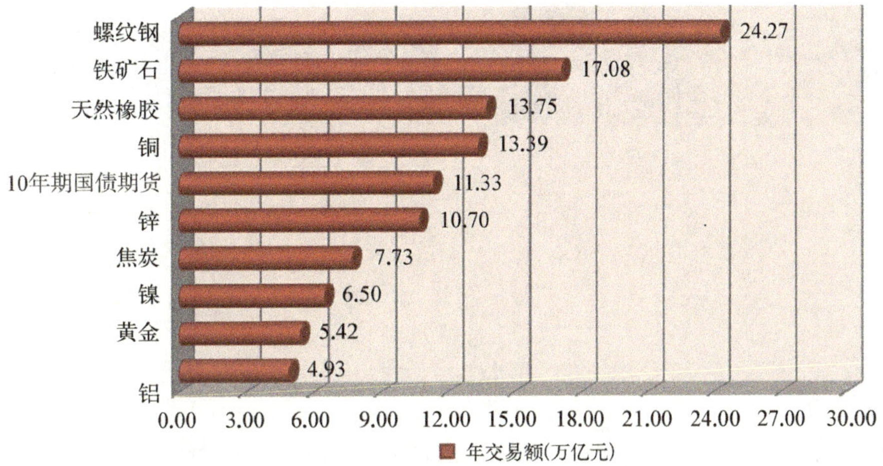

数据来源：中国期货业协会：《2017年12月全国期货市场交易情况》。

图7.11　年交易额TOP 10的交易品种明细

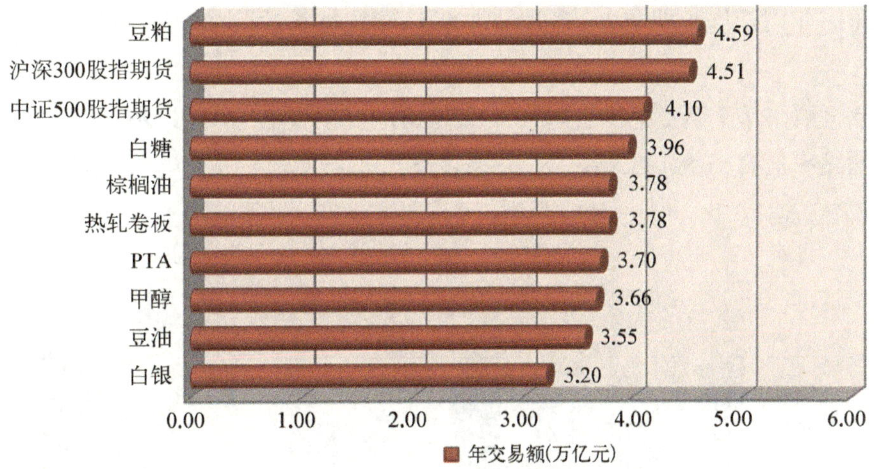

数据来源：中国期货业协会：《2017年12月全国期货市场交易情况》。

图7.12　年交易额TOP 20的交易品种明细

（四）2017年期货交易所运营情况

1. 中国金融期货交易所

依据中国期货业协会的数据，2017年中国金融期货交易所全年交易总量为2 459.6万手，占全国期货市场交易总量的0.8%；全年交易总额为24.6万亿元，占全国期货市场交易总额的13.1%；年末所有交易品种的持仓总量为19.5万手，占全国期货市场持仓总量的1.6%。

从月度数据看，月度成交量除1月、12月同比下降外，其他月份均实现了同比增长，即2017年的交易量较2016年同期增长明显，最高月份为6月，同比增长达到93.0%，其次是11月，同比增长达到78.9%。

从环比数据看，2017年度中国金融期货交易所的交易量在全年波动较为明显，一季度实现连涨，2月环比增减率最高，达到33.0%；二、三季度下滑态势明显；进入第四季度又经历了大起大落，11月环比增减率高达66.1%，但进入12月则转为−27.1%。

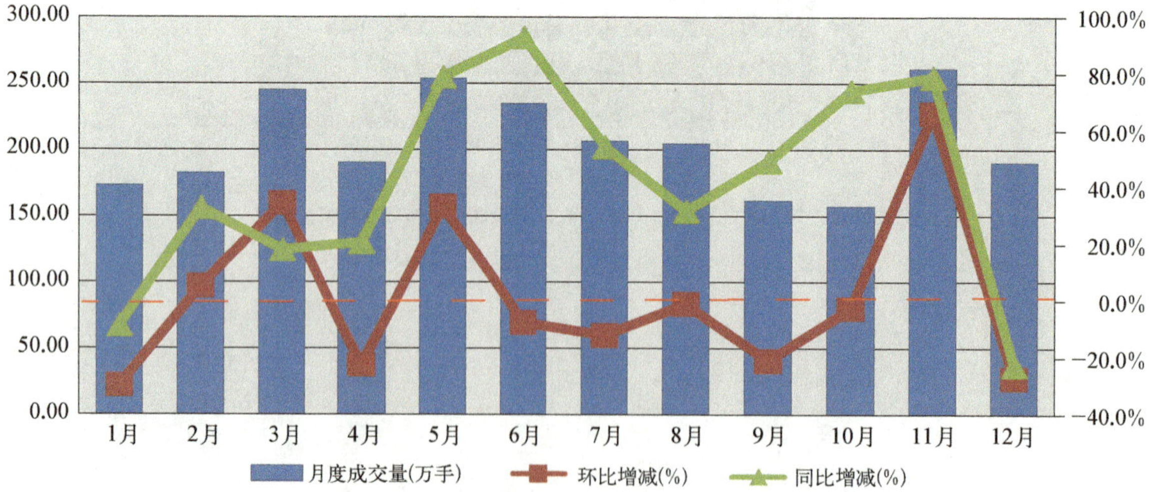

数据来源：中国期货业协会：《2017年12月全国期货市场交易情况》。

图7.13　2017年中国金融期货交易所月度成交量变动

月度交易额伴随交易量的起伏也呈现相同的波动态势，同比增减率6月达到峰值92.0%，其次是11月的76.6%；环比增减率则在11月达到峰值64.2%，同样在12月出现明显下滑，环比减少26.1%。

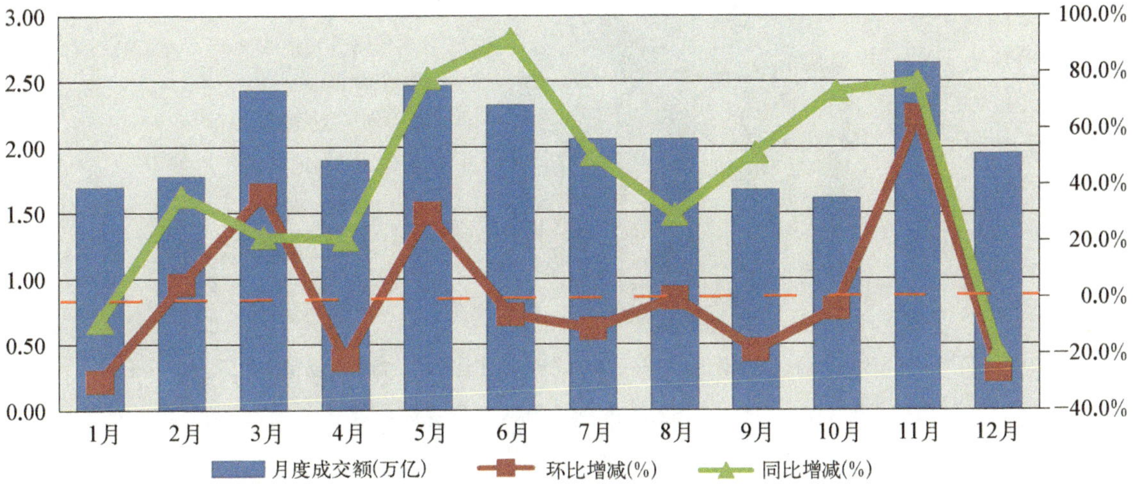

数据来源：中国期货业协会：《2017年12月全国期货市场交易情况》。

图7.14　2017年中国金融期货交易所月度成交额变动

从交易品种看，中国金融期货交易所现有5个常规交易品种，年度平均成交量为491.9万手，仅10年期国债期货的全年交易量在平均值以上；年度平均成交额为4.9万亿元，同样仅有10年期国债期货的全年交易额在平均值以上。可见，中国金融期货交易所的交易量和交易额均集中在10年期国债期货这个交易品种上。

结合期货业协会统计数据，10年期国债期货的全年交易量占比高达48.58%，全年累积成交量为1 194.9万手；而全年交易额占比达到46.08%，全年累积交易额为11.3万亿元。但中国金融期货交易所总体规模在全国期货市场中占比较小，10年期国债期货的全年交易量仅占全国份额的0.39%，全年交易额仅占全国份额的6.03%。

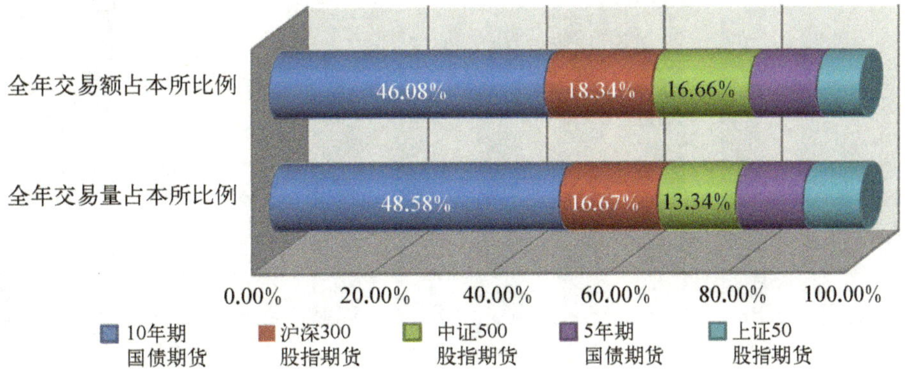

数据来源：中国期货业协会：《2017年12月全国期货市场交易情况》。

图7.15　2017年中国金融期货交易所交易品种市场规模结构

从持仓量看,10年期国债期货依然排在第一位,截止到2017年12月底,10年期国债期货持仓量为6.1万手,占全国份额的0.5%,但在中国金融期货交易所总持仓量中占比31%。

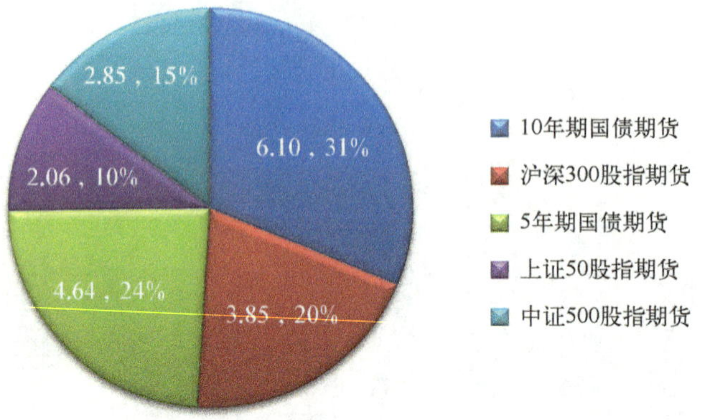

数据来源:中国期货业协会:《2017年12月全国期货市场交易情况》。

图7.16 2017年12月底中国金融期货交易所持仓结构(单位:万手)

典型交易品种的交易情况

中国金融期货交易所的5个交易品种中,2个以国债为标的,另外3个以股市指数为标的。国债类交易品种为10年期国债期货和5年期国债期货,2017年度全年交易额分别为11.33万亿元和2.75万亿元,占交易所全年交易额的57.2%。

(1)国债期货类

从交易量的全年分布来看,10年期国债期货上半年交易量为686.18万手,占全年总交易量的57.4%,且同比增长上半年更为显著,较2016年同期,2017年上半年10年期国债期货的月度交易量均实现了成倍的增长,最大值出现在3月,是2016年3月交易量的近3倍。

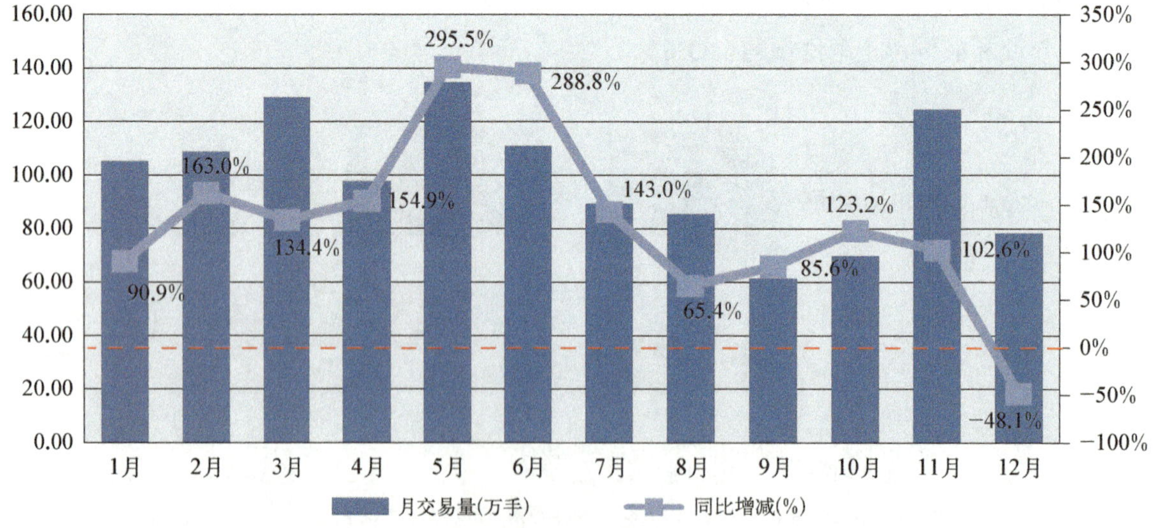

数据来源:中国期货业协会:《2017年12月全国期货市场交易情况》。

图7.17 2017年10年期国债期货月度交易量与同比变化

交易额在5月达到1.27万亿元，3月和11月也相对较高，分别为1.24万亿元与1.15万亿元；最小月份9月，成交额为0.58万亿元。同比数据较好，仅12月成交额同比下滑，增长月份的同比增长均值为121.6%，即同比均成倍增长。

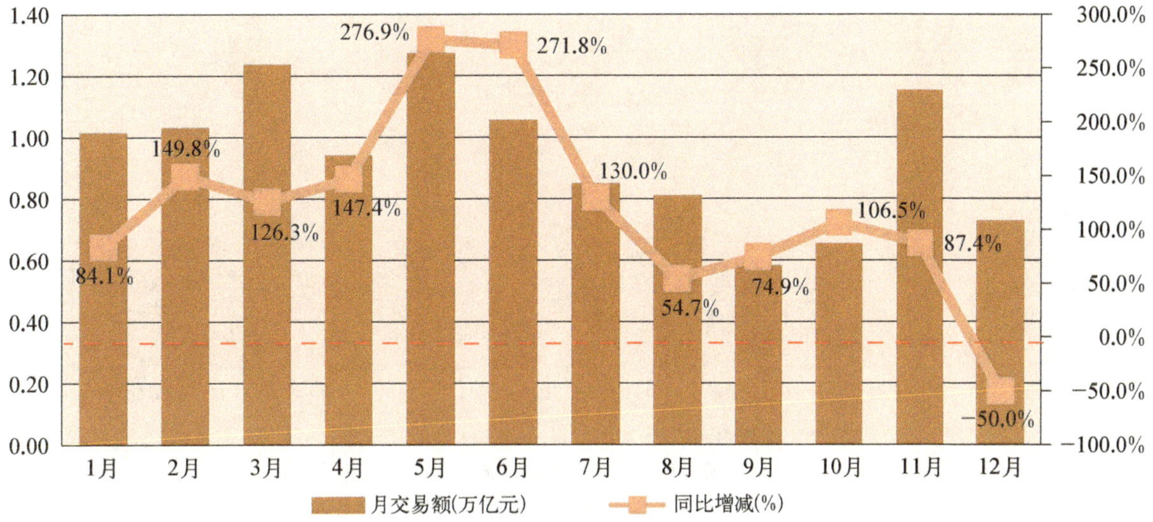

数据来源：中国期货业协会：《2017年12月全国期货市场交易情况》。

图7.18　2017年10年期国债期货月度交易额与同比变化

5年期国债期货情况则是下半年的交易量要大于上半年，下半年交易总量为152.7万手，占全年交易量的54.1%，全年交易量最大值出现在11月，达到40.17万手。同比数据显示，上半年直到5月份才实现同比增长，10月份实现同比翻番，12月出现明显回落。

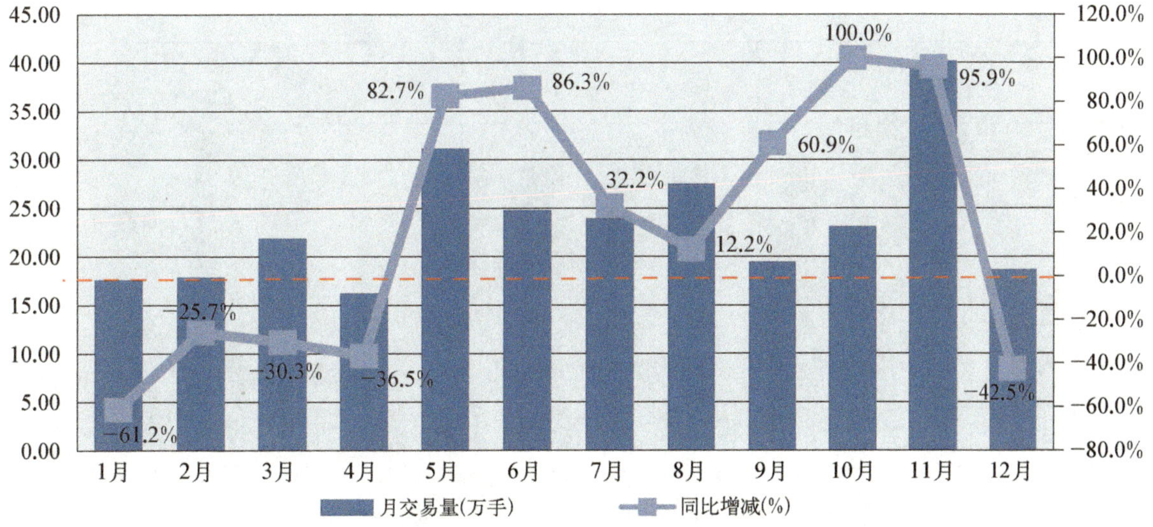

数据来源：中国期货业协会：《2017年12月全国期货市场交易情况》。

图7.19　2017年5年期国债期货月度交易量与同比变化

交易额在11月和5月的时候达到全年较高水平，分别为0.39万亿元和0.30万亿元，4月最低为0.16万亿元。全年有5个月成交额出现了同比下滑，最大幅度达到−61.8%，1月份当月成交额为

0.17万亿元，但较上年同期不足当时交易额的1/2；10月份同比增长90.1%，是年度同比增长情况最好的月份。

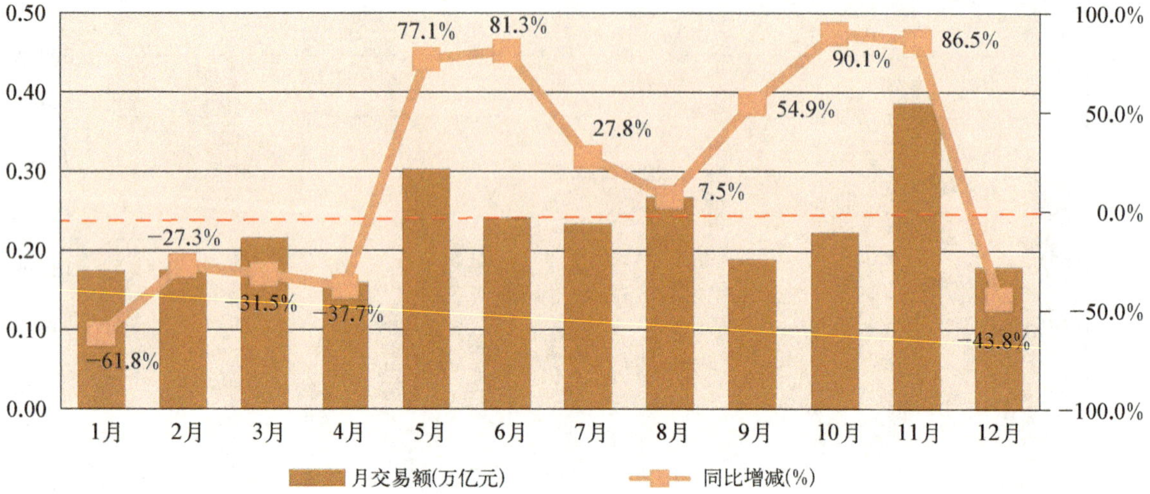

数据来源：中国期货业协会：《2017年12月全国期货市场交易情况》。

图7.20　2017年5年期国债期货月度交易额与同比变化

（2）股指期货类

股指期货类交易品种在2017年度的成交总额表现分别是沪深300股指期货累计成交4.51万亿元，中证500股指期货累计成交4.10万亿元，上证50股指期货累计成交1.90万亿元。

成交额最高的沪深300股指期货占交易所成交总额的18.34%，但在全国成交额中仅占2.40%的份额。全年交易量在年中较为平稳，在第一、第四季度均表现出先下降再上升的样态。

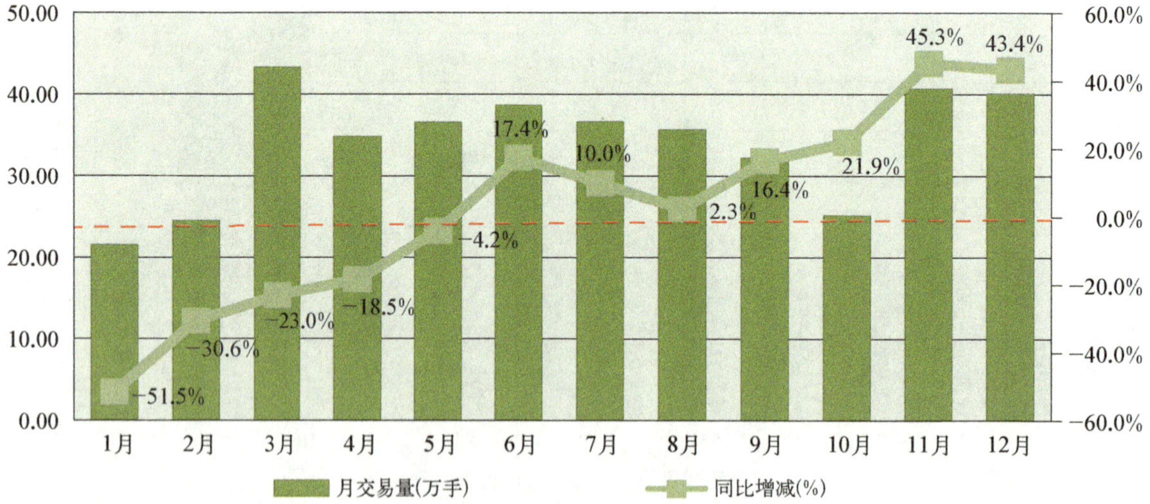

数据来源：中国期货业协会：《2017年12月全国期货市场交易情况》。

图7.21　2017年沪深300股指期货月度交易量与同比变化

沪深300股指期货交易额在11月达到最大值0.5万亿元，1月最小为0.22万亿元；全年有4个月份较同期出现成交额下滑，最大达到−48.2%；同期上涨月份均在下半年，最大涨幅为11月实现同比增长73.7%（见图7.22）。

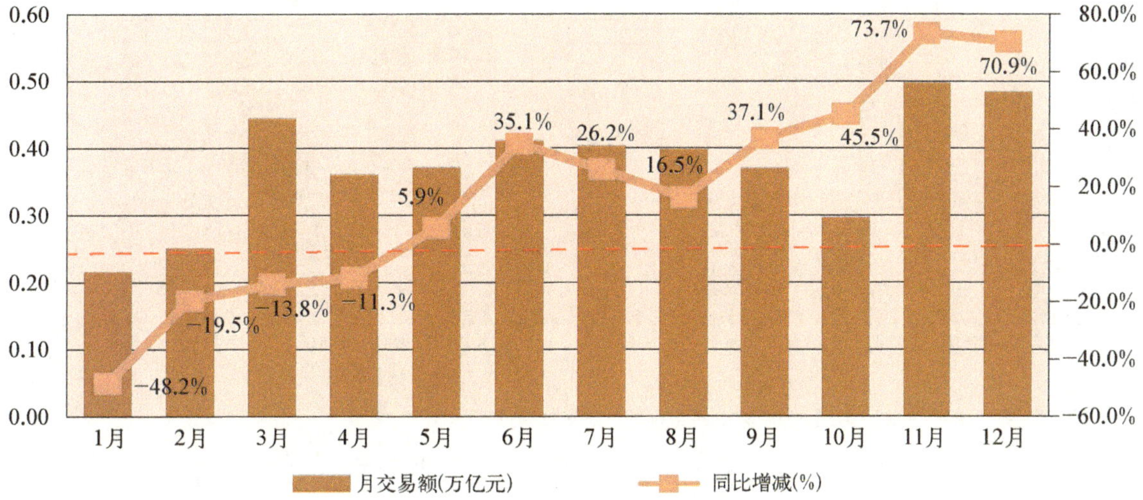

数据来源：中国期货业协会：《2017年12月全国期货市场交易情况》。

图7.22　2017年沪深300股指期货月度交易额与同比变化

中证500股指期货月成交额最大达到6月的0.43万亿元，最小是1月的0.21万亿元，同比来看交易量的回落比交易额的回落更为明显，交易量最大回落为1月同比下降−36.9%，但1月的成交额同比下降为−33.6%；而在9月份交易量同比增长13.2%，但交易额同比增长了18.6%，达到0.36万亿元。

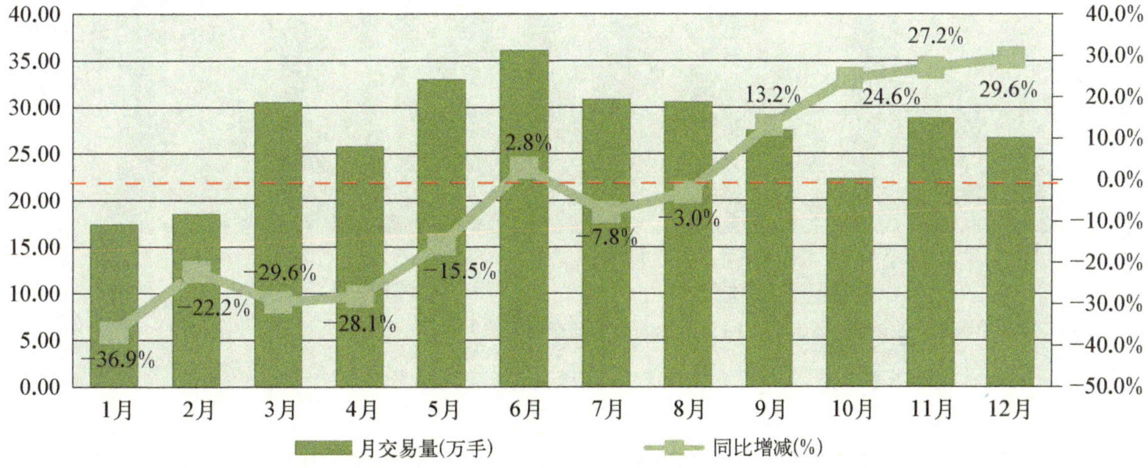

数据来源：中国期货业协会：《2017年12月全国期货市场交易情况》。

图7.23　2017年中证500股指期货月度交易量与同比变化

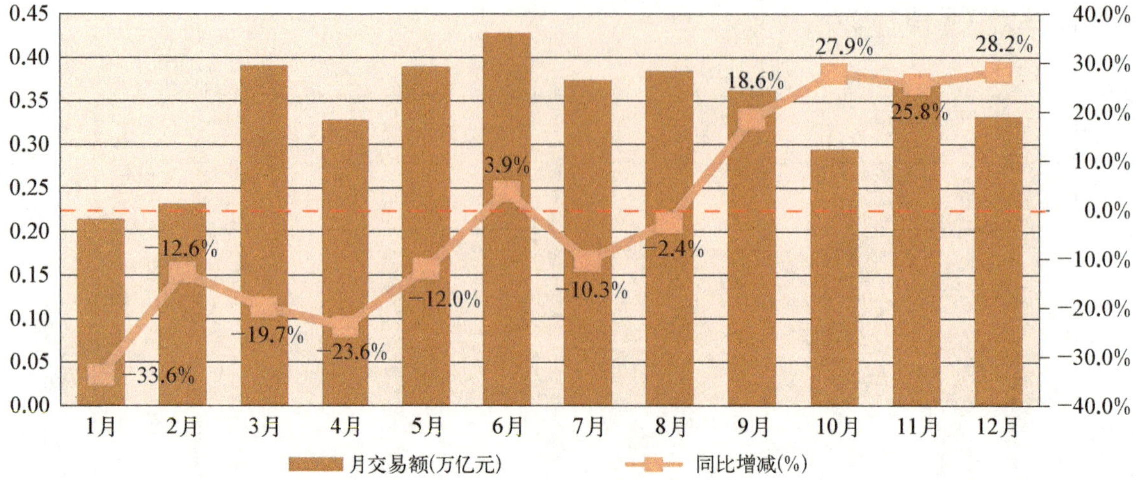

数据来源:中国期货业协会:《2017年12月全国期货市场交易情况》。

图7.24 2017年中证500股指期货月度交易额与同比变化

中证50股指期货是三个交易品种中同比增长情况相对较好的,全年有10个月实现同比增长,成交额最大月份11月为0.23万亿元,同比增长达到了153.1%;全年成交额最低月份是1月,仅为0.08万亿元。

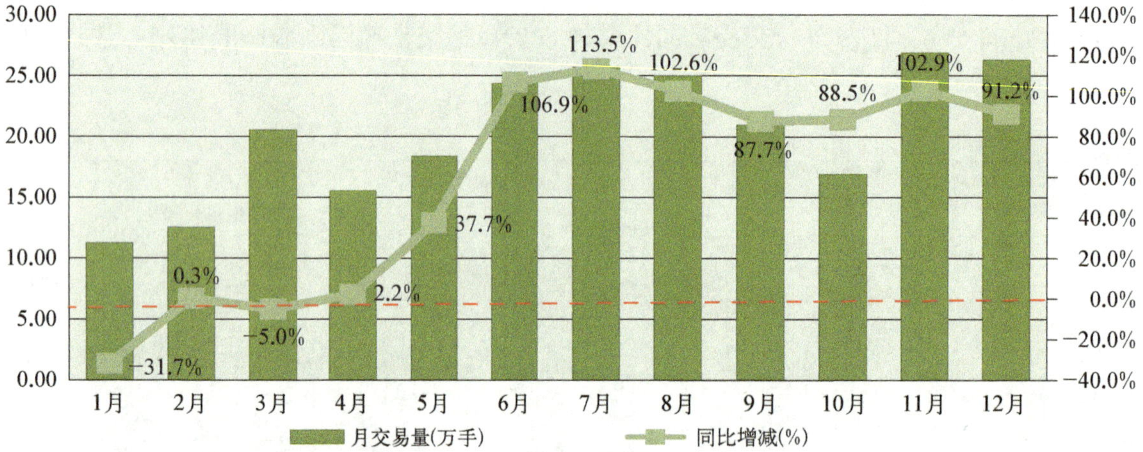

数据来源:中国期货业协会:《2017年12月全国期货市场交易情况》。

图7.25 2017年上证50股指期货月度交易量与同比变化

且量价在全年的上涨趋势明显,二季度稳步攀升之后,下半年除了9月、10月有小幅下滑,基本稳定;交易额的同比增长较交易量的同比增长更为明显,下半年各月份均实现翻番增长,6—12月交易额月均同比增长达到142.7%。

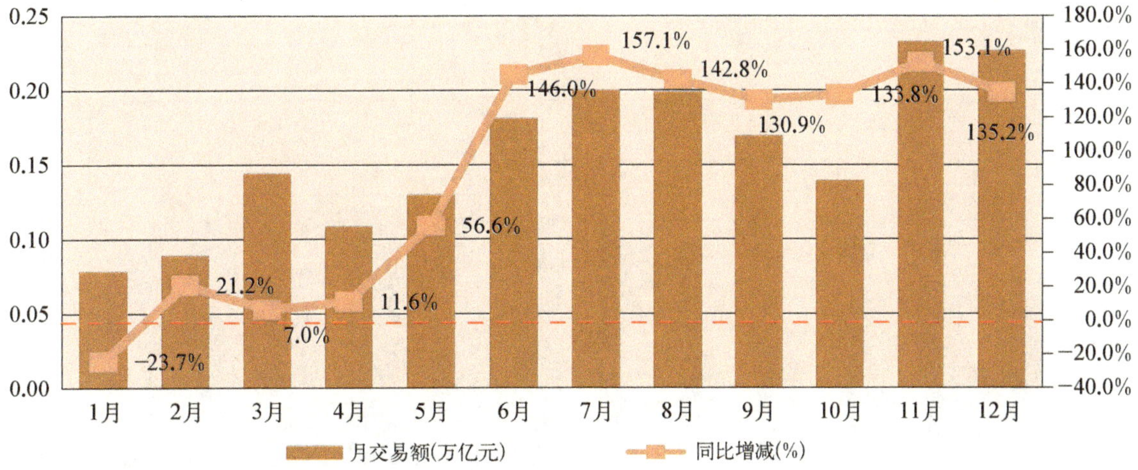

数据来源：中国期货业协会：《2017年12月全国期货市场交易情况》。

图7.26 2017年上证50股指期货月度交易额与同比变化

2. 上海期货交易所

2017年上海期货交易所全年交易总量13.64亿手，占全国期货市场交易总量的44.3%；全年交易总额89.93万亿元，占全国期货市场交易总额的47.9%；年末所有交易品种的持仓总量为406.18万手，占全国期货市场持仓总量的33.4%，是市场规模最大的交易所。

从月度数据看，交易量全年波动明显，3月份是全年环比最大月份，环比增加45.7%，但相比上年同期，交易量下滑明显，同比减少53.0%；全年除了1月、2月、9月，其余月份当月成交量均在1亿手以上，但仅5个月实现了同比增长，2017年度的交易量增长集中在第三季度。

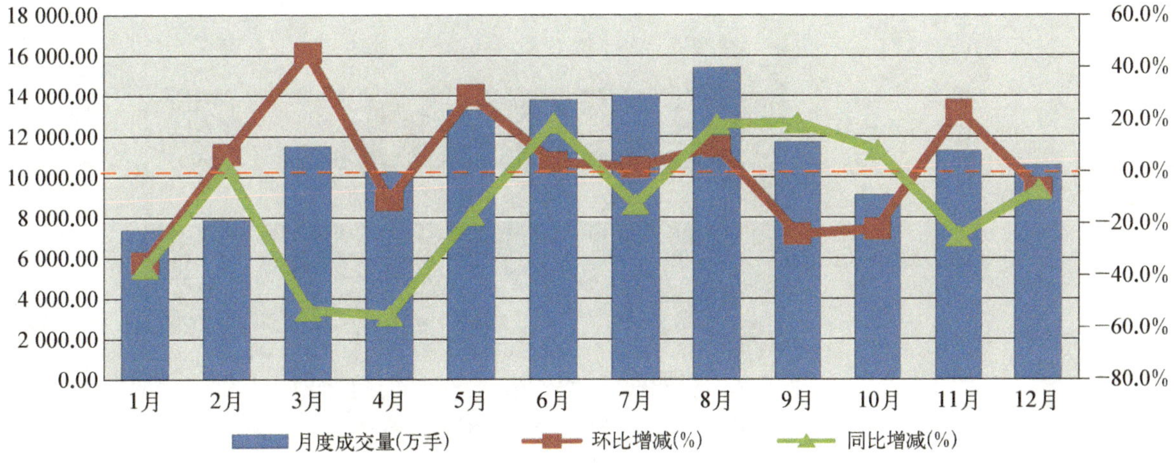

数据来源：中国期货业协会：《2017年12月全国期货市场交易情况》。

图7.27 2017年上海期货交易所月度成交量变动

月度交易额走势与月度交易量相对吻合，但在同比增减上要明显好于交易量。在交易量同比增长的8—10月，8月交易量同比增长18.3%，但交易额同比增长为60.5%；9月交易量同比增长18.9%，但交易额同比增长为75.8%，说明交易量的增长也促使相应交易品种的价格上涨，推动了交易额的明显增长(见图7.28)。

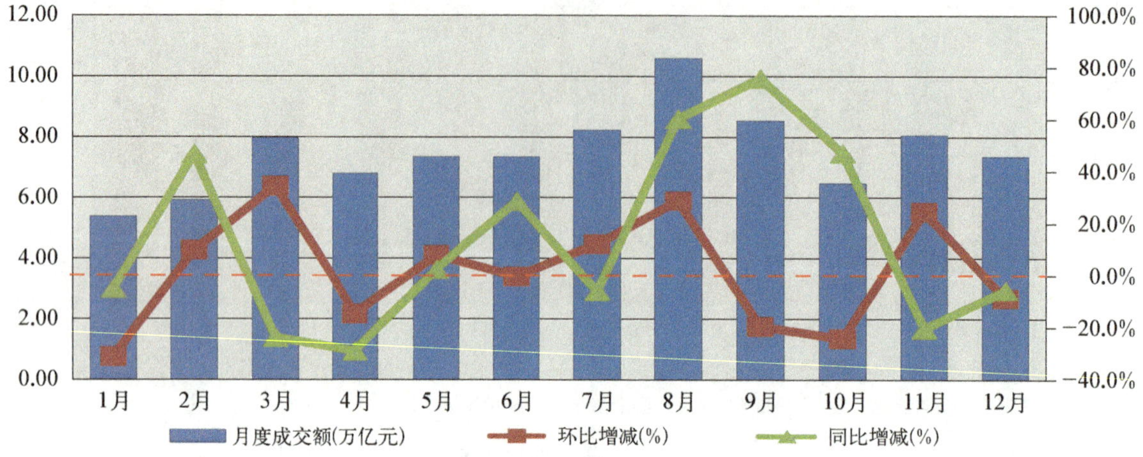

数据来源:中国期货业协会:《2017年12月全国期货市场交易情况》。

图7.28 2017年上海期货交易所月度成交额变动

从交易品种看,上海期货交易所共有14个交易品种,有色金属如铜、铝、锌、铅、镍等;黑色金属如螺纹钢、线材、热轧卷板等;还有常见的贵金属如黄金、白银;同时,也有天然橡胶这类化工原料和沥青等能源交易品种,是四大交易所中交易品种类型最多的交易所。

依据期货业协会统计数据,各个交易品种的市场规模不尽相同。螺纹钢在交易量和交易额上均排在交易所的第一位,全年交易量为7.02亿手,在上海期货交易所份额中占比51.46%,在全国份额中也占到22.82%;全年交易额达到24.27万亿元,在交易所成交份额中占比26.99%,在全国份额中占比12.92%。

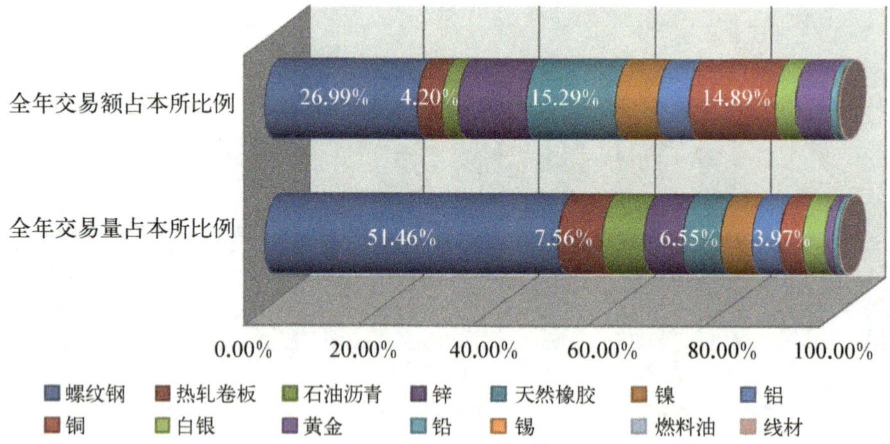

图7.29 2017年上海期货交易所交易品种市场规模结构

天然橡胶和铜在交易量份额中占比虽不算靠前,但在交易额份额中的占比相对较高,天然橡胶交易量仅占交易所总量的6.55%,是螺纹钢的1/10强,但交易额占交易所总额的15.29%,超过了螺纹钢1/2的交易额。天然橡胶2017年度累计成交总额13.75万亿元,占全国交易总额的7.32%。

从持仓量明细看,螺纹钢截至2017年12月末持仓为145.94万手,占全国份额的11.99%,但是环比减少30.93%；排名在前三位的螺纹钢、铝和铜，占本所持仓份额合计已经达到56%，可见交易需求集中度也是很高的。

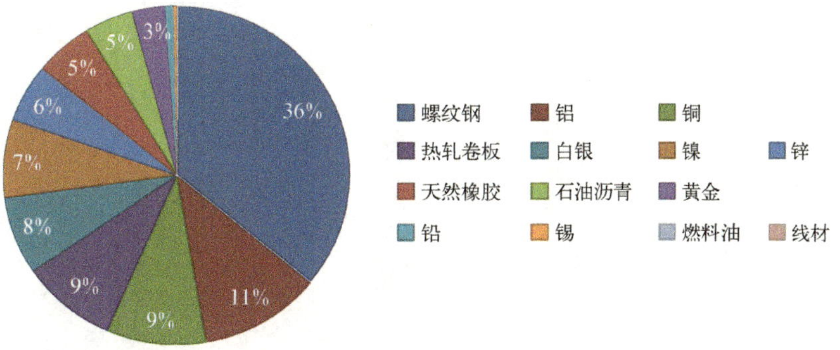

数据来源：中国期货业协会：《2017年12月全国期货市场交易情况》。

图7.30 2017年12月底上海期货交易所持仓结构（单位：万手）

典型交易品种的交易情况

（1）全年交易额排名前三的交易品种

在上海期货交易所交易的14个品种中，交易额排在前三位的分别是螺纹钢、天然橡胶和铜，分别在交易所成交总额中占比为26.99%、15.29%和14.89%，合计达到57.17%，交易额总量为51.41万亿元。

螺纹钢的交易量较2016年同期出现了明显的下滑，全年仅6月、8月、12月三个月份实现同比增长，全年交易量在年中的集中度相对较高，5—8月四个月交易总量为3.24亿手，占全年交易量的46.3%。

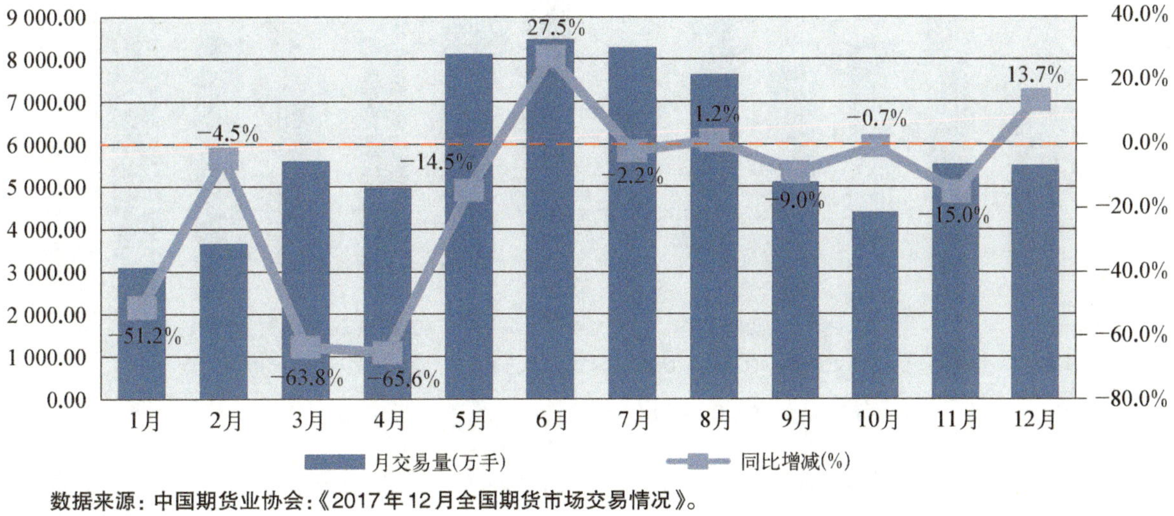

数据来源：中国期货业协会：《2017年12月全国期货市场交易情况》。

图7.31 2017年螺纹钢月度交易量与同比变化

螺纹钢交易额2017年的同比数据要明显好于交易量，交易额仅在1、3、4月出现了同比下滑，其余月份均为同比增长，且最大增长月份6月同比增长了85.5%，当月交易额达到2.51万亿元，同比增长最小的11月虽交易量同比下滑−15.0%,当月交易额依然实现了同比增长11.0%,当月成交额为2.08万亿元。

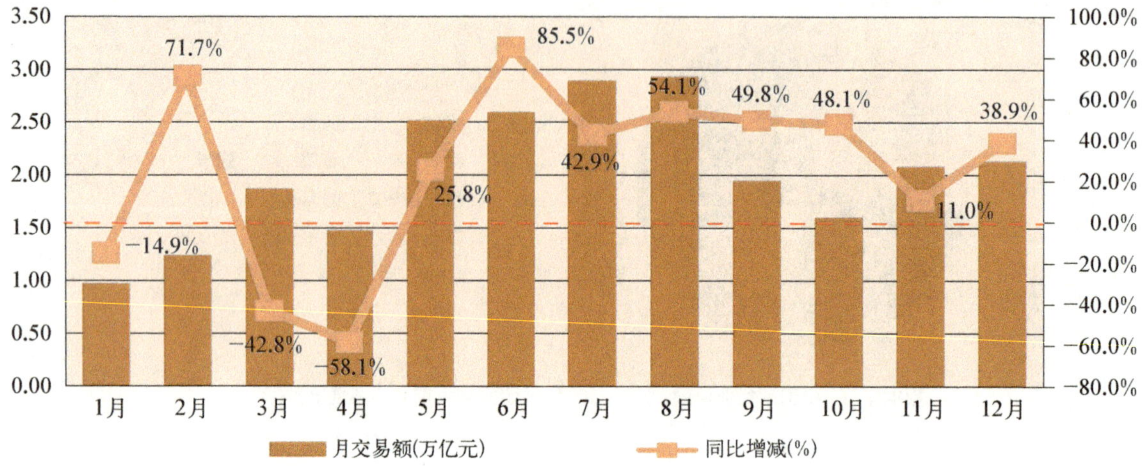

数据来源：中国期货业协会:《2017年12月全国期货市场交易情况》。

图7.32　2017年螺纹钢月度交易额与同比变化

天然橡胶量价的走势在全年来看也相对吻合,交易额的同比数据同样好于交易量。特别在第一季度内,1月份交易量同比下降了−31.7%,但当月交易额同比上升34.7%,当月交易额为1.03亿元;2月份交易量环比略微上浮,同比增长4.2%,交易额较上年同期却是明显增长的,同比上升103.0%,当月交易额为1.09万亿元。

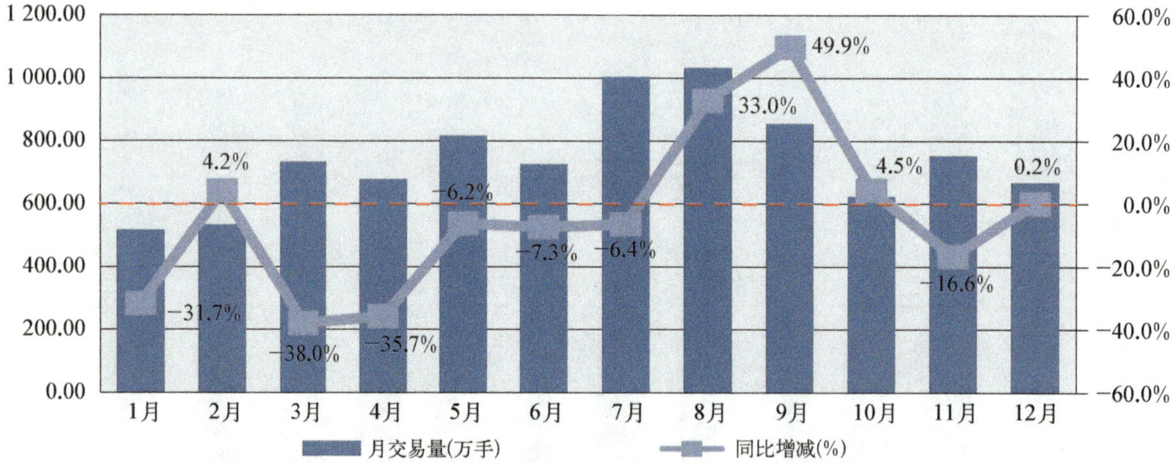

数据来源：中国期货业协会:《2017年12月全国期货市场交易情况》。

图7.33　2017年天然橡胶月度交易量与同比变化

而在四季度的情况相反,11月交易量同比下滑了−16.6%,但交易额同比下滑更多,达到了−29.0%,当月交易额为1.04万亿元;12月则是交易量同比上升了0.2%,但交易额的下滑依然在−24.0%,当月的交易额为0.95万亿元。

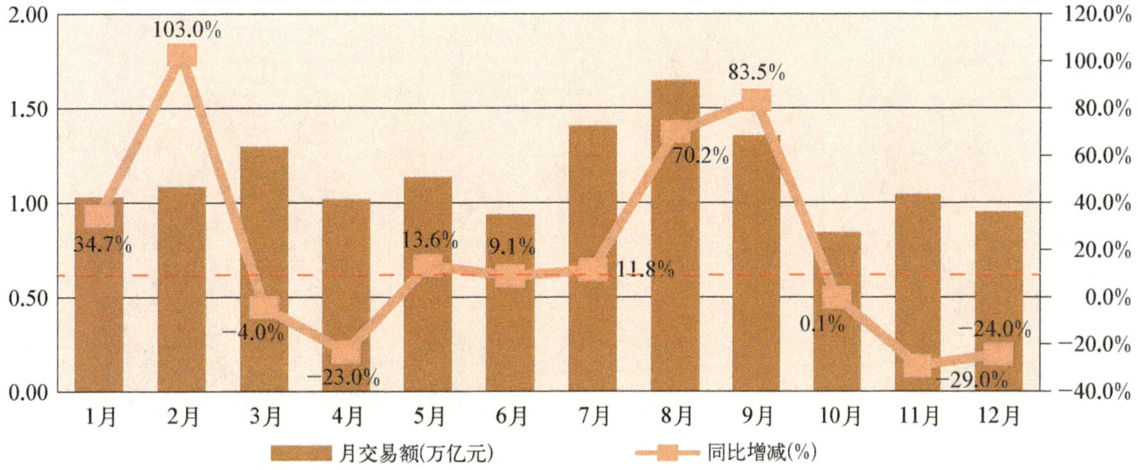

数据来源：中国期货业协会：《2017年12月全国期货市场交易情况》。

图7.34　2017年天然橡胶月度交易额与同比变化

2017年度，铜的全年交易总额为13.39万亿元，同比减少3.60%，是上海期货交易所内交易额同比下滑最少的交易品种，交易额占全国份额的7.12%。2017年，铜的交易量同比下滑较为明显，全年仅8、9、10月实现同比增长，其他月份均同比下滑，最大在1月同比减少58.2%，且3月、7月、11月交易量的同比下滑均超过了40%。

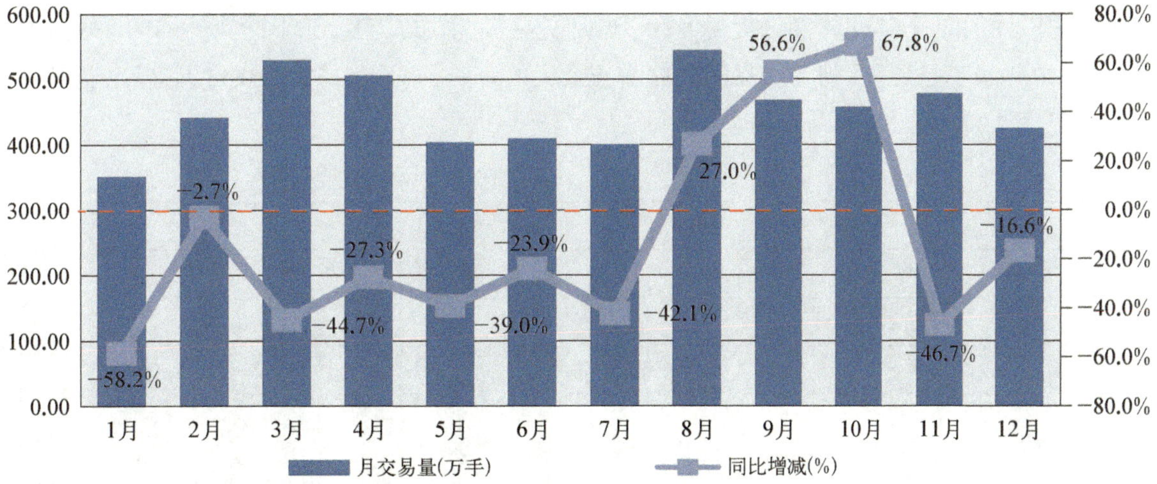

数据来源：中国期货业协会：《2017年12月全国期货市场交易情况》。

图7.35　2017年铜交易量与同比变化

交易额伴随交易量的增长，在8月、9月、10月同比增减率不仅连续上升，且在10月达到全年最大值为141.0%，当月交易额为1.24万亿元；8月为2017年度交易额最大月份，当月交易额为1.39万亿元，同比2016年上涨74.5%，而11月交易额为1.29万亿元，在2017年度内也是交易额较大的月份，但同比下降了−35.4%。

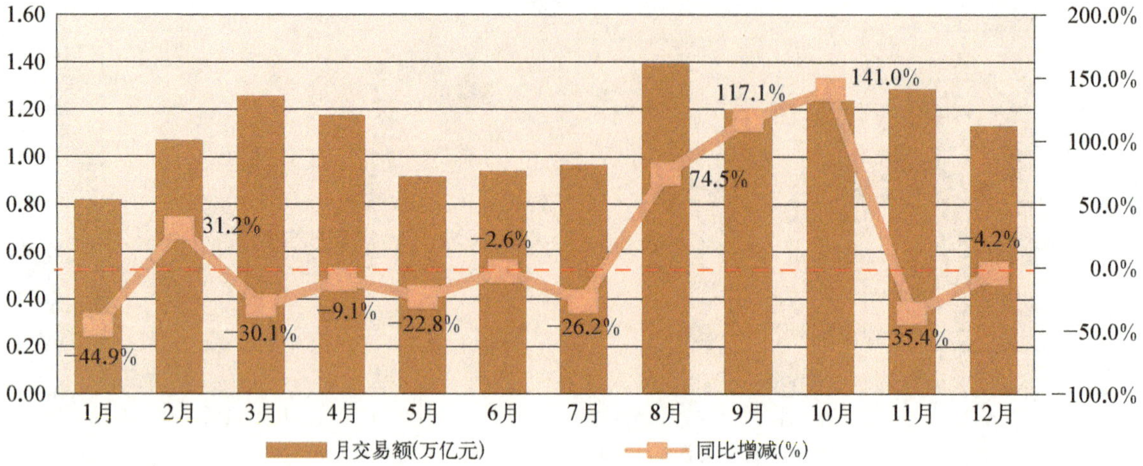

数据来源：中国期货业协会：《2017年12月全国期货市场交易情况》。

图7.36 2017年铜月度交易额与同比变化

（2）交易额同比增长显著的交易品种

上海期货交易所的14个品种中全年交易额同比增长最大的为热轧卷板和铅，其中热轧卷板全年交易额同比增长215.16%，较2016年交易总额翻两番；铅的全年交易额同比增长190.25%，也接近2倍的增长。

热轧卷板的交易量在下半年明显增大，同比数据显示不仅是交易量还是交易额较2016年都有明显的提升。8月是全年交易额最大的月份，当月交易额为0.57万亿元，同比增长450.4%；9月交易额在2017年虽不是最大，但为交易额同比增长最大的月份，当月交易额为0.45万亿元，同比增长505.2%（见图7.37、图7.38）。

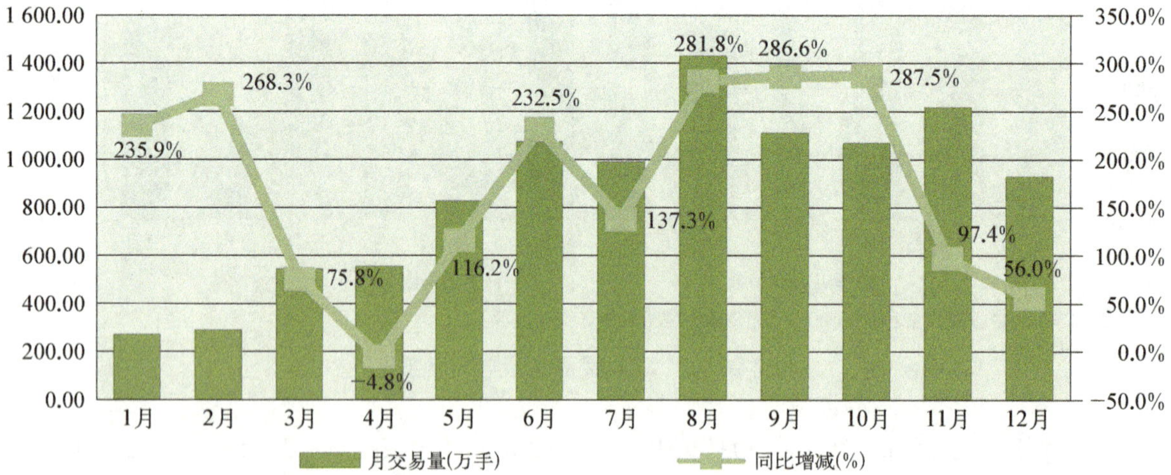

数据来源：中国期货业协会：《2017年12月全国期货市场交易情况》。

图7.37 2017年热轧卷板月度交易量与同比变化

铅是柔软、延展性好的弱金属，可用作耐硫酸腐蚀、防电离辐射、蓄电池等的材料，也可用于电子焊接等，伴随制造业升级，广泛应用于相关产业。交易量全年较为稳定，仅8月和9月明显高于其

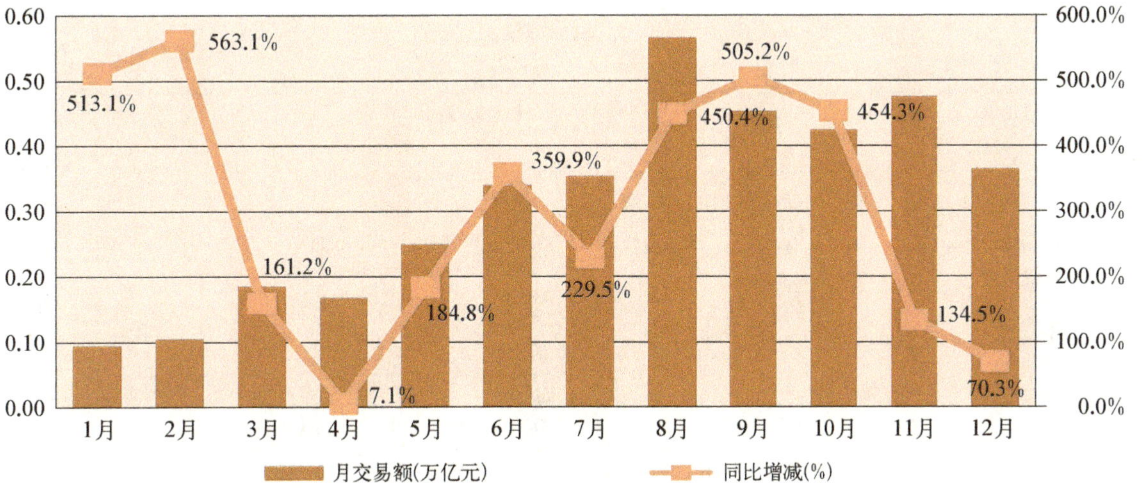

数据来源：中国期货业协会：《2017年12月全国期货市场交易情况》。

图7.38　2017年热轧卷板月度交易额与同比变化

他月份，从上年同期看，2017年交易量的增长是显著的，上半年平均每月实现了近600.7%的增长，下半年的波动明显增大，在11月、12月时出现了明显的回落（见图7.39）。

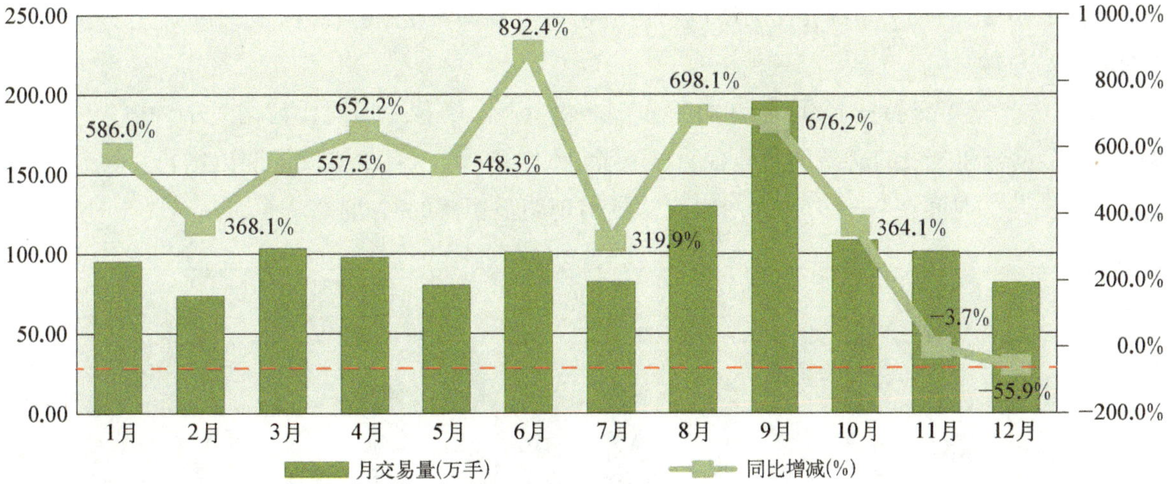

数据来源：中国期货业协会：《2017年12月全国期货市场交易情况》。

图7.39　2017年铅月度交易量与同比变化

2017年度内铅的交易额同比增长达到了190.25%，最大涨幅是6月，同比增长1 216.6%，是上年同期月度交易量的12倍，当月的交易额为0.09万亿元；最小涨幅为7月，也达到了457.4%，是上年同期的4.5倍左右，当月的交易额为0.07万亿元（见图7.40）。

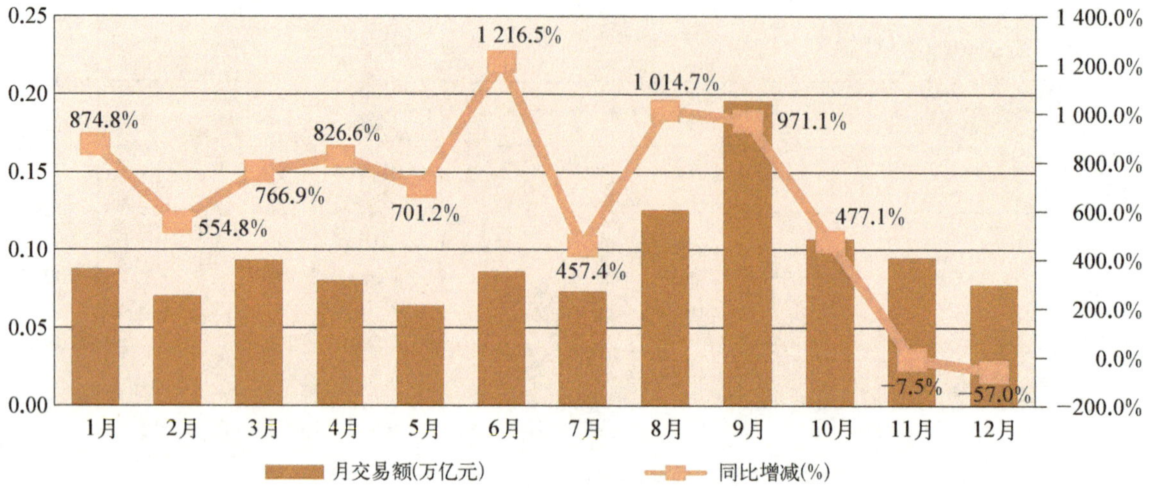

数据来源：中国期货业协会:《2017年12月全国期货市场交易情况》。

图7.40 2017年铅月度交易额与同比变化

(3)值得关注的交易品种

黄金与白银是上海期货交易所重要的贵金属品种。黄金2017年全年交易总额为5.41万亿元，同比减少41.99%，占全国份额的2.88%；白银全年交易总额为3.20万亿元，同比减少37.78%，占全国份额的1.70%；两者交易额在交易所内所占的份额分别是黄金6.03%，白银3.56%，合计贡献10%左右的交易总额。

从2017年全年交易量上看，年度内的分布上两者基本类似。但同比数据显示，相较于2016年度，2017年黄金和白银的交易量均是有明显下滑的，均只有1个月份实现了同比增长。黄金交易量出现明显回落的时间在9—11月，而白银交易量出现明显回落的时间在2—4月。

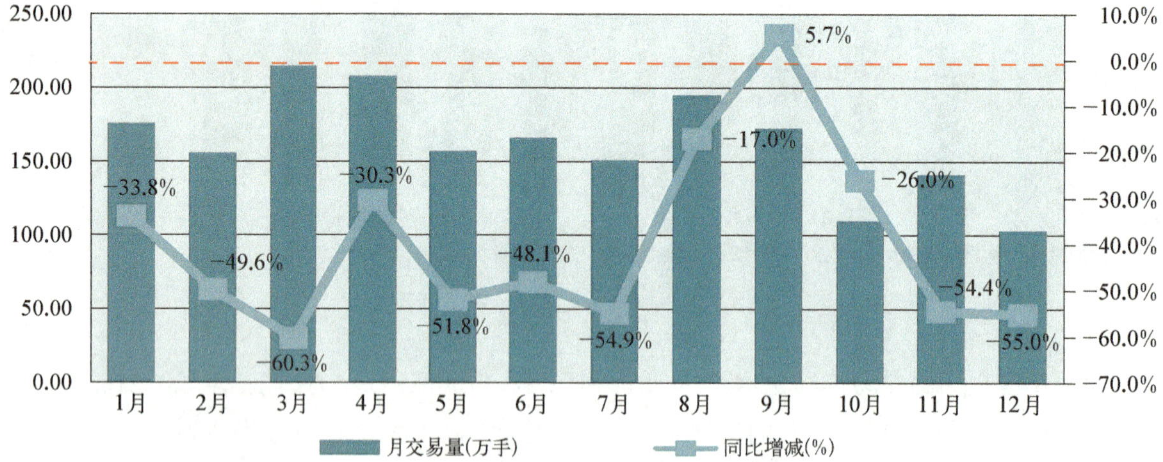

数据来源：中国期货业协会:《2017年12月全国期货市场交易情况》。

图7.41 2017年黄金月度交易量与同比变化

黄金交易额在2017年也较2016年出现了明显下滑，仅9月实现同比增长3.7%，当月交易额为0.49万亿元，其他月份均同比下滑。3月、4月交易额为0.59万亿元，为全年交易额最大月份，但同比均下滑，分别为-58.0%和-23.7%。

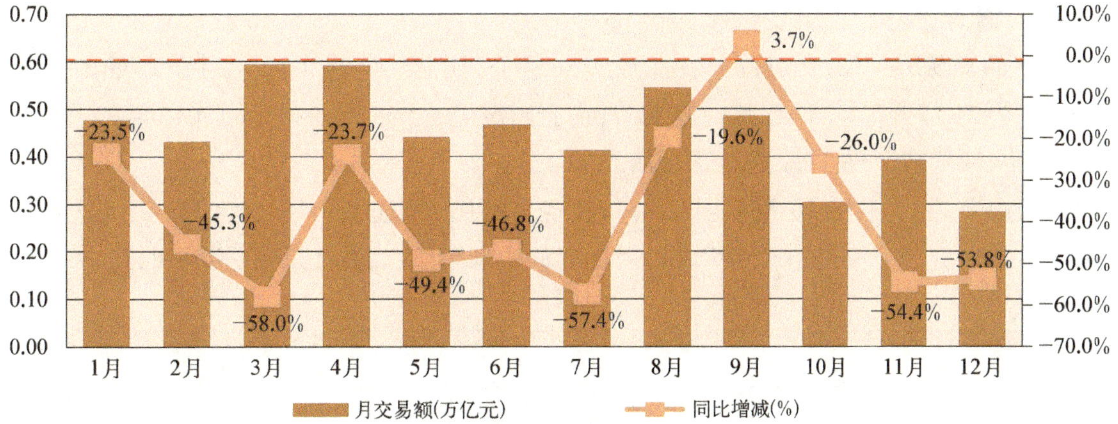

数据来源：中国期货业协会:《2017年12月全国期货市场交易情况》。

图7.42　2017年黄金月度交易额与同比变化

白银交易量和交易额均在8月达到最大，当月的交易额为0.41万亿元，但同比数据显示，交易量较同期下滑−17.0%，交易额较同期下滑−24.7%；10月交易额最小，为0.15万亿元，当月交易量同比下滑−59.1%，交易额同比下滑−61.6%。

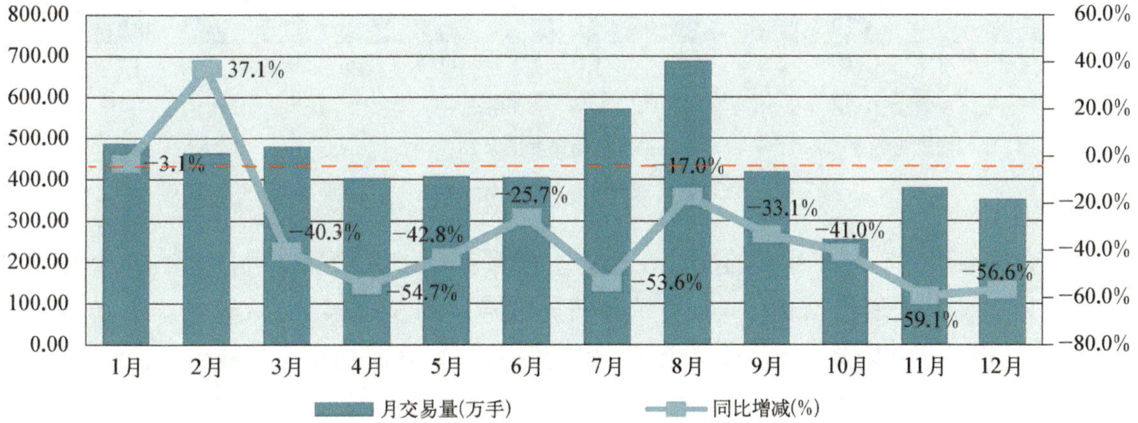

数据来源：中国期货业协会:《2017年12月全国期货市场交易情况》。

图7.43　2017年白银月度交易量与同比变化

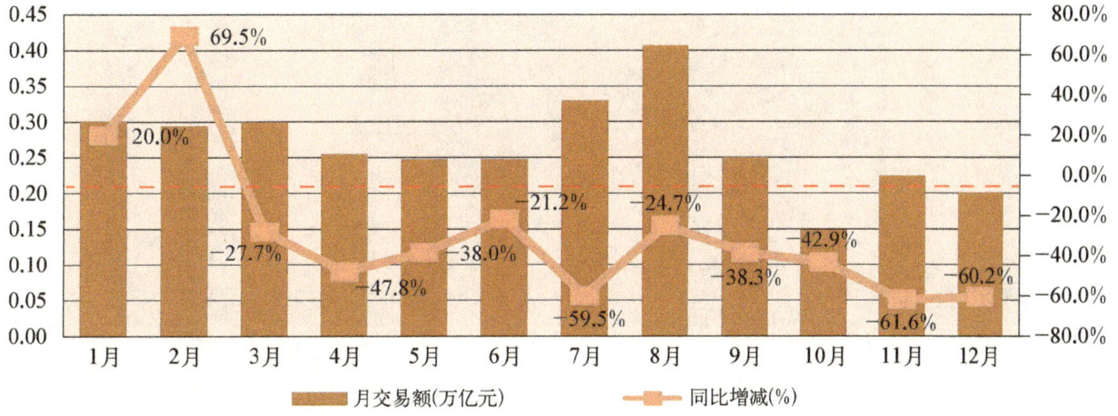

数据来源：中国期货业协会:《2017年12月全国期货市场交易情况》。

图7.44　2017年白银月度交易额与同比变化

3. 郑州商品期货交易所

郑州商品交易所在2017年度的交易量为5.86亿手,同比减少34.98%,占全国份额的19.05%;年度交易额为21.37万亿元,同比减少31.14%,占全国份额的11.37%。截止到2017年12月,持仓量为273.1万手,环比减少15.71%,占全国份额的22.42%。

从月度数据看,月度交易量同比仅2月份实现了增长,其他月份均同比下降,最大达到4月份的−48.8%;年中5—9月交易量较为平稳,3月的时候出现明显下滑,11月则是明显回升。

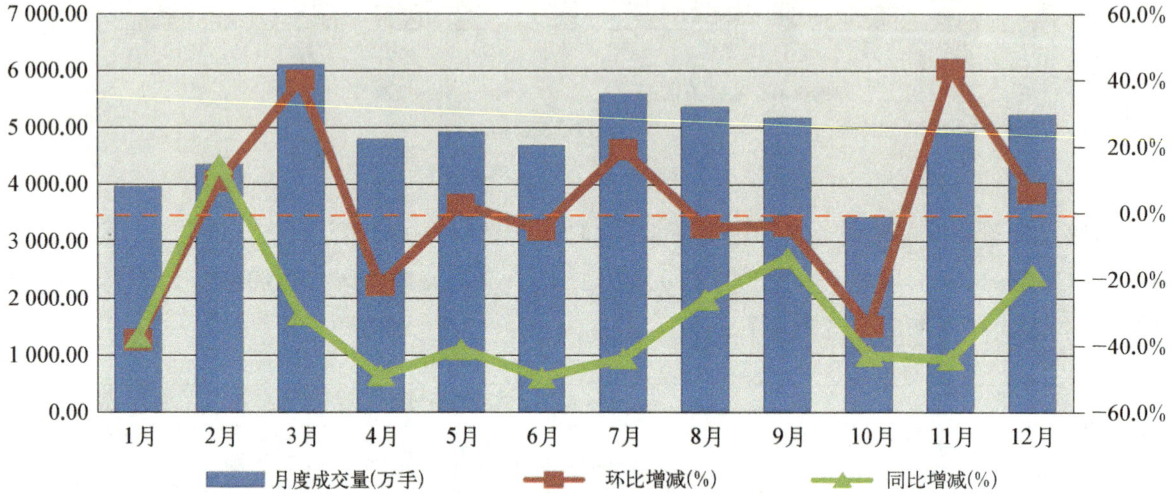

数据来源:中国期货业协会:《2017年12月全国期货市场交易情况》。

图7.45　2017年郑州商品交易所月度成交量变动

月度交易额的变动与交易量的变动在趋势上相对吻合,2月份交易额同比实现增长38.1%,交易量当月实现同比增长14.9%;4月交易额同比下降达到−46.2%,交易量当月实现同比下降−48.8%。3月份交易额最大为2.30万亿元,同比下滑−11.0%,10月份交易额最小为1.25万亿元,同比下滑−45.2%。

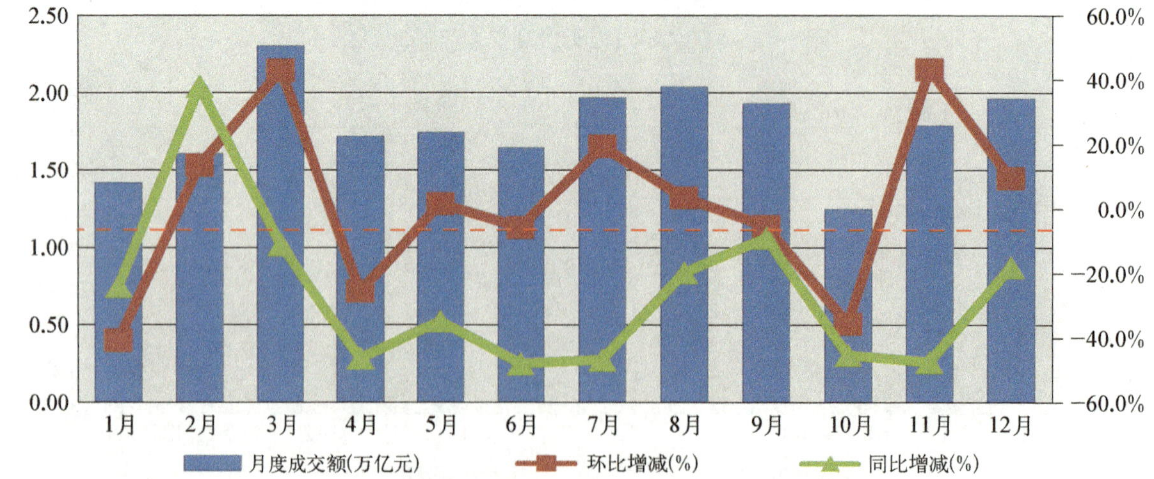

数据来源:中国期货业协会:《2017年12月全国期货市场交易情况》。

图7.46　2017年郑州商品交易所月度成交额变动

从交易品种看，郑州商品交易所交易品种共计19种，是目前交易所中交易品种最多的交易所，主要以粮食、油料、软商品等为主，也有硅铁、锰硅这样的钢铁期货品种。全年交易额最大的是白糖、PTA（精对苯二甲酸）和甲醇，三者交易总额占全所交易总额的52.93%，合计达到11.31万亿元。

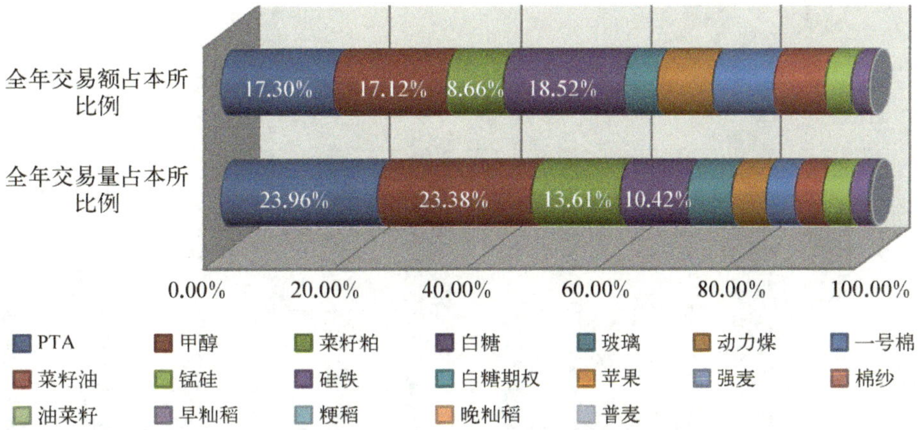

数据来源：中国期货业协会：《2017年12月全国期货市场交易情况》。

图7.47　2017年郑州商品交易所交易品种市场规模结构

从持仓量的结构来看，剔除持仓量本所份额占比不足1%的品种，共计强麦、棉纱、粳稻、晚籼稻、早籼稻、油菜籽、普麦7种，持仓量排名第一位的是PTA，截止到2017年12月底持仓量为66.31万手，占全国份额的5.45%，环比增长2.85%。排名在前三位的PTA、菜籽粕、甲醇的持仓量合计占比达到51%，超过交易所持仓总量的1/2。

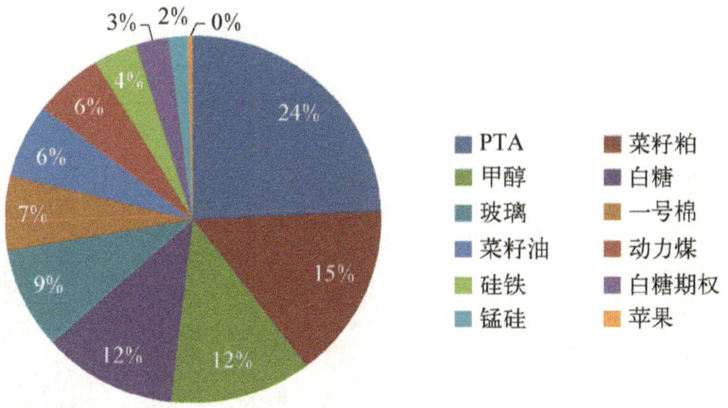

数据来源：中国期货业协会：《2017年12月全国期货市场交易情况》。

图7.48　2017年12月底郑州商品交易所持仓结构（单位：万手）

典型交易品种的交易情况

（1）交易额排名前三的交易品种

PTA（精对苯二甲酸）是重要的大宗有机原料之一，广泛用于化学纤维、轻工、电子、建筑等领域；甲醇是基本的有机原料之一，又是性能优良的能源和车用燃料，可加工合成多种物质，有着广泛的市场需要；而人体活动所需的能量大约有70%是靠糖类供给的，白糖是重要的食品加工原料。

从交易量上看，PTA的交易量集中在第一、第三季度，3月和7月交易量大，而6月和10月交易量明显下滑，最大为3月的1 693.13万手，最小为10月的582.01万手；甲醇的交易量则呈现了逐月攀升的样态，12月份达到最高值，当月交易量为1 667.60万手；白糖仅3月明显偏高，交易量达到691.18万手。

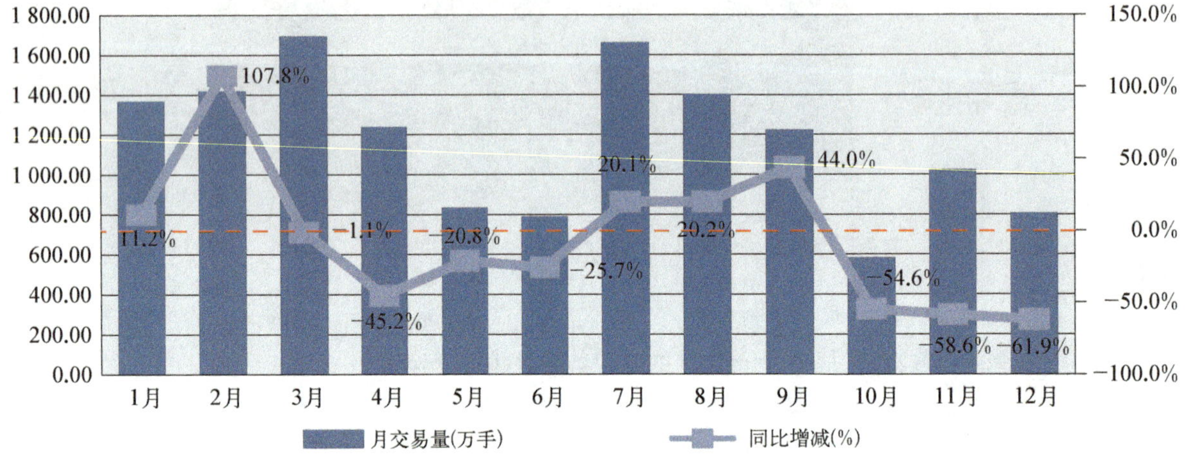

数据来源：中国期货业协会：《2017年12月全国期货市场交易情况》。

图7.49　2017年PTA月度交易量与同比变化

PTA（精对苯二甲酸）3月交易额为0.44万亿元，7月交易额为0.43万亿元，为全年交易量较高的月份，同比增长分别为10.4%和31.0%；同比增长最大的月份是2月，当月交易额为0.41万亿元，同比增长达到169.6%。

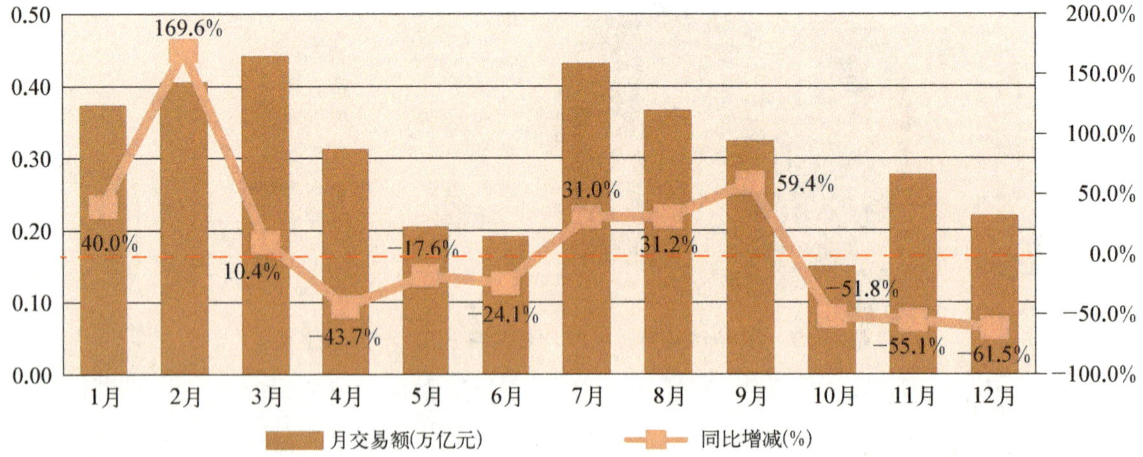

数据来源：中国期货业协会：《2017年12月全国期货市场交易情况》。

图7.50　2017年PTA月度交易额与同比变化

甲醇第二季度的交易额依据同比数据较2016年有一个明显的提升，4月交易额为0.23万亿元，同比减少23.5%，进入5月环比变化虽不大，交易额为0.24万亿元，同比增长率已经达到42.1%，并在6月达到年度的最大值126.2%，当月交易额为0.31万亿元；整个三季度的同比增长情况良好，3个月的平均同比增长率为97.2%；1月份交易额最小，为0.23万亿元，同比减少19.8%。

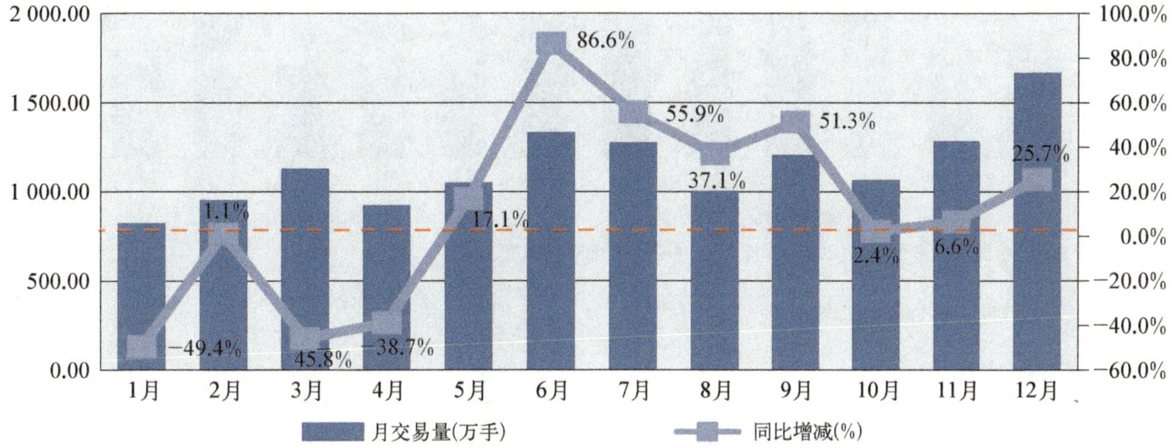

数据来源：中国期货业协会：《2017年12月全国期货市场交易情况》。

图7.51　2017年甲醇月度交易量与同比变化

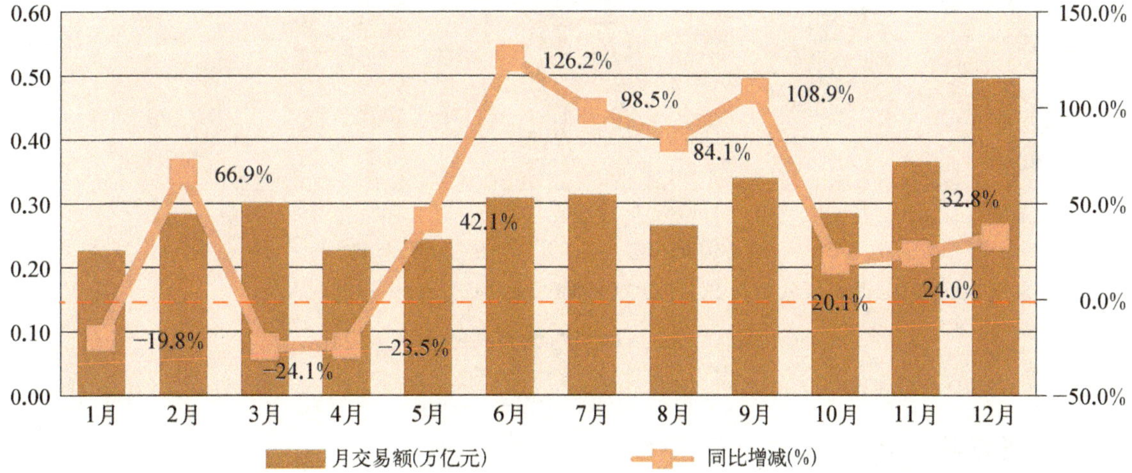

数据来源：中国期货业协会：《2017年12月全国期货市场交易情况》。

图7.52　2017年甲醇月度交易额与同比变化

白糖2017年在量价上也都是同比下滑，9—11月的下滑趋势最为明显。3月的交易额全年最大，为0.47万亿元，交易量在当月同比下滑−54.2%，交易额则同比下滑−43.5%；而4月是全年交易量最大的月份，当月的交易额为0.36万亿元，交易量同比下滑−45.2%，交易额同比下降−45.2%。

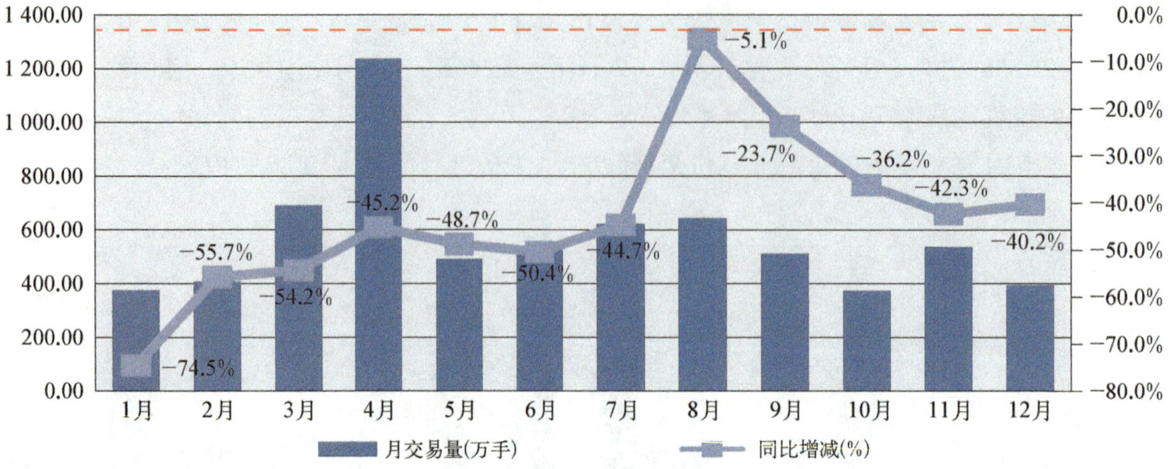

数据来源：中国期货业协会:《2017年12月全国期货市场交易情况》。

图7.53 2017年白糖月度交易量与同比变化

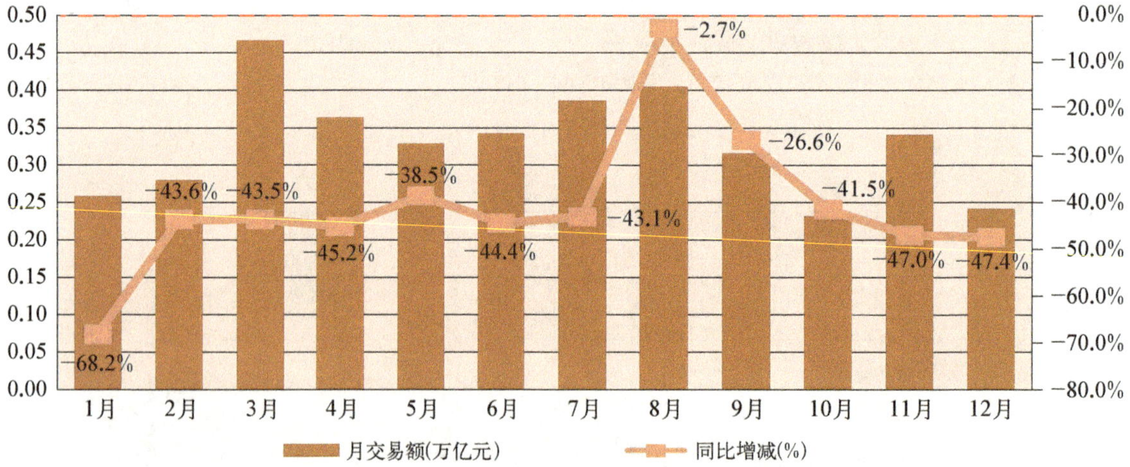

数据来源：中国期货业协会:《2017年12月全国期货市场交易情况》。

图7.54 2017年白糖月度交易额与同比变化

(2)交易额同比增长显著的交易品种

2017年郑州商品交易所有两个交易品种值得关注，在交易量和交易额上都有明显的攀升，也分别占据了相应指标年度同比增量的榜首，为钢铁期货中的硅铁与锰硅。

硅铁广泛用于炼钢工业、铸造工业和铁合金工业中，是重要的金属材料；锰硅是一种用途广、产量大的钛合金，也被广泛用于钢铁生产。从硅铁交易量的同比增减看，2017年硅铁的交易量有非常明显的攀升，全年有8个月份交易量增长超过同期的10倍以上，12月最大交易量增长率达到14 344.8%，较同期增长了近143倍。

比起交易量的增长，硅铁在2017年度交易额的同比增长上也非常显眼，12月份月度交易额为1 859亿元，同比增长达到了20 348.3%，较上年同期增长了约200倍；尤其在8月以后，本年度的交易量有了明显提升，10月交易额全年相对最小，当月交易额也达到了650亿元。

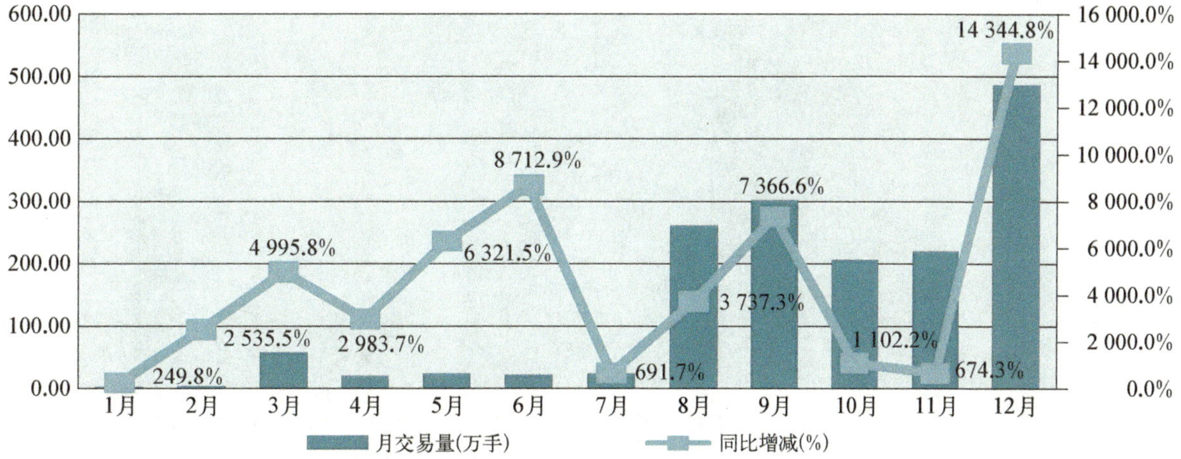

数据来源：中国期货业协会：《2017年12月全国期货市场交易情况》。

图7.55　2017年硅铁月度交易量与同比变化

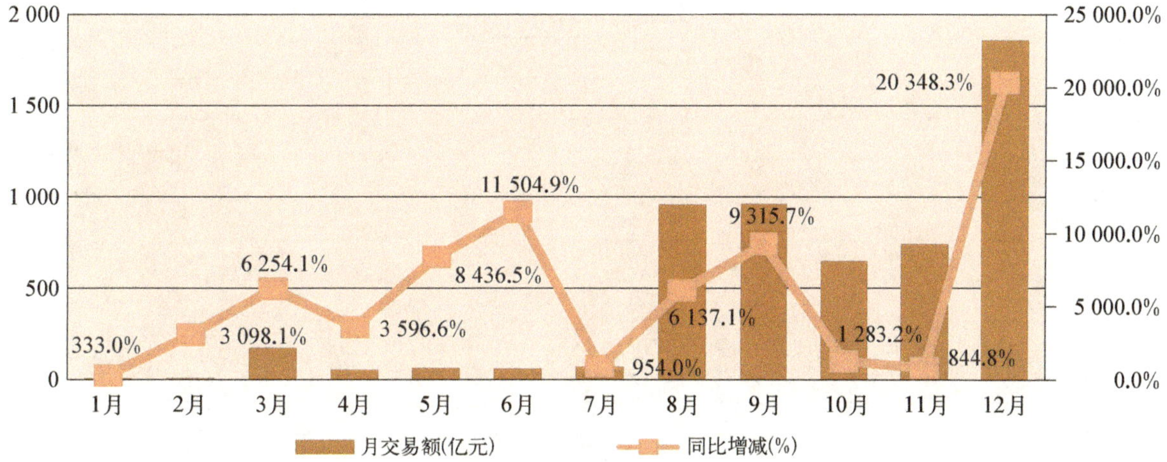

数据来源：中国期货业协会：《2017年12月全国期货市场交易情况》。

图7.56　2017年硅铁月度交易额与同比变化

锰硅的同比增长则更加显著，5月份交易量同比增长率为532 768.3%，增长近5 327.7倍；月度平均同比增长率为82 445.4%，即每月平均较2016年同期的增长在824.4倍左右，而二季度有爆发式的增长。

锰硅的交易额也表现出了相同的趋势，5月交易额为1 715亿元，达到全年最大值，同比增长更是达到了惊人的729 785.1%，较上年同期增长了约7 297倍；同比增长平均为111 395.2%，即2017年平均每月交易额是上年同期的约1 113倍。虽2017年交易总额为8 513.16亿元，在整个交易所交易总量中占比3.98%，但如此的增长趋势若持续，可预见较大的增长空间。

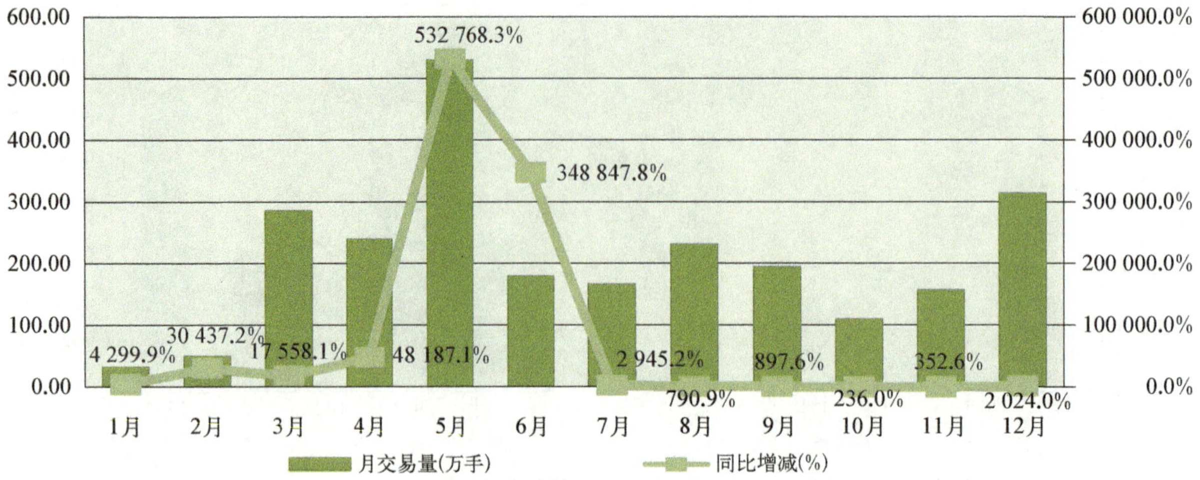

数据来源：中国期货业协会:《2017年12月全国期货市场交易情况》。

图7.57　2017年锰硅月度交易量与同比变化

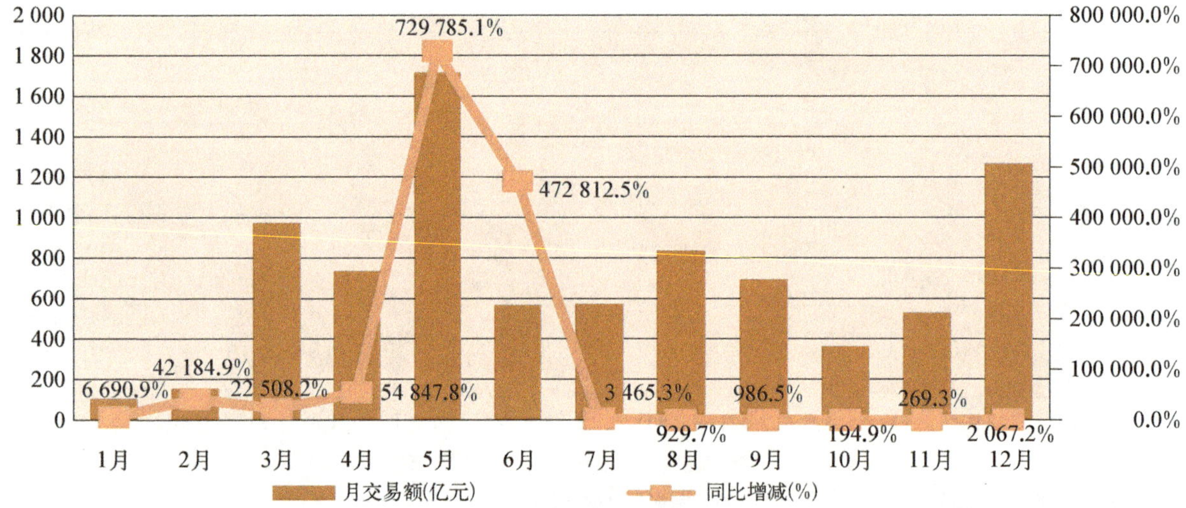

数据来源：中国期货业协会:《2017年12月全国期货市场交易情况》。

图7.58　2017年锰硅月度交易额与同比变化

4. 大连商品期货交易所

大连商品交易所在2017年度的交易量为11.01亿手，同比减少28.37%，占全国份额的35.80%；年度交易额为52.01万亿元，同比减少15.31%，占全国份额的27.68%。截止到2017年12月，持仓量为518.91万手，环比减少9.41%，占全国份额的42.62%。

从月度数据看，交易量相较于2016年同期有明显回落，仅8月、9月实现了同比增长，3—7月的同比下降幅度在40%左右波动，下滑明显；7—9月同比虽然有明显的回升，但进入10月又开始了明显的下滑趋势。

月度交易额的数据显示，同比情况略好于交易量的下滑，1月、8月、9月、12月这4个月份实现了同比增长，并且8月、9月在交易量同比小幅增长的情况下，月度交易额的同比增长超过了40%；且仅有3月和4月两个月的当月同比下降超过40%，或受到具体交易品种的价格影响。

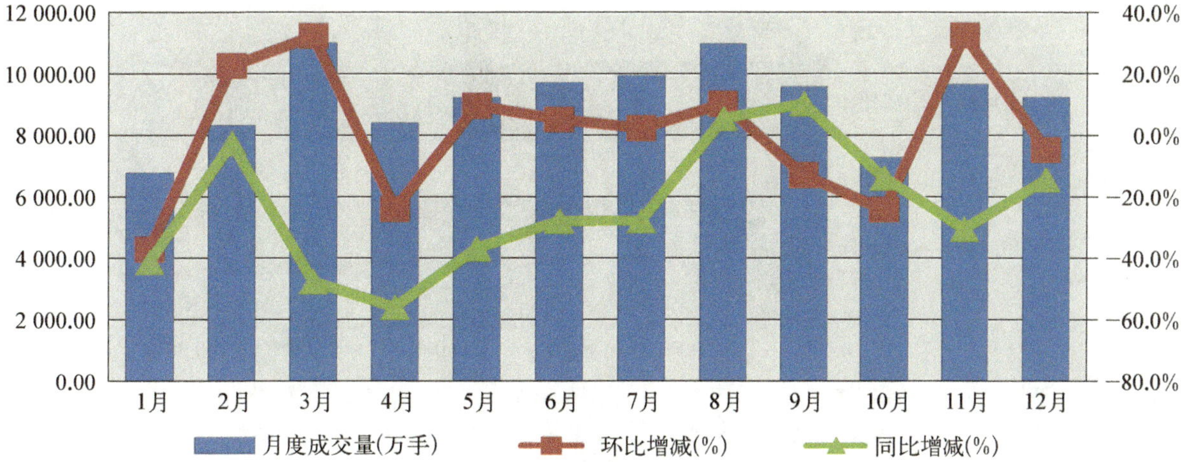

数据来源：中国期货业协会:《2017年12月全国期货市场交易情况》。

图7.59　2017年大连商品交易所月度成交量变动

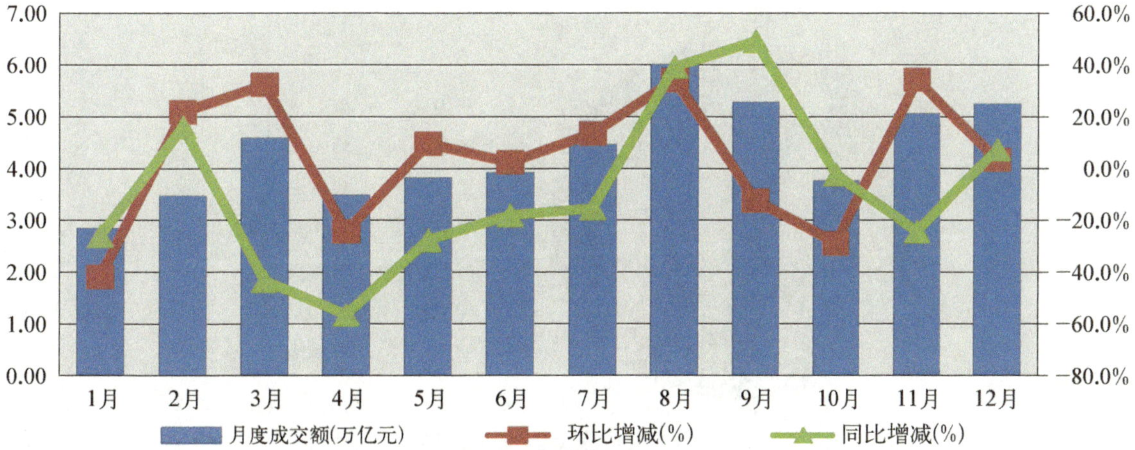

数据来源：中国期货业协会:《2017年12月全国期货市场交易情况》。

图7.60　2017年大连商品交易所月度成交额变动

大连商品交易所有17个交易品种，是仅次于郑州商品交易所19个交易品种的交易所，在整个期货市场有着重要的作用。交易品种类型也比较多样，既有铁矿石这样的工业钢铁类型的期货品种，也有玉米、鸡蛋这样的典型农产品期货交易品种。

交易量数据显示，铁矿石排在了第一位，2017年累计交易量为3.29亿手，同比增加3.95%，占本交易所上年交易总量的29.85%，占全国期货市场交易总量的10.69%；交易量占比不足1%的交易品种是豆粕期权、黄大豆二号、胶合板以及纤维板，交易额也均未达到本交易所总量的1%（见图7.61）。

持仓数据显示，豆粕以113.80万手，排在第一位；铁矿石101.87万手，排在第二位；第三位是玉米，持仓量为64.70万手。排在前三位的交易品种合计占交易所总持仓量的54%，同样显示出了较高的集中度。持仓量不足1万手的交易品种（占比不足0.01%）是黄大豆二号、纤维板和胶合板，未计入结构图（见图7.62）。

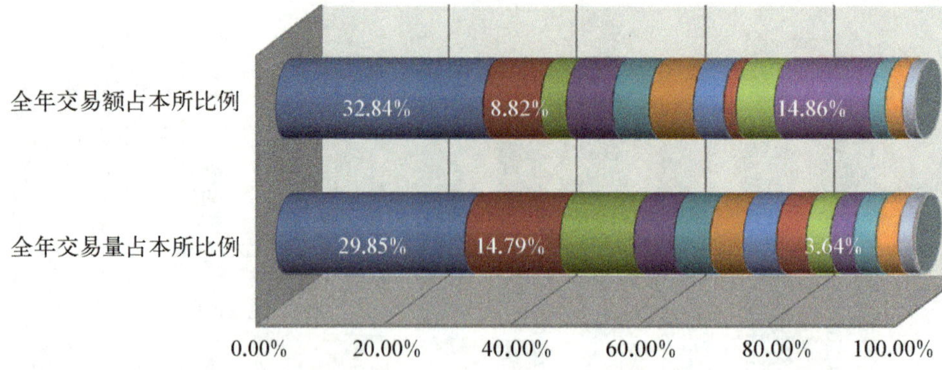

数据来源：中国期货业协会：《2017年12月全国期货市场交易情况》。

图7.61　2017年大连商品交易所交易品种市场规模结构

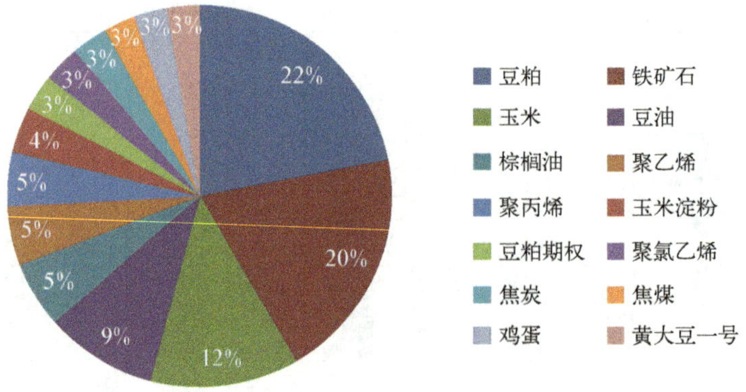

图7.62　2017年12月底大连商品交易所持仓结构

典型交易品种的交易情况

（1）交易额排名前三的交易品种

大连商品交易所全年的交易额中，占比排在前三位的是铁矿石、焦炭和豆粕，铁矿石全年交易总额为17.07万亿元，同比增长17.97%，占全国份额的9.09%；焦炭全年交易额为7.73万亿元，同比增长37.18%，占全国份额的4.11%；豆粕全年交易额为4.59万亿元，同比增长41.26%，占全国份额的1.66%。

可见大连商品交易所的情况略好于其他交易所，交易额排在前列的交易品种，2017年保持了增长的势头，而三个品种占交易所成交总额的份额分别为32.84%、14.86%以及8.82%，合计达到56.52%。

铁矿石是常见的钢铁原料，2017年度在6月、9月、10月三个月份交易量较同期出现了较大的增幅，均接近翻倍的增长；豆粕是大豆提取豆油后得到的副产品，经常用于制作饲料，2017年度较2016年度看，交易量的回落比较明显，仅2月份实现了同比增长；焦炭下半年的交易量则明显大于上半年，最高于12月实现了同比近3倍的增长。

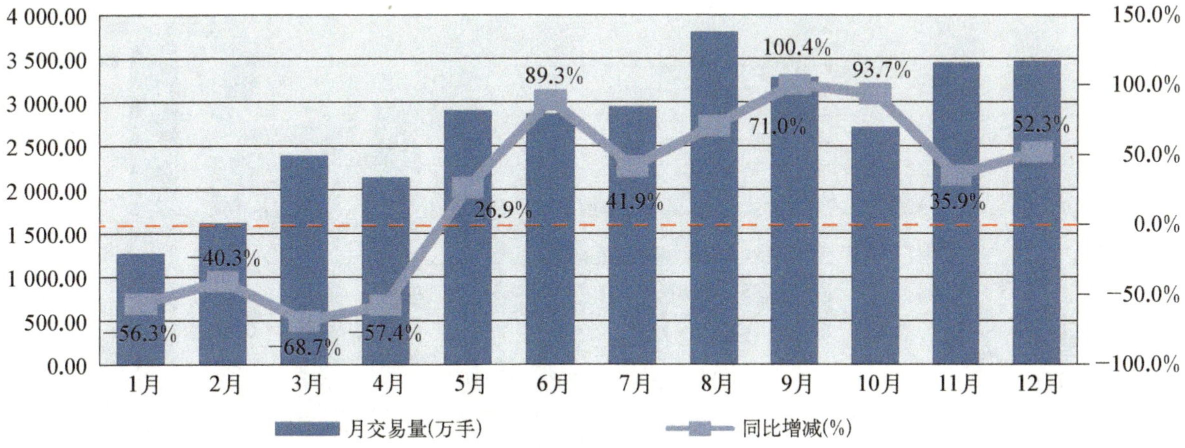

数据来源：中国期货业协会：《2017年12月全国期货市场交易情况》。

图7.63　2017年铁矿石月度交易量与同比变化

铁矿石8月份的交易额最高，为2.14万亿元，同比增长为114.5%；最小月份是1月，交易额为0.76万亿元，同比减少16.3%；三季度的增长比较明显，但一季度的量价均相对较小。

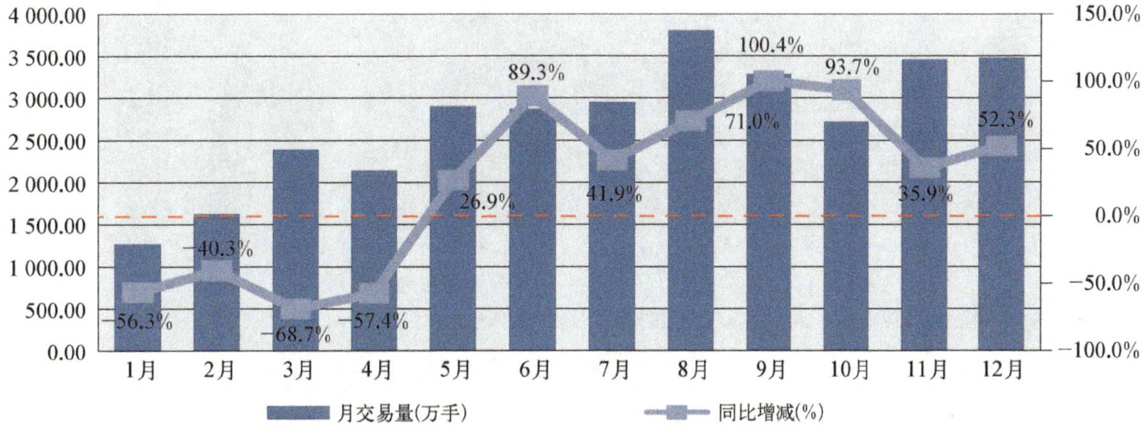

数据来源：中国期货业协会：《2017年12月全国期货市场交易情况》。

图7.64　2017年铁矿石月度交易额与同比变化

焦炭的交易额在后半年明显增大，同比最大月份为12月，同比增加347.9%，当月交易额为1.36万亿元；最小月份是1月，当月交易额为0.17万亿元，同比增加53.3%（见图7.65）。

下半年的整体情况要明显好于上半年，不仅交易量开始明显增长，交易额的增长也更为明显，交易额下半年同比增长率的平均值为155.1%，即交易额平均每月较同期增长了近1.5倍（见图7.66）。

豆粕一季度的交易额略高，3月达到最大值为0.54万亿元，同比减少8.8%，可见较2016年同期，豆粕在2017年的交易额缩减态势明显，仅有2月份实现了同比增长，其他月份都出现了下滑；7月的交易额为0.49万亿元，在全年月度交易额中是较大的月份，但同比依然减少72.5%，下滑明显（见图7.67、图7.68）。

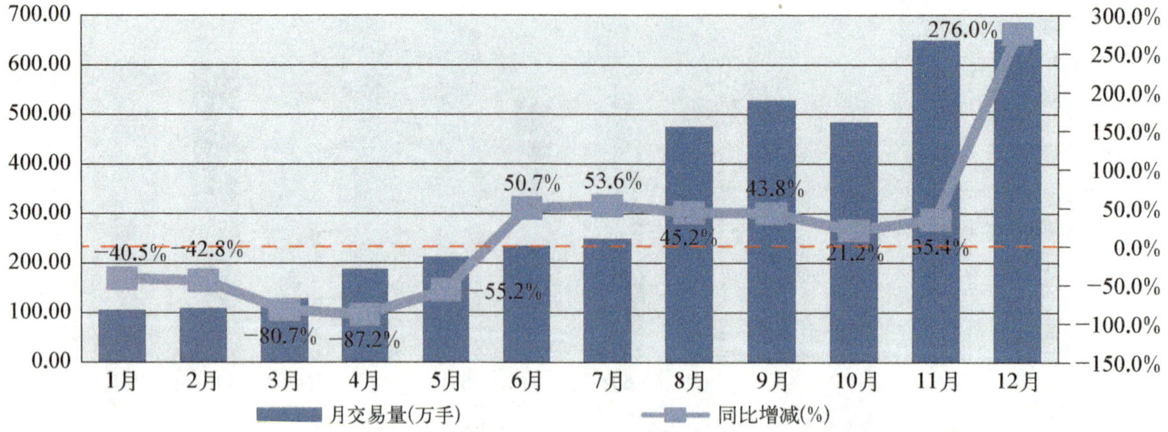

数据来源：中国期货业协会:《2017年12月全国期货市场交易情况》。

图7.65　2017年焦炭月度交易量与同比变化

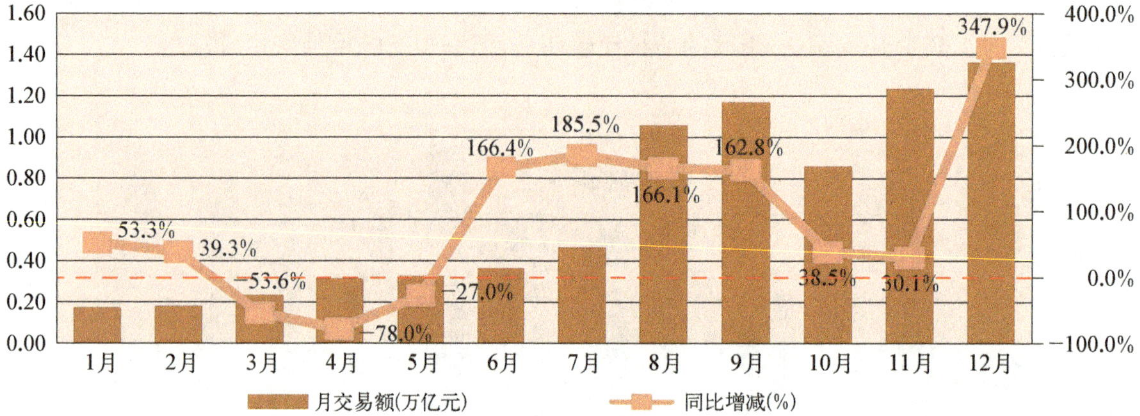

数据来源：中国期货业协会:《2017年12月全国期货市场交易情况》。

图7.66　2017年焦炭月度交易额与同比变化

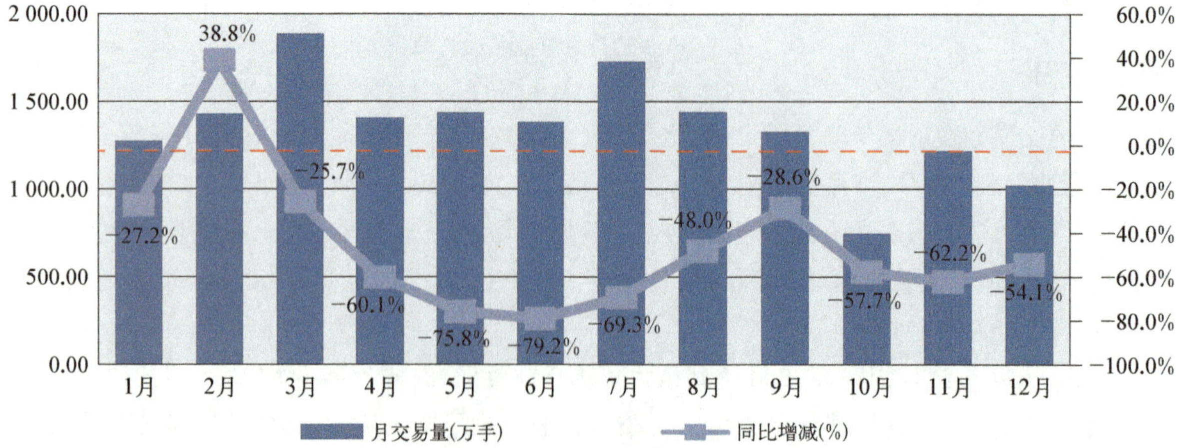

数据来源：中国期货业协会:《2017年12月全国期货市场交易情况》。

图7.67　2017年豆粕月度交易量与同比变化

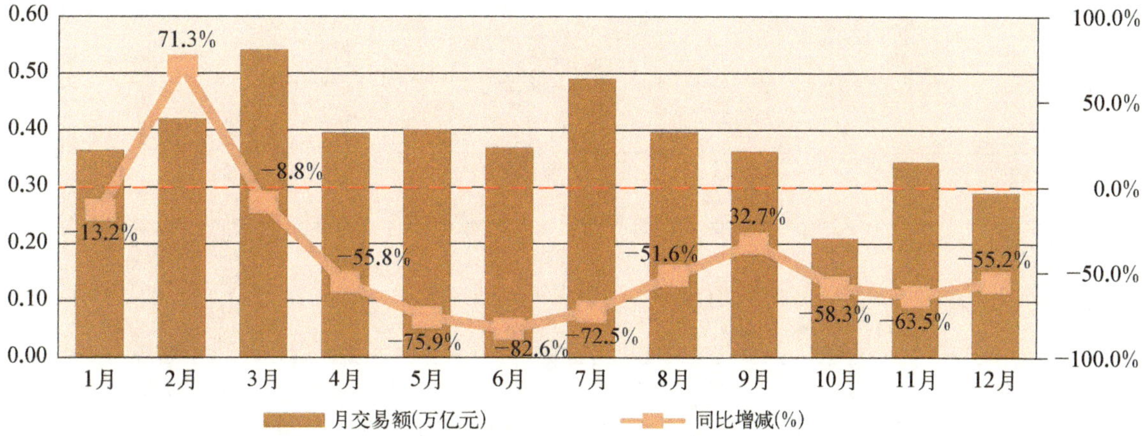

数据来源：中国期货业协会：《2017年12月全国期货市场交易情况》。

图7.68　2017年豆粕月度交易额与同比变化

（2）交易额同比增长显著的交易品种

黄大豆二号虽然在各个指标上均占比很低，但在2017年交易额的同比增长上排在全所的第一位，交易额同比增长达到2 041.1%；结合全年的交易数据可以看到，9月以前基本维持在2016年的同期水平，有一倍以内的上涨或是下滑，但进入10月之后，交易量出现了爆发式的增长。

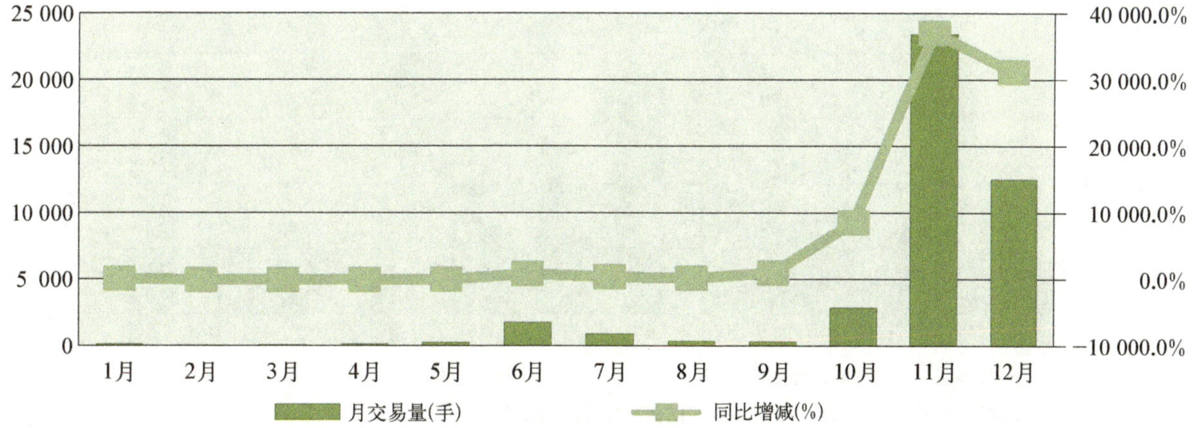

数据来源：中国期货业协会：《2017年12月全国期货市场交易情况》。

图7.69　2017年黄大豆二号月度交易量与同比变化

与交易量的变动相同的是，进入第四度交易额也出现爆发式的增长，10月份交易额为0.93亿元，11月为7.73亿元，12月为4.15亿元，同比增加最高达到11月的37 055.6%，较同期增长了近370倍（见图7.70）。

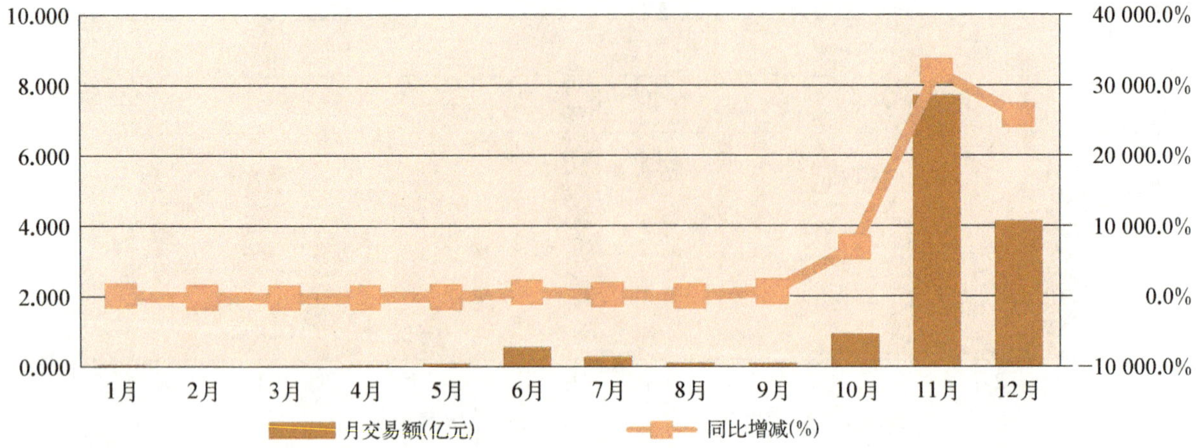

数据来源：中国期货业协会:《2017年12月全国期货市场交易情况》。

图7.70 2017年黄大豆二号月度交易额与同比变化

(3)值得关注的品种

鸡蛋是与人们日常生活息息相关的农产品,交易量的全年走势呈现出正态分配的基本样态,2017年的交易量较2016年也出现了明显的增长,6月份达到全年最大值,当月交易量的同比增加297.3%。

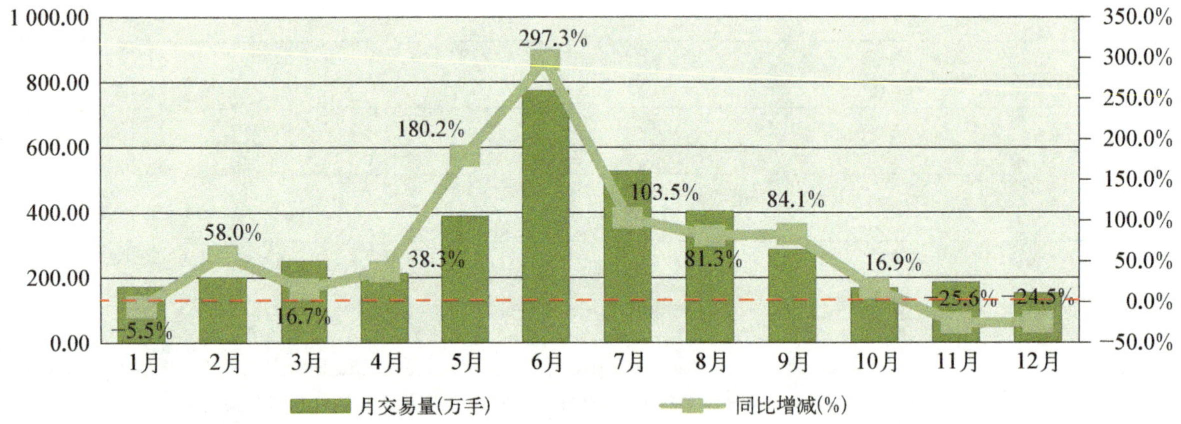

数据来源：中国期货业协会:《2017年12月全国期货市场交易情况》。

图7.71 2017年鸡蛋月度交易量与同比变化

6月份交易额也为全年最大,达到0.29万亿元,同比增长也最大,达到282.3%;最小的月份是1月和12月,交易额为0.06万亿元,交易量均集中在年中(见图7.72)。

玉米则是重要的粮食作物之一,月交易量2017年度的一季度也较2016年同期有明显的攀升,2月份同比增加286.4%,接近3倍的增长,但在4月快速回落到往年同期水平,并在之后保持了相对稳定,四季度开始出现下滑,11月同比减少−61.5%(见图7.73)。

交易额最大的是3月的0.41万亿元,同比增加78.8%,同比增长最大的是2月,增量达到264.0%,当月的交易额为0.34万亿元;玉米的交易则相对集中在上半年,尤其是一季度的量价会明显在全年中偏高(见图7.74)。

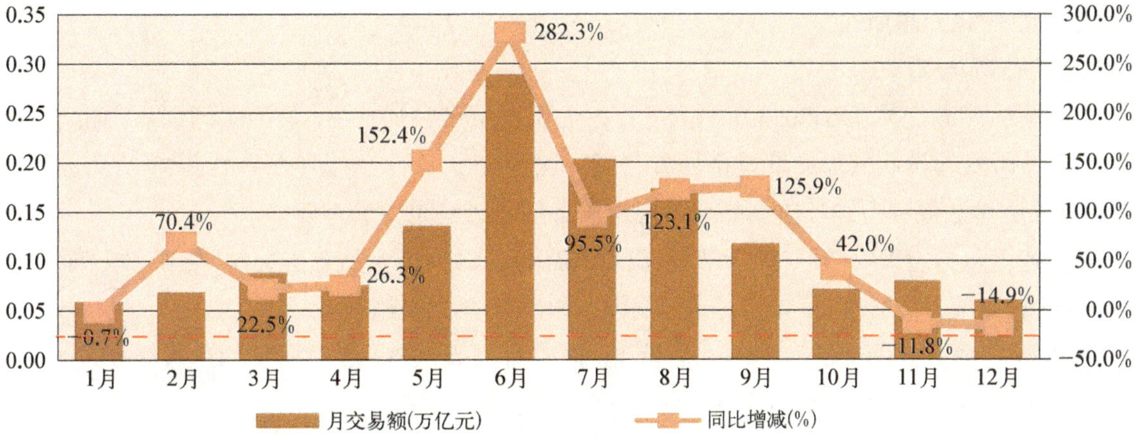

数据来源：中国期货业协会：《2017年12月全国期货市场交易情况》。

图7.72　2017年鸡蛋月度交易额与同比变化

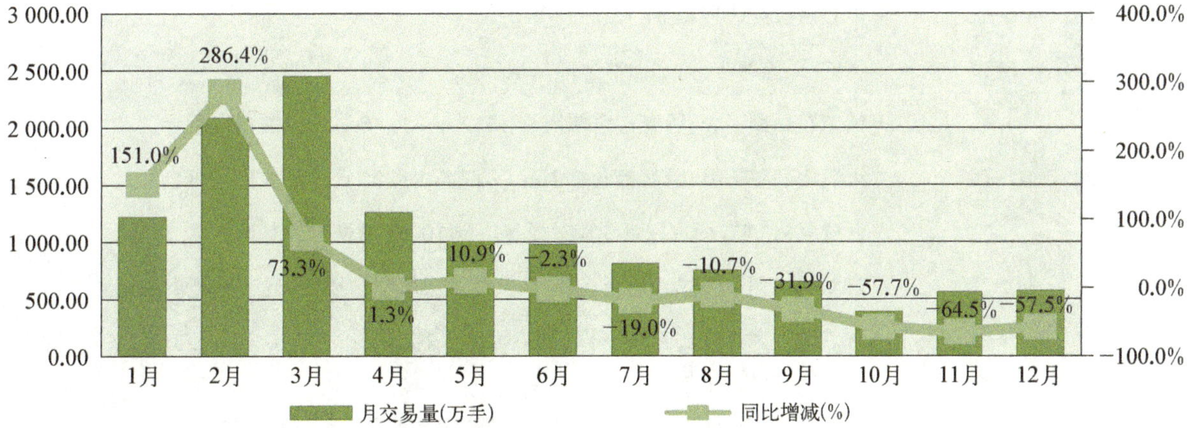

数据来源：中国期货业协会：《2017年12月全国期货市场交易情况》。

图7.73　2017年玉米月度交易量与同比变化

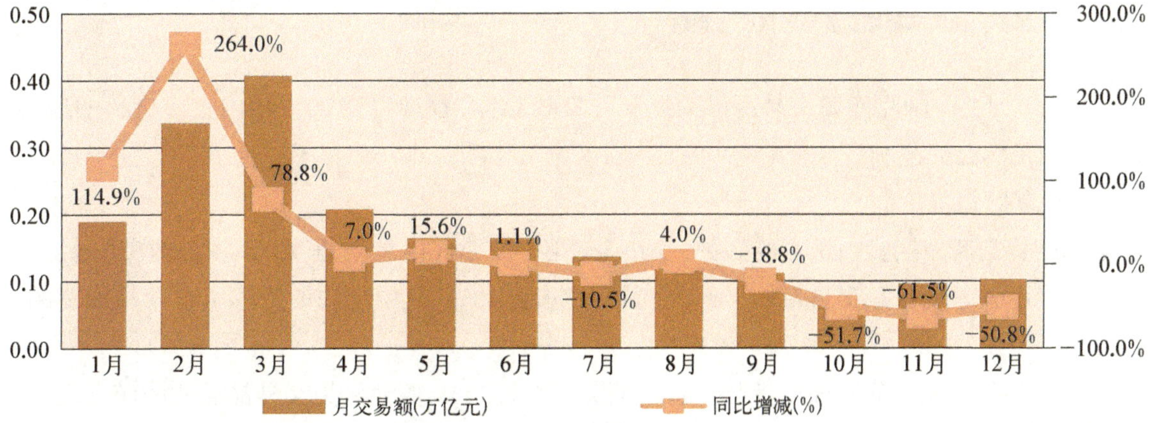

数据来源：中国期货业协会：《2017年12月全国期货市场交易情况》。

图7.74　2017年玉米月度交易额与同比变化

5. 上海国际能源交易所

（1）交易所概况

上海国际能源交易所于2013年11月6日在上海自贸区注册成立，是经中国证监会批准，由上海期货交易所发起设立的面向期货市场参与者的国际交易场所，根据《公司法》《期货交易管理条例》等有关法律法规和中国证监会的有关规定履行期货市场自律管理职能。

经营范围包括组织安排原油、天然气、石化产品等能源类衍生品上市交易、结算和交割，制定业务管理规则，实施自律管理，发布市场信息，提供技术、场所和设施服务。

近两年主要动态在交易品种的试运营上，精矿石与天然气、西贵沥青均运行半年左右下线，2017年4月为了响应相关政策，上调预付款比例，促进实物交割。

表7.2　上海国际能源交易所公告动态

时　间	主要事件
2016-06-05	中心模拟盘数据重置。
2016-08-02	精矿石、天然气、西贵沥青上市试运行。
2017-01-09	精矿石品种下线，所有持仓单须在2017年1月16日闭市前自行平仓。
	天然气品种下线，所有持仓单须在2017年1月25日闭市前自行平仓。
	西贵尿素1吨、西贵尿素50吨、西贵尿素100吨品种上线交易。
2017-02-10	2017年2月17日起，西贵沥青、西贵尿素品种只可委托转让，不可委托订立。
	2017年2月28日，西贵沥青、西贵尿素品种下线。所有持仓单须在2017年2月24日闭市前自行平仓。
2017-02-17	西贵钯金100克、西贵钯金500克、西贵钯金1千克品种上线交易。
2017-04-25	预付款比例将提高，具体操作4月26日提高至50%，4月27日提高至100%即全款实货交易。
	25日起，西贵银产品只可委托转让，不可委托订立。

资料来源：根据上海国际能源交易所官网公告整理。

然而，作为上海国际能源交易所最为重要的交易品种，预计将在2018年内上市交易的原油期货品种受到了广泛关注。

（2）原油期货

原油期货是商品期货中最大的品种，交易金额巨大。据FIA的数据显示，在全球市场中，金融期货交易量占全球期货总交易量的88%，商品期货占比10%，其中能源期货占所有商品期货的1/3左右。

2017年纽约和伦敦的石油期货合约超过了实物交易23%，原油成为交易最活跃的商品之一。

2014年12月12日，中国证监会正式批准上海期货交易所在其国际能源交易中心开展原油期货交易。

2017年5月11日晚，上期所旗下子公司上海国际能源交易中心正式对外发布交易中心交易规则及11个相关的业务细则，标志着“中国版”原油期货交易再进一步。

2017年6月13日，中国期货业协会发布公告，为了配合原油期货上市，对现有自律规则进行一定的修改，并发布三项指引，以规范和指导各期货公司为境外交易者和境外经纪机构从事境内期货交易提供期货经纪及结算服务。

为确保原油期货的平稳推出，上海国际能源交易中心与中国期货市场监控中心、期货公司会员、石油企业、行情转发商于2017年共同开展了五次（6月17—18日、6月24—25日、7月1—2日、7月8—9日、12月9—10日）原油期货全市场生产系统演练。演练主要模拟原油期货上市前一日及当日的交易、结算等业务场景，过程覆盖了上期所和上期能源的交易、结算、出入金、套保（套利）申请、数据报送、行情转发等主要业务流程。“中国版”人民币计价的原油期货在制度、规则和技术方面已经不存在障碍。

表7.3　原油期权标准合约

交易品种	中质含硫原油
交易单位	1 000桶/手
报价单位	元（人民币）/桶（交易报价为不含税价格）
最小变动价位	0.1元（人民币）/桶
涨跌停板幅度	不超过上一交易日结算价 ±4%
合约交割月份	最近1—12个月为连续月份以及随后8个季月
交易时间	上午9:00—11:30，下午1:30—3:00以及上海国际能源交易中心规定的其他交易时间
最后交易日	交割月份前第一月的最后一个交易日；上海国际能源交易中心有权根据国家法定节假日调整最后交易日
交割日期	最后交易日后连续五个交易日
交割品质	中质含硫原油，基准品质为API度32.0，硫含量1.5%，具体可交割油种及升贴水由上海国际能源交易中心另行规定
交割地点	上海国际能源交易中心指定交割仓库
最低交易保证金	合约价值的5%
交割方式	实物交割
交易代码	SC
上市机构	上海国际能源交易中心

资料来源：上海国际能源交易所官网公示信息。

尽管上海国际能源交易中心暂未公布保税原油交割库的最终地点，但此前有提及将设置在中国沿海的大型港口，大连、青岛、日照、舟山、上海、湛江等港口均有可能。目前交割库库容设置在300万立方米，交易所还有备用库容。各个交割库之间不设置升贴水，预计基准库将设置在地炼较为集中的渤海湾地区。

在品种设计上也初具雏形,据上海国际能源交易中心相关负责人介绍,按照原油期货的标准合约,即将在上海国际能源交易中心上市交易的原油期货交割品级是中质含硫原油,基准品质是API度32和硫含量1.5%,交易单位为每手1 000桶。1 000桶/手与国际主流的原油期货合约大小保持一致,便于全球投资者进行跨市场套利。

面对中国目前仍处于外汇管制阶段的现状,原油期货专门为此设立了通道。境外交易者和境外经纪机构从境外汇入人民币或者美元参与原油期货交易,将在境内实行专户存放和封闭管理,该账户只涉及原油期货交易盈亏结算、缴纳手续费、交割货款或者追缴结算货币资金缺口等与原油期货交易相关的款项,不得用于原油期货交易以外的其他用途。同时,该账户不对单个境外投资者设置额度限制,可以无限制使用。交易者也可以将资金和盈利汇往境外。

为了推进原油期货上市,不仅中国证监会、上海期货交易所、上海国际能源交易所等部门在积极准备,青岛港和舟山大宗商品交易所等在为原油交割库事宜进行筹备,所有期货公司也在积极配合,目前已经有155家企业注册成为会员,可以从事原油期货交易。这些会员企业主要是期货公司。而石油央企们都表示,作为石油央企,它们十分愿意在中国原油期货上市后,作为重要的交易方参与其中。

中国推出原油期货是必然趋势,市场一致认为一旦银行完成最后的平台搭建,并得到中央相关部门同意后,中国原油期货就会完成上市。

（五）2017年期货市场新品：期权

2017年，对于期货市场来说，一个很重要的事情，就是商品期权的上市。2017年3月，豆粕期权在大连商品交易所挂牌上市，成为国内首支商品期权产品；2017年4月，白糖期权在郑州交易所挂牌上市。商品期权的推出，不仅进一步丰富了我国期货衍生品市场体系，也标志着我国期货衍生品市场进入新的发展阶段，降低了实体企业的套保成本，更好适应了实体企业多元化风险管理的需求。

1. 豆粕期权上市与运营情况

（1）豆粕期权的内涵与作用

豆粕是制作牲畜与家禽饲料的主要原料，豆粕产业上游产品是大豆，下游产品是生猪、肉鸡、鸡蛋等。因此，豆粕价格直接影响着饲料生产成本，也是影响养殖业饲养成本的重要因素。

运用期货市场的套保功能，企业能提前锁定采购成本，不仅稳定了饲料价格，也稳住了养殖户的养殖成本。我国已有大豆粕期货上线交易。据美国期货业协会数据统计，2012年至2016年，在全球农产品期货期权交易量排名中，大商所豆粕期货除在2014年位居第二位外，其他 4 年均排名第一位。

而2017年豆粕期权的上市为实体企业购销上了“再保险”，企业可以通过期权产品对冲期货价格波动。期权分为股票期权、股指期权、利率期权、商品期货期权以及外汇期权等种类，豆粕期权属于商品期货期权。根据大连商品交易所公布的豆粕期货期权合约，豆粕期权合约细则如表7.4所示，合约类型分为看涨期权和看跌期权，期权交易实行做市商制度。

表7.4　豆粕期权标准合约

合约标的物	豆粕期权合约
合约类型	看涨期权、看跌期权
交易单位	1手（10吨）豆粕期货合约
报价单位	元（人民币）/吨

(续表)

合约标的物	豆粕期权合约
涨跌停板幅度	与豆粕期货合约涨跌停板幅度相同
合约月份	1、3、5、7、8、9、11、12月
交易时间	每周一至周五上午9:00—11:00;下午13:30—15:00,以及交易所规定的其他时间
最后交易日	镖旗期货合约交割月份前一个月的第5个交易日
到期日	同最后交易日
行权价格	行权价格覆盖豆粕期货合约上一交易日结算价上下浮动1.5倍当日涨跌停板幅度对应价格范围 行权价格≤2 000元/吨,行权价格间距为25元/吨;2 000元/吨<行权价格≤5 000元/吨,行权价格间距为50元/吨;行权价格>5 000元/吨,行权价格间距为100元/吨
行权方式	美式。买方可以在到期日之前任一交易日的交易时间,以及到期日15:30之前提出行权申请
交易代码	看涨期权:M-合约月份-C-行权价格 看跌期权:M-合约月份-P-行权价格
上市交易所	大连商品交易所

资料来源:大连商品交易所公示信息。

(2)期权交易情况

豆粕期权从2017年3月31日首个交易日上线交易以来,依据上海期货业协会统计数据,10个月累积成交量为363.57万手,占全国交易总量份额的0.12%;10个月累积交易额为23.89亿元,在全国交易总额中占比不足0.01%;截至2017年12月持仓量为15.93万手,环比减少19.76%,持仓量占全国份额的1.31%。

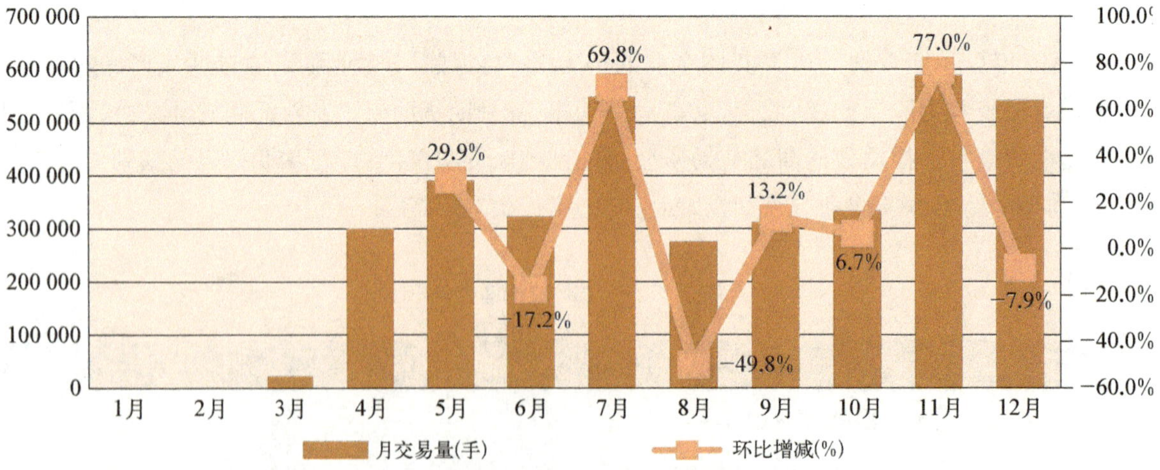

数据来源:中国期货业协会:《2017年12月全国期货市场交易情况》。

图7.75 2017年豆粕期权月度交易量

结合月度数据可见，因3月份仅1个交易日，合计成交2.3万手，图内剔除4月的环比增减率；全年月平均交易量为36.36万手，交易量最大的是11月为58.88万手，最小的是8月份为27.53万手；6月、8月、12月出现了环比下降，其他月份则都是环比上升，四季度的交易量高于其他两个季度。

值得一提的是上市首日，即2017年3月31日，豆粕期权单边成交量2.28万手，成交额2 286.32万元，持仓量1.62万手，交易比较活跃。但在开盘3分钟时候，M1707−C−2850合约出现瞬间跌停。9点03分37秒，M1707−C−2850瞬间成交了180手，最低成交价打到跌停板0.5元/吨。

首个交易日的“乌龙”单显示出大家对刚上市的合约交易规则不够熟悉的现状。然而，期权是一个高杠杆的市场，在高杠杆的情况下，风险和收益都很高，敲错单子的风险很大，需要不断加深对于期权市场价格的认知，也引发了不少期货机构的关注和议论。

不少期货机构都表示看好豆粕期货的活跃度，认为大部分期货市场的私募基金都会交易这个期权，这是新的避险工具。同时，由于目前市场上有十来个机构作为做市商，有许多自动交易的系统在紧盯着市场的套利机会，一旦出现均会被迅速抓住，也会促使市场很快回到正常水平。做市商的存在，使不合理的价格能在最短的时间内排除。

2. 白糖期权上市与运营情况

（1）白糖期权的内涵与作用

我国是世界食糖大国，产销量、进口量均居世界前列。近年来，受外部环境和进口糖冲击的影响，我国白糖市场格局发生了新的变化，制糖行业遇到了较大的困难。近两个榨季，国内糖业的困境虽然有所缓解，但是市场的环境也更加复杂，企业面临更多的经营风险，因此，风险管理对于企业稳健经营十分重要。

早在2006年1月，白糖期货就在郑商所上市，结合郑商所交易数据，目前国内90%以上的制糖企业和加工企业、80%以上的大型贸易企业都参与了白糖期货。期货市场的功能也得到了食糖行业的广泛认可，白糖期货逐步成为国内涉糖企业管理风险的重要工具。

郑州商品交易所经历近二十年的研究和探索，于2017年4月19日推出了白糖期权，为市场提供了新的风险管理工具。

依据郑州商品交易所发布的公告，白糖期权标准合约细则如表7.5所示，我国的白糖期权为美式期权，按行权价格与白糖期货市场价格的关系划分，分为实值期权、平值期权和虚值期权。

表7.5 白糖期权标准合约

合约标的物	白糖期货合约
合约类型	看涨期权、看跌期权
交易单位	1手（10吨）白糖期货合约
报价单位	元（人民币）/吨
最小变动价位	0.5元/吨
涨跌停板幅度	与白糖期货合约涨跌停板幅度相同
合约月份	1、3、5、7、9、11月

(续表)

合约标的物	白糖期货合约
交易时间	每周一至周五上午9:00—11:30,下午13:30—15:00,以及交易所规定的其他交易时间
最后交易日	期货交割月份前2个月的倒数第5个交易日,以及交易所规定的其他日期
到期日	同最后交易日
行权价格	以白糖期货前一交易日结算价为基准,按行权价格间距挂出5个实值期权、1个平值期权和5个虚值期权。行权价格≤3 000元/吨,行权价格间距为50元/吨;3 000元/吨 < 行权价格≤10 000元/吨,行权价格间距为100元/吨;行权价格 > 10 000元/吨,行权价格间距为200元/吨
行权方式	美式。买方可在到期前的任一交易日闭市(15:00)前提交行权申请;买方可在到期日15:30之前提交行权申请、放弃申请
交易代码	看涨期权:SR-合约月份-C-行权价格
	看跌期权:SR-合约月份-P-行权价格
上市交易所	郑州商品交易所

资料来源:郑州商品交易所公示信息。

(2)白糖期权交易情况

白糖期权首个交易日成交48 880手,持仓27 542手。

根据中国期货业协会的统计数据,10个月累积成交量为149.24万手,占全国交易总量份额的0.05%;10个月累积交易额为14.36亿元,在全国交易总额中占比不足0.01%;截至2017年12月持仓量为7.67万手,环比增加24.61%,持仓量占全国份额的0.63%。

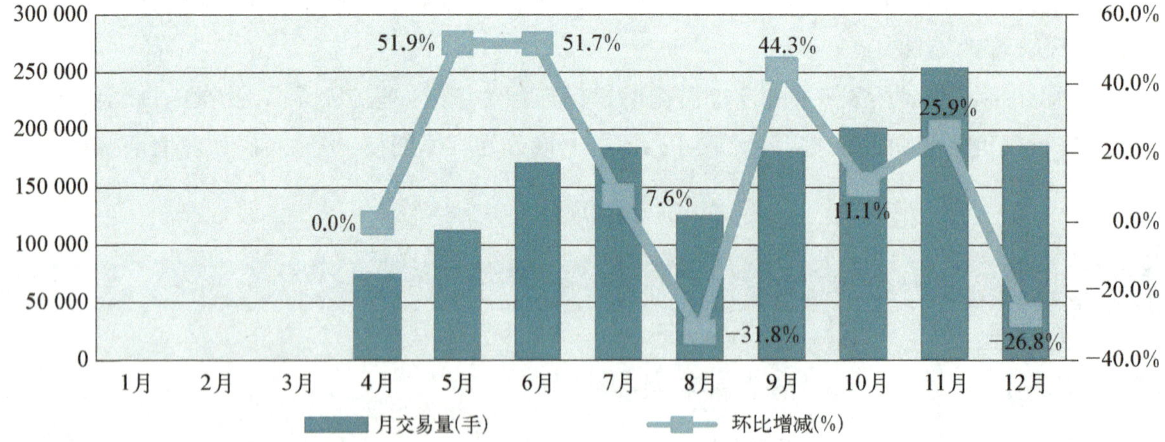

数据来源:中国期货业协会:《2017年12月全国期货市场交易情况》。

图7.76　2017年白糖期权月度交易量

结合月度数据可见,全年月平均交易量为16.58万手,交易量最大的是11月为25.40万手,因4月份交易从19日开始,不满一个自然月,因而全年交易量最小的是8月份为12.58万手;8月、12月出现了环比下降，其他月份均为环比上升，全年交易量较为平稳，从二季度进入三季度时，月交易量增速明显放缓，到四季度开始回升，但在12月又出现了明显的环比回落。

自白糖期权上市以来，产业企业与机构投资者参与积极、有序，法人客户数量与参与规模稳步增长。截至2017年7月底的统计数据，白糖期权法人客户数在通过适当性认定、已开通期权交易权限的客户中占比为26%，法人客户数在参与交易的客户中占比为13%，绝对数分别约为上市初期的2倍和3倍。法人客户日均成交及持仓量占比分别约为66%和64%，绝对量分别约为上市初期的1.5倍和3.4倍，且白糖期货法人客户成交量与持仓量占比长期分别维持在40%和50%左右。

（六）2017年期货公司运营概况

依据期货业协会发布的评级结果，期货行业149家期货公司在评级上较2016年有了新的变化，A类以上新增了7家公司，B类和C类合计减少了9家公司，D类增加了2家公司。可见，整体情况向好，相较于2016年大面积降级的窘迫，2017年度有更多的公司评级结果上调，行业趋于规范，不仅在合规上整个行业的态势好转，进入2017年市场份额也进一步向龙头公司集中，部分公司依靠多元化布局取得了优异成绩。

表7.6　2017年期货机构评级结果

评级结果	2017年	2016年
A类以上	37 ↑	30
B类以上	100 ↓	102
C类以上	8 ↓	15
D类	4 ↑	2

资料来源：中国期货业协会。

据永安期货发布的2017年半年报显示，2017年上半年永安期货实现营业收入49.03亿元，同比增长108.12%；归属于母公司所有者的净利润4.73亿元，同比增长140.37%。截止到2017年6月30日，公司注册资本13.10亿元，归属于母公司所有的净资产为52.06亿元。

从分业务看，永安期货上半年公司经纪业务手续费收入同比增长18.04%，资产管理业务收入同比增长14.67%，利息净收入同比增长23.18%。其他业务收入同比增长114.49%，主要系公司全资子公司永安资本现货销售业务规模扩大，同时其他业务成本增长110.11%。

从2017年整个年度看，公司营业收入约96.9亿元，利润总额约11.12亿元，归属于公司股东的净利润约8.89亿元，分别较上年增长42.43%、39.29%和46.11%。

表7.7　2017年TOP20期货机构名单

排名	期货公司名称	分类评级	排名	期货公司名称	分类评级
1	永安期货	AA	11	浙商期货	AA
2	华泰期货	AA	12	国投安信	AA
3	中信期货	AA	13	方正中期	AA
4	国泰君安	AA	14	国际期货	AA
5	银河期货	AA	15	南华期货	AA
6	光大期货	AA	16	中信建投	AA
7	海通期货	AA	17	瑞达期货	AA
8	广发期货	AA	18	招商期货	AA
9	申银万国	AA	19	国信期货	AA
10	上海东证	AA	20	中粮期货	AA

资料来源：中国期货业协会。

2017年期货市场的成交量虽然较2016年有所下降，但在业务架构上均有一定程度的突破。据永安期货相关负责人表示，2017年实现业绩增长主要得益于公司在立足合法合规、严防风险的前提下，坚持了以经纪业务为基础，重点围绕风险管理、财富管理、资产管理等业务寻求突破，并持续推进国际化布局，聚焦多元化的业务模块是根本动力。

与此同时，风险管理子公司成为期货行业创新发展的新突破口，中期协数据显示，截至10月底，67家风险管理公司总资产、净资产同比增长84%和71%，营业收入和净利润同比增长111%和478%。从业务情况来看，2017年1—10月仓单购销金额、仓单约定回购金额分别为1 256.73亿元和62.39亿元，同比分别增长22.9%和109%；场外商品期权新增名义本金2 028.25亿元，同比增长1 624%；场内期权做市平稳起步，累积交易额达到22.95亿元。

中国期货业协会数据显示，2017年1至10月，期货行业净利润达到67.98亿元，与上年同期相比增长35.90%。全行业手续费收入120.24亿元，相比上年同期增长18.25%；营业收入为222.00亿元；营业利润达63.90亿元，相比上年同期增长34.59%。

2018年则是期货公司经纪业务转型发展的关键一年，大部分期货公司将向投资者提供商品期货与期权、金融期货与期权的通道，财富管理、风险管理和咨询业务，单一期货期权经纪业务将逐渐向综合型经纪业务转型。

从融资角度看，截至2017年3月挂牌新三板的期货公司已经达到11家，已经挂牌的期货公司存在券商股东背景并不少见，如有券商股东背景的期货公司分别是永安期货、华龙期货、天风期货、广州期货、渤海期货。另外，创元期货、海航期货、大越期货、先融期货、迈科期货等都是有金融控股平台背景的股东。

（七）2017年香港期货市场运营概况

香港交易所是香港市场最大的主体，旗下成员亦包括世界首屈一指的基本金属市场——伦敦金属交易所（LME）。香港交易所集团透过LME在基本金属期货及期权交易中占据了全球领先地位。同时，香港交易所透过旗下全资拥有的附属公司香港联合交易所有限公司及香港期货交易所有限公司，经营着香港唯一认可的证券市场及期货市场。

香港交易所同时经营香港仅有的四家被认可的结算所：香港中央结算有限公司（香港结算）、香港期货结算有限公司（期货结算公司）、香港联合交易所期权结算所有限公司（联交所期权结算所）及香港场外结算有限公司（场外结算公司）。香港结算、期货结算公司及联交所期权结算所向参与者提供综合的结算、交收、存管及代理人业务，而场外结算公司则向会员提供场外利率衍生产品及外汇衍生产品结算服务。

表7.8　2017年香港交易所年度各个市场概况

机构名称	经营范围	2017财政年度总量
香港联合交易所	证券市场	共计2 118家上市公司，总市值34万亿元
香港期货交易所	多资产类别衍生品交易所	成交2.1亿张合约，成交量年增幅20.3%
伦敦金属交易所	工业用金属全球交易中心	成交1.6亿手，年成交35亿吨

资料来源：香港交易所公示信息。

香港商品交易所成立于2008年6月25日，于2009年9月，授权香港国际机场的贵金属储存库为港商交所黄金合约的指定交割库。2011年5月18日，港商交所推出以美元计价的黄金期货合约；2011年7月22日，港商交所推出以美元计价的白银期货合约；2012年2月13日下午5时，黄金和白银期货合约累计总成交量已突破100万张合约，达到1 003 210张合约，总成交额超过500亿美元（折合约3 900亿港元）。

市场规模与结构

结合香港交易所历年统计数据，近5年香港期货市场的年合同成交量平均每年增长112.5%，即合约成交量每年较上一年都能实现翻倍的增长，可见市场活跃且发展态势良好（见图7.77）。

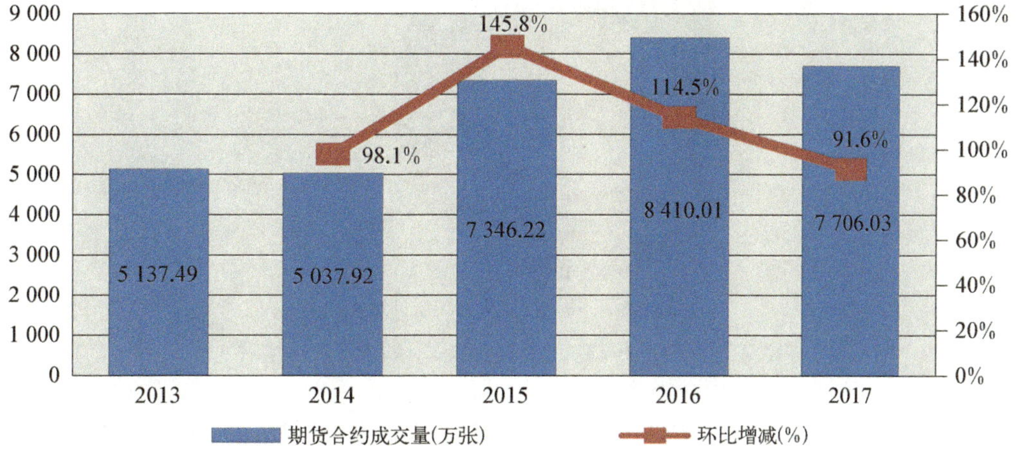

数据来源：香港交易所2017年度统计数据。

图7.77　香港期货市场近5年成交量变化

期权市场成交总量比期货市场的成交总量更大，就近5年的最值来看，期货市场2016年最高，成交合约总数8 410.01万张；期权市场2017年最高，成交合约总数13 778.50万张，期权市场规模为期货市场规模的1.64倍左右。期权市场的增长态势也表现明显，近5年平均每年实现116.3%的增长（见图7.78）。

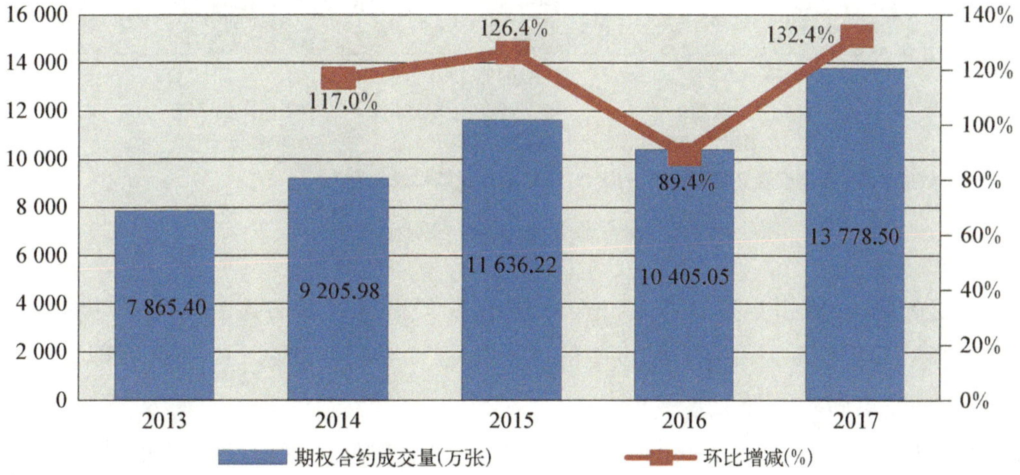

数据来源：香港交易所2017年度统计数据。

图7.78　香港期权市场近5年成交量变化

结合香港证监会的明细数据，截止到2017年第三季度，香港期货期权市场交易量达成情况在全年均匀分布。内圈为期货合约成交量情况，外圈为期权合约成交情况，可见期货市场仅第三季度成交量的占比略高出4个百分点；而期权市场上半年的交易量保持稳定，第一季度和第二季度交易量也相互持平，第三季度交易量有明显的增长（见图7.79）。

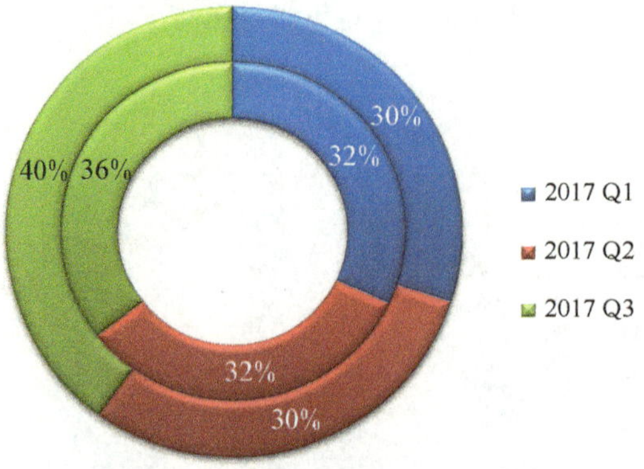

数据来源：香港证监会市场统计数据。

图7.79　2017年前三季度期货期权市场交易情况

同时，统计数据显示期货市场由六大类交易标的组成，交易最为活跃的是H股指数期货，其次是恒生指数期货，3个月港元利率期货交易量最低，2017年度的第一和第二季度交易量甚至为零。

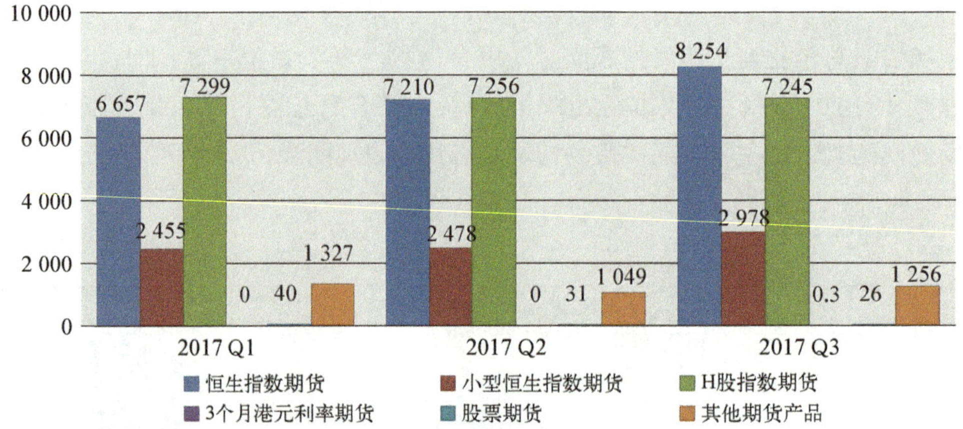

数据来源：香港证监会市场统计数据，2017年期货及期权成交量。

图7.80　2017年前三季度香港期货市场结构（单位：以千张合约计）

从占比情况看，H股指数期货在前三个季度期货交易总量的占比分别为41.1%、40.3%以及36.7%；恒生指数期货交易量在各个季度中的占比则为37.4%、40.0%以及41.8%，即每个季度80%以上交易量集中在这两类品种上。

同类型的期货交易品种除了3个月港元利率期货没有对应的期权产品以外，其他品种均有相应的期权交易品种。股票期货虽然交易量偏低，但在期权市场交易热度明显提升，以显著的差距排在三个季度的第一位；其次是H股指数期权的交易量排在第二位（见图7.81）。

从占比情况看，股票期权交易量各个季度占比达到71.6%、75.2%和78.8%，排在第二位的H股指数期权则仅为19.0%、15.7%以及12.7%，在期权交易市场股票期权产品几乎独揽了近80%的交易量，显示出了较高的集中度。

香港交易所同时对未平仓的合约进行了统计，依据数据，近5年未平仓合约数量指标在两个市场同样保持了良好的环比增长率，期货市场平均每年达成106.3%的增长，而期权市场平均每年达

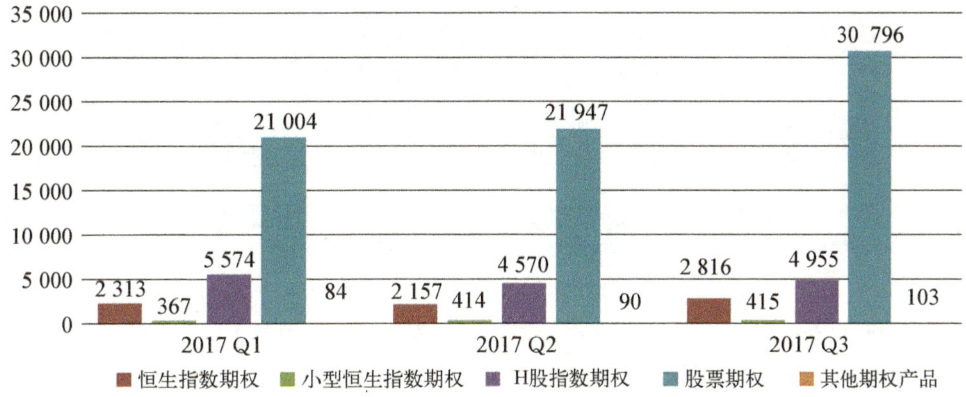

数据来源：香港证监会市场统计数据。

图7.81 2017年前三季度香港期权市场结构（单位：以千张合约计）

成117.8%的增长。并且，在总量上期权市场依然明显大于期货市场的未平仓合约量（见图7.82）。

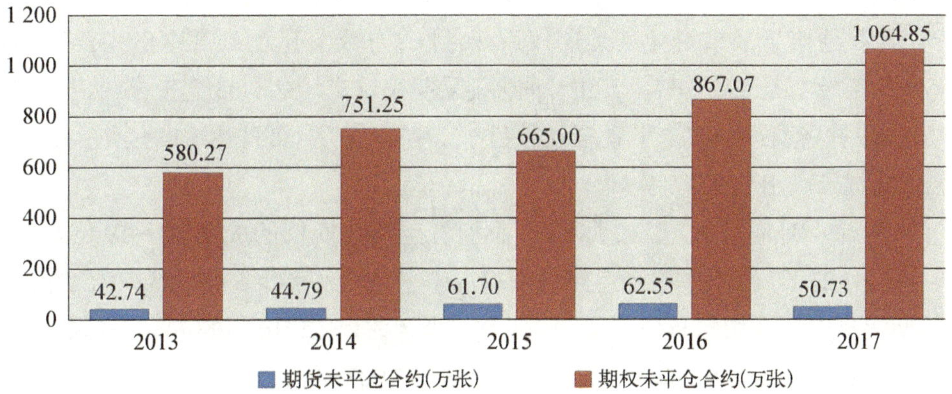

数据来源：香港交易所2017年度统计数据。

图7.82 香港期货期权市场近5年未平仓合约量

根据香港证监会的统计数据，可以看出未平仓合约在2017年前三个季度的结构。期货市场里，H股指数期货、其他期货产品与恒生指数期货位列前三；期权市场里则是股票期权和股指期权未平仓合约量明显大于其他交易品种（见图7.83、图7.84）。

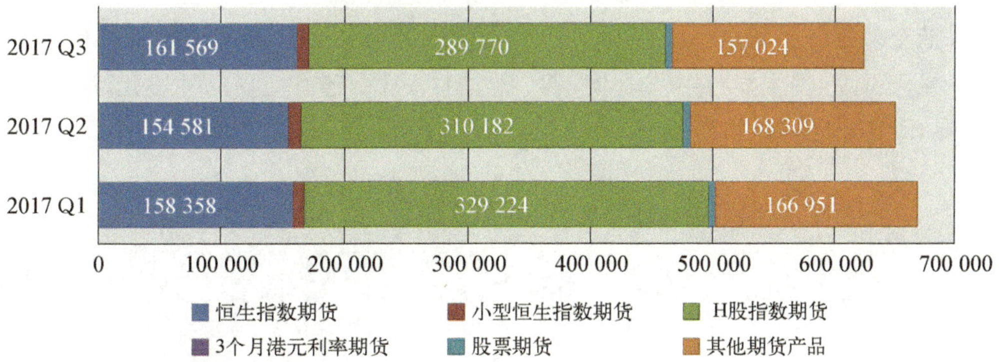

数据来源：香港证监会市场统计数据。

图7.83 2017年前三季度香港期货市场未平仓合约结构（单位：以千张合约计）

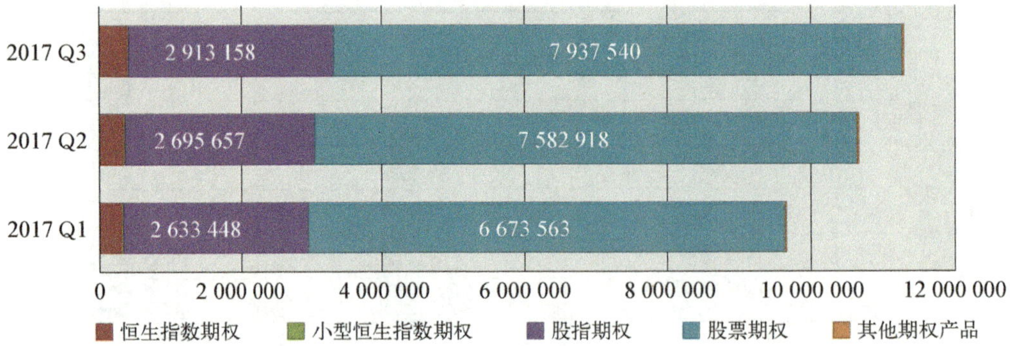

数据来源：香港证监会市场统计数据。

图7.84　2017年前三季度香港期权市场未平仓合约结构（单位：以千张合约计）

典型交易品种市场规模年度表现

根据香港交易所的公开信息，整个衍生品市场分成股指产品、个股、汇率产品、利率产品和商品5个主要的板块，结合香港交易所2018年1月发布的2017年市场数据，2017年度又创下了多项纪录。

2017年度，香港衍生品市场尤其是期权市场活跃，总成交量达到1.38亿张合约，较2015年创下的1.16亿张的纪录上升了18.4%。其中，香港股票期权成交量达1.05亿张合约，打破2015年创下0.92亿张的纪录；香港股票期权未平仓合约数目于2017年11月28日达0.13亿张，较2015年5月27日的0.11亿张的纪录高出12%。

几个市场高点分别是，2017年12月6日，小型恒生指数期权的成交创下19 094张合约的历史新高；2017年12月27日，恒生中国企业指数期权的未平仓合约创下3 465 052张合约的历史新高。

2017年期货及期权平均每日成交量为869 819张合约，较2016年的761 744张上升14%；股票期权平均每日成交量为428 499张合约，较2016年的297 903张上升44%。

商品期货市场规模年度概况

商品期货市场2017年度同样表现良好，2017年LME总成交量录得1.574亿手（相当于12.7万亿美元及35亿吨金属），较2016年上升0.5%。截至2017年12月15日，LME基本及黑色金属合约的日均成交量合共620 236手，与上年同期相当。年初至今，LME黑色金属合约的日均成交量为1 501手，按年增幅达558%。LME贵金属（LMEprecious）于2017年7月10日成功推出。截至2017年12月15日，白银及黄金的日均成交量合计共6 294手。

依据香港交易所公示信息，香港商品期货交易品种主要以伦敦金属交易所（LME）为主，均为伦敦期货小型合约，品种主要有铝、锌、铜、镍、锡、铅；另外，还有交易品种美元黄金期货、人民币（香港）黄金期货以及铁矿石期货合约。

表7.9　2017年伦敦金属期货小型合约交易量

伦敦金属期货小型合约	平均每日合约成交量（张）	全年合约成交总量（张）	未平仓合约（张）	交易日数（天）
伦敦铝	4	937	20	247
伦敦锌	2	483	0	247

（续表）

伦敦金属期货小型合约	平均每日合约成交量（张）	全年合约成交总量（张）	未平仓合约（张）	交易日数（天）
伦敦铜	3	731	2	247
伦敦铅	1	234	4	247
伦敦镍	1	325	1	247
伦敦锡	0	0	0	247

数据来源：香港交易所市场统计数据。

铁矿石和黄金品种均为2017年新增交易品种，依据香港交易所数据，铁矿石期货月度合约的交易活跃度明显好于季度合约，人民币（香港）黄金期货的交易活跃度约为美元黄金期货的2倍。

表7.10　2017年新增商品期货品种合约交易量

交易品种	平均每日合约成交量（张）	全年合约成交总量（张）	未平仓合约（张）	交易日数（天）
铁矿石期货月度合约	551	18 194	405	33
铁矿石期货季度合约	1	36	19	33
美元黄金期货	458	55 372	236	121
人民币（香港）黄金期货	915	110 763	186	121

数据来源：香港交易所市场统计数据。

而整体来看，2017年新增品种除去铁矿石季度合约，其他交易品种的交易活跃度均明显好于金属品种。

表7.11　商品期货品种历年市场最高纪录

交易品种	单日成交量（张）	日期	未平仓数（张）	日期	首个交易日
美元黄金期货	5 670	2018-01-11	315	2017-12-13	2017-07-10
人民币（香港）黄金期货	2 251	2017-10-31	829	2017-10-11	2017-07-10
铁矿石期货-月度合约	1 022	2017-11-13	426	2018-01-15	2017-11-13
铁矿石期货-季度合约	15	2017-12-18	19	2018-01-30	2017-11-13

(续表)

交易品种	单日成交量(张)	日期	未平仓数(张)	日期	首个交易日
伦敦铝期货小型合约	544	2015-10-20	354	2015-02-10	2014-12-01
伦敦锌期货小型合约	562	2015-12-02	715	2015-12-04	2014-12-01
伦敦铜期货小型合约	770	2014-12-03	1 412	2014-12-11	2014-12-01
伦敦铅期货小型合约	21	2017-08-18	21	2017-11-13	2015-12-14
伦敦镍期货小型合约	453	2016-07-07	150	2016-01-18	2015-12-14
伦敦锡期货小型合约	6	2016-07-05	9	2016-07-05	2015-12-14

数据来源：香港交易所市场统计数据。

不同交易品种的市场最高点出现时间也不尽相同,结合香港交易所统计数据来看,年中和年末更容易出现单日成交量的高点,10个市场单日成交量高点有7个落在年末;而未平仓数的高点在年中出现的概率更小,10个未平仓数高点中仅有1个落在7月,其余均分布在年初或者年末。整体来看,黄金期货的表现依然抢眼,伦敦锡交易量一直明显偏低。